140902

DAMME

WIJN
ENCYCLOPEDIE

CHRISTIAN CALLEC

WIJN
ENCYCLOPEDIE

© 1999 Rebo International b.v., Lisse
www.rebo-publishers.com - info@rebo-publishers.com

© 1999 uitgegeven door Rebo Productions b.v., Lisse

tekst en foto's: Christian Callec
redactie, productie en coördinatie: TextCase, Groningen
vormgeving/opmaak: Signia, Winschoten
omslagontwerp: Minkowsky, buro voor grafische
vormgeving, Enkhuizen

B0365Rebo

ISBN 90 366 1172 5

Inhoud

Inleiding

Deze encyclopedie is het resultaat van een bijzonder boeiende ontdekkingsreis door de wijnwereld van meer dan duizend wijnen. Het was een fantastische reis door tientallen verschillende wijnlanden en culturen.
Er is al zo veel geschreven over wijn, waarom dan weer zo'n encyclopedie? Juist omdat de wijnwereld zo dynamisch is. Elk jaar komen er nieuwe wijnlanden, wijngebieden of wijnen bij. Ook de markt verandert. In het begin van de jaren '90 begon men te merken dat er niet alleen in Frankrijk, Italië, Duitsland, Spanje, en Portugal wijn gemaakt werd, maar ook in Griekenland, Bulgarije, Hongarije, Roemenië en voormalig Joegoslavië, en in landen als Californië, Chili, Argentinië en Australië.
Het probleem op dit moment is dat de wijnbouwers hun grond jarenlang zo intensief verbouwd hebben dat de meeste wijnranken niet meer de diepte ingaan en afhankelijk zijn geworden van kunstvoeding. Men pleit nu steeds vaker voor minder opbrengst per hectare, voor minder chemische bemesting en bestrijdingsmiddelen en voor meer nadruk op de bodem en minder op de wijnrank. Het laatste woord hierover is nog niet gesproken. De wijnwereld is constant in beweging.

De bekendste druivensoorten

Rode druiven

CABERNET SAUVIGNON
Deze druif werd oorspronkelijk gebruikt in de Franse Médoc, Graves, Bordeaux. Tegenwoordig wordt hij bijna overal gebruikt, zoals in Californië, Chili en Australië.
De cabernet sauvignon levert tanninerijke wijn op met veel smaak en duidelijke aroma's, die zeer geschikt is voor langdurige opslag in houten vaten. De geur en de smaak doen denken aan zwarte bessen (cassis), viooltjes, sigarenkistjes (cederhout) en tabak.

MERLOT
De merlot is bekend uit de Bordeaux, met name in Saint-Emilion en Pomerol. De merlot wordt ook in verschillende Balkanlanden, Italië, Chili, Californië of Australië gebruikt.

Links: Elzas: zes witte druiven en een rode

Cabernet- en merlotwijngaarden (Montravel)

De merlot is wat zachter, wat ronder en vooral minder tanninerijk dan de cabernet sauvignon. Daarom worden beide druiven vaak samen gebruikt om elkaars eigenschappen aan te vullen. De geur en de smaak van een goede merlot doen denken aan rode vruchtjes, meestal kersen, soms rode bessen.

CABERNET FRANC
Cabernet franc wordt in Bordeaux vaak als aanvulling op de eerder genoemde druiven gebruikt. Maar de zuiverste cabernet francs komen uit de Loire. Vooral de wijnen uit Bourgueil, Chinon en Saumur-Champigny hebben soms een verbluffende hoge kwaliteit.
De wijn is vaak zachter en minder tanninerijk dan de Cabernet Sauvignon, maar veel voller dan de Merlot. De Cabernet Franc is vooral te herkennen aan zijn grote fruitigheid, aardbeien, zwarte bessen, en aan de geur van versgesneden groene paprika.

PINOT NOIR
De pinot noir is bij uitstek de rode druif voor de Bourgogne. Hij wordt ook gebruikt voor de rode Sancerre en de Elzasser Pinot Noir. Deze druif boekt ook goede resultaten in Italië, de Balkanlanden, Hongarije, Zuid-Amerika, Californië en Oregon.

Pinot Noir (Bourgogne)

Wijn van de pinot noir is over het algemeen eerder elegant en gul dan zwaar. Hij is te herkennen aan een aardse ondertoon, iets tussen stallucht en mest. Na de eerste schrik ontdekt u in een goed glas Pinot Noir veel fruitigheid, voornamelijk rode bessen, (bos)aardbeien en soms kersen.

SYRAH (SHIRAZ)

De enige toegelaten druif voor de noordelijke wijnen uit de Rhône (Hermitage, Crozes-Hermitage, Saint-Joseph, Côte Rôtie, Cornas). De syrah zorgt voor een groot deel voor de karakteristieken van de wijn uit de zuidelijke Rhônegebieden (Châteauneuf-du-Pape, Gigondas). Tegenwoordig zijn er syrah, of op z'n Engels 'shiraz', in Zuid-Afrika, Australië en de Verenigde Staten. De Syrah is diep van kleur en zeer krachtig. De wijn heeft een volle, machtige smaak, die om wat jaren rijping op de fles vraagt. Een goede Syrah is vaak makkelijk te herkennen aan de typische kruidige en peperige geur en smaak, zonrijpe vruchten, en aan de bijna dierlijke ondertonen, waarbij gedacht moet worden aan de geur van een warm zadel na een lange rit te paard.

Syrah (Hermitage, Rhône)

GAMAY

De gamay is wereldberoemd geworden door de Beaujolais. Maar ook in de Loire, in de Touraine, wordt veel Gamay gemaakt.
Een Gamay hoort een en al fruit te zijn. Frambozen, (bos)aardbeien, aalbessen en kersen worden erin herkend. In de betere cru's van de Beaujolais zijn ook veel bloemenaroma's herkenbaar. Hoe simpeler de wijn, hoe lichter en vrolijker hij blijft. Hoe beter de wijn, hoe voller en guller hij wordt.

GRENACHE

De grenache is vooral bekend in Frankrijk (Rhône, Tavel rosé, Languedoc, Roussillon) en in Spanje (Rioja en vooral Navarra). Hij wordt wel eens in Californië gesignaleerd.
Grenache is meestal stevig en sterk alcoholisch, maar blijft tegelijkertijd fruitig en soepel. De wijn is meestal vooral te herkennen aan de combinatie van pepertjes, kruiden en fruit.

TEMPRANILLO

De tempranillo is de druif voor de betere Spaanse wijnen uit de Rioja, uit Navarra en Ribeira del Duero. Deze tempranillo, zoals de Spaanse naam al zegt, is een vroegrijpe soort. Hoewel de druif vaak met andere druiven gemengd wordt, kan de tempranillo in zijn eentje voor verrassende resultaten zorgen, zoals de wijn uit Navarra. Jonge wijn van de tempranillo, zonder op vaten te zijn gerijpt, is licht, fruitig (aardbeien, pruimen) en snel drinkbaar. Na enige tijd gerijpt te hebben in houten vaten krijgt hij een typische kruidige smaak met een ondertoon van vanille en tabak en hints van gedroogde pruimedanten of grootmoeders jam.

SANGIOVESE

De sangiovese is de sleutel tot de top van de Toscaanse wijn, zoals Chianti, Vino Nobile di Montepulciano en Brunello di Montalcino. Goede wijn van de sangiovese is tanninerijk, krachtig en vrij vol van smaak. De wijn ruikt en proeft vaak naar bramen, kersen of pruimen, met hints van kruiden en specerijen. In de goede wijn herkent u tabak en vanille.

NEBBIOLO

Een van de betere druiven van de wereld. De druif is het bekendst in het noorden van Italië, waar de nebbiolo gebruikt wordt voor de Barolo, Barbaresco en Gattinara. Deze wijnen zijn altijd zeer tanninerijk en bijna ondoorzichtig van kleur. De wijn moet beslist wat jaren rijpen voor hij gedronken wordt. Een goede Nebbiolo ruikt en smaakt naar laurier(drop), gestoofde pruimen, truffels, humus, paddestoelen en soms cacao of teer.

ZINFANDEL

Deze druif is lang geleden, waarschijnlijk via een Hongaarse immigrant, naar de Verenigde-Staten gebracht. In Californië maakte de 'zin' furore, maar ook in Europa groeit het aantal 'zin-fans'. De zinfandel kan naast mooie rosés (droog of lichtzoet) ook volle, kruidige rode wijnen voortbrengen. Beide typen smaken en ruiken naar rijpe vruchtjes, zoals bramen, blauwe en zwarte bessen, met een kruidige ondertoon en een typerend pepertje.

Witte druiven

SAUVIGNON BLANC

Dit is een heel bekende druif die zowel in de Bordeaux, de Bergerac en de Loire voor topwijnen zorgt. In Zuid-Afrika heet de wijn wel 'Blanc Fumé', terwijl hij in Amerika of Mexico 'Fumé Blanc' genoemd wordt. Op het etiket wordt echter steeds meer de naam 'Sauvignon' gebruikt. Goede Sauvignon is tegenwoordig bijna overal in de wereld te krijgen.
De geur- en smaakkenmerken van de sauvignon zijn afhankelijk van waar de druif geoogst wordt. Het blijft altijd een frisse, pittige, erg geurige en fruitige wijn. Een Sauvignon uit Bordeaux of Bergerac ruikt en smaakt vaak naar groene (granny smith) appels, pas gemaaid gras of zelfs buxus of basilicum. In vakkringen worden de laatste twee ken-

merken oneerbiedig als 'kattenpis' aangeduid. In de Loire, Sancerre of Pouilly-Fumé zijn in de smaak en de geur ook (groene) asperges, soms wat venkel of anijs en een hint van zoethout te herkennen. De expressiefste Sauvignon komt uit Nieuw-Zeeland, waarbij u getrakteerd wordt op een explosie van tropische vruchten, pompelmoes (grapefruit) en kruisbessen. Sauvignon is het lekkerste als hij jong is.

CHARDONNAY

De bekendste van de grote Bourgognes en Champagnes is de Chardonnay. Deze druif groeit tegenwoordig overal – niet alleen omdat het een druif van grote kwaliteit is, maar ook omdat hij goed verkoopt.

Chardonnay is vaak fris en plezierig als hij niet op houten vaten is gerijpt. Na een gedegen rijping in houten vaten verandert hij in een volle, romige wijn met een typerende geur en smaak, die het meest doet denken aan een vers sneetje geroosterd brood, flink besmeerd met roomboter. Sommige wijnboeren beheersen de kunst om het evenwicht tussen hout en fruit te vinden nog niet en maken wijn die overheerst wordt door die zwoele, bijna weeïge vanille-achtige geur en smaak van (Amerikaans) eikenhout. Jammer, want een goed gemaakte Chardonnay hoort een gul aroma te hebben, waarin exotisch fruit, perzik, meloen, ananas en citrusvruchten, herkenbaar zijn. In de smaak en geur van belegen Bourgogne zijn hints van noten, meestal hazelnoot of walnoot, herkenbaar.

SÉMILLON

Een pure Sémillon is zeker niet te versmaden. Het probleem is, dat deze druif weinig zuren bevat, waardoor er vaak een andere druif aan toegevoegd wordt. In Europa wordt daarvoor bijna altijd de sauvignon (Bordeaux, Bergerac) gekozen, maar in Australië wordt de wijn vaak met chardonnay gemengd. Dit maakt de wijn weelderiger. In Frankrijk worden de mooiste zoete wijnen van de sémillon gemaakt, zeker als de druif aangetast wordt door de goedaardige schimmel *Botrytis cinerea*, die de druiven als het ware doet verschrompelen. Hierdoor krijgen ze meer concentratie in geur, smaak en suikers. Typische voorbeelden van deze edele rotting ('pourriture noble') wijn zijn Sauternes, Barsac, Monbazillac en Saussignac.

Een Sémillon is herkenbaar aan de geur en smaak van sappig fruit, zoals perzik, abrikoos of mango, en aan een duidelijke ondertoon van honing met hier en daar een hint van warme roomboter.

CHENIN BLANC

De chenin blanc is een wereldberoemde druif dankzij de fantastische Loirewijn van Vouvray, Saumur, Anjou, Bonnezeaux, Côteaux du Layon en Quart-de-Chaumes. In Zuid-Afrika wordt de druif vaak geoogst onder de plaatselijke naam 'steen'.

De Chenin Blanc is friszuur, wat niet alleen in de droge en mousserende wijn gewaardeerd wordt. Juist in de zoete wijn geven deze fijne zuren extra kracht en evenwicht en zorgen ze voor een lange levensduur. Een Côteaux du Layon uit een topjaar kan daarom langer dan 30 jaar bewaard worden. De zoete wijn van de Loire moet minimaal tien jaar rusten voor hij zich volledig geeft. Dan wordt u ook getrakteerd op een cocktail van honing, perziken en abrikozen, welriekende bloemen, hazelnoten en veel meer, afhankelijk van de bodem waarop de druiven groeiden.

Tempranillo (Navarra)

Pinot Blanc of auxerrois (Franse Toul)

RIESLING

Voor de liefhebbers is dit een van de mooiste druiven van de wereld. De riesling komt oorspronkelijk uit Duitsland en de Elzas. Inmiddels wordt de druif over de hele wereld verbouwd.

De meeste Riesling is fris en fruitig. De wijn doet denken aan bloemen en kruiden. Belegen Riesling ontwikkelt een zeer typerende geur, die het best te vergelijken is met de lucht van ouderwetse petroleumkacheltjes. Jonge Riesling toont hints van frisse appels, citrusvruchten en soms passievruchten. De geur en smaak van oudere wijnen neigen naar honing en weelderige bloemen. In Duitsland groeit de riesling vaak op een vulkanische of minerale bodem en dat proeft u als de wijn goed gemaakt is.

GEWÜRZTRAMINER

Deze druif, bekend uit de Elzas, wordt in Duitsland en Italië ook gewoon traminer genoemd. Wijnen van deze druif kunnen droog of zoet gemaakt worden. In de Elzas zijn twee typen Gewürztraminer: het lichtere type, vrij droog, om jong te drinken, en het wat vollere, zwaardere type dat meestal een restje suiker bevat. Daarnaast bestaat er mierzoete wijn van druiven die later geoogst zijn en die soms zelfs met de hand, druif na druif, geselecteerd worden. We komen daarop terug bij het behandelen van de Elzas.

Van Gewürztraminer wordt gezegd dat hij zeer 'kruidig' smaakt. Zelf heb ik nog nooit zo'n kruidige Traminer gedronken, wel de zware, volle, enorm geconcentreerde wijn met een overduidelijk 'geparfumeerde' geur en smaak, die meer aan bloemen en overrijpe vruchten, mango en tropische vruchten, doet denken dan aan kruiden. Sommige wijn heeft ook een onverklaarbare hint van de schilletjes van de muskaatdruif.

MUSCAT

Als er een druif is die bijna meteen herkenbaar is, is het de muscat. Een goed gemaakte Muscat ruikt en smaakt naar rijpe, versgeplukte muskaatdruiven, een tikkeltje exotisch, met hier en daar hints van bloemetjes. Muscat kan droog zijn (Elzas, Tunesië, Samos, Navarra) of juist zoet (Italië) tot zeer zoet (Navarra, Samos, Beaumes-de-Venise, Frontignan, Australië). Het zijn altijd sensuele wijnen met veel charme.

PINOT BLANC

Zeer bekend uit de Elzas, maar ook uit Italië en de Balkanlanden. Uit de Elzas en Italië komt de pinot blanc, die vrij neutraal, aangenaam en fruitig is met weinig zuren.

In Slovenië kunnen ze van de pinot blanc (beli pinot) wijn van een uitzonderlijke klasse maken. In de buurt van Ormoz wordt de pinot blanc soms zeer laat geoogst. Dit geeft de wijn een enorme complexiteit en potentieel om bewaard te worden.

SYLVANER

In Duitsland wordt de druif ook wel silvaner genoemd. Bekend uit de Elzas en uit Duitsland, waar er milde, lichte en elegante wijn van gemaakt wordt met een herkenbaar bouquet van zachte bloemen en een hint van kruidigheid.

VIOGNIER

Wie had 20 jaar geleden van de viognierdruif gehoord? Alleen kenners van de oudere wijn, die gemaakt wordt in de omgeving van het stadje Condrieu in de Franse Rhônestreek, kenden de viognier. Toen enkele jonge wijnboeren deze bijna verdwenen, legendarische wijn nieuw leven inbliezen en de wereld overtuigden van de kwaliteit van deze druif, werd de viognier in meer streken aangeplant. De resultaten daarvan in de Languedoc-Roussillon, de Ardêche, Australië, de Verenigde Staten en zelfs in Canada zijn zeer goed. Goed gemaakte Viognier is ongelooflijk rijk aan geur en smaak van sappige perziken en abrikozen, gekoppeld aan een zacht, delicaat bouquet van weidebloemetjes en honing.

MACCABEO/VIURA

In de Rioja en in Navarra wordt hij viura genoemd, elders in Spanje en in Frans Catalonië wordt hij maccabeo genoemd. De viura geeft over het algemeen vrij kwetsbare, lichte, frisse en fruitige wijn, die niet goed oud kan worden. Hoewel sommige wijnen van 100% viura redelijk goed van kwaliteit zijn, gaat de voorkeur van de kenners, zeker in Navarra, uit naar een verhouding van 2/3 viura voor 1/3 chardonnay. Hierdoor krijgt de wijn meer ruggengraat en rondeur.

Zoals eerder al is geschreven, is deze lijst beslist niet volledig. Talloze andere druivensoorten zullen wij op onze rondreis door de wijnwereld tegenkomen.

Europa

Frankrijk

Eeuwenlang zag men Frankrijk als hét wijnland bij uitstek. Bijna overal leerde men dat alle Franse wijnen goed waren. Terecht was dit zeker niet, want landen zoals Italië, Spanje, Duitsland, Hongarije en Griekenland maakten ook al heel lang topwijnen. Maar de Fransen wisten de wereld ervan te overtuigen dat zij net iets anders, net iets beters hadden. De Fransman is altijd gehecht geweest aan zijn wijn, van 'gros rouge' (het dagelijkse slobberwijntje) tot de grootste wijnen uit Bordeaux en Bourgogne. Een leven zonder wijn is voor de meeste Fransen niet denkbaar. Het dagelijks, in familieverband of met vrienden, genieten van een heerlijke maaltijd met een glaasje wijn is een onderdeel, een rustpunt geworden in het Franse leven. Wijn is de ziel van het Franse volk. En die ziel wisten de Fransen, ondanks talloze invasies waar ze mee te maken kregen, altijd te redden.

De Fransman is gehecht aan zijn wijn

Sommige wijn komt uit één wijngaardje

De ideale klimatologische en geologische omstandigheden

Dat Frankrijk nog steeds het bekendste wijnland ter wereld is, ligt waarschijnlijk aan de omstandigheden van de wijnbouw.
Nergens in de wereld vinden we zulke ideale omstandigheden voor de wijnbouw als in Frankrijk, namelijk geen al te strenge winter, geen al te droge zomer, veel regen en zon. Ook de enorme verscheidenheid aan bodemsoorten verklaart het eeuwenlange succes van de Franse wijncultuur: dikke krijtlagen in de Champagne, sedimentaire lagen met veel schelpen in de Auxerrois (Chablis), mergel, klei, kiezels en grind in de Médoc, blauwe en grijze schilfersteen in de Muscadet, tufsteen in Anjou-Saumur, leisteenhellingen in Collioure en Banyuls, warme keien van de zuidelijke Rhône. Bovendien is er overal in Frankrijk genoeg water, indirect via de zee of zelfs direct via de vele rivieren en ondergrondse waterreserves.

Dikke krijtbodem: het succes van Champagne

De verschillende wijncategorieën

Vins de table

In principe zijn 'vins de table' vrij eenvoudige, dagelijkse wijnen met een constante smaak, die meestal door vermenging zijn verkregen. Hieronder zitten
ook zeer specifieke wijnen. Het wereldberoemde
bedrijf Chapoutier uit Tain-L'Hermitage in de Rhône bijvoorbeeld had een 'vin de table' uit de
Ardèche, 'Les Coufis', die gemaakt was van 100%
viognierdruif, waarbij de overrijpe druiven met de
hand geoogst werden. Deze fantastische dessertwijn
met 14% alcohol werd een van de duurste tafelwijnen van Frankrijk. De prijs lag ver boven de bekende A.O.C.-wijn uit de streek en de kwaliteit was
uitmuntend. Het commerciële succes bleef echter
beneden de verwachtingen.

Vin de table

Vins de pays

De 'vins de pays' kennen op dit ogenblik een gigantische groei. Geen wonder, want de kwaliteit
van deze betrouwbare super-tafelwijn is in de laatste jaren enorm verbeterd. De 'vins de pays' komen
uit een streng afgebakend wijngebied, vertegenwoordigen de ziel van een bepaalde terroir (gebied
van herkomst) en zijn gekoppeld aan de specifieke
karakteristieken van een of meer druivensoorten.
Steeds meer consumenten vinden in deze wijn her-

Vin de pays

kenning, duidelijke taal op het etiket en in de fles.
Sommige 'vins de pays' zijn zo goed gemaakt en getuigen van zoveel liefde van de wijnboeren, dat zij
de karakterloze A.O.C-wijn van de anonieme groot-
handelaren volkomen voorbijstreven in kwaliteit en
in prijs. De moderne wijndrinkers eisen kwaliteit
voor hun geld.

Appellation d'Origine - Vins Délimités de Qualité Supérieure

De kwaliteit van deze categorie wijn doet zeker niet
onder voor die van de A.O.C.-wijn. De criteria voor
de selectie zijn vaak zelfs strenger dan die van de
meeste A.O.C.-wijn. Als enige moeten de V.D.Q.S.-
wijnen jaarlijks geproefd worden, willen ze aanspraak kunnen maken op het predikaat. V.D.Q.S.-
wijn is dus altijd door een panel deskundigen goedgekeurd voordat hij vrij gegeven wordt. U kunt blin-
delings op deze wijn vertrouwen.

Appellation d'Origine Contrôlée

Wijn met een A.O.C. komt uit duidelijk afgebakende gebieden, waarbij de bodem, het klimaat, de
druivensoorten en de diverse wettelijk vastgestelde
verplichtingen (minimale alcoholgehalte, maximale opbrengst per hectare, snoeimethoden, productie en vinificatievoorwaarden etc.) een garantie van
herkomst en van echtheid vormen. Dit is echter niet

een garantie voor de kwaliteit, want de wijn wordt beslist niet elk jaar geproefd en sommige wijn is het predikaat zeker niet waard. Desalniettemin vormt deze A.O.C.-wijn de hoogste laag van de Franse wijnclassificatie.

Aanvullende gegevens op het etiket

Hier hebben we het niet over inhoudsloze en goedkope kreten als 'vin supérieur de la cave du patron' of 'cuvée réservée du sommelier' en andere onzinnige vermeldingen, maar wel over aanvullingen als 'cru classé' of 'grand cru classé' voor de Bordeaux. In 1855 werd voor een wereldtentoonstelling een klassement van de betere Bordeaux opgesteld op basis van de toen gehanteerde kwaliteitscriteria (bekendheid, handelsprijsnoteringen etc.). Het betrof uitsluitend wijn uit de Médoc en uit Sauternes, plus één wijn uit de Graves. In 1959 kreeg laatstgenoemde streek ook een eigen klassement. Andere streken die een soortgelijke 'grand cru'-klassering kennen, zijn Saint-Emilion (sinds 1955, herzien om de tien jaar, voor het laatst in 1996) en de Côtes de Provence (sinds 1955).
In de Médoc kent men sinds 1932 ook de vermelding 'cru bourgeois'. In de Bourgogne maken vermeldingen als 'premier cru' of 'grand cru' deel uit van de officiële herkomstbenaming. Deze vermeldingen zullen we bij de betreffende wijngebieden verder behandelen.
Onze reis door Frankrijk vangen we aan in de Champagne. Een beter begin is nauwelijks te be-

Onze reis beginnen we in de Champagne

13

Champagne, een wijn zonder weerga

denken. Vanaf de Champagne maken we, met de klok mee, een ronde door de Franse wijngaarden. We zullen achtereenvolgens het noordoosten bezoeken, dan de Elzas, de Jura, de Bourgogne, de Rhône, de Savoie, de Provence, de Languedoc-Roussillon, het zuidwesten, Bordeaux, de Auvergne en uiteindelijk de Loire, waar we onze reis zullen beëindigen.

Champagne: het geheim van een bruisend leven

Champagne, symbool bij uitstek van sprankelende feestvreugde, mag maar in één gebied ter wereld worden geproduceerd en dat is in de Champagne in Frankrijk. Geen andere wijn, waar dan ook, in of buiten Frankrijk gemaakt, hoe goed ook, mag de prestigieuze naam 'Champagne' voeren. Champagne is een wijn zonder weerga.

De streek

Op ca. 150 km ten noordoosten van Parijs vindt men het historische hart van de streek, Reims. Het iets zuidelijker gelegen Epernay is het geografische hart van de streek. De Champagne is onderverdeeld in vier grote regio's: de Montagne de Reims (hellingen ten zuiden van Reims), de Vallée de la Marne (het dal van de Marne, van Château-Thierry tot aan Châlon-sur-Marne), de Côte des Blancs (heuvelrug ten zuiden van Epernay) en ten slotte de Côte de Bar in het departement Aube, tussen Bar-sur-Seine en Bar-sur-Aube. Elk van deze regio's heeft een eigen geografische identiteit. Dit komt door de talloze verschillen in ligging, zonne-uren, reliëf en bodem en ten slotte door de verschillende druivenaanplant. Dit maakt elke regio uniek, met een eigen karakter en potentie. In Champagne zijn meer dan 300 verschillende terroirs, hier 'crus' genoemd, die allemaal even uniek zijn en de ziel van de talloze dorpen vertolken.

Glooiende heuvels van krijt

De bodem

De krijtachtige bodem van de zachtglooiende heuvels is bedekt met een dun laagje leem. De wijnranken dringen zeer diep door in de krijtrotsen (soms 5 m diep) om de nodige voedingsstoffen en water te vinden. Naast een waterregulerende functie hebben de krijtrotsen ook een warmteregulerende functie.

De druiven

Slechts drie verschillende druivenrassen worden hier toegelaten. Alle drie geven de Champagne (in combinatie met de bodem) een eigen karakter. De pinot noir geeft vooral ruggengraat en volheid. De chardonnay is verantwoordelijk voor de elegante zuren en de verfijnde smaak. De pinot meunier geeft de wijn een fris en levendig karakter.

Champagne Brut zonder jaartal   *Champagne Brut met jaartal (millésimé)*

De verschillende typen Champagne op een rij

Op sommige etiketten treft u de vermeldingen 'grand cru' of 'premier cru' aan. Deze benamingen zijn beslist geen garantie voor de kwaliteit van de champagne. Ze hebben alleen betrekking op de kwaliteit van het basismateriaal: de druiven. De beste terroirs van de Champagne –waar theoretisch ook de beste druiven vandaan zouden moeten komen– worden op de kwaliteitsschaal op 100% geïndexeerd. Dat wil zeggen dat de wijnboeren die druiven op deze percelen verbouwen, de volle vastgestelde prijs kunnen vragen voor hun druiven. Deze 100% terroirs mogen de vermelding 'grand cru' dragen. De kwalitatief iets lager ingeschatte 'premiers crus'-terroirs mogen slechts 90% tot 99% van de vastgestelde prijs vragen. Voor alle andere terroirs mag maximaal 89% van de prijs gevraagd worden. Maar zelfs met prima basismateriaal als uitgangspunt zal een matige wijnmaker alleen matige Champagne maken.

EXTRA BRUT/BRUT SAUVAGE/ULTRA BRUT
Deze wijn is zeer droog. Na het dégorgement werd de extra brut uitsluitend met dezelfde wijn bijgevuld en bevat dus zo goed als geen restsuiker (max. 0,6% vol.). Maar weinig mensen zijn gecharmeerd van zulke krijtdroge Champagne.

BRUT (ZONDER JAARTAL)
Dit is eigenlijk het meest gedronken type Champagne. Droog, maar niet te droog, bevat dit visitekaartje van de champagnehuizen maximaal 1,5% vol. restsuikers. De brut bestaat uit een assemblage van de drie klassieke druiven chardonnay, pinot noir en pinot meunier. Ze komen doorgaans uit verschillende delen van de Champagne en uit verschillende jaren.
Een jonge brut is fris en onstuimig. De kleur is lichtgeel, soms met roséschitteringen. Afhankelijk van de assemblage ruikt een jonge brut naar witte (amandel, groene appel) of rode vruchten (druiven,

framboos), met een hint van warm witbrood. Het is een zeer geschikt aperitief, maar kan ook geschonken worden bij de meeste lichte voorgerechten.
Een rijpe brut (ouder dan drie jaar) zal minder fris, maar wat voller en kruidiger smaken. De kleur neigt naar donkergeel met oranje nuances, de geur heeft iets van een rijpe appel, droge vruchten, kruiden of soms van zwarte kersen of zwarte bessen (veel pinot noir). Qua geur en smaak heeft hij een hint van luxebroodjes of Franse brioche. De wijn is uitstekend bij vis- of witvleesgerechten.
De belegen bruts (ouder dan vijf jaar) zijn wat minder wild wat betreft hun koolzuur, maar bezitten een volle, complexe en zeer rijke, bijna romige smaak. De kleur is donkergeel met bruine nuances. De geur doet denken aan geroosterde noten en droge vruchten, met hier en daar wat tertiaire aroma's van koffie en soms zelfs van wat oud leer. Deze wijn kan bij elke gelegenheid gedronken worden.

BRUT MILLÉSIMÉ (MET JAARTAL)
Deze brut met jaartal heeft eigenlijk dezelfde eigenschappen als de gewone brut, maar wordt uitsluitend in topjaren gemaakt.

BRUT BLANC DE BLANCS
'Blanc de Blancs'-Champagnes zijn gemaakt van uitsluitend chardonnaydruiven. Het is dus witte wijn uit witte druiven. Hij kan met of zonder jaartal op de markt komen. Het is meestal een frisse, fruitige wijn met zeer fijne zuren. De kleur is lichtgeel met een groen zweempje als hij jong is en neigt steeds meer naar geel en goudkleur als hij ouder wordt. Een jonge brut blanc de blancs heeft verleidelijke aroma's van citrusvruchten, verse munt, weidebloemetjes en een bijna onbeschaamde frisheid. Een rijpe brut blanc

Cuvée Brut Blanc de Blancs Millésimé

de blancs neigt meer naar de geur van een zomers boeket versgesneden veldbloemen, rijpe vruchten en een hint van lindebloesem. Hoewel nog zeer fris, bezit deze wijn meer rondeur en kracht dan als hij jong is. De smaak is veel voller en evenwichtiger. Een belegen brut blanc de blancs is een schaal vol verse exotische vruchten, met hints van versgemalen peper en specerijen.

BRUT BLANC DE NOIRS

Deze wijn is uiterst zeldzaam in de Champagne. Het gaat hier om een stevige en zeer smaakvolle witte wijn, verkregen uit de blauwzwarte druiven pinot noir en pinot meunier.

EXTRA DRY/EXTRA SEC

U ziet hem zelden in Europa, omdat deze wijn meer voor de Engelse of Amerikaanse markt is bedoeld. Onder het motto 'call them dry, make them sweet' bevat deze 'extra dry' Champagne toch ongeveer 1,2% tot 2% restsuikers.

SEC

Verwarrend. Hier geldt dezelfde opmerking als boven. Deze wijn is niet echt droog. Hij bevat zelfs tussen de 1,7% en 3,5% restsuikers.

DEMI-SEC

Deze wijn is lieflijk, lichtzoet en heeft 3,3% tot 5% restsuikers.

DOUX

Hij is de zoetste van allemaal met minimaal 5% restsuikers.

ROSÉ

De Champagne Rosé wordt gemaakt uit stille rode wijn (cumières, bouzy) uit de Champagne, die aan de cuvée worden toegevoegd. Champagne Rosé komt op de markt als gewone brut, brut millésimé en brut demi-sec. De kleur varieert van lichtroze, zalmkleurig, tot frambooskleurig of zelfs licht kersenrood. Champagne Rosé is een ware verleider en een uitstekend aperitief. Aan tafel is deze rosé vooral charmant bij vleeswaren en gevogelte.

Rosé Champagne zonder jaartal   *Cuvée Rosé Champagne Millésimé*

De andere wijnen uit de Champagne

Naast de mousserende wijnen levert de Champagne ook enkele stille wijnen.

CÔTEAUX CHAMPENOIS

Sinds 1974 is dit een A.O.C. De wijn is verkrijgbaar in wit, rood en rosé. Het zijn stuk voor stuk uiterst zeldzame wijnen, overblijfselen uit een ver verleden. De bekendste rode wijn draagt de naam van zijn dorp: Bouzy, Cumières of Ambonnay. De Côteaux Champenois kunnen het beste jong gedronken worden. De rode wijn schenkt men hier gekoeld (±10 °C).

Côteaux Champenois   *Rosé des Riceys*

ROSÉ DES RICEYS

Hij is uiterst zeldzaam en zonder enige twijfel een van de beste Franse rosés. De eenvoudige Rosé des Riceys moet jong en gekoeld gedronken worden. De op hout gerijpte wijn kan veel langer liggen (meer dan tien jaar). U dient de wijn minder koel (10-12 °C) bij de maaltijd te schenken.

Het noordoosten: de vergeten wijngaarden

Ooit was er in Lotharingen een florissante wijnbouw. Aan het einde van de 19e eeuw besloegen de wijngaarden een oppervlakte van maar liefst 30.000 ha en genoten de Franse moezelwijnen grote faam in Frankrijk en zelfs ver daarbuiten. De phylloxeraplaag, gevolgd door economische labiliteit en de vernietigende Eerste Wereldoorlog maakten een einde aan de aspiraties van de plaatselijke wijnboeren. Pas na de Tweede Wereldoorlog begon een nieuwe generatie wijnboeren aan de wederopbouw van de wijngaarden. Hun pogingen werden uiteindelijk in 1951 beloond, toen de overheid de wijngebieden rondom Toul en de Franse Moezel definitief erkende.

VINS DE MOSELLE

Langs de zachtglooiende hellingen in het dal van de Franse Moezel (moeder van de Luxemburgse Moezel en Duitse Moezel) liggen de kleine wijngaarden op een bodem van sedimenten. 19 Dorpen mogen deze vins de Moselle verbouwen, maar het gros van de productie vindt plaats in de buurt van Metz. Hier wordt weinig geproduceerd, ook omdat de wijngaarden te veel verspreid liggen. De hier geproduceerde wijnen zijn voornamelijk frisse witte wijnen, die met veel fruit en finesse zijn gemaakt van de pinot blanc of auxerrois. De zeldzamere wijn van de pinot gris is van uitmuntende kwaliteit en voor een heel schappelijke prijs verkrijgbaar. De rode wijn, gemaakt van de pinot noir en gamay, is fruitig en aangenaam, maar mist de finesse van de witte wijn.

CÔTES DE TOUL

Iets zuidelijker dan de vins de Moselle liggen de wijngaarden van de Côtes de Toul, ten westen van het stadje Toul aan de oevers van zo'n typerende bocht van de Moezel. De wijngaarden liggen over 8 gemeenten verspreid op een bodem van sedimenten, klei en kalkbrokken. De goede drainage, de

perfecte ligging ten opzichte van de zon en het zachte klimaat maken dit wijngebied tot een van de interessantste van Frankrijk. Vrijwel de hele productie van dit nog vrij onbekende gebied, dat te klein is voor grootschalige export, wordt ter plaatse genuttigd, thuis of in de vele restaurants van Lotharingen. De specialiteit van Toul is zonder twijfel de lichtgekleurde, frisse, elegante, ronde en gulle rosé, de Gris de

Côtes de Toul

Toul, gemaakt van de gamay. Naast deze bijzondere rosé wordt ook frisse, aangename en elegante witte wijn van de auxerrois gemaakt en lekkere, eigenwijze rode wijn van de pinot noir. Ten slotte wordt hier ook –zij het op beperkte schaal– prachtige mousserende wijn geproduceerd, waaronder een uitstekende méthode traditionnelle. De wijn van de Côtes de Toul is beslist ondergewaardeerd en verdient eerherstel.

De glooiende heuvels van de Elzas

Elzasser dorp

De Elzas

Hoewel de Elzas tamelijk noordelijk ligt, heeft zij een uitzonderlijk gunstig klimaat. De Vogezen fungeren als natuurlijke bescherming tegen de westenwind en de regen. Hierdoor heeft Colmar dezelfde lage hoeveelheid neerslag als het uiterst zuidelijk gelegen Perpignan. De zomers zijn warm, de winters niet extreem koud. De lente is zacht en regenachtig, terwijl de herfst vaak warm en droog is. Omdat de meeste wijngaarden op het zuiden of zuidoosten liggen, zijn uitstekende voorwaarden voor kwalitatief hoogstaande wijnbouw gegarandeerd.

De zeven Elzasser druiven

Bij de meeste Franse wijnen is de herkomstbenaming de belangrijkste informatie die op het etiket staat. In de Elzas heten alle wijnen 'Appellation Alsace Contrôlée', maar zij worden vooral aan hun druivensoort herkend. Zo bestelt men overal in Frankrijk een Riesling, een Sylvaner, een Gewürztraminer, een Pinot Blanc, een Pinot Noir of een Tokay-Pinot Gris. Iedereen weet meteen dat het om een Elzasser gaat. Alleen bij de Muscat wordt de streeknaam erbij vermeld, omdat er in Frankrijk verschillende typen Muscat zijn (zoals de zoete wijn uit het zuiden). Dit geldt voor geen enkel ander gebied in Frankrijk.

SYLVANER

Wijn van de sylvanerdruif is aangenaam, licht, fris en dorstlessend.

PINOT BLANC

Een van de meest aangeplante druiven in de Elzas. Deze wijn is fris en soepel en meestal weinig uitgesproken van smaak. Daarom past hij eigenlijk overal bij. Een andere telg uit de pinot blanc-familie, de Auxerrois, wordt vaak onder zijn eigen

Pinot Blanc

naam verkocht. U treft de Pinot Blanc ook wel eens aan onder de oude plaatselijke benaming Clevner of Klevner.

MUSCAT D'ALSACE

Muscat herken je meteen aan de zwoele, bijzonder aromatische geur, die direct doet denken aan de rijpe muskaatdruiven. In de Elzas wordt de Muscat altijd droog gevinifieerd, in tegenstelling tot de zuidelijke Muscat. Geen andere wijn weet de essentie in geur en smaak van de verse druiven te behouden als de Muscat.

RIESLING

Overal ter wereld wordt de riesling gezien als een edele druif. In de Elzas bereikt de riesling een uitmuntende kwaliteit. De wijn is elegant, fris en delicaat. Afhankelijk van de ondergrond toont hij hints van fruit, bloemetjes of zelfs mineralen. Betere Riesling heeft veel karakter en is verfijnd tegelijk. Hij kan uitstekend aan tafel geschonken worden.

GEWÜRZTRAMINER

Als men aan de Elzas denkt, denkt men aan gewürztraminer. Wijn van de gewürztraminer heeft veel karakter, een volle kleur, een intense en bijna exotische geur van tropische vruchten (lychee, grapefruit), inheemse vruchten (kweepeer), bloemen (acacia, rozen) of kruiden (kaneel, peper, kruidnagel), en een volle gulle, ronde structuur.

TOKAY-PINOT GRIS

De Elzasser pinot gris verdient alle lof. De wijn is donker van kleur en bezit een heel expressieve geur, waarin vooral kruiden de boventoon voeren. De smaak is net als de geur, krachtig, vol en intens complex.

PINOT NOIR

Er is slechts één rode druif. Eigenlijk zijn er drie soorten Pinot Noir. Allereerst zijn dat de gulle, frisse en vriendelijke rosés. Hoger op de wijnschaal staat de lichtrode Pinot Noir, die het meest op een eenvoudige Bourgogne lijkt. Hij heeft een typische geur en smaak van rood fruit (kersen). Ten slotte is er de betere rode Pinot Noir, waarvan tijdens de vi-

Tokay Pinot Gris   *Pinot Noir*

nificatie doorlopend sap onderuit de gisttanks of kuipen getapt werd en weer op de schillenhoed werd gegoten. Dit versterkt de afgifte van kleur- en smaakstoffen en maakt de wijn voller. Deze Pinot Noirs 'vinifiés en rouge' worden meestal gerijpt in grote eikenhouten vaten. De topselecties komen uit de oudste wijngaarden en worden op het etiket met 'cuvée vieilles vignes' aangeduid.

ANDERE DRUIVENSOORTEN

Naast de welbekende hiervoor genoemde druiven worden hier nog twee druiven vermeld. De eerste, de chardonnay, is wel aangeplant in de Elzas, maar wordt uitsluitend gebruikt voor mousserende wijn. De tweede, de klevener, is een heel oude Elzasser druif, beter bekend als traminer of savagnin in de naburige Jura. Ooit werd de druivensoort veel toegepast, maar hij werd geleidelijk vervangen door de veel aromatischer gewürztraminer. Aan tafel is de klevener zeer geschikt.

De Franse Jura

De streek

Het departement Jura ligt in Oost-Frankrijk, in Franche-Comté, tussen de Bourgondische Côte d'Or en Zwitserland. Deze smalle strook wijngaarden, in de Jura 'Bon Pays' (het Goede Land) of 'Revermont' (de rug van de heuvel) genoemd, strekt zich in een lichte boog uit over circa 100 km op de noord-zuidas. De wijngaarden liggen op de zachthellende heuvelruggen (revermont) van het krijtplateau van de Jura, op een hoogte van 250 tot 480 m, op een ondergrond van mergelaarde met hier en daar wat afgebrokkelde kalkblokken. Het klimaat is semi-continentaal met typische strenge winters, een vroege en zachte lente, zeer warme zomers en een warme nazomer. Dit zijn ideale omstandigheden voor de wijnbouw.

De vijf druivensoorten

Slechts vijf druivensoorten zijn hier toegestaan voor de productie van de A.O.C. (gegarandeerde her-

Riesling   *Gewürztraminer*

"Op mijn heuvel ligt een wijngaard ..."

Eeuwenoude wijnkelders in Arbois

komstbenaming)-wijn. De chardonnay, die rond de 14e eeuw uit het naburige Bourgogne werd geïmporteerd, vertegenwoordigt ongeveer 45% van de druivenaanplant. Het is een gemakkelijke druif. Hij komt meestal probleemloos tot volle rijping rond half september, hij bevat veel suikers (dus veel alcohol in potentie) en levert zeer florale, fruitige en gulle wijn op.

De savagnin (15% van de aanplant) is hier bijzonder geliefd. Het is een inheemse druif en deze plaat-

Hier maakt men veel wijnen van de savagnin

selijke variant van de traminer brengt de mooiste wijnen uit de Jura voort, de beroemde vins jaunes. Deze laatrijpe druif wordt vaak als laatste, eind oktober, geoogst.

De pinot noir komt ook uit de Bourgogne en is al in de 15e eeuw naar de Jura gebracht. Hij is snel rijp en heeft veel smaak. Deze druif wordt hier bijna nooit alleen gebruikt, maar in combinatie met de poulsard, waardoor hij wat meer kleur en ruggengraat krijgt.

De trousseau (5%) is ook een inheemse druif, die goed gedijt op de warme zanderige grond in het noorden van het wijngebied. Hij bloeit vrij laat en levert zeer kleurrijke en geconcentreerde sappen op. Een trousseauwijn komt tot ongehoorde hoogte na tien jaren rust in een goede kelder. Helaas is deze wijn vrij zeldzaam en geniet hij nog te weinig faam. Mocht u in de gelegenheid zijn deze wijn te proeven, dan moet u dat zeker doen.

Ten slotte de poulsard (20%), deze inheemse druif geeft een heel mooie lichtrode kleur aan de wijn en bevat veel fruitige en wilde aroma's. De poulsard wordt gebruikt voor lichte rode wijnen, maar ook voor rosés, zoals de beroemde Pupillin Rosé.

De vier regionale herkomstbenamingen van de Jura

CHÂTEAU-CHÂLON

Het dorp van Château-Châlon domineert letterlijk en figuurlijk de hele streek. Het ligt op 450 m hoogte, middenin de Jura en staat aan de wieg van de koning van alle Jurawijn, de vin jaune, die uitsluitend van savagnindruiven gemaakt wordt. In de hele Jura mag men 'vins jaunes' maken. De allerbeste komt echter uit het dorpje Château-Châlon. Deze wijn is van zeer hoge kwaliteit en wordt niet elk jaar gemaakt. Het proces van de wijnbereiding is als de overige 'vins jaunes', met dit verschil dat er nog extra op kwaliteit gecontroleerd wordt.

De vins jaunes, inclusief die van Château-Châlon, worden gebotteld in een speciale, dikbuikige fles, die een afwijkende inhoud van 62 cl heeft, de clavelin geheten; slechts 62 cl, omdat dat namelijk

Château-Châlon

overblijft van een liter jonge wijn na zes jaar en drie maanden rijpen op het vat. De Clavelin van Château-Châlon draagt als enige een sierlijk zegel om de hals.

L'ÉTOILE
Niemand weet precies te vertellen waar dit dorp zijn naam aan te danken heeft (étoile betekent 'ster' in het Frans). Wellicht heeft het te maken met de vijf omringende heuvels, die samen een ster lijken te vormen of met de vijf prachtige kastelen in de directe omgeving. Of is de naam misschien gerelateerd aan de vondsten van schelpdieren en zeesterren in de krijtachtige grond van de wijngaarden? Op ongeveer 80 ha wordt hier kwalitatief zeer hoogwaardige witte en mousserende wijn gemaakt.

ARBOIS
De wijngaarden rondom het sympathieke stadje Arbois leveren de grootste hoeveelheid wijn van de Jura op. Maar dat op deze 800 ha ook bijzondere kwaliteit wijn met een eigen karakter geproduceerd wordt, blijkt uit het feit dat de wijn van Arbois als eerste Franse wijn een appellation d'origine contrôlée mocht dragen. Er wordt hier vooral witte en rode wijn gemaakt, en een beetje rosé (Pupillin).

Arbois Rouge

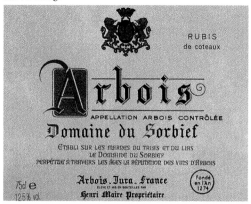

Arbois Pupillin Rosé

Arbois Blanc Chardonnay

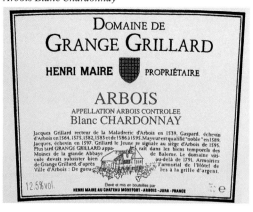

CÔTES DU JURA
Dit is de naam voor een bonte verzameling van witte, rode, rosé en mousserende wijn, vins jaunes, vins de paille. De wijn valt niet onder de eerder genoemde drie herkomstbenamingen. Het is ongelooflijk dat op zo'n kleine oppervlakte zo veel zo verschillende kwaliteitswijnen gemaakt worden.
De witte wijn van pure chardonnay heeft een lichtgele kleur en ruikt naar verse druiven. Na twee of drie jaar rijpen op vat krijgt hij zijn typische vuursteenaroma. Wijnen van chardonnay én savagnin hebben een nog sterkere terroirgeur en smaak. Wijn van puur savagnin is vooral erg delicaat en aromatisch.
De rosé van de poulsard is elegant en subtiel. Hij heeft vaak een koraalachtige kleur en is bijzonder sappig en vol.
De rode wijn is ook heel typisch. Gemaakt van de poulsard lijkt hij vaak op een rosé, maar het is wel een echte rode wijn. De geur en de smaak doen aan humus en wilde bosvruchten denken. Wijn van de trousseau is daarentegen warm, tanninerijk, rond en vol, met aroma's van rode vruchten. Hij bevat dikwijls veel alcohol en kan heel oud worden.

MOUSSERENDE WIJNEN VAN DE JURA
De 'Mousseux' en de 'Crémant' komen voornamelijk uit de wijngaarden van l'Étoile en de Vernois.

Jura Mousseux

Ze worden geleverd als brut, sec of demi-sec, wit of rosé en zijn gemaakt volgens de 'methode traditionnelle' met een tweede gisting op fles.

Bourgogne

De Bourgogne is een terroir met een bodem van kalk en mergel, klei en kiezelhoudende aarde, met hier en daar wat ijzer. De strenge winters en warme zomers zorgen, samen met de bodem, voor een eigen karakter en persoonlijkheid. Hier groeien de pinot noir, de chardonnay, de aligoté, en de gamay. Bij Saint-Bris, in de Auxerrois, groeit ook een beetje sauvignon. De Bourgogne is een ingewikkelde lappendeken van wijngaarden (hier climat genoemd), dorpen, clos en cru's, onderverdeeld in vier herkomstbenamingen.

APPELLATIONS RÉGIONALES
De gewone Bourgogne, Bourgogne Grand Ordinaire en Bourgogne Passe-tout-grains zijn afkomstig uit de hele streek. De wat betere Bourgogne komt uit een afgebakend gedeelte (bijvoorbeeld Côtes de Nuits, Côtes de Beaune).

DE 53 APPELLATIONS COMMUNALES OF VILLAGES
Deze wijnen dragen de naam van een gemeente, zoals Chablis, Nuits-Saint-Georges, Vosne-Romanée of Vougeot.

DE 561 APPELLATIONS PREMIERS CRUS
Aan de verplichte vermelding van de gemeente van herkomst mogen deze wijnen de naam van een per-

Bourgogne 1er Cru

ceel ('climat') toevoegen. Deze climats zijn van dusdanige kwaliteit, dat ze het predikaat premier cru toegewezen kregen. Enkele voorbeelden zijn Chablis 1er Cru Montmains, Chambolle-Musigny Amoureuses, Puligny-Montrachet Folatières, Beaune Clos des Mouches, Beaune Grèves.

DE 32 GRANDS CRUS

Door hun constante kwaliteit hebben deze climats in de loop der eeuwen een grote faam verworven. Op het etiket mogen de wijnen volstaan met de naam van de climat. Enkele voorbeelden zijn Chablis Grand Cru Vaudésir, Echezeaux, Charmes-Chambertin, Clos de Vougeot, Bonnes Mares, Romanée Saint-Vivant, Corton, Montrachet.

De verschillende wijngebieden

Bourgogne wordt in negen geografische gebieden onderverdeeld: Chablis, Auxerrois, Côte de Nuits, Côte de Beaune, Côte Châlonnaise, Mâconnais, Beaujolais-Villages, Beaujolais en Côteaux du Lyonnais. In de praktijk vallen de laatste drie onder de Beaujolais en de Auxerrois onder de Chablis.

Chablis

PETIT CHABLIS

Deze lichte, fruitige en frisse wijn wordt jong gedronken.

CHABLIS

Echte Chablis kan oud worden, maar is ook heel lekker in zijn eerste jaar. Volledig ontwikkeld is hij pas na drie jaar. Licht goudkleurig met een groene zweem bezit een Chablis geprononceerde fruitige en vegetatieve aroma's van grapefruit, koriander, varen, liguster, (groene) asperges of zelfs artisjok. De smaak is letterlijk en figuurlijk krijtdroog, maar ook fruitig, met hier en daar een minerale ondertoon en soms wat jodium.

CHABLIS PREMIER CRU

De Chablis Premier Cru bereikt zijn top na drie à vijf jaar. Hij bezit minder diepgang dan de grands cru's, maar is sneller op dronk voor degene die geen geduld heeft.
Een Chablis Premier Cru is goudkleurig met duidelijke groene schakeringen. De geur is fruitig, maar vooral erg vegetatief: citroenmelisse, varen en een hint van koriander. De smaak is droog en doet denken aan kalkstenen met soms een tipje jodium. (Be-

Chablis, Chablis 1er Cru en Chablis Grand Cru Vaudésir

kende premiers cru's: Mont de Milieu, Montée de Tonnerre, Fourchaume, Sécher, Montmains, Vaillons.)

CHABLIS GRAND CRU

Deze wijn hoort minimaal vijf jaar te rusten na de botteling en kan zeker twintig jaar oud worden. Het zijn zeldzame wijnen, erg droog, met een goed evenwicht tussen kracht en finesse. De kleur is zeer zuiver, lichtgeel, met een miniem groen zweempje. De geur neigt sterk naar varen en koriander met hier en daar wat gekonfijte citrusvruchten. In de smaak ontdekt men vooral de krijtbodem, met hier een geprononceerde ondertoon van jodium. In de afdronk komen de gekonfijte citrusvruchten weer naar boven. (Er zijn zeven grands cru's: Vaudésir, Les Preuses, Les Clos, Grenouilles, Bougros, Valmur en Blanchots.)

Chablis Grand Cru Les Clos

Auxerrois

SAUVIGNON DE SAINT-BRIS (V.D.Q.S.)

Dit is een zeer frisse, fruitige witte wijn.

IRANCY

Dit is een fruitige, maar soms ook krachtige, tanninerijke rode wijn. Er bestaat ook een rosé van.

CRÉMANT DE BOURGOGNE

De meeste Crémants de Bourgogne worden gemaakt van druiven afkomstig uit de Auxerrois. Het is een heel frisse, gulle en vrolijke wijn.

Crémant de Bourgogne

Côte de Nuits

De Côtes de Nuits is wereldberoemd om zijn rode wijn en herbergt een groot scala aan terroirs en stijlen. Het gebied begint in Marsannay en eindigt in Corgoloin. De bodem is kalkhoudend met een onderlaag van mergel.

MARSANNAY

De rode wijn is wat stevig en stroef als hij jong is. Na enkele jaren rijping wordt de tannine wat zachter en de wijn wat ronder en vleziger, met aroma's van rode vruchten, met name kersen, zwarte bessen en aalbessen, soms een hint van pruimedanten, drop, cacao of koffie. De Rosé de Marsannay is de bekendste van de Marsannay. Hij heeft een lichte roze kleur met oranje nuances. De geur is fris en aangenaam en de smaak doet aan rode vruchtjes denken. De witte wijn is zeer fris, vol en onstuimig. Wat ouder wordt hij wat soepeler en rond. De wijn heeft een intense kleur, een typische chardonnaygeur met exotische vruchten, zoals ananas en grapefruit, en een volle smaak.

FIXIN
De Fixin is vooral bekend om zijn rode wijn. Het is meestal een vlezige, krachtige wijn met behoorlijk wat tannine als hij jong is, waardoor hij een uitstekende bewaarwijn is. Als hij jong is, is hij robijnrood van kleur en heeft een geur van kersen, aardbei en framboos. Hij heeft een geur van pruimen of zelfs leer als hij ouder wordt.

GEVREY-CHAMBERTIN
De wijn heeft een mooie robijnrode kleur, die zeer zuiver en helder is. Hij heeft typische aroma's van zwarte kersen, bramen en andere kleine vruchtjes, met soms een hint van drop. Door het rijpen op hout krijgt de wijn een bouquet van kruiden, nootmuskaat en leer. Als de wijn een respectabele leeftijd heeft bereikt, verandert dit bouquet in aardse tonen, zoals struiken, natte bladeren en paddestoelen. De tannine is krachtig, maar nooit storend, mede door de natuurlijke vettigheid van de wijn. De smaak is vol en zeer fruitig. Hij is houdbaar tussen de 10 en 20 jaar na de oogst. De Gevrey-Chambertin Premier Cru Les Cazetiers kan ik u zeer aanbevelen.

Gevrey-Chambertin *Gevrey-Chambertin Combottes*

CHAMBERTIN GRAND CRU
Het is een van de toppers uit de Bourgogne, maar tegelijk een van de moeilijkste wijnen om te maken door het grillige microklimaat. De kleur is helder, zuiver en diep robijnrood. Hij is erg intens. Een jonge Chambertin ruikt naar zwarte kersen, soms naar bittere chocolade. Na enkele jaren liggen, worden geurnuances van drop, truffel, humus ontwikkeld, die op latere leeftijd neigen naar leer en andere dier-

lijke geuren, samen met aroma's van gekonfijte vruchten. De tannine is stevig, maar ze harmonieert goed met de ronde, volle, bijna vette smaak van de wijn en de elegante, fijne zuren. In de smaak, die neigt naar zwarte kersenjam met een hint van drop, vindt u rijp fruit terug.

CHAMBERTIN CLOS DE BÈZE GRAND CRU
De wijn is al bekend sinds de 7e eeuw. Hij heeft een prachtige, diepe, donkerrode kleur, aroma's van framboos, hints van hout en kruiden, soms van gegrilde amandelen. Hij heeft een volle, krachtige smaak, vettig en goed gestructureerd. Het is beslist een bewaarwijn.

LATRICIÈRES-CHAMBERTIN GRAND CRU
Deze wijn is iets minder gestructureerd en vol dan een Chambertin Clos de Bèze. Soms zit er wat ontbijtkoek (kruiden) in de geur, met af en toe een hint van gekonfijte sinaasappel. Hij blijft zonder meer een zeer elegante wijn.

CHAPELLE-CHAMBERTIN GRAND CRU
Deze wijn is krachtig, complex en zeer goed gestructureerd. Ook hier zitten nuances van ontbijtkoek en sinaasappel in. Het is een uitstekende wijn, die ondanks zijn intrinsieke kracht fluweelzacht en soepel blijft.

CHARMES-CHAMBERTIN GRAND CRU
De wijn heeft een hele mooie kleur, een verleidelijke geur van aardbeien, zwarte kersen of frambozen, met hier en daar een hint van een abrikozenpit, lindebloesem of drop. Soms, zeker als hij nog jong is, overheerst hout nog te veel, zeker in de geur. Na enige tijd ronddraaien in het glas komt de fruitigheid terug. De afdronk is een ware belevenis: gekonfijte vruchten (kersen), exotisch hout, kruiden en specerijen. Het is een zeer klassieke, krachtige en complexe wijn, die toch genoeg fruitigheid en elegantie behoudt om charmant te zijn. Deze wijn mag u beslist niet te warm drinken (max. 18 °C).

GRIOTTE-CHAMBERTIN GRAND CRU
De aroma's van een Griotte-Chambertin zijn complex en bijzonder subtiel. Men herkent er nuances

Charmes-Chambertin *Griottes-Chambertin*

in van kersenlikeur en gekonfijte kersen, een hint van leer en een snufje nootmuskaat. Als hij wat ouder is, komen er ook nog truffel en dierlijke geuren bij. De Fransen noemen het 'wildgeur', omdat het aan goed bestorven wildvlees doet denken. De duidelijk aanwezige doch zachte tannine en het hoge alcoholpercentage zorgen voor een fluweelzachte, bijna mollige wijn. In de smaak komen de geursensaties terug, zij het wat zachter en vergezeld door elegante nuances hout. Een goede Griotte-Chambertin heeft een ongelooflijke klasse, rijkdom en complexiteit.

MAZIS-CHAMBERTIN GRAND CRU
Deze zeldzame wijn uit Chambertin is krachtig en soepel tegelijk, goed gestructureerd, complex en toch elegant en subtiel.

MAZOYÈRES-CHAMBERTIN
Dit is een elegante, charmante rode wijn met een gemiddelde structuur, niet bijster complex of krachtig, maar wel erg fruitig. U mag hem niet al te oud laten worden.

MOREY-SAINT-DENIS
Hoewel een beetje vergeten tussen de krachtige, karaktervolle wijnen van Chambertin en de delicate verleiders van Chambolle-Musigny, verdient de wijn van Morey-Saint-Denis meer erkenning. Hij bezit een heel heldere rode kleur, een geur vol vruchtenaroma's (morellen/kersen) met nuances van hout, kruiden, specerijen, humus en leer, en hij heeft een volle, fluweelzachte en zeer evenwichtige smaak. Bovendien is deze wijn zeer geschikt om lang bewaard te worden. (Een extra aanrader: de 1er cru 'Les Ruchots'.)

Morey-Saint-Denis *Morey-Saint-Denis Clos Sorbé*

CLOS DE LA ROCHE GRAND CRU
De wijn heeft een zeer diepe robijnrode kleur. In de geur herkent u weer de zwarte kersen, met soms een hint van dierlijke geuren (muskus) en bijna altijd nuances van cederhout (sigarenkistjes). Het is een grote, harmonieuze wijn, met krachtige tannine, maar ook een wijn met een fluweelzachte structuur. Hij blijft lang in de mond natalmen.

CLOS SAINT-DENIS GRAND CRU
Deze wijn heeft een mooie robijnrode kleur met granaatschitteringen, een zeer verrassende en complexe geur, waarin zwarte bessen, bramen, pruimedanten, soms muskus, kruiden, specerijen, koffie, maar ook weleens viooltjes of andere bloemen te herkennen zijn.

CLOS DES LAMBRAYS GRAND CRU
Deze wijn is een tikkeltje verlegen en vergeten. Het is een klassieke bourgogne vol fruitigheid (zwarte kersen), florale en dierlijke nuances (leer, muskus). Het is een volle, ronde wijn met veel elegantie.

CHAMBOLLE-MUSIGNY
Dit is een vrouwelijke, bijna tedere rode wijn met een zuivere robijnrode kleur, een geur vol vruchten (framboos en kers) als hij jong is, later neigend naar paddestoelen, humus of zelfs dierlijke (wilde) ondertonen. Het is een elegante en verfijnde wijn.

De betere wijn komt uit de 1er cru climats, in het bijzonder van Les Amoureuses. Een naam en een wijn om verliefd op te worden. Hier neigt de kleur weleens naar kersenrood en de aroma's variëren van frambozen tot kersenlikeur, met nuances van truffel, paddestoelen of humus. In sommige jaren ruikt de wijn iets meer naar dierlijke geuren, zoals muskus.

Chambolle Musigny *Chambolle Musigny Les Amoureuses*

Bonnes Mares *Musigny*

Het is een zeer verleidelijke wijn, die het hoofd en het hart van menigeen op hol brengt. Drink hem niet te warm, ± 17 °C.

BONNES MARES GRAND CRU
Dit is een klassieke, rasechte bourgogne met een prachtige, zeer intense en helder robijnrode kleur. Hij is enorm aromatisch: zwarte kersen, frambozen, tabak, kersenhout tot aan truffel en muskus toe als hij ouder is. Het is een zeer aangename, volle, zachte wijn met een krachtige doch elegante structuur. De smaak blijft lang nahangen.

MUSIGNY GRAND CRU
Dit is een van de parels van de Bourgogne. Hij heeft een zeer zuivere, diepe robijnrode kleur. Als hij jong is, ontwikkelt hij aroma's van viooltjes en kersenpitten. Na enkele jaren rijping op de fles wordt het bouquet bijzonder complex en rijk: humus, struiken, herfstbladeren, mos, met zeer dierlijke geuren, zoals leer of zelfs adellijk wild. Als tegenhanger voor deze krachtige geuren valt, als hij ouder is, een bijzonder zachte en ronde structuur op, die fluwelig, fris en elegant is. De smaaksensaties blijven lang natalmen. In de finale vindt u de kersenpitten terug, samen met exotisch hout.

VOUGEOT
In dit piepkleine dorpje worden grote wijnen gemaakt. Hoewel het bijna uitsluitend rode wijn is, is de zeer zeldzame Clos Blanc de Vougeot zeker een vermelding waard. De Vougeot 1er Cru is elegant, fruitig (zwarte bessen), met hier en daar wat nuances van viooltjes en drop.

CLOS DE VOUGEOT GRAND CRU
Maar liefst 70 eigenaars delen deze 50 ha grote wijngaard. De wijnen genieten wereldfaam en zijn in verhouding behoorlijk duur. Of dat helemaal terecht is, is de vraag. Bourgondische monniken hebben ooit eens deze wijngaarden met een symbolisch muurtje omheind. Belangrijk voor de bekendheid van deze wijn is verder het prachtige kasteel van Vougeot, dat nog steeds de hoofdzetel is van het beroemde Bourgondische wijnbroederschap: 'Les Chevaliers du Tastevin'.

De meeste Clos de Vougeot Grand Cru hebben een uitmuntende kwaliteit. Jonge wijn heeft een wonderschone robijnrode kleur, die later wat meer naar warmrood en oranje neigt. Ook de aroma's evolueren met de leeftijd. In het begin ruikt u framboos en wilde kersen, later neigt de geur meer naar humus, truffel en gekonfijt fruit. De structuur is stevig, maar vooral elegant. De smaak is vettig, mollig en fris tegelijk, en goed in balans. De afdronk is extreem lang en zalig.

ECHEZEAUX GRAND CRU
De wijn heeft een intense, helderrode kleur en aroma's van vruchten (zwarte bessen, bramen, kersen, framboos), pitten, cacao, cederhout (sigarenkistje). Het is een zeer sappige wijn, fris, goed gestructureerd, fluweelzacht, met een finale van bittere chocolade. Hij blijft erg lang natalmen.

GRANDS-ECHEZEAUX GRAND CRU
De wijn heeft een zeer diepe, maar bijzonder zuivere en heldere granaatrode kleur. In jonge wijn domineren de fruitige aroma's (kersen), met nuances van gebrande aroma's van cacao of bittere chocolade. Na wat rijping op de fles verandert het bouquet in humus, truffel en leer, met een hint van cederhout en tabak. Het is een zeer elegante, klassieke bourgogne met fijne tannine, fluweelzacht van structuur, fris en bijzonder harmonieus. Hij heeft een zeer lange afdronk.

VOSNE-ROMANÉE
De wijn heeft een mooie heldere kleur met fascinerende weerspiegelingen. Hij heeft een intrigerende geur van wilde kersen, aalbessen, framboos, cacao, nootmuskaat, leer en diverse vegetatieve ondertonen. Als hij ouder wordt, ontwikkelt zich vaak een duidelijke geur van zwarte truffel. Het is een zeer rijke, verfijnde, complexe wijn met een fluwelige structuur en een lange afdronk. Drink een Vosne-Romanée niet voor zijn 7e of 8e jaar.

RICHEBOURG GRAND CRU
De wijn heeft een boeiende, donkere robijnrode kleur, forse aroma's van pruimen of pruimedanten, zwarte kersen, rood fruit (aalbessen), met hints van

Clos de Vougeot   *Echezeaux*   *Grands Echezeaux*   *Vosne-Romanée*

Vosne-Romanée 1er cru

cacao, gebrande vanille, kruiden en dierlijke geuren. Hij heeft een zeer krachtige smaak, enorm geconcentreerd, met een uitstekend potentieel om lang te bewaren, een echte bewaarwijn.

LA ROMANÉE GRAND CRU

Het is een van de kleinste wijngaarden van Frankrijk, maar wat voor een. De wijn bezit een zeer intense, robijnrode kleur met vurige weerspiegelingen. De geur doet denken aan rode vruchten, kersenlikeur en gekonfijt fruit. Het is een uiterst geconcentreerde wijn, fluweelzacht en gul.

LA ROMANÉE-CONTI GRAND CRU

Hier geldt hetzelfde als voor de wijn van La Romanée, zij het dat deze wijn misschien wat fijner en eleganter is, met een duidelijke expressie van de terroir. Het is een sublieme wijn voor de happy few en een van de indrukwekkendste ervaringen in het leven van een wijndrinker.

ROMANÉE-SAINT-VIVANT GRAND CRU

Zoals de andere grands cru's uit Romanée bezit deze wijn een diepe, intense robijnrode kleur. De jeugdige aroma's van bramen, frambozen, zwarte kersen, gekonfijt fruit en vruchtenlikeur maken later plaats voor een wat vegetatiever bouquet met nuances van mos, humus, truffel en adellijk wild. De structuur is vol en stevig, de smaak is fris, elegant en sappig. In de afdronk herkent u rijpe vruchten en een snufje exotische specerijen. Laat deze wijn minstens 10 tot 15 jaar liggen.

Romanée-Saint-Vivant

LA GRANDE RUE GRAND CRU

Deze wijn is minder bekend en minder complex dan zijn grote broers van Vosne-Romanée. De herkomstbenaming (sinds 1992) is nog vrij jong en hij moet nog bewijzen dat hij een aanwinst is voor de streek.

CÔTES DE NUITS-VILLAGES

De wijn is misschien iets typischer dan de gewone côtes de nuits en heeft iets meer terroir. Hij heeft een robijnrode kleur, zuiver en helder, verleidelijke aroma's van kersen en andere kleine rode en zwarte bosvruchtjes, met een hint van kruiden en specerij-

Côtes de Nuits Villages

en in de geur en de smaak. Na enkele jaren rijping op fles ontwikkelt zich een bouquet van paddestoelen en humus. Deze wijn is nog een beetje stroef en onstuimig als hij jong is en wordt na enkele jaren zacht en soepel. Drink deze prachtige en in verhouding vrij goedkope wijn tussen de 16-18 °C.

NUITS-SAINT-GEORGES

Hij is granaatrood van kleur en heeft intense maar verfijnde aroma's van kersen, hout en kruiden, die, als hij ouder wordt, veranderen in een typische geur van adellijk wild. De smaak is koppig, vlezig, sappig en fluwelig tegelijk. In de nasmaak proeft u vaak een grote concentratie van rijpe vruchten, met hier en daar wat specerijen. Drink deze wijn niet te jong, zeker niet voor zijn tiende jaar, maar ook niet te warm (16-17 °C).

Nuits-Saint-Georges

Nuits-Saint-Georges Les Boudots

Côte de Beaune

In de Côte de Beaune, tussen Ladoix-Serrigny en Maranges, zijn vooral de witte wijnen bekend.

LADOIX (uitspraak: 'Ladoa')

Dit is weer een voorbeeld van een nog te onbekende wijn. Toch zitten wij hier in de directe nabijheid van de wereldberoemde wijngaarden van Corton. De wijn heeft een robijnrode kleur met amberkleurige nuances. Hij heeft verleidelijke aroma's, waarin kruiden, leer en humus de boventoon voeren. De smaak is zacht en fruitig met een lange afdronk. Drink deze Ladoix op ongeveer 16 °C. Open hem een tijdje van tevoren om hem te laten luchten. Er wordt ook een beetje witte Ladoix gemaakt, die droog, licht vegetatief van geur is, met een hint van hazelnoten en andere droge vruchten. Het is een charmante, geconcentreerde wijn.

ALOXE-CORTON

Dit is een stevige, geconcentreerde wijn, die goed vervoerd kan worden. De kleur is wel eens een beetje vreemd, vol en diep, variërend tussen oker en roestkleur. Dit komt door de aanwezigheid van veel ijzer in de grond. In de geur ruikt u allerlei rode en rijpe vruchten, van kersen, pruimen tot frambozen, bramen en zwarte bessen. Het is een voortreffelijke wijn, vol en krachtig, met nuances van kruiden en hout in de lange afdronk.

Aloxe-Corton   *Corton*

PERNAND-VERGELESSES

Er bestaan witte en rode wijnen van. De witte wijnen zijn zeldzamer en ook minder bekend. Ze hebben een prachtige gouden kleur, typisch chardonnay, met een licht zweempje groen. De geur doet denken aan honing, kamperfoelie, citrusvruchten en een explosie van tropische vruchten uit betere jaren. In het begin domineert het hout soms een beetje te veel, maar dat verandert na een jaar rijping op de fles. De smaak is rijk en vol, met veel tederheid en charme.

De rode wijn heeft een robijnrode kleur, een frappante geur waarin wilde sleepruimen langs Russisch bont, hazelnoten, zwarte bessen, kruiden en chocolade strijken. De wijn heeft een fabelachtige smaak, vol en vettig, fluweelzacht en krachtig tegelijk, en een heel lange afdronk.

CORTON GRAND CRU

Dit is een bijzonder bekende wijn, niet omdat hij beter is dan andere Bourgogne, maar omdat hij door zijn structuur goed vervoerd kan worden zonder aan kwaliteit in te boeten. Hij heeft een zeer intense rode kleur, krachtige aroma's van gekonfijte vruchten, pruimen, muskus bij het ouder worden, met een hint van peper en kruiden. Deze volle, krachtige, vettige en tanninerijke wijn moet wat jaren rijpen op de fles. De smaak zal er veel beter van worden. Hij heeft een erg lange en volle afdronk. Dit is typisch een winterwijn.

CORTON-CHARLEMAGNE GRAND CRU

De wijngaarden voor deze magnifieke witte wijn zouden zijn aangelegd in opdracht van keizer Karel de Grote (Charlemagne). Hij was bekend om zijn ijdelheid en dol op rode wijn. Hij morste echter zo veel op zijn prachtige witte baard, dat hij –met veel tegenzin– over moest gaan op witte wijn. Dat moest wel een goede zijn en vandaar. Dit is een zeer zuivere, heldere witte wijn, met een typische chardonnaygeur, waarin warme boter, toast, gegrilde amandelen, hazelnoten, met hier en daar een hint van honing en mineralen herkenbaar zijn. Het is een zeer volle, bijna gezette wijn, die zich als een perfecte ambassadeur van het goede bourgondische leven weet te presenteren. Drink de wijn zeker niet te koud (12-14 °C).

Corton-Charlemagne   *Savigny-lès-Beaune*

SAVIGNY-LÈS-BEAUNE

Dit is een prachtige witte wijn met een brede schakering van fruitige, florale en zelfs minerale aroma's. Hij is vol en elegant en heeft soms een mollige ondertoon. Hij is bijzonder smaakvol met nuances van witte vruchten (appel, peer of perzik) en iets van versgeroosterd brood met smeltende roomboter.

Misschien is de rode wijn van Savigny bekender. Hij heeft een mooie robijnrode kleur, aroma's van wilde vruchtjes en een snufje peper, dat zeer karakteristiek is voor het gebied. Het is een lekkere, delicate en soepele wijn.

CHOREY-LÈS-BEAUNE

Dit is een prachtige wijn om naar te kijken, met zijn zuivere, heldere en sierlijke kersenrode kleur. Hij heeft bijzonder intense, vooral fruitige aroma's (frambozen, granaatappel, bramen, kersen), die later veranderen in de klassieke geuren van gekonfijt fruit, humus en wild. Het is een niet echt gecompliceerde wijn, met een goede structuur en een volle, soepele en vooral fluweelzachte smaak.

Chorey-lès-Beaune

BEAUNE

De zeer oude wijngaarden rondom Beaune produceren talloze uitstekende rode wijnen. De kracht van dit wijngebied zit in de 1er cru percelen, waaronder 'Les Grèves' de bekendste en waarschijnlijk de beste is. De wijn is zeer kleurrijk, diep en helder. De jeugdige aroma's van rode vruchten en kruiden, met hier en daar een hint van zwarte bessen maakt al snel plaats voor forsere aroma's die vaak aan rook en tabak doen denken. Het is een zeer geconcentreerde wijn, fors en complex, die wat zachter wordt na enkele jaren rijping op de fles.

Beaune Grèves

Beaune Clos des Mouches blanc

De witte wijnen zijn licht goudkleurig en zeer helder. De geur doet denken aan boter, honing, amandel, citroenmelisse, later aan hazelnoten en gegrilde droge vruchten. Serveer deze wijn niet te koud (13-14 °C).
De rode Clos des Mouches heeft een lichte robijnrode kleur en aroma's van rijpe kersen, kruiden met wat rokerige nuances. Het is een volle, elegante maar, krachtige wijn. Schenk hem niet te warm (16-18 °C).

Beaune Clos des Mouches rouge

Côtes de Beaune Villages

CÔTES DE BEAUNE

Dit is een zeldzame rode wijn. Over het algemeen is het een vrij tanninerijke wijn.

CÔTES DE BEAUNE VILLAGES

Afkomstig uit de wijngaarden van ongeveer zestien dorpen. Het is een prima rode wijn, die men hier het liefst jong drinkt, binnen drie tot vijf jaar na de oogst. Drink deze wijn op ongeveer 17 °C.

POMMARD

Zonder enig twijfel de bekendste bourgondische herkomstbenaming ter wereld. De naam klinkt, zoals de wijn smaakt, als een donderslag op een warme herfstavond. Hij heeft een uiterst boeiende rode kleur, een zeer krachtige geur (zwarte kersen, kruiden, leer) en smaak. Het is een volle, vettige wijn, krachtig en harmonieus tegelijk. Een ouderwetsere Bourgogne is bijna niet mogelijk.

Pommard   *Pommard Epenots*

VOLNAY

Deze rode wijn is vreemd genoeg bekender en geliefder bij schilders, beeldhouwers en schrijvers dan bij gastronomen. Misschien komt dat door zijn bijna artistieke, tedere en vrouwelijke kant. Volnay is zeker geen machowijn. Hij heeft een heldere rode kleur en is zeer zuiver. Hij heeft aroma's van viooltjes en zwarte bessen of sleepruimen als hij jong is, die later veranderen in een complex bouquet met een schakering van vruchten, bloemen, kruiden en paddestoelen. Het is een ronde, fluwelige wijn, een en al sensualiteit.

Volnay, Volnay Chevrêt en Volnay Santenots

De betere wijn komt hier ook uit de 1er cru wijngaarden. Deze wijn verdient iets geraffineerdere schotels.

MONTHÉLIE

Monthélie is op een onverklaarbare wijze nog steeds niet echt ontdekt. Hier worden toch ook bijzonder leuke witte en rode wijn gemaakt, die beslist niet onderdoen voor die van het naburige Volnay. Het is dus wijn voor de slimmeriken, die kwaliteit voor een lagere prijs willen. De witte wijn is niet de beste van de twee. Het is klassieke bourgondische Chardonnay met veel boter en (soms te veel) hout in de geur en met een zachte, volle smaak. De betere witte Monthélie bezit ook de specifieke nuances van toast, witte bloemen en honing, met hier en daar wat blonde tabak.
De rode Monthéliewijn heeft een verleidelijke, heldere en vrolijke rode kleur. De geur is zeer fruitig als hij jong is (bramen, blauwe bosbessen, zwarte bessen) met soms wat nuances van bloemen (viooltjes). Als hij ouder is, verandert dit in de klassieke humus- en paddestoelengeuren, terwijl de fruitigheid meer aan ouderwetse huisgemaakte jam doet denken. Het is een rijke, soepele, gulle, vriendelijke wijn, die zich pas na enkele jaren rijping op de fles volledig geeft.

AUXEY-DURESSES

Dezelfde heuvel heeft twee zeer verschillende kanten. Aan de ene kant wordt rode en aan de andere witte wijn gemaakt.
De witte Auxey-Duresses is lichtgeel van kleur, zeer aromatisch (fruitig en mineraal) met soms een hint van exotische vruchten (mango). De smaak is warm, open en gul.
De rode Auxey-Duresses steelt de show. Drink hem vooral niet te jong, want dan kan hij nog behoorlijk stroef zijn. De kleur neigt vaak naar granaatrood en de aroma's doen denken aan rijp fruit. Het is een warme, volle wijn met veel structuur.

SAINT-ROMAIN

Hoewel er ook zeer acceptabele rode wijn gemaakt wordt, is de witte wijn hier vooral de moeite waard. Het is een zeer typische Chardonnay, licht goudkleurig, soms met een zweempje groen en met verfijnde aroma's van witte bloemen en witte vruchten (peer, mirabel, perzik). In de geur en smaak zitten veel boter, hazelnoten, amandelen en soms geroosterde droge vruchten. Het is een rijke en complexe wijn.

MEURSAULT

De wijn van Meursault is vermaard in de hele wereld om zijn mooie goudgele kleur, zijn intense aroma van boter, honing, hazelnoten en lindebloesem, waarin soms verrassende nuances van wilde bloemen (meidoorn) en ontbijtkoek zitten. Hij is zijdezacht, vol, gul en heeft een lange afdronk. Geniet van een jonge Meursault als aperitief of bij lichte voorgerechten. Drink een Meursault niet onder de 12 °C.

Meursault   *Meursault-Charmes*

Er bestaat ook een rode Meursault, die fruitig en aangenaam is, maar nooit echt overtuigt.

PULIGNY-MONTRACHET

De 'gewone' Puligny-Montrachet is een schoolvoorbeeld van verfijning en complexiteit. Hij is licht goudkleurig, met aroma's van witte bloemen en vruchten, soms samen met honing, gegrilde droge vruchten, amandelen en kweepeer. In de betere jaren ontwikkelen zich ook aroma's van tropische vruchten. Het is een zeer fijne wijn, fris en zijdezacht, met een enorme schakering aan bloemen en vruchten in de smaak en in de lange afdronk.

Puligny-Montrachet   *Puligny-Montrachet Les Folatières*

De 1er cru wijn (bijvoorbeeld Folatières, Clos de la Garenne) is complexer in zijn aroma. Het aroma doet denken aan versgemaaid hooi, honing, verse amandelen, gedroogde vruchten en kruiden. Eigenlijk moeten deze wijn enkele jaren (minimaal vijf) liggen om van al zijn kwaliteiten te kunnen genieten. Drink hem niet te koud, ± 13 °C.

MONTRACHET GRAND CRU

Deze wijn is een van de pilaren waarop de goede naam van de Bourgogne, binnen en buiten Frankrijk, steunt. Hij heeft een fabelachtige lichtgouden kleur. Deze wijn heeft heel wat jaren nodig om de in de wijn gevangen aroma's tot volle ontwikkeling te laten komen. Wie hem te jong drinkt, zal teleurgesteld zijn, omdat de geur dan nog wat gesloten blijft. Wees beslist geduldig. Na ongeveer vijf jaar heeft zich een haast ondenkbaar bouquet ontwikkeld, waarin het jonge exotische fruit samengaat met geuren van exotisch hout, citrusvruchten, kruiden, lelietjes-van-dalen, perzik en amandelen. Sommige percelen voegen hier nog een licht minerale ondertoon aan toe.

De wijn is fris en rond tegelijk, vol en elegant, verfijnd en verleidelijk, en de afdronk gaat maar door. Drink deze zeldzame en kostbare wijn op ± 14 of zelfs 15 °C.

CHEVALIER-MONTRACHET GRAND CRU

Hij is goudkleurig en heeft zeer verleidelijke aroma's van boter, toast en vegetatieve ondertonen met hier en daar minerale nuances. Het is een volle, warme, gulle en sappige wijn, die zeer aromatisch van smaak is.

BÂTARD-MONTRACHET GRAND CRU

Deze andere telg uit de Montrachetfamilie hoort ook enkele jaren met rust gelaten te worden voor u er volledig van kunt genieten. De kleur is dan helder, zuiver goudgeel en de aroma's vliegen het glas uit. Hij heeft aroma's van exotisch fruit, luxebroodjes met warme roomboter, exotisch hout, amandelen en honing. Hij heeft een frisse en zijdezachte smaak met een hint van tannine en een lange afdronk. Drink deze wijn op ± 13 °C.

BIENVENUES-BÂTARD-MONTRACHET GRAND CRU

Hij is goudgeel van kleur, met een groen zweempje. Hij heeft zeer fruitige aroma's samen met wat toast, boter, citrusvruchten en soms een typische vuurstenen ondertoon.

CRIOTS-BÂTARD-MONTRACHET GRAND CRU

Dit is een zeer zeldzame witte wijn. Hij lijkt in veel opzichten op de Bienvenues-Bâtard-Montrachet, zeker wat betreft de typische vuurstenengeur en -smaak.

Montrachet

Bienvenues-Bâtard-Montrachet

CHASSAGNE-MONTRACHET

Ooit werd hier alleen rode wijn gemaakt. Nu houden de witte en rode wijnen elkaar in evenwicht. De witte Chassagne-Montrachet is licht goudkleurig en bezit een zeer intense geur, waarin men luxebroodjes of roombotercroissantjes, bloemetjes, citrusvruchten en later gegrilde amandelen en kruiden kan herkennen. In sommige wijn valt ook een minerale geur en smaak op. Over het algemeen is de witte Chassagne-Montrachet fris, karaktervol, sappig en zeer verfijnd.

Chassagne-Montrachet blanc

Chassagne-Montrachet blanc 1er cru

Chassagne-Montrachet rouge

De rode Chassagne-Montrachet heeft een donkerrode kleur en aroma's van rijpe kersen, zwarte bessen en andere bosvruchten, met hints van drop. De meeste wijn is goed gestructureerd, vol en vettig.

SAINT-AUBIN

Hier wordt ook rode wijn gemaakt, maar vooral de witte wijn houdt de eer van Saint-Aubin hoog. De kleur is licht goudgeel en de geur doet denken aan bloemen (zoals acacia), gele pruimen en amandel. Later verandert dit in gedroogde vruchten en honing. Het is een fijne, frisse en gulle wijn, met soms wat molligheid en een minerale ondertoon. Hij heeft een zeer aromatische smaak en afdronk.

SANTENAY

Dit is een robijnrode wijn met aroma's van rood fruit en bosvruchten (bramen, bosbessen). Als hij jong is, kan hij soms nog vrij stroef zijn in zijn tannine. Dit verandert na enkele jaren rijping op de fles.

Eenmaal op leeftijd ontwikkelt een goede Santenay zeer boeiende wilde aroma's van humus en truffel.

Santenay

Santenay 1er Cru

Bourgogne blanc

Bourgogne rouge

De witte wijn is over het algemeen geen hoogvlieger. Kies er een uit een 1er cru wijngaard, want die is echt de moeite waard. Het is een volle, fruitige wijn met een duidelijk herkenbaar Chardonnaykarakter: boter, luxebroodjes, toast, hazelnoten, citrusvruchten en witte bloemen.

MARANGES

Dit is een minder bekend wijngebied, waar witte en rode wijn vandaan komt.

Maranges 1er Cru

De witte wijn (kies bij voorkeur er een uit de 1er cru wijngaarden) is fruitig (abrikoos, amandel) en fris met een iets vettige smaak, die vol tederheid en elegantie is.

De rode Maranges (en zeker de 1er cru wijn) zijn van uitmuntende kwaliteit. De beste bezit een grote concentratie in kleur, geur en smaak. Het is een zeer aromatische wijn, met nuances van rijp rood fruit en zwarte kersen, drop en kruiden.

Generieke bourgogne

Voor wij naar het zuiden gaan, wil ik hier nog een paar algemenere wijnen de revue laten passeren.

BOURGOGNE

De witte Bourgogne A.C. (chardonnay) is een aromatische, frisse witte wijn. Drink hem op ongeveer 11 °C, het liefst binnen twee jaar na de oogst.

De rode Bourgogne A.C. (pinot noir) is robijnrood van kleur en ruikt naar rode vruchtjes en bosvruchtjes (frambozen, zwarte bessen, bramen, aalbessen). Het is een soepele, gulle en vriendelijke wijn. Drink hem op ± 16 °C binnen vijf jaar na de oogst.

BOURGOGNE PASSE-TOUT-GRAIN

De rode wijn wordt gemaakt van minimaal 1/3 pinot noir, waaraan gamaydruiven worden toege-

voegd. De betere wijn wordt echter meer van pinot noir gemaakt. Het is een lichte, vrolijke en gulle wijn, die jong gedronken moet worden. Voor de statistieken: er bestaat ook een zeldzame rosévariant.

BOURGOGNE-GRAND ORDINAIRE

U zult deze herkomstbenaming niet zo vaak meer aantreffen. Het klinkt maar al te 'gewoontjes' voor een Bourgogne.

Bourgogne aligoté

Toch vindt u in deze categorie vaak zeer acceptabele witte, rosé of rode wijn voor een heel redelijke prijs.

BOURGOGNE ALIGOTÉ

Deze wijn is zeer geliefd in de Bourgogne en ver daarbuiten. Deze zeer frisse wijn met vaak strakke zuren bezit veel aroma van groene appel, citroen en witte bloemetjes (meidoorn) met af en toe een hint van vuursteen.

Côte Châlonnaise

Tussen Chagny, Montagny en Couches zal de Côte Châlonnaise menig bezoeker verrassen.

BOURGOGNE CÔTE CHÂLONNAISE

Het is een vrij recente (1990) herkomstbenaming voor witte en vooral rode wijn, verspreid over 44 dorpen. De witte wijn is een lichte, florale en fruitige chardonnay (citrusvruchten, exotisch fruit), met een soepele, vettige en evenwichtige smaak. De zeer fruitige kersenrode wijn is licht en vriendelijk, warm en gul.

RULLY

Door de kalkstenen bodem krijgt deze witte en rode wijn veel aromatische finesse. De witte Rully heeft

31

een zeer zuivere en heldere witgouden kleur, zeer verleidelijke aroma's (brem, amandel, citrusvruchten) en een frisse en elegante smaak met nuances van fruit en bloemen.

De robijnrode Rully ruikt, als hij jong is, naar rode vruchtjes (bramen, zwarte bessen, aalbessen). Later evolueert dat naar rijpere vruchtengeuren met hints van tabak en humus tijdens een natte herfst. De smaak is typisch bourgondisch, vet en fris, met elegante tannine en veel fruitigheid, vooral in de afdronk.

Rully blanc   *Mercurey*

MERCUREY
De meeste witte Mercurey is een lichte, vriendelijke en vooral niet gecompliceerde aperitiefwijn.
De rode Mercurey heeft een mooie robijnrode kleur en fruitige aroma's (zwarte bessen, aalbessen, en kersen) met vaak een snufje kruiden.

GIVRY
Net als zijn buren uit Montagny is de wijn van Givry een volkomen onderschatte witte wijn van de chardonnay. Hij is dan ook bijzonder goed geprijsd voor de geboden kwaliteit. Er zijn een paar heel mooie witte Givry's met verrukkelijke aroma's van acacia, meidoorn, appel, amandel, soms ook van lindebloesem en seringen. Deze volle, vettige witte wijn kunt u terugvinden in de uiterst betrouwbare *Guide Hachette*. Drink hem bij riviervis.
De rode Givry is heel kleurrijk en intens aromatisch (aalbessen, zwarte bessen). Als hij ouder is, heeft hij een kruidige ondertoon. Het is een vlezige wijn met veel finesse en een aangename fruitige smaak.

MONTAGNY
De beste Montagny heeft een licht en onopvallend kleurtje, maar met een bijzonder rijke schakering aan aroma's: appel, citrusvruchten, verse amandelen, varen, hazelnoten, boter. De smaak is soepel, elegant, fris en rond.

BOURGOGNE ALIGOTÉ DE BOUZERON
Dit is de overtreffende trap van de algemene Aligoté A.C. Het is een bijzonder aangename, frisse wijn, met een verleidelijke geur van bloemetjes (roos, pioenroos) en witte vruchten, hier en daar vergezeld van wat kaneel.

Mâconnais

De Mâconnais, tussen Sennecey-le-grand en Saint-Vérand, is het domein van de snelle charmeurs.

MÂCON
MÂCON SUPÉRIEUR
MÂCON VILLAGES
Op enkele uitzonderingen na is de gewone witte Mâcon een ongecompliceerde, voortreffelijke wijn, waar men niet te lang bij hoeft na te denken.

Mâcon-Villages blanc

De rode tegenhanger is wat beter van kwaliteit. Hij wordt gemaakt van pinot noir en gamay. Hoe meer gamay in de wijn verwerkt wordt, hoe vriendelijker, guller en vaak fruitiger hij is. Sommige Mâcons met veel pinot noir kunnen echter krachtig en tanninerijk zijn, met veel structuur, zeker als hij op hout gerijpt is. De betere witte wijnen uit de Mâconnais hebben een eigen herkomstbenaming.

POUILLY-FUISSÉ
Op een kalkbodem voelt de chardonnay zich altijd prima en dat is duidelijk aan de wijn te merken. De wijn heeft een zeer heldere, licht goudgele kleur, aroma's van verse druiven en amandelen en een sappige en frisse smaak met veel elegantie. De wijn, die op eikenhouten vaten is gerijpt, ontwikkelt ook de karakteristieke aroma's van vanille, toast, hazelnoten en gegrilde amandelen.

 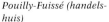 

Pouilly-Fuissé (handelshuis)   *Pouilly-Fuissé (domein)*

POUILLY-VINZELLES
POUILLY-LOCHÉ
Deze wijn is minder bekend en over het algemeen wat lichter dan de wijn van Pouilly-Fuissé. Het is vaak elegante, zeer aromatische wijn (boter, citroen, bloemen, grapefruit).

Saint-Véran

SAINT-VÉRAN

Dit is een bijzondere wijn aan de grens van de Beaujolais. (NB: de wijn schrijft u zonder 'd' aan het eind, het dorp Saint-Vérand echter wel met een 'd'.)

Beaujolais

Hoewel de Beaujolais officieel bij het gewest Bourgogne hoort, is het gebruikelijk om het als zelfstandige eenheid te behandelen. Dat doen wij omdat de wijn van de Beaujolais een eigen identiteit bezit, die nog eens versterkt wordt door de bijzonder actieve publiciteitscampagnes rond dit eigenwijze bourgondische broertje. Natuurlijk is de bekendste Beaujolais nog steeds de primeur, die jaar in jaar uit met veel tamtam gelanceerd wordt. Maar er is veel meer te ontdekken in de Beaujolais, maar liefst twaalf verschillende herkomstbenamingen.

De streek

Ongeveer 10 km onder Mâcon, in het Rhônedepartement, begint de Beaujolais. Het is een relatief klein gebied van 60 km lang en 12 km breed, dat zich uitstrekt over de heuvelruggen die aan het dal van de Saône grenzen. De streek wordt in twee subregio's onderverdeeld. In het noorden (Haut-Beaujolais) wordt de betere wijn gemaakt, de tien cru's en de Beaujolais Villages. De bodem bestaat hier voornamelijk uit graniet- en kwartsbrokken op een bed van leisteen.

Het zuidelijke gedeelte (Bas-Beaujolais) heeft een bodem bestaand uit een mengsel van klei en kalk. Hier wordt vooral de gewone Beaujolais gemaakt, wit, rosé en rood.

De wijngaarden

Maar ± 2% van de wijngaarden is aangeplant met de chardonnay. Hiervan wordt een vrij zeldzame witte Beaujolais gemaakt.

De rest van de wijngaarden is met de gamay aangeplant. Van de gamay maakt men een beetje rosé, maar voornamelijk rode wijn.

De bereiding van beaujolais

In de laatste decennia hebben de wijnboeren in de Beaujolais goed ingezien dat betere en vooral milieubewustere bescherming van de wijngaarden, gekoppeld aan een verbe-

Traditionele Beaujolais-fles: 'le pot', 50 cl

tering van de installaties en aan meer hygiëne in de wijnkelders, de kwaliteit van de wijn zeer ten goede kwam. Zo wordt nu ook veel minder sulfiet gebruikt dan voorheen en hebben de wijnboeren de vinificatietemperaturen veel beter in de hand. Op deze manier wordt het kenmerkende van bodem, klimaat en druif beter bewaakt. Helaas zijn er nog steeds wijnbedrijven in de Beaujolais die het liefst zo snel en zo goedkoop mogelijk winst willen maken – een schande voor de hardwerkende wijnboeren, die juist hun best doen om de kwaliteit en niet de kwantiteit van de wijn te verbeteren.

De macération carbonique

Wie het over Beaujolais heeft, spreekt over 'macération carbonique', de hier alom toegepaste vinificatietechniek. Dat gaat als volgt: de gamaydruiven worden zo spoedig mogelijk na de oogst in grote kuipen (hout, cement of roestvrijstaal) verzameld. Men laat de trossen met steeltjes en al intact. Door het eigen gewicht van de druiventrossen worden de onderste bessen zachtjes gekneusd. In het zo verkregen sap (10% tot 30% van het totale volume van de kuip) komt de gisting langzaam op gang. Door de gisting worden de in het sap aanwezige suikers in alcohol en koolzuurgas omgezet. Het koolzuurgas stijgt en drukt het 'hoedje' van trossen omhoog. Tijdens deze koolzuurgasinweking breekt de alcohol de kleurstoffen en tannine af, die in de gistende vloeistof op hun beurt worden opgenomen. Bovenin de kuip is de concentratie aan koolzuurgas het hoogst. Onder deze grote druk vindt er een stofwisseling plaats binnenin de druiven zelf. Deze gisten als het ware van binnenuit. Er wordt alcohol geproduceerd en het gehalte aan appelzuur wordt drastisch verlaagd. Maar net zo belangrijk en karakteristiek voor deze vinificatiemethode is dat de afwezigheid van zuurstof garant staat voor het behouden van een uitbundige fruitigheid in geur en smaak. Na deze koolzuurgasinweking, die vier tot tien dagen duurt al naar gelang het type wijn dat men wil krijgen, tapt men de 'vin de goutte' (lekwijn) af. De druivenkoek wordt dan zachtjes geperst en de zo verkregen 'vin de presse' (perswijn) wordt aan de tapwijn toegevoegd. Voor sommige cuvées wordt ook weleens uitsluitend lekwijn gebruikt. Deze wijn is vaak herkenbaar aan de hemelse benaming op het etiket: 'Paradis'. Zo noemt men in Frankrijk de zoete, zeer fruitige en aromatische lekwijn.
Als de alcoholische gisting afgelopen is, volgt de tweede gisting (malolactische gisting) waarbij de harde appelzuren in zachte melkzuren worden omgezet. De jonge wijn is dan klaar voor directe consumptie (Beaujolais Primeur) of voor verdere behandeling (Beaujolais, Beaujolais Villages, Crus du Beaujolais).

BEAUJOLAIS PRIMEUR

Deze jonge, extreem fruitige wijn wordt traditiegetrouw vanaf de 3e donderdag van november op de markt gebracht. Boze tongen beweren dat deze on-afgemaakte wijnen een marketingstunt zijn om de wijnvoorraad snel te laten slinken. Niet voor niets wordt deze Beaujolais Primeur 'de derde rivier van Lyon' genoemd. Anderen raken lyrisch over de uitbundige fruitigheid van de Beaujolais Primeur. Doorgewinterde wijnproevers zien deze jonge wijn als een voorbode van de resultaten van de oogst en doen er verder niet zo moeilijk over. In hun visie is de komst van de Beaujolais Primeur eerder een gewoonte dan een mode. Hoe dan ook, aan u de keuze of u wel of niet tot de koop overgaat. Vermijd in ieder geval de goedkopere exemplaren. Drink de betere Beaujolais Primeur (kies een Beaujolais Villages Primeur) altijd koel, op ongeveer 10 °C.

BEAUJOLAIS

Deze gewone Beaujolais bestaan in wit, rosé en rood. Op meer dan 10.000 ha hoofdzakelijk kalkachtige bodem wordt lichte, fruitige wijn gemaakt. Drink deze wijn op ongeveer 11 °C.

Beaujolais

Beaujolais Blanc

Beaujolais Villages

Sinds het ontstaan van de zuidelijkste Bourgondische herkomstbenaming voor witte wijn, Saint-Véran, is de productie van witte Beaujolais flink afgenomen. Beaujolais Blanc wordt gemaakt van de chardonnay (soms met een beetje aligoté). Hij ruikt en smaakt fris en fruitig. Ook hier ontdekt de ervaren proever een hint van hazelnoten, munt, boter en soms wat groene groenten, zoals paprika.

BEAUJOLAIS VILLAGES

Er zijn 39 gemeenten die de A.O.C. Beaujolais Villages mogen dragen. Het is zachte, gulle wijn met een prachtige kersenrode kleur en veel fruitigheid in de geur en in de smaak (zwarte bessen, aardbeien). Drink hem op ongeveer 11-12 °C.

De tien cru's

De plaatselijke wijsheid over wijn vertelt ons dat Pasen eerst voorbij moet zijn voordat deze betere wijn zich volledig geeft: 'les Crus du Beaujolais doivent faire leurs Pâques'. U zult de wijn dan ook meestal niet eerder in de winkels aantreffen. Pas na enkele maanden rust ontwikkelen de tien cru's zich volledig tot volwassen wijnen.

CÔTE-DE-BROUILLY

Rond de 485 m hoge heuvel Brouilly, op een bodem van graniet en leisteen, bevinden zich twee van de tien cru's van de Beaujolais. Aan de zonzijde van de vulkanische heuvel treft u de 300 ha grote wijngaarden van de Côte de Brouilly aan. De wijn heeft een purperrode kleur en een zeer verfijnde en elegante geur van verse druiven en irissen. Laat een Côte-de-Brouilly enige tijd liggen voor u hem opent. Drink hem op ongeveer 13 °C.

Côtes-de-Brouilly   *Brouilly*

BROUILLY

Hier zijn de wijngaarden wat groter, ongeveer 1.200 ha. De bodem bestaat voornamelijk uit graniet en zand. De wijn heeft een robijnrode kleur en een fruitig bouquet, waarin rood fruit, pruimen en soms perziken duidelijk herkenbaar zijn. De betere Brouilly heeft soms ook een hint van mineralen. Het is een volle, donkere wijn met een stevige smaak. Drink hem op ongeveer 12 °C.

RÉGNIÉ

Deze 520 ha grote wijngaarden werden pas erkend als 'Cru du Beaujolais' in 1988. De bodem is zachtglooiend en matig hoog (gemiddeld 350 m). Hier wordt tamelijk soepele wijn gemaakt, die elegant en verleidelijk is. De kleur is zuiver kersenrood en de aroma's herinneren aan rode vruchtjes (frambozen, aalbes-

Régnié

sen, bramen) met hier en daar een hint van bloemen. Régnié is het lekkerst als hij fruitig is en jong gedronken wordt, binnen twee jaar na de oogst. Serveer hem op ongeveer 12 °C.

CHIROUBLES

Rond het dorp Chiroubles liggen de wijngaarden op een granieten bodem op een hoogte van ongeveer 400 m. Op een dergelijke zure en arme ondergrond gedijt alleen de wijnrank. Andere gewassen voelen zich hier niet thuis. De subtiele, verfijnde, lichtgekleurde wijn is heel verleidelijk, bijna vrouwelijk te noemen. De geur doet denken aan een complex bouquet van veldbloemen, waarin viooltjes, pioenrozen en lelietjes-van-dalen de boventoon voeren. Drink deze wijn op ongeveer 12 °C.

Chiroubles   *Morgon*

MORGON

Al vanaf de 10e eeuw is Morgon al bekend in de plaatselijke wijnarchieven. De wijngaarden van Morgon liggen op een 1.100 ha granieten- en schilferleistenen bodem. De Morgon is een pittige, krachtige en gulle wijn, die goed oud kan worden. Hij bezit een grote aromatische schakering, die vooral doet denken aan vruchten met pitten zoals kersen, perziken, abrikozen en pruimen. Een Morgon die een respectabele leeftijd bereikt, krijgt wel eens een ondertoon van kersenlikeur of kirsch en begint steeds meer op een Bourgogne te lijken.

Drink hem op 13 °C.

FLEURIE

Op de 800 ha grote wijngaarden aan de voet van de Zwarte Madonna wordt een van de fruitigste maar ook –de naam zegt het al– een van de meest florale cru's uit de Beaujolais geproduceerd. Oergesteente en granietblokken geven de Fleurie iets bijzonders, een zeldzame verfijning en vrouwelijke charme, maar vooral een grote kracht

Fleurie

aan aroma's: iris, viooltjes, rozen. De kleur is zuiver robijnrood met prachtige weerkaatsingen, de smaak is fluweelzacht en tegelijk vlezig. Een goede fleurie uit een topjaar kan redelijk oud worden, 10 jaar of meer. Drink een Fleurie op ongeveer 13 °C.

MOULIN-À-VENT

De onlangs fraai gerestaureerde, door de wind aangedreven, graanmolen in Romanèche-Thorins heeft zijn naam aan deze beroemde cru gegeven. De bodem van de 650 ha grote wijngaarden bestaat uit roze graniet en mangaan. Hierdoor krijgt de wijn zijn donkere, zeer geconcentreerde robijnrode kleur, waarin, als de wijn jong is, paarse en donkerrode schakeringen verstoppertje spelen. De geur doet het meest denken aan edele bloemen, zoals rozen, met een hint van frambozen. De smaak is krachtig en vrij tannenrijk. Door zijn stevige structuur kan een Moulin-à-Vent bijzonder goed oud worden (soms tot vijftien jaar). Bij het ouder worden lijkt deze krachtige wijn veel op een Bourgogne. Laat hem dus rustig een paar jaartjes liggen en schenk hem dan op ongeveer 14 °C.

Moulin-à-Vent (zonder en met rijping op hout) *Chénas*

CHÉNAS

Deze wijn is vrij onbekend buiten de streek, volkomen ten onrechte. Op 260 ha granieten bodem wordt een zeer elegante wijn gemaakt, met verfijnde aroma's van pioenrozen en gewone rozen met hier en daar wat hout en kruiden. De smaak is zacht, gul en vriendelijk. Serveer deze wijn op ongeveer 14 °C. Ook de Chénas kan goed oud worden.

JULIÉNAS

Dit is de noordelijkst gelegen cru uit de Beaujolais, aan de grens van de Mâconnais. Op 580 ha, met een bodem van steen en kleilagen met sedi-   *Juliénas*

menten bedekt, wordt deze diepgekleurde, robijnrode wijn gemaakt. Hij heeft een krachtige, volle smaak. De aroma's zijn vooral fruitig (wilde bosaardbeien, aalbessen, frambozen) met een florale ondertoon (pioenrozen en gewone rozen). Een goede Juliénas kan enige jaren bewaard worden. Drink deze wijn op ongeveer 13 °C.

SAINT-AMOUR

Dit is alweer de laatste van deze noordelijke cru's. De wijngaarden zijn 280 ha groot en liggen aan de grens van de kalkachtige Mâconnais (chardonnay) en de granieten heuvels van de Beaujolais (gamay). De bodem bestaat uit een mengsel van klei, keien, graniet en zandsteen. De wijn bezit een prachtige robijnrode kleur en een zeer aromatische geur van pioenrozen, frambozen, aalbessen, abrikozen

Saint-Amour

en soms ook wel een hint van kersenlikeur of kirsch. De smaak is zeer verleidelijk, fluweelzacht en vol, met nuances van kruiden. Serveer deze wijn op ongeveer 13 °C.

De satellieten van de Beaujolais

Hoewel zij eigenlijk niet onder de Beaujolais horen, zijn hier nog drie wijnen die qua karakter en smaak heel dicht bij de Beaujolais komen. De wijnen zijn alledrie gemaakt van de gamay.

CÔTEAUX DU LYONNAIS

Deze heel oude wijngaarden zijn het slachtoffer geworden van de expansie van de stad Lyon. Het is een vriendelijke, lichte maar gulle wijn met geprononceerde fruitige aroma's. Drink hem goed gekoeld op ongeveer 12 °C. Er bestaat ook een witte versie van de chardonnay en aligoté.

CÔTE ROANNAISE

Dit is een zeer heldere, robijnrode wijn met veel fruitigheid en een lichte, zeer aangename smaak. Koel drinken (12 °C).

CÔTES DU FOREZ

Dit is een lichte, gulle wijn, die heel fruitig is. De rosé is perfect om geschonken te worden tijdens informele lunches of picknicks. De rode wijn is een typische wijn voor de warme, zomerse

Côteaux-du-Lyonnais

Côtes du Forez   *Côtes du Forez*

avonden, bijvoorbeeld bij een koud buffet. Schenk beide wijnen op ongeveer 12 °C.

Het Rhônedal

Tussen Vienne en Avignon, in het Rhônedal, wordt al meer dan 2000 jaar wijn gemaakt. Kelten, Grieken en Romeinen legden de basis voor een van de bekendste wijngebieden van Frankrijk: de Côtes du Rhône. Het zeer uitgestrekte wijngebied, met zijn vele verschillende terroirs en microklimaten, groeide uit tot een eenheid.

Terraswijngaarden in de Rhône (Hermitage)

Een frisse wind

De wijn rond Uzès in het 'département du Gard' genoot al in de 17e eeuw zoveel faam, dat hij snel nagemaakt werd. Om zijn herkomst en kwaliteit te bewaken werd hij in 1650 officieel erkend en zijn gebied duidelijk afgebakend. Na nog weer eeuwenlange gevechten om erkenning werd uiteindelijk in 1937 de Appellation Côtes du Rhône Contrôlée een feit. In 1956 waaide de gevreesde wintermistral drie weken lang met snelheden van meer dan 100 km per uur over het hele Rhônedal en bleef het kwik op ongeveer min 15 °C steken. Tot overmaat van ramp vroren alle olijfbomen dood. Omdat de wijnranken deze ijskoude winter hadden overleefd, besloten de geruïneerde boeren zich toe te leggen op de wijnbouw. Dit betekende het begin van de gigantische groei van de Côtes du Rhône.

23 Druivensoorten

Over de hele streek gerekend mogen er maar liefst 23 verschillende druivensoorten gebruikt worden (plus de muscat à petit grain voor de natuurlijk zoete wijn van Beaumes-de-Venise). In het noordelijke gedeelte gebruikt men uitsluitend de syrah voor de rode wijn en de viognier, roussanne en marssanne voor de witte wijn. In het zuidelijke gedeelte worden naast de syrah ook de grenache, mourvèdre, cinsault en carignan gebruikt en de grenache blanc, clairette en bourboulenc voor de witte.

De herkomstbenamingen

De wijn van de Rhône wordt in vier categorieën onderverdeeld: de generieke wijnen van de Appellation Côtes du Rhône Régionale, de betere Côtes du Rhône villages, de cru's, en de satellieten, die er geografisch wel bij horen, maar een eigen leven leiden (Clairette de Die, Crémant de Die, Vins du Diois, Côteaux du Tricastin, Côtes du Ventoux en Costières de Nimes).

CÔTES DU RHÔNE A.O.C.

De generieke Côtes du Rhône zijn goed voor 80% van de productie. Omdat hij net zoveel terroirs, microklimaten en wijnmakers vertegenwoordigt, bezit deze wijn een enorme aromatische verscheidenheid. Over het algemeen is het een gulle en vriendelijke wijn.
De rode is goed gestructureerd, vol van geur en smaak, en heel rond. Hij kan jong gedronken worden, maar hij kan ook een poosje liggen.

Côtes du Rhône rouge

Côtes du Rhône rosé

Côtes du Rhône blanc

De rosé komt uit het zuidelijke gedeelte. Van framboos- tot zalmachtig van kleur is deze rosé altijd fruitig en soepel.
De witte wijn is droog, evenwichtig, goed gestructureerd, zeer aromatisch en dorstlessend.

CÔTES DU RHÔNE VILLAGES A.O.C.

77 Gemeenten in het zuidelijke Rhônegebied mogen het predikaat Côtes du Rhône Villages dragen, waarvan zestien hun naam op het etiket mogen vermelden. Hier gelden voor de witte, rosé en rode wijn strengere voorschriften voor de aanplant, wijnbouw, opbrengst en wijnbereiding. Enkele van de bekendste Côtes du Rhône Villages zijn Beaumes-de-Venise (rood en rosé), Cairanne (rood, rosé en wit), Chusclan (rood en rosé), Laudun (rood, rosé en wit), Rasteau (rood,

rosé en wit), Rochegude (rood, rosé en wit), Séguret (rood, rosé en wit), Valréas (rood, rosé en wit), Vinsobres (rood, rosé en wit) en Visan (rood, rosé en wit). Deze wijn is ideaal bij gerechten uit de Provençaalse keuken.
Drink de rode wijn op ongeveer 16 °C, de rosé op ongeveer 14 °C en de witte op ongeveer 12 °C.

De cru's uit de Côtes du Rhône

Deze dertien grote wijnen hebben elk een heel eigen karakter. Het is vaak een legendarische wijn. Hij biedt de proever een kennismaking met de streek, de bodem, de druivensoorten en nodigt uit tot een persoonlijke ontmoeting met de maker van de wijn.
Op de steile en ruwe heuvels rondom Tain-L'Hermitage is graniet de ondergrond, het klimaat is zacht continentaal. In het zuidelijke deel van de Rhône is de bodem kalkachtig, hier en daar bedekt met sedimenten. Het klimaat is warmer en droger door de nabijheid van de Middellandse Zee.

CÔTE RÔTIE

De uitsluitend rode Côte Rôtie is afkomstig van twee zeer steile heuvels van graniet, de Côte Blonde en de Côte Brune. Volgens de legende werd in de Middeleeuwen het domein van landheer Maugiron tussen zijn twee dochters verdeeld: de ene was blond, de andere brunette. Zo zouden de beide heuvels aan hun naam komen.
De Côte Rôtie heeft een dieprode kleur en aroma's van frambozen en kruiden, met een hint van viooltjes. Als hij ouder is, hebben vanille en een typische abrikozen- of perzikenpitgeur de overhand. De wijn heeft veel body, sterke maar ronde tannine, een enorme rijkdom aan smaak en een zeer lange afdronk. Open de fles ruim van tevoren.

CONDRIEU

Deze witte wijn is afkomstig van steile granieten heuvels, die mechanisatie onmogelijk maken. Hij wordt gemaakt van de viognier en bezit een lichtgouden kleur, een krachtig bouquet van weidebloemen, irissen, viooltjes en abrikozen, en hij be-

Côte Rôtie

Condrieu

zit veel kracht en rondeur. Sinds 1990 bestaat er weer een zeldzame Condrieu Vendanges Tardives 'Cuvée les Eguets', gemaakt door de sympathieke Yves Cuilleron.

CHÂTEAU-GRILLET
Dit kleine wijngebied van slechts 3,3 ha en 10.000 flessen per jaar is een van de kleinste appellations en een van de beste witte wijnen van Frankrijk. Deze wijn zou u ter plekke moeten proeven. De kleur is helder geel en neigt naar strogeel bij het ouder worden. De geur is vaak wat gesloten en geeft zich pas na enige tijd.
Hier zijn het weer abrikozen en (witte) perziken die de boventoon voeren. De smaak is vol, vettig, erg rijk en complex. Denk eraan de fles enkele uren voor het gebruik te openen.

SAINT-JOSEPH
De donkerrode wijn, met een subtiel parfum van zwarte bessen en frambozen, later veranderend in leer- en dropnuances, is zeer fijn, harmonieus en ele-

Saint-Joseph rouge   *Saint-Joseph blanc*

gant. Drink hem licht gekoeld, op ongeveer 15 °C.
De witte wijn heeft een zonnige gele kleur met een zweempje groen en ruikt naar weidebloemen, acacia en honing. Het is frisse wijn met veel diepgang. Drink hem goed gekoeld op ongeveer 12 °C.

CROZES-HERMITAGE
Dit is in volume de grootste van de noordelijke cru's. Hoewel wat minder van kwaliteit dan zijn neven, komt de Crozes-Hermitage door zijn karakteristieke geur en smaak erg dicht bij de Hermitage. De witte wijn heeft een heldere gele kleur, een zeer florale geur en een volle, vettige smaak. Drink hem op ongeveer 12 °C.
De rode wijn is donkerrood van kleur en erg intens. De geur doet denken aan rode vruchten, leer en kruiden. De smaak is elegant, ondanks de aanwezige maar discrete tannine. Drink deze rode wijn licht gekoeld op ongeveer 15 °C.

HERMITAGE
De rode Hermitage is jong en wat streng. Hij vraagt enkele jaren rust, afhankelijk van de kwaliteit 5, 10

Crozes-Hermitage rouge   *Crozes-Hermitage blanc*

Hermitage rouge   *Hermitage blanc*

of zelfs 20 jaar. Wie geduld heeft, krijgt er een zeer grote wijn voor terug, met een sensueel bouquet waarin leer, rode en witte vruchten en wilde bloemen de boventoon voeren. De smaak is een en al gekonfijte vruchten. Schenk hem op ongeveer 16-18 °C.
De witte wijn is wat sneller drinkbaar, maar kan ook heel goed bewaard worden.
De geur doet aan een bloemenzee denken, met hier en daar wat hints van vanille en gegrilde amandelen. Het is een krachtige, ronde wijn met veel aromatische potentie. Drink hem op ongeveer 12 °C.

Hermitage Vin de Paille   *Cornas*

39

CORNAS

Deze rode wijn heeft een donkere kleur en een zeer boeiende geur, waarin onder andere rode vruchtjes, versgemalen pepertjes, zoethout, gekonfijte vruchten en zelfs truffels aanwezig zijn. Hij heeft een bijna dierlijke ondertoon.

SAINT-PERAY

Dit is de enige appellation die ook mousserende wijn maakt. Het is eerder een amusante dan boeiende wijn. U kunt hem het beste jong drinken.

GIGONDAS

Gigondas wordt gemaakt van grenache, aangevuld met voornamelijk syrah en mourvèdre. De rode wijn heeft een prachtige kleur, een geur vol rode verse vruchten tot dierlijke ondertonen en humus bij het ouder worden. Het is een volle, krachtige en evenwichtige wijn, die wat streng is als hij jong is. Enkele jaren rust zijn noodzakelijk.
De rosés zijn frisse, vrolijke wijnen met veel extract. Drink ze jong.

VACQUEYRAS

De witte wijn en rosé drinkt men jong, wanneer en waar men maar wil. De rode wijn, met een herkenbare geur van rijpe rode vruchten, kersen en een hint van zoethout, heeft meer kracht. Drink hem op ongeveer 17 °C.

Gigondas

Châteauneuf-du-Pape rouge

CHÂTEAUNEUF-DU-PAPE

Hoewel er dertien druivensoorten toegestaan zijn, wordt de rode wijn van grenache, cinsault, mourvèdre, syrah, muscardin en counoise gemaakt en de witte wijn van clairette en bourboulenc. De rode wijn is zeer complex in geur (rode vruchten, leer, anijs, zoethout, kruiden) en in smaak (rond, zalvig, krachtig, erg lange afdronk). Drink de rode wijn pas vanaf het 5e jaar na de oogst en de witte wijn als hij jong is.
De witte wijn is zeer aromatisch en rond, met een geur van florale ondertonen, zoals kamperfoelie en narcissen.
De flessen van de echte Châteauneuf-du-Pape, op domein gebotteld, dragen op de fles zelf de wapens

Châteauneuf-du-Pape blanc

Lirac

van de stad Avignon: de pauselijke tiara en de twee gekruiste sleutels van Sint Petrus.

LIRAC

Ook de Lirac wint terrein. Het zijn stuk voor stuk goede wijnen voor een relatief lage prijs.

TAVEL

Tavel is een van de mooiste rosés van Frankrijk. De roze kleur neigt vaak naar de kleur van dakpannen of zelfs oranje. In de geur vindt u nuances van abrikozen, perziken en gegrilde amandelen. Drink de wijn op ongeveer 13 °C.

Tavel (handelshuis)

Tavel (domein)

De satellieten van de Rhône

Deze zogenoemde satellieten zijn wijngebieden die geografisch er wel bij horen, maar een eigen leven leiden (Clairette de Die, Crémant de Die, Vins du Diois, Côteaux du Tricastin, Côtes du Ventoux en Costières de Nîmes).

CLAIRETTE DE DIE

De Clairette de Die is een oeroude wijn, die al bij de Romeinen bekend was (Plinus de Oude, 77 v.Chr.). Toen heette deze wijn Aigleucos en werd hij gemaakt door de plaatselijke Kelten. Zij dom-

Crémant de Die

pelden de kuipen waarin de wijnen net begonnen te gisten in de ijskoude bergstroompjes. Op deze manier werd de gisting vroegtijdig stopgezet en bewaarde de wijn zijn belletjes.

Tot de Tweede Wereldoorlog was deze Clairette alleen bedoeld om als jonge, nog gistende wijn van de tap gedronken te worden. Pas in 1950, toen de Cave Coöperative Clairette de Die in het leven werd geroepen, veranderde de situatie radicaal. De wijngaarden werden uitgebreid en de techniek enorm verbeterd. Met eerbied voor de traditie werd een nieuw elan gegeven aan deze bijna verdwenen volksdrank. De Clairette de Die wordt gemaakt van muscat- en clairettedruiven. Voordat de wijn helemaal is uitgegist, wordt hij gebotteld zonder enige toevoeging. Het koolzuurgas dat tijdens de gisting ontstaat, blijft dan als natuurlijke belletjes in de fles gevangen. Deze oeroude methode heet officieel de méthode Dioise ancestrale. De smaak van deze Clairette de Die tradition is bijzonder fruitig (muskaatdruif), mild en verrukkelijk. Door het lage alcoholgehalte (7%) is het een sensueel aperitief, maar hij kan ook aan tafel geschonken worden bij een stoofschotel van kip of konijn waaraan een flinke scheut van deze wijn is toegevoegd.

CRÉMANT DE DIE

Sinds 1993 heet deze droge (brut) versie, gemaakt van uitsluitend clairette volgens de méthode traditionnelle, Crémant de Die. De geur doet denken

Clairette de Die   *Châtillon Gamay*

aan appel en andere witte en groene vruchten, en heeft bij het ouder worden nuances van droge vruchten en amandelen.

CHÂTILLON-EN-DIOIS

Aan de voet van de eerste heuvels van de Alpen ligt dit kleine herkomstgebied. Châtillon Gamay, rood of rosé, is een fruitige en soepele wijn met veel aroma's. Drink hem jong. De enige uitzondering is de speciale cuvée op hout gerijpt, die enige tijd bewaard kan worden.
Châtillon Aligoté is een elegante, frisse droge witte wijn met aroma's van wilde kruiden. U moet hem jong drinken, bijvoorbeeld als aperitief.
Châtillon Chardonnay is een vollere, serieuzere witte wijn, die na een jaar rijping op de fles beter wordt.
Naast deze generieke wijnen bestaan er ook diverse domeinenwijnen van uitstekende kwaliteit. Wees er echter snel bij, want de vraag overtreft het aanbod.

Châtillon Chardonnay   *Côteaux du Tricastin*

CÔTEAUX DU TRICASTIN

Eigenlijk verschilt deze wijn heel weinig van de Côtes du Rhône. Om vrij onduidelijke redenen behoort hij niet tot de elitaire Rhône-groep. Met dezelfde wijnstokken en op een bijna soortgelijke bodem worden hier witte wijn, rosé en rode wijn geproduceerd.

CÔTES DU VENTOUX

Het klimaat is hier wat kouder dan bij de Rhône. De wijn is daarom minder sterk wat betreft de alcohol dan de overige Rhône-wijn. Deze voornamelijk rode wijn is fris en elegant en moet vrij jong gedronken te worden.

Côtes du Ventoux   *Côtes du Lubéron*

CÔTES DU LUBÉRON

Pas sinds 1988 bestaat deze herkomstbenaming voor witte wijn, rosé en rode wijn. Ook hier is het klimaat wat koeler. Dit verklaart het relatief hogere percentage witte wijn. Over het algemeen gaat het hier om vrij goedkope, kwalitatief uitstekende wijn, die meer en meer aan populariteit wint. Vermoed wordt dat deze streek zich in de 21e eeuw verder zal ontwikkelen. Houd deze wijnen goed in de gaten. Wat smaak betreft is er weinig verschil te constateren met de andere Rhône-wijn, behalve misschien dat de Lubéron net iets minder vol en gestructureerd is.
Ten slotte wil ik hier nog één goede V.D.Q.S.-wijn vermelden, de Côtes du Vivarais.

CÔTES DU VIVARAIS

Op de kalkachtige bodem wordt hier voornamelijk rode wijn geproduceerd op basis van de grenache en de syrah. Ook de plaatselijke frisse rosé is bijzonder aangenaam.

Muscat de Beaumes-de-Venise (handelshuis)

Muscat de Beaumes-de-Venise (domein)

NATUURLIJKE ZOETE WIJNEN

Twee gemeenten in de Rhône maken kwalitatief hoogwaardige zoete wijn op basis van de muscat.
In Beaumes-de-Venise wordt op heel natuurlijke wijze een volle, sterke witte wijn met een enorm aromatisch potentieel geproduceerd. Deze witte wijn ruikt en smaakt naar verse muskaatdruiven, perziken, abrikozen en hier en daar naar versgeplukte veldbloemen. Drink deze wijn goed gekoeld (5-8 °C).
In Rasteau wordt daarentegen een versterkte rode wijn geproduceerd. Men stopt de gisting door wijnalcohol aan de nog gistende most toe te voegen. De zo verkregen wijn is dan nog erg zoet, zeer fruitig en lijkt een beetje op port. Drink hem iets onder kamertemperatuur.

De Savoie

De wijngaarden van de Savoie zijn niet zo omvangrijk, ± 2.000 ha, maar ze zijn verspreid over een veel groter gebied. Beginnend bij het meer van Genève in het noorden spreidt het wijngebied zich uit tot aan de voet van de Alpen in het oosten en tot aan het dal van de Isère, voorbij Chambery, ± 100 km ten zuiden van het meer van Genève. Het is heel jammer dat de wijnen uit de Savoie zo weinig bekendheid genieten. De voornamelijk witte wijn is bijzonder fris en smaakvol. De verspreiding van de wijngaarden en het geaccidenteerde terrein maken het werk erg moeilijk, waardoor de prijs van een goede Savoie niet goedkoop is. De Savoie is een subtiele, elegante en typerende wijn, die het verhaal van zijn terroir als geen ander overbrengt.

Vins de Savoie

De streek

De wijngaarden van de Savoie lijken op een lang lint van kleine gebieden in de vorm van een halve maan op een oost-zuidoostlocatie. Het klimaat heeft een continentaal karakter, verzacht door de aanwezigheid van de grote meren en rivieren. Aan de westkant worden de wijngaarden beschermd tegen de regenachtige westenwind door onder andere het Juragebergte. Heel belangrijk is het grote aantal zonne-uren (gemiddeld 1600 uur per jaar).
De wijngaarden liggen op een hoogte variërend tussen de 300 en 450 m. De bodem wordt gevormd uit een mengsel van kalk, mergelaarde en gruiswal afkomstig van de oude Alpengletsjers.

De wijnbouw

De belangrijkste herkomstbenaming is Vin de Savoie (stille, mousserende en licht mousserende wijn). Er zijn achttien cru's, die hun naam op het etiket mogen vermelden. De herkomstbenaming Roussette de Savoie (uitsluitend van de inheemse altessedruif gemaakt) kent ook vier cru's.
De Savoie is een wijnbouwgebied dat zeker de moeite van een omweg waard is, al was het maar om de vier unieke inheemse druivensoorten: de witte jacquère, altesse (ook roussette genoemd), gringet en de rode mondeuse te ontdekken. Naast deze inheemse druiven worden ook andere druivensoorten gebruikt: aligoté, chasselas, chardonnay en molette voor de witte wijn en gamay, persan, joubertin en pinot noir voor de rode wijn en rosé.

VINS DE SAVOIE BLANC
ABYMES
APREMONT
CHIGNIN
JONGIEUX
CHAUTAGNE
CRUET
MONTMÉLIAN
SAINT-JOIRE-PRIEURÉ

Deze witte wijnen worden allemaal gemaakt van de jacquère. Het zijn frisse, zeer aromatische wijnen. Afhankelijk van de terroir zal de kracht in kleur,

Abymes

Apremont

Montmélian

Chignin

Saint-Joire-Prieuré

Jongieux

aroma's en smaak variëren van bleekgeel, licht en gul met florale ondertonen (kamperfoelie), vaak met een lichte pareling op de tong, tot lichtgeel, vol en fruitig. Drink deze wijn goed koel (8 °C) en jong.

MARIN
MARIGNAN
RIPAILLE
CRÉPY

De chasselas (wel bekend van de beste Zwitserse wijn) typeert de witte wijn. De kleur is lichtgeel en de geur herinnert aan rijp fruit, soms zelfs aan dro-

Ripaille

Chautagne

Crépy

ge vruchten. De smaak is fris en vol. Sommige wijn, met name de Crépy, heeft een zeer aangenaam prikkeltje. Men zegt dat een goede Crépy hoort te 'knetteren', of wel 'Le Crépy crépite'.

CHIGNIN-BERGERON
Deze voortreffelijke witte wijn op basis van de roussane is een aparte vermelding waard. Het is een zeer complexe wijn met tonen van gegrilde noten en toast, droge vruchten, met hier en daar een hint van anijs of venkel. Hij is verrassend elegant en fris, met een volle, lang nata͡lmende smaak. Drink deze wijn niet te koud, ± 12 °

Chignin-Bergeron

Roussette-de-Savoie Frangy

ROUSSETTE DE SAVOIE
FRANGY
MARESTEL
MONTHOUX
MONTERMINOD
SEYSSEL

Deze witte wijn (Roussette de Savoie en Seyssel) wordt gemaakt van de altesse (roussette)druif. Deze edele druivensoort is ooit, tijdens de kruistochten, door een prinses van het verre Cyprus meegenomen. De kleur is lichtgeel en hij heeft wat fijne pareltjes als hij jong is. Deze verdwijnen na verloop van tijd.
De geur doet denken aan een immens bouquet van bos- en veldbloemen, zoals viooltjes en irissen, en een hint van amandelen. De smaak is vol en rond. Soms bezit deze wijn een beetje restsuiker, dat hem nog aangenamer maakt.

Roussette-de-Savoie Monthoux

Rousssette-de-Savoie Monterminod

VINS DE SAVOIE ROUGE
ARBIN
CHAUTAGNE
JONGIEUX
SAINT-JEAN-DE-LA-PORTE
CHIGNIN
CRUET
SAINT-JOIRE-PRIEURÉ
Hier staan drie typen wijn onder elkaar. De Gamay is zeer typerend en karakteristiek voor zijn terroir. Zijn kleur is vrolijk en fris, evenals zijn aromatische smaak. Drink hem gekoeld, ± 12 °C.

De Mondeuse is veel donkerder van kleur, met pur-peren schitteringen. De aroma's en de smaak zijn complexer dan van de Gamay. U ruikt en proeft een mengsel van rood fruit, peper en specerijen. De aan-wezige tannine kan wel eens flink stroef zijn als de wijn jong is, maar wordt later zachter. Goede Mon-deuse kan lang bewaard worden. Schenk hem op 14 °C.

De Pinot Noir is wat zeldzamer. Hij bezit een mooie robijnrode kleur, complexe aroma's en smaak. Schenk hem licht gekoeld (14 °C).

Arbin

Saint-Jean-de-la-Porte

Vin de Savoie rouge Gamay

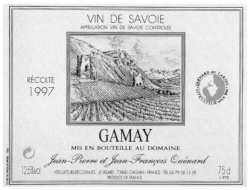

Vin de Savoie rouge Mondeuse

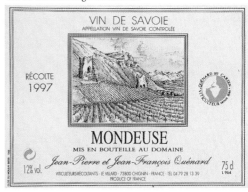

Vin de Savoie rouge Pinot Noir

PÉTILLANT & VINS MOUSSEUX DE SAVOIE
AYZE
SEYSSEL

De Ayze wordt gemaakt van de gringet, terwijl de Seyssel zijn charme van de molette en altesse krijgt. Het zijn beide uitstekende (licht) mousserende wit-te wijnen met veel elegantie. Drink hem op ± 10 °C.

VINS DU BUGEY

Ten westen van de Savoie, in het departement Ain (01), liggen de wijngaarden van de Bugey. Deze V.D.Q.S.-wijn is vrij onbekend en helaas ook vaak

Ayze

Seyssel

onbemind door zijn zeer frisse zuren. Het Bugey-wijngebied was ooit heel omvangrijk. Tegenwoordig liggen de kleine wijngaarden over een groot gebied verspreid, meestal op een bodem van afgebrokkelde kalkstenen.

Hoewel er links en rechts enkele zeer acceptabele witte en rode stille Vins du Bugey geproduceerd worden, is vooral de mousserende wijn van Cerdon een vermelding waard. Deze wijn wordt kwalitatief steeds beter.

De Provence

De streek

Het wijngebied van de Provence strekt zich over een enorme oppervlakte uit, van Nice tot aan Arles.

Topwijnen komen van zelfstandige domeinen

Geen wonder dus, dat de wijnen hier zo veel verschillen in kleur, geur en smaak vertonen. De wijngaarden liggen vaak ver uit elkaar, wat veel extra werk met zich mee brengt. De meeste wijnboeren zijn daarom aangesloten bij een coöperatie, om de kosten en het werk enigszins te drukken. De topwijnen komen meestal van kleinere zelfstandige domeinen, die zelf bottelen. Vanzelfsprekend zal de prijs van deze wijn altijd iets hoger liggen dan van de coöperatieve wijnen, maar het verschil in kwaliteit verantwoordt deze hogere prijs.

De druivensoorten

Zoals overal in het zuiden van Frankrijk wordt ook in de Provence een groot aantal druivensoorten gebruikt, in totaal ongeveer 20. Hier wordt de meeste wijn van meerdere druivensoorten gemaakt. Voor de rode wijn en rosé kiest men uit carignan, cinsault, grenache, mourvèdre, cabernet sauvignon, syrah en de minder bekende tibouren, calitor, braquet, folle noire (fuella) en barberoux. Voor de witte wijn gebruikt men ugni blanc, clairette, rolle en sémillon, hier en daar met toevoegingen van chardonnay, grenache blanche, picpoul, sauvignon blanc en muscat.

De wijnen

De Provence telt acht A.O.C.-wijngebieden. We beginnen met het noordelijkste gebied, om daarna van Nice naar Arles langs de kust te reizen.

CÔTES DE PROVENCE
Dit is in volume de belangrijkste A.O.C. van de Provence. Het gebied wordt onderverdeeld in vijf terroirs, Les collines du Haut Pays, La vallée intérieure, La bordure maritime, Le bassin du Beausset en La Sainte-Victoire.

CÔTES DE PROVENCE ROSÉ
De kleur van deze rosé hangt af van de gekozen vinificatietechniek en van de duur van het contact tussen het sap en de schillen. Hoe langer het contact duurt, hoe donkerder de wijn wordt. Deze Provençaalse rosé is droog, fruitig en elegant. De kleur is altijd goed helder en fonkelend. Drink hem op ± 10 °C.

Een van de succesvolste rosés

CÔTES DE PROVENCE ROUGE
Dit is een uitstekende wijn, die op traditionele wijze wordt gemaakt met behulp van de modernste technologie. Bij deze rode wijn is de verscheidenheid in kleur, geur en smaak erg groot door de ver-

schillen in terroir, gebruikte druivensoorten en vinificatiemethoden. Sommige wijn is licht en fruitig met nuances van bloemen. Andere wijn, die meestal gerijpt is op hout, is wat forser en voller. Hij vraagt erom enkele jaren bewaard te worden. Drink de fruitige typen (lichter van kleur) gekoeld op ± 14 °C, de zwaardere typen kunt u beter wat minder koel schenken (± 16 °C).

Côteaux Varois rouge

Côtes de Provence rouge

Côtes de Provence (domein)

CÔTES DE PROVENCE BLANC

Dit is een vrij zeldzame wijn van hoge kwaliteit, die altijd gemaakt wordt van uitsluitend witte druiven (blanc de blancs). Ook hier zullen de gebruikte druivensoort en de terroir bepalen wat voor type wijn men krijgt, van fris en soepel tot rond en vol. Dit is typisch een wijn om te ontdekken. Drink hem koel (10-12 °C).

Côteaux Varois rosé

BANDOL

De wijngaarden van Bandol zijn aangeplant in terrassen (restanques) op schrale, kalkhoudende kiezelgrond, beschermd door een amfitheater van beboste bergen (Massif de Sainte-Beaume, 1147 m). Hier schijnt de zon maar liefst 3.000 uur per jaar. Gelukkig zorgen de oostelijke en zuidoostelijke briesjes voor de nodige regenbuien en verzacht de zuidenwind vanuit de Middellandse Zee het bijzonder warme klimaat.

CÔTEAUX VAROIS

Pas sinds 1993 werd de Côteaux du Varois officieel erkend als lid van de A.O.C.-familie. In het centrum van het departement Var, rondom het schilderachtige Provençaalse stadje Brignoles wordt plezierige, fruitige en volle wijn gemaakt. (60% rosé, 35% rood en 5% wit). Hij lijkt veel op de wijn van de Côtes de Provence.

Generaties hardwerkende wijnboeren hebben deze 'restanques' (terrasjes) met de hand gebouwd en onderhouden. Op de droge bodem van deze steile hellingen wordt een eeuwige strijd gestreden tegen de verwoestende erosie. Het is hier nooit stil in de wijngaarden. Er moet ook nog erg veel met de hand gedaan worden, omdat de terrassenconstructie mechanisatie niet overal toelaat. Dit heeft natuurlijk effect op de prijs van een goede bandol. Van belang voor de prijs is ook het rendement per hectare. De wettelijk voorgestelde maximumopbrengst van 40 hectoliter per hectare wordt hier nauwelijks gehaald. Het gemiddelde ligt rond de 35 hectoliter per hectare. De totale oppervlakte van de wijngaarden ligt net boven de 1.000 ha. De plaatselijke wijnboeren zijn perfectionisten: ze zoeken constant naar de beste plekken, de beste druiven, de beste vaten etc. Het resultaat is er ook naar. Bandol hoort bij de elitaire club van grote wijnen uit Frankrijk.

BANDOL ROUGE

Rode Bandol moet gemaakt worden van minstens 50% mourvèdre, eventueel tot minimaal 90% aangevuld met grenache en/of cinsault. De resterende 10% mogen komen van de syrah en carignan. De mourvèdre bepaalt dus het karakter van de rode Bandol. Daar waar andere druivensoorten door de grote hoeveelheid aan zonne-uren geroosterde aroma's aan de wijn geven, blijft de mourvèdre zijn fruitige aroma's houden, dat hem bijzonder geschikt maakt voor de hete wijngaarden van Bandol. Een rode Bandol is zeer tanninerijk als hij jong is. Hij moet dan wel minimaal achttien maanden gerijpt zijn op eikenhout. Velen vinden een rode Bandol te prijzig en de wijn te hard. Deze mensen hebben het geduld niet gehad om de wijn minimaal zes, maar het liefst tien jaar te laten liggen. Dan pas is een rode Bandol op zijn best. Het bouquet is een sublieme combinatie van rode en zwarte vruchten (wilde kersen), pioenrozen, humus en heliotroop. Als de wijn wat ouder wordt (meer dan tien jaar), komen ook klassieke aroma's van truffel, peper, vanille, drop, kaneel en muskus naar boven. Een rode Bandol uit een goed jaar kan minstens 20 jaar bewaard worden. Als u dan na 10 of 20 jaar naar de aanschafprijs kijkt, zult u, gezien de geboden kwa-

Bandol Rouge   *Bandol Rosé*

liteit, de prijs meer dan redelijk vinden. Drink uw rode Bandol dus niet als hij te jong is, maar op een belegen leeftijd. Serveer hem op ± 16-18 °C.

BANDOL ROSÉ
Ook hier gelden dezelfde strenge verhoudingen wat de druivensoorten betreft. Een Bandol Rosé combineert de essentiële elementen van de mourvèdre (wilde kers, rode en zwarte vruchten, pioenroos, heliotroop, peper) met een eigen charme, kracht, frisheid en diepte. Serveer deze Bandol Rosé op ± 10-12 °C .

BANDOL BLANC
Deze witte wijn is bijzonder fris, pittig en eigenwijs. Hij wordt gemaakt van de clairette, ugni blanc en bourboulenc. In de geur herkent u vaak citrusvruchten (grapefruit, citroen) en bloemen. De smaak is vol, vlezig en speels tegelijk. Serveer een Bandol Blanc niet te koud, ± 10-12 °C.

CASSIS
Deze zeer geliefde wijn heeft niets te maken met zwarte bessen of frisdrank. Cassis is de naam van een idyllisch havenplaatsje aan de Middellandse Zee. Het haventje wordt omringd door imposante rotswanden, die bescherming bieden aan de wijngaarden van een van de mooiste witte wijnen van Frankrijk. Van de totale 175 ha wijngaarden zijn er

Cassis Blanc

123 ha bestemd voor het maken van witte wijn. Er worden ook rosé en rode Cassis gemaakt. Beide zijn verrassend fruitig, soepel en aangenaam.

CASSIS BLANC
Een goede Cassis Blanc zult u niet snel buiten dit gebied aantreffen. De plaatselijke vraag overtreft bijna de productie. De wijn ruikt naar bijenwas, honing, rijpe vruchten, cederhout, bloemen (meidoorn, sering), amandelen en hazelnoten. De smaak is heel fris en pittig. De duidelijk aanwezige zuren zorgen voor een goede structuur. Drink deze witte Cassis op ± 10-12 °C.

Côteaux d'Aix-en-Provence

Dit uitgestrekte gebied ligt ten zuiden van de Durance en reikt tot aan de Middellandse Zee in het zuiden en de Rhône in het westen. De bodem bestaat uit kalk en het landschap wordt gekenmerkt door een wisselend beeld van kleine bergen en alluviale dalen. De bergen lopen parallel aan de kust en zijn bedekt met lage struiken, wilde kruiden (garrigue) en naaldbossen. De dalen bestaan uit een ondergrond van brokkelsteen en kiezelaarde, met hier en daar wat kalkzandsteen en schilfersteen, die wordt bedekt met een mengsel van zand, grind en aanslibsels. Het gebied is vrij groot, ongeveer 3.500 ha.

Côteaux d'Aix-en-   *Côteaux d'Aix-en-*
Provence   *Provence Rosé*

CÔTEAUX D'AIX-EN-PROVENCE ROSÉ
Deze wijn is licht, fruitig en zeer aangenaam. De betere Côteaux d'Aix-en-Provence rosé is vol en krachtig, met een florale dominant. Drink deze wijn jong, op ± 10-12 °C.

CÔTEAUX D'AIX-EN-PROVENCE ROUGE
Dit is een boeiende wijn, die wel eens wat boers kan zijn. Hij heeft geen al te grote elegantie en finesse, maar wel terroir, fruit, kracht en zwoele noten van leer, peper, specerijen en kruiden. De tannine is zacht, zodat de wijn al jong gedronken kan worden. De betere wijn is echter pas na ongeveer drie jaar op zijn best. Drink hem op ± 14-16 °C.

Côteaux d'Aix-en-Provence Rouge

CÔTEAUX D'AIX-EN-PROVENCE BLANC

Deze vrij zeldzame witte wijn van grenache blanc, bourboulenc, clairette, grolle, sauvignon en ugni blanc is vaak vol, charmant en elegant tegelijk. Hij ruikt naar bloemen (meidoorn) en/of struiken (liguster, buxus). Zijn smaak is fris, vol, zeer aromatisch en zeer karakteristiek. Serveer hem op ± 10-12 °C.

Les Baux-de-Provence

Eigenlijk is dit gebied een onderdeel van de Côteaux d'Aix-en-Provence, maar het geniet sinds 1995 een eigen A.O.C. Het beeld wordt hier gedomineerd door de wilde en schilderachtige Alpillesbergjes, afgewisseld door wijngaarden en olijfbomen.

Het gebied kreeg een eigen herkomstbenaming dankzij het plaatselijke microklimaat en de wat strengere productie-eisen. Alleen de rode wijn en rosé, gemaakt op een oppervlakte van 300 ha rondom de stad Les Baux-de-Provence, mogen deze A.O.C. dragen.

LES BAUX-DE-PROVENCE ROSÉ

Als eerste valt de tint op, die prachtig zalmkleurig is. De geur doet denken aan aalbessen, aardbeien en andere rode vruchtjes. De smaak is fris, fruitig (grapefruit, kersen) en zeer aangenaam. Deze rosé weet iedereen te charmeren. Drink hem koel (10-12 °C).

LES BAUX-DE-PROVENCE ROUGE

De kleur van deze rode wijn is vrij donker, diep robijnrood. De geur is complex en krachtig, met nuances van hout, vanille, drop, pruimenjam, karamel, koffie, cacao, humus en soms kersenlikeur. Door de stevige jeugdige tannine is de smaak in de eerste jaren vrij stroef, maar die wordt na enige jaren op de fles ronder, vol en krachtig. Drink hem op ± 16-18 °C.

Corsica

Twee gezichten

Voor de eerste 8 A.O.C.'s gebruikt men de traditionele druivensoorten (niellucciu, sciacarello en vermentinu), terwijl de generieke A.O.C. Vins de Corse op basis van vermentinu, nielluccio, sciaccarello en grenache gemaakt worden. Voor de vins de pays en vins de cépage domineren de cabernet, merlot en chardonnay. Corsica is ook wat terroir betreft in twee gedeelten te scheiden. Het noorden (Bastia, Calvi, Corte, Aléria) bezit een complexe bodem van klei en kalk rond Bastia (A.O.C. patrimonio) en blauwe schilfersteen op de oostkust, terwijl het zuiden (Porto, Ajaccio, Sartene, Bonifacio en Porto-Vecchio) volledig uit oergesteente en graniet bestaat. Deze scheidingslijn is natuurlijk maar een richtlijn, want op het hele eiland zijn talloze miniterroirs en microklimaten te ontdekken.

Druivensoorten

De drie 'eigen' druivensoorten op Corsica zijn niet allemaal inheems. De namen klinken net iets anders dan elders, maar twee van de drie zijn goede bekenden.

VERMENTINU

De witte vermentinu wordt ook 'Corsicaanse malvoisie' genoemd en is een typische mediterrane druif. Deze druif, de ook in Italië, Spanje en Portugal geteelde vermentinu, brengt witte wijn van hoge kwaliteit voort.

Hij is erg floraal, meestal sterk in alcohol, vol en rijk van smaak, met een herkenbare nasmaak van bittere amandelen en appel. Zoals vaak gebeurt bij Italiaanse wijn wordt vermentinu ook hier wel eens toegevoegd aan rode druiven om er prachtige rosé van te maken, maar ook om de smaak van de rode wijn te verrijken.

NIELLUCCIU

Dit is een wereldberoemde druif, die wij beter kennen onder de naam 'bloed van Jupiter' of wel sangiovese (Toscane). De wijn van deze niellucciu is herkenbaar aan zijn aroma's van rode vruchtjes, viooltjes, kruiden en soms abrikozen. Als hij ouder wordt, ontwikkelt hij kenmerkende nuances van wild, bont en drop. De smaak is weelderig, vettig en soepel. Nielucciu wordt vooral voor de wijn van Patrimonio gebruikt.

SCIACCARELLO

Hier wordt sciaccarello ook wel eens sciaccarellu genoemd, wat zoiets als 'knapperig' betekent. Hij gedijt bijzonder goed op een granieten bodem, bijvoorbeeld in Ajaccio. De wijnen van de sciaccarello zijn zeer verfijnd en zijn vooral herkenbaar aan het typische pepertje in geur en smaak.

De negen A.O.C.

CÔTEAUX DU CAP CORSE

Met zijn wijngaarden van slechts 30 ha in A.O.C. is dit een piepklein gebied, gelegen op de bergachtige flanken ten noorden van de stad Bastia. Hier worden rode, rosé en vooral witte wijnen gemaakt. De witte wijn, op basis van vermentinu, is uitmuntend en zeer verfijnd.

MUSCAT DU CAP CORSE

Gemaakt in hetzelfde bergachtige gebied als de Côteaux du Cap Corse, maar ook in het Patrimonio-gebied. Deze herkomstbenaming werd pas in 1993 officieel erkend, hoewel de plaatselijke Muscat al eeuwen internationale faam geniet. Hij is fijn en zeer aromatisch.
De beste Muscat wordt gemaakt van laat geoogste druiven, die nog in kleine kistjes onder de warme zon narijpen en indrogen. Op deze manier krijgt men een volle, zeer aromatische, vettige en krachtige wijn, die goed bewaard kan worden. Drink hem goed koel op ± 8 °C.

PATRIMONIO

Dit is een van de bekendste en vaak ook beste wijnen van Corsica. Van de niellucciu wordt rode wijn en rosé gemaakt. De vermentinu staat ook hier garant voor een prachtige witte wijn.

PATRIMONIO BLANC

Dit is een lichtgele wijn met een groen zweempje. Hij heeft florale aroma's (meidoorn en witte bloemen), een frisse en fruitige smaak en is rond en vol, met af en toe een lichte tinteling. Drink deze elegante wijn op ± 10 °C.

PATRIMONIO ROSÉ

Deze wijn heeft een lichte, heldere roze kleur en aroma's van rode vruchten (kersen, aalbessen) en soms exotische vruchten. Drink deze frisse en fruitige rosé op ± 10 °C.

PATRIMONIO ROUGE

Deze wijn wordt in twee versies gemaakt, de lichtere versie en de forse, traditionele versie. De lichtere Patrimonio is meestal robijnrood van kleur, zeer fruitig (zwarte bessen, bramen), fluweelzacht ondanks de aanwezige tannine en zeer evenwichtig. Als hij ouder wordt, evolueren de fruitige aroma's naar aardse nuances, zoals humus. Drink deze wijn op ± 16 °C bij roodvlees, wild, stoofschotels en stevige kazen. De traditionele, wat forsere Patrimonio is donkerder van kleur en heeft meer tannine dan

Patrimonio Blanc, Rosé en Rouge

zijn lichtere broertjes. Als hij ouder wordt, verandert zijn fruitige geur en smaak in complexere aroma's van overrijpe of gekonfijte vruchten, leer en drop. Drink deze krachtpatser tussen 16 °C en 18 °C. Beide typen Patrimonio kunt u beter enkele uren voor de maaltijd in een karaf overschenken.

VIN DE CORSE CALVI

Op een zeer onregelmatige bodem van grove steen, keien en grind worden van de niellucciu, grenache, cinsault, sciaccarellu en vermentinu zeer fruitige rode wijn, fascinerende, verfijnde en aromatische rosé en bijna bleke, gulle en makkelijkke witte wijn geproduceerd.

Vin de Corse Calvi

Ajaccio

Dit wijngebied ligt op geaccidenteerde rotsheuvels. Ajaccio is trots op zijn vaste bewoner, de sciaccarellu, die hier grootse wijnen voortbrengt met herkenbare aroma's van geroosterde amandelen en rode vruchtjes (framboos). Deze traditionele wijn kan goed bewaard worden. Zeer de moeite waard is ook de witte bewaarwijn van de malvoisie (vermentinu).

Ajaccio Blanc en Rosé   *Ajaccio Rouge*

Vin de Corse Sartène

Op steile heuvels worden de sciaccarellu, grenache en cinsault verbouwd, die volle rode wijn en frisse rosé opleveren. Deze wijn wordt vooral door de plaatselijke bevolking gedronken en is zelden buiten het eiland te vinden.

VIN DE CORSE FIGARI
Het zuidelijkste wijngebied van Frankrijk, ten noorden van de stad Bonifacio. Hier maakt men stevige rode, rosé en witte wijnen.

VIN DE CORSE PORTO VECCHIO
In het zuidoosten van het eiland worden van de niellucciu en de sciaccarellu samen met de grenache een elegante, volle en ronde rode wijn en frisse, verfijnde en zeer aromatische rosé gemaakt. Van de vermentinu maakt men een zeer droge en intens fruitige witte wijn.

VIN DE CORSE
Op het voor Corsicaanse begrippen immense wijngebied rond Aléria en onder Bastia (1.550 ha) wordt generieke wijn gemaakt. Dit is een relatief recente herkomstbenaming, maar de eerste resultaten zijn heel veelbelovend. Na eeuwenlang verval worden de wijngaarden herplant op plekken waar de Grieken en Romeinen al hun betere wijn maakten, aan de voet van de 1.200 m hoge steile rotswanden. Hier worden alle wijntypen gemaakt, inclusief de uitstekende vins de pays. Naast de zeer traditionele wijnbedrijven zijn er hypermoderne coöperaties, die steeds meer bekendheid krijgen binnen en buiten

Frankrijk met hun minder traditionele, maar zeer correcte wijn. Ook bij de vins de pays lijkt de tendens dat het om kwaliteit gaat. De afzetmarkt voor de A.O.C. stijgt, evenals die voor de betere vins de pays en vins de cépage. Daarom wordt er ook op Corsica steeds minder matige wijn gemaakt en wordt er gekozen voor een kwaliteitsimago.

Languedoc-Roussillon

Eenderde deel van de Franse wijnen komt uit de Languedoc-Roussillon. Het grootste deel van deze wijn valt echter onder de categorie vins de pays of zelfs vins de table. De Languedoc-Roussillon produceert maar liefst 75% van de Franse vins de pays. Deze wijn is van hogere kwaliteit dan de gewonere tafelwijn, maar haalt over het algemeen niet dezelfde hoge kwaliteit als een goedgemaakte A.O.C.-wijn. (Er zijn hier veel uitzonderingen op). Veel van deze vins de pays worden onder de druivensoortnaam verkocht, als 'vin de cépage'.

Tussen Rhône en Languedoc

COSTIÈRES DE NIMES
Dit gebied ligt geografisch tussen de Rhône en de Languedoc-Roussillon, maar wordt eigenlijk door geen van beide als volwaardige telg geaccepteerd. U

Vins de Pays d'Oc en gerechten uit de mediterrane keuken

Costières de Nîmes   *Costières de Nîmes*

zult de Costières de Nîmes vaak als buitenbeentje onder de wijn van de Languedoc aantreffen. De Costières de Nîmes worden in wit, rosé en rood geproduceerd, in een zeer schilderachtige streek tussen de stad Nîmes en de Camargue. De oppervlakte van de A.O.C.-wijngaarden is enorm gegroeid in de laatste decennia, maar zal naar verwachting nog verder groeien (thans 12.000 ha). De bodem van de Costières de Nîmes is heuvelachtig en bevat veel grind en keien.

De witte wijn is vaak volgens de modernste technologie gemaakt. Hij is fris, zeer aromatisch (bloemen, exotische vruchten, perzik) en bijzonder aangenaam. Drink hem op ± 10 °C.

De rosé is droog, pittig en heel fruitig (rode vruchten, perzik). De smaak is fris en rond, met een goed evenwicht tussen zuren en rondeur. Drink hem op ± 10- 12 °C.

De rode wijn is fruitig, vol en pittig. De geur doet denken aan versgeplukte bramen, aalbessen en zwarte bessen, met soms een hint van vanille (hout) en tabak. Drink hem op ± 14-16 °C.

Languedoc

Al tientallen jaren wordt er met man en macht gewerkt aan een comeback, waarbij kwaliteit en verscheidenheid de sleutelwoorden zijn. Vandaag de dag is de Languedoc met zijn ruim 30.000 ha A.O.C.-wijngaarden de derde wijnregio van Frankrijk geworden.

In minder dan 20 jaar is de Languedoc uitgegroeid tot de jongste van de grote wijngebieden van Frankrijk. De kortzichtige massaproductie heeft plaats gemaakt voor kwaliteit en echtheid, met respect voor de traditie, maar met behulp van de modernste technologie.

Perfecte omstandigheden

Het succes van deze comeback is natuurlijk voor een groot deel te danken aan het werk van de wijnboeren en de overheid, die het lef hebben gehad om helemaal opnieuw te beginnen. Maar moeder natuur hielp ook een handje mee. De Languedoc is een heel uitgestrekte regio met talloze verschillende gezichten: brede zandstranden aan de Middellandse Zee, ontelbare binnenmeertjes, steile hellingen van de Cévennes, bodems van kalk, schiefersteen, grind en rolkeien en een waar mozaïek van terroirs en wijngaarden. In de afgelopen 20 jaar werden de wijngaarden van de Languedoc volledig vernieuwd, waarbij de nadruk kwam te liggen op de mediterrane druivensoorten grenache, mourvèdre en syrah.

Daarnaast werd onderzoek gedaan naar het in ere herstellen en verbeteren van de diverse inheemse druiven. In de regel wordt de wijn in de Languedoc per druif apart gevinifieerd en na de gisting geassembleerd.

De herkomstbenamingen van oost naar west

CÔTEAUX DU LANGUEDOC

Op een 8.255 ha groot gebied tussen Nîmes en Narbonne worden verschillende witte, rosé en rode wijnen gemaakt. Enkele van deze wijnen (Saint-Chinian en Faugères in rood en Clairette du Languedoc in wit) mogen een eigen A.O.C. dragen. De andere dragen de A.O.C. Côteaux du Languedoc gekoppeld aan de naam van hun terroir of gewoon Côteaux du

Côteaux du Languedoc/Vin de Pays de l'Hérault

Côteaux du Languedoc   *Ongefilterde wijn*

Languedoc. Alle terroirs hebben een eigen toege-voegde waarde, maar karakteristiek voor alle Cô-teaux du Languedoc zijn de frisheid, de soepelheid en de aangename, vriendelijke smaak.

De terroirs:

CÔTEAUX DE SAINT-CHRISTOL
CÔTEAUX DE VÉRARGUES
SAINT-DREZERY
PIC SAINT-LOUP
CÔTEAUX DE LA MÉJANELLE
SAINT-GEORGES-D'ORQUES
(Alle boven Lunel en Montpellier)

SAINT-SATURNIN
MONTPEYROUX
(Boven Clermont-l'Hérault)

CABRIÈRES
PICPOUL DE PINET (BLANC)
(Boven Sète)

LA CLAPE (ROUGE & BLANC)
QUATOURZE
(Onder Narbonne)

Probeer ze allemaal. De wijnen hebben elk telkens iets anders te vertellen over de zee, de kruiden en struiken, de bodem, de binnenmeren en de zon. De syrah domineert in de rode wijn, al of niet onder-steund door grenache, cinsault, carignan en (steeds vaker) mourvèdre. Voor de witte wijn gebruikt men marsanne, roussanne, grenache blanc, rolle, bour-boulenc, clairette en picpoul. De laatste heeft zijn naam aan de bekende Picpoul de Pinet gegeven. Drinktemperatuur: witte wijnen 10 °C, rosé 12 °C en rode 14-16 °C.

Picpoul de Pinet   *La Clape*

MUSCAT DE LUNEL
Dit zijn vrij kleine herkomstbenamingen (307 ha) voor een bijzonder fruitige muskaatwijn, die onder de categorie vin doux naturel vallen. De bodem be-staat uit keien op een ondergrond van rode klei. De wijngaarden liggen op de heuvelruggen rondom het stadje Lunel, tussen Nîmes en Montpellier. Als drui-vensoort gebruikt men hier uitsluitend de zeer geu-rige muscat à petits grains. Kenmerkend voor een

Biologische wijn: zeldzame vendange tardive

Muscat de Lunel zijn de aroma's van citrusvruchten en bloemen, afgerond met nuances van honing, ge-konfijte vruchten en rozijnen. De betere Muscat de Lunel bezit soms ook een aangenaam bittere en pe-perige afdronk. Drinktemperatuur: 6 °C.

CLAIRETTE DU LANGUEDOC
De witte clairettedruif is een van de oudste drui-vensoorten en clairette de Languedoc een van de oudste (en kleinste) herkomstbenamingen van de Languedoc. De wijngaarden liggen op de heuvels van het Héraultdal, ten zuiden van het stadje Lodè-ve, op ongeveer 30 km van de zee. Drinktempera-tuur: 10-12 °C.

MUSCAT DE MIREVAL
Dit is een vin doux naturel uit Mireval, tussen Montpellier en Sète. De wijngaarden liggen op de zuidflanken van de berg Gardiole, die het binnen-meer van Vic domineert. De bodem is kalkachtig met hier en daar wat aanslibsels en rotsen. Ook voor deze wijn wordt uitsluitend de muscat à petits grains gebruikt. De wijn is mollig, fruitig en likeur-achtig. De charme van een Muscat de Mireval zit in de verfijnde florale (jasmijn, lindebloesem, ijzer-kruid, rozen) en fruitige (citrus, rozijnen) aroma's. Drinktemperatuur: 6 °C.

MUSCAT DE FRONTIGNAN
De wijngaarden van Frontignan liggen iets zuidelij-ker dan die van Mireval, vlak boven Sète. Deze Muscatwijn is forser dan de vorige twee en neigt meer naar likeur. De geur is ook wat minder aro-matisch dan de andere Muscat, wat grover (er zijn uitzonderingen). Herkenbaar zijn aroma's van ci-trusvruchten en overrijpe muscatdruiven tot aan ro-zijnen toe. De beste Muscat de Frontignan ontwik-kelen voortreffelijke aroma's van exotische vruch-ten (passievruchten) en perziken en zijn zeer ele-gant. Drinktemperatuur: 6 °C.

FAUGÈRES
Iets ten noorden van Béziers liggen de wijngaarden van Faugères op zachtglooiende heuvelruggen van schilfersteen. Het gebied is wild, geaccidenteerd en tegelijkertijd uitnodigend en intiem. In de kleine

Muscat de Frontignan

Faugères Rouge

Saint-Chinian

Minervois

dorpjes wordt soepele, zijdezachte rode wijn gemaakt, die naar rijpe vruchten en drop ruikt en smaakt. Na enkele jaren extra rijping neigen de wijnen naar kruidigere aroma's en noten van leer. Drinktemperatuur: 14-16 °C.

Faugères produceert ook een beetje rosé, die het fluwelige en fruitige karakter van de rode wijn combineert met een zachte frisheid. Drinktemperatuur: 12 °C.

Faugères rosé

SAINT CHINIAN

Aan de voet van de Montagne Noire, ten noordoosten van Béziers, worden de rode en rosé Saint-Chinianwijnen gemaakt. Er bestaan twee typen Saint-Chinian: het lichte, speelse type, soepel en gul, met veel fruitigheid, en het zwaardere type, karakteristiek en krachtig, met aroma's van rijp fruit, laurier en vuursteen. De eerste drinkt u jong, liever gekoeld (12-14 °C). De laatste kunt u beter enkele jaren laten liggen en dan op ± 14-16 °C.
Drink de rosé Saint-Chinian op 12 °C.

MUSCAT DE SAINT-JEAN DE MINERVOIS

Op 200 meter hoogte, tussen de wilde struikjes en Provençaalse kruiden, liggen de wijngaarden van Saint-Jean de Minervois. De bodem bestaat uit een mengsel van kalk en schilfersteen op een onder-

grond van rode klei. Ook hier worden uitsluitend muscat à petits grains druiven gebruikt. In dit piepkleine gebied van 159 ha wordt uitmuntende, zeer aromatische wijn geproduceerd. Kenmerkend voor een Muscat de Saint-Jean de Minervois zijn de intense aroma's van citrusvruchten, verse muskaatdruiven, exotische vruchten en menthol. Deze Muscat is, ondanks zijn likeurachtige karakter, nog bijzonder fris. Drinktemperatuur: 6 °C.

MINERVOIS

De wijngaarden van Minervois liggen in de driehoek Carcassonne, Narbonne en Béziers en worden gekenmerkt door de vele terrassen. Er wordt voornamelijk rode wijn gemaakt, maar als u goed zoekt, zult u wel eens een rosé of zelfs, nog zeldzamer, een witte Minervois vinden. De rode wijn is fruitig, verfijnd, elegant en goed in balans.

Er zijn zoveel typen Minervois als er typen terroirs zijn. Hier in de Minervois krijgt u bij de wijn gratis les in de geologie. Gneis, kalk, schilfersteen, bruinkool, alluviale aanslibsels mengen zich in de bodem en geven de Minervois zijn eigen bijzondere karakter. Drink de rosé gekoeld (12 °C) en de rode wijn op 14-16 °C.

CABARDÈS

Op 331 ha ten noorden van de prachtige middeleeuwse stad Carcassonne worden uitstekende rosé en rode wijnen geproduceerd. Drinktemperatuur: 14-16 °C.

MALEPÈRE

Dit is de westelijkste herkomstbenaming van de Languedoc, gesitueerd in de driehoek Carcassonne, Limoux en Castelnaudary. De Malepère is op weg naar het behalen van zijn

Cabardès V.D.Q.S.

A.O.C.-erkenning. De rosé en rode wijn zijn hier vrij licht en fruitig.
Drinktemperatuur: rosé 12 °C, rood 14-16 °C.

Limoux

In de 41 gemeenten rondom Limoux worden stille witte en mousserende wijnen geproduceerd. Het klimaat in deze streek wordt duidelijk beïnvloed door de Middellandse Zee, enigszins getemperd door invloeden van de Atlantische Oceaan. Het is hier veel groener dan elders in de Languedoc. Maar onder de schijnbare koelte is alle plaatselijke wijn een brok temperament. Diverse Romeinse schrijvers onderstreepten al rond het begin van dit millennium de kwaliteit van de stille wijn van Limoux. Pas in 1531 ontdekte een Benedictijnse monnik de natuurlijke omzetting van stille in mousserende wijn. De eerste brut ontstond in Saint-Hilaire, vlak bij Limoux.

BLANQUETTE DE LIMOUX

Deze frisse mousserende wijn moet voor minstens 90% uit mauzac gemaakt worden. Als aanvulling zijn alleen de chardonnay en de chenin blanc toegestaan. Na een eerste gisting en het verkrijgen van basiswijn wordt de 'tirage de liqueur' aan de geassembleerde wijn toegevoegd. Dit veroorzaakt een tweede gisting op de fles, waarbij de wijn zijn mousse krijgt. Na minimaal negen maanden rust op de fles wordt het bezinksel verwijderd via 'dégorgement'. Al naar gelang de gewenste smaak (brut of demi-sec) wordt er voor het bottelen geen, minder of meer likeur aan de wijn toegevoegd. Blanquette de Limoux is lichtgeel van kleur met een zweempje groen en bezit een fijne en blijvende mousse, fijne aroma's van groene appel en lentebloesem en een florale, frisse en fruitige smaak. Drinktemperatuur: 6-8 °C.

Blanquette de Limoux

Crémant de Limoux van de coöperatie

CRÉMANT DE LIMOUX

Eigenlijk is dit een broer van de Blanquette. De enige verschillen zijn de verhouding van de druivensoorten: 60% minimum mauzac (in plaats van 90%) en maximum 20% chardonnay en 20% chenin, en de verplichte rijpingstijd van twaalf in plaats van negen maanden. De kleur is lichtgoud, de geur heel aromatisch, met nuances van witte bloemen en toast, en de smaak is complex, fruitig, licht en fris.

Een Crémant kenmerkt zich altijd door de lichtere en fijnere mousse, wat hem heel delicaat en elegant maakt. Drinktemperatuur: 6-8 °C.
Zowel de Blanquette als de Crémant kennen talloze speciale luxe cuvées. Ze hebben misschien niet de finesse van een topchampagne, maar wel de warmte en de gulheid van de Middellandse Zee en het Franse zuiden in zich. De prijs is buitengewoon gunstig.

BLANQUETTE DE LIMOUX MÉTHODE ANCESTRALE

Deze Blanquette wordt volgens een oeroude methode gemaakt, waarbij de wijn van 100% mauzacdruiven natuurlijk gist tot er slechts 100 g suiker per liter overblijft. De gisting wordt gestopt door de most af te tappen en te filteren. De onvolledig gegiste most wordt dan gebotteld en door de warmte voltrekt zich een tweede gisting in de fles. Als er een perfect evenwicht tussen alcohol (tussen 5% en 7%), suikers (ca. 70 g/l) en binnendruk bereikt is, wordt de gisting abrupt gestopt door de flessen streng te koelen. De kleur van deze wijn is strogeel en is niet altijd

Crémant de Limoux Cuvée van de coöperatie

Crémant de Limoux Luxe Cuvée van Antech

Blanquette de Limoux
méthode ancestrale

Limoux Terroir
Méditerrannéen

Limoux Terroir Haute-
Vallée

De 7 zusters van de Pays
d'Oc: Sauvignon en
Chardonnay

even helder. Omdat het hier om een oeroud natuurlijk proces gaat, waarbij de moderne technologie tot een minimum beperkt is, kan de wijn nog wat bezinksel bevatten (onvergiste suikers en dode gistcellen). De geur doet aan een rijpe goudreinet denken. De smaak is fris dankzij de aanwezige 4,5 g/l zuurgraad en het koolzuurgas, maar tegelijk fruitig en zacht, mede dankzij de restsuiker. Deze wijn bezit weinig alcohol (max. 7%). Drinktemperatuur: 6 °C.

LIMOUX

Naast de bekende mousserende wijn wordt hier ook voortreffelijke stille wijn geproduceerd. Hij moet uit minimaal 15% mauzac bestaan. Hij mag aangevuld worden met chardonnay en chenin. De plaatselijke Cave des Sieurs d'Arques weet deze stille Limouxwijn tot ongekende hoogte te sublimeren. Ze produceren vier verschillende wijnen, elk van een bepaald terroir.
De Terroir Méditerranéen is een ronde, harmonieuze en soepele wijn met veel fruitigheid. Drinktemperatuur: 12 °C.
De Terroir Océanique is wat lichter van kleur dan de drie anderen. Hij heeft prachtige aroma's van citrusvruchten en is fijn en elegant. De smaak is fruitig met een hint van jodium. Hij is erg fris en elegant. Drinktemperatuur: 12-14 °C.

Cabernet Rosé en Merlot
Rouge

Cabernet Sauvignon Vin
de Pays d'Oc

De Terroir d'Autan is geel met gouden schakeringen. Hij heeft intense aroma's met een finale van gekonfijte vruchten, hij is breed, rond en fruitig van smaak. Drinktemperatuur: 12-14 °C.
De Terroir Haute Vallée is geel met gouden schakeringen en heeft delicate aroma's van witte bloemen, een zeer harmonieuze smaak, rond en fris, tegelijkertijd subtiel en complex. Drinktemperatuur: 12-14 °C.

Limoux terroir Océanique

Limoux terroir d'Autan

Grenache Vin de Pays d'Oc

Syrah Vin de Pays d'Oc

De Cave Coöpérative des Sieurs d'Arques produceert overigens ook heel mooie vins de pays en vins de cépage.

Corbières

De Corbières is zo geaccidenteerd en soms zo onherbergzaam, dat er geen andere landbouwvorm dan de wijnbouw denkbaar is. Op 23.000 ha liggen de wijngaarden tussen talloze stille getuigen uit een roerig verleden. De harde wind blaast spookachtig door de ruïnes van de oude Kathaarse vestingen en doet ze op hun funderingen trillen. In de hoge Corbières bestaat de bodem uit kalk en leisteen. Op een enkele fiere cipres na, die noodgedwongen zijn hoofd moet buigen voor de woeste wind, zult u er weinig bomen aantreffen. De wat zachtere kuststrook van Sigean bestaat uit kalkachtige hellingen, terwijl de centrale Corbières voornamelijk uit grind en kiezelgronden bestaat. De streek van Corbières is een ware lappendeken, bestaande uit diverse bodemsoorten en microklimaten, onderverdeeld in 11 terroirs: Sigean, Durban, Quéribus, Termenès, Saint-Victor, Fontfroide, Lagrasse, Serviès, Montagne d'Alaric, Lézignan en Boutenac. Het is dus bijna onmogelijk om een algemeen idee te geven van de karakteristieke eigenschappen van een corbières.

De witte wijn is fijn en fris, met florale aroma's. De zuren en de rondeur zijn perfect in evenwicht. De wijn van Lagrasse ruikt naar exotische vruchten, hout en iets rokerigs, terwijl die van Quéribus naar peren en ananas ruikt, met een finale van witte bloemen. De geur van Lézignan doet denken aan ijzerkruid en anijs of venkel. Drinktemperatuur: 10-12 °C.

De rosé is fris en zeer aangenaam, soms licht en fruitig (Durban), soms vol en fluwelig (Alaric), maar meestal zeer aromatisch (vruchten, bloemen, kruiden) en verfijnd. Drinktemperatuur: 12 °C.

De rode wijn is intens, breed en rond met typische aroma's van rode vruchten, kruiden en een pepertje toe. Hij bezit goede en zachte tannine en kan enkele jaren bewaard worden. In Sigean geeft de mourvèdre wat extra elegantie aan de wijn, in Ser-

viès is het de syrah. De fluwelige, volle en complexe wijn van Quéribus ontwikkelt vaak cacao, koffie of andere geroosterde aroma's. Die van Alaric is zeer fruitig (wilde bessen), met een vegetatieve of kruidige ondertoon. De wijn van Termenès evolueert bij het ouder worden klassieke aroma's van humus en truffel. Die van Lézignan is zeer fruitig (overrijpe of zelfs gekonfijte vruchten) met nuances die doen denken aan de Provençaalse garrigue, het typische landschap van lage struiken en zeer geurige kruiden. Soms proeft u er een puntje kruidnagel in. De wijn van Boutenac doet meteen denken aan de Provençaalse kruiden tijm, rozemarijn, laurier, met hier en daar wat drop en vanille. U raakt nooit uitgekeken in de Corbières. Drinktemperatuur: 14-16 °C.

Corbières rouge   *Fitou*

Fitou

Dit is het oudste A.O.C.-wijngebied van de Languedoc wat de rode wijn betreft. Er is een duidelijk verschil tussen de Fitou die langs de kuststrook gemaakt wordt en de Fitou die in het binnenland gemaakt wordt. Op 2.500 ha halverwege tussen Narbonne en Perpignan wordt prachtige, volle en krachtige rode wijn geproduceerd. In de geur en de smaak herkent u de beste Fitou aan de overweldigende nuances van Provençaalse kruiden (laurier, tijm, rozemarijn), soms met een mespunt kruidnagel, en vuursteen. De beste Fitou geniet een langdurige rijping op hout en kan heel goed bewaard worden. In Engeland en Frankrijk is men er dol op. Drinktemperatuur: 16 °C.

Roussillon

Ten zuiden van de Corbières, aan de voet van de Pyreneeën, liggen de wijngaarden van de Roussillon in het sinds 1642 Franse gedeelte van Catalonië. Vanaf de zee tot in het verre binnenland strekken de wijngaarden zich uit over diverse soorten bodems en landschappen onder de warme en droge mediterrane zon. De kuststrook onder Fitou tot aan Argelès-sur-Mer is een oase van rust voor natuurliefhebbers en zonaanbidders. Onder Argelès tot aan

Corbières Blanc en Rosé   *Corbières Rouge*

de Spaanse grens is het landschap wat ruwer en ge-accidenteerder, met als enig rustpunt de schilder-achtige baai van Collioure.

Maury

Rondom het stadje Maury wordt een van Frankrijks mooiste wijnen geproduceerd, de rode vin doux naturel van Maury. Op een rotsachtige bodem onder de hete zon groeien de laaggehouden blauwe grenachewijnstokken, die bijzonder weinig, maar zeer extractrijke, druiven voortbrengen. Jonge Maury is granaatrood, oudere Maury neigt naar mahonie-rood. Een goede Maury is zeer aromatisch. Als hij jong is, ontwikkelt hij vooral fruitige aroma's (rode vruchtjes), op latere leeftijd domineren vooral nuances van cacao, koffie en gekonfijte vruchten. Hoewel de goedkoopste Maury best aangenaam kan zijn, kunt u beter meteen voor de betere kiezen, want dan krijgt u echt waar voor uw geld. Eén domein verdient extra aanbeveling voor zijn fluweel-zachte wijn met ongekende fascinerende aroma's van kruidkoek, drop, pruimen en cacao: Domaine du Mas Amiel. Drinktemperatuur: 16-18 °C.

Maury Vintage *Maury*

Rivesaltes

Dit is de grootste herkomstbenaming wat betreft de vins doux naturels (10.821 ha). Ooit werd hier matige zoete wijn gemaakt van de rode en witte grenache. Sinds 1996 is er echter een kentering gekomen. De beplante zones zijn flink teruggedrongen, de opbrengst per hectare is gezakt en de wijnboeren lijken zich bewust te zijn geworden van het potentieel aan kwaliteit van hun wijn. Voor het vervaardigen van deze vins doux naturels worden diverse druivensoorten gebruikt: witte en rode grenache, macabeu, malvoisie en muscat.
Er zijn twee soorten Rivesaltes: de amberkleurige wijn van witte druiven en de dakpanrode wijn van minimaal 50% grenache noir. De betere cuvées (Rivesaltes hors d'âge) bewaart men minstens vijf jaar. De jonge, simpele Rivesaltes drinkt u op ± 12 °C, de betere op 14-16 °C.

MUSCAT DE RIVESALTES

Op de gronden van Maury, Rivesaltes en Banyuls is 4.540 ha aangeplant met muscat d'alexandrie en muscat à petits grains-druiven. De muscat d'a-lexandrie geeft, naast aroma's van rijpe vruchten, rozijnen en rozen, breedte aan de muscat de Rivesaltes, terwijl de Muscat à petits grains verantwoordelijk is voor de zwoele aroma's van exotische en citrusvruchten en een hint van menthol. Het fruitigste is deze Muscat de Rivesaltes als hij nog heel jong is. Drinktemperatuur: 8-10 °C.

Muscat de Rivesaltes

Côtes du Roussillon

De bodem van de wijngaarden is zeer complex en gevarieerd (kalk, klei, schilfersteen, gneis, graniet, alluviale aanslibsels), wat de grote verscheidenheid van typen en smaken van de Roussillon verklaart. Het klimaat is er bijzonder warm in de zomer en mild in de winter, maar de neerslag valt niet even regelmatig door het hele jaar. Zo kan een hele wijngaard volledig vernietigd worden door een wolkbreuk. In de laatste decennia zijn de wijninstallaties van de Roussillon enorm veranderd, vooral de temperatuurregulatie voor en tijdens de gisting is drastisch verbeterd.
De witte wijn is licht, fris en fruitig. Drinktemperatuur: 10-12 °C.
De rosé wordt volgens de 'saignéemethode' gevinifieerd, dat wil zeggen dat jonge rode wijn al vroeg afgetapt wordt en als witte wijn verder wordt gevinifieerd. Doordat het aftappen zo snel gebeurt, hebben de schillen niet genoeg tijd gehad om de wijn zijn prachtige roze kleur te geven zonder de wijn tanninerijk te maken. Deze rosé is zeer fruitig. Drinktemperatuur: 12 °C.

Côtes du Roussillon blanc *Côtes du Roussillon blanc Taïchat*

Côtes du Roussillon rosé

Côtes du Roussillon rouge

Côtes du Roussillon villages Latour de France

Côtes du Roussillon Villages Caramany

Côtes du Roussillon rouge gerijpt op hout

De rode wijn is in twee soorten te krijgen. De lichte, vaak via koolzuurgasinweking (macération carbonique) verkregen rode wijn is fruitig, een tikkeltje kruidig en bijzonder aangenaam. Drinktemperatuur: 12-14 °C.
De traditioneel gemaakte rode wijn is wat forser en ronder. De aroma's neigen meer naar rode kersen, pruimen, gekonfijte vruchten en kruiden. Door zijn rijping op hout kan hij enkele jaren bewaard worden. Drinktemperatuur: 14-16 °C.

Côtes du Roussillon Villages

Deze rode wijn onderscheidt zich van zijn broers door zijn specifieke terroirs, die meestal bestaan uit heuvelflanken of terrassen van schilfersteen, kalk en graniet. De gebruikte druivensoorten zijn dezelfde als voor de gewone Côtes du Roussillon, maar de opbrengst per hectare is veel lager. Op een totaal oppervlak van 2.000 ha in het noorden van het departement mogen 32 gemeenten de herkomstbenaming Côtes du Roussillon Villages voeren. De wijn is forser, krachtiger en complexer dan de Côtes du Roussillon en hij kan wat langer bewaard worden. Drinktemperatuur: 16 °C.
Van de 32 gemeenten die de herkomstbenaming Côtes du Roussillon Villages mogen dragen, zijn er vier die ook hun naam op het etiket mogen vermelden, als een soort erkenning voor hun hogere kwaliteit.

Côtes du Roussillon villages Tautavel

Collioure

Deze vrij kleine herkomstbenaming (330 ha) strekt zich uit over vier gemeenten: Collioure, Port-Vendres, Banyuls-sur-Mer en Cerbère. Collioure bestaat in rosé en rood en wordt verkregen van grenache, mourvèdre en syrah. De rode wijn is zeer harmonieus, vol, warm en vlezig, met aroma's van rijpe vruchten, mineralen en exotische nuances (peper, vanille, Oosterse kruiden).
Er bestaan ook speciale cuvées, die gemaakt zijn in oude wijngaarden, waarvan de grond uit grove rotsen en oersteen bestaat. Deze Cuvées Vignes Rocheuses zijn extra geconcentreerd. Rode Collioure kunt u op twee manieren drinken: jong en koel (12 °C) en belegen op keldertemperatuur (16 °C). Rode Collioure behoort tot de topwijn van Frankrijk.
De wat zeldzamere rosé is fris, pittig en bijzonder rijk. Drink hem op ± 12 °C.

Côtes du Roussillon Villages

Côtes du Roussillon Villages (traditionele vinificatie)

Collioure *Collioure Vignes Rocheuses*

Banyuls

De wijngaarden van deze Vin Doux Naturel liggen op terrassen van schilfersteen langs de kust. Op 1.460 ha groeit voornamelijk de grenache noir en wat carignan, cinsault, syrah en mourvèdre. Het rijke, warme en krachtige karakter van de Banyuls is voor 50 à 75% afkomstig van de grenache noir. Hier is de grond bijzonder arm, rotsachtig met een dun laagje aarde, dat wegspoelt na elke zware onweersbui. Hier is het hard werken en veel moet nog met de hand gebeuren. Door de felle zon rijpen de druiven optimaal en bezitten bij het oogsten een enorme hoeveelheid suikers.

Het toevoegen van alcohol aan de most (mutage) gebeurt vaak al heel vroeg, als de druiven zelf nog niet geperst zijn. Net als bij de Maury vormt de oxidatie van de wijn het geheim van de Banyuls. Door de houtenvaten slechts gedeeltelijk te vullen of de wijn in grote glazen mandflessen in de zon te laten verdampen, wordt het contact met zuurstof versterkt.

Tal van verschillende cuvées worden al naar gelang het verlangde type wijn door de keldermeester geassembleerd. Sommige Banyuls (rimages) worden niet blootgesteld aan de gedwongen oxidatieve processen, maar worden juist met behoud van hun fruitige aroma's gevinifieerd.

Afhankelijk van het type kan de Banyuls zeer fruitig zijn (rode vruchtjes, kersen), of juist aroma's van gebrande cacao of koffie en gekonfijte (rozijnen) en droge vruchten bezitten (amandelen, noten, pruimedanten, vijgen). Jonge fruitige Banyuls (rimages) drinkt u als aperitief op ± 12 °C. Belegen tot zeer oude Banyuls (hors d'âge) kunt u beter wat minder koel drinken, tussen de 14 °C en 18 °C.

BANYULS GRAND CRU
Deze fantastische juweeltjes worden uitsluitend in topjaren geproduceerd. Ze distilleren en sublimeren alle goede eigenschappen van de Banyuls. Een slokje van deze rijke, intense wijn is als een voorproefje op het paradijs.

Het zuidwesten: tussen Bordeaux en de Languedoc-Roussillon

Het Franse 'sud-ouest' is een groot gebied, dat ongeveer een kwart van Frankrijk beslaat. Op wijngebied zijn de grenzen niet zo eenvoudig te stellen. Vanwege grote socio-economische belangen verenigen sommige wijngebieden uit het geografische zuidwesten zich liever met de grote broers uit Bordeaux. Zo horen, geografisch gesproken, gebieden als de Bergerac, Côtes de Duras wel bij het zuidwesten, maar op sociaal gebied liggen ze dichter bij de hoofdstad van de Aquitanië (Bordeaux) dan bij het zuidwesten (Toulouse). Omdat deze streken ook nog dezelfde druivensoorten als in Bordeaux gebruiken, is de link snel gelegd. Hier houden wij ons gemakshalve aan de geografische indeling, waaraan we de Duras en Bergerac aan de Aquitanië zullen toevoegen.

De wijngaarden van de Aveyron

ENTRAYGUES ET LE FEL V.D.Q.S.
Dit piepkleine gebied in het hart van het dal van de Lot, tussen de Rouergue en Auvergne, is een van de schilderachtigste wijngebieden van Frankrijk. De wijngaarden liggen op de steile heuvels rond de stad

Banyuls (handelshuis) *Banyuls Tradition* *Banyuls Hors d'Âge* *Banyuls Hors d'Âge Speciale Réserve*

Entraygues en het dorp Le Fel, op een totale oppervlakte van ongeveer 20 ha. In Entraygues bestaat de bodem uit afgebrokkeld graniet en in Le Fel uit bruine schilfersteen. Beide soorten zorgen in dit koude wijngebied voor een goede drainage en warmteregulatie via de stenige ondergrond. Ooit was de wijn van Entraygues, Le Fel en het naburige Marcillac heel bekend en geliefd in Frankrijk. Na de phylloxeraplaag en de leegloop van het Franse platteland moest men tot de jaren '60 wachten op een comeback van deze wijngebieden.

De witte wijn wordt gemaakt van de oude chenindruif, die frisse wijn voortbrengt, met aroma's van bloemen, citrusvruchten en buxus. Het is een pittige wijn. Drinktemperatuur: 10 °C.

De rosé is fris en pittig in zijn zuren. Drinktemperatuur: 12 °C.

De rode wijn is net als de rosé aromatisch en fris. Hij is echter wat voller en ronder in smaak. Deze wijn van de fer servadou (mansoi) en cabernet franc lijkt gemaakt te zijn voor bij streekgerechten uit de Auvergne en de Aveyron, waar men nog niet van Montignac gehoord heeft. Drinktemperatuur: 16 °C.

MARCILLAC

Dit wijngebied in de buurt van de stad Rodez was een van de wijnklassiekers uit Frankrijk voor de phylloxeraplaag. De 135 ha grote wijngaarden liggen

op een typische bodem van rode klei aan de voet van de kalkhoogvlakten. De mansoi (plaatselijke naam voor de fer servadou) is de dominante druivensoort voor deze A.O.C., die pas in 1990 erkend werd. De mansoi en de typische bodem zorgen voor het zeer originele karakter van de Marcillac rosé en rode wijn, tussen rusticiteit en moderne fruitigheid. De betere Marcillacs zijn ware juweeltjes voor de liefhebbers van wijn met pit. U kunt de terroir er nog in proeven. Hij heeft aroma's (framboos, zwarte bessen, blauwe bessen, bramen), groenten (groene paprika), kruiden (groene peper). Vaak heeft hij ook nuances van cacao, die voor een zeer complex geheel zorgen. Kruidige en ronde tannine versterkt het eigenzinnige karakter van deze wijn. Drinktemperatuur: 16 °C.

Marcillac

Cahors

De wijngaarden van Cahors horen tot de oudste van Frankrijk. Al in de 5e eeuw n.Chr. genoot deze wijn grote faam. Omdat de wijn stevig, complex en zeer geconcentreerd was, kon hij moeiteloos over de hele wereld gezonden worden zonder dat de reis de kwaliteit nadelig beïnvloedde. Zo was de Cahors in Amerika, maar vooral in het oude tsaristische Rusland erg gewild. Na de phylloxeraplaag aan het einde van de 19e eeuw was het tientallen jaren stil rond de stad Cahors. De wijngaarden raakten in verval en de wijn was nauwelijks meer dan een dagelijks slobberwijntje. Na de Tweede Wereldoorlog werd een halt toegeroepen aan dit verval.

Ideale omstandigheden

De wijngaarden liggen tussen de 44e en 45e breedtegraad. Deze ligging staat op het noordelijke halfrond garant voor een prachtige, volle wijn. Van grote invloed op het succes is ook de ligging van de wijngaarden, halverwege tussen de Atlantische Oceaan en de Middellandse Zee. Op deze manier ontkomen ze aan de te vochtige invloed van de westenwind en het vaak regenachtige naseizoen van het mediterrane klimaat. Aan deze ideale omstandigheden wordt nog een droge, warme herfst toegevoegd, die ervoor zorgt dat de druiven in alle rust volop kunnen rijpen. De Cahors heeft twee bodemtypen: het Lotdal met een ondergrond van kalk en een bovengrond van alluviale aanslibsels met hier en daar wat rolkeien en erosieafval, en de kalkachtige hoogvlakten (hier 'Causses' genoemd) met een vrij ondiepe bovenlaag van stenen en mergelaarde.

De druiven

In Cahors wordt uitsluitend rode wijn gemaakt. Als basisdruif gebruikt men de auxerrois (elders ook cot noir genoemd). Deze moet minimaal voor 70% deel uitmaken van de totale aanplant om recht te hebben op de A.O.C. Cahors. De auxerrois geeft de wijn de ruggengraat, de forse tannine, de kleur en het potentieel om oud te worden.

Voor de traditionele Cahors gebruikt men puur auxerrois of auxerrois met tannat (bekend uit de Madiran en de Irouléguy) die, wat karakteristieken betreft, een broertje van de auxerrois zou kunnen zijn. De wat modernere wijn bevat vaak een flinke dosis merlot, wat hem iets ronder, molliger en geuriger maakt.

Vin d'Entraygues et du Fel Rosé

Vin d'Entraygues et du Fel Rouge

*Cahors, rode wijn van de
auxerroisdruif*

*Topdomein en topwijn uit
Cahors*

De wijnen

De moderne Cahors kunt u beter jong drinken. Door de tannine past hij perfect bij de zuidelijke schotels van gans en eend. Drinktemperatuur: 14 °C.
De traditionele Cahors is veel breder en veel complexer. Als u hem te jong drinkt, overheerst de tannine te veel. Wacht liever vijf tot zelfs tien jaar voor de betere Cahors. Hij wordt dan ronder, fluweelzacht, vol en krachtig. De aroma's zullen dan veel fijner zijn. Drinktemperatuur: 16 °C.

Gaillac

Al in de 5e eeuw n.Chr. was de wijn uit Gaillac bekend, vooral in kerkelijke kring. Door de komst van benedictijnse monniken in de 10e eeuw werd de Gaillac een van de beste wijnstreken in Frankrijk. De wijnbouw vindt plaats op 2.500 ha aan weerszijden van de rivier de Tarn, vanaf de stad Albi tot boven Toulouse. De linkeroever van de Tarn heeft een arme bodem van steen en grind, wat ideaal is voor rode wijn. De rechteroever is wat complexer en diverser. Graniet, kalk en zandsteen vormen hier de hoofdmoot. Er worden witte, rosé en rode wijnen geproduceerd. Tegenwoordig bestaat de productie van de Gaillac voor 60% uit rode wijn.

Gaillac Rouge

De witte Gaillac wordt gemaakt van de mauzac, die ook in de Languedoc (Limoux) en in diverse kleine zuidwestelijke wijngebieden voorkomt. Aan de mauzac wordt hier de len de l'el-druif toegevoegd, die voor finesse en aromatische kracht zorgt. De len de l'el wordt ook in Frans en Spaans Catalonië gebruikt. De wijn afkomstig van de rechteroever is goed in evenwicht. Hij bezit rijke fruitige en flo-

rale aroma's en is zeer fris. De op de moderne manier gemaakte witte wijn zal wat minder breed, soepel en lang in de afdronk zijn dan de traditionele wijn van de mauzac en de len de l'el. Op de linkeroever maakt men fruitige, sappige en warme witte wijn. Droge witte Gaillac drinkt u op 10 °C en de zoete witte Gaillac op 8 °C.
Er bestaat ook nog een mousserende witte Gaillac, die in twee versies verkrijgbaar is. De méthode artisanale wordt verkregen zonder likeurtoevoeging. De gasbelletjes komen van de gisting op de fles uit de eigen suikers van de wijn. Deze Gaillac méthode artisanale is zeer fruitig en karakteristiek. De Gaillac méthode traditionnelle wordt door een tweede gisting op de fles verkregen, nadat daar een dosis likeur aan toegevoegd is. Deze mousserende wijn is misschien wat frisser, maar minder complex en vooral minder fruitig. Drink hem als aperitief op ± 8 °C.
De rosé Gaillac wordt meestal op moderne wijze gemaakt, volgens de saignéemethode (het vroeg, tijdens het inweken, aftappen van een beetje rode wijn en verder als witte wijn verwerken). Deze rosé is vriendelijk, makkelijk te drinken en vrij licht. Drinktemperatuur: 10-12 °C.
De rode Gaillac stamt van de duras, een oude druif die ongeveer 20 jaar geleden haar comeback maakte, met daaraan toegevoegd de inheemse braucol (of brocol, de plaatselijke naam van de fer servadou of mansoi). De duras geeft de wijn kleur, ruggengraat en verfijning. De braucol geeft kleur, vlezigheid en een rustieke charme, met voortreffelijke aroma's van zwarte bessen en framboos. De op moderne wijze gemaakte rode wijn van de kalkbodem is licht, aromatisch en gemakkelijk te drinken. Hij staat het dichtst bij zijn broertje, de rosé. Van de granieten grond van de heuvels komt een warme, forse, maar soepele rode wijn met veel fruitige aroma's (gekonfijte vruchten, aalbes, zwarte bes). Deze wijn kan goed bewaard worden. De rode wijn van de linkeroever is wat dieper gekleurd en rijker van smaak, met aroma's van gekonfijte vruchten, kruiden en zwarte bessen. Deze stevige en tanninerijke wijn vraagt om enkele jaren rijping op de fles. Moderne rode Gaillac drinkt u op 14-16 °C en de traditionele en stevige rode Gaillac drinkt u op 16 °C.

Côtes du Frontonnais

De huidige wijnstreek Frontonnais is samengesteld uit twee oude wijngebiedjes in de achtertuin van Toulouse: Fronton en Villaudric. Het gebied Côtes du Frontonnais, tussen Toulouse en Montauban, is ongeveer 2.000 ha groot. Hier is de bodem vrij arm en droog, met veel stenen en grind, wat veel fruitige en florale aroma's aan de wijn geeft. In een niet al te verre toekomst zal de oppervlakte van de wijngaarden met ongeveer eenderde toenemen. Heel bijzonder bij de Côtes du Frontonnais (uitsluitend rosé en rode wijn) is het gebruik van de oude inheemse druivensoort négrette, waaruit tussen de 50% à 70% van de aanplant bestaat. Deze druif

Rosé en rode Côtes du Frontonnais

Traditionele rode Côtes du Frontonnais

geeft de wijn een kenmerkende verfijning en veel fruitigheid. Naast de négrette gebruikt men hier ook de cabernet franc, de cabernet sauvignon, de syrah, de fer servadou, de cot (hier merille genoemd) en in mindere mate de gamay en cinsault.

De rosé van de Frontonnais is vrij licht van kleur en zeer aromatisch. Hij is goed droog en fijn van smaak. Drinktemperatuur: 10 °C.

De rode Frontonnais treft u in twee typen aan. De moderne wijn is licht, elegant, soepel, fruitig en ruikt vaak naar zwarte bessen en pruimen. Drinktemperatuur: 14 °C.

De traditionele rode Frontonnais is complexer, forser en voller. De aroma's zijn wat minder onstuimig en de smaak wat gewichtiger. Drinktemperatuur: 16 °C.

Buzet

In het hartje van de Gascogne liggen de wijngaarden van dit 1.700 ha grote wijngebied, ten zuiden van het stadje Buzet op de linkeroever van de Garonne. Bijna de hele productie van de Buzet wordt beheerd door de plaatselijke coöperatie van de Vignerons du Buzet. De wijngaarden van Buzet zijn zeer oud en waren al voor onze jaartelling bekend. Buzet heeft een uitzonderlijke positie in Zuidwest-

Frankrijk. In tegenstelling tot alle andere wijngebieden was Buzet niet langdurig uitgeschakeld door de phylloxeraplaag. In deze moeilijke tijden werd de oppervlakte van de wijngaarden zelfs groter. In 1953 werd Buzet een V.D.Q.S. Door de eigenwijze en sympathieke inzet van de verenigde wijnboeren werd hun in 1973 al een definitieve A.O.C. toegekend.

De streek ligt verdeeld over twee bodemtypen. De wijn geproduceerd op de steenhoudende en zanderige ondergrond van de terrassen, is elegant en delicaat. De wijn geproduceerd op de rijkere ondergrond van klei en alluviale aanslibsels met hier en daar uitstekende zandsteen, is daarentegen voller, zwaarder en aromatischer. Buzet bestaat voor het grootste gedeelte uit rode wijn. Hij wordt gemaakt uit een samenvoeging van de volgende druiven: merlot, cabernet franc en cabernet sauvignon. De kleur is robijnrood en de aroma's doen denken aan rode vruchten, vanille en gekonfijte vruchten. Drinktemperatuur: 12-14 °C.

De betere rode Buzet (châteaux of domeinen) heeft wat meer body en tannine. Hij kan 10 tot 15 jaar oud worden. De aroma's zijn complexer en neigen vaak naar humus, aardbeienjam, tabak, cederhout en hier en daar wildgeur. Drinktemperatuur: 14-17 °C.

Côtes du Marmandais

Het gebied van deze A.O.C. Côtes du Marmandais (1.800 ha) ligt op de rechteroever van de Garonne, op zachtglooiende heuvels met een bodem van grind en kiezels, afgewisseld met kalkzandsteen en kalkhoudende klei. De witte Côtes du Marmandais, verkregen van de sémillon, sauvignon, muscadelle en ugni blanc, zijn goed droog, fris en fruitig, met aroma's van witte bloemen en soms amandelen. Drinktemperatuur: 10-12 °C.

De rosé is fris, fruitig en vrij licht. Drinktemperatuur: 12 °C.

De rode Côtes du Marmandais maakt men van de bordeauxdruiven, cabernet sauvignon, cabernet franc, merlot en malbec, aangevuld met de lokale abouriou en fer servadou, en waar nodig met wat

Witte, rosé en rode Buzet

Traditionele rode Buzet

De Déesse: goddelijke rosé uit Marmande

Traditionele rode wijn uit Marmande

gamay en syrah. Voor iets meer geld kunt u beter meteen de betere cuvées kopen. Zij zijn hun geld meer dan waard (bijvoorbeeld Richard 1er, Tap de Perbos of La Vieille Eglise). Drinktemperatuur: 14-16 °C.

Côtes de Saint-Mont V.D.Q.S.

In 1981 werden de Côtes de Saint-Mont toegelaten tot de V.D.Q.S. Voor de rosé en rode wijn wordt gebruik gemaakt van de tannat en fer servadou, waar nodig aangevuld met cabernet sauvignon en cabernet franc voor meer rondeur en finesse. De witte wijn wordt vaak geassembleerd uit de typische lokale druivensoorten gros manseng, arrufiac, petit manseng en petit courbu, met hier en daar wat clairette.

De oostelijke en zuidelijke heuvels zijn het domein van de rode wijn en hebben twee bodemsoorten. De kiezelachtige bodem brengt lichte rode wijn op, die modern gevinifieerd wordt. Het is een plezierige, gulle wijn zonder pretentie. Drink hem jong en goed koel, op ± 12 °C. De wat zwaardere bodem van klei brengt volle, ronde en vlezige wijn voort, die goed bewaard kan worden. Drinktemperatuur: 12-14 °C voor de jonge wijn en 16 °C voor de oudere.

De rosé is zacht, zeer aangenaam en aromatisch. Zijn smaak is fruitig en fris. Drinktemperatuur: 12 °C.

De westelijke heuvels met een bodem van kalk en klei leveren zeer subtiele, elegante witte wijn op. De aromatische kracht van de jonge wijn verandert al snel in een complex bouquet. Drinktemperatuur: 10-12 °C.

Naast hun bovengenoemde grote V.D.Q.S. broeders wil ik hier nog de voortreffelijke vins de pays des Côtes de Gascogne noemen, die in de laatste tien jaar terecht zijn doorgebroken.

Tursan V.D.Q.S.

De wijngaarden van Tursan liggen op de grens van Les Landes, een uitgestrekt stuk land, dat thans met pijnbomen beplant is, maar ooit een streek was die bestond uit moerassen en zandduinen. Andere buren zijn de Gascogne en de Béarn. De bodem van het 500 ha grote wijngebied bestaat uit een mengsel van klei en zand, met hier en daar wat kalk en zandsteen. De beste wijngaarden liggen op heuvels van afgebrokkelde kalkblokken. Ongeveer 50% van de productie bestaat uit witte wijn, de andere 50% uit rosé en rode wijn.

De witte Tursan wordt gemaakt van de baroquedruif, die voor slechts 10% aangevuld mag worden met gros manseng en sauvignon. De wijn is fris, fruitig, zeer aromatisch en aangenaam van smaak. Drinktemperatuur: 8-10 °C.

De rosé is licht, fris, droog en bijzonder lekker. Hij wordt gemaakt van de cabernet sauvignon en cabernet franc. Drinktemperatuur: 10-12 °C.

De rode wijn wordt gemaakt van cabernet sauvignon en cabernet franc (60% minimum), aangevuld met maximum 40% tannat. Deze wijn is vol, rond en gul, met veel finesse, charme en een grote aromatische kracht. Drinktemperatuur: 16 °C.

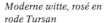

Moderne witte, rosé en rode Tursan

Traditionele rode wijn uit Tursan

Madiran

Al zeker een eeuw voor onze jaartelling was de wijn van Madiran al bekend. Ook hier hebben benedictijnse monniken gewerkt aan het succes van de plaatselijke wijnbouw.

De wijngaarden van Montus, Madiran

Côtes de Saint-Mont rouge

Vin de pays des Côtes de Gascogne

Alain Brumont

Na een zeer duistere periode, waarin Madiran volkomen van de kaart leek te zijn geveegd, kwam de redding in de figuur van Alain Brumont, de ingetogen, eigenwijze, ambitieuze maar charmante en vriendelijke zoon van een plaatselijk wijnboertje. Hij kocht het verlaten wijndomein Montus, herplantte de wijngaarden met de traditionele tannatdruiven, die ooit de charme aan de madiran gaven. De kwaliteit van de wijngaarden en de wijnstokken werd streng bewaakt, de kwaliteitseisen werden heel hoog gesteld en de opbrengst werd heel laag gehouden. De echte Madiran was herboren. Deze musketier van de Madiran zorgde er in nog geen vijftien jaar voor, dat de Madiran een van de bekendste rode wijnen van Frankrijk werd – een gigantische prestatie.

De wijnbouw van Madiran

De 1.100 ha grote wijngaarden van Madiran liggen op een bodem van kalkhoudende klei met hier en daar wat stukken armere kiezelrijke grond. Voor de madiran gebruikt men de tannat, eventueel aangevuld met fer servadou, cabernet sauvignon en cabernet franc, die de stevige kanten van de tannat moeten verzachten. De Madiran is een zeer tanninerijke wijn, die enkele jaren (twee tot minimaal vier jaar en tien jaar voor de betere wijn) rijping op

de fles nodig heeft om al zijn charmes te ontplooien. Een top-Madiran kan zeker 20 à 30 jaar oud worden. Een Madiran is het stereotype van een mannelijke wijn, stoer, vol, stevig, sensueel en vlezig.

Jong gedronken (na minstens twee jaar) is een Madiran zeer fruitig, maar de tannine zal wel eens overheersen. Drinktemperatuur: 14 °C.

Een Madiran die wat

Château Montus, Madiran ouder is, heeft een bou-

quet van toast, koffie, cacao, kruiden, vanille, gekonfijte vruchten, drop en veel meer. Drinktemperatuur: 16 °C.

Pacherenc du Vic-Bilh

Het wijngebied van de Vic-Bilh is hetzelfde als dat van Madiran. Op datzelfde gebied wordt rode wijn gemaakt (Madiran) en droge, halfzoete of volzoete witte wijn (Pacherenc du Vic-Bilh). De naam Pacherenc is afkomstig van het Baskische (of Gascogns?) woord voor 'besje' of 'druifje'.

De ideale bodem voor deze witte wijn is een mengsel van klei en zandsteen. Als druivensoorten gebruikt men hier de inheemse arrufiac, petit manseng, gros manseng, courbu en voor de modernere wijn ook een beetje sauvignon en sémillon.

De droge Pacherenc du Vic-Bilh is zeer aromatisch, met nuances van bloemen en citrusvruchten en een volle smaak van rijpe tot gekonfijte vruchten. Drinktemperatuur: 10-12 °C.

De halfzoete of zoete Pacherenc du Vic-Bilh bezit ook de aromatische kracht van de droge wijn (citrusvruchten, gekonfijte vruchten, droge vruchten en bloemen) met daarbij een beetje honing, toast en exotische vruchten. De structuur en de smaak zijn voller, vetter, vleziger en sappiger. Drinktemperatuur: 8-10 °C.

Pacherenc-du-Vic-Bilh: zeer aromatisch

Pacherenc-du-Vic-Bilh:
een ideale bodem

Laat geoogste zoete
Pacherenc-du-Vic-Bilh

Ook hier wil ik u attenderen op de uitmuntende kwaliteit van de plaatselijke vins de pays des Côtes de Gascogne en de vele vins de cépages. De vins de pays des Côtes de Gascogne van de colombard, gros manseng en sauvignon (wit) en jurançon rouge, egiodola, tannat en cabernet sauvignon verdienen hier een aparte eervolle vermelding.

Topklasse droge Pacherenc-du-Vic-Bilh

Jurançon

Dit wijngebied, ten zuiden van de stad Pau en dicht bij de Franse Pyreneeën, is iets minder oud dan de voorgangers. De eerste sporen van wijnbouw dateren van het einde van de 10e eeuw n.Chr. In 1936 werd jurançon een van de eerste A.O.C.'s van Frankrijk en in 1975 kreeg de droge Jurançon zijn eigen erkenning.

De wijnbouw

Het gebied is nauwelijks groter dan 600 ha en de wijngaarden liggen over de hele streek verspreid.

Over een lengte van 40 km liggen de wijngaarden als kleine eilandjes tussen al het andere groen. Op de ± 300 m hoge heuvels van gemengde grond (klei, zandsteen en rolkeien) wordt de betere wijn geproduceerd. Het klimaat is een combinatie van de hoge, maar regelmatige neerslag van de Atlantische Oceaan en de strenge winters van de Pyreneeën. De streek blijkt echter gezegend te zijn met de immer warme nazomers en de warme en droge zuidenwind, die voor overrijpe druiven zorgen. Dit is noodzakelijk voor het maken van een grote zoete wijn. In de Jurançon gebruikt men de inheemse druiven gros manseng, de petit manseng, de courbu, de camaralet en de lauzet.
De Jurançon sec is goed droog en friszuur met florale (brem, acacia) en fruitige aroma's (passievruchten, witte perziken, citrusvruchten). Bij het ouder worden worden complexere aroma's van amandel, noten, droge vruchten en heel soms truffel ontwikkeld. Drinktemperatuur: 8-10 °C.
De Jurançons Doux of Moëlleux zijn juweeltjes. De kleur zweeft tussen goud en amber, de aroma's zijn rijk en complex, variërend van honing, vanille, toast en gekonfijte vruchten tot de subtielste aroma's van witte bloemen, lindebloesem, kamille, ananas en citrusvruchten. De smaak is vol en rond. Het hoge suikergehalte wordt perfect in evenwicht gehouden door de frisse zuren. Deze zoete wijn kan goed oud worden. Drinktemperatuur: 10-12 °C.

Béarn-Bellocq

De bodem van de Béarn is vrij geaccidenteerd en het gebied ligt aan de voet van de Pyreneeën. De Béarn geniet een ideaal microklimaat, dat een combinatie is van de vochtigheid van de Atlantische-Oceaan en het strenge bergklimaat.
De witte Béarn is vrij zeldzaam en wordt rondom Bellocq geproduceerd. Deze witte wijn van de raffiat en manseng is fris en fruitig met een ondertoon van florale aroma's (brem, acacia). Drinktemperatuur: 10-12 °C.
De wat algemenere Rosé de Béarn dankt zijn charme aan de combinatie van de tannat en de cabernet sauvignon en cabernet franc (hier beter bekend als bouchy). Deze rosé is heerlijk fluweelzacht, vol,

rond en zeer fruitig. Drinktemperatuur: 10-12 °C.
De simpele rode wijn van de Béarn is lichtvoetig, gul en gemakkelijk te drinken. In de geur en de smaak herkent men eerder de cabernet franc dan de tannat. Drinktemperatuur: 12 °C.

De betere rode Béarn-Bellocq is daarentegen steviger, voller, pittiger en vleziger. Hier is het duidelijk de tannat die de boventoon voert. Drinktemperatuur: 14-16 °C.

Béarn-Bellocq

Irouléguy

Dit wijngebied in het hartje van Frans Baskenland was al bekend in de tijd van Karel de Grote. Het dorpje Irouléguy was toen al het handelscentrum voor deze Baskische wijnen. Na de phylloxeraplaag raakte de wijnbouw enigszins in de vergetelheid. Pas aan het begin van de jaren '50 van de 20e eeuw besloot een aantal wijnboeren een coöperatie op te richten. De wijngaarden van het ooit beroemde Irouléguy werden hersteld of opnieuw aangeplant. Er werden enorme investeringen gedaan om het niveau van de wijn te verbeteren. In de jaren '80 werd opnieuw hard gewerkt om het niveau nog verder te verhogen. Nieuwe wijngaarden werden aangeplant, voornamelijk op terrassen. Naast de inzet van de plaatselijke coöperatie werden diverse privé-initiatieven ontplooid, zoals die van Etienne Brana, wiens bedrijf tegenwoordig wereldberoemd is. In de laatste decennia werd de wijnbouw in Irouléguy zo verbeterd, dat men zonder meer kan zeggen dat het een van de topwijngebieden van Frankrijk is geworden.

De wijnbouw

De wijngaarden van Irouléguy liggen in de buurt van Saint-Jean Pied de Port en Saint-Etienne de Baïgorry. Ze liggen meestal op terrassen met een bodem van rode zandsteen, klei en schilfersteen, met hier en daar wat kalk. Het geheel geeft prachtige, schilderachtige contrasten: het groen van de wijngaarden en het rood van de ijzeroxidehoudende zandsteen. Het klimaat is een compromis van de mildheid van het oceaanklimaat en de ruwheid van het continentale en het bergklimaat. De winter is vrij zacht met veel neerslag (sneeuw en regen). De lente is regenachtig en heeft soms gevaarlijke vorstperioden. De zomer is warm en droog. Het grootste gevaar schuilt dan in de krachtige onweersbuien, die wel eens gepaard gaan met hagelbuien die vernietigend kunnen zijn voor de wijngaarden. De herfst is vaak zeer warm en droog, wat weer ideaal is voor het oogsten van rijpe en gezonde druiven. Door de moeilijke omstandigheden en de vaak slechte begaanbaarheid van de wijngaarden is de opbrengst hier vrij laag.

De wijnen

Ongeveer tweederde van de productie van Irouléguy is rood. Het karakter van de rode Irouléguy komt van de tannat (maximaal 50%), de cabernet franc (axeria) en cabernet sauvignon. Deze rode wijn bestaat uit drie categorieën: de gewone Irouléguy, de cuvée en de domainebotteling, in oplopende volgorde van kwaliteit. De simpelste Irouléguy is stevig, tanninerijk, fruitig (bramen) en kruidig. De betere cuvées bezitten iets meer body, hebben wat meer rijping op hout en zijn gebaat bij enkele jaren rijping op de fles. De topdomeinen (Brana, Ilarria, Iturritxe en Mignaberry) maken uitmuntende wijnen, met krachtige aroma's van kruiden en zwarte vruchten (bramen, pruimen) met een hint van vanille. De smaak is complex, rijk, vol en rond met een perfect evenwicht tussen de frisse zuren, de fruitigheid, de alcohol, de body en de forse maar ronde tannine. Over de afdronk raakt men nooit uitgepraat.

Net als de Collioure kan de gewone rode Irouléguy, mits nog jong en koel geschonken, gecombineerd worden met allerlei gegrilde visgerechten, zeker als die met een garnituur van gegrilde paprika's geserveerd worden. Drinktemperatuur: 14-16 °C.

De cuvées en de domeinwijnen drinkt u op 16-18 °C. De rosé is fris en goed droog. Hij vormde oorspronkelijk de basis van de goede naam van de Irouléguy. Ook hier gaat het om een combinatie van tannat en cabernet franc en cabernet sauvignon. De kleur lijkt op aalbessen, de geur is delicaat en fruitig (kersen, aalbessen) en de smaak is fris en fruitig. Drinktemperatuur: 10-12 °C.

Irouléguy Rouge van topdomein Brana

Irouléguy Blanc van topdomein Brana

De zeldzame witte Irouléguy van de xuri ixiriota (manseng) en xuri cerrabia (petit courbu) is rijker en voller dan zijn neven uit de Béarn. Deze witte wijn van grote klasse bezit zeer karakteristieke aroma's van witte bloemen, witte perziken, citrusvruchten, boter, hazelnoot en amandelen, ondersteund met een puntje vanille en een minerale ondertoon. Drinktemperatuur: 9-10 °C.

Aquitanië: de wijnen van de Dordogne en de Garonne

In het hoofdstuk over de wijnen van het Franse zuidwesten vertelde ik u dat de wijn uit Duras en Bergerac een aparte plaats innemen tussen de wijnbouw uit Bordeaux en die uit het daadwerkelijke zuidwesten. Om alle problemen uit de wereld te ruimen, heb ik besloten geen partij te kiezen en hier de beide wijngebieden apart te vermelden. Sociaal en economisch gezien voelen beide regio's zich wat meer tot de hoofdstad van Aquitanië (Bordeaux) aangetrokken dan tot die in het zuidwesten (Toulouse). De grote handelsinmenging van Bordeaux in de dagelijkse gang van zaken in beide gebieden en de economische belangen van de Duras en de Bergerac spelen hier ook een grote rol in.

Côtes de Duras

Het wijngebied van Duras lijkt ingeklemd tussen de wijngaarden van Bordeaux in het westen, van Bergerac in het noorden en het oosten en ten slotte de wijngaarden van het zuidwestelijke Pais Marmandais. Het wijngebied is niet echt groot, ongeveer 2.000 ha. Eeuwenlange ervaring maakt van deze streek een bijzonder gebied en de wijn voortreffelijk. Hoewel de mensen hier trots zijn op hun wijn, zult u echte tamtam via de media in deze streek niet vinden. De mensen uit Duras werken liever rustig verder en concentreren zich daarbij beter op de wijnbouw. Duras (A.O.C. sinds 1937) is bedoeld voor de echte wijnliefhebbers, niet voor de etikettendrinkers. Alleen mensen die moeite doen om op zoek te gaan naar kwaliteit en simpele wijnvreugde zonder poespas, zullen plezier beleven aan de prachtige wijn uit de Duras.

De wijngaarden van Duras liggen op de toppen (witte wijn) of op de zuidflanken (rode wijn) van zachtglooiende heuvels. De ondergrond is vrij gevarieerd, maar op de top van de heuvels bestaat de bodem uit kalkzandsteen, terwijl de bodem van de flanken uit een mengsel van compacte klei en kalk met veel fossiele schelpen bestaat. Het klimaat is hier te vergelijken met dat van Bordeaux, met dit verschil dat het in Duras over het algemeen iets warmer is en minder regenachtig. Voor de witte wijn gebruikt men voornamelijk de sauvignon, sémillon en muscadelle (met hier en daar sporen van ugni blanc, mauzac, ondenc en chenin blanc) en voor de rode wijn en rosé de merlot, cabernet sauvignon, cabernet franc en een minieme hoeveelheid cot (malbec). Het merendeel van de productie bestaat uit rode wijn (54%) en droge witte wijn (42%), gevolgd door de zoete witte wijn (2,5%) en rosé (1,5%).

De Côtes de Duras sec is een lichte, frisse, elegante en fruitige droge witte wijn met een prachtige kleur, helder bleekgeel met groene schitteringen. Deze wijn, waarin de sauvignon domineert, behoort zonder meer tot de betere sauvignon uit de Aquitaine. Drinktemperatuur: 8-10 °C.

De Côtes de Duras Moëlleux is een zeldzame zoete witte wijn, waarin de sémillon domineert. Het is een harmonieuze, volzoete wijn met aroma's

Côtes de Duras blanc sec

Een van de topdomeinen uit Bergerac

Rode Bergerac

van honing, vanille, toast, abrikozen, perziken, gekonfijte vruchten, amandelen, walnoten, hazelnoten, vijgen. De structuur is vettig, bijna zalvig, en de smaak blijft lang natalmen. Fransen drinken deze wijn graag bij het aperitief met wat plakjes ganzen- of eendenlever (paté). Drinktemperatuur: 6-8 °C.

De Côtes de Duras rosé, verkregen door de saignée(aftap)methode, is fris, fruitig en zeer aromatisch (zwarte bessen, Engelse vruchtenzuurtjes). Het is een ideale wijn bij alle zomerse gerechten. Drinktemperatuur: 10-12 °C.

De Côtes de Duras rouge kan een zeer aangename, soepele, elegante en fruitige wijn zijn, verkregen door de koolzuurgasinwekingsmethode (macération carbonique). Maar tegenwoordig wordt de meeste wijn volgens de traditionele vinificatie geproduceerd, die de wijn wat voller en vleziger maakt zonder afbreuk te doen aan het fruitige karakter. Drink de eerste categorie altijd jong en koel (12 °C). De traditionele wijn kunt u zonder meer vijf tot tien jaar bewaren. Drinktemperatuur: 14-16 °C.

Bergerac

De wijnbouw

De Bergerac zit vol verrassingen en biedt elke bezoeker de schoonheid van een prachtige omgeving,

de gedrevenheid en passie van de wijnboeren, de alom geprezen truffels, paddestoelen, ganzenlever en wilde zwijnen van de Périgord, en de emoties die onherroepelijk los komen bij elk teugje wijn.

De grond van deze wijnstreek bestaat vooral uit een mengsel van leem en kalk, leem en granietzand op de plateaus, granietzand van de Périgord en aangespoelde sedimenten en kiezels.

Op de rechteroever van de Dordogne treft men veel terrassen met arme grond en een toplaag van sedimenten. De zuidelijke hellingen zijn bezaaid met kiezels. Op de linkeroever is de grond erg kalkhoudend, vooral op de heuvelhellingen, met hier en daar wat leem. Net als in de aangrenzende Bordelais is hier alles aanwezig om een hoge wijnkwaliteit te garanderen: veel zon, genoeg regen, weinig strenge winters (met uitzondering van 1956, 1985 en 1987). De luchtvochtigheid is vrij hoog door de nabijheid van de Atlantische Oceaan en door de goede watertoevoer door de Dordogne en zijn vele zijrivieren.

Terroir, hoe goed ook, maakt nog geen wijn. In Bergerac bestaat het vak wijnboer al 2.000 jaar. Door de inspanning en de ervaring van generaties wijnboeren is het wijnmaken hier bijna tot een kunst verheven. Tegenwoordig ziet u dat de meeste jonge wijnboeren een compromis sluiten tussen de eeuwenoude wijntraditie en de modernste vinificatietechnieken.

De charme van Bergerac

Kalkhoudende leem, het geheim van Montravel

Door de onderlinge combinaties van de diverse terroirs en de aangeplante druiven vindt men op slechts 11.000 ha een enorme schakering aan wijnsoorten en smaken (12 A.O.C.'s).

Voor de rode wijn gebruikt men cabernet sauvignon (stevigheid, tannine, kleur, geur: zwarte bessen en cederhout), cabernet franc (veel geur: aardbeien en versgesneden groene paprika en snel op dronk) en merlot (geur: kersen, rode bessen, pruimen, sap en fluweelzachte body).

De witte wijn wordt gemaakt van de sémillon (gevoelig voor edelrot, geur: honing, abrikoos, perzik of mango, goede balans tussen zoet en zuur), sauvignon (finesse, aroma's van groene appels, kruisbessen, versgemaaid gras) en muscadelle (intens parfum van kamperfoelie en acacia).

Bergerac Rosé   *Bergerac Blanc Sec*

De wijnen

BERGERAC ROUGE

Deze rode wijn komt meestal van de hellingen en de vlakke hooglanden. Het is voornamelijk een fruitige, fijne wijn met een geur en aroma's van aardbeien, zwarte bessen en andere kleine rode vruchten. Deze wijn is lekkerder als hij jong gedronken wordt. Drinktemperatuur: 12-14 °C.

CÔTES DE BERGERAC ROUGE

Hieronder vallen meestal de betere selecties van de rode Bergerac. Het is een wijn met een intense kleur, meer structuur, meer complexiteit, met aroma's van gekonfijte vruchten (pruimen, pruimedanten). Dikwijls is deze wijn rijk aan alcohol en tannine. Hij kan dus goed bewaard worden. Drinktemperatuur: 14-16 °C.

PÉCHARMANT

De wijngaarden voor de rode topwijn van Pécharmant liggen erg gunstig, in een amfitheater van heuvels. De bodem is zeer bepalend voor de kwaliteit van deze wijn. Zand en grind, afkomstig van de erosie van granietsteen, werden in de loop der eeuwen vaak 'gewassen' door de zee en de rivieren. Het is deze harde, voor water ondoordringbare bovenlaag die de wijn zijn typische terroirsmaak geeft. De

wijn uit Pécharmant is over het algemeen donker van kleur en erg geconcentreerd. Hij bezit veel tannine en is daardoor vaak erg bitter en ondrinkbaar als hij heel jong is. Het is een goede bewaarwijn. Als hij eenmaal rijper is, heeft hij een breed palet van geuren en smaken en wordt hij voller. Drinktemperatuur: 16-17 °C.

BERGERAC ROSÉ

De Bergerac Rosé is meestal erg lekker, maar niet al te gecompliceerd. Verkregen volgens de saignéemethode of volgens de korte macération is het altijd een frisse, gezellige, zalmkleurige wijn met veel fruitige aroma's. Drinktemperatuur: 12 °C.

BERGERAC BLANC SEC

De wijngaarden voor de Bergerac Blanc Sec liggen verspreid over beide oevers van de Dordogne, voornamelijk over de vlakten en de heuvels. De steeds vaker toegepaste moderne vinificatie (onder andere macération pelliculaire) geeft deze van nature niet echt spectaculaire wijn wat meer rijkdom in geur en smaak. Drinktemperatuur: 10-12 °C.

MONTRAVEL

De prachtige droge witte Montravel wordt gemaakt in het uiterste westen van het departement Dordogne. Ook hier levert de moderne vinificatie erg aromatische wijn op, fluweelachtig in de mond. De gewone Montravel kan al jong, fruitig, gedronken worden, maar hij kan ook een paar jaartjes liggen. De betere Montravel, die een gedegen rijping op hout heeft gehad, moet wat langer liggen. Drinktemperatuur: 10-12 °C.

CÔTES DE MONTRAVEL

Deze lichtzoete witte Côtes de Montravel vormt een vloeiende overgang tussen de droge witte *Montravel*

Côtes de Bergerac Rouge   *Pécharmant*

Montravel en de zoetere witte Haut-Montravel.
Drinktemperatuur: 10-12 °C.

HAUT-MONTRAVEL

De Haut-Montravel komt voornamelijk van de
oevers van de rivier. Hij is meestal echt mollig met
een hoog gehalte aan suikers en alcohol, maar hij
bezit genoeg zuren om evenwichtig te zijn en hij
kan goed bewaard worden. Drinktemperatuur: 8-
10 °C.

CÔTES DE BERGERAC

De Côtes de Bergerac Moëlleux, voornamelijk gemaakt van de sémillon, kan uit de hele streek komen. Hij is donkerder van kleur dan zijn droge
soortgenoten en heeft vaak meer bouquet, meer finesse en meer body. De kwaliteit van het eindpro-
duct is mede afhankelijk van de ondergrond, de gebruikte druivensoorten en de vinificatiemethode.
Deze wijn kan al na vier of vijf jaar gedronken worden, maar hij kan ook goed ouder worden. Drinktemperatuur: 8-10 °C.

ROSETTE

De Rosette Moëlleux, afkomstig van de zonnige hellingen ten noorden van de stad Bergerac, zult u niet
veel buiten de streek zelf tegenkomen. Jammer,
want een goede Rosette is immers een meester-
werkje, licht strogeel van kleur, met een overweldigend bouquet en aroma's van bloemen en vruchten. Er is een perfecte balans tussen de elegante
molligheid en de fijne zuren. Drinktemperatuur: 9-
10 °C.

SAUSSIGNAC

Saussignac is een piepkleine streek, slechts een dal-
letje tussen de wijngaarden van Monbazillac en de
eerste wijngaarden van de Bordelais. De wijn uit
deze streek is meestal afkomstig uit oude wijngaarden.
De Saussignac Moëlleux is goed in balans, is soepel
en heeft een subtiel aroma van honing, lindebloesem en grapefruit. Drinktemperatuur: 10-12 °C.
De Saussignac Liquoreux zijn gulle, ronde, brede en
vette wijnen, met aroma's van acacia en perziken.

Rosette, uiterst zeldzaam

*Monbazillac, vloeibaar
goud*

Beide wijnen moeten absoluut vijf tot tien jaar liggen voor ze gedronken worden. Het zijn echte juweeltjes. Drinktemperatuur: 9-10 °C.

MONBAZILLAC

De mierzoete, likeurachtige Monbazillac Liquoreux
komt van de zuidoever van de Dordogne. De wijngaarden liggen op de noordhellingen, op een hoogte van 50 tot 180 m, tegenover de stad Bergerac.
Dankzij de gunstige ligging en het microklimaat
krijgen de wijngaarden veel vochtigheid en warmte
in de herfst. Daardoor kan de *Botrytis cinerea*, on-
misbaar voor het verkrijgen van grote likeurachtige
wijn, zich goed ontwikkelen.
Monbazillac mag beslist niet te koud gedronken
worden, 6-8 °C voor de lichtere typen, maar 10-12
°C voor de rijkere wijn. Zo komt de weelderige geur
van acacia en honing het best tot haar recht. Ook
de brede schakering aan smaak ontplooit zich dan
beter.

Bordeaux

Geen wijnnaam is in de wereld zo bekend, geen
wijngebied ter wereld levert jaarlijks zoveel topwijn
op als Bordeaux. Overal ter wereld klinken de namen Mouton-Rothschild, Lafite-Rothschild, Pétrus

Château de Monbazillac

Haut-Montravel

*Côtes de Bergerac
Moëlleux*

en Yquem als bijna onbereikbare jongensdromen. De top-Bordeaux geniet een aparte status. Hij steekt ver uit boven de rest, maar steeds vaker ook boven de realiteit. Of dat altijd even terecht is, blijft de vraag.

De wijnbouw van Bordeaux

De wijngaarden van Bordeaux liggen in het Franse departement Gironde, dat zijn naam heeft te danken aan de monding van de Garonne en de Dordogne. Het wijnareaal beslaat echter niet het hele departement, hoewel dit officieel zou mogen. Niet alle terreinen zijn immers geschikt voor de wijnbouw (bossen, steden, akkers voor maïs en tabak). Het klimaat van Bordeaux is vrij zacht door de aanwezigheid van het water van de rivieren, de Gironde en de Atlantische Oceaan. Over het algemeen heeft de Bordeaux een milde winter, een vroeg voorjaar met veel regen, een warme en meestal droge zomer en een zachte, vaak zonnige herfst. Zo krijgen de druivenstokken de perfecte hoeveelheden zon en water. Dat het niet altijd zo perfect is, bewijzen de uitzonderlijk koude winter van 1956 (bijna alle wijnranken vroren toen dood) en de vele overstromingen van de Garonne en de Dordogne.

De generieke A.O.C.'s

Wij beginnen onze reis bij de grenzen van de Bergerac en de Duras. Maar voor wij de gewestelijke of gemeentelijke herkomstbenamingen gaan behandelen, maken wij eerst een rondje langs de generieke herkomstbenamingen. Deze wijn mag in het hele gebied van Bordeaux geproduceerd worden.

BORDEAUX BLANC SEC

Het zal veel mensen als een verrassing in de oren klinken, maar twee eeuwen geleden werd er in de Bordeaux tien keer meer witte wijn geproduceerd dan rode wijn. Inmiddels is de kwaliteit van de droge witte Bordeaux enorm verbeterd. Dat is mede te danken aan de totale vernieuwing van de meeste wijninstallaties, ook bij de coöperaties die de grootste volumes produceren. De droge witte Bordeaux

Bordeaux A.C. Blanc Sec   *Bordeaux A.C. Rosé*

is gemaakt van de sauvignon, sémillon en muscadelle. De betere wijn ondergaat ook een rijping op houten vaten, wat hem voller en eleganter maakt. Over het algemeen is deze Bordeaux Blanc Sec zeer geurig: gras, buxus, acacia, citroen, perziken, grapefruit. De smaak is fris en delicaat. Drinktemperatuur: 9-10 °C.

BORDEAUX ROSÉ/BORDEAUX CLAIRET

Het verschil tussen de Bordeaux Rosé en de Bordeaux Clairet is eenvoudig. De schillen voor de Bordeaux Clairet worden langer in de sappen geweekt dan de schillen voor de rosé (respectievelijk 24 tot 36 uur in plaats van 12 tot 18 uur). Dit geeft de rosé een lichtroze kleur en de Clairet een dieproze kleur. Overigens worden beide wijnen, na het weken, op dezelfde wijze als witte wijn behandeld. Beide wijnen worden van de cabernet sauvignon, cabernet franc en merlot gemaakt. De wijnen zijn licht en zeer fruitig (frambozen, aalbessen, kersen, aardbeien) met een hint van bloemen (irissen, viooltjes). Drinktemperatuur: 10 °C.

BORDEAUX ROUGE/BORDEAUX SUPÉRIEUR ROUGE

Welkom in de grootste wijngaard van Frankrijk (60.000 ha). De Bordeaux en Bordeaux Supérieur zijn samen goed voor meer dan de helft van de totale productie van Bordeaux. Profiterend van de goede naam van hun grote broers uit de Médoc, Saint-Emilion, Pomerol en Sauternes, wisten de Bordeaux en Bordeaux Supérieur al snel het hart van de Franse en buitenlandse consumenten te veroveren. Naast de al genoemde herkenbaarheid van de naam is de uitstekende verhouding tussen kwaliteit, prijs en genot een belangrijke reden voor hun succes. Het is moeilijk om een profiel te schetsen van deze wijn, die gemaakt wordt door zo veel verschillende mensen (zelfstandige boeren, coöperaties en handelshuizen) en op compleet verschillende bodemtypen. Voeg de invloeden van de talloze microklimaten en de per wijn verschillende percentages van de gebruikte druivensoorten hieraan toe en u begrijpt dat er hier een enorme verscheidenheid aan wijntypen en wijnsmaken ontstaat.

BORDEAUX ROUGE

Deze wijn is gemaakt van de bekende cabernet sauvignon, cabernet franc en merlot. Het wijnareaal voor deze rode Bordeaux bedraagt ongeveer 38.000 ha. De wijn is mooi rood van kleur en bezit een aantrekkelijke schakering aan aroma's (hout, vanille, viooltjes, zwarte bessen, kersen, pepermunt). De structuur is rijk en zacht, met een volle smaak. Afhankelijk van het jaartal zal de wijn in kracht variëren. Drinktemperatuur: 14-15 °C voor wijn uit lichtere jaren en 16 °C voor wijn uit zwaardere jaren.

BORDEAUX SUPÉRIEUR ROUGE

Het wijnareaal voor de rode Bordeaux Supérieur is veel kleiner dan die van de rode Bordeaux, ongeveer 8.000 ha. Een Bordeaux Supérieur heeft een

Bordeaux Supérieur   *Bordeaux Blanc Moëlleux*

iets hoger alcoholpercentage, een lager rendement per ha en mag pas na twaalf maanden verkocht worden. De meeste wijn is zeer typisch voor zijn streek en kan goed bewaard worden. Drinktemperatuur: 16 °C.

BORDEAUX BLANC SUPÉRIEUR/BORDEAUX BLANC MOËLLEUX

Deze wijnen zijn altijd (half)zoet (doux of moelleux). Hun hoeveelheid is bescheiden (slechts 2% van de verkoop), maar het is heel verrassend hoeveel van deze zeldzame wijn zich op de planken van de supermarkten bevindt. De 'echte' Bordeaux Blanc Moëlleux is een prachtige, bijna zalvige wijn met aroma's van bloemen, perziken, abrikozen en ananas. Drinktemperatuur: 8 °C.

CRÉMANT DE BORDEAUX

De uitstekende Crémants de Bordeaux worden gemaakt volgens de méthode traditionnelle. De combinatie van typische bordeauxdruiven en champenoisevinificatie levert een bijzonder resultaat op. De witte en rosé Crémants de Bordeaux zijn vooral bekend om hun frisheid, hun elegante mousse (schuim) en hun aangename fruitigheid. Drinktemperatuur: 6-8 °C.

De Graves

Het Gravesgebied strekt zich uit van net onder het dorp Saint-Pierre de Mons tot aan Blanquefort ten zuidwesten van de stad Bordeaux. Het wordt onderverdeeld in drie grote wijnbouwgebieden: de Graves (Graves Rouge, Graves Blanc Sec, Graves Supérieures Moëlleux en Liquoreux), de Pessac-Léognan (Rouge en Blanc Sec) en de enclave van zoete wijn producerende gebieden Sauternes, Barsac en Cérons. Het hele gebied is ongeveer 50 km lang en omvat 43 gemeenten. Als enige Franse herkomstbenaming draagt de graves de naam van de specifieke bodem op het etiket. Graves is het Franse woord voor kiezelhoudende gronden, gronden waar de wijnbouw het best gedijde in de tijd van de Engelsen. Toen was de Médoc nog een moerasachtig gebied dat pas veel later door de Hollanders drooggelegd en ontgonnen zou worden. Uit eerbied

voor de gulheid van de bodem werd de naam Graves onlosmakelijk met de wijn verbonden. Deze wijn heeft bijgedragen aan de grote naam van Bordeaux en zeker niet de Médoc. Die kwam pas veel later, halverwege de 18e eeuw, en profiteerde van de bekendheid van de Graves.

De wijnbouw

Ook in de Graves valt als eerste de grote verscheidenheid aan terroirs op. Over het algemeen bestaat de bodem uit terrassen van kiezelhoudende klei en zand, met veel rolkeien. De kwaliteit van de bodem bepaalt hier de uiteindelijke kwaliteit van de wijn. Het wijnareaal van de Graves is in de 20e eeuw onder zeer zware druk komen te staan. Door de expansie van de stad Bordeaux verdween ongeveer 7.000 ha in de 20e eeuw. Dit proces werd nog versneld door de economische crisis voor de Tweede Wereldoorlog, de oorlog en de extreme vrieskou van 1956. Vooral de wijngaarden in de voorsteden van Bordeaux hebben daar zwaar onder geleden. Het is voor buitenstaanders vaak heel bijzonder om te zien dat top-châteaux, zoals Haut-Brion en La Mission Haut-Brion, letterlijk en figuurlijk onder de permanente rook van Bordeaux liggen.

Op 3.000 ha worden in de Graves 53% rode wijn en 47% witte wijn geproduceerd. De betere wijn (waaronder alle grands crus classés van de Graves) hebben sinds 1987 een eigen herkomstbenaming, Pessac-Léognan.

Voor de rode wijn wordt in het hele gebied merlot, cabernet franc, cabernet sauvignon gebruikt, eventueel aangevuld met malbec en petit-verdot. Witte wijn wordt gemaakt van de sémillon, sauvignon en muscadelle.

GRAVES ROUGE

Historisch gezien zijn de rode Graves de grote wijnen van Bordeaux. De wijngaarden werden door de Romeinen aangeplant en de wijn was zeer gewild bij de keizers in Rome. Dankzij de Engelsen werd hij wereldberoemd, maar ook de Franse koningen waren er verzot op. In 1937 al kwam de A.O.C.-erkenning.

Graves Rouge   *Grand Cru Classé Pessac-léognan Blanc*

Afhankelijk van het terroir kan de rode Graves licht en elegant zijn, of juist vol, krachtig, vettig, vlezig en tanninerijk. Vooral de laatste kan goed bewaard worden. Kenmerkend voor deze rode Graves is de licht rokerige ondertoon in geur en smaak. Deze wordt door de bodem gegeven. Andere herkenbare aroma's zijn vanille, rijpe vruchten, aardbeien, zwarte bessen, sinaasappelschil, toast, groene paprika en wat kaneel, koffie, cacao en humus bij het ouder worden. Drinktemperatuur: 16 °C.

GRAVES BLANC SEC

Deze droge witte Graves zijn altijd fris, fruitig en zeer aromatisch (buxus, laurier, perziken, abrikozen, citrusvruchten, klimop, munt, vanille, toast, amandelen). Jong gedronken is de Graves Blanc Sec pittig in zijn zuren. Drinktemperatuur: 10-12 °C.

GRAVES SUPÉRIEURES

De echte Graves Supérieures bestaan en zijn voortreffelijk, alleen vindt u ze niet onder een tientje. Reken eerder op het dubbele. Deze zoete (moëlleux) tot likeurachtige (liquoreux) wijn is zeer aromatisch (hazelnoot, vanille, toast, honing, perziken, abrikozen) en fluweelzacht. Door de aanwezigheid van frisse zuren is deze wijn goed in evenwicht. Drinktemperatuur: 6-8 °C.

PESSAC-LÉOGNAN

Sinds 1987 mogen de gemeenten Cadaujac, Canéjan, Gradignan, Léognan, Martillac, Mérignac, Pessac, Saint-Médard d'Eyrans, Talence en Villenave d'Ornon de herkomstbenaming Pessac-Léognan voeren. Onder deze appellation vallen alle grands crus classés van de Graves (1959), inclusief Château Haut-Brion. In totaal dragen 55 domeinen en châteaux de herkomstbenaming Pessac-Léognan. De hier geproduceerde wijn is hoger van kwaliteit dan de meeste Graves. Dat is mede te danken aan de bodem van Pessac-Léognan, die zeer arm en heuvelachtig is, een perfecte ligging, een goede drainage en voldoende water in de ondergrond heeft. Het totale wijnareaal van de Pessac-Léognan bestrijkt 950 ha. Bijna de helft daarvan is sinds 1970 opnieuw aangeplant. Toen dreigde de wijnbouw in Pessac-Léognan te verstikken onder de rook van de expanderende stad Bordeaux. De overlevingsactie van de overgebleven wijnboeren (bijna allemaal grands crus classés) resulteerde in de A.O.C.-erkenning in 1987. Sindsdien wordt de wijnbouw goed beschermd tegen verdere uitbreiding van Bordeaux. De wijn hoort bij de top en blijft toch nog betaalbaar.
Deze Pessac-Léognan Blanc is altijd droog. Hier is het de sauvignon die domineert, eventueel met

Grand Cru Classé Pessac-Léognan Rouge

Château Haut-Brion, 1er Grand Cru Classé

toevoeging van de sémillon. De kleur is helder bleekgeel tot strogeel. De geur is bijzonder verleidelijk: vanille, toast, lindebloesem, brem, citrusvruchten (grapefruit), abrikozen, perziken, kweepeer, exotische vruchten (mango, lychee), boter en amandelen. De smaak is fris, fruitig, vettig en rond. Drinktemperatuur: 12 °C.
De Pessac-Léognan Rouge is van bijzondere kwaliteit. De kleur is donkerpaars tot karmijnrood, diep en boeiend. Als de wijn jong is, ontwikkelt hij aroma's van rijpe vruchten (zwarte bessen, pruimen), vanille, toast, amandelen en het typische rokerige. Deze aroma's veranderen later in belegen ondertonen van humus, pruimedanten, wild en truffel. De meeste wijnen gebruiken de cabernet sauvignon als hoofddruif, aangevuld met wat merlot en cabernet franc. De wijn kan dus goed bewaard worden. Drinktemperatuur: 16-17 °C.

Sauternes, Barsac en Cérons

Het verschijnsel om laat te oogsten is algemeen in heel Europa. Het proces was al lang voordat er een druppel wijn over de bodem van de Sauternes zou vloeien bij de Grieken en Romeinen bekend. De botrytis was waarschijnlijk al in de streek aanwezig, voordat de eerste wijn gemaakt werd. Het gaat hier om een natuurlijk proces, dat slechts kan plaatsvinden op plekken waar een warm en vochtig klimaat heerst. Maar de botrytis is een eigenwijze, onbetrouwbare schimmel, die zich niet elk jaar op dezelfde plek en op dezelfde wijze laat zien. Soms komt hij zelfs helemaal niet. Het maken van mooie zoete wijn is een zeer arbeidsintensief en uiterst secuur werk en vraagt vooral veel geluk. De wijnboer voelt zich gezegend als de botrytis de overrijpe druiven onder zijn hoede neemt. Het water in de druiven wordt door de schimmel weggezogen en verdampt in de warme lucht. In de verschrompelde druiven stijgt de concentratie aan aromatische stoffen en suikers. De daarvan verkregen wijn is zeer aromatisch, vol, mollig, krachtig en sterk alcoholisch.

SAUTERNES

Het wijnareaal van de Sauternes bestrijkt iets meer dan 1.600 ha. De bodem is erg gevarieerd. Kalk, kalkhoudende klei en kiezelhoudende klei vormen de hoofdmoot. Voor het vervaardigen van deze goddelijke nectar gebruikt men de sémillon (70-80%) en de sauvignon (20-30%), met soms een beetje muscadelle. De Sémillon geeft de wijnen charme, weelderigheid, molligheid en voortreffelijke aroma's

1er Cru Classé uit de Sauternes

van honing, abrikozen, perziken, kweepeer, sinaasappel, mandarijnen, ananas etc. De sauvignon geeft de wijn frisheid en evenwicht. Een goede Sauternes is mollig, vettig en fluweelzacht, maar ook fris, verfijnd en elegant.

U kunt een Sauternes jong drinken (alleen de wat goedkopere), goed gekoeld (6-8 °C) als origineel en geraffineerd aperitief bij een paar toastjes met eenden- of ganzenlever. Een jonge Sauternes past ook uitstekend bij bijvoorbeeld zalm.

Een grote Sauternes (Yquem, Rieussec, Sigalas-Rabaud, Clos Haut-Peyraguey, Doisy-Daëne, Doisy-Védrines, Fargues, Guiraud, Lafaurie-Peyraguey, Lagnet La Carrière, Les Justices, Malle, Rayne-Vigneau, Roumieu, Suduiraut) drinkt u niet als aperitief, en zeker niet jong. Laat de combinatie van dauw en honing enige jaren rijpen. Een top-Sauternes kan minimaal 20 à 30 jaar oud worden. Na enkele jaren rijping op de fles wordt er een weelderig en fascinerend bouquet ontwikkeld, waarin honing, kweepeer, gekonfijte vruchten, sinaasappelmarmelade en (hazel)noten de boventoon voeren. Drinktemperatuur: 8-9 °C.

BARSAC

De wijn geproduceerd in de gemeente Barsac heeft een luxeprobleem. Hij mag verkocht worden onder zijn eigen herkomstbenaming Barsac, maar ook onder Sauternes. Het verschil met de sauternes is misschien wel, dat hij wat lichter en minder likeurachtig is dan zijn companen uit Sauternes. Voor de rest lijkt deze Barsac als twee druppels water op een Sauternes. De prijs-kwaliteitverhouding is vaak gunstiger. Drinktemperatuur: 8-9 °C.

CÉRONS

De Cérons zijn misschien nog iets lichter dan de wijn van Barsac en Sauternes. Zij vormen een gulden middenweg tussen de betere likeurachtige wijn en de betere zoete wijn van de Graves Supérieures. Maar de wijn van Cérons is een uiterst verfijnde wijn met aroma's van bloemen, honing en vruchten (perziken, abrikozen). De smaak is vol, rond, harmonieus en sappig. Hij bezit een uitstekende verhouding tussen prijs, kwaliteit en genot. Drinktemperatuur: 9-10 °C.

Entre-deux-mers: tussen Garonne en Dordogne

Wij verlaten de linkeroever van de Garonne en zetten onze reis voort via het landendriehoekje tussen de beide 'zeeën', de Garonne en de Dordogne. Wie ooit een overstroming van een van beide rivieren heeft meegemaakt, begrijpt wat de mensen hier met 'Entre-Deux-Mers' bedoelen. De streek van de 'Entre-Deux-Mers' is een reuze (hoog)vlakte, doorkruist met talloze dalletjes en beekjes, die langs de zachtglooiende heuvels slingert. Het is een vrij groot gebied, waar voornamelijk de Entre-Deux-Mers A.O.C. (droge witte wijn) vandaan komt. Andere herkomstbenamingen: Côtes de Bordeaux Saint-Macaire, Sainte-Croix-du-Mont, Loupiac en Cadillac (allen zoete en likeurachtige witte wijnen), Graves de Vayres (rode, droge en zoete witte wijnen), Premières Côtes de Bordeaux en Sainte-Foy Bordeaux (beiden rode en zoete of likeurachtige witte wijnen). Naast bovengenoemde wijnen worden in de hele Entre-Deux-Mers-streek ook veel Bordeaux en Bordeaux Supérieur (rood, rosé, droge of zoete witte) geproduceerd.

Het eldorado van de zoete wijnen

Pal tegenover de al behandelde Sauternes, Barsac en Cérons bevindt zich een tweede gouden stek voor de zoete en likeurachtige wijn.

CÔTES DE BORDEAUX SAINT-MACAIRE

Officieel deel van de Premières Côtes de Bordeaux was de streek van deze Côtes de Bordeaux Saint-Macaire ooit bekend om zijn voortreffelijke zoete witte wijn. Door de veranderingen in het drinkpatroon (er wordt steeds minder zoete wijn gedronken) en de moordende concurrentie van de buren wordt hier echter steeds meer rode wijn gemaakt, die de herkomstbenaming Bordeaux of Bordeaux Supérieur mag dragen. Slechts 60 ha produceert

Cérons

APPELLATION CÉRONS CONTROLÉE

CHATEAU DE CÉRONS

CÉRONS

1985

Jean Perromat, propriétaire à Cérons (Gironde)
750 ml   MISE EN BOUTEILLES AU CHATEAU

nog de zoete witte wijn, die recht heeft op de A.O.C. Côtes de Bordeaux Saint-Macaire. Drinktemperatuur: 8-9 °C.

SAINTE-CROIX-DU-MONT

Jammer genoeg geniet de prachtige wijn van Sainte-Croix-du-Mont niet de bekendheid, die hij door zijn uitmuntende kwaliteit zou verdienen. De wijngaarden van Sainte-Croix-du-Mont liggen precies tegenover die van Sauternes op een uitstekende bodem van kalk en kiezelhoudende grond. Ook in Sainte-Croix-du-Mont zijn de (micro)klimatologische omstandigheden zeer gunstig voor de komst van de botrytis. Kortom: dezelfde druiven, een uitstekende bodem, hetzelfde gunstige microklimaat, dezelfde vinificatiemethoden, nagenoeg dezelfde kwaliteit, maar een veel lagere prijs. U kunt deze rijke, volle, vettige wijn met aroma's van honing, citrusvruchten, perziken, (kwee)peren, gekonfijte vruchten, specerijen, kruidkoek, witte bloemen etc. op dezelfde manier gebruiken als een Sauternes. Drinktemperatuur: 8-9 °C.

Sainte-Croix-du-Mont

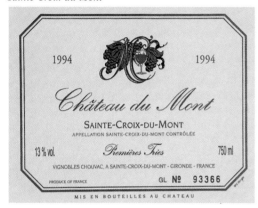

Loupiac

De wijn van Sainte-Croix-du-Mont neigt in het algemeen meer naar likeurachtig. Die van het noordwestelijker gelegen Loupiac is een molliger type. Loupiac is een oud wijngebied dat al in de 13e eeuw bekend was. Vergeleken met die van Sainte-Croix-du-Mont bezitten de wijnen van Loupiac misschien wat meer frisheid, zeker in de aroma's: citrusvruchten (sinaasappel), perziken, acacia, brem, kweepeer naast honing, gekonfijte vruchten en amandelen. De wijn is sappig, vettig, rijk en krachtig, met een goed

Loupiac

Topdomein uit Loupiac

evenwicht tussen de volle zoetheid en de frisse zuren. Drinktemperatuur: 8-9 °C.

Cadillac

De naam van het bekende automerk uit Detroit zou naar verluidt afkomstig zijn van het dorpje Cadillac in de Gironde. Of de naam van het dorp als eerbetoon aan de plaatselijke Marquis de Cadillac aan de wijn werd gegeven en de naam van de wijn van Cadillac aan de luxueuze Amerikaanse auto, is niet

Cadillac

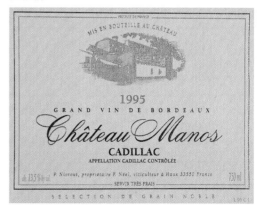

helemaal zeker. Wel zeker is de bijzondere kwaliteit van deze zoete wijn uit Cadillac, die zijn A.O.C.-erkenning pas in 1980 kreeg. De betere wijn van Cadillac is vol, vettig en goed in evenwicht. Hij neigt eerder naar het mollige dan naar het likeurachtige. De geur is weelderig, met aroma's van gekonfijte citrusvruchten, toast, amandelen, perziken, honing en hier en daar een hint van bijenwas. De smaak is rijk en vol, met een goed evenwicht tussen zuur en zoet. Drinktemperatuur: 8-9 °C.

Premières Côtes de Bordeaux

Dit wijngebied op de rechteroever van de Garonne is ongeveer 60 km lang en loopt van de buitenwijken van Bordeaux tot aan de grens met de Côtes de Bordeaux Saint-Macaire. Het landschap is heuvelachtig en biedt prachtige uitzichten op de rivier en op de wijngaarden van de Graves. De bodem is zeer gevarieerd, met als hoofdtypen de kalk- en kiezelhoudende bodem van de heuvels en de aanslibsels van de Garonne. Er wordt voornamelijk rode wijn gemaakt en een beetje mollige tot likeurachtige witte wijn (in het zuidoostelijke puntje, bij Cadillac, Loupiac en Sainte-Croix-du-Mont). Veel witte wijn verdwijnt echter, al dan niet anoniem, in de grote massa zoete Bordeaux.

De zeldzame zoete witte Premières Côtes de Bordeaux zijn over het algemeen van uitstekende kwaliteit: vrij complex, vettig, breed en zacht, maar ook met een zekere finesse en elegantie. De rijke aroma's van honing, toast, sinaasappel, gekonfijte vruchten, ontbijtkoek en overrijpe druiven (al dan niet met een hint van botrytis) zullen velen weten te verleiden. Drinktemperatuur: 8-10 °C.

De rode wijn is in de meerderheid. Deze Premières Côtes de Bordeaux Rouge zorgen altijd voor aangename verrassingen en veel drinkplezier. Hij heeft een diepe kleur, is vrij vol en pittig met aroma's van rijpe rode vruchten, pruimen, toast, vanille, kruiden, en soms hints van gebrande koffie en leer. In de jonge wijn is de tannine nog duidelijk aanwezig, maar na enkele jaren rijping wordt hij wat ronder en zachter. Drinktemperatuur: 16 °C.

Premières côtes de
Bordeaux

Entre-Deux-Mers

Entre-Deux-Mers

De A.O.C. Entre-Deux-Mers bestrijkt niet het hele Entre-Deux-Mers-gebied. Hoewel de Entre-Deux-Mers ooit bekend stond om zijn zoete witte wijn, is de huidige A.O.C. uitsluitend voor droge witte wijn gereserveerd. De wijn, die voornamelijk van de sauvignon gemaakt wordt, is pittig fris (zeker als hij jong is) en zeer aromatisch: citrusvruchten, amandel, exotische vruchten. De betere wijn wordt echter gemaakt van een assemblage van sémillon, sauvignon en muscadelle en is wat voller en breder. Deze aroma's worden dan aangevuld door prachtige bloemen- en witte vruchtengeuren (perziken). Drinktemperatuur: 10-12 °C.

Graves de Vayres

Iets ten zuiden van de Dordogne en de stad Libourne bevindt zich het kleine wijngebied van Graves de Vayres (ca. 525 ha). Hier wordt voornamelijk rode wijn gemaakt en een beetje droge witte wijn. De meeste Graves de Vayres die u in de winkels zult aantreffen, zullen wit zijn. Dit was de oorspronkelijke kracht van de streek. Door de veranderingen in drinkcultuur worden ook hier steeds meer rodedruivenstokken aangeplant. Veel van de geproduceerde rode wijn zal als gewone Bordeaux of Bordeaux Supérieur door het leven gaan en slechts de beste zullen de A.O.C. Graves de Vayres dragen.

De droge witte wijn is fris en fruitig, met aroma's van citrusvruchten en soms een herkenbaar terroiraroma van vuursteen. Drinktemperatuur: 10-12 °C. De rode wijn is soms tanninerijk en een beetje stroef als hij jong is, maar altijd aangenaam fruitig (bramen, frambozen, zwarte bessen, kersen, pruimen). De smaak is zacht, vol, soepel, rond en fruitig, met een kruidige finale. Drinktemperatuur: 16 °C.

Sainte-Foy-Bordeaux

Dit wijngebied ligt ten zuiden van de Bergerac. Het stadje Sainte-Foy lijkt uit twee gedeelten te bestaan. Op de rechteroever van de Dordogne, dus in de Bergeracois, ligt Port-Sainte-Foy en op de linkeroever, in de Bordelais, ligt Sainte Foy la Grande. De bodem van Sainte-Foy varieert van rood, van de kleihoudende aanslibsels, tot aan wit van de kalkhoudende gronden. De ondergrond bestaat uit kiezelhoudende, zandhoudende of kalkhoudende klei. Dit verklaart de verscheidenheid in typen en smaken van de wijn uit Sainte-Foy. Een opmerkelijk positief feit voor deze wijnbouwstreek is het kwaliteitshandvest, dat door de gezamenlijke wijnboeren ondertekend werd.

De rode wijn wordt het meest gemaakt. Hij wordt vervaardigd van de merlot, cabernet sauvignon en cabernet franc. De meeste wijn is vrij donker van kleur, erg fruitig, met aroma's van rode vruchten en vanille, die bij het ouder worden uitvloeien in complexere geuren zoals leer, humus, koffie en kruiden. Drinktemperatuur: 16 °C.

De droge witte wijn uit Sainte-Foy is fris en vrij pittig. Hij wordt voornamelijk gemaakt van de sauvignon, al dan niet aangevuld met wat sémillon en muscadelle, en is vrij aromatisch: exotische vruchten, bloemen, witte vruchten, gele vruchten, vanille (bij rijping op hout). Drinktemperatuur: 10-12 °C.

De zoete witte Sainte-Foy Bordeaux is een klassieke wijn van goede kwaliteit. Hij wordt uitsluitend in topjaren gemaakt. Hij is licht, fris, fruitig, met typische sémillonaroma's: honing, rijpe (muskaat)druiven, lindebloesem, bijenwas, abrikozen. Wanneer de overrijpe sémillondruiven ook nog worden bezocht met de botrytis, is de wijn vol, rijk en extra krachtig. Drinktemperatuur: 8-9 °C.

De Libournais, het domein van de merlotdruif

Rondom de stad Libourne, op de rechteroever van de Dordogne, vindt u de wijngaarden van de Libournais. Hier komt u bekende namen tegen: Saint-Emilion, Pomerol, Canon-Fronsac en Fronsac. Hoewel deze wijngebieden niet zo ver van Bordeaux liggen, is het landschap hier totaal anders. Geen grote, nette, kille domeinen zoals in de Médoc, maar veel kleinere, gezellige landgoedjes met dito herenhuizen. Terwijl de cabernets in de Médoc heer en meester zijn, domineert hier de merlotdruif. De wijn van de Libournais is dan ook minder lang houdbaar dan zijn verre familieleden uit de Médoc, maar hij is ook veel sneller toegankelijk. Door zijn minder 'harde' karakter zal deze wijn zich gemakkelijker aanpassen aan uw culinaire wensen.

Côtes de Castillon

De wijn van de Côtes de Castillon mag de naam van deze A.O.C. sinds 1989 op het etiket vermelden. Daarvoor behoorde hij tot de anonieme familie van de Bordeaux en Bordeaux Supérieurs. Proeftechnisch verschilt deze Côtes de Castillon niet erg van de gewone Bordeaux. Het verschil zit vooral in de lagere opbrengsten en dus in de hogere graad van complexiteit en concentratie. De aroma's zijn vrij representatief voor de hele Bordeaux: kersen, zwarte bessen, pruimen, toast, vanille, peper, menthol, kruiden en, als hij wat ouder is, wild, cacao, koffie, kaneel en droge vruchten. Afhankelijk van de stijl van de maker zal deze wijn elegant en bijna vrouwelijk zijn of juist mannelijk, krachtig, vlezig en vol. Een extra aanbeveling verdient de meestal uitstekende verhouding tussen kwaliteit, prijs en genot. Drinktemperatuur: 16-17 °C.

Bordeaux Côtes de Franc

Op zo'n 490 ha tussen Saint-Emilion en de Bergeracois worden zeer acceptabele witte en rode wijnen geproduceerd. De côtes zijn relatief hoge heuvels van mergelaarde en kalkhoudende klei. De droge witte wijn, gemaakt van de sauvignon, sémillon en muscadelle, is verfijnd, sensueel en zeer aromatisch: bloemen, vanille, droge vruchten (amandelen), rijpe witte en gele vruchten (perzik). Deze weelderigheid in aroma's en de vettigheid van de sémillon worden goed in evenwicht gehouden door de frisheid van de sauvignon. Drinktemperatuur: 10-12 °C.

De rode Côtes de Franc is diep van kleur en bezit rijke aroma's van rode vruchten (frambozen, kersen, zwarte bessen), vanille en wat meer aardse geuren, zoals Russische bont, leer en hout. De smaak is vol, breed, vettig en krachtig. Door de rijping op hout is de meeste wijn vrij stroef in de eerste jaren, maar dat verandert na twee of drie jaar rijping op de fles. Drinktemperatuur: 16 °C.

Saint-Emilion

Rondom het schilderachtige gelijknamige dorpje liggen de wijngaarden van Saint-Emilion. De Romeinen waren al overtuigd van de kwaliteit van de plaatselijke wijngaarden, zoals de beroemde dichter-consul Ausonius getuigde. De wijngaarden rondom Saint-Emilion liggen op een vlakte van kalkhoudende gronden en op heuvels van kalkhoudende leem- of kleigronden. Ten westen van Saint-Emilion bestaat de bodem echter uit kiezelhoudende grond. Dit is het areaal van de grote wijnen. De meeste wijn uit Saint-Emilion komt echter van de zandhoudende aanslibsels en ijzerhoudende zandstenenbodem, die tot aan de Dordogne reiken. De dominerende druivensoort is hier de merlot met daarbij de cabernet franc (weleens plaatselijk bouchet genoemd), de cabernet sauvignon en de malbec of cot. Leuk, serieus en origineel is hier de vrij recente classificatie die niet alleen streng gecontroleerd, maar ook om de tien jaar herzien wordt. Dit is een extra stimulans om de kwaliteit scherp te bewaken. Niet de bodemsoorten en eigenaars worden hierbij gecontroleerd en gewogen, maar de wijn en dan over een periode van tien jaar. Een systeem van promotie/degradatie houdt iedereen scherp en de consumenten winnen erbij. Over de kwaliteit van de wijn kunnen we kort zijn. De meeste Saint-Emilion is van uitmuntende kwaliteit. Deze donkerrode wijnen zijn gul, rond en snel toegankelijk. Hun aromatische palet bevat meestal rijpe vruchtjes (bramen, kersen, aardbeien), droge vruchten (abrikozen), kruiden (laurierdrop, kaneel), florale geuren (klimop), leer en aardse geuren (hout, hu-

Saint-Emilion Générique

mus, truffel). De betere wijn bezit de nodige tannine en vraagt om enkele jaren rijping op de fles. De structuur is breed en soepel, ondanks de aanwezige tannine. Een goede Saint-Emilion geeft de proever een warme, sensuele en sappige indruk die vrij lang in de mond en in het geheugen blijft hangen. Drinktemperatuur: 14-16 °C.

SAINT-EMILION (1er) GRAND CRU CLASSÉ
De geclasseerde wijn van Saint-Emilion doet misschien net iets meer en is meestal afkomstig van een beter bodemtype. De meeste crus classés concentreren zich immers in de directe omgeving van het dorpje Saint-Emilion. Ook de voorwaarden voor de kwaliteit, opbrengst en minimale prijs zijn streng gecontroleerd. Over het algemeen resulteert dat in iets meer kracht, ruggengraat, tannine en dus verouderingspotentieel, en duidelijk meer complexiteit. Drinktemperatuur: 16-17 °C.

Saint-Emilion Grand Cru

Saint-Emilion Grand Cru

Saint-Georges Saint-Emilion

Montagne Saint-Emilion

DE SATELLIETEN VAN SAINT-EMILION
Ten noorden van het wijngebied van Saint-Emilion mogen vier gemeenten hun naam toevoegen aan de herkomstbenaming Saint-Emilion. Misschien was het eigenlijk andersom. Hoe dan ook, de wijnen van deze vier gemeenten zijn over het algemeen iets boerser en minder verfijnd van structuur en smaak dan hun broers uit Saint-Emilion, maar zijn zeker

de moeite waard. Bovendien is de prijs-kwaliteitverhouding erg gunstig. De namen zijn:

SAINT-GEORGES SAINT-EMILION
Dit is een stevige wijn.

MONTAGNE SAINT-EMILION
Dit is een volle, rijke en stevige wijn.

PUISSEGUIN SAINT-EMILION
Deze wijn is misschien wat eleganter dan zijn buren.

LUSSAC SAINT-EMILION
Dit is de zachtste wijn van de vier, misschien zelfs de vrouwelijkste. Maar schijn kan bedriegen.

Pomerol

Dit is een heel grote naam voor zo'n klein wijngebied van slechts 800 ha. De wijnbouw vindt hier plaats op een kleine oppervlakte met een bijzonder bodemtype, dat zeer rijk is aan ijzeroxide. De bodem is zeer gevarieerd: zanderig bij Libourne, kiezelhoudende zand- en kleibodems in het westen, kiezelhoudende kleibodems in het centrum en kiezelhoudende zandbodem in het noorden. Ondanks deze verscheidenheid in bodemsoorten presenteren de Pomerols zich duidelijk als telgen van een en dezelfde familie.
De Pomerol is tegelijk vol, krachtig en soepel, en zeer fruitig, waarbij bramen, kersen, frambozen en pruimen overheersen, en neigt soms naar gekonfijte of gedroogde vruchten in topjaren. Andere herkenbare aroma's van top-Pomerols zijn viooltjes,

Pomerol Générique

Pomerol

irissen, vanille, kruiden, toost, wild, leer, tabak, cacao of koffie, drop, soms ook kaneel (Pétrus) en truffel.
Pomerol is bijzonder sensueel, romig vet, vlezig en rond, met vaak een minerale ondertoon in de afdronk. Drink hem nooit te jong, in ieder geval nooit voor zijn 4e of 5e jaar voor de gewone Pomerol, en voor zijn 6e of 7e jaar voor de betere wijn. Drinktemperatuur: 16-17 °C.

Lalande de Pomerol

Ten noorden van Pomerol ligt het wijngebied van Lalande de Pomerol. Dit gebied is veel groter dan de streek Pomerol. De uitsluitend rode wijn van deze A.O.C. is, evenals zijn grote broers uit de Pomerol, rijk van kleur en aroma's, vol, krachtig, vlezig en vettig.

In de geur herkent u pruimen, drop, rijpe vruchten, vanille, kruiden (bijvoorbeeld nootmuskaat), cacao en koffie, met soms hints van menthol. De topdomeinen van Lalande de Pomerol kunnen zich probleemloos meten met die van de Pomerol of Saint-Emilion. Drinktemperatuur: 16-17 °C.

Fronsac en Canon-Fronsac

Deze streek van de Libournais wordt gekenmerkt door vrij steile hellingen, die de astronomische hoogte van ± 75 m bereiken, die garant staan voor een prachtig uitzicht over de omgeving. De bodem van dit iets meer dan 1.100 ha grote wijngebied bestaat uit kalkhoudende kleigronden. De heuvels bevatten meer kalk en mogen als enige de A.O.C. Canon-Fronsac dragen.

Beide wijnen zijn rood, elegant en verfijnd, maar tegelijk vol en pittig. In de geur zijn de volgende aroma's duidelijk herkenbaar: rijpe rode vruchtjes (kersen), vanille, toast, leer, geroosterde noten (amandelen, hazelnoten), leer, humus met hier en daar een hint van kruiden, menthol, koffie of cacao. De wijn van Fronsac kan ook aroma's van irissen en viooltjes ontwikkelen en iets rokerigs.
Drinktemperatuur: 16-17 °C.

produceert rode wijn (in het zuiden) en droge witte wijn (in het noorden).

CÔTES DE BOURG
Deze 3.600 ha grote wijnstreek wordt weleens het 'Zwitserland' van de Bordeaux genoemd, vanwege de vele glooiende en groene heuvels. Hier worden rode en witte wijnen geproduceerd.

De laatste zijn erg zeldzaam en eerlijk gezegd, een uitzondering daargelaten, van niet al te hoge kwaliteit. Deze witte wijn van de sauvignon is zonder meer fris en aangenaam en smaakt het best als aperitief. Drinktemperatuur: 9-10 °C.

De rode wijn is mooi diep gekleurd en vrij aromatisch. Als hij jong is, is hij wel eens behoorlijk stroef, maar enkele jaren rijping op de fles verzachten deze harde tannine. De smaak is dan rond, vol en vaak zelfs verleidelijk. De betere wijn bezit veel klasse, verfijning en elegantie. Drinktemperatuur: 16 °C.

CÔTES DE BLAYE
Deze witte wijn was ooit bedoeld om er Cognac mee te maken. Tegenwoordig worden nog veel zurige, matige witte wijnen uit deze streek als basismateriaal gebruikt voor de Fine de Bordeaux, het plaatselijke wijndistillaat, dat overigens best lekker smaakt.

De betere witte wijn draagt de herkomstbenaming Côtes de Blaye en is droog. Hij is vrij aromatisch (citrusvruchten, ananas), fris, breed en goed droog. Drinktemperatuur: 10-12 °C.

PREMIÈRES CÔTES DE BLAYE
De meeste wijn is rood, maar er bestaat ook een kleine hoeveelheid droge witte wijn. De witte wijn is fris, elegant en typisch sauvignon met zijn aro-

Lalande de Pomerol   *Canon-Fronsac*   *Côtes de Bourg*   *Côtes de Blaye*

Blayais en Bourgeais

Ten zuiden van de Charentes Maritime (de streek van de beroemde cognacdistillaten) treft men twee wijngebieden uit de Bordeaux aan: de wat grotere côtes de Blaye (inclusief de 1ères Côtes de Blaye) en de kleine Côtes de Bourg. Beide liggen op de rechteroever van de monding van de Gironde. De streek

ma's van citrusvruchten (voornamelijk grapefruit) en vegetale ondertonen (buxus, brem). Het is een uitstekende wijn voor bij het aperitief of bij een bord verse oesters. Drinktemperatuur: 10-12 °C.

De rode Premières Côtes de Blaye zijn meestal vrij licht van structuur, maar de betere is complexer en voller. Over het algemeen is de rode Premières Côtes de Blaye fruitige wijn met wat vegetale ondertonen. Kies liever voor een topdomein en u krijgt zeker waar voor uw geld. Deze betere wijn is vaak verrassend krachtig, met bijna atypische aroma's van wild en leer, zonder dat hij daarbij te 'boers' wordt. Drink de simpele wijn jong en licht gekoeld (14 °C) en de vollere wijn op 16-17 °C.

De Médoc

Wij verlaten de rechteroever en eindigen onze rondreis door de wijnstreek van Bordeaux in de Médoc, op de linkeroever van de Gironde. De Médoc is een soort schiereiland met wijngaarden, begrensd door de wateren van de Gironde in het noorden, de Atlantische Oceaan in het noordwesten, de stad Bordeaux in het zuidwesten en de uitgestrekte bosstrook van Les Landes in het zuiden.

Bodem en klimaat

Het zand- en kiezelhoudende strookje van pakweg 5 tot 10 km breed biedt een grote schakering aan terroirs en microklimaten. Wat men hier de 'graves' noemt, is een complex mengsel van klei, kiezels en zand. De kiezels zijn meegenomen door de Garonne en zijn deels afkomstig uit de Pyreneeën (kwarts en erosiemateriaal van de gletsjers). Een ander gedeelte komt van de vulkanische gronden van het Massif Central (kwarts, vuursteen, zandsteen, vulkanisch erosiemateriaal, zand, klei) en werd eerst door de Cère en daarna door de Dordogne meegevoerd. Hier en daar breken wat lagen kalkhoudende klei door de kiezels. De vlakte van de Médoc is verder met talloze kleine dalen doorkruist, die niet alleen voor een aangename afwisseling in het landschap zorgen, maar ook en vooral voor een uitstekende drainage. Het geheel vormt een uitstekende bodem voor de wijnbouw. De grond is zo arm, dat de wijnstokken extra hun best moeten doen om aan de nodige voedingsstoffen en water te komen. Dat bevordert de kwaliteit van de verkregen druiven. Geen wonder dus dat juist op deze bodem de beroemdste wijn van Frankrijk ontspringt. Het klimaat is vrij zacht, beïnvloed door de gunstige ligging op de 45e breedtegraad, de aanwezigheid van de Atlantische Oceaan en het water van de Gironde, Garonne en Dordogne. De wijngaarden krijgen hierdoor voldoende warmte, zonlicht en voldoende vochtigheid. Door de westenwind zijn de wijnstokken redelijk beschermd tegen de nachtvorst in het voorjaar en tegen schimmelinfecties. Hoewel deze situatie in principe heel gunstig is voor de wijnbouw, is dit geen garantie voor een constante kwaliteit en kwantiteit van de oogst. In jaren met een natte koude zomer zullen er beslist geen grote wijnen gemaakt worden. De wispelturigheid van het klimaat maakt de Médoc heel boeiend voor de wijnliefhebbers.

Druivensoorten

Eigenlijk zou hier, volgens de goed geïnformeerde specialisten van de Conseil des Vins du Médoc,

Médoc

sprake zijn van één druivensoort, de oude biturica (biture, vidure) van de vitisfamilie die ooit door de Romeinen werd meegebracht. Daarvan zouden alle huidige Médoc-druivensoorten afstammen. Namen als cabernet, malbec en verdot verschenen voor het eerst in de 18e eeuw, die van merlot meer dan een eeuw later. Verrassend is het bijna volledig verdwijnen van een bijzonder interessante druivensoort, die toen ook aan de basis stond van het succes en de kwaliteit van de Médoc: de carmenière. Pas na lang zoeken zult u deze druif in de Médoc kunnen vinden en dan in minieme hoeveelheden. De van deze druif verkregen wijnen zijn van uitmuntende kwaliteit. De opbrengst is in verhouding met de andere médocdruiven echter zo laag, dat men in grote getale overgestapt is op het genetische broertje van de carmenière, de cabernet franc. (Deze laatste komt echter niet uit de Médoc, maar uit de westelijke Loire waar hij de bijnaam 'Breton' kreeg.)

De cabernet sauvignon is een echte uitvinding van de Médoc. Geen andere druif ter wereld werd zo veel geëxporteerd als de cabernet sauvignon. U vindt hem in Zuid-Amerika, in Californië, in Australië, op de Balkan, in Spanje, Italië en Griekenland. Men was zo overtuigd van de kwaliteit van de Bordeaux (en ook waarschijnlijk van de prijs), dat er overal in de wereld cabernet sauvignon en merlot aangeplant werden in de hoop zo snel mogelijk nep-Bordeaux te kunnen produceren om die dan tegen lagere prijzen te kunnen verkopen. Dit lukte echter niet, omdat niet alleen de druif belangrijk is, maar ook de bodem. En de bodem is iets moeilijker te importeren of na te bootsen.

Naast de cabernet sauvignon, die de wijn ruggengraat en fruitige aroma's biedt, wordt ook gebruik gemaakt van de merlot (sneller rijp, sneller toegankelijk, ter verzachting van de cabernet sauvignon), de cabernet franc (prachtige aroma's), de petit verdot (kleur, kracht en body) en de malbec (tannine, kleur, finesse, aroma's).

MÉDOC A.O.C.

Hoewel de hele streek van de geografische Médoc (dus inclusief de Haut-Médoc en de zes gemeentelijke A.O.C.'s) het recht heeft om de herkomstbenaming Médoc te voeren, komen de meeste Médocs A.O.C. wijnen uit het noorden van het schiereiland, met name uit het gebied tussen de dorpen Saint Vivien de Médoc en Saint-Germain d'Esteuil. De wijngaarden van de noordelijke Médoc zijn over het algemeen wat recenter dan die van de Haut-Médoc. Er zijn hier en daar wel wat oudere wijndomeinen, maar die zijn in de minderheid.

De wijndomeinen van de médoc A.O.C. hebben meestal een kleine oppervlakte. Veel van deze domeinen hebben zich in coöperaties verenigd om efficiënter te kunnen werken en vaak ook om te kunnen overleven. De bodem is typisch Médoc, met diverse soorten kiezelhoudende gronden en sporadisch wat kalkhoudende klei.

De Médoc A.O.C. is door de verscheidenheid aan terroirs en de grote hoeveelheid kleine domeinen zeer verschillend van stijl en smaak. Er kunnen twee hoofdtypen onderscheiden worden:
– de lichte, elegante, verfijnde, subtiele en verleidelijk aromatische wijn, die jong gedronken moet worden. Drinktemperatuur: 14-16 °C;
– de volle, forse en tanninerijke wijnen, die gebaat zijn bij enkele jaren rijping op de fles. Drinktemperatuur: 16-17 °C.

HAUT-MÉDOC A.O.C.

De zuidelijke Médoc of Haut-Médoc ('Haut' refereert hier aan de hogere ligging ten opzichte van de

Haut-Médoc Cru Bourgeois

Saint-Estèphe Cru Bourgeois

bron van de rivier en heeft niets met het reliëf te maken) bestrijkt ongeveer 60 km, vanuit het dorp Saint-Seurin de Cadourne tot aan Blanquefort. Deze indeling tussen noordelijke en zuidelijke Médoc dateert officieel uit 1935, maar werd al in de wandelgangen toegepast in het begin van de 19e eeuw. In het zuiden van deze Haut-Médoc worden veel wijnboeren geconfronteerd met de expansie van de stad Bordeaux, waardoor menig wijngaard (en sommige domeinen) definitief is verdwenen. Op alle manieren probeert men hier een halt aan toe te roepen, maar de strijd is zwaar.

Ook hier is de grote verscheidenheid aan terroirs de basis van de diversiteit in smaak en typen van de Haut-Médoc. De overeenkomsten tussen de wijn uit deze grote familie zijn echter duidelijk: de Haut-Médoc levert diepgekleurde wijn op, fris en elegant, rijk maar niet te krachtig, met prachtige aroma's van rijpe vruchten (pruimen, frambozen, zwarte bessen, kersen), vanille, toast, cederhout (sigarenkistje) en soms wat menthol, kruiden, tabak, koffie of cacao. Deze wijn verdient het om enkele jaren bewaard te worden. Het bouquet zal zich beter ontplooien. Drinktemperatuur: 16-17 °C.

SAINT-ESTÈPHE

Dit is de noordelijkste van de zes gemeentelijke herkomstbenamingen. De wijngaarden van Saint-Estèphe liggen rond de gelijknamige gemeente verspreid over ongeveer 1245 ha. Door de noordelijke ligging, de relatief grote hoogte van de heuvels (een duizelingwekkende 40 m), de wat zwaardere kiezelhoudende zand- en kleibodem en de typische kalkondergrond onderscheidt deze

Saint-Estèphe Grand Cru

wijn zich van de andere Haut-Médoc. Hij is dieper van kleur, forser van structuur, de geur en de smaak zijn duidelijker door de terroir getypeerd en de tannine is zeer krachtig. Daardoor is de Saint-Estèphe bewaarwijn bij uitstek. Daarbij blijven zijn frisheid en zijn jeugdige fruitigheid verrassend lang behouden. Kenmerkende aroma's van de Saint-Estèphe: rode vruchtjes, vanille, hout, toast, rook, kruiden, cacao, humus en drop. Drinktemperatuur: 17-18 °C.

PAUILLAC

De wijngaarden van Pauillac liggen ten westen van de stad, parallel aan de Gironde. De noordelijke wijngaarden bevinden zich op een iets hogere en wat meer geaccidenteerde vlakte dan de zuidelijke wijngaarden. Beide gedeelten hebben een schrale, sterk kiezelhoudende bodem; in het zuiden zijn de kiezels over het algemeen wat groter (rolkeien) dan in het noorden. Het geheel is voorzien van een ondergrond die voor een goede drainage zorgt.

De wijn van Pauillac is sterk door zijn strenge bodem getypeerd. Hij heeft een volle kleur (purperrood-granaatrood), is fors, krachtig, met veel ruggengraat en tannine, maar tegelijk ook sappig, zeer verfijnd en elegant. Het verdient aanbeveling hem minstens vijf, maar nog beter tien jaar te laten liggen voor u hem opent. Enkele kenmerkende aroma's: zwarte bessen, kersen, pruimen, aardbeien, frambozen, viooltjes, rozen, irissen, cederhout (sigarenkistje), vanille, menthol, kruiden, cacao, koffie, drop, leer, toast. Deze robuuste wijn met veel finesse en elegantie is net zo lekker bij een simpele, maar voortreffelijke lamsbout uit de oven (met paddestoelen), als bij een tournedos Rossini (met echte ganzenlever en truffel). Gezien de prijs van de meeste wijn zal vaker de voorkeur gegeven worden aan de wat exclusievere combinaties, maar het is soms heerlijk om zomaar van zelfs de burgerlijkste grands crus te genieten bij streekgerechten. Drinktemperatuur: 17-18 °C.

Pauillac Grand Cru Classé   *Saint-Julien Grand Cru Classé*

SAINT-JULIEN
Iets ten zuiden van Pauillac treft u de wijngaarden van Saint-Julien aan, geconcentreerd rondom de twee kernen Saint-Julien en Beychevelle. Hier zult u weinig kleine domeinen aantreffen. Bijna alle kastelen zijn eigendom van grote bedrijven. De streek Saint-Julien ligt ongeveer in het centrum van de Haut-Médoc en wordt onderverdeeld in twee kleine vlaktes, die van Saint-Julien Beychevelle in het noorden en die van Beychevelle in het zuiden. De bodem van beide vlaktes is zwaar kiezelhoudend, met hier en daar grote rolkeien. De grootste verschillen tussen de terroirs van Saint-Julien zijn gerelateerd aan de afstand tot de rivier. Hoe dichter bij de rivier, hoe zachter het microklimaat. Door de vele heuvelruggetjes zijn de wijngaarden van Saint-Julien goed beschermd tegen eventuele overstromingen van de Gironde.
De wijn van Saint-Julien is wat minder fors en krachtig dan die van de noordelijke buren uit Saint-Estèphe. Hij is prachtig gekleurd (robijnrood), zeer aromatisch, sappig, evenwichtig, vol en rond, rijk en elegant tegelijk. Kortom, het is een grote charmeur, die in de hele wereld zeer geliefd is. Helaas

heeft dat grote invloed op de prijs, want die lijkt constant te stijgen. Enkele kenmerkende aroma's: kersen, zwarte bessen, peper, versgesneden paprika, kruiden, dierlijke geuren, leer, vanille, toast, (hazel)noten, menthol. Drinktemperatuur: 17-18 °C.

MARGAUX
Natuurlijk kent iedereen Château Margaux, het paradepaardje van deze herkomstbenaming. De A.O.C. Margaux bestrijkt de gemeenten Margaux, Arsac, Cantenac, Labarde en Soussans.
De bodem van de Margaux is zeer arm, kiezelhoudend met wat grotere rolkeien. Het microklimaat doet het van de andere gebieden verschillen. Ten eerste ligt Margaux wat zuidelijker dan de andere grand-crustreken, wat voor meer warmte en dus snellere rijping van de druiven zorgt. Even belangrijk is ook de rol van de eilanden en zandbanken

Margaux

voor Margaux. Deze beschermen het gebiedje tegen de koude winden uit het noorden – ideale omstandigheden dus om grote wijnen te maken.
Natuurlijk is de wijn van Margaux een uitstekende bewaarwijn, maar zijn charme ligt meer in de finesse en elegantie, dan in de kracht van de tannine. Margaux is misschien de vrouwelijkste wijn van de Médoc, zacht, delicaat, subtiel, sensueel en verleidelijk. Enkele kenmerkende aroma's: rijpe rode vruchten, kersen, pruimen, kruiden, hars, vanille, toast, kruidkoek, koffie en warme broodjes. Drinktemperatuur: 17-18 °C.

LISTRAC-MÉDOC

Deze kleine herkomstbenaming telt geen grand cru classé, maar onderscheidt zich door de kwaliteit van zijn wijn. Listrac is 'het dak van de Médoc' met zijn 43 m hoge heuvels. De bodem bestaat hier uit een combinatie van kiezel- en kalkhoudende grond, voorzien van een goede natuurlijke drainage. Door de aanwezigheid van de talloze bossen en onder invloed van de koude wind uit het noorden rijpen de druiven iets langzamer dan de eerdergenoemde gemeentelijke A.O.C.'s.

De wijn is vol, rond en vlezig, fluweelzacht en breed. Door zijn tannine kan hij goed bewaard worden. Drinktemperatuur: 17-18 °C.

MOULIS

Ongeveer halverwege tussen Margaux en Saint-Julien, maar dan in het binnenland van de Haut-Médoc, liggen de wijngaarden van Moulis op een gemengde bodem van kiezel- en kalkhoudende grond. Wie wel eens een top-Moulis heeft geproefd, voelt zich meteen geneigd om voor een herziening van het grand-cruklassement uit 1855 te pleiten. De kleur van de wijn is diep robijnrood, de schakering aan aroma's enorm, de smaak is vol, complex en krachtig. Door zijn goede tannine kan de Moulis goed bewaard worden. Er is een uitstekende verhouding tussen kwaliteit, prijs en genot. Drinktemperatuur: 17-18 °C.

Listrac-Médoc

Moulis

De Loire: land van tuinen en kastelen

Het Loiredal

De langste rivier van Frankrijk, de Loire, (ongeveer 1.012 km lang) ontspringt in de Ardèche. Het woeste bergstroompje volgt eerst een noordelijke richting tot aan Orléans, waar het met een brede bocht naar links als een majestueuze rivier zijn weg naar de zee in alle rust voortzet.

Het dal van de Loire toont een sterk wisselend beeld. Over de vlakke oevers en de zacht glooiende heuvels strekken zich wijngaarden, bossen en allerlei vormen van landbouw uit. Aan zijn agrarische rijkdom en zijn kleurrijke bloembedden dankt deze streek zijn bijnaam 'Le jardin de la France' ('de tuin van Frankrijk').

De wijnbouw

De wijngaarden van de Loire liggen, in wisselende concentraties, verspreid over het hele dal. Soms kunnen de wijngaarden een kleine 80 km van de Loire af gelegen zijn. In totaal worden er meer dan 100 verschillende wijnen in het Loiredal gemaakt. Ze worden onderverdeeld in vier grote regio's, waarvan alleen de streek rondom Nantes, de Anjou-Saumur en de Touraine duidelijke geografische eenheden vormen. De vierde regio, als 'Centrum' aangeduid, is een verzameling van kleinere gebieden die niet onder de grotere drie valt. U treft er wijnen uit de Sancerrois aan, maar ook die uit de Auvergne. De wijngaarden van de Côte Roannaise en van de Côte de Forez horen in principe ook bij de Loirewijnen. Gezien hun karakter en hun geografische herkomst hebben we ze echter in het hoofdstuk over de Beaujolais behandeld.

PAYS NANTAIS

De streek rond de stad Nantes is vooral bekend om de muscadet, die van uitzonderlijke kwaliteit kan zijn. Al naar gelang de geografische ligging worden de muscadets onderverdeeld in vier A.O.C.'s: Muscadet, Muscadet Côteaux de la Loire, Muscadet Côtes de Grand-Lieu en Muscadet de Sèvre et Maine. De bodem van de streek Muscadet bestaat voornamelijk uit schilfersteen (blauw of grijs), gneis en oeroude alluviale aanslibsels, sommige van vulkanische oorsprong. De ondergrond van oersteen en graniet wordt doorkruist door talloze dalletjes, die

voor een goede drainage zorgen. Dat is ook hard nodig, gezien de nabijheid van de Atlantische Oceaan. Het klimaat is hier gematigd oceanisch, met zachte winters en warme, vaak vochtige, zomers.

MUSCADET

Deze wijn mag buiten de drie afgebakende gebieden overal gemaakt worden (zie onder).

MUSCADET CÔTEAUX DE LA LOIRE

Deze wijn wordt geproduceerd rondom het stadje Ancenis, aan de oevers van de Loire.

MUSCADET CÔTES DE GRAND-LIEU

Deze kwaliteitswijn is afkomstig van de heuvels rondom het meertje van Grand-Lieu, ten zuiden van de stad Nantes. Pas sinds 1994 mag deze Muscadet onder zijn eigen herkomstbenaming verkocht worden.

MUSCADET DE SÈVRE ET MAINE

Deze wijn is goed voor 80% à 85% van de productie. Hier komt de beste Muscadet vandaan. De wijngaarden liggen verspreid over 23 gemeenten aan de oevers van de riviertjes de Sèvre Nantaise en de Petite Maine, vandaar de naam. Het reliëf is wat heuvelachtiger dan in de rest van de streek. Deze A.O.C. is sinds 1936 erkend. Alle Muscadets worden gemaakt van de unieke druif muscadet of melon de bourgogne. Hij is volkomen vergeten in zijn geboortestreek de Bourgogne, maar wordt hier op handen gedragen. De betere Muscadet wordt gevi-

De Muscadet is een uitzonderlijke wijnstreek

Muscadet de Sèvre et Maine sur Lie

Een goede Rosé d'Anjou is voortreffelijk

nifieerd en gebotteld op zijn bezinksel, 'sur lie'. Deze methode garandeert een grote frisheid en vergroot de fijne smaak en geur van de wijn. Helaas wordt hierdoor vaak de prijs verhoogd. Muscadet is droog en heeft een mooie en frisse geur. Drinktemperatuur: 8-10 °C.

GROS PLANT DU PAYS NANTAIS V.D.Q.S.

Gros plant is de plaatselijke benaming van de folle blanche, een druivensoort uit de Charentes. Wijn van de folle blanche is schraal en vrij zuur en wordt in de Charentes gebruikt als basiswijn voor de distilatie van Cognac. In de buurt van Nantes levert deze druif vrij pittige wijn op met een hoog zuurge-

halte en een typisch, tikkeltje boers karakter. Een Gros Plant du Pays Nantais is altijd erg droog en strak en wordt daarom niet door iedereen evenzeer gewaardeerd. Drinktemperatuur: 8-9 °C.

ANJOU-SAUMUR

Al meer dan vijftien eeuwen worden hier grote wijnen gemaakt. Met zijn 27 appelations d'origine contrôlée biedt de streek Anjou-Saumur voor elk wat wils. Het is een echte ontdekkingsreis, waar beginnende wijndrinkers tot grote connaisseurs plezier aan zullen beleven.

De bodem van de Anjou is zeer complex. Grof gezien zijn er twee hoofdtypen: de zogeheten 'blauwe' Anjou met een bodem van blauwe schilfersteen en afgebrokkelde oersteen van het Massif Central en de zogeheten 'witte' Anjou (Saumur/ Vouvray/Montlouis) met een bodem van kalk en tufsteen.

De gebruikelijkste druivensoorten zijn de chenin blanc (pineau de la Loire) voor de witte wijn en de beide cabernets voor de rode wijn. U vindt echter hier en daar wat aanplant van chardonnay en sauvignon voor de witte wijn en wat gamay voor de rode.

Wijngaarden in de Anjou (Domaine de Fesles)

ANJOU BLANC
Deze wijn is over het algemeen droog, soms half-zoet. Hij wordt gemaakt van de chenin, waar soms wat chardonnay en sauvignon aan worden toegevoegd. Enkele kenmerkende aroma's: appel, peer, grapefruit, ananas, exotische vruchten. Drinktemperatuur: 9-10 °C.

ANJOU GAMAY
Deze rode wijn is vrij simpel, fris en licht. Jong gedronken, wordt hij gekenmerkt door zijn prachtige paarse kleur en zijn zachte geur en smaak (hint van aalbessen en andere rode vruchtjes). Drinktemperatuur: 12-14 °C.

ANJOU ROUGE/ANJOU VILLAGES
Gemaakt van de beide cabernets presenteert deze robijnrode wijn zich met een weelde aan geuren, zoals framboos en zwarte bessen. Hier en daar kan men ook een hint van versgesneden groene paprika en wat rokerigs tegenkomen. Het is over het algemeen een vrij lichte wijn, die jong gedronken moet worden. De Anjou-Villages kan wat ouder worden en dient dan iets minder koel geschonken te worden. Drinktemperatuur: 14-15 ° C.

ROSÉ D'ANJOU/CABERNET D'ANJOU
Beide rosés zijn halfzoet. De Rosé d'Anjou, gemaakt van de grolleau, cabernet franc en gamay, is meestal licht en speels. Hij kan het best erg fruitig en jong gedronken worden. De Cabernet d'Anjou daarentegen heeft wat meer ruggengraat en vertoont in topjaren een verrassend goed potentieel om te bewaren. Hij is over het algemeen wat eleganter en voller dan de gewone Rosé d'Anjou. Drinktemperatuur: 10-12 °C.

ROSÉ DE LOIRE
Deze wijn wordt ook gemaakt van de cabernet, gamay en grolleau. Het is echter een droge rosé, fris, gul en zeer aangenaam. Het beste kan men hem jong drinken en goed gekoeld. Drinktemperatuur: 10-12 °C.

CÔTEAUX DE L'AUBANCE
Dit is een witte, halfzoete of volzoete wijn, een ech-te bewaarwijn van de chenindruif. Hij is erg aromatisch met hints van mineralen. Drinktemperatuur: 9-10 °C.

ANJOU CÔTEAUX DE LA LOIRE
De halfzoete witte wijn van de pineau de la loire is goudkleurig met prachtige aroma's van overrijp fruit en heeft een pittig karakter. Hij wordt ook gekenmerkt door zijn grote verfijning, frisheid en elegantie. Drinktemperatuur: 9-10 °C.

SAVENNIÈRES
Deze droge, stevige witte wijn is een van de beste witte wijnen van Frankrijk. Hier gedijt de chenin op zijn best. Dit is mede te danken aan de typische terroir van steile, rotsachtige heuvels, hier en daar bezaaid met schilfersteen en zand. Ook de ligging (zuid/zuidoost) is ideaal.

Twee buitengewoon goede wijngebiedjes mogen op het etiket hun eigen naam voeren: de cru's Savennières Coulée de Serrant en Savennières Roche aux Moines. De eerste is een bijzonder wijngebied, dat eigendom is van slechts één wijnproducent, Nicolas Joly, de goeroe van de Franse biologisch-dynamische wijnbouw. De Savennièreswijn is fantastisch bij schaal- en schelpdieren en bij riviervissen. Drinktemperatuur: 10-12 °C.

CÔTEAUX DU LAYON
Dit is een volzoete witte wijn. Het is een echte bewaarwijn, hij is erg fruitig en delicaat. Met wat jaren rijping wordt het een zeer complexe, subtiele aromatische wijn. Drinktemperatuur: 8-10 °C.

BONNEZEAUX
Deze zoete of zelfs likeurachtige witte wijn is een zeer grote klassieker. Overrijp geoogst, geeft de chenin een bijzonder volle smaak en geur van krenten, abrikozen, mango, citroen, ananas en grapefruit, evenals van meidoorn en acacia. Het is een ware belevenis. Drinktemperatuur: 9-11 °C.

QUARTS DE CHAUME
Een 'betere' Côteaux du Layon is gemaakt van over-rijpe druiven. Deze goudkleurige wijn heeft een

Rosé d'Anjou

Côteaux de l'Aubance

Savennières

Savennières/Roche aux Moines/Coulée de Serrant

Côteaux du Layon

Bonnezeaux

thode traditionnelle. Ze bestaan zowel in brut als in demi-sec. Drinktemperatuur: 8-10 °C.

SAUMUR BLANC
Dit is een droge witte wijn die gemaakt is van de chenin blanc, al dan niet in combinatie met chardonnay en sauvignon. Koud geschonken past deze subtiele en fruitige wijn het beste bij schaaldieren en riviervis. Drinktemperatuur: 8-10 °C.

Saumur Blanc van uitmuntende kwaliteit

Wie niet lang wil zoeken en slechts een witte Saumur wil proeven en wel de beste, moet naar Souzay-Champigny. Daar wordt de zeer traditionele Saumur Blanc Sec van het Château de Villeuneuve gemaakt. Zoveel kracht en grandeur in een witte wijn is in de hele Loire (en misschien zelfs in heel Frankrijk) moeilijk te vinden.

overweldigende geur van honing, specerijen en rijpe vruchten. Drinktemperatuur: 8-10 °C.

CRÉMANT DE LOIRE
Wit of rosé, de Crémants de Loire zijn goede mousserende wijnen, fris en zeer aromatisch. Drinktemperatuur: 8-10 °C.

SAUMUR BRUT
Na de Champagne is de Saumurois de 2e mousserende wijnproducent van Frankrijk. De witte of rosé Saumurs Bruts zijn zeer fijne, elegante, mousserende wijnen, die geproduceerd worden volgens de mé-

SAUMUR ROUGE
Deze zeer aromatische, gulle rode wijn wordt gemaakt van de cabernet franc en/of cabernet sauvignon. Jong is hij nog erg tanninerijk. Hij dient dan gekoeld gedronken te worden. Drinktemperatuur: 12-14 °C.

Hier rusten de Quarts-de-Chaume

Na enkele jaren rijping kan de rode Saumur iets minder koel geschonken worden. Hij is dan wat voller van smaak en vleziger. Drinktemperatuur: 15 °C.

CABERNET DE SAUMUR

Dit is een piepkleine herkomstbenaming van de droge rosé, die op kalkhoudende bodem gemaakt wordt van de cabernet franc. Het is een prachtige zalmkleurige rosé met veel frisheid en fruitigheid (framboos, aalbes). Drinktemperatuur: 10-12 °C.

CÔTEAUX DE SAUMUR

Dit is een prachtige, volle zoete wijn van de chenin blanc op een tufstenen bodem. Deze wijn met een rijke, volle smaak en een overdaad aan fruitige (peer, citrusvruchten) en florale aroma's met een hint van toast en warme luxebroodjes kunt u prima zo drinken, puur voor het genot. Drinktemperatuur: 8-10 °C.

SAUMUR CHAMPIGNY

Het is vooral de krijtige ondergrond die deze wijn onderscheidt. Hier ontwikkelen de beide cabernet-druiven rijke aroma's van rode vruchten en specerijen. Na enkele jaren rijping komt de wijn het beste tot zijn recht. Drinktemperatuur: jong 12 °C, wat ouder 15 °C.
Een klassiek voorbeeld van een traditionele, ouderwets lekkere en krachtige Saumur-Champigny vindt u in het Château de Villeneuve (Souzay-Champigny) van de sympathieke familie Chevallier. Een wat minder klassieke, maar voortreffelijke en zeer verleidelijke Saumur-Champigny is het grandioze Château du Hureau (Dampierre-sur-Loire) van de familie Vatan.

De mooiste wijn van Saumur-Champigny *Sauvignon de Touraine*

TOURAINE

Rond de schilderachtige stad Tours vindt men negen herkomstbenamingen. De wijn wordt van dezelfde druiven gemaakt als die van Anjou-Saumur. Het klimaat is hier vrij zacht en gematigd. De bodem bestaat voornamelijk uit tufsteen, maar in sommige dalletjes treft men ook kalkhoudende klei en zand met sporen van vuursteen aan.

TOURAINE

De witte, droge Touraine vind ik de interessantste. Hij is fris en fruitig, zeer geurig en met veel karakter. In tegenstelling tot de meeste witte wijn uit de streek wordt deze van de sauvignondruif gemaakt. Drinktemperatuur: 9-10 °C.
De rode wijn van de gamay (Pineau d'Aunis) is licht, soepel en fris. Deze wijn past bij elke gewenste maaltijd. Drinktemperatuur: 12-14 °C.
Er bestaat ook nog een droge, frisse rosé, die heel lekker is bij vleeswaren en gegrilde vis. Drinktemperatuur: 10-12 °C.
Wij moeten hier volledigheidshalve ook de mousserende Touraine vermelden, die in mousseux of pétillant gevinifieerd kan worden. Hij wordt volgens de méthode traditionnelle vervaardigd in wit en rosé. Drinktemperatuur: 8-10 °C.

TOURAINE AMBOISE

Deze witte wijn, rosé en rode wijn zijn van hogere kwaliteit. De betere wijn kan goed bewaard worden. Een witte Touraine Amboise kan het beste bij stoofschotels en waterzooi van vis, paling of gevogelte gedronken worden. Drinktemperatuur: 8-10 °C.
Een Touraine Amboise rosé smaakt het beste op 10-12 °C.

TOURAINE AZAY-LE-RIDEAU

Dit is een voortreffelijke witte wijn, met frisse zuren. Drinktemperatuur: 8-10 °C.
Er is ook een frisse rosé voor bij de lunch. Drinktemperatuur: 10-12 °C.

TOURAINE MESLAND

Deze wijn bestaat in wit, rosé en rood. Het zijn frisse, fruitige wijnen, die jong gedronken moeten worden. De Touraine Mesland rouge kan bij alle vleesgerechten geschonken worden, zeker als er wat van deze wijn in de saus verwerkt wordt. Drinktemperatuur: 12-14 °C.
De Touraine Mesland blanc past goed bij riviervis. Drinktemperatuur: 8-10 °C.
De Touraine Mesland rosé is niet zo kieskeurig. Drink hem bij bijvoorbeeld vleeswaren. Drinktemperatuur: 10-12 °C.

BOURGUEIL

Er zijn twee soorten rode Bourgueil. De rode wijn, afkomstig van de lichtere bodemsoorten, is licht van structuur en kan beter nog fruitig jong gedronken worden. De wijn afkomstig van de wat zwaardere bodemsoorten heeft meer potentieel om ouder te worden. Hij bezit ook meestal meer body en rondeur. Enkele kenmerkende aroma's: versgesneden groene paprika, (bos)aardbeien, frambozen en bessen. Drink de lichtere rode Bourgueil op 12-14 °C. Een belegen Bourgueil drinkt u op 14-16 °C.
Er bestaat ook een lichte, frisse en fruitige Bourgueil Rosé. Drinktemperatuur: 10-12 °C.

SAINT-NICOLAS-DE-BOURGUEIL

Deze lichte rode wijn lijkt veel op zijn grote broer, de Bourgueil. Drinktemperatuur: 12-14 °C.

Bourgueil   *Chinon, van goed tot best*

CHINON

De cabernet franc levert hier volle wijn op, met aroma's van rode vruchten (bessen, (bos)aardbei en frambozen), versgesneden groene paprika en viooltjes. Rode Chinon kan óf heel jong gedronken worden (binnen een jaar), óf juist wat ouder (na drie à vijf jaar). In de tussenliggende periode van twee à drie jaar is de wijn vaak wat minder van smaak en volledig gesloten.
Drinktemperatuur: 12-14 °C.
De rosé Chinon is zeer fris en fruitig. Hij is heerlijk bij vleeswaren, patés, terrines, varkens- of kalfsgebraad. Drinktemperatuur: 10-12 °C.
De witte Chinon is vrij zeldzaam. Het is een frisse en aangename wijn. Drinktemperatuur: 10-12 °C.

Montlouis, van droog tot zoet

MONTLOUIS

Deze wijn wordt meestal halfzoet gemaakt. Soms, in topjaren, wordt er ook een volzoete Montlouis gemaakt. Er bestaat ook een droge montlouis. De betere Montlouis kan erg oud worden. De stille Montlouis is elegant, verfijnd en fruitig.
Drink een droge Montlouis (sec) op 8-10 °C, de half- of volzoete Montlouis (moëlleux) op 8-10 °C. Er bestaat ook een tweetal mousserende Montlouis, de Mousseux en de Pétillant. Beide zijn uitstekende aperitieven. De Pétillant heeft een lager koolzuurgasgehalte. Drinktemperatuur: 8-10 °C.

Montlouis, stille en mousserende wijn

VOUVRAY

Ook de Vouvray wordt voornamelijk halfzoet gevinifieerd. In een goede Vouvray herkent u een grote schakering aan rijpe vruchten (pruimen, kweepeer) en honing. Er wordt soms ook zoete en droge Vouvray gemaakt. Een goede Vouvray kan erg lang bewaard worden. Een droge Vouvray (sec) houdt wel van een beetje vet. Drinktemperatuur: 8-10 °C.
Half- tot volzoete Vou-

Vouvray, droog en zoet

vray (moëlleux) drinkt u op 8-10 °C.
De droge mousserende Vouvray (Mousseux Brut) is een uitstekend aperitief. Zijn halfzoete broer, de Vouvray Mousseux Demi-Sec, kan als aperitief geschonken worden, maar is meer een wijn voor na het eten. Drinktemperatuur: 7-9 °C.

CÔTEAUX DU LOIR

Nee het is geen fout: 'Le Loir' is een rivier, die zich samen met de Mayenne, de Oudon en de Sarthe iets ten zuiden van Angers in 'La Loire' voegt. De heuvels op beide oevers van de Loir produceren witte, rosé en rode wijnen. De witte wijn wordt gemaakt van de chenin blanc (Pineau Blanc de la Loire) en is zeer fruitig (abrikozen, banaan, perziken, exotische vruchten) met soms iets rokerigs. Het is een prima, evenwichtige wijn. Drinktemperatuur: 8-10 °C.

De zeldzame rosé is fris en fruitig met typische kruidige aroma's. Drinktemperatuur: 10-12 °C.
De rode Côteaux du Loir wordt vervaardigd van de pineau d'aunis, gamay of cabernet franc. Hij is licht, fruitig en een tikkeltje kruidig. Drinktemperatuur: 12-14 °C.

JASNIÈRES
Dit wijngebiedje van slechts 4 km lang en enkele honderden meters breed ligt ook in de heuvels van de Loir, ten noorden van de wijngaarden van Vouvray en Montlouis. Hier wordt op een bodem van tufsteen een zeer kleine hoeveelheid zeldzame witte wijn geproduceerd, die tot de beste wijnen van Frankrijk gerekend wordt. Vervaardigd van de pineau de la loire (chenin blanc) is deze wijn een en al finesse. Kenmerkende aroma's zijn citrusvruchten, amandel, kweepeer, abrikozen, perziken en soms wat florale (rozen) of kruidige (tijm, munt) nuances. De wijn kan, afhankelijk van de stijl en van het jaar droog of juist halfzoet zijn. Drinktemperatuur: 10-12 °C.

CHEVERNY
Sinds 1993 is Cheverny een A.O.C.-wijngebied. Tegenwoordig zijn er maar zo'n 400 ha wijngaarden in bedrijf genomen, maar het zou ons niet verbazen als het er binnenkort meer worden. Hier worden witte, rosé en rode wijnen geproduceerd.
De witte Cheverny wordt vervaardigd van de sauvignon, eventueel aangevuld met chardonnay. De wijn is fris, elegant en bezit prachtige florale aroma's. In de smaak zijn het vooral de fruitige nuances van kruisbessen en exotische vruchten die de overhand hebben. Drinktemperatuur: 10-12 °C.
De rode Cheverny wordt voornamelijk gemaakt van de gamay en pinot noir en is tamelijk fris en fruitig als hij jong is. Na enkele jaren rijping op de fles voert de pinot noir de boventoon en neemt de wijn wat dierlijke aroma's aan (wild). Drinktemperatuur: 14 °C.

COUR-CHEVERNY
Dit is een bijzonder zeldzame witte wijn, die gemaakt wordt in de directe omgeving van Chambord en die uitsluitend van de oude inheemse romorantindruif vervaardigd mag worden. De romorantin kenmerkt zich door zijn krachtige aroma's van honing en acacia. Sinds 1993 mag de wijn van Cour-Cheverny A.O.C. op zijn etiket voeren. Drinktemperatuur: 10-12 °C.

HAUT-POITOU V.D.Q.S.
Zonder twijfel hoort dit gebied bij de Loire, maar omdat het eigenlijk ook weer nergens bij thuis lijkt te horen, krijgt het een aparte vermelding. Wat een eer voor een gebied dat enkele jaren geleden nog aan de rand van faillissement stond. Overname van de plaatselijke coöperatie door de altijd innemende Georges Duboeuf betekende niet alleen de redding van een wisse dood, maar tevens het begin van een tweede leven, dynamischer dan ooit tevoren. De coöperatie van Neuville-de-Poitou staat garant voor ongeveer 85% van de productie van Haut-Poitou.
De bodem van kalk en mergelaarde is bijzonder geschikt voor voornamelijk witte wijn van de sauvignon en chardonnay.
De witte wijn van de chardonnay is elegant en subtiel, met typische aroma's van witte vruchten en citrusvruchten.
De smaak is fris en harmonieus. Hij is prima als aperitief. De betere cuvées, bijvoorbeeld La Surprenante, zijn complexer en presenteren zich met verleidelijke aroma's van liguster, acacia, vanille, toast en hazelnoot.
Drinktemperatuur: 10-12 °C.
De witte Sauvignon is fris en elegant, met een typisch vuursteenaroma. Drink hem bijvoorbeeld als aperitief of aan tafel bij zeevruchten of vis in een frisse zuring- of citroensaus. Drinktemperatuur: 8-10 °C.
De rode wijn kan van meerdere druivensoorten gemaakt worden.
De beste komen van de cabernet-franc- en cabernet-sauvignonwijngaarden op kalk- en vuursteenhoudende kleibodems. Ze bezitten kenmerkende aroma's van rode vruchten en viooltjes, met een hint van tufsteen.
Drinktemperatuur: 12-14 °C.

Cheverny

Haut-Poitou

'Verrassende' Chardonnay uit de Haut-Poitou

Rode Haut-Poitou

Het centrum

De wijngebieden in het 'centrum' van Frankrijk be-staan uit drie wijnbouweilanden: de Sancerrois (Gien, Sancerre, Bourges en Vierzon), de Château-Meillant (boven Montluçon) en de Haute-Auverg-ne (tussen Saint-Pourçain en Roanne).

Sancerrois

De Sancerrois bestaat uit de A.O.C.'s Pouilly sur Loire, Pouilly Fumé, Sancerre, Menetou-Salon, Quin-cy en Reuilly en de V.D.Q.S. Côteaux du Giennois.

CÔTEAUX DU GIENNOIS

Op de beide oevers van de Loire, vanaf Gien tot iets ten noorden van Pouilly-sur-Loire, treft u de wijngaarden van de Côteaux du Giennois op de bes-te kiezel- en kalkhoudende heuvels aan. Hier groei-en drie traditionele druivensoorten: de sauvignon voor de witte wijn, de gamay en de pinot noir voor de rosé en rode wijn.

De witte Côteaux du Giennois is een frisse, gemak-kelijk drinkbare wijn met gulle aroma's van citrus-vruchten, witte vruchten, kruisbessen of zwarte bes-sen, kweepeer, ananas, witte bloemen en lichte ve-getale nuances. Drinktemperatuur: 8-10 °C.

De rosé Côteaux du Giennois is licht en fris, fruitig en soepel. Drinktemperatuur: 10-12 °C.

De rode Côteaux du Giennois combineert de aro-matische finesse van de pinot noir met de speelse gulheid van de gamay. De geur is verleidelijk, met aroma's van verse vruchten, zoals kersen, bramen, aardbeien, zwarte bessen en bosbessen en de smaak is vrij zacht. Drinktemperatuur: 12-14 °C.

POUILLY SUR LOIRE

Pouilly sur Loire is een stadje aan de Loire, ten oos-ten van de bekende sancerrewijngaarden. Hier wor-den twee wijnen gemaakt, de beroemde Pouilly Fumé (zie onder) en de Pouilly sur Loire. Beide wij-nen zijn uitsluitend wit en komen van hetzelfde type kalkhoudende bodem. Het verschil zit in de gebruikte druiven. Daar waar voor de Pouilly Fumé uitsluitend sauvignon gebruikt mag worden, wordt de Pouilly sur Loire van de chasselasdruif gemaakt. Wie denkt dat de chasselas een minderwaardige druif is, zou eens een bezoek moeten brengen aan Pouilly sur Loire en deze prachtige wijn moeten gaan proeven.

De Pouilly sur Loire is zeer fris en aromatisch met als typische kenmerken hazelnoot, droge vruchten, witte bloemen, citrusvruchten, exotische vruchten en soms een hint van menthol of anijs. In de mond laat de wijn een aangename, frisse indruk achter, die doet denken aan rijpe sinaasappels.
Drinktemperatuur: 8-9 °C als aperitief, 10 °C aan ta-fel.

POUILLY FUMÉ

De bijnaam 'fumé' (gerookt) slaat niet op een roke-rige ondertoon in de wijn zoals velen denken, maar

Pouilly-Fumé

op het grauwgrijze waas dat hier gewoonlijk op de druiven te zien is. Het lijkt net alsof er wat as op de druiven zit.

Deze witte wijn van de sauvignon is zeer fris en aromatisch. In geur en smaak herkent u nuances van (groene) asperges, buxus, zwarte bessen, brem, witte bloemen (ro-zen), acacia, witte perzik en anijs. Kortom, dit is een werkelijk prachtige wijn met een rijke en krachtige smaak.
Drinktemperatuur: 8-10 °C.

Sancerre

Sancerre is een van de bekendste wijngebieden van de Loire en waarschijnlijk zelfs van Frankrijk. Sinds het prille begin van de A.O.C.-geschiedenis in 1936 maakt de witte Sancerre deel uit van het elitekorps van de Franse wijnbouw. De rosé en rode Sancerre kregen hun A.O.C.-erkenning pas in 1959. De wijn-gaarden voor de witte, rosé en rode Sancerre (on-geveer 2400 ha) liggen in het gebied van 11 ge-

Sancerre van het dorp Chavignol

Sancerre van Bué   Château Sancerre   Menetou Salon   Quincy
(Marnier-Lapostolle)

meenten, waarvan Sancerre, Chavignol en Bué de bekendste zijn. Het gebied wordt gekenmerkt door een prachtig landschap van zachtglooiende heuvels met een kalk- of kiezelhoudende bodem. De hier gebruikte druiven zijn sauvignon voor de witte wijn en pinot noir voor de rosé en rode wijn.

De witte Sancerre is fris, levendig en zeer aromatisch. Enkele kenmerkende aroma's zijn citrusvruchten, witte perzik, brem, acacia, jasmijn, exotische vruchten, witte bloemen, groene varen, (groene) asperges, vers hout. De smaak is fris, rijk en vol. Drinktemperatuur: 10-12 °C.

De rosé Sancerre is lief, gul en subtiel met fruitige aroma's van abrikozen, rode bessen of zelfs grapefruit en nuances van pepermunt. Drinktemperatuur: 10-12 °C.

De rode Sancerre wordt duidelijk getypeerd door de pinot noir. In topjaren is deze rode Sancerre van uitmuntende kwaliteit. In de mindere jaren kunt u hem beter links laten liggen, omdat de verhouding tussen prijs en kwaliteit dan volledig uit balans is. De goede Sancerre Rouge (bijvoorbeeld Paul Prieur & Fils, Sylvain Bailly) is licht, delicaat en zeer aromatisch (kersen, morellen, bramen, drop). In uitzonderlijke jaren kan hij wat voller en ronder worden. Drinktemperatuur: bij vis 12 °C (gebruik een jonge Sancerre) en 14-16 °C voor de rest.

MENETOU SALON
Dit is een volkomen onderschatte wijn. Hij is er in wit, maar ook in rosé en rood. Menetou Salon ligt in de omgeving van de stad Bourges op een bodem van kalksteen en alluviale aanslibsels. In totaal bestrijkt deze herkomstbenaming nauwelijks meer dan 330 ha.

De witte wijn van de sauvignondruif is fris en fruitig, met herkenbare aroma's van citrusvruchten, buxus, pepermunt en witte bloemen met zachte nuances van muskuskruid. De smaak is vol en rond, soepel en vriendelijk. Drinktemperatuur: 9-10 °C.

De Menetou Salon Rosé wordt gemaakt van de pinot noir. Deze wijn is meestal fris en fruitig, met delicate aroma's van witte en rode vruchten. Drinktemperatuur: 10-12 °C.

De rode Menetou Salon verrast de proever door zijn prachtige robijnrode kleur en zijn fruitigheid: pruimen, kersen, morellen. Drinktemperatuur: 12 °C (bij vis), 14 °C.

Quincy

Aan de andere kant van Bourges, richting Vierzon, treft u het kleine wijngebied van Quincy aan. Al in 1936 werd de wijn van Quincy als A.O.C. erkend. Al meer dan 60 jaar hoort de Quincy bij de elite van Frankrijk, maar buiten de eigen streek zult u hem jammer genoeg niet zo vaak vinden. Dit wijngebied in het centrum van Frankrijk, ten westen van de Loire en aan de linkeroever van de Cher, was al in de Middeleeuwen bekend. Het wijnareaal bestrijkt slechts twee gemeenten, Brinay en Quincy, in totaal ongeveer 180 ha. De vlakten waarop de wijnranken groeien, zijn bedekt met een mengsel van zand en oeroude kiezels en de ondergrond bestaat uit kalkhoudende klei. Op deze arme bodem gedijt de unieke sauvignon bijzonder goed.

Quincy lijkt veel op de betere Sancerre Blanc. Hij is fris en verrassend aromatisch: witte bloemen, citrusvruchten (limoentje, sinaasappel) en vegetale ondertonen van buxus, brem of (groene) asperges. De smaak is fris, elegant, sappig en bijzonder aangenaam. Drinktemperatuur: 9-10 °C.

REUILLY
Maar al te vaak maakt men de vergissing door Reuilly en Rully door elkaar te halen. Rully is ook wit, maar komt uit de Bourgogne. Een soortgelijke fout wordt ook vaak gemaakt met Pouilly Fumé (Loire) en Pouilly Fuissé (Bourgogne Mâconnais). De 130 ha grote herkomstbenaming Reuilly ligt iets ten westen van Quincy. De wijnranken groeien op zachtglooiende heuvels van kalkhoudende mergelaarde en op vlakten van kiezelhoudende zandgrond. In tegenstelling tot hun buren uit Quincy worden hier witte, maar ook rosé en rode wijnen geproduceerd.

De witte Reuilly, gemaakt van de sauvignon blanc, is een schoolvoorbeeld van sauvignon uit de Loire. Van de geur wordt u lyrisch en bucolisch. Hij doet

Reuilly, de bucolische
Franse wijn

Châteaumeillant Gris

denken aan aspergebedden, nog half in slaap onder een dun dekentje van ochtenddauw, zachtjes wakker gemaakt door de eerste zonnestralen. U ruikt er ook witte weidebloemen, gras, klaver en witte vruchten in, met nuances van menthol en citroen of limoen. De smaak is fris, fruitig en zeer expressief. Drinktemperatuur: 10-12 °C.

De Reuilly Rosé is altijd bijzonder fruitig en fris. In topjaren (met veel zon) kan de betere wijn wat forser en voller zijn. De meeste rosé wordt van de pinot noir gemaakt, maar er is links en rechts nog wat subtiele traditionele rosé te vinden van de pinot

Châteaumeillant Rouge

gris. Enkele kenmerkende aroma's van de pinot noir rosé zijn aardbeien, frambozen, witte perziken, pepermunt. Drinktemperatuur: 10-12 °C.

De rode Reuilly wordt gemaakt van de pinot noir en is kleurrijk, maar vrij licht van structuur en smaak. Deze wijn is een ware explosie van fruitige aroma's, waarin u kersen, pruimen, bramen, bosaardbeien, aalbessen, zwarte bessen herkent. Het geheel wordt vaak aangevuld met typische pinot-noirgeuren, zoals leer, wild en een pepertje in de finale. Drinktemperatuur: 14 °C.

CHÂTEAUMEILLANT V.D.Q.S.

Sinds 1965 mag de wijn van het 80 ha grote wijngebied het predikaat V.D.Q.S. dragen. In korte tijd is deze wijn behoorlijk bekend geworden, voornamelijk in de betere kringen en bij de plaatselijke horeca. Het geheim van deze streek zit in de bijzondere rosé (vin gris) van de gamay en in de goede verhouding tussen prijs en kwaliteit. De bodem van Châteaumeillant is een complex van kiezelhoudende zand en klei. De gebruikte druivensoorten zijn pinot noir, pinot gris en gamay.

De Vin Gris de Châteaumeillant is fris, levendig en zeer verleidelijk. Hij bezit rijke aroma's van witte vruchten (perziken) met een kruidige ondertoon en soms wat florale nuances. De smaak is fris, maar ook soepel en gul. Drinktemperatuur: 10-12 °C.

De rode Châteaumeillant, minder bekend, kan ook verrassend goed zijn. De wijn is zeer fruitig, met aroma's van rijpe rode vruchten, voornamelijk zwarte bessen, en nuances van menthol en drop. Drinktemperatuur: 12-14 °C.

Vins d'Auvergne

Als laatste wijnstreek in Frankrijk brengen wij een kort bezoek aan de Auvergne. Hierbij verlaten we de Loire en zakken we af naar de bron van haar zijrivier de Allier. Hier liggen twee wijngebieden, de Saint-Pourçain en de Côtes d'Auvergne. Zoals al eerder besproken zijn de andere twee naburige wijnstreken Côtes de Forez en Côtes du Roannais, hoewel zij officieel bij de Loire horen, in het hoofdstuk van hun neven, de Beaujolais, behandeld.

Saint-Pourçain

Ten zuidoosten van de stad Moulins ligt het stadje Saint-Pourçain aan de rivier de Sioule. Het wijngebied van Saint-Pourçain omvat negentien gemeenten over een totale oppervlakte van ongeveer 500 ha. De wijngaarden liggen op heuvels en vlakten met kalk- en/of kiezelhoudende grond. Ooit genoot de witte wijn van de lokale druif de tressaillier grote faam. Nu zijn de rode druiven gamay en pinot noir in de meerderheid. Maar pogingen van de plaatselijke coöperatie om de traditionele witte wijndruiven te herplanten, hebben succes. De wijnboeren van Saint-Pourçain bieden nu een rijk scala aan witte, rosé en rode wijnen van uitstekende kwaliteit. Toe-

Saint-Pourçain

gegeven, in het verleden was het heel anders gesteld met de kwaliteit van deze wijn, maar de jongere generatie hardwerkende en gepassioneerde wijnboeren verdienen nu uw volle vertrouwen.

De 'Ficelle': de leukste rode Saint-Pourçain

De witte Saint-Pourçain worden gemaakt van een assemblage van de tressaillier, de chardonnay en de sauvignon. De combinatie van de kalkhoudende klei of zandbodem, de goede ligging ten opzichte van de zon en deze drie druiven zorgt voor bijzondere typerende wijnen. Afhankelijk van het percentage tressaillier, sauvignon of chardonnay zal de wijn een totaal ander karakter tonen. De wijnen met een dominante tressaillier-chardonnay zijn goede bewaarwijnen, terwijl het tressailler-sauvignon-type, fris en fruitig, geschikt is voor snelle consumptie. Waar de chardonnay en de sauvignon de overhand hebben, combineert de wijn de frisheid van de sauvignon en de rijkdom en finesse van de chardonnay. Ten slotte is er ook nog de vettige en volaromatische wijn van de chardonnay, tressailler, sauvignon en aligoté. Zoals u ziet: voor ieder wat wils. Drinktemperatuur: 8 (sauvignon-tressaillier)- 12 °C (chardonnay).

De Rosé en Vin Gris van Saint-Pourçain, worden van 100% gamay gemaakt. Het zijn frisse, elegante en fruitige wijnen. Drinktemperatuur: 10-12 °C.

Tot slot de rode Saint-Pourçain die van gamay en pinot noir gemaakt wordt. Afhankelijk van de gebruikte percentages en vinificatiestijlen is de wijn fris, fruitig en gemakkelijk drinkbaar (100% gamay), voller en completer (80% gamay, 20% pinot noir) of harmonieus, complex, rijk en delicaat (50% van elk). Ook het type terroir bepaalt de uiteindelijke rijkdom en complexiteit van de wijn. De rode wijn van kalkhoudende grond is over het algemeen eleganter en complexer dan die van de kiezelhoudende zandgrond. Deze laatste is echter voller en rijker van smaak. Drinktemperatuur: 12-14 °C.

Côtes d'Auvergne V.D.Q.S.

Al meer dan 2000 jaar groeien wijnranken op de flanken van de oude vulkanen in de Auvergne. Na een lange ellendige periode als gevolg van de phylloxeraplaag, de Eerste Wereldoorlog, de economische crisis van 1929 en de daaropvolgende Tweede Wereldoorlog bloeide de wijnbouw weer op in de Auvergne. Na een generatie wijnboeren die de kwaliteit ondergeschikt maakte aan de kwantiteit, is er een nieuwe generatie kwaliteitsbewuste wijnmakers opgestaan. Niet alleen zijn deze jonge wijnboeren beter opgeleid en vakbekwamer, maar ze zijn ook trots op hun vak, op hun terroir en op hun wijn. En dat proeft u.

De bodem van het wijngebied van de Côtes d'Auvergne is zeer gevarieerd. Rondom de stad Clermont-Ferrand treft u twee bodemtypen aan: de vulkanische ondergrond en de kalkhoudende mergelaarde, beide afkomstig van de grote vulkanische uitbarstingen in het Quartair. Het landschap is hier behoorlijk heuvelachtig en maakt een bezoek aan het gebied extra interessant. Het wijnareaal beslaat een oppervlakte van ongeveer 500 ha, vanaf het noorden van Riom tot aan het zuiden van Issoire. De wijngaarden liggen op 300 m en 500 m hoogte, tussen de oude vulkanen van de Chaine des Puys en de rivier Allier. De neerslag is te vergelijken met die van de sancerrois. Ongeveer 90% van de aangeplante druiven komen van de gamaystok. De pinot noir en chardonnay vormen de overige 10%. De herkomstbenaming Côtes d'Auvergne telt meer generieke wijnen dan andere, maar sinds 1977 telt de streek ook een vijftal cru's, die elk een eigen persoonlijkheid bezitten. De generieke wijnen kunnen wit, rosé of rood zijn. Zij mogen uit het hele gebied komen. De witte Côtes d'Auvergne wordt gemaakt van de chardonnay en is heel fruitig, elegant en fris. De wijnen, die gerijpt zijn op hout, kunnen heel goed bewaard worden, de beste meer dan tien jaar. Drinktemperatuur: 9-11 °C.

De rosé Côtes d'Auvergne wordt gemaakt van de gamaydruif en is fris, zeer fruitig, gul en gemakkelijk drinkbaar. Drinktemperatuur: 10-12 °C.

De rode Côtes d'Auvergne kan gemaakt worden van de gamay, de pinot noir of een assemblage van beide. Deze wijn is verrassend fruitig en fris, soepel en vlezig tegelijk. Drinktemperatuur: 12-14 °C.

De cru's (van noord naar zuid): Madargue (boven Riom) produceert rosé en rode wijnen. Beide wijnen worden gekenmerkt door hun zeer diepe kleur, hun verleidelijke fruitigheid (frambozen en aalbessen) en hun volle, ronde smaak met zachte tannine. Drinktemperatuur: 14-16 °C. Chateaugay (tussen Riom en Clermont-Ferrand) maakt witte, rosé en rode wijnen. De rode wijn is de interessantste met zijn donker robijnrode kleur en zijn zeer typerende aroma's van specerijen, zoals kaneel en nootmuskaat. De smaak is elegant en in evenwicht. Drinktemperatuur: 14-15 °C. Chanturgue (boven Clermont-Ferrand) produceert uitsluitend rode wijn. Deze wijn heeft ook een donker robijnrode kleur en is zeer aromatisch: rode vruchtjes, frambozen en kersen. De smaak is fris en fruitig. Drinktemperatuur: 13-15 °C.

Châteaugay, Cru d'Auvergne

Corent, een van de leukste Franse rosés

Corent (tussen Clermont-Ferrand en Issoire) is het domein van de rosé. Deze voortreffelijke rosé zal alle sceptici meteen overtuigen met zijn prachtige aroma's van citrusvruchten, hazelnoot, kersen, abrikozen, pioenroos en verse boter. De structuur is vol, breed en bijna vettig en de afdronk duurt eeuwen. Ontdek deze fantastische wijn tijdens een bezoek aan de Auvergne. Kies meteen voor de beste, zoals die van Jean Pierre en Marc Pradier. Drinktemperatuur: 10-12 °C. (Er worden overigens ook goede witte en rode wijnen in Corent gemaakt, maar die zijn minder bijzonder dan de rosé.)

Boudes (onder Issoire) produceert witte, rosé en rode wijnen. De mindere wijn van deze Boudes is interessant en goedgemaakt, maar zeker niet boeiend. De topwijnen zijn daarentegen ware juweeltjes. Denk hierbij aan de witte en rode wijnen van Claude en Annie Sauvat, die wonderen verrichten in dat kleine wijngebiedje. De witte wijn van de chardonnay kan moeiteloos concurreren met zijn verre neven uit de Bourgogne. De rode Gamay is diep en donker gekleurd, met voortreffelijke aroma's van frambozen, aalbessen, aardbeien, specerijen, vanille en peper. De wijn van de pinot noir ruikt meer naar pruimen, kersen, leer, drop, hout, koffie en toast. Verwacht hier geen lichtvoetige vrouwelijke wijn. Deze rode Boudes bezit stevige maar vloeiende tannine en een volle, vette en complexe smaak. Drinktemperatuur: 14-16 °C.

Spanje

Wijnbouw

De totale oppervlakte van de Spaanse wijngaarden schommelt rond de 1,2 miljoen ha. Dat is enorm, ongeveer 300.000 ha groter dan het Franse of Italiaanse wijnareaal. Toch wordt er minder wijn geproduceerd dan in beide laatstgenoemde landen, namelijk ongeveer 35,5 miljoen hl, een slordige 20 miljoen minder dan Frankrijk of Italië. Het verschil in de productie is mede te verklaren door het grote aandeel van de Denominación de Origen wijn. In Spanje wordt er relatief gezien minder vino de mesa, vino comarcal (tafelwijn) en vino de la tierra (landwijn/vin de pays) gemaakt dan in Frankrijk of Italië. Het gros van de productie van Spaanse wijn komt uit Catalonië, Valencia en La Mancha. Zones zoals die van La Rioja, Aragon, Levante en Andalucía, produceren wel kwaliteitswijn, maar het totale rendement blijft aan de lage kant. De relatief lage opbrengst wordt ook verklaard door het bijzonder warme en droge klimaat van onder andere Zuid-Spanje. Omdat de weersomstandigheden zo extreem zijn, moeten de ranken zeer laag gehouden worden en daardoor zal de opbrengst niet veel meer zijn dan enkele trossen per wijnstok.

Champagne en Cava

Het is jammer dat vaak bijna alles wat belletjes heeft Champagne wordt genoemd. Er zijn immers topcava's méthode traditionnelle die het niveau van de minste soorten champagne ver te boven gaan. Het zou deze wijn tekort doen om hem dan champagne te noemen. Het zou ook niet correct zijn, omdat, net als alle andere grote mousserende wijnen, de Spaanse cava's een eigen verhaal hebben over de gebruikte druivensoorten, de bodem en de weersomstandigheden, dat heel verschillend is van dat van de Champagne. Sinds eind vorige eeuw wordt deze Spaanse variant op de méthode traditionnelle gemaakt. De cava ontstond in 1872 in de provincie Barcelona, omdat de plaatselijke kasteleins de stijgende vraag naar goede mousserende wijnen niet konden honoreren. In plaats van constant dure Champagnes of goedkope Blanquette de Limoux te moeten importeren, besloten de Spaanse Catalanen zelf mousserende wijn te maken. Deze wijn wordt op precies dezelfde manier gemaakt als de andere méthode-traditionnellewijn, maar heeft een eigen smaak en karakter. Die worden bepaald door het gebruik van andere druiven en een ander idee over hoe een goede mousserende wijn hoort te smaken.

Cavavinificatie

Ook in Spanje worden de druiven die bestemd zijn voor de cavaproductie met de allergrootste zorg geselecteerd en geoogst. De beste druiven voor het vervaardigen van een goede cava komen uit sterk kalkhoudende grond die op een hoogte van 200 à 450 meter ligt. In het binnenland liggen de wijngaarden wat lager dan in de provincie Barcelona. Het warme mediterrane klimaat van Barcelona wordt door de hoge ligging van de wijngaarden afgezwakt, omdat de hoogte voor meer wind en dus afkoeling zorgt. De beste wijngaarden voor cava liggen om het plaatsje Sant Sadurni d'Anoia in de provincie Barcelona.

Voor de basiswijn worden de volgende druiven gebruikt: macabeo (fruit en frisheid), parellada (florale aroma's) en xarel.lo (zuurgraad en alcohol). Hier en daar wordt ook chardonnay toegevoegd. Voor de Cava Rosado worden carniñena, garnacha, tempranillo en monastrell gebruikt. De binnenlandse cava's worden meestal van de viura(macabeo)druif gemaakt. Omdat het hier in Spanje behoorlijk warm kan zijn, worden de druiven voor de cava's meestal in de vroege ochtend geoogst. Meteen bij het binnenkomen worden de druiven zacht geperst.

De sappen worden overgeheveld naar roestvrijstalen tanks waar de gisting bij een constant gecontroleerde lage temperatuur plaatsvindt. Na de gisting rusten de wijnen een tijdje en worden geproefd door de keldermeester. De beste cuvées worden geselecteerd en de assemblage vindt plaats met de grootste geheimzinnigheid. Na deze assemblage wordt de wijn gebotteld en minimaal negen maanden (vaak meer) in immense kelders liggend opgeslagen.

In die periode geschiedt de tweede gisting op fles. Net als in de Champagne, Saumur of Limoux ontstaat er een structuur van fijne belletjes. De flessen, opgeslagen op rekken of in gyropallets (girasol), worden handmatig of mechanisch geschud zodat de zwevende deeltjes van onvergistbare suikers en dode gistcellen naar de hals van de fles zakken. Ook hier wordt de hals van de flessen ondergedompeld in een bad met een zoutoplossing om het bezinksel bevriezen. Na opening van de flessen wordt door de ontstane druk het propje van het bezinksel uit de fles verwijderd. De inmiddels heldere wijn wordt dan bijgevuld met dezelfde wijn of met een likeur (zie hoofdstuk over mousserende wijn) en voorzien van een kurk en een muilkorf. Nu is hij klaar voor transport naar tevreden klanten.

De smaak van cava

Meer dan 90% van de cavaproductie is afkomstig uit Catalonië, voornamelijk uit de Penedes. Twee gigantische huizen hebben 90% van de markt in handen. Freixenet (ook eigenaar van Segura Viudas en Castell Blanch) is de onbetwiste leider op de exportmarkt.

In Spanje is Codorniu echter de leider. Cava's zijn meestal wat minder droog dan de Franse mousserende wijnen. Zij hebben net dat kleine beetje Spaanse temperament extra. De prijs van de topcava's is bijzonder laag in verhouding met de geboden kwaliteit, maar ook hier moet men voorzichtig zijn. Vooral met de verplichte rijpingstijd van minimaal negen maanden wordt wel eens gesjoemeld. Al jaren lopen er processen tegen merken die zich niet aan die negen maanden houden en dus het predikaat cava niet verdienen. Officieel zijn er slechts twee soorten cava's, de witte en de rosé. De witte cava wordt onderverdeeld in diverse smaakcategorieën.

CAVA ROSADO BRUT
Dit is een bijzonder elegante cava met een fonkelende kleur. Hij heeft heerlijke florale en fruitige aroma's en is vol, droog, fris en fruitig. Hij is prima als aperitief.

Cava Rosado   *Cava Extra Brut*

CAVA EXTRA BRUT
Dit is de allerdroogste (minst zoete) van alle cava's. Deze wijn bevat minder dan 6 g suiker per liter.

CAVA BRUT
Deze wijn is iets minder droog dan de vorige. Hoewel nog steeds goed droog, is hij toch minder droog dan bijvoorbeeld een Franse Champagne. De cava brut is veruit de favoriet van de niet-Spaanse consument. Hij heeft een suikergehalte van 6 tot 15 g/l.

CAVA EXTRA SECO
Deze wijn heeft een suikergehalte tussen de 12 en 20 g/l.

CAVA SECO
Hoewel hij 'droog' genoemd wordt, is deze cava lichtzoet, maar nog redelijk fris en zeer aangenaam met een suikergehalte tussen de 17 en 35 g/l.

CAVA SEMI-SECO
Deze cava begint echt zoet te smaken, maar nog niet té. Nog steeds prefereren de Spanjaarden deze zoetere mousserende wijn boven de extra seco of brut. Hij heeft een suikergehalte tussen de 33 en 50 g/l.

CAVA DULCE
Dit is een wijn voor de liefhebbers van echt zoet. Hij heeft een suikergehalte boven de 50 g/l.

ESPUMOSOS
Naast de eerder behandelde cava's maakt men in Spanje ook tal van andere mousserende wijnen, die geen aanspraak mogen maken op de D.O. cava.

MÉTODO TRADICIONAL
Deze mousserende wijn wordt op dezelfde manier gemaakt als de cava's, maar hij wordt gemaakt in streken die niet onder de D.O. cava vallen. De kwaliteit is niet echt geweldig, hoewel sommige wijn best aangenaam kan zijn. Buiten de streek waar hij gemaakt wordt, zult u hem niet vaak vinden.

GRANVÁS
Granvás is de Spaanse benaming voor méthode charmat of méthode cuve close. Het principe is eenvoudig: in plaats van in de fles vindt hier de tweede gisting plaats in grote tanks (grandes envases) die hermetisch afgesloten zijn. Na de gisting wordt de wijn geklaard en gebotteld. Ook hier wordt de smaak bepaald door het suikergehalte. Van droog naar zoet onderscheidt men:
– extra brut (minder dan 6 g/l suiker)
– brut (0 tot 15 g/l)
– extra seco (12 tot 20 g/l)
– seco (17 tot 35 g/l)
– semi-seco (33 tot 50 g/l)
– dulce (boven de 50 g/l)

Cava Brut

Het noordwesten

Het noordwesten van Spanje omvat de volgende 'autonomías' of delen daarvan: Galicia, het noorden van het País Vasco en van Castilla y León, Asturias en Cantabria. De laatste twee autonomía's produceren uitsluitend vinos de mesa. De andere gebieden zullen we verder splitsen in D.O.-wijngebieden.

Omstandigheden

Het klimaat in het noordwesten van Spanje wordt duidelijk beïnvloed door de Golf van Biskaje en de Atlantische Oceaan. De weersomstandigheden zijn flink kouder, natter en winderiger dan in de rest van het land. Het dagelijkse leven wordt nadrukkelijk door de zee en de visserij getekend. Cultureel gezien doet het gewest niet echt 'Spaans' aan. Het heeft meer Keltische en Baskische eigenschappen dan Castiliaanse en de Moorse invasie heeft hier weinig sporen nagelaten. De streekgerechten zijn geïnspireerd op de opbrengsten uit de zee: vis, schelp- en schaaldieren. De lokale wijn is over het algemeen wit, droog, fris en licht, op enkele lichte en frisse rode wijnen na.

Galicia

Het lijkt alsof Galicia lijkt voor het eerst sinds ongeveer tien jaar op de wijnkaart van Spanje is verschenen. De voortreffelijke wijn werd gereserveerd voor de plaatselijke wijntapperijen en eetgelegenheden. Toeristen zag men toen weinig in het groene Galicia, het vergeten hoekje boven de grens met Portugal. Wel kwamen er jaarlijks duizenden vrome bedevaartgangers op weg naar het beroemde Santiago de Compostella. Omdat het zo lang geïsoleerd is gebleven, heeft de plaatselijke wijnbouw een enorme rijkdom aan oude druiven die charme geven aan de Galicische wijnen. Wie had vijftien jaar geleden ooit van albariño, godello of treixadura gehoord? De Gallicische wijn zou te weinig alcoholisch, te dun, te zuur, te boers zijn en veel te snel oxideren. Veel wijnboeren gingen zo gebukt onder de kritiek, dat zij gemakkelijker en beter verkopende uitheemse druivensoorten gingen aanplanten. De wijn hiervan was echter van zo'n slechte kwaliteit, dat de nieuwe generatie wijnboeren het gebruik van de oude druiven weer in ere heeft hersteld. Er werd minder maar beter geproduceerd. Er werd naar de beste combinaties van druif, microklimaat en bodem gezocht. De resultaten mogen er zijn. De Galicische wijn is enorm populair, de kwaliteit is voortreffelijk en de bekendheid van deze juweeltjes gaat snel de wereld rond.
Galicia, de naam zegt het al, heeft een duidelijke Keltische (Gallische, Welsh) achtergrond. De hedendaagse cultuur wordt voor een groot deel mede bepaald door Portugese invloeden. In de naamgeving van de streken en de wijn zijn beide invloeden duidelijk te traceren.

Rías Baixas

Dit is zeker de bekendste, maar kwalitatief gezien beslist niet de enige, D.O. van Galicia. Vooral de witte wijn van de albariñodruif geniet terecht bekendheid. Galicia heeft een prachtige kustlijn met hier en daar grote inhammen (de 'lage rivieren' of rías baixas) die aan de Scandinavische fjords doen denken. De rest van het land bestaat uit groene dalen waar de koelste en natste wijngaarden van Spanje liggen. Er zijn drie bodemtypen in de Rías Baixas: een ondergrond van graniet met een bovenlaag van alluviale aanslibsels, alluviale aanslibsels of een ondergrond van graniet met een bovenlaag van zand. De gemiddelde hoogte waarop de wijngaarden liggen, is ongeveer 450 m. De wijn is voornamelijk wit en wordt voor ongeveer 90% van albariñodruiven gemaakt. Deze albariñodruif zou een tweelingbroer van de riesling zijn. Die zou ooit door Duitse monniken, bij wijze van geschenk, naar Santiago de Compostella zijn gebracht. Er wordt ook wat wijn gemaakt van de treixadura en/of loureira blanca en er wordt zeldzame rode wijn van de brancellao en caiño gemaakt.
De witte Albariño moet worden gemaakt van 100% albariñodruiven. Het is een strakke, frisse en knisperige wijn met veel klasse en een delicate smaak, waarin vruchten en bloemen de boventoon voeren. Drinktemperatuur: 8-10 °C.

Rias Baixas uit Galicia

Ribeiro

De streek van Ribeiro ligt landinwaarts in het verlengde van de Rías Baixas in de provincie van Ourense (Orense). Ooit was Ribeiro een beroemd exportcentrum voor Galicische wijn. Toen de rest van Europa de vinificatietechnieken verbeterde, bleef Ribeiro achter en raakte enigszins in de vergetelheid. De kwaliteit van de hier geproduceerde wijn liet lang veel te wensen over en haalde bij lange na niet die van de Rías Baixas. Daar is echter verandering in gekomen sinds binnen- en buitenlandse investeerders zich voor deze streek zijn gaan interesseren. De vinificatie-installaties zijn enorm verbeterd en er werden grote, meer Spaans aandoende bodega's gebouwd om aan de verwachtingen te kunnen voldoen. De Ribeiro zit in de lift. De witte en rode wijn van Ribeiro zijn prima wijnen voor dagelijks gebruik, hoewel er hier en daar prachtige wijnen tussen te ontdekken vallen.
De witte wijn wordt gemaakt van de treixadura, al dan niet aangevuld met onder andere palomino, torrontés, albariño, loureira, godello of macabeo. De betere kwaliteitswijn wordt vooral van de albariño gemaakt. Drinktemperatuur: 8-10 °C.
De meeste rode wijn, gemaakt van de caiño, aangevuld met onder andere garnacha en mencía, is licht maar vrij tanninerijk. De betere wijn wordt gemaakt van de garnacha en is wat voller. Drinktemperatuur: 12-15 °C, afhankelijk van de kwaliteit.

In León wordt ook goede tafelwijn gemaakt

Hoe minder koel, hoe beter. De rosé is fris, fruitig en licht. Drinktemperatuur: 10-12 °C.

RIBEIRA SACRA
De wijngaarden in dit wijngebied liggen op terrassen in het schilderachtige landschap van de provincies Lugo en Orense. De witte wijn die hier gemaakt wordt van onder andere de albariño, treixadura, godello, loureira, torrontés en palomino, lijkt veel op de wijn van Ribeiro, maar komt vaak minder fris over. De rode wijn is afkomstig van onder andere de mencía, alicante, caiño, sousón en garnacha en is van acceptabele kwaliteit. Als ook hier veel geïnvesteerd wordt om de wijngaarden, de wijninstallaties en de opslagruimten te vervangen of verbeteren, zou de in potentie aanwezige kwaliteit heel snel omhoog kunnen gaan. Drinktemperatuur: 8-10 °C voor de witte, 12-14 °C voor de rode wijn.

MONTERREI
Deze D.O. moet zijn naam nog echt waarmaken. De kwaliteit is matig tot acceptabel. Toch heeft deze streek een eigen D.O. gekregen. De wijn wordt voornamelijk gemaakt van de witte druiven palomino, godello (hier ook verdelho genoemd) en doña blanca, en de rode druiven alicante en mencía. De allerbeste witte en rode wijn is fris en fruitig. Hij bezit een relatief laag alcoholpercentage.

Valdeorras

Dit wijngebied ligt het meest landinwaarts, aan de grens van Castilla y León. De meeste wijngaarden liggen in het Sildal. Nog niet zo lang geleden werd hier logge, donkere wijn gemaakt, die in de anonimiteit van de plaatselijke tapperijen verdween. De ooit als lokaal beschouwde druivensoorten godello (wit) en mencía (rood) zijn beetje bij beetje weer in ere hersteld. Er wordt steeds meer kwaliteitswijn gemaakt. De wijninstallaties zijn enorm verbeterd en de wijnbereiding is wat 'hygiënischer' geworden. De witte wijn is typisch Galicisch: licht, fris en knisperend droog. Drinktemperatuur: 10-12 °C.
De rode wijn, ver in de minderheid, is meer de moeite waard dan de witte. De meeste zijn licht en fruitig, maar de betere Crianza bezit voortreffelijke aroma's van bramen, pruimen en drop, een prachtige kersenrode kleur en een zachte, rijke en zeer aangename smaak. Drinktemperatuur: 12-14 °C.

Castilla y León

Castilla y León is een immens wijnareaal waar veel tafel- en landwijn van uitstekende kwaliteit gemaakt wordt (Cebreros, Valdevimbre-Los Oteros, Fermoselle-Arribes del Duero, Tierra del Vino de Zamora) en uitmuntende D.O. wijn in de streken Bierzo, Cigales, Ribera del Duero, Toro en Rueda. De vier laatste wijngebieden liggen gegroepeerd rond de stad Valladolid en de Duero en zullen in een volgende paragraaf behandeld worden. De D.O.

Bierzo is een buitenbeentje, dat ligt in het extreme noordwesten van Castilla y León. Klimatologisch gezien hoort Bierzo (León) meer bij de andere wijngebieden van dit hoofdstuk dan bij zijn vier buren uit Castilla.

Bierzo

Deze D.O. bestaat officieel sinds 1989. Pas sinds 1991 mogen de druiven voor de bierzo uitsluitend uit de eigen streek afkomstig zijn. Vooral deze laatste maatregel heeft gezorgd voor een verbetering van de kwaliteit van de bierzo. De huidige wijnbouw heeft een oppervlakte van ongeveer 5.500 ha. Als enige D.O. van Castilla y León ligt Bierzo niet in de directe omgeving van de rivier Duero, maar aan de grens van Galicia. Bierzo wordt gezien als een overgangsgebied van de wijnbouw van Galicia, met name die van het naburige Valdeorras, en de wijnbouw van het dal van de Duero. De streek Bierzo ligt in een dal, omgeven door de bergen van de Cordillera Cantábrica en van de Montes de León, die het dal goed tegen extreme weersinvloeden beschermen. Het klimaat wordt beïnvloed door de Atlantische Oceaan (vocht, wind), maar krijgt wat meer zonne-uren dan Galicia. De wijngaarden liggen op de flanken van de heuvels, die uit graniet en klei bestaan, en produceren goede witte wijn van de doña blanca en godello, rosé en rode wijn van de mencía met hier en daar wat garnacha. Helaas treft men nog steeds witte wijn aan van de kwalitatief minderwaardige palominodruif.

De witte wijn is wat minder uitgesproken van smaak dan die van Galicia. De lekkere, lichte en frisse droge wijn is heel lekker als aperitief. Drinktemperatuur: 8-10 °C.

De rosé van de garnacha is van uitstekende kwaliteit, zeker als hij wat gerijpt is op hout. Hij is vol, aromatisch en krachtig. Drinktemperatuur: 10-12 °C.

De rode wijn uit Bierzo is volgens mij de beste van de streek. De meeste wijn wordt gemaakt om jong gedronken te worden. Hij is licht, fris en fruitig met wat florale ondertonen. De betere wijn wordt echter gerijpt op hout en komt als reserva op de markt. Hij is dan voller, forser en volwassener. Ten slotte zijn er de Gran Reserva's, die veel belovend zijn voor de toekomst. De meeste rode Bierzo heeft herkenbare aroma's van rode vruchten, pruimen, dadels of rozijnen met soms hints van drop en selderij of venkel. Drinktemperatuur: 12-16 °C. (16 °C voor de Gran Reserva's).

País Vasco

Baskenland heeft eigenlijk drie gezichten: de schilderachtige kuststrook met de talloze stranden en vissershavens, de grote industriële steden en het prachtige groene landschap van het binnenland. Baskenland heeft een eigen cultuur, een eigen taal, waarschijnlijk een van de oertalen van Europa, en vooral een eigen karakter. Het Spaanse gedeelte van Baskenland heeft nog steeds nauwe banden met het Franse gedeelte (Pays Basque, Gascogne). In dit hoofdstuk beperken wij ons tot het noorden van het País Vasco, in het bijzonder tot de streken Bizkaya (Vizcaya) en Getaria (Guetaria). We gebruiken hier de Baskische schrijfwijze, met tussen haakjes de Castiliaanse.

GETARIAKO TXAKOLINA (CHACOLÍ DE GUETARIA)

Buiten Baskenland zult u weinig Txakolí (uitspraak: tsjakoli) tegenkomen. Dat is jammer, omdat het een bijzonder lekkere wijn is bij verse schaal- en schelpdieren. Op iets meer dan 40 ha rond de steden Zarautz, Getaria en Aia worden voornamelijk witte wijn en een klein beetje rode wijn geproduceerd.

Door de vrij zware bodem, bestaande uit klei en alluviale aanslibsels, en het strenge, koude, vochtige en winderige klimaat kunt u van deze wijn geen al te grote finesse verwachten. Onder deze omstandigheden bereiken de inheemse witte hondarrabi zuri- of blauwe hondarrabi beltzadruiven nooit hun volle rijping. Toch zijn de witte, rosé en rode Txakolí's heel aangenaam fris, met vaak een tintelend koolzuurtje voorop het puntje van de tong. De kwaliteit is over het algemeen niet heel hoog. Drinktemperatuur: 8-10 °C (blanco), 10-12 °C (rosado) en 12-13 °C (tinto).

BIZKAIAKO TXAKOLINA (CHACOLÍ DE VIZCAYA)

Dit is de jongste telg uit de Txakolífamilie. Rond de stad Bilbao liggen de wijngaarden voor deze Bizkaiako Txakolina op ongeveer 60 ha kleibodem met alluviale aanslibsels. Ook hier is het klimaat winderig, koud en vochtig, wat alles behalve ideaal is voor de wijnbouw. De druiven voor deze Txakolí zijn dezelfde als die van de Getariako Txakolina: hondarrabi zuri voor de witte wijn en hondarrabi beltza voor de rode wijn en rosé. Drinktemperatuur: 8-10 °C (blanco), 10-12 °C (rosado) en 12-13 °C (tinto).

Het hoge Ebrodal

Het hoge Ebrodal beslaat het zuiden van het País Vasco, Navarra, La Rioja en Aragón. Alle gebieden produceren D.O.-wijn op die van La Rioja na, die de enige D.O.C. van Spanje maakt: de rioja. Rioja mag overigens ook in een gedeelte van Navarra en in het zuiden van Baskenland (País Vasco) gemaakt worden.

Omstandigheden

Het klimaat in het hoge dal van de Ebro is stukken warmer dan in het noordwesten van Spanje, waar de invloed van de Atlantische Oceaan en de Golf van Biskaje duidelijk voelbaar is. De Ebro wordt beschermd door een keten van lage bergen (± 900 m hoog) terwijl de oostelijker gelegen Aragón niet hoger dan 300 m is. Het klimaat is voornamelijk continentaal, hoewel het zuiden van Baskenland nog enigszins beïnvloed wordt door de koude en vochtige lucht van de Atlantische Oceaan. In het hoge dal van de Ebro zijn de winters koud en de zomers warm, terwijl de herfst en de lente mild en wat vochtig zijn. Navarra en La Rioja hebben zich jarenlang op de Franse markt gericht. Daardoor zijn er veel banden ontstaan tussen bijvoorbeeld de streek Bordeaux en de beide Spaanse gebieden. Een typisch voorbeeld daarvan vindt u bij de rioja met de bodega Enrique Forner (Marques de Caceres), die onder de naam Henri Forner grote bekendheid genoot in Bordeaux. Geen wonder dus dat de stijl van deze wijn door het noordelijke buurland is beïnvloed. Veel van deze wijn doet misschien wat minder Spaans aan, eerder Frans of Europees, wat niets afdoet aan zijn kwaliteit. De traditionele witte wijn van het Ebrodal was vaak zwaar en stevig om tegenspel te geven aan de Baskische keuken (specialiteiten van zee- en riviervis). De traditionele rode wijn was ook fors en paste goed bij de vele vleesgerechten (lam en rund), die vaak van de grill of van het spit komen. Tegenwoordig wordt de wijn steeds moderner gemaakt. De witte wijn wordt frisser en lichter, en de rode geuriger, fruitiger en fijner van smaak.

Om u een duidelijk beeld te geven zullen wij de Rioja onder één noemer behandelen en niet per regio.

Rioja D.O.C.

Zoals wij al eerder vermeldden, wordt de Rioja in drie gebieden gemaakt: Zuid-Baskenland, Navarra en La Rioja. (NB.: alleen de streek rond Logroño draagt een lidwoord voor Rioja, de wijn niet.) De streek La Rioja en de wijn Rioja danken hun naam aan het riviertje Rio Oja, dat zich vlak bij Haro bij de Ebro voegt. De streek Rioja wordt onderverdeeld in drie gebieden: het noordwestelijke hoogland van Rioja Alta, de noordelijke wijngaarden van de Rioja Alavesa in de Alavaprovincie en de laaglanden van de Rioja Baja in Navarra en La Rioja. Het hele gebied wordt door de noordelijke bergen van de Sierra Cantabria tegen de koude noordelijke wind beschermd. De Ebro ontspringt in het Cantabrische gebergte en stroomt naar de Middellandse Zee. Er wordt al meer dan 2000 jaar wijn gemaakt in La Rioja, maar de doorbraak van de huidige rioja vond pas aan het einde van de 19e eeuw plaats. Daarvoor werden vooral tempranillodruiven in La Rioja verbouwd. Slechts enkele welgestelde edelen bezaten cabernet- en merlotwijngaarden, omdat het in die tijd de mode was overal Franse druiven aan te planten. Toen de schimmel en even later de phylloxera de Franse wijngaarden vernietigden, waren de Franse wijnmakers gedwongen om naar Spanje te reizen om daar jonge cabernet sauvignon en merlot te kopen. Zo ontdekten ze de charmes van de tempranillo en hielpen ze de Spanjaarden bij het verbeteren van hun vinificatiemethoden. Dit ging in het begin heel stroef, omdat de plaatselijke wijn-

boeren de betweterige houding van de noordelijke buren niet appreciëerden. Bovendien zagen de meeste Spanjaarden het nut van dure installaties en hygiëne niet direct in. Gelukkig waren er enkele mensen met een heldere blik op de toekomst, zoals de beroemde Marqués de Riscal. Dankzij deze mensen groeide de streek La Rioja uit tot een van de beroemdste wijngebieden van de wereld. De eerste rioja, die enige bekendheid kreeg, was gemaakt van 100% cabernet sauvignon. Hoewel de Rioja als eerste in 1926 de officiële D.O.-erkenning had gekregen, duurde het nog heel lang voordat hij onder zijn eigen naam op de Europese markt kwam. De Engelsen bleven deze Rioja 'Spanish claret' of 'Spanish burgundy' noemen, terwijl de Fransen voor een habbekrats hectoliters Rioja naar Frankrijk vervoerden om de zieke Bordeaux te versterken. De goede naam van de Bordeaux heeft dus veel aan Spanje te danken, hoewel de heren van de Franse wijnhoofdstad daar liever niet meer herinnerd willen worden. Nu wordt over de hele wereld de naam van de Rioja geassocieerd met kwaliteit en in één adem genoemd met de Bordeaux en de Bourgogne.

Bodem en klimaat

De bodem van La Rioja bestaat voornamelijk uit een mengsel van kalk- en ijzerhoudende klei. Aan de oevers van de Ebro komt ook alluviale grond voor, terwijl de bodem van de Rioja Baja ook wat

Rioja Blanco

zand bevat. De betere wijngaarden liggen op 300 m tot 600 m hoogte, vooral in het noordwestelijke gedeelte van de Rioja Alavesa (País Vasco) en Rioja Alta (La Rioja en een kleine enclave in de provincie Burgos). Door de zwaardere bodem en de lagere hoogte (maximaal 300 m), die voor minder verkoeling zorgt, is de wijn van de Rioja Baja minder verfijnd en delicaat dan die van de andere twee Riojagebieden. Hij is daarentegen voller en sneller op dronk, dus gemakkelijker te verkopen, zeker door zijn relatief lagere prijs.

In de hooglanden (Alavesa en Rioja Alta) koelt het staartje van de westelijke wind van de Atlantische Oceaan de warme wijngaarden af. In het noorden wordt de straffe wind uit de Pyrenneeën door de Cantabrische bergen gefilterd. Dit resulteert in een koude winter, zachte en zonnige lente, warme zomer en zachte herfst met koele nachtbriesjes. Terwijl de hooglanden een typisch continentaal klimaat hebben, heerst er in de Rioja Baja een mediterraner klimaat met warme en droge zomers met veel meer zonne-uren.

De wijn van de Rioja bestaat in wit, rosé en rood. Voor de witte wijn wordt voornamelijk de viuradruif gebruikt (elders ook bekend als macabeo of macabeu), die de wijn zijn fijne zuren geeft. Als hulpdruif wordt de malvasía gebruikt. Die is verantwoordelijk voor het frisse bouquet en de fijne zuren. Ten slotte wordt er ook wat garnacha blanca toegevoegd om de wijn wat meer rondeur en alcohol te geven. De rosé wordt vaak van garnacha gemaakt, al dan niet met een toevoeging van tempranillo en zelfs van witte viura. Er worden echter steeds meer moderne Rosado's van de tempranillodruif gemaakt. De rode wijn wordt voornamelijk van de tempranillo gemaakt, vaak gemengd met garnacha, mazuelo en/of graciano. De ooit zo populaire cabernet sauvignon wordt niet meer aangeplant en verdwijnt van de huidige cuvées.

De Rioja is geklasseerd naar oogstjaar en rijping. U vindt de klassificatie op het etiket, op het rugetiket of soms op de verzegelingsband. Rioja –zonder toevoeging– geeft aan dat de wijn in zijn eerste jaar gebotteld is (vino joven) en jong gedronken moet worden. Crianza wil zeggen dat de wijn minstens één jaar (rode wijn) of zes maanden (witte wijn en rosé) rijping op hout heeft gehad, op kleine barrica's, en de rest van de tijd op fles hebben gelegen. Deze wijn mag pas in zijn 2e jaar (witte wijn en rosé) of zelfs in zijn 3e jaar (rode wijn) de bodega verlaten. Reserva wordt gebruikt voor rode wijn die minstens één jaar op eikenhouten barrica's gerijpt zijn en daarna ten minste één jaar op fles. Witte wijn en rosé moeten minstens zes maanden op hout gerijpt zijn en mogen de bodega pas in het 3e jaar verlaten. Gran Reserva is een uitzonderlijke wijn, die alleen in topjaren gemaakt wordt. Hij moet minstens twee jaar op barrica's gerijpt zijn en minstens drie jaar op fles. Voor zijn 6e jaar mag de (meestal rode) wijn de bodega niet verlaten.

Rioja Blanco Reserva

Rioja Rosado

Rioja Tinto Reserva

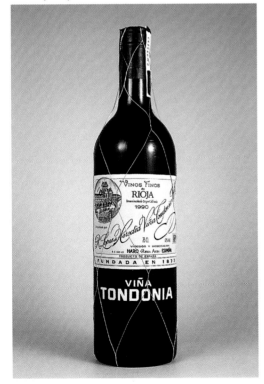

Oude stijl Rioja Tinto

Witte Rioja (joven) is voortreffelijk, fris en fruitig. Drinktemperatuur: 8-10 °C.

Witte Rioja Crianza/Reserva/Gran Reserva is vaak ronde, volle en sappige wijn, met uiteenlopende aroma's van citrusvruchten tot witte vruchten, bloemen en wilde kruiden. Afhankelijk van de stijl van het huis kan hij heel fris of juist zeer lomp zijn. Ouderwetse witte Rioja's worden vaak door het hout gedomineerd, terwijl bij de modernere wijn meer de nadruk ligt op de fruitigheid van onder andere de viuradruif. Drink temperatuur: 10-12 °C.

De rosado zonder rijping op hout is fris en fruitig. Drinktemperatuur: 10-12 °C.

De rode Rioja zonder rijping op hout (joven) wordt voornamelijk van de tempranillo gemaakt. Het verdient aanbeveling deze wijn jong te drinken, als hij nog fris en verleidelijk fruitig is. Drinktemperatuur: 12-14 °C.

De betere Rioja's Tinto Reserva of Gran Reserva zijn vol, elegant en verfijnd, met een duidelijke houtnuance, die aan vanille doet denken. Traditionele Rioja bezit vaak een hint van citrusvruchten in de geur en smaak, en fijne zuren. U kunt nog ouderwetse, lompe Rioja op de markt vinden, maar die wordt gelukkig steeds minder gemaakt. De moderne top-Rioja kan gemakkelijk wedijveren met de beste Franse of Italiaanse wijn, overigens ook wat de prijs betreft. Drinktemperatuur: 16-18 °C.

Navarra

De streek Navarra herbergt twee herkomstbenamingen: de Navarra D.O. en de Rioja D.O.C. Omdat wij de Rioja als een geheel hebben behandeld, zullen wij ons hier uitsluitend tot de Navarra beperken. Het landschap van Navarra is behoorlijk geaccidenteerd. De Pyreneeën vormen in het noorden de natuurlijke grens met Frankrijk. In het zuiden scheidt de Ebro Navarra van La Rioja. De westelijke en oostelijke buren van Navarra zijn respectievelijk Baskenland en Aragón. De hele streek Navarra heeft een rijke geschiedenis. Ooit reikte het koninkrijk Navarra tot aan Bordeaux. Herinneringen aan deze grootse periode en aan de toenmalige heerser Koning Sancho de Oude (1005-1035) vindt u overal in Navarra.

Bodem en klimaat

De bodem van Navarra bestaat uit goede waterdoorlatende grond van kalksteen en kiezels met een bruine leemachtige bovenlaag in het noorden (Valdizarbe, Tierra Estella, Baja Montaña en Ribera Alta) en een droge, zanderige bodem in het verre zuiden (Ribera Baja). Over het algemeen varieert de hoogte van de wijngaarden tussen de 240 en 540 m.

Het klimaat van Navarra vertoont grote verschillen tussen de noordelijke streken en de zuidelijke. In het noorden (Valdizarbe, Baja Montaña en Tierra Estella) is de invloed van de Pyreneeën duidelijk merkbaar: het klimaat is (semi)continentaal, met

Wijnkelders van Chivite

warme zomers, strenge winters, en weinig neerslag. Hoe meer men naar het zuiden afreist, hoe warmer en droger het klimaat wordt. In Ribera Baja treft men bijna woestijnachtige taferelen aan. In het westen van Navarra (Estella) heerst nog een staartje van het oceanische klimaat (iets meer neerslag en

verkoelende westenwind bij de Ebro), in Ribera Alta en Ribera Baja heersen juist meer mediterrane invloeden.

De wijn

Net als in de andere Spaanse wijngebieden hanteert Navarra een ouderdomsklassificatie voor de wijn. De gewone Navarra (vino joven) heeft geen rijping op hout gehad en is bedoeld om jong gedronken te worden. De Crianza heeft minstens zes maanden op barrica's gerijpt en de rest van de tijd op fles. Hij mag pas in zijn 3e jaar de bodega verlaten. De Reserva moet tenminste één jaar in barricas hebben gelegen en minstens één jaar op fles. Hij mag pas in zijn 4e jaar verkocht worden. De Gran Reserva ten slotte moet ten minste twee jaar op barrica's zijn gerijpt en minstens drie jaar op fles. Hij mag de bodega pas in zijn 6e jaar verlaten. Navarra produceert ook een beetje witte wijn van de viuradruif, eventueel aangevuld met 30% chardonnay. De wijn van 100% viura is erg strak in zijn zuren en heeft niet dezelfde rondeur te bieden als de gecombineerde wijn van viura en chardonnay. Slechts enkele wijnen van 100% viura bereiken een heel redelijk niveau. Een aanrader is de Gran Feudo Blanco van Chivite. Drinktemperatuur: 9-10 °C.

De betere en zeldzamere witte wijn van de chardonnay kan van ongekende kwaliteit zijn, bijvoorbeeld de uitmuntende Coleccion 125, 100% chardonnay van dezelfde Chivite. Drinktemperatuur: 12 °C.

Señorio de Arienza: Chivites wijngaarden

Topkwaliteit wijn van de chardonnay

Navarra rosado

Een van de mooiste Spaanse rosado's

Tinto Crianza van superieure kwaliteit

Zeer zeldzaam en een klasse apart is de droge wijn van de moscateldruif. Drinktemperatuur: 10-12 °C. De rosé wordt meestal van de garnachadruif gemaakt. Hij behoort tot de beste rosado's van Spanje, zo niet van de hele wereld. Drink hem jong, dan smaakt hij het lekkerst. De meeste rosado's zijn vol van smaak, rond, kruidig, fruitig (rode bessen) en vaak behoorlijk stevig in hun alcohol. Drinktemperatuur: 10-12 °C.

De gewone tinto vino joven van Navarra kunt u drinken op 12-14 °C. De tinto crianza heeft door de rijping op hout meer te bieden dan zijn jongere

broers. In de geur en smaak vindt u een hint van vanille terug, maar het zijn vooral de rode vruchten die domineren.

Drinktemperatuur: 14 °C.

De Tinto Reserva en Gran Reserva zijn juweeltjes. U moet echter een verschil maken tussen de wat goedkopere wijn van de Bodegas Coöperativas en die van de top zelfstandige bodega's zoals Chivite, Magaña, Ochoa, Güelbenzu en Virgen Blanca. De laatste maken traditionelere wijn, die jong meer tannine bezit dan zijn naamgenoten uit de coöperativas. Maar hij heeft ook meer smaak en kracht, meer finesse en breedte. Deze wijn is herkenbaar aan de

Tinto Gran Reserva

Güelbenzu Eva, topkwaliteit uit Navarra

grote schakeringen in geur en smaak: vanille (hout), zwarte bessen, rode bessen, kersen, kruiden (laurier), drop. Drinktemperatuur: 15-17 °C (17 °C voor de gran reserva's).

Ten slotte nog een extra vermelding voor de uitmuntende zoete Moscatel van Navarra. De ouderwetse, stroopachtige donkerbruine moscatel zullen wij aan de liefhebbers overlaten, maar de modern gemaakte frisse, fruitige en enorm verleidelijke Moscatel, zoals de sublieme Capricho de Goya van de bodega Camilo Casilla of de Vino Dulce de Moscatel van Ochoa of Chivite, rekenen wij tot de mooiste muskaatwijn van de hele wereld. Drinktemperatuur: 8-10 °C.

Aragón

De autonome regio Aragón ligt tussen Navarra en Cataluña, en bestrijkt een vrij groot gebied vanaf de voet van de Pyreneeën tot aan de Sierra de Javalambre, ongeveer 50 km ten noordwesten van de stad Valencia. De belangrijkste steden van Aragón zijn Zaragoza, Huesca en Teruel. Drie van de vier wijngebieden van Aragón liggen dicht bij elkaar, ten westen (Campo de Borja) en zuidwesten (Cariñena en Calatayud) van de stad Zaragoza, in de gelijknamige provincie. Het vierde wijngebied (Somontano) ligt wat hoger en oostelijker, ten oosten van de stad Huesca, bijna aan de grens van Cataloña. Ook hier is het bijna ongelooflijk hoe snel en vooral hoe goed deze vier gebieden (met name Somontano) zich hebben aangepast aan de eisen van de moderne vinificatiemethoden. Ooit was Aragón berucht om zijn zwaar alcoholische wijn, die bedoeld was om de zwakkere broeders aan wat meer kracht te helpen.

Niet al te lang geleden werd de wijn hier bijna uitsluitend in bulk aangeboden. Tegenwoordig winnen de D.O.-wijnen steeds meer terrein door de vernieuwingen in de bodega's zelf, maar ook door een betere begeleiding en controle in de wijngaarden. Belangrijk is dat allevier gebieden een eigen identiteit en authenticiteit hebben weten te houden. Helaas is de kwaliteit van deze wijn nog nauwelijks ontdekt, zeker niet in Spanje zelf, waar men nog bij Rioja en Ribera del Duero zweert. Jammer, want de wijn van Somontano gaat zeker een prachtige toekomst tegemoet.

Campo de Borja

Het wijngebied Campo de Borja grenst in het noorden aan de zuidelijkste punt van Navarra en volgt in het oosten de zuidelijke oever van de Ebro. De Sierra de Moncayo vormt de westelijke grens en tevens het hoogste punt van het gebied. Het wijnareaal ligt geconcentreerd rond de drie steden Ainzón, Albeta en Borja. Pas in 1980 kreeg hij de D.O.-erkenning en sindsdien werkt men, langzaam maar zeker, aan het verbeteren van de kwaliteit en het imago van deze wijn.

De bodem van Campo de Borja bestaat voornamelijk uit een ondergrond van kalksteen, met hier en daar wat oerrotsen die voor een goede drainage zorgen, en een bovenlaag van bruin (alluviaal) zand. De wijngaarden aan de voet van de berg Moncayo liggen wat hoger (600 m) dan in de rest van het gebied (300 m). Het klimaat is van het zuiverste continentale type, met zeer warme, droge zomers en strenge, winderige winters. De witte wijn is gemaakt van de viura (macabeo), de rosé en rode wijn van de garnacha en cencibel (plaatselijke naam van de tempranillo), soms aangevuld met wat mazuela of cabernet sauvignon.

De Campo de Burja Blanco is fris, kruidig en vrij eenvoudig. Drinktemperatuur: 8-10 °C.

De Campo de Burja Rosado is vooral bedoeld om jong gedronken te worden. Rosado's van de garnacha, in een warme streek geoogst, is vaak stevige wijn met behoorlijk wat alcohol. De wijn van Campo de Burja is echter ook verrassend fruitig en fris. Drinktemperatuur: 10-12 °C.

De Campo de Burja Tinto (vino joven) is ook bedoeld om jong gedronken te worden. Hij is meestal fris en fruitig, rond en stevig in zijn alcohol. Drinktemperatuur: 12-14 °C.

De Campo de Burja Tinto Crianza (minstens zes maanden op barrica's en de rest van de tijd op fles, minimaal drie jaar oud) is wat volwassener dan zijn jonge broers. Hij is fruitig, maar heeft ook een stevige body en behoorlijk wat alcohol (13% à 14%). Zoek hier niet naar finesse, maar eerder naar puur genot. Drinktemperatuur: 14 °C.

De Campo de Burja Tinto Reserva en Gran Reserva (respectievelijk minstens één en twee jaar op barrica's en ten minste één en drie jaar op fles) bieden nog meer waar voor hun geld. De lange rijping op hout en fles geeft ze wat meer wijsheid en rondeur en compenseert enigszins het hoge alcoholpercentage (13% tot 14%). Drinktemperatuur: 16-17 °C.

Er wordt hier ook wat zoete likeurwijn geproduceerd. Hij wordt gemaakt van de moscatel romano, garnacha en mazuela. Deze zwaar alcoholische wijn (minstens 17,5%, maximum 22% alc.) is vaak aan de lompe kant. Mocht u tot zo veel alcoholische kracht en zoetheid worden verleid, drink deze Moscatel dan zo veel mogelijk in de schaduw en vooral niet te snel. Drinktemperatuur: 6-8 °C.

Cariñena

Iets zuidoostelijker van Campo de Borja ligt het Cariñenawijngebied, de oudste D.O. van Aragón. Al in 1960 kreeg dit gebied zijn D.O.-erkenning. De wijngaarden liggen rond de stad Cariñena in de provincie Zaragoza, voornamelijk in het gebied tussen Sierra de la Virgen en de Ebro. Net als in Campo de Borja stamt de wijnbouw uit de tijd voor de Romeinen. De huidige stad Cariñena, genoemd naar de Romeinse nederzetting Carae, is al van oudsher een belangrijk centrum voor de wijnbouw en wijnhandel. De bekende cariñenadruif (Frans: carignan) is genoemd naar deze stad en heeft zich via Cataluña naar het Franse Catalonië en zelfs tot in het Rhônedal verspreid. De bodem van de streek Cariñena lijkt veel op Campo de Borja: een ondergrond van kalksteen en rotsen met een bovenlaag van bruin (alluviaal) zand. Dicht bij de rivier wordt de ondergrond echter uit leisteen gevormd en is de bovenlaag wat alluvialer. Net als in Campo de Borja heerst er een continentaal klimaat met warme zomers en strenge winters. In de lente komt er regelmatig nachtvorst voor. De belangrijkste druiven van Cariñena zijn de garnacha en cencibel (tempranillo), aangevuld met wat cariñena, mazuela en cabernet sauvignon voor de rode wijn en viura voor de witte, al dan niet aangevuld met garnacha blanca of parellada.

Ooit werd de wijn van Cariñena geroemd om zijn hoge alcoholpercentage. Nu wordt hij daardoor vaak gemeden. De moderne consumenten hebben liever lichte, elegante wijn dan zware en volle wijn. Dat is een groot probleem voor een streek die in de hete zon baadt. Toch lukt het de nieuwe generatie wijnbouwers vrij aardig om zeer acceptabele wijn te maken. Door de extreme hitte van de zomer en de aard van de bodem is het echter onmogelijk voor de Cariñena om lichtvoetige wijn te maken – een zegen voor de liefhebbers van karakteristieke en pittige wijn. De meeste rode wijnen hebben tegenwoordig een alcoholpercentage van 12,5% tot 13%, wat beduidend lager is dan de 15% tot zelfs 18% waar nog niet eens zo lang geleden de Cariñena beroemd om

Cariñena Tinto

was. De Cariñena Blanco is fris en redelijk droog. Door de hoge zuurgraad van de viura (macabeo) blijft de wijn aangenaam drinkbaar. U zult er echter geen hoogvliegers onder aantreffen. Drinktemperatuur: 8-10 °C.

De Cariñena Rosado lijkt op campo de borja, maar is wat forser van smaak en vaak zwaarder van alcohol. Drinktemperatuur: 10-12 °C.

De rode wijn heeft dezelfde verouderingsklassificatie als alle andere Aragonese wijn. De gewone Cariñena Vino Joven heeft geen een rijping op hout ondergaan en wordt jong gedronken. De Crianza heeft minstens zes maanden op hout en de rest van de tijd op de fles gerijpt, de Reserva minstens een jaar op barrica's en minstens een jaar op fles en de Gran Reserva minstens twee jaar op barrica's en drie jaar op fles. Kenmerkend is, dat de vino's jovenes voornamelijk van de garnachadruif gemaakt worden, terwijl de oudere wijn meer tempranillo bevat. De vino's jovenes drinkt u op 12-14 °C.

De crianza, reserva en gran reserva drinkt u op 14-16 °C.

Cariñena heeft ook een lange traditie van oude, zoete wijn, die in de openlucht en later in grote vaten bewust en veelvuldig in contact met zuurstof werden gebracht. Deze 'ranciowijn' –u vindt soortgelijke wijnen ook in Zuid-Frankrijk bij Maury en Banyuls– missen echter de finesse van de wijn uit Frankrijk. Mocht u een van deze rancio's tegenkomen, nip er dan eerst voorzichtig aan en beslis dan of u verder wilt drinken. Sommige wijnen zijn van zeer matige kwaliteit. Drinktemperatuur: naar smaak goed gekoeld, ± 8 °C, of op kamertemperatuur ± 18 °C.

Calatayud

Deze D.O. is beslist de minst bekende van de vier Aragonese wijngebieden. Ten onrechte, want terwijl de wijnen van Campo de Borja en Cariñena vol en krachtig zijn, tonen die van Calatayud meer finesse en elegantie. Omdat de streek beschut wordt door de Cordillera Ibérica in het oosten en de Sierra de la Virgen in het noorden, is het klimaat wat gematigder dan in de eerdergenoemde twee gebieden. De wijn bezit daarom een betere balans tussen zuren en alcohol. De naam van de streek zal op de buitenlandse markt misschien een groter obstakel vormen dan de kwaliteit van de wijn. Catalayud ontleent zijn naam aan het Moorse kasteel Qalat, gebouwd en bewoond door de toenmalige heerser Ayub. Qalat-ayub werd verbasterd tot Calatayud. Ook hier zijn de Kelten, lang voor de komst van de eerste Romeinen, begonnen met wijnbouw. De doorbraak is echter van recente datum.

De bodem van Calatayud is opgebouwd uit kalksteen op mergel met een bovenlaag van zand en leem in het noorden, en van leisteen en gips in het zuiden. De hogergelegen wijngaarden aan de voet van de Sierra del Virgen liggen bijna op 900 m, terwijl de gemiddelde hoogte van de wijngaarden in het dal van de Jalón ongeveer 450 m is. Het hele ge-

Calatayud Blanco *Calatayud Tinto* *De pinot noir gedijt goed in Somontano* *Uitstekende witte wijn van de gewürztraminer*

bied heeft een continentaal klimaat, met warme zomers en strenge winters. Door de hoge ligging van de wijngaarden en de aanwezigheid van de koele bergwind blijft het wijnareaal echter veel koeler dan in Campo de Borja en Cariñena. Wie denkt dat de lokale wijnbouwers met zulke gunstige omstandigheden zich vooral zullen gaan bezighouden met het vervaardigen van wijn van topkwaliteit, vergist zich. Gelukkig zijn er wat jonge wijnbouwers die het enorme potentieel van de streek inzien en het lijkt erop dat de eerste resultaten veelbelovend worden. Door het verbeteren van de hopeloos verouderde installaties, maar ook door het beter aan elkaar koppelen van terroir, klimaat en druivensoort weten deze moderne wijnbouwers de karakteristieke aroma's van Catalayud te distilleren in plaats van alcohol en hoeveelheden te zoeken.

De witte wijn wordt gemaakt van de viura (macabeo) en malvasia, hier en daar aangevuld met wat garnacha blanca en de inheemse juan ibáñez. Drinktemperatuur: 8-10 °C.

De rosado's zijn wat beter van kwaliteit, vol en fris, maar ook vrij fruitig. Ze worden voornamelijk van de garnacha tinto gemaakt. Een kleine waarschuwing: lees eerst op het etiket hoe het zit met het alcoholpercentage. Er zijn Rosado's de Catalayud met 14% alcohol. Drinktemperatuur: 10-12 °C.

De Tinto's zijn voornamelijk vino's jovenes. Drinktemperatuur: 12-14 °C.

De nog zeldzame Crianza's en (Gran) Reserva's van de garnacha, mazuela, tempranillo en cabernet sauvignon zijn beslist de moeite van het ontdekken waard. Zij bieden een warme en volle smaak, gecombineerd met een zekere frisheid en elegantie. Drinktemperatuur: 16-17 °C.

Somontano

Somontano is voor de kenners het verrassendste gebied van Aragón. Nauwelijks meer dan 50 km ten zuiden van de Pyreneeën, in de provincie Huesca, treft u de wijngaarden van de somontano aan. Jarenlang werd hier wijn gemaakt voor de creatieve Franse wijnhandelaren. Dertig jaar geleden had niemand nog van somontano gehoord. Tegenwoordig treft u hem overal aan met een kwaliteit die van eerlijk en lekker tot uitmuntend uiteenloopt. Hier in Somontano wordt men niet gehinderd door een ouderwetse en verstikkende traditie van wijnmaken, maar experimenteert men op alle gebieden. De terroir en het klimaat van Somontano bieden een uitstekend potentieel voor de doorbijters onder de wijnboeren. De beste resultaten worden geleverd door een combinatie van de traditioneel gebruikte druivensoorten en technieken met moderne en beter aangepaste druivensoorten en vinificatiemethoden. De kwaliteit van de wijn verkregen uit de gedurfde combinaties als tempranillo en cabernet sauvignon, moristel en cabernet sauvignon, macabeo (viura) en chardonnay evenals macabeo en alcañon, is ronduit verbluffend. Ook importdruiven zoals de gewürztraminer en de pinot noir doen het uitstekend in Somontano.

Somontano maakt niet alleen prachtige wijn, maar is ook een bijzonder mooi gebied, met veel groen, talloze schilderachtige dorpjes, historische kerkjes, boomgaarden en terrasvormige wijngaarden. Deze wijngaarden liggen op de hellingen van kleine bergen, op een gemiddelde hoogte variërend van 300 m tot 600 m. De bodem bestaat uit een mengsel van zware klei en zandsteen in de hogere wijngaarden, aangevuld met wat alluviale grond in het Ebrodal. Overal bevat de bodem een grote hoeveelheid mineralen en oligo-elementen, die een zegen vormen voor de wijnbouw. Het klimaat is continentaal, met warme zomers en koude winters. De aanwezigheid van de Pyreneeën, die als een natuurlijke bescherming tegen de koude noordelijke wind fungeren, is vrij gunstig voor de wijnbouw. De inheemse druivensoorten van Somontano, de witte alcañon en de blauwe moristel (niet te verwarren met de monastrell) gaan broederlijk samen met de wat Spaansere druivensoorten, viura (macabeo) en garnacha. Er wordt echter enorm geëxperimenteerd met talloze nieuwe druivensoorten, zoals tempranillo, cabernet sauvignon, merlot en pinot noir voor de blauwe druiven en chenin blanc, chardonnay, riesling en gewürztraminer voor de witte wijn.

De traditionele witte Somontano wordt gemaakt

van de viura en alcañon. Het is een frisse, lichte, droge wijn die jong gedronken moet worden. De moderne witte wijn is een doordacht samengaan van viura, alcañon en chardonnay of chenin blanc en is veel voller en verrassend lekker. Er bestaan ook enkele zeer interessante wijnen van 100% riesling of 100% gewürztraminer. Drinktemperatuur: 8°-10 °C voor de traditionele wijnen, 10°-12 °C voor de modernere.

Een van de beste Spaanse wijnen

De rosado's van Somontano zijn zeer aangenaam van smaak en bezitten tegerlijkertijd de finesse en elegantie van de beste wijn en de warmte en kracht van het zuiden. Drinktemperatuur: 10-12 °C.

De gewone vino's jovenes tinto van Somontano zijn aangename, lichte wijnen van moristel en garnacha. Drinktemperatuur: 12-14 °C.

De crianza's en (gran) reserva's bevatten minder moristel en garnacha, maar meer tempranillo en/of cabernet sauvignon. De rijping op vat geeft deze stoere wijn meer rondeur en evenwicht tussen alcohol en body. Drinktemperatuur: 16-17 °C.

Catalonië en de Balearen

Ampurdán-Costa Brava

Dit is de noordelijkste D.O. van Catalonië, aan de voet van de Pyreneeën en direct grenzend aan Frankrijk. Empordà-Costa Brava, zoals de Catalanen het zelf noemen, wordt in het noorden en westen afgebakend door de Pyreneeën en in het oosten en zuidoosten door de Middellandse Zee. Ooit produceerde Empordá-Costa Brava, net als de Penedès, vooral zoete, stroperige en zware geoxideerde wijn van het ranciotype. Omdat er steeds minder vraag naar dergelijke wijn is, werd ongeveer 25 jaar geleden aan een grote omschakeling begonnen. Empordá-Costa Brava maakt tegenwoordig uitstekende, moderne, lichte en vooral frisse wijn, die gretig aftrek vindt bij de badgasten aan de Costa Brava, maar ook steeds meer zijn weg naar het wijnminnende buitenland vindt. Sinds 1975 mag deze streek het D.O.-predikaat voeren.

De bodem van Empordà-Costa Brava wordt gevormd uit de kalksteenachtige voorlopers van de Pyreneeën. Bijna overal is de grond bedekt met een dunne vruchtbare laag. Hoewel het wijngebied tot aan de zee reikt, liggen de beste wijngaarden meer in het binnenland, vooral op de heuvels in de beschutte dalen en op de flanken van de westelijke bergjes (op een hoogte van ± 200 m). Het klimaat

is duidelijk mediterraan, met warme zomers en milde winters. Door de aanwezigheid van de Pyreneeën wordt de streek echter flink afgekoeld. Veel koude winden reguleren de temperatuur en de luchtvochtigheid. Een van deze winden, de beruchte Tramontana (Tramontagne aan de andere kant van de bergen) wordt het meest gevreesd, vanwege zijn grote en vaak vernietigende kracht. Om de wijngaarden tegen deze Tramontana te beschermen worden de wijnranken hier goed vastgebonden aan palen. De meest aangeplante druivensoort is de mazuelo (plaatselijke naam van de cariñena), voornamelijk gebruikt voor de vele rosado's, gevolgd door de garnatxa (garnacha) en de witte xarel.lo, macabeo en garnacha blanca. Al enkele jaren wordt hier, met wisselend resultaat, met 'vreemde' druivensoorten geëxperimenteerd: cabernet sauvignon, ull de llebre (tempranillo), merlot, syrah en de witte parellada, chardonnay, riesling, gewürztraminer, muscat en chenin blanc.

De meeste wijnen van Empordà-Costa Brava zijn nog steeds de rosado's van de garnatxa, vaak aangevuld met cariñena. Verder produceert men ook blanco's en tinto's en uitstekende cava's. De grootste producent van de streek, de Perelada Group (Cavas del Ampurdán en Castillo de Perelada) heeft de D.O. Empurdà-Costa Brava jarenlang voortgetrokken en gedragen. Dankzij deze groep is de naam van deze D.O. over de hele wereld bekend geworden. Mocht u in de streek vertoeven, ga dan be-

Topcava van Castillo de Perelada

Lekkere Rosado

Zeldzame Rosado van de cabernet sauvignon

Empurdá Blanco Seco

Zeldzame Chardonnay uit Empurdá

slist eens op bezoek bij Castillo de Perelada in het Middeleeuwse stadje Perelada, in het hartje van de Ampurdánstreek. Het kasteel van Perelada is het historische, culturele en commerciële hart van Perelada en herbergt hele indrukwekkende eeuwenoude wijnkelders en een prachtig glas- en wijnmuseum (op afspraak te bezichtigen).

De cava's van Castillo Perelada zijn uitstekend, maar ook, voor de geboden kwaliteit, bijzonder gunstig geprijsd. U kunt kiezen uit meerdere typen van steeds hogere kwaliteit. Kies de Cava Extra Brut, Brut Reserva of Chardonnay als aperitief, de Brut Rosado als aperitief of bij uitgesproken visgerechten en de sublieme Gran Claustro voor feestelijke gelegenheden. Ook de Marc de Cava van Castillo Perelada is een bijzonder aangename verrassing.

De rosado's van garnatxa of garnatxa en cariñena, al dan niet met een scheutje ull de llebre (tempranillo), zijn uitstekend. Ze zijn droog, soepel en fruitig, met een kenmerkend elegant kersenrood kleurtje. Verrassend aangenaam is de licht mousserende Cresta Rosa van Cavas del Amprudán, een zachtfruitige rosado, die zijn verfrissende belletjes door natuurlijke gisting (cuve-closemethode) heeft verkregen. Drinktemperatuur: 10-12 °C.

Let op de zeldzame cabernet-sauvignonrosado's, die van een heel ander kaliber zijn dan de andere rosado's. Deze rosado's zijn prachtig van kleur (licht aardbeienrood), zeer fruitig en fris en bezitten een elegante en verfijnde structuur in combinatie met de warmte van de Middellandse Zee. Drinktemperatuur: 10-12 °C.

De witte wijn van Empordà-Costa Brava varieert van bodega tot bodega, afhankelijk van de gebruikte druivensoorten, de vinificatie en de voorkeur van de keldermeester. De meeste wijn is traditioneel gemaakt van de garnatxa blanca en de macabeo, eventueel aangevuld met het sap van de garnatxa tinta voor meer ruggengraat, de xarel.lo of zelfs de chardonnay voor meer rondeur. Alle wijnen zijn stuk voor stuk frisse, fruitige, moderne wijnen, die snel gedronken moet worden. Een zeer bijzondere wijn, tevens een van de meestverkochte wijnen van Spanje, is de licht mousserende Blanc Pescador van Cavas del Ampurdán. Deze 'Vino de aguja natural'

wordt verkregen door natuurlijke gisting (cuve-closemethode). Drinktemperatuur: 10-12 °C.

Let hier ook op de zeldzame 100% chardonnaywijn die nog experimenteel is, maar wel bijzonder lekker. Door de korte rijping op Franse eikenhouten vaten behoudt deze wijn zijn mooie kleur en zijn karakteristieke fruitige aroma's. Slechts op de achtergrond is een hint van vanille waarneembaar. De structuur van deze wijn is licht en elegant en herinnert aan de goede Chardonnay uit het Frans-Catalaanse Limoux. Drinktemperatuur: 12 °C.

Tinto Crianza

Uitstekende reserva　　　*Cabernet Sauvignon uit Empurdá*

De rode wijn wordt meestal gemaakt van een assemblage van de garnatxa en cariñena. Een groot deel van deze wijn zijn vino's jovenes, die bedoeld zijn om snel gedronken te worden. Drinktemperatuur: 12-14 °C.

Sinds enkele jaren komt betere wijn van Empurdà-Costa Brava op de markt. Hij is voornamelijk bedoeld voor de export. Als u goed zoekt, zult u voortreffelijke Crianza en Reserva vinden (bijvoorbeeld bij Castillo de Perelada). De Crianza is meestal op Amerikaanse eikenhouten vaten gerijpt, waardoor hij een duidelijke zoetige en vanille-achtige geur en smaak krijgt. De smaak is diep, warm en bijzonder aangenaam. Drinktemperatuur: 14-16 °C.

De prachtige Reserva Tinto (twaalf maanden eerst op Amerikaanse en daarna op Franse eikenhoutenvaten gerijpt, om dan twee jaar op fles te rijpen) is zeer veelbelovend voor deze streek. Als druivensoort worden de traditionele garnatxa en cariñena gebruikt, waaraan maar liefst ± 40% cabernet sauvignon en 20% mazuela (tempranillo) worden toegevoegd. Het resultaat mag er zijn: een donkerrode wijn met amberkleurige schakeringen, volle, elegante, warme smaak waarin het hout de fruitigheid niet domineert, maar aanvult. Dit is een uitstekende wijn voor een zeer redelijke prijs. Drinktemperatuur: 16-17 °C.

Van dezelfde Castillo de Perelada bestaat ook een zeldzame 100% Cabernet Sauvignon, die 18 maanden eerst op Amerikaanse en daarna Franse eikenhouten vaten heeft gelegen en vervolgens enkele jaren op fles is gerijpt. Deze wijn is vol, behoorlijk tanninerijk, maar goed in evenwicht (alcohol, tannine en zuren). Drinktemperatuur: 17 °C.

Wie een zeer zeldzame, traditionele Gran Reserva van 80% cariñena en 20% garnatxa wil proeven, komt terecht bij de Cellers Santamaria. Dit is een prachtige, volle en warme wijn die het lekkerst is bij 'asados'. Drinktemperatuur: 16 °C.

Ten slotte wordt hier nog extra vermelding van de ouderwetse ranciowijn van de Garnatxa d'Empordà gemaakt. Deze wijn is zeer zoet, stroperig en bezit vaak duidelijke aroma's van gebrande koffie en cacao. Drinktemperatuur: al naar gelang het gebruik 8-16 °C.

Alella

Alella is een relatief klein gebied rond het gelijknamige stadje, iets ten noorden van Barcelona. Jarenlang werd dit wijngebied met uitsterven bedreigd door de expansiedrift van de Catalaanse hoofdstad. Pas in 1989 werd hieraan door de overheid een halt toegeroepen. In 1956 al heeft de wijn van Alella zijn D.O.-erkenning gekregen. De geschiedenis van dit wijngebiedje brengt ons terug naar de Romeinse tijd en zelfs iets daarvoor. De oorspronkelijke streek voor de productie van Alella ligt rond het stadje Alella, op een hoogte van ± 90 m. De bodem van deze oude wijngaarden bestaat voornamelijk uit een granieten ondergrond met een bovenlaag van zand. Sinds 1989 horen de recentere wijngaarden van de Vallès officieel bij de streek Alella. Deze wijngaarden liggen veel hoger, aan de voet van de Cordillera Catalana, tot 255 m, terwijl de bodem uit een kalkstenen ondergrond en een zanderige bovenlaag bestaat. Deze hogergelegen wijngaarden blijven, ondanks het warme mediterrane klimaat, wat koeler dan die rondom Alella. De meeste lagergelegen wijngaarden zijn echter goed beschut. Alella maakt witte, rosé en rode wijnen.

De witte Alello wordt voornamelijk gemaakt van de pansá blanca (de plaatselijke naam van de xarel.lo) en de garnacha blanca, soms –al dan niet experimenteel– aangevuld met macabeo of zelfs gedeeltelijk vervangen door de 'vreemde' chenin blanc en chardonnay. Kenmerkend voor de traditionele Alello is de verrassende frisheid en fruitigheid. Drink deze lichte, droge witte wijn als aperitief of bij bekende mediterrane schotels van vis, schaal- of schelpdieren. Drinktemperatuur: 8-10 °C.

De zeldzame –nog enigszins experimentele– 100% chardonnaywijn is zeer veelbelovend. Het lijkt erop dat de chardonnay bijzonder goed gedijt in de kiezelrijke bovenlaag van de Alellawijngaarden. Deze chardonnay is elegant en vol, fris, fruitig en rond. Drinktemperatuur: 12 °C.

De Rosado's en Tinto's van Alella worden gemaakt van de unieke pansá rosada, de ull de llebre (tempranillo) en de garnatxa (tinta en peluda). Hoewel ze over het algemeen van zeer acceptabele kwaliteit zijn, zult u deze wijnen weinig in het buitenland tegenkomen. Drinktemperatuur: Rosado 10-12 °C, Tinto 12-14 °C.

Penedès

Ligging, bodem en klimaat

Penedès ligt ten zuiden van Barcelona, verdeeld over de twee provincies Barcelona en Tarragona. Terwijl San Sadurní d'Anoia het centrum is van de cavaproductie en handel, concentreert de wereld van de stille wijn zich rond de plaats Vilafranca del Penedès. De wijngaarden liggen tussen de mediterrane kuststrook en de centrale hoogvlakte, de Meseta. Eigenlijk is de streek Penedès in drie grote sub-

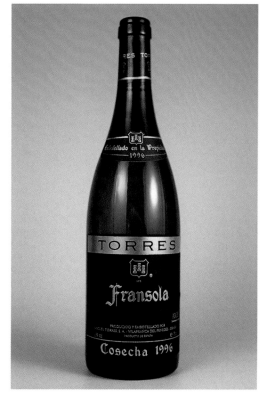

regio's onder te verdelen. Langs de kust liggen de wijngaarden van de Baix Penedès (250 m hoog). Dit is het warmste gebied en de hier geproduceerde wijn is voor dagelijks gebruik. Van de iets hoger gelegen wijngaarden van de Medio Penedès (250 m - 500 m) komt het gros van de kwaliteitswijn. De wijngaarden van de Alt Penedès liggen weer wat hoger (500 m - 800 m) en zijn koeler. Hier, aan de rand van de Meseta, worden de allerbeste druiven geproduceerd voor de topwijn. Hoewel als regel geldt dat de laagste gebieden de warmste en de hoogste de koelste zijn, bestaan er zo veel microklimaten in dit 5.000 ha grote gebied, dat zelfs de verwendste wijnmaker hier toch plezier kan beleven aan de zoektocht naar de geschiktste combinaties tussen druiven, bodem en (micro)klimaat. De bodem varieert beduidend minder dan het klimaat. De kuststrook heeft een wat zanderigere bovenlaag, terwijl de hogere grond wat meer klei bevat. Overal is de ondergrond echter sterk kalkhoudend en bevat een grote hoeveelheid spoorelementen, wat zeer

gunstig is voor de groei en gezondheid van de wijnranken.

De wijn

De witte wijn van Penedès is zeer gevarieerd. De meeste wijn is een assemblage van lokale en vreemde druiven. De basisdruiven voor de cavawijnen (parellada, macabeo en xarel.lo) worden vaak gemengd met chardonnay of sauvignon blanc, die talloze typen en smaakvarianten toestaan. Over het algemeen is de gewone witte wijn van de Penedès

Gran Viña Sol van de chardonnaydruif

Topkwaliteit witte wijn van Torres

Verrassende wijn van o.a. gewürztraminer

De beroemde Chardonnay van Jean Leon

droge, frisse en fruitige wijn, die vooral jong ge-dronken moet worden. Drinktemperatuur: 8-10 °C.
De betere witte wijn wordt vaak van één, maximaal twee druivensoorten gemaakt. U kunt wijn vinden gemaakt van de volgende druiven: 100% chardon-nay, 100% parellada, 100% riesling of 85% sauvig-non-15% parellada, 85% chardonnay-15% parel-lada voor de droge witte wijn. Deze wijnen zijn stuk voor stuk de moeite van het ontdekken waard. Drinktemperatuur: 10-12 °C.
De topwijn van Penedès is ongetwijfeld de Crianza van 100% chardonnay (bijvoorbeeld Milmanda van

Miguel Torres of Jean Leon Chardonnay). Deze wijn is krachtig, rijk in geur en smaak, fris en ver-fijnd, met heel mooie zuren. Geur en smaak doen denken aan vanille, gegrilde hazelnoot, boter, toast, cacao (Jean Leon Chardonnay) of aan verse meloen en exotische vruchten, boter, toast, vanille en truf-fel (Torres Milmanda). Drinktemperatuur: 12 °C.
De halfzoete wijn van de Penedès is ook heel ver-rassend. Vooral de lichtzoete wijn van de muscat en gewürztraminer is bijzonder boeiend, met rijke aro-ma's van specerijen, bloemen en vruchten (laven-del, anijs, roos, oranjebloesem, perzik, zoete ap-pels). Ook de wijn van de parellada zal menig er-varen proever aangenaam verrassen. U komt er de vreemdste aroma's in tegen, zoals kweepeer, rijpe banaan, zoete druiven, honing en acacia. Drink-temperatuur: 8-10 °C.
De droge rosado's van de Penedès worden voorna-melijk gemaakt van de garnatxa en cariñena en zijn fris en fruitig (kersen, pruimen), met florale nuan-ces (iris, mimosa). Drinktemperatuur: 10-12 °C.
De rode wijn van Penedès komt in talloze gedaanten voor. U zult Spaans aandoende wijn aantreffen, voor-namelijk van de tempranillo- en garnatxadruiven, maar ook meer 'Europees' aandoende wijn van de cabernet sauvignon, pinot noir, merlot en cabernet franc, al dan niet geassembleerd met tempranillo.
Penedès maakt ook nog enkele zoete wijnen. De Moscatel wordt gemaakt van de muscat (grano menudo en/of alexandría) en is bijzonder aroma-tisch: oranjebloesem, honing, gekonfijte sinaasap-pelschil, citroenschil, krenten, rozen, geraniums, leliën, tabak, specerijen. Kies een bekend en voor-al vertrouwd merk voor uw Moscatel. Niet alle wijn is even goed en verfijnd. Aan te bevelen zijn bij-voorbeeld de Moscatel d'Oro van Torres en de Mos-catel van Vallformosa. Drinktemperatuur: 6-8 °C.
Hier en daar komt u ook nog wat ouderwetse ran-ciowijn van de garnatxa tegen. De dessertwijnen van de garnatxa en cariñena, die in roestvrijstalen tanks gemaakt zijn en daarna in Amerikaanse eikenhouten vaten werden gerijpt, zijn beter. Waar-schijnlijk proeft u hierin iets van dadels, pruimen, rode vruchtenjam, specerijen en vanille. Drinktem-peratuur: 8-12 °C.

De bekende Rosado van Torres

Volle, warme wijn uit Penedès

Ongetwijfeld de beste rode wijn uit Penedès

Verleidelijk zoete en frisse Moscatel

115

Tarragona

De wijngaarden van Tarragona waren al in de Romeinse tijd bekend. Toen al werden er ladingen vol krachtige, zoete versterkte Tarragona naar Rome verscheept. Later namen de Fransen deze handel over, waardoor de handel in bulkwijn uit Tarragona bloeide. Deze zware wijn was zeer geschikt voor het versnijden van verschillende 'Franse' wijnen (zeker toen hoofdleverancier voor versnijdingswijnen, Algerije, na de onafhankelijkheidsoorlog wegviel). Tegenwoordig wordt er nog een beetje van deze Tarragona Classico geproduceerd, maar net als in de rest van Penedès wordt de nadruk steeds meer gelegd op kwaliteitswijn. Sinds de jaren '60 is er veel veranderd, maar op een wat minder spectaculaire manier dan in de Penedès.

Tarragona is het grootste D.O.-gebied van Catalunya. Het wijnareaal ligt in het verlengde van dat van Penedès, ingeklemd tussen de Middellandse Zee en de voet van de Cordilleras Corstero Catalanas. Het gebied wordt in het zuidwesten begrensd door de wijngaarden van Terra Alta. In het zuidwestelijke deel van de streek ligt de enclave van Priorato, bekend om zijn zware rode wijn. De handel in Tarragona concentreert zich rond de hoofdstad van de gelijknamige provincie, Tarragona, en het stadje Reus. In het westelijke gedeelte is het stadje Falset het centrum van de tarragona classico.

Het gebied Tarragona wordt onderverdeeld in twee subregio's: de wijngaarden van El Camp de Tarragona (ca. 70% van de D.O.) liggen op een hoogte variërend van 40 m bij de kust tot 195 m aan de voet van de Cordilleras. De bodem bestaat voornamelijk uit een bovenlaag van kalksteen en leem op een ondergrond van alluviale aard. Het zuidwestelijke gedeelte, onder de Priorato-enclave, vanaf het stadje Falset tot aan de wijngaarden van Terra Alta, ligt wat hoger. Rond de stad Falset zelf liggen de wijngaarden tot op een hoogte van 450 m en in het westelijkste gedeelte, het dal van de Ebro, op ongeveer 105 m. De bodem van deze Comarca de Falset bestaat uit een ondergrond van graniet met een bovenlaagje van leem en kalksteen rond Falset en een alluviale bodem in het dal van de Ebro. Het klimaat is hoofdzakelijk mediterraan, maar de hogere wijngaarden zijn wat koeler in de zomer. De nodige neerslag valt vooral in de lente en de herfst, terwijl de zomers warm, droog en lang zijn. In het dal zijn de winters mild, in de hoogte wat strenger (semi-continentaal). De belangrijkste druiven in Tarragona zijn de witte macabeo, xarel.lo, parellada en garnacha blanca, en de blauwe garnacha, mazuelo (cariñena) en ull de llebre (tempranillo). Natuurlijk ontsnapt ook Tarragona niet aan de experimentele aanplant van ondere andere cabernet sauvignon, merlot en chardonnay. In de wijngaarden van de Comarca de Falset mogen uitsluitend de cariñena en carnacha gebruikt worden.

In totaal worden er zes verschillende typen wijn gemaakt.

El Camp Blanco en Rosado zijn droge, fruitige wijnen voor dagelijks gebruik en hebben weinig te bieden, behalve dat ze jong zijn. De El Camp Tinto's zijn voornamelijk gemaakt van de garnatxa, eventueel aangevuld of zelfs vervangen door een van de andere toegelaten blauwe druiven. Drinktemperatuur: blanco 8-10 °C, rosado 10-12 °C en tinto vino joven 12-14 °C.

De betere rode wijn van El Camp bevat een groter aandeel (soms wel 100%) tempranillo. Hij is zeer geschikt voor rijping op hout. Tarragona hanteert de niveaus crianza, reserva en zelfs gran reserva voor zijn wijn. Hoewel deze soms van zeer acceptabele kwaliteit zijn, zult u ze buiten de streek weinig tegenkomen. Drinktemperatuur: 14-16 °C.

De rode Falset Tinto is pittige, zware wijn met minstens 13% alcohol. Ook deze wijn zult u buiten de streek zelf weinig aantreffen. Drinktemperatuur: 14-16 °C.

De Tarragona Classico (ook Clásico geschreven) is de ouderwetse likeurwijn van Tarragona. Hij wordt meestal van 100% garnacha gemaakt en moet minstens 13% alcohol bevatten en ten minste twaalf jaar op eikenhouten vaten gerijpt zijn. Het is een echt museumstuk, dat beslist de moeite van het ontdekken waard is. Drinktemperatuur: naar keuze 8 °C of op kamertemperatuur (voor de zoetekauwen). Ten slotte de ouderwetsere Tarragona Rancio, die vaak meer dan 17% alcohol heeft. Deze wijn heeft een periode onder de warme zon in glazen mandflessen staan rijpen. De smaak doet het meest denken aan een droge Madeira, maar dan met veel minder finesse. Drinktemperatuur: 8-10 °C.

Priorat/Priorato

Priorat of Priorato, in het Castiliaans, is een van de oudste wijngebieden van Catalunya. Het landschap van de Priorat komt prachtig uit in de wijn; de kracht van de bergen, de warmte van de zon, de zachtheid en gulheid van de dalen, de zalige geuren die door de bergwinden verspreid worden, de stoerheid van de granieten bodem, de schitteringen van de micasteentjes in de zon. Weinig wijn in de wereld heeft zo veel te vertellen als de wijn van Priorat. Op de plek waar een herder, ongeveer 1000 jaar geleden, een visioen kreeg van engelen die over een verborgen trap naar de hemel liepen, werd een karthuizerklooster (priorat) gebouwd. Van dit klooster zijn nu slechts ruïnes over, maar het dorp Scala Dei (de trap naar God), dat om dit klooster heen gebouwd is, bestaat nog en is een welvarend wijncentrum.

Eeuwenlang is Priorat al bekend om zijn krachtige, warme en zeer alcoholrijke rode wijn. Terwijl de meeste gistsoorten al bij ongeveer 14,5% of 15% alcohol uitgewerkt zijn, gaat de gisting in Priorat door tot zelfs 18% alcohol, een unicum in de wereld. Door zijn hoge alcoholpercentage en zijn enorme kracht kan deze wijn heel goed bewaard worden en kan hij ook probleemloos vervoerd worden. Hoewel er steeds meer blanco en rosado in de Priorat geproduceerd worden, bestaat er een harde kern liefhebbers voor de buitengewone rode Priorat-

wijn. Hier gaat het niet om lompe, stroopachtige wijn, maar om zeer unieke wijn, die ondanks zijn hoge alcoholpercentage genoeg kracht, body, finesse en vooral elegante zuren bezit om hem tot een uitmuntende wijn te maken. U zou minstens één keer in uw leven een glaasje echte, klassieke Priorat moeten proeven. Zo'n ervaring vergeet u nooit meer. Bedenk wel dat deze wijn tot de duurste van Spanje behoort en dat een goedkope Priorat dus geen echte Priorat is.

De streek Priorat is zeer geaccidenteerd. De heuvels van Montsant bereiken hier een hoogte van bijna 1200 m en worden doorkruist door diepe rivierdalen. De wijngaarden liggen op een hoogte variërend tussen de 100 m en 600 m, op een zeer bijzondere bodem, die in de verte op een gestreepte tijgerhuid lijkt, de 'licorella'. Deze bodemsoort is even uniek als de hier geproduceerde wijn. De onderliggende bodem van vulkanische oorsprong heeft afwisselende stroken van roodachtige kwartsiet en zwarte leisteen. De vruchtbare bovenlaag wordt gevormd door afgebrokkelde leisteen en mica. De steile wijngaarden op de heuvels van Montsant doen denken aan de wijngaarden van het Dourodal in Portugal. Omdat de heuvelflanken zo steil zijn, liggen de wijngaarden vaak in terrassen om het wegspoelen van de wijnranken tegen te houden. Vanzelfsprekend biedt deze manier van aanplant geen ruimte voor mechanisatie.

Ook het klimaat van Priorat is anders dan elders. Door de warme zuidoostelijke mistral wordt het continentale klimaat wat verzacht, terwijl de koude en vaak vochtige noordelijke winden de dalen juist binnenstromen. Over het algemeen zijn de winters hier vrij koud, maar niet extreem, terwijl de zomers lang zijn en vooral warm en droog.

De meest gebruikte druivensoort in Priorat is de garnacha (tinta en peluda), eventueel aangevuld met mazuelo (cariñena). Voor de zeldzame witte wijn en voor de likeurwijn worden garnacha blanca, macabeo en een minieme hoeveelheid pedro ximenes gebruikt. Sinds enkele jaren wordt er ook in Priorat met diverse druivensoorten geëxperimenteerd, waaronder de chenin blanc, de pinot noir, de syrah en de cabernet sauvignon. De meeste experimenten vinden plaats in een vlakkere en lagere streek rond Gratallops. Er wordt gekeken hoe deze vreemde druiven zich hier aanpassen en of ze alleen of in combinatie met andere (inheemse) druiven gebruikt moeten of kunnen worden. De eerste resultaten zijn zeer veelbelovend. Het hoger gelegen gebied rond Scala Dei blijft echter uitsluitend traditionele wijn produceren.

De al dan niet experimentele vino's jovenes blanco, rosado of tinto zijn over het algemeen frisse, aangename wijnen voor dagelijks gebruik. Ze zijn erop gemaakt om jong gedronken te worden. Drinktemperatuur: blanco 8-10 °C, rosado 10-12 °C en tinto vino joven 12-14 °C.

De beroemde rode Priorat is er ook in Crianza (minstens één jaar op fust en minimaal drie jaar oud), reserva (minstens één jaar op fust gerijpt en ten minste twee jaar op fles) en Gran Reserva (minstens twee jaar op hout gerijpt en minstens vier jaar op fles) kwaliteiten. Afhankelijk van de ouderdom is de wijn min of meer zwart van kleur, intens geurig (bramen) en zeer krachtig, met een alcoholgehalte variërend van minstens 13,5% tot zelfs 18% (steeds zeldzamer, in de praktijk gaan de meeste wijnen niet boven de 16%, wat al behoorlijk hoog is). Een van de beste en spectaculairste Priorats wordt gemaakt door de bekende Spaanse oenoloog José Luis Pérez: de Martinet Bru. Het is een indrukwekkend vineus monument van een wijn, terwijl de wat modernere Clos Martinet een voorloper zou kunnen zijn van wat priorat in de volgende eeuw zou kunnen worden: wat minder alcoholisch en fruitiger. Drinktemperatuur: 16 °C maximaal. (Lager kan altijd, maar niet lager dan 14 °C.)

Priorat maakt verder uitstekende Rancio, die onder de warme zon gemaderiseerd is (in glazen manden of vaten onder de warme zon ingedampt). Dit geschiedt in vol contact met de openlucht, waardoor de wijn ook oxideert. De Priorat Rancio heeft tegelijkertijd iets weg van Madeira, met de kracht van een Maury of Banyuls en de terroirsmaak van een topport. Drinktemperatuur: als aperitief gekoeld (naar smaak 8-12 °C) of na het eten op kamertemperatuur (16-18 °C).

Ten slotte zijn er nog de likeurwijnen, 'liquorosos' of 'generosos', gemaakt van garnacha en pedro ximénez. Ze lijken in de beste gevallen op een goede Olorososherry. Drinktemperatuur: 8-12 °C.

Terra Alta

De streek van Terra Alta is helaas vooral bekend om zijn bulkwijn. De vergelijking met Tarragona lijkt hier zeer op zijn plaats. Toch zijn de omstandigheden van Terra Alta bijzonder geschikt voor de wijnbouw. De bodem van dit vrij ontoegankelijke berggebied bestaat uit een onderlaag van kalksteen en klei met een diepe, arme bovenlaag. De wijngaarden liggen op een gemiddelde hoogte van 400 m, op een poreuze en waterdoorlatende bodem. Het klimaat is continentaal met licht mediterrane invloeden: lange, hete zomers en koude tot soms zeer koude winters. Terwijl overal in Catalunya geëxperimenteerd wordt en de wijn grote bekendheid in het buitenland krijgt, lijkt Terra Alta een beetje achter te zijn gebleven. Misschien ligt dat aan de moeilijke bereikbaarheid, misschien ook aan de iets grotere afstand tot Barcelona. Hoe dan ook, sinds kort wordt ook hier flink gewerkt aan het wegwerken van de opgelopen achterstand.

De traditionele wijn van Terra Alta is de rancio, sterk geoxideerde wijn die steeds minder afnemers vindt. Veel interessanter zijn echter de nieuwe ontwikkelingen rond de modernere, lichte en frisse witte, rosé en rode wijnen.

De Terra Alta Blanco vindt u in uiteenlopende kwaliteit, van frisse, lichte, droge vino's jovenes tot volle, ronde reserva's (zes maanden op hout gerijpt en minimaal drie jaar oud), maar ook halfzoete tot likeurachtige wijnen (generoso's). Drink de vino's jovenes (macabeo, garnacha blanca) op 8-10 °C, de reserva op 10-12 °C en de halfzoete of zelfs likeurachtige wijn op 8-9 °C.

De Terra Alta Rosado's zijn voornamelijk vino's jovenes, gemaakt van de garnacha en bedoeld om jong gedronken te worden. Het zijn frisse, lichte en zeer aangename rosado's. Drinktemperatuur: 10-12 °C.

De tinto's uit Terra Alta kunnen jong, fris en licht zijn, van het vino's jovenes type, maar ook volwassen, vol en evenwichtig, zoals de Crianza (zes maanden op hout gerijpt, minimaal drie jaar oud), reserva (minimaal één jaar op hout gerijpt en vier jaar oud) en Gran Reserva (minimaal twee jaar op hout gerijpt en zes jaar oud). Deze stevige wijn heeft een gemiddeld alcoholpercentage van 13%-13,5%. Drinktemperatuur: 14 °C (Crianza), 16 °C (Reserva, Gran Reserva).

Conca de Barberá

Dit wijngebied ligt ingeklemd tussen de wijnarealen van Tarragona en Costers del Segre. De naam 'Conca' betekent kom, wat meestal duidt op een dal dat omringd is door bergen. De Conca de Barberá inclusief de hoofdstad Montblanc wordt begrensd en beschut door drie bergruggen: Tallat in het noorden, Prades in het oosten en Montsant in het zuiden. De bodem van de Conca de Barberá leent zich bijzonder goed voor de productie van de basisdruiven voor de cava. De laatste jaren wordt er steeds meer geld en tijd gestoken in de productie van rosado's en tinto's. De modernste bodega's hebben hun installaties goed uitgebreid of zelfs volledig vernieuwd. Als nieuwe druivensoorten werden de cabernet sauvignon en de merlot geïntroduceerd, naast de inheemse trepat (een variant van de garnacha?), de garnacha en de ull de llebre (tempranillo). De eerste resultaten zijn veelbelovend. De wijngaarden liggen relatief laag, in de dalen tussen de 200 en 400 m. De ondergrond bestaat voornamelijk uit kalksteen en de bovenlaag uit alluviale grond met veel kalk. Het klimaat is duidelijk mediterraan, maar wordt enigszins gematigd (en gekoeld) door de beschutte ligging van de Conca. De zomers zijn heet en de winters koud, maar niet extreem.

Er bestaan vijf typen Conca de Barberáwijnen.

De blanco's van de parellada en macabeo zijn fris en fruitig en zijn bedoeld voor snelle consumptie. Drinktemperatuur: 8-10 °C.

De blanco's van de experimentele chardonnay zijn zeer interessant. Drinktemperatuur: 10-12 °C.

De blanco's 100% parellada zijn op dit ogenblik erg in trek. Het is een zeer frisse, lichte, droge en aromatische wijn, die zeker als aperitief lekker is. Drinktemperatuur: 8-10 °C.

De rosado's zijn ook fris, licht en heel fruitig. Ze worden voornamelijk gemaakt van de garnacha, al dan niet aangevuld met de trepat. Drinktemperatuur: 10-12 °C.

De tinto's worden steeds meer van een assemblage tussen garnacha en ull de llebre (tempranillo) gemaakt. De vino's jovenes zijn zeer aangenaam en passen, jong gedronken, bijna bij alles. Drinktemperatuur: 12-14 °C. De eerste Crianza en Reserva zijn zeer veelbelovend. U kunt ze vinden van een assemblage van garnacha en ull de llebre, maar ook van cabernet sauvignon en ull de llebre (zeldzaam). Kwalitatief zijn de laatste beter, maar de eerste doen 'Spaanser' aan en minder 'Europees'. Drinktemperatuur: 16-17 °C.

Chardonnay uit Conca de Barbera

Merlot uit Conca de Barbera

Costers del Segre

De Segre is een zijrivier van de Ebro die vanuit de Pyreneeën door de provincie Lleida stroomt. De vier subdistricten van de D.O. Costers del Segre liggen langs beide oevers van deze rivier: Artesa (noordoosten van de stad Lleida), Vall de Riu Corb en Les Garrigues (oosten van Lleida) en de kleinere Raïmat (rond het gelijknamige dorpje, ten westen van Lleida). De bodem van Costers del Segre bestaat vrijwel overal uit een zanderige bovenlaag op een ondergrond van kalksteen. Het klimaat is continentaal, met hete zomers en koude winters.

Costers del Segre heeft een lange geschiedenis als wijnleverancier van de stad Lleida. Vooral veel en als het ook nog kon lekker was het motto van de streek. Sinds ongeveer 30 jaar wordt er door een kleine kern innoverende bodega's flink geëxperimenteerd met andere druivensoorten en andere vinificatiemethoden. Eén naam is onlosmakelijk verbonden met de Costers del Segre, die van Raïmat. Dit immense domein van ongeveer 3000 ha (1000 ha wijngaarden) was jarenlang eigendom van de familie Raventós (van de Codorníu Cava) en is nu een van de meest high-tech bodeg's van Spanje. Deze bodega was de motor achter de grote vernieuwingen in Costers del Segre. Steeds meer wijnboeren hebben er inmiddels het nut van ingezien om afstand te doen van de matige wijncultuur om zich te richten op betere en op de lange termijn lucratievere wijn. Toch worden er in Costers del Segre nog steeds ouderwetse witte, rosé en rode wijnen gemaakt die vooral bedoeld zijn om jong gedronken te worden. Deze wijn komt u in alle wijnbars van Lleida tegen.

De 'nieuwestijlwijn', van onder anderen Raïmat, is van een heel ander kaliber. Daar waar de traditionele wijnbouwers niet verder gaan dan macabeo, parellada en xarel.lo voor de witte (basisdruiven voor de cava) en garnacha, aangevuld met ull de llebre (tempranillo) voor de rode wijnen, kiezen de moderne wijnbouwers voor andere mogelijkheden. Zo worden garnacha blanca en vooral chardonnay aan de lijst van witte druiven toegevoegd, en cabernet sauvignon, merlot, pinot noir, monastrell, trepat en mazuela (cariñena) aan de rode. De beste resultaten worden over het algemeen uit een assemblage van cabernet sauvignon, tempranillo en merlot of cabernet sauvignon en merlot verkregen. De moderne witte wijn wordt voornamelijk van 100% chardonnay of uit een assemblage van chardonnay, macabeo en xarel.lo gemaakt. De betere Chardonnay ondergaat een korte rijping op hout, die hem nog wat extra gewicht en rondeur geeft. Drinktemperatuur: 10-12 °C.

De moderne rosado's zijn al wel goed drinkbaar en zelfs zeer aangenaam, maar halen het niveau nog niet van de witte of rode wijn van Costers del Segre. De tot nu toe leukste resultaten werden verkregen uit 100% merlot (Castell del Remei). Maar bij het drinken van deze wijn weet u niet of hij uit Zuid-Frankrijk, Italië of Spanje komt. Drinktemperatuur: 10-12 °C.

Raïmat Cabernet Sauvignon

Raïmat Abadia Reserva

De rode wijn van Crianza tot Reserva is zeer de moeite waard, zeker als men de prijs daarbij in ogenschouw neemt. De Raïmat Abadia Reserva en de Raïmat Cabernet Sauvignon Reserva zijn typische voorbeelden van de intelligente en liefdevolle benadering van high-techwijnen met respect voor traditie. Deze voortreffelijke wijn heeft nu al zo'n hoge kwaliteit dat binnen niet al te lange tijd zelfs de stoutste verwachtingen van tien jaar geleden ruimschoots zullen worden overtroffen. Drinktemperatuur: 16 °C.

Binissalem

Binissalem is een relatief klein D.O.-wijngebied (312 ha) op het eiland Mallorca (Balearen), dat als enige op de Balearen en vooral als eerste buiten het vasteland van Spanje een D.O.-erkenning kreeg. Al jaren maakten de wijnboeren op de Balearen genoeg wijn voor plaatselijk gebruik. Toen de Balearen in de jaren '60 door de Club Med en miljoenen toeristen ontdekt werden, draaide de plaatselijke wijnhandel op volle toeren. De meeste bodega's namen hier genoegen mee. Slechts enkele vooruitstrevende wijnmakers voelden dat er nog meer haalbaar was. Hun strijd om kwaliteit en erkenning werd in 1991 met de fel begeerde D.O.-status bekroond.

De wijngaarden van Binissalem liggen op de hoogvlakte van Mallorca, schuin boven Palma de Mallorca. De bodem bestaat uit kalksteen en een beetje klei en is goed waterdoorlatend. Het klimaat op de Balearen is typisch mediterraan, met warme, vochtige zomers en milde winters. De keuze van de druiven is bijzonder interessant. Hier gebruikt men de inheemse druiven manto negro, callet (rood) en moll (wit), waar gewenst geassembleerd met 'Spaanse' druiven zoals ull de llebre (tempranillo) of monastrell (beiden rood), en macabeo en perellada (beiden wit).

De blanco en rosado zijn frisse, lichte wijnen, die jong gedronken moeten worden. Sommige bodega's experimenteren, met wisselend resultaat, met het kort rijpen van witte wijn op hout. Drinktemperatuur: 10-12 °C.

De tinto's zijn beslist voller en alcoholrijker dan de blanco's en rosado's. Probeer de typische Crianza's en Reserva's van Jose L. Ferrer (Bodega Franja Roja) of de Crianza van Herederos de Hermanos Ribas. U zult beslist naar Mallorca moeten gaan om deze wijn te proeven. Er wordt zo weinig van gemaakt dat hij niet geëxporteerd wordt. Drinktemperatuur: 16 °C. (Lager mag ook: tot 14 °C.)

Het Duerodal

Hiervoor hebben we al een herkomstbenaming van Castilla y León behandeld: Bierzo. Officieel vormt Bierzo samen met de vier andere wijnbouwgebieden van Castilla y León een eenheid. Om geografische, maar vooral klimatologische redenen kozen wij er echter voor om Bierzo (León) te scheiden van de andere gebieden, die alle in Castilla liggen. De vier resterende gebieden bevinden zich langs de oevers van de rivier de Duero (in Portugal bekend onder de naam Douro). De D.O.'s Toro en Rueda liggen ten zuiden van Valladolid in een rechthoek gevormd uit de steden Zamora, Salamanca, Segovia en Valladolid. De D.O.'s Cigales en Ribera del Duero bevinden zich respectievelijk ten noorden en ten oosten van Valladolid.

Toro

Toro heeft zich na zijn D.O.-erkennig in 1987 ontpopt als een echte aanwinst voor de hoofddivisie van de Spaanse wijn. Het gebied bestrijkt slechts 2.500 ha en heeft voorlopig slechts zeven bottelende bodega's. De streek is zeer droog en wordt beheerst door een continentaal klimaat met bijzonder weinig neerslag. De steden Toro en Morales de Toro zijn de twee belangrijkste handelscentra van deze herkomstbenaming. Door het extreem warme klimaat en vooral door de grote droogte maakte men hier al jarenlang zware, bijna stroopachtige, zeer alcoholische rode wijn. Dankzij een radicale vernieuwing van de installaties en een totaal andere kijk op de manier van wijnmaken is het de plaatselijke bodega's gelukt om de wijn van Toro (zeker de rode) tot de beste wijn van Spanje te maken.

In het noorden van de streek Toro bestaat de bodem uit een bovenlaag van zand op een harde ondergrond van kalksteen. In de directe omgeving van de rivieren de Duero en de Guareña is de bodem alluvialer met een vruchtbare bovenlaag. De meeste wijngaarden liggen op een hoogte variërend tussen de 600 m en 750 m. Het klimaat is echt continentaal, met lange, hete zomers en korte, extreem koude winters. Doordat de wijngaarden iets hoger liggen, worden ze in de zomer licht gekoeld door de nacht en de zachte westenwind.

De belangrijkste druiven voor het maken van Toro zijn voor de rode wijn de tinta de toro (een broertje van de tempranillo), en de malvasía voor de witte wijn. Als hulpdruiven gebruikt men de blauwe garnacha en de witte verdejo.

Toro Blanco   *Toro Tinto*

De witte Toro van de malvasía (al dan niet aangevuld met verdejo) is fris, zacht, elegant en vooral zeer floraal in geur en smaak, met een hint van fruitigheid. Drink deze wijn jong. Drinktemperatuur: 8-10 °C.

De Toro Rosado is fris, vol en rond en doet een beetje denken aan die van Navarra. Hij is tegelijk fruitig en warm (tot 14% alcohol.) Drinktemperatuur: 10-12 °C.

De Toro Tinto Jovenes is fris, fruitig en zeer aangenaam. Alle rode wijn van Toro moet overigens uit minstens 75% tinta de toro bestaan. Door het klimaat en de bodem krijgt men warme wijnen met veel body. Alcoholpercentages van rond de 14% en zelfs 15% zijn beslist geen zeldzaamheid. Frappant is wel dat deze Toro ondanks het hoge alcoholpercentage evenwichtiger is dan andere wijn uit warme gebieden. Dat heeft hij vooral te danken aan zijn mooie, fijne zuren. Zelfs de eenvoudigste Toro Tinto's zijn een aangename verrassing. Drink de gewone Tinto Joven als hij fruitig is. Drinktemperatuur: 12-14 °C. De Toro Crianza en (Gran) Reserva zijn van een buitengewone klasse. Ze bezitten veel body, rondeur, kracht en warmte en nog steeds de bekende frisheid van de Toro. Drinktemperatuur: 16-17 °C.

Rueda

Zoals Toro vooral beroemd is om zijn rode wijn, is Rueda dat om zijn witte wijn. Sinds 1980 geniet dit

De beroemde Rueda van Marqués de Riscal

wijngebied van bijna 5700 ha grote bekendheid om zijn prachtige witte wijn. Het gebied ligt tussen Valladolid, Sevilla en Avila.

Het klimaat is hier behoorlijk streng en continentaal en heeft verraderlijke vorstinvallen die voor een natuurlijke opbrengstverlaging zorgen. De bodem bestaat uit zeer arme kalkhoudende grond en de wijngaarden liggen op 700 m à 800 m hoogte. Eeuwenlang maakt men hier uitmuntende wijn, maar vooral door de komst van het beroemde wijnhuis uit de Rioja (Marqués de Riscal) is de streek Rueda doorgebroken.

Rueda produceert vijf soorten wijn: de simpele Rueda (minimaal 50% verdejo, aangevuld met palomino of viura), de Rueda Superior (minimaal 85% verdejo, meestal aangevuld met viura), de mousserende rueda (minimaal 85% verdejo) en de aan-

merkelijk zeldzamere likeurwijnen Pálido Rueda en Dorado Rueda.

Moderne combinatie van viura en sauvignon

Moderne Rueda Blanco Seco 100% sauvignon

Rueda wordt voornamelijk jong gebotteld, maar kan ook wat rijping op hout hebben ondergaan. Vooral voor dat laatste gebruikt men steeds meer de sauvignondruif, een nieuwkomer in de streek. Drinktemperatuur: 8-10 °C.

De Rueda Superior heeft wat meer karakter dan de simpele Rueda. Hoewel hij jong gebotteld mag worden, heeft de beste wijn een rijping op hout van zes maanden of meer ondergaan. Deze wijn ruikt naar vers gras, hooi, kruiden, anijs of wilde venkel. Drinktemperatuur: 12 °C.

De Rueda Espumoso wordt volgens de método tradicional gemaakt en heeft minstens negen maanden op zijn bezinksel in de fles gelegen (zoals een cava dus). Sommige Rueda' Espumosos kunnen vrij stevig aanvoelen met hun 13% alcohol, maar de meeste schommelen rond de 12%. Drinktemperatuur: 6-8 °C.

De ouderwetse sherry-achtige likeurwijn Pálido Rueda is een 'vino de flor', zoals zijn verre neven uit Jerez de la Frontera. Dat wil zeggen dat tijdens de gisting een wijngistsluier op de wijn komt, die hem beschermt tegen verdere oxidatie. De wijn moet minstens drie jaar op eikenhouten vaten rijpen voor hij verkocht mag worden. Drinktemperatuur: 10-12 °C (hoewel sommige liefhebbers hem liever op kamertemperatuur drinken).

De misschien nog ouderwetsere likeurwijn Dorada Rueda lijkt meer op de rancio, dat wil zeggen dat de wijn veelvuldig in contact is gekomen met zuurstof en een versneld verouderingsproces heeft ondergaan, meestal onder de warme zon. Pas na minstens drie jaar rijping in eikenhouten vaten mag deze wijn met minimaal 15% alcohol verkocht worden. Drinktemperatuur: ook hier naar eigen smaak 6-8 °C of op kamertemperatuur 18 °C.

Cigales

Slechts vijftien bodega's bottelen Cigales. Het gebied aan weerzijden van de Pisuerga, tussen Valladolid in het zuiden en Burgos in het noorden, bestrijkt nauwelijks 2.700 ha. Cigales (D.O. sinds 1991) heeft een lange geschiedenis als leverancier van prachtige rosado's. Al in de 13e eeuw werd deze wijn graag geschonken aan het Castiliaanse hof. Tegenwoordig maakt men ook uitstekende rode wijn in Cigales.

Het klimaat van de Cigales is continentaal, maar wordt ook door een staartje oceanische wind beïnvloed, dat resulteert in iets meer neerslag dan in de rest van het Castiliaanse wijnareaal. De wijngaarden liggen in het dal of op de hellingen, op 700 m à 800 m hoogte. In de zomer is het hier overdag zeer heet, maar de nachten verkoelen de wijngaarden zo, dat de omstandigheden ideaal zijn om grootse wijnen te produceren. Sinds een tiental jaren wordt man en macht gewerkt aan het volledig renoveren van de bodega's. Als dit allemaal achter de rug is, zal de hele wereld van Cigales horen. De bodem van Cigales bestaat voornamelijk uit kalksteen met een vruchtbare bovenlaag, hier en

daar bezaaid met grote rotsblokken die voor een goede drainage zorgen.

Het gros van de wijnen uit Cigales bestaat uit rosado's (75%), die men tot de beste van Spanje rekent. De rosado's moeten minstens 50% tempranillo (hier tinto del país genoemd) bevatten voor ze recht hebben op de D.O. De rest mag aangevuld worden met blauwe druiven, zoals garnacha of zelfs witte druiven, zoals verdejo, albillo of viura. Het is hier zeer gebruikelijk om rosado's te maken van een mengsel van blauwe en witte druiven, die samen gevinifieerd worden. Dit geeft de wijn de kracht van de blauwe druiven en de frisheid en aroma's van de witte druiven.

De vrij recente benaming Cigales Nuevo is een vino joven van minimaal 60% tinto del país en minimaal 20% witte druiven. Door zijn grote frisheid en fruitigheid, gekoppeld aan wat minder alcohol, is deze wijn vooral bedoeld voor de beginnende wijndrinker. Drinktemperatuur: 10-11 °C.

De echte Cigales Rosado's (dus zonder nuevo op het etiket) worden ook met hetzelfde percentage aan druiven gemaakt, maar bezitten doorgaans meer body, vlezigheid en alcohol. De aroma's zijn zeer fijn en elegant, voornamelijk fruitig en fris. Deze wijn heeft een heel eigen karakter en weet zelfs de grootste haters van rosé te verleiden. Drinktemperatuur: 10-12 °C.

De beste rosado's hebben een rijping op hout ondergaan en worden als Crianza verkocht. Deze wijn wordt voornamelijk van rode druiven gemaakt met minimaal 60 % tinto del país en minimaal 20% van bijvoorbeeld garnacha of viura. Deze rosado's hebben minstens zes maanden op hout gelegen. Drinktemperatuur: 12 °C.

Ten slotte de Cigales Tinto, gemaakt van minimaal 85% tinto del país, aangevuld met garnacha en/of cabernet sauvignon; ze zijn in opkomst. De eerste Tinto Crianza en zelfs Reserva zijn inmiddels gearriveerd en zijn voortreffelijk. Verrassend bij deze rode wijn is de combinatie van verleidelijke fruitigheid en zeer mannelijke kracht en body. Drinktemperatuur: 12 °C voor de Tinto, 14 °C voor de Crianza en 16 °C voor de Reserva.

Cigales Rosado Nuevo   *Cigales Tinto*

Ribera del Duero

In dit 11.500 ha grote wijngebied, gesitueerd in het hartje van de ruit tussen Burgos, Madrid, Valladolid en Soria, wordt de beste en zeker de duurste wijn van Spanje geproduceerd. Iedereen heeft wel eens de naam Vega Sicilia gehoord, maar zoals er in Frankrijk niet alleen Mouton en Lafite Rothschild bestaan, vallen er in dit gebied ook nog talloze andere geweldige bodega's te ontdekken. Ribera del Duero is een buitengewoon geschikte streek voor het produceren van topwijn; niet alleen vanwege de gunstige bodem, het klimaat en het gebruik van eersteklasdruiven, maar ook vanwege de economische gesteldheid van de streek. Het is immers gemakkelijker om in een rijke streek aan goede investeerders te komen, terwijl er tegelijkertijd een goede afzetmarkt is voor de duurdere wijn.

De beste wijngaarden liggen op een hoogte van 750 m tot 900 m, wat voor Spanje, maar ook voor andere wijngebieden in Europa, vrij hoog is. De rest van het wijnareaal ligt verspreid over de dalen en aan de voet van de heuvels.

De bodem bestaat uit kalkhoudende grond met een alluviale bovenlaag vlak bij de rivier, kalkhoudende klei aan de voet van de heuvels en gips en kalksteen met veel sporenelementen in de hogergelegen wijngaarden. Het klimaat is een combinatie van strenge continentale en gematigde oceanische invloeden. Voor de wijnbouw is het erg belangrijk dat de verschillen tussen de hete dagen en de koele nachten groot zijn, wat voor een optimale groei zorgt. Dit is zo belangrijk omdat, gezien de hoogte van de beste wijngaarden, de zomers slechts van

Ribera del Duero Crianza

korte duur zijn. Nachtvorst in de herfst is hier niet zeldzaam. Een vertraging van de bloei of van de groei van de druiven kan fatale gevolgen hebben.

De hier gebruikte druiven zijn naast de klassieke tinto del país (tempranillo, ook wel eens tinto fino genoemd), de cabernet sauvignon, malbec, merlot en garnacha. Hoewel de grootste hoeveelheid Ribera del Duero uit tinto bestaat, produceert men hier ook uitstekende rosado's.

De Ribera del Duero rosado's worden voornamelijk gemaakt van de garnacha (ook wel eens tinto aragonés genoemd), al dan niet verzacht met een beetje witte albillo. De gewone vino's jovenes zijn zeer aangename rosado's, die jong gedronken moeten worden. De crianza rosado's hebben een rijping op hout ondergaan en zijn wat voller en volwassener. Drinktemperatuur: 10-12 °C.

De simpele vinos jovenes tinto moeten jong gedronken worden. Het zijn frisse, fruitige wijnen (bramen). Drinktemperatuur: 12-14 °C.

De crianza heeft minstens twaalf maanden op eikenhouten vaten gelegen en is wat forser van smaak. Hij mag pas in zijn 3e jaar verkocht worden. Deze wijn is nog zeer fruitig, breed en elegant. Drinktemperatuur: 14 °C.

Ribera del Duero: veel topwijnen

Ribera del Duero Reserva

Ribera del Duero Reserva

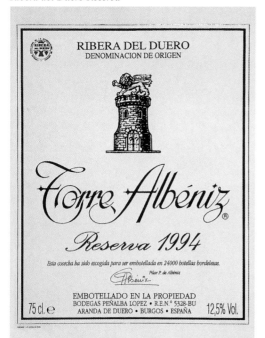

De krachtige Reserva's hebben minstens één jaar op houten barrica's en een jaar op fles gelegen. Drinktemperatuur: 14-16 °C.

Ribera del Duero Gran Reserva

De topwijnen, de Gran Reserva's, zijn voor weinigen weggelegd; niet alleen vanwege de hoge prijs, maar vooral omdat er weinig van gemaakt wordt en omdat de meeste flessen naar de koninklijke, ministeriële tafels of naar de beste restaurants gaan. Wie de kans krijgt een Gran Reserva van Ribera del Duero te kopen, moet niet lang twijfelen. Voor u het beseft, is de fles al aan een ander verkocht. Drinktemperatuur: 17 °C.

De Mesetahoogvlakte

Het gebied van de Mesetahoogvlakte is immens en, met uitzondering van enkele binnenlandse kleine bergen, erg vlak. Het wijnbouwareaal beslaat de D.O.-gebieden Vinos de Madrid en Méntrida (onder Madrid), La Mancha en Valdepeñas (tussen Madrid, Ciudad Real en Albacete) en het kersverse D.O. Ribera del Guadiana in Extremadura, tegen de grens van Portugal.

De Meseta is een hoogvlakte met een gemiddelde hoogte van 600 m. Er heerst een continentaal klimaat met zeer hete zomers en extreem koude winters. Wie hier goede wijn wil maken, moet beschikken over stalen zenuwen, veel enthousiasme en vooral uitstekend basismateriaal. Niet alle wijnranken kunnen in zulke extreme omstandigheden gedijen. Deze streek is dan ook vooral bekend om de gigantische hoeveelheden goedkope en soms lekkere wijn uit La Mancha, Valdepeñas en Extremadura.

Vinos de Madrid

Madrid, de hoofdstad van Spanje, genoot eeuwenlang meer bekendheid als grote afnemer van wijn dan als producent ervan. Pas sinds kort (1990) verschijnen de vino's de Madrid op de markt. Deze wijn wordt in de directe omgeving van Madrid geproduceerd, in het westen (Alcorcón, Móstoles, Leganès en Getafe), in het zuidoosten (Arganda, Aranjuez) en in het piepkleine gebiedje tussen Guadalajara en Madrid, Alcalá de Henares. Gezien de aanwezigheid van een grote afzetmarkt in de directe omgeving wordt voorlopig geen poging ondernomen om de vino's de Madrid buiten de eigen streek te promoten. U zult dus weinig van deze wijn buiten de Meseta aantreffen.

Eigenlijk werd er al voor het ontstaan van de Spaanse hoofdstad, in 1561, wijn gemaakt in deze omgeving, maar dan voor eigen gebruik. De toekenning van de D.O. is bedoeld om een stimulans te geven aan de wijnboeren om voor hogere kwaliteit te zorgen en dat lijkt te werken. Toegegeven, er wordt nog steeds hier en daar wijn gemaakt die het predikaat wijn nauwelijks verdient, maar er wordt ook uitstekende wijn gemaakt, bijvoorbeeld in de streek Arganda. Er zijn drie subgebieden in de in totaal bijna 5.000 ha grote wijnstreek van Madrid: Arganda, Navalcarnero en San Martín de Valdeiglesias. De bodem van deze drie subregio's geeft de wijn een eigen karakter: in San Martín de Valdeiglesias bestaat de bodem uit een bruine bovenlaag op een ondergrond van graniet, in Navalcarnero uit een lichte zanderige bovenlaag op een ondergrond van zand en klei, en in Arganda uit een bovenlaag van mergel en klei op een ondergrond van graniet met hier en daar wat kalksteen. Al deze grondsoorten zijn vrij arm en dus zeer geschikt voor de wijnbouw, met als kanttekening dat de bodem van Navalcarnero misschien wat minder waterdoorlatend is en wat drassiger blijft dan die van Arganda en San Martín. Het klimaat is typisch continentaal, met hete zomers en zeer koude winters. Als er neerslag valt, is het druppelsgewijs in de lente en in de herfst, meestal door de zuidwestelijke wind meegebracht. De rode wijn wordt hier van de garnacha en tinto fino (tempranillo) gemaakt, de witte van de malvar, albillo en airén. Opvallend is, dat de drie subregio's elk een andere voorkeur hebben in de keuze van de druiven: Aganda gebruikt de tinto fino voor rood en de malvar en airén voor wit, Navalcarnero de garnacha voor rood en de malvar voor wit en San Martín de garnacha voor rood en de albillo voor wit.

De blanco, rosado en tinto vino's jovenes van Madrid zijn over het algemeen aangenaam, licht en fris wat betreft de witte wijn en rosé, wat forser en pittiger wat betreft de rode wijn. Drinktemperatuur: blanco 8-10 °C, rosado 10-12 °C en tinto 12-14 °C. De zeldzame Crianza's van 100% tinto fino (tempranillo) of bijvoorbeeld 85% tinto fino en 15% garnacha zijn, zeker gezien de zeer lage prijs, beslist de moeite waard. Verwacht echter (nog) geen wonder. De boerse kracht en het karakter van de vino's

jovenes worden door de korte rijping op hout enigszins getemd en geharmoniseerd. Drinktemperatuur: 14-16 °C.

Méntrida

Deze streek ten zuidwesten van Madrid (rond de stadjes Méntrida en Torrijos) stond ook bekend om zijn goedkope en zwaar alcoholische wijn, die moeiteloos aftrek vond bij de Madrileense horeca. Zelfs toen de instanties het weinig ambitieuze wijngebied in 1960 in verlegenheid brachten met een D.O.-toekenning, veranderde er weinig aan de apathie van de plaatselijke bodega's. Pas toen de naburige wijnstreken van Madrid hun eigen D.O. kregen en de afzetmarkt van Méntrida begonnen te bedreigen, werd men in Méntrida wakker. Vanaf 1991 werden de eigen installaties in snel tempo vervangen of op z'n minst verbeterd. Het type wijn werd enigszins aangepast aan de wensen van de moderne consumenten: lichter in alcohol en structuur, maar wat verfijnder in smaak.

De wijngaarden van Méntrida liggen op een hoogte variërend tussen de 200 m en 500 m op een ondergrond van licht kalksteenhoudende klei met een bovenlaag van zand. Er heerst een continentaal klimaat met zeer hete zomers en vrij koude winters. Hier valt de meeste regen in de herfst en in de winter. De wijn van Méntrida is uitsluitend rood of rosé. Het merendeel van de aangeplante druiven bestaat uit de tinto aragonés (garnacha), gevolgd door de tinto de madrid of tinto basto en de cencibel (tempranillo). Van overheidswege wordt geadviseerd bij herplant de Tinto de Madrid en een gedeelte van de garnacha door de cencibel te vervangen, die beter aangepast is aan de bodem en het klimaat van Méntrida.

De rosado's en tinto's vino's jovenes zijn fris, licht, aangenaam en fruitig. De crianza's zijn wat voller van smaak en beloven veel voor de toekomst van deze streek. Drinktemperatuur: 10-12 °C voor de rosado's, 12-14 °C voor de vino's jovenes tinto en 14-16 °C voor de crianza's.

La Mancha

Wat oppervlakte betreft is dit veruit de grootste D.O. van Spanje: 194.864 ha. In het immense wijngebied van La Mancha, waar ooit Don Quichote tegen de windmolens ten strijde trok, vochten de wijnboeren tegen wat zij de willekeurige maatregelen van de Europese Unie noemden. Nu nog is niet iedereen in La Mancha zich helemaal bewust van het gigantische overschot aan wijn in Europa. Gelukkig zijn er steeds meer marktgerichte bodega's, die de strijd tegen de matige naam van La Mancha hebben aangebonden. Deze bodega's hebben hun installaties flink vernieuwd en richten zich op het maken van kwaliteitswijn. Dankzij de inspanningen van zulke innoverende bodega's werd de naam van La Mancha steeds meer synoniem aan kwali-

La Mancha Blanco   *La Mancha Tinto*

teit, betrouwbaarheid en een redelijke prijs. Vooral in de tweede helft van de jaren '90 zijn de ver-
koopcijfers flink gedaald. Er wordt steeds meer ge-
bottelde wijn uit La Mancha binnen en buiten
Spanje verkocht. De bulkverkopen voor de export
zijn drastisch verminderd. Sinds enkele jaren is de
groeiende binnenlandse vraag naar La Mancha groter dan de geëxporteerde hoeveelheid wijn.
De wijngaarden van La Mancha liggen op hoogten
variërend tussen de 490 m en 645 m. Over het algemeen bestaat de bodem uit een ondergrond van
klei met een bovenlaag van bruin zand. De betere
wijngaarden liggen op een ondergrond van klei en
kalksteen, met een bovenlaag van leem- en kalkhoudend rood of bruin zand. Er heerst een continentaal klimaat, zeer koud in de winter en zeer heet
in de zomer. Door de aanwezigheid van bergen
rondom deze streek blijft de wijngaarden een vochtige zee- of oceaanwind bespaard. Men maakt hier
witte, rosé en rode wijnen. De witte kunnen seco
(droog), semi-seco (half-droog), abocado (licht
zoet) of dulce (zoet) zijn. Voor de witte wijn gebruikt men de airén, de macabeo en de pardilla,
voor de rode de cencibel (broertje van de tempranillo), de garnacha, de moravia, de cabernet sauvignon en de merlot. Omdat La Mancha de grootste
wijnstreek van Spanje en een van de grootste van de
wereld is en omdat de meest aangeplante druif de
airén is, wordt deze druif zo de meest aangeplante
druif van de wereld. Van overheidswege wordt de
wijnboeren echter geadviseerd de oude airénwijn-
ranken geleidelijk door cencibel (tempranillo) te
vervangen.
Dankzij de modernste technologie (onder andere
de koude vinificatie) is de witte wijn van de airén-
druif zeer fris en fruitig, met verrassende aroma's
van selderij en versgesneden gras. Omdat deze
druif er in overvloed is, is de prijs van de wijn bijzonder laag. Behalve als aperitief kunt u deze wijn
ook bij rivier- of zeevis drinken. Drinktemperatuur:
8-10 °C.
De rosado's worden gemaakt van 100% moravia of
van een assemblage van meerdere blauwe (waaronder bijna altijd garnacha) en eventueel ook witte
druiven. Drink deze frisse, jonge rosado's bij bijvoorbeeld salades. Drinktemperatuur: 10-12 °C.

De vino's jovenes tinto van La Mancha zijn licht en
fruitig en passen eigenlijk bijna overal bij. Drinktemperatuur: 12-14 °C.
De betere rode wijn van La Mancha wordt op
eikenhouten vaten (meestal Amerikaanse) gerijpt.
Vooral die van 100% cencibel (tempranillo) is verrassend goed tegen de verhoudingsgewijze lage
prijs. Ook uitstekend zijn de assemblages van cencibel, cabernet sauvignon en eventueel merlot.
Sommige bodega's maken ten slotte zeer correcte
maar weinig Spaans aandoende 100% cabernet-
sauvignoncrianza's. Drinktemperatuur: 14-16 °C.

Valdepeñas

Een snelle blik op de wijnkaart van Spanje leert ons
dat Valdepeñas eigenlijk een enclave is in het zuiden van de La Mancha. Het traditionele handelscentrum Valdepeñas ligt in het hart van het gelijknamige wijngebied. Valdepeñas is wat lager gelegen dan de rest van de Meseta, in een breed dal omringd door kleine bergen, aan de grens tussen de
Meseta en Andalucía. De wijn van Valdepeñas, zoals zo vaak op de Meseta, was dik, zwoel en zwaar
alcoholisch. Het leek alsof de tijd stil had gestaan,
alsof men dezelfde wijnen produceerde aan het begin van de 19e eeuw als in de tijd van de Romeinen.
De wijn werd opgeslagen in enorme aardewerken
kruiken, de beroemde 'tinajas', die vaak slechts

Valdepeñas Tinto

Valdepeñas Tinto Gran Reserva

door een paar stromatjes afgedekt waren. Toen de spoorweg in 1861 tot aan Valdepeñas reikte, besloot men zich op kwaliteit te richten. Er werd minder, maar steeds beter geproduceerd en verkocht aan kapitaalkrachtige consumenten in Madrid, aan de kust of zelfs in Amerika of op de Filipijnen. Toen de phylloxeraluis de wijngaarden van Valdepeñas vernietigde, bleek dat deze politiek loonde. Men had genoeg voorraad om de eerstvolgende oogst (drie jaar na de aanplant van de nieuwe, op Amerikaanse onderstokken geënte wijnstokken) af te wachten. In die tijd werd al door de wijnboeren het nut van een strenge kwaliteitscontrole ingezien en vooral het belang van een gezamenlijk wijnbouwbeleid. Dankzij dit vroege inzicht is Valdepeñas vandaag de dag een gerespecteerd en vooral voortvarend wijnbouwgebied. Met de huidige technologie, de volledig computergestuurde temperatuurbeheersing van de vinificatie, is men in staat om ook in Valdepeñas frisse en fruitige wijn te maken naast de mooie, stevige rode wijn, die de faam van de streek bepaalt.

De bodem van Valdepeñas is, de naam van de streek 'Vallei der rotsen' zegt het al, behoorlijk rotsachtig. De ondergrond bestaat uit kalksteen, vaak niet meer dan 25 cm onder de oppervlakte. De geelrode dunne bovenlaag is een mengsel van afgebrokkelde kalk en alluviale klei. De meeste wijngaarden liggen op een hoogte van 600 m à 700 m. Het klimaat is zuiver continentaal, met zeer hete

zomers en zeer koude winters. Door de beschutting van de omringende bergen valt er in Valdepeñas weinig neerslag. Sommige plekken zijn bijna woestijnachtig. Maar als er regen valt, komt het vaak met bakken tegelijk uit de hemel. Deze zware onweersbuien hebben nog niet zo lang geleden voor zeer ernstige overstromingen gezorgd. Hoewel ook in Valdepeñas veel airénstokken zijn aangeplant, wordt van overheidswege geadviseerd deze geleidelijk door de cencibel (tempranillo) te vervangen. De blanco's jovenes van de airén zijn zeer fris en fruitig, met de bekende vegetale aroma's van selderij en versgesneden gras. Deze wijn is gemaakt voor dagelijks gebruik. Drinktemperatuur: 8-10 °C.

De rosado's zijn meestal ook vino's jovenes die binnen het jaar na de oogst gedronken moeten worden. Het zijn frisse, lichte en vrolijke rosado's, gemaakt van cencibel (tempranillo), vaak aangevuld met de witte airén. Drinktemperatuur: 10-12 °C.

De Valdepeñas tinto vino's jovenes van de cencibel zijn net als de rosado zeer aangename dorstlessers. Drinktemperatuur: 12-14 °C.

De Crianza en (Gran) Reserva's van de Valdepeñas van 100% cencibel zijn beslist de moeite waard. Niet alleen is het een heel leuke wijn die het fruitige van de cencibel combineert met het zoetige, vanille-achtige van het, vaak Amerikaanse, eikenhout, maar de prijs is ook ongelooflijk laag. De Gran Reserva's zijn fluweelzacht, rond, vol en meestal minder tanninerijk dan die van Navarra, Rioja of Ribera del Duero. Drinktemperatuur: 16 °C voor de Crianza's en 17 °C voor de (Gran) Reserva's.

Ribera del Guadiana

Deze jongste D.O. van Spanje (1997) ligt in Extremadura, de streek die aan Portugal grenst, in het uiterste westen van Midden-Spanje. Al enkele jaren kwamen wij wat wijn uit dit wijngebied buiten Spanje tegen onder de naam van een van de subregio's van Ribera del Guadiana: Tierra de Barros. Ook in Extremadura heeft de vernieuwing toegeslagen. Het leek alsof Extramadura voor altijd verbonden zou zijn aan de oude glorie van steden als Badajoz, Cáceres en Trujillo, bekend uit de verre geschiedenis van de conquistadores in de 16e en 17e eeuw. Het landschap is hier prachtig, heuvelachtig, zacht en groen, afgewisseld door hoogvlakten die het domein zijn van landbouwers en veetelers. Lang draaide de economie van Extremadura op de kurkindustrie en de opbrengsten van de olijfbomen. Sinds de drastische vernieuwing van de wijnbouw is de hoop op een betere economische toekomst gegroeid. Het gaat goed met Extremadura, het 'verste land aan de andere kant van de Duero'. Het klimaat van de Ribera del Guadiana is continentaal, maar wordt verzacht door de nabijheid van de Atlantische Oceaan. De twee rivieren, Guadiana en Tajo, zorgen voor een goede vochtigheid van lucht en bodem. De zomers zijn zeer heet en de winters bijzonder mild. Nachtvorst hoort niet tot de zorgen van een wijnboer. De bodem bestaat

Ribera del Guadiana, nieuwste Spaanse D.O.

Tierra de Barros (Ribera del Guadiana)

voornamelijk uit een mengsel van klei en roodbruin zand, met hier en daar wat kalkstenen brokken.

Bij het verschijnen van dit boek was de erkenning van een provisorische D.O. aan de Ribera del Guadiana een vrij uniek feit in de wijnbouwgeschiedenis van Spanje. Eigenlijk draait hier bijna alles om de betere wijn van de Tierra de Barros, die ongeveer 80% van de D.O.-productie voor zijn rekening neemt. Slechts 3.433 ha van de in totaal 87.450 ha aangeplante oppervlakte mag het D.O.-predikaat dragen. In 1998 waren er nog geen 30 bodega's die aan de strenge eisen van de D.O. voldeden. Dit aantal zal in de toekomst flink groeien zodra meer bodega's de ouderwetse 'tinajas' vervangen hebben door modernere installaties en een eigen bottellijn. Verwacht wordt dat er binnen vijftien jaar volledig afgerekend is met de oude bulkcultuur van Extremadura. Naast Tierra de Barros bestaat de voorlopige D.O. Ribera del Guadiana, de 52e D.O. van Spanje, uit de volgende subregio's: Cañamero en Montanchez in de provincie Cáceres en Matanegra, Ribera alta del Guadiana en Ribera Baja del Guadiana in de provincie Badajoz.

Tierra de Barros kreeg zijn provisorische D.O. al in 1979. Het gebied van Tierra de Barros (55.000 ha) grenst aan Portugal en wordt doorkruist door de rivier de Guadiana. De wijngaarden liggen langs de beide oevers van de rivier, die naar Portugal stroomt, op een gemiddelde hoogte van 300 m à 350 m. De streek dankt zijn naam aan de 'barros', de kleiachtige bodem die het land bedekt.

Matanegra

Matanegra ligt rond het stadje Zafra, ongeveer 30 km ten zuiden van Almendrajelo. In dit 8.000 ha grote wijngebied is de wijnproductie voor een groot deel in handen van familiebedrijven.

Ribera Baja del Guadiano (de benedenloop van de Guadiana, 7.000 ha groot) ligt net ten westen van Badajoz.

Ribera Alta del Guadiano (bovenloop van de Guadiana, 8.500 ha groot) is gelegen rond de steden Don Benito en Villanueva de la Serena, op ongeveer 120 km stroomopwaarts van de stad Badajoz. Montanchez is een klein gebied van 4000 ha, gelegen rond het gelijknamige stadje, op ongeveer 70 km ten noordoosten van Badajoz. Deze streek staat bekend om zijn oude wijnstokken en om zijn olijfbomen. Het is een schilderachtig gebied met veel zachtglooiende heuvels en gastvrije dalen.

Cañamero ten slotte is een nog kleiner gebied van ongeveer 1.200 ha in de Sierra de Guadalupe, ongeveer halverwege de steden Badajoz en Toledo. Het stadje Cañamero is in alle opzichten het productiecentrum van de gelijknamige streek. De wijngaarden liggen op de bergflanken, op een hoogte van 600 m à 800 m. De bodem bestaat uit lei. In de dalen liggen de wijngaarden op een bodem van alluviale aard. De productie van deze kleine streek is voornamelijk in handen van kleine, oude familiebodega's.

Terwijl Tierra de Barros het D.O.-predikaat op de etiketten mag voeren, zijn de andere streken officieel nog steeds Vinos de la Tierra. Pas als de bodega goedgekeurd wordt volgens de eerdergenoemde criteria, mag het D.O.-predikaat op het etiket vermeld worden.

De wijn

De streek staat vooral bekend om zijn jonge, frisse en levendige wijn, die voorlopig nog heel laag geprijsd is. Het merendeel van de wijngaarden is nog steeds beplant met inheemse witte druivensoorten,

zoals pardina, cayetana blanca, montúa, eva, alarije, cigüentes. Vooral de pardina levert met de huidige technologie uitstekende resultaten op. Drinktemperatuur: 8-10 °C.

De rosé en rode wijn worden voornamelijk gemaakt van de cencibel (tempranillo) en garnacha. Drinktemperatuur: 10-12 °C voor de rosado's, 12-14 °C voor de tinto's jovenes.

De rode crianza, reserva en gran reserva, vooral

Volle rode wijn (Ribera del Guadiana)

die van de cencibel, zijn zeer veelbelovend en bieden enorm veel voor hun prijs. Drinktemperatuur: 14-16 °C.

Levante

Het gebied van Castilla-La Mancha is zo groot, dat het in twee gedeelten behandeld wordt. In het vorige hoofdstuk (over de hoogvlakte van Meseta) reisden wij door de westelijke deel van Castilla-La Mancha (Vinos de Madrid, La Mancha, Méntrida en Valdepeñas). Nu is het oosten van de streek aan de beurt: Almansa. Almansa ligt op de hoogvlakte van Levante, vlak bij de autonomía's Valencia (Alicante, Utiel-Requena en Valencia) en Murcia (Bullas, Jumilla en Yecla). Hoewel de naam 'Levante' (Spaanse naam voor de oostkust) alleen voor de laatstgenoemde autonomía's geldt, rechtvaardigt de uitzonderlijke en geografische positie van Almansa onze keuze om deze enclave van La Mancha samen met de Levante te behandelen.

Het klimaat in dit oostelijke deel van Spanje varieert van duidelijk mediterraan aan de kust tot semi-continentaal met mediterrane invloeden in Almansa. Het weer lijkt hier grotendeels op dat van Catalunya, hoewel het hier wat vochtiger en veel heter is. Buitenlandse investeringen en grootschalige export van wijn gebeuren al jaren in de Levante. Ook stond men al vroeg positief tegenover allerlei wijnbouwkundige en wetenschappelijke experimenten. De wijn uit Levante baart over het algemeen weinig opzien wat betreft de kwaliteit. Het is meestal een prima, goedkope wijn, met hier en daar een paar uitschieters.

Almansa

Het wijngebied Almansa ligt in het oostelijkste gedeelte van Castilla-La Mancha, in de provincie Albacete. Hier verlaten wij de saaie en immense Meseta en betreden de hoogvlakte van Levante. Alles lijkt hier anders dan in de rest van Castilla-La Mancha: het zachtglooiende landschap, de wijngaarden die op de lage en vlakke stukken liggen, de gebruikte druiven en de unieke wijn. Het klimaat is het enige dat Almansa en La Mancha gemeenschappelijk hebben: continentaal, erg droog, met zeer grote verschillen in temperatuur tussen de hete zomers en de koude winters. Hier regent het niet vaak, maar als het regent, vooral in de lente en de herfst, vallen ineens enorme hoeveelheden water tegelijk, vaak met verwoestende hagelbuien. De bodem van dit voornamelijk rodewijngebied bestaat uit een ondergrond van kalksteen en een vruchtbare bovenlaag. Rond de twee steden, Almansa in het oosten en Chinchilla de Monte-Aragón in het westen, oogst men de rode monastrell, garnacha en cencibel (tempranillo),

Utiel-Requena tinto reserva

evenals een kleine hoeveelheid witte merseguera. De kracht van deze streek is zeker de rode wijn van de monastrelldruif, die hier net zoals in de streken Alicante, Jumilla en Yecla bijzonder goede resultaten kan opleveren. Niet alle bodega's zijn echter even goed geëquipeerd, maar de resultaten met deze druif tot nu toe zijn zeer veelbelovend.

De Almansa Blanco zijn een lichte, frisse, moderne wijn, die vooral bedoeld is voor de snelle consumptie. U kunt hem als aperitief of als dorstlesser schenken bij alles wat de zee te bieden heeft. Drinktemperatuur: 8-10 °C.

De Almansa Rosado is een frisse, fruitige en aangename rosé zonder al te veel pretenties. Drink hem bij vis, zeevruchten of bij een (koude) picknickpaëlla. Drinktemperatuur: 10-12 °C.

De Almansa Tinto presenteert zich als vino's jovenes of crianza. De vaak lompe en alcoholische vino's jovenes drinkt u jong bij lichte vleesgerechten. Drinktemperatuur: 12-14 °C.

De betere Almansa Tinto Crianza, Reserva en Gran Reserva van Bodegas Piqueras zijn zeer de moeite waard en de prijs is bijzonder gunstig. Drink deze evenwichtige en aangename wijn van de tempranillo en monastrell bij uw lekkerste varkensgebraad. Drinktemperatuur: 14-16 °C.

Valencia

Valencia is een van de grootste steden van Spanje en de grootste wijnhaven. Valencia is ook de provincie rondom de stad Valencia en de autonomía met Valencia als hoofdstad. Alsof het niet gecompliceerd genoeg is, is Valencia ook de naam van een D.O.-wijngebied. Er zijn nog twee andere D.O.-gebieden: Utiel-Requena in de provincie Valencia en Alicante in de provincie Alicante. Het liefst zouden ze één grote D.O.-Valencia willen hebben, met drie subregio's die hun eigen naam op het etiket zouden mogen vermelden. Zo zouden zij, als zij uit de hele streek druiven zouden kunnen halen, in slechtere jaren toch redelijke kwaliteit kunnen bieden. In topjaren zouden de subregio's hun eigen wijn op hun eigen manier kunnen maken. Dat dit tot grote verwarring zou leiden bij de niet-Spaanse consumenten is nog niet tot deze creatieve Valenciano's doorgedrongen, maar ze blijven het wel proberen. Natuurlijk voelen de wijnboeren van Utiel-Requena en Alicante weinig voor de plannen van de Valenciano's, die alleen voor eigen belang vechten.

In het wijngebied Valencia worden nog enorme plassen 'vino común' (gewone wijn) geproduceerd, tot grote ergernis van de Europese agrarische commissie die het Europese wijnoverschot graag wil verminderen.

UTIEL-REQUENA

Dit is de D.O. van de autonomía Valencia die het meest landinwaarts ligt. Net als de andere twee D.O.'s van Valencia was Utiel-Requena eeuwenlang gespecialiseerd in bulkhandel. Zeeën wijn verdwenen anoniem richting Zwitserland, Rusland of Centraal-Afrika. De wijn van Utiel-Requena (met name de beroemde 'Doble Pasta') was behoorlijk stoer, met veel alcohol. Hij verleende uitstekende diensten als 'pleegzuster bloedwijn' aan zieke wijn uit heel Europa. Omdat over de hele wereld steeds minder interesse getoond wordt voor dit type wijn (en omdat de controles steeds strenger worden), maakt Utiel-Requena zeer zware tijden door. De redding zou een volledige omwenteling zijn. Of die op tijd komt voor alle bodega's, is zeer de vraag.

De wijngaarden van Utiel-Requena liggen rond de twee steden Utiel en Requena, op een hoogte van 600 m à 900 m. In het zuiden bestaat de bodem uit mergel en klei op een ondergrond van zandsteen, en in het Magrodal uit alluviale grond. Het klimaat is continentaal met grote temperatuurverschillen tussen de hete zomers en de koude winters, maar ook tussen dag en nacht (soms wel tot 30 °C). De druivensoort die het meest wordt aangeplant, is de inheemse blauwe bobal, maar tempranillo en garnacha winnen steeds meer terrein. Bij de witte druiven is macabeo de belangrijkste, gevolgd door de merseguera.

De Utiel-Requena Blanco's zijn prima wijnen, maar hebben weinig 'eigen' karakter. Ze zijn licht, fris en fruitig. Drinktemperatuur: 8-10 °C.

De Utiel-Requena Rosado's zijn zeer de moeite waard. Ze worden meestal van de bobal en garnacha gemaakt en zijn vol, vlezig en krachtig. Het zijn beslist maaltijd rosés. U kunt kiezen voor een gewone rosado (garnacha en bobal) of voor een wat vollere en zwaardere rosado superior (100% bobal). Drinktemperatuur: 10-12 °C.

De Utiel-Requena Tinto's bestaan in het vino's jovenes en in het crianzatype. Drink de lichte, frisse en fruitige vino's jovenes op feestjes. Drinktemperatuur: 12-14 °C.

Voor serieus gebruik kunt u beter een Crianza kiezen, meestal gemaakt van de garnacha en tempranillo. Door het grillige klimaat en de hoogte van de wijngaarden rijpen de meeste druiven hier veel sneller dan elders in Spanje. Daarom zult u weinig oude crianza in Utiel-Requena vinden. Het maken van reserva's of gran reserva's is niet gebruikelijk, hoewel sommige bodega's goede resultaten krijgen uit een assemblage van tempranillo en cabernet sauvignon. Drinktemperatuur: 14-16 °C.

VALENCIA

De D.O. Valencia is voor een groot deel afhankelijk van export, voornamelijk van bulkexport. De handel wordt gedomineerd door enorme bedrijven, die hierin gespecialiseerd zijn. Midden-kleine en kleine bedrijven spelen noch in aantal noch in volume enige rol van belang. Toch lijkt hier ook een kentering in te komen, omdat steeds meer flessen valenciawijn in de Spaanse supermarkten terechtkomen. Dit zal waarschijnlijk nooit de exportgerichte mentaliteit van de grote Valenciaanse wijnbedrijven veranderen, tot grote spijt van de Europese en Spaanse overheid. Er wordt immers nog veel te veel bijzonder matige wijn geproduceerd in Valencia.

Valencia Blanco

De streek wordt onderverdeeld in vier subgebieden: Alto Turia (noordwesten van de provincie Valencia), Clariano (zuiden van de provincie Valencia), Moscatel de Valencia (in het centrum) en Valentino (eveneens in het centrum). Wat betreft de bodem liggen de verschillen tussen deze vier subregio's voornamelijk op het gebied van het reliëf. Alto Turia is de hoogste en geaccidenteerdste van de vier subregio's. Hier liggen de wijngaarden op hoogten variërend tussen de 400 m en 700 m. In Clariano liggen de wijngaarden, op terrassen aangeplant, op 160 m à 650 m hoogte, in Moscatel en Valentino op 100 m à 400 m hoogte. In het algemeen bestaat de bodem uit een ondergrond van kalksteen en een bovenlaag van roodbruine leem, met wat alluviale grond in de rivierdalen. In Alto Turia is de bovenlaag wat zanderiger, terwijl die van Valentino misschien wat losser en dikker is. Het klimaat is duidelijk mediterraan, met continentale invloeden in Alto Turia, waar de zomers heter en de winters kouder zijn en waar het minder regent dan in de subregio's die dichter bij de kust liggen. Hier en daar komen wat afwijkende microklimaten voor, die vooral voor nog meer warmte zorgen. Opvallend in de hele Levante zijn de grote verschillen in temperatuur tussen dag en nacht.

Er zijn twaalf druivensoorten die in de D.O.-Valencia gebruikt mogen worden, sommige zijn aanbevolen, andere worden slechts toegelaten. Warm aanbevolen zijn de witte macabeo, malvasía, mer-

Valencia Tinto

seguera, moscatel de alejandría, pedro ximénes en planta fina de pedralba en de blauwe garnacha, monastrell, tempranillo en tintorera. Eveneens toegelaten zijn de witte planta nova en tortosí en de blauwe forcayat. Valencia produceert talloze verschillende wijnen, met regionale of subregionale herkomstbenamingen, blanco, rosado, tinto, espumoso, licoroso, rancio, moscatel dulce, moscatel licoroso. De meeste wijn is van het vino's jovenes type, maar u zult ook wat crianza's aantreffen. Het is bijzonder jammer te moeten constateren, dat Valencia over misschien de geavanceerdste wijninstallaties en analyselaboratoria beschikt, maar dat de klanten het liefst de goedkoopste en eenvoudigste wijn kiezen. Dit is een enorme rem voor de ontwikkeling ten gunste van de kwaliteit.

Alto Turia Blanco's zijn frisse, lichte wijnen, die gemaakt worden van 100% mersequera. Valencia en Valentino Blanco's worden gemaakt van een mengsel van merseguera, planta fina, pedro ximénes en malvasía en bestaan in seco (droog), semi-seco (half-droog) en dulce (zoet). Clariano Blanco Seco wordt gemaakt van merseguera, tortosí en malvasia. Drink de droge wijn als aperitief of bij vis of schelpdieren. De halfzoete wijn kunt u, als u daarvan houdt, bij het aperitief drinken. De zoete variant kunt u het beste vermijden of, als u het echt niet anders kan, bij een frisse vruchtensalade schenken. Drinktemperatuur: seco/semi-seco 8-10 °C, dulce 6-8 °C.

Valencia, Valentino en Clariano Rosado's zijn fris,

licht en weinigzeggend. Ook deze rosado's blinken bij uw dagelijkse maaltijd uit door hun discrete aanwezigheid. Drinktemperatuur: 10-12 °C.

Valentino en Clariano Tinto's zijn even discreet als hun witte en rosé companen. U kunt deze wijn overal bij schenken, bij paella en vis en bij alle lichte vleessoorten. Drinktemperatuur: 12-14 °C.

Tinto's Crianza van 100% monastrell, 100% tempranillo of 100% garnacha zijn de interessantste tafelwijnen van de streek (tafelwijn wordt hier gebruikt om het verschil aan te geven met de diverse zoete of likeurachtige wijnen van Valencia). Er wordt ook, heimelijk, met cabernet sauvignon geëxperimenteerd wat, zeker in combinatie met tempranillo, zeer goede resultaten oplevert. Ook combinaties van monastrell en garnacha, al dan niet met een beetje tempranillo, zijn veelbelovend. De allerbeste resultaten komen van bodega's die afstand hebben genomen van de ouderwetse vinificatiemethoden (epoxy- of cementenkuipen zonder temperatuurcontrole) en die over zijn gegaan op de modernste technieken, waarbij meer finesse en aromatische kracht verkregen wordt. Drinktemperatuur: 14-16 °C.

Valencia D.O. maakt ook tal van ouderwetse 'mistelas' (met wijnalcohol gestilde most), maar noemen ze liever 'vinos de licor'. Sommige daarvan zijn van uitmuntende kwaliteit, maar het merendeel is niet echt noemenswaardig. Drinktemperatuur: 6-8 °C.

Rancio Valencia en Rancio Valentino zijn zware, zoete, alcoholische en volledig geoxideerde wijnen, die als aperitief of bij het voorgerecht geschonken worden. Drinktemperatuur: van 6-8 °C tot kamertemperatuur (17 °C).

Vino de Moscatel Dulce en Vino de Licor Moscatel zijn zonder meer de beste zoete wijnen van de streek. Verwacht hier echter geen explosie van frisse aroma's, want de meeste bodega's maken nog steeds ouderwetse, stroperige, zalvige en bijna bedwelmende moscatelwijn.

Alicante

Alicante is de zuidelijkste van de Valenciaanse D.O.'s. Het wijnareaal beslaat een vrij groot gebied van de Middellandse Zee tot aan de voet van de centrale heuvels van de Meseta. Het gebied wordt onderverdeeld in twee subregio's: La Marina, rond de Cabo de la Nao boven Benidorm, en Alicante, rondom (en ten noordwesten van) de gelijknamige stad. Tussen beide subzones treft u de beroemde stranden van onder andere Benidorm en Villajoyosa aan. Vreemd genoeg kent ongeveer iedereen in de wereld de naam Benidorm, maar weinig mensen zullen ooit van alicantewijn hebben gehoord, wat bizar is.

Ook hier in Alicante was men eeuwenlang bezig met het handelen in bulkwijn, met name de in deze streek zo bekende 'doble pasta' wijn, een zware en dubbelgeconcentreerde wijn voor versnijdingsdoeleinden. Alicante was ooit ook beroemd om zijn ranciowijn, die gretig aftrek vond. Toen de markt voor zware, geoxideerde zoete wijn instortte, begreep men hier dat er iets moest gebeuren en dat er letterlijk en figuurlijk flink in de toekomst geïnvesteerd moest worden. Dankzij de moderne installaties en de meest geavanceerde technologie kan Alicante vandaag de dag de verloren tijd inhalen. Tegenwoordig worden hier prachtige witte en rode wijnen gemaakt, misschien wel de mooiste Moscatel van Spanje. Een curiositeit is de zeldzame Fondillón, een versterkte wijn, gemaakt van 100% monastrell en gerijpt volgens het solerasysteem (zie het hoofdstuk over sherry).

In de subzone La Marina heerst een duidelijk mediterraan klimaat, met een hoge vochtigheidsgraad, hete zomers en milde winters. De wijngaarden liggen op zeeniveau of net daarboven op een alluviale bodem. Bij Alicante liggen de wijngaarden wat hoger, tot bijna 400 m. De bodem bestaat hier uit kalksteen met een losse bruine bovenlaag en het klimaat heeft, zeker landinwaarts, wat meer continentale trekjes, zoals hete zomers en koude winters. Het is hier ook wat droger dan in La Marina. In het hele gebied worden voornamelijk rode wijn en rosé gemaakt van de monastrell, garnacha, tempranillo en bobal. Voor de droge witte wijn kiest men de merseguera, macabeo en planta fina en voor de zoete de moscatel romano.

Hoewel hij nog steeds gemaakt wordt, zult u de 'doble pasta' niet zo snel in pure vorm krijgen. Deze zware wijn is uitsluitend bedoeld voor het versnijden van zwakkere wijn.

Alicante Blanco's worden meestal gemaakt van de merseguera, macabeo, planta fina en (steeds minder) moscatel romano. Zij kunnen droog (seco), halfdroog (semi-seco) of zoet (dulce) zijn. Deze vino's jovenes zijn licht, fris en vooral goedkoop. De toekomst van Alicante zou wel eens kunnen liggen in de nu nog experimentele witte wijn van de chardonnay en vooral van de riesling. De eerste resultaten, zeker met de riesling, zijn verbluffend. Drink deze witte Alicante als aperitief. Drinktemperatuur: 8-10 °C.

Alicante Rosado's worden gemaakt van de monastrell, bobal en tempranillo. De meeste zijn seco's, maar u zult wel eens een semi-seco rosado kunnen vinden. Door hun frisheid gekoppeld aan fruitigheid en rondeur passen ze uitstekend bij alle visgerechten. Drinktemperatuur: 10-12 °C.

Alicante Tinto bestaan in vino's jovenes en in crianza. De eerste zijn lichte, frisse en fruitige wijnen voor dagelijks gebruik. De beste Alicante Tinto's zijn vanzelfsprekend de crianza (minstens zes maanden op eikenhout gerijpt en minimaal twee jaar oud). Ze zijn voller en rijker dan de vino's jovenes. Op dit ogenblik wordt ook met cabernet sauvignon geëxperimenteerd, al dan niet gemengd met tempranillo. Ook hier zijn de resultaten zeer veelbelovend. Drink deze crianza's en de zeldzame reserva's bijvoorbeeld bij rood vlees, lamsvlees en klein wild. Drinktemperatuur: 14-16 °C.

Alicante Moscatel Vino de Licor is een voortreffelijke wijn, zeker als hij wat moderner gevinifieerd is.

De kleur is dan goudgeel en helder, en de geur is overweldigend: krachtige fruitige aroma's en muskusachtig. De smaak is zacht, weelderig, sappig en breed, met een afdronk waarin de moscateldruif lang blijft hangen. Drink deze zeer geslaagde likeurwijn zo of hoogstens bij een friszuur citroencakeje. Drinktemperatuur: 6-8 °C.

Alicante Fondillón is ook een vino de licor, maar wordt volgens het solerasysteem opgeslagen, zoals in de sherrystreek (zie daar). Het principe is simpel: elk jaar wordt een gedeelte van de oudste wijnen gebotteld. De lege ruimte in het vat wordt opgevuld met één jaar jongere wijn, die op zijn beurt aangevuld wordt met nog jongere wijn. Zo doorloopt de jonge wijn diverse niveaus van vaten (20 of meer) en blijft de uiteindelijke wijn constant van kwaliteit. Het resultaat is een amber-goudkleurige wijn met mahonieschakeringen en met in de geur een hint van vanille, luxebroodjes, gebak, tabak, soms cacao of koffie. De wijn is evenwichtig, elegant, licht, sappig en zeer smakelijk. Drink deze zeer zeldzame wijn als aperitief of na het eten op een winterse dag. Drinktemperatuur: naar smaak 10-12 °C of op kamertemperatuur tot 18 °C.

Murcia

De autonomía Murcia probeert met zijn verleden af te rekenen. Ook hier werd zware, alcoholische wijn gemaakt voor versnijdingsdoeleinden. Ook hier was men eeuwenlang gespecialiseerd in bulkwijn. Sinds enkele jaren is er echter een duidelijke kentering bij een aantal serieuze en vooruitstrevende bodega's. Wijn is slechts een van de lokale agrarische activiteiten en zeker niet de gemakkelijkste of de meest lonende.

Tijden veranderen. De markt heeft geen behoefte meer aan de zware, alcoholische en koppige wijn van Murcia. Vooral in de D.O.'s Jumilla en in mindere mate Yecla werd al snel ingespeeld op deze verandering van de markt. Pas aanmerkelijk later sprong de derde D.O. van Murcia, Bullas, op de rijdende trein.

Jumilla

Al voordat La Rioja zich profileerde als wijnstreek, was Jumilla een gerespecteerd wijngebied. Toegegeven de wijn van Jumilla haalt het niet bij de betere Rioja's, maar hij heeft zijn plaats veroverd op de Spaanse en buitenlandse markten. En terecht, want de kwaliteit van de Jumilla, de ouderwetse Rancio's of de wat modernere wijn, is altijd betrouwbaar geweest. Jumilla bezit het karakter dat vaak in de Valenciaanse wijn ontbreekt, ongeacht of hij op een ouderwetse of moderne manier gemaakt is. Natuurlijk wordt hier ook nog 'doble-pasta' gemaakt, zelfs van 100% monastrell. Maar de toekomst van Jumilla ligt in de betere tafelwijn en niet in deze versnijdingswijn of in de rancio's. De wijngaarden van Jumilla liggen rond en ten westen

Jumilla Blanco

Jumilla Tinto Reserva

van de stad Jumilla. Het zijn relatief nieuwe wijngaarden omdat het wijnareaal van Jumilla eind jaren '80 opnieuw werd aangeplant, als gevolg van een late phylloxeraplaag. Dit gebeurde ongeveer 100 jaar later dan in de rest van Spanje. Als geluk bij een ongeluk hebben de Jumiliaanse wijnbouwers daardoor voor de beste en aangepastste druiven bij het herplanten kunnen kiezen: monastrell, garnacha en cencibel (tempranillo) voor de blauwe; mersequera, airén en pedro ximénes voor de witte druiven. De aanplant bestaat uit ongeveer 80% monastrell. In Jumilla liggen de wijngaarden vrij hoog, soms boven de 700 m, wat ze enigszins beschermt tegen de verschroeiende zon. De bodem bestaat uit een ondergrond van kalksteen en een bovenlaag van losse, zanderige roodbruine grond. Het klimaat is streng continentaal met extreem hete zomers en buitengewoon koude winters met veel vorst.
De Jumilla blanco's werden voornamelijk gemaakt van de merseguera, maar de airén wordt steeds meer gebruikt, omdat die beter aanslaat bij de buitenlandse inkopers. Deze beste blanco's zijn fris, fruitig (groene appel), sappig en aangenaam. Meer valt er eigenlijk niet over te zeggen. Het is beslist niet de beste wijn van deze streek. Drink hem op een terrasje, als aperitief of bij visgerechten. Drinktemperatuur: 8-10 °C.
De Jumilla rosado's moeten, net als de tinto's, minstens 50% monastrell bevatten. In de praktijk is dat echter vaak meer, zelfs tot 100%. De kleur van deze wijn varieert van zalm tot framboospkleurig. De geur is intens, fruitig (frambozen, aardbeien) met florale nuances. De smaak is fris, sappig en fruitig. Drink deze zeer aangename rosado's bij bijvoorbeeld paella. Drinktemperatuur: 10-12 °C.
De Jumilla tinto's vormen de grote meerderheid van de Jumiliaanse wijnproductie. Veel van deze tinto's bevatten 100% monastrell, maar er bestaan ook assemblages van monastrell en cencibel (tempranillo). De vino's jovenes zijn fris, fruitig (zwarte kersen, dadels, krenten), sappig en bijzonder aangenaam. De crianza's en (gran) reserva's zijn duidelijk door het hout getekend, zonder dat het overheerst. Wat opvalt, is vooral het evenwicht tussen alcohol, zuren, body en smaak.
Zonder twijfel ligt de toekomst van Jumilla in zulke wijn. Drinktemperatuur: 14-16 °C.
Ten slotte is er nog een lokale specialiteit, gemaakt van 100% monastrell: een zoete ranciowijn die soms vijf à zes jaar rijping op hout heeft gehad en zeer aromatisch is. U kunt hem als aperitief drinken of 's avonds na het eten. Drinktemperatuur: naar eigen smaak 10-12 °C tot kamertemperatuur (17-18 °C).

Yecla

Relatief gezien is Yecla een wat kleinere D.O. rondom het gelijknamige stadje, in feite een enclave in de veel grotere wijnstreek Jumilla. De kleinere bo-

Jumilla Tinto Crianza

smaak en wat meer body. Helaas is hij nog wat te laag in zijn zuren om echt evenwichtig te zijn. Ooit zal dat wel komen, want in Yecla wordt veel geïnvesteerd, ook in de techniek. Drinktemperatuur: 10-12 °C.

De Yecla rosado's, meestal gemaakt van een mengsel van monastrell en garnacha, zijn redelijk. Ze zijn zeer fruitig en sappig. Drink deze aangename rosado's bij bijvoorbeeld 'embutidos' (vleeswaren). Drinktemperatuur: 10-12 °C.

Veel gewone Yecla tinto's worden als vino's jovenes op de markt aangeboden. Zij zijn veelal door macération carbonique verkregen (koolzuurinweking) en zijn fris, licht en zeer fruitig. Drinktemperatuur: 12-14 °C.

Ook hier zijn de betere wijnen de crianza's en reserva's (bijvoorbeeld Pozuelo Crianza en Reserva van Bodega Castaño, Yecla). Deze wijnen worden gemaakt van een assemblage van monastrell, garnacha, cencibel (tempranillo), cabernet sauvignon en merlot voor de crianza, monastrell en garnacha voor de reserva.

Beide wijnen zijn vrij donker van kleur en bezitten prachtige aroma's van fruit met duidelijke nuances van vanille. De smaak is vol, sappig en vlezig met zachte tannine en niet te veel alcohol. Drinktemperatuur: 14-16 °C.

Bullas

Sinds 1982 stond Bullas al op de nominatie om toegelaten te worden tot het elitekorps van de Spaanse wijnbouw. De definitieve erkenning als D.O.-gebied kwam echter pas in 1994. In Bullas geldt hetzelfde verhaal als in de rest van Levante: de vraag naar goede en betaalbare wijn binnen en buiten Spanje was zo groot, dat men zich hier niet hoefde in te spannen. Overschot kende men eigenlijk niet, tot de consumenten meer en meer om kwaliteit en niet meer om kwantiteit vroegen. Ook Bullas kreeg het zwaar te verduren. De crisis lijkt echter langzaam weg te ebben en ten minste één grote bodega is bezig met het vervaardigen van kwalitatief acceptabele wijn.

De wijngaarden van Bullas liggen verspreid over een vrij groot gebied, de meeste in de rivierdalen, maar er liggen ook wijngaarden op terrassen in de omringende heuvels. De hoogte van de wijngaarden varieert van 500 m tot iets meer dan 700 m. Ze liggen op een zanderige of alluviale bodem. Ondanks de korte afstand tot de Middellandse Zee is het klimaat van Bullas meer continentaal, met zeer hete, droge zomers en koude winters. Hier groeien de blauwe monastrell en tempranillo en de witte airén en macabeo.

Bullas maakt voornamelijk witte wijn en rosado's. Toch is vooral de rode wijn de moeite waard. De meeste van deze tinto's worden verkocht als vino's jovenes. Het is beslist geen lichte wijn, maar een zeer fruitige, volle wijn die een goede balans bezit tussen zuren, alcohol en fruitigheid. Drink deze aangename wijn bij lichte vleesgerechten of gevo-

dega's zijn al een tiental jaren bezig met een grote ommekeer en een radicale vernieuwing van installaties en beleid. Aan de bodem of aan het klimaat ligt het uitblijven van succes zeker niet. Die zijn te vergelijken met het naburige Valdepeñas: kalksteen, een ondergrond van klei met een diepe bovenlaag en een continentaal klimaat met hete zomers en koude winters en grote temperatuurverschillen tussen dag en nacht. De blauwe druiven die het meest worden gebruikt, zijn monastrell (80%) en garnacha. Er wordt ook geëxperimenteerd met tempranillo, cabernet sauvignon en merlot.

Voor de witte wijn gebruikt men de merseguera, de verdil, de airén en de macabeo. De wijngaarden liggen op een hoogvlakte rondom de stad Yecla, op een hoogte van 400 m à 700 m en worden beschut door glooiende heuvels en kleine bergen. Het wijngebied wordt onderverdeeld in Yecla en Yecla Campo Arriba, de lage landen, waar uitsluitend monastrell geplant wordt en waar de wijn wat voller is dan in de rest van de D.O. Yecla maakt tegenwoordig enkele acceptabele, frisse, fruitige en lichte witte wijn zonder al te veel karakter, misschien door zijn gebrek aan zuren. Drink deze wijn vooral als aperitief of als dorstlesser. Drinktemperatuur: 8-10 °C.

De betere Yecla Blanco is de Crianza (Viña Las Gruesas Crianza of Castaño Barrica van Bodega Castaño, Yecla). Deze wijn heeft krachtige aroma's, hints van vanille (hout), een mooie fruitige geur en gelte. Drinktemperatuur: 12-14 °C. De betere wijn ondergaat een rijping op hout. De eerste resultaten zijn bijzonder veelbelovend. Wij zullen deze jonge D.O. op de voet blijven volgen.

Andalucía en de Canarische eilanden

Wij eindigen onze reis door Spanje in het uiterste zuiden van het Iberisch schiereiland en op de Canarische eilanden die voor de kust van Marokko liggen. Op wijngebied hebben Andalucía en de Canarische eilanden twee totaal verschillende verhalen. Terwijl de Canarische eilanden vooral bekend staan om hun witte, rosé, rode en dessertwijnen, produceert Andalucía bijna uitsluitend versterkte wijnen (Jerez, Sanlúcar de Barrameda, Huelva, Montilla-Moriles en Málaga). In Andalucía en op de Canarische eilanden wordt het klimaat duidelijk door water beïnvloed: de oostelijke en zuidelijke kusten van Andalucía hebben een typisch mediterraan klimaat, de westelijke kust en de Canarische eilanden respectievelijk een oceanisch en bijna subtropisch klimaat.

Verrassend van deze streken, die altijd contact hebben gehad met lang niet altijd even vredelievende zeevolkeren, zijn de nog duidelijk voelbare invloeden van de oude beschavingen van Griekenland, Fenicië en Carthago. Ook de langdurige Moorse overheersing heeft de nodige sporen achtergelaten. Door de vele contacten met het buitenland zijn Andalucía en de Canarische eilanden zeer gericht op de export. Ze zijn er zelfs bijna volledig van afhankelijk. Omdat het voedsel van Andalucía veel uit vis bestaat, ontstond er al vroeg de behoefte om, naast de beroemde zoete wijnen van Màlaga, Huelva, Montila-Moriles en Jerez, ook een reeks droge(re), lichte witte wijnen te produceren: Manzanilla de Sanlúcar de Barrameda en Fino de Jerez zijn daar twee typische voorbeelden van. Op de Canarische eilanden groeit van alles en vlees en vis zijn ruim voldoende aanwezig. Mede door de bloeiende toeristenindustrie rees de vraag naar verschillende soorten wijn: wit, rosé, rood, droog tot mierzoet. Dankzij het zachte klimaat en de vulkanische bodem kunnen de Canarische eilanden daar probleemloos aan voldoen (zie ook blz. 142).

Andalucía

In veel boeken staat dat de Iberische wijnbouw in Andalucía begonnen is. Dat is niet helemaal waar en doet de oude Kelten van Noord-Spanje tekort, die al voor de komst van de eerste volkeren van over zee wijn maakten. Maar in Andalucía ontstond, na de komst van de Feniciërs en de Grieken die om elke aanlegplaats wijngaarden aanlegden, wel de georganiseerde wijnbouw. In tegenstelling tot de Kelten, die in eerste instantie de bessen in de bossen plukten en pas veel later wijngaardjes lukraak rondom hun dorpen aanlegden, waren de wijngaarden van de Feniciërs (later de Carthagers) en de Grieken al

zeer goed onderhouden. Dit gebeurde ook bij het stichten van de stad Càdiz, ongeveer 1.100 jaar v.Chr. Al snel ontdekten de Feniciërs hoe goed de bodem en klimatologische omstandigheden ter plaatse waren voor de wijnbouw en zij plantten steeds meer wijngaarden landinwaarts aan, in de buurt van het huidige Montilla, Huelva en Màlaga. De wijngaarden rond de stad Càdiz produceerden waarschijnlijk een van de oudste kwaliteitswijnen ter wereld: de sherry. Zelfs tijdens de Moorse overheersing mochten de plaatselijke wijnboeren bijna ongestoord hun gang gaan. Na de 'Reconquista' werd de haven van Càdiz een van de belangrijkste handelshavens van Spanje. De wijnhandel floreerde nergens in de wereld zoals hier. In de 20e eeuw verstevigde de toeristenindustrie de relatieve rijkdom van de streek. Wijn werd in het westen van Andalucía gemaakt, maar voornamelijk aan de oostkust door de vele toeristen gedronken.

Condado de Huelva

Dit is de westelijkste herkomstbenaming van Andalucía. Heel lang werd de wijn uit deze streek onder de naam 'sherry' verkocht aan nietsvermoedende supermarktklanten. Pas sinds januari 1996 is definitief besloten, dat in en buiten Spanje uitsluitend de wijnen van de D.O. Jerez de la Frontera & Manzanilla de Sanlúcar de Barrameda het woord 'sherry' mogen gebruiken. Sindsdien voelen de bodega's van de D.O. Condado de Huelva zich genoodzaakt wat meer aan de naamsbekendheid van hun streek te gaan doen.

Het graafschap (condado) van Huelva ligt in de gelijknamige provincie, ten oosten van Portugal. Het wijnareaal beslaat het gebied tussen de Atlantische kust en de stad Huelva. De wijngaarden liggen vrij laag, nog geen 30 m boven de zeespiegel, op een bodem van kalksteen en alluviale sedimenten met een bovenlaag van roodbruin zand. Het klimaat is eigenlijk meer mediterraan dan continentaal, ondanks de westelijke ligging. De zomers zijn warm en lang, de winters mild en vochtig. De meestaangeplante druif is nog steeds de zalema. Het is een moeilijke druif voor de traditionele wijnbouw, maar uitstekend voor het maken van sherry-achtige wijn, omdat hij lichte wijn produceert die snel oxideert. Ver achter de Zalema komen ook de listán (lokale naam van de palomino), de pedro ximénes, de garrido en de moscatel voor.

Van de zalema wordt sinds een aantal jaren zeer moderne, frisse, fruitige en droge witte wijn gemaakt, de vino's jovenes afrutados. Drink deze wijn met herkenbare vegetale aroma's (gras) als aperitief (als u niet van sherry-achtige wijn houdt) of aan tafel bijvoorbeeld bij vis of schelpdieren. Drinktemperatuur: 8-10 °C.

Naast deze moderne 'afrutados' bestaat een tweede type wijn, de ouderwetse 'corrientes'. Al bij het oogsten wordt het onderscheid gemaakt. De druiven die bedoeld zijn voor de 'afrutados', worden eerder geoogst en bevatten verhoudingsgewijs veel zuren en minder suikers. De druiven die bedoeld zijn voor de 'corrientes' worden veel later geoogst en bevatten veel suikers en minder zuren. De jonge wijn wordt met behulp van wijnalcohol versterkt tot 15,5% of 17% tot 23% alcohol, afhankelijk van de beoogde stijl.

De wijn die minder alcohol bevat (15,5% tot 17%), heeft meestal de typerende groei van de wijngistsluier, de 'flor' (letterlijk de bloei of bloem van de wijn). Door de gistsluier is er geen contact met de buitenlucht en blijft de wijn zijn oorspronkelijke lichte kleur houden. Wel neemt hij veel van de typerende gistaroma's over. Deze wijn is droog en wordt ook in Huelva fino genoemd in verband met zijn verfijnde en delicate geur en smaak. Deze benaming wordt uitsluitend ter plekke gebruikt. Voor de exportmarkt draagt deze wijn verplicht de officiële benaming: condado pálido. Deze pálido's ondergaan een soleraopvoeding (zie bij D.O. Jerez de la Frontera & Sanlúcar de Barrameda). Kenmerkende aroma's en smaak zijn gist, licht bittertje, ziltig en noten. Het is een typisch aperitiefdrankje (hoewel wat zwaarder dan een mooie Fino de Jerez of Manzanilla de Sanlúcar de Barrameda). Drinktemperatuur: 8-10 °C.

De wijn die zwaarder versterkt is (17% tot 23% alcohol), heeft geen florontwikkeling, omdat de wijngistcellen niet tegen zoveel alcohol kunnen en dan sterven. Doordat er geen sluier op de wijn komt, gaat hij snel oxideren door het contact met de warme en vochtige lucht. Dat resulteert in een donkere kleur en zware aroma's. Men noemt deze wijn nog steeds oloroso of wel 'welriekend', refererend aan de zware, zwoele aroma's. Voor de export wordt uitsluitend de officiële naam van deze wijn gebruikt: condado viejo. Ook deze wijn ondergaat een solerarijping. Kenmerkende aroma's en smaak zijn vers gebak of luxebroodjes, toast, hout, vanille en alcohol. Voor de liefhebbers kan deze wijn ook als (winters) aperitief dienst doen, maar hij is meer op zijn plaats na het eten, bijvoorbeeld bij wat kaas, noten en droge vruchten. Drinktemperatuur: naar eigen smaak 6-8 °C tot kamertemperatuur.

U zult links en rechts nog wat zeldzaamheden aantreffen, zoals licht zoete pálido's, zeer zoete 'cream' (vaak bedoeld voor de Engelse markt) of de mierzoete, krachtige en zalvige 100% p.x. (pedro ximénes). Deze wijnen vormen echter een minderheid van de hier geproduceerde wijn.

Jerez-Xérès-Sherry

De Grieken noemden de stad Zera (het droge land), de Romeinen Ceritium, de West-Goten Ceret, de Arabieren Sheriz of Sherish, de Fransen Xérès, de Engelsen en de Hollanders Sherry en de Spanjaarden Jerez.

Ideale omstandigheden

Het ongeëvenaarde succes van de sherry is voor een groot deel te danken aan de ideale omstandigheden voor het maken van deze versterkte wijn. Bin-

Fino de Jerez (Sherry/Jerez)

nen het driehoekje Sanlúcar de Barrameda, Jerez de la Frontera en El Puerto de Santa María, tussen de rivieren Guadalquivir en Guadalete, baden de wijngaarden ongeveer tweederde van het jaar in de volle zon van 's ochtends vroeg tot 's avonds laat (3000 zonne-uren of 290 zonnedagen per jaar). Alleen een beetje ochtenddauw en een zachte zeebries zorgen voor wat afkoeling. Het klimaat is duidelijk mediterraan, met hete zomers en milde winters. De bodem lijkt perfect voor wijn van het sherrytype. De immense, zachtgolvende 'albarizas' (witte organische mergel, rijk aan kalk, klei en silicumdioxide) slaan tijdens het korte regenseizoen (winter en lente) het water op. In de hete zomer en herfst vormen ze een harde witte korst aan de oppervlakte, waardoor het zonlicht extra weerkaatst wordt, terwijl het water in de diepe bodem gevangen blijft en de wijnranken tegen uitdrogen beschermt. Deze 'albarizas' vindt men uitsluitend binnen de eerdergenoemde stedendriehoek, het gebied 'Jerez Superior'. Voorbij El Puerto de Santa María, in oostelijke richting, begint de 'zona', een streek met minderwaardige klei- (barros) en zandgrond (arenas), die wijn van mindere kwaliteit oplevert.

De klassieke druif van de Jerezstreek is de listán of palomino. De listán (palomino) is een oude, traditionele druif, die al vanaf het begin van de wijnbouw in deze streek gebruikt wordt en die perfect is aangepast aan de extreme klimatologische omstandigheden en bijzonder goed gedijt op de 'alba-

Oloroso Seco (Sherry/Jerez)

rizas'. De tweede belangrijke druif voor het vervaardigen van sherry (vooral de zoete 'olorosos') is de pedro ximénez, vaak afgekort tot p.x. Ook deze druif wordt hier sinds mensenheugenis gebruikt. Beide druivensoorten komen volgens de specialisten uit de omgeving van de Kaspische Zee. Waarschijnlijk werden ze al door de eerste Feniciërs meegenomen. De laatste hier toegelaten druivensoort is de moscatel de alejandro (muscat d'alexandrie), die door de Feniciërs of door de Grieken vanuit Egypte naar Spanje werd gebracht.

Speciale vinificatie

Elk jaar wordt rond 10 september met het oogsten van de druiven begonnen. De oogst gebeurt nog handmatig, omdat de wijnranken heel laag gesnoeid zijn en omdat, gezien de extreme warmte, de druiven met alle zorg behandeld moeten worden. Daarvoor gebruiken de plukkers kleine plastic kratten van elk 18 kg inhoud om de druiven onbeschadigd naar de perserij te brengen. Sommige bodega's gebruiken nog de traditionele 'arroba'-korven van 11,5 kg. Voor de zoete wijn worden de pedro ximénes en de moscateldruif gebruikt. Om het suikergehalte van deze zoete druiven te verhogen, worden ze overdag op matjes van espartogras gelegd. Minstens twee dagen ('s nachts worden ze afgedekt in verband met de nachtvochtigheid) worden de druiven zo aan het zonlicht blootgesteld. In de Jerez

staan de perserijen meestal in de wijngaarden zelf of in de directe omgeving, net buiten de steden. De trossen worden ontsteeld en de druiven worden pneumatisch geperst. Uit 100 kg druiven krijgt men 70 l most. Alleen deze 'eerste most' mag worden gebruikt voor het maken van sherry.

De most wordt meteen na de persing overgepompt naar grote roestvrijstalen tanks van 40.000 l. Onder een volledig automatisch gecontroleerde temperatuur vindt de gisting plaats. De gisting (het omzetten van druivensuikers in ethylalcohol en koolzuurgas) wordt aangezet door de wilde gistcellen (*Saccharomyces apiculatus*) en voortgezet door de echte wijngistcellen (*Saccharomyces ellipsoideus*). De gisting begint zeer onstuimig (het lijkt net alsof de gistende most aan de kook is), maar na ongeveer drie dagen verloopt dat wat rustiger. In totaal duurt de gisting ongeveer zeven dagen. Na deze gisting volgt een lange periode op vat, waarin de jonge wijn tot rust komt en waarin hij zijn specifieke karakter kan ontwikkelen.

De jonge wijn wordt vat na vat gekeurd, geklasseerd en gemerkt. Hierbij gebruikt de keldermeester het oeroude rayasysteem: 1 streep (= raya in het Spaans) voor de fijnste wijn met zuivere aroma's (basiswijn voor fino's, manzanilla's en amontillado's), 1 streep met 1 punt erachter voor de wijn met veel karakter en body (basiswijn voor oloroso's), 2 strepen voor de wijn die noch het karakter en de body voor de oloroso's hebben, noch de zuivere aroma's voor de fino's, en ten slotte 3 strepen voor de wijn die afgekeurd wordt en richting distilleerderij zal gaan.

De wijn met 1 streep wordt versterkt met wijnalcohol tot 15% of 15.5% maximaal. Hij wordt naar de rijpingskamers ('criaderas') voor fino's, manzanilla's en amontillado's gestuurd. In tegenstelling tot het rijpen van de meeste wijn, waarbij contact met zuurstof tot een minimum beperkt moet worden, laat men hier de vaten juist open. Bij de fino's, manzanilla's en amontillado's krijgt de wijn geen kans om te oxideren. Aan het oppervlak van de wijn vormt zich spontaan een sluier van gistcellen, de 'flor', die de wijn volledig afsluit van de buitenlucht. Tijdens het verouderingsproces zullen de gistcellen zich met alcohol voeden en een typerend aroma aan de wijn geven. De gistcellen zijn levende organismen, die actiever zijn in de zomer en zwakker worden of zelfs afsterven in de winter. Hierdoor is de florsluier dunner in de winter dan in de zomer, wanneer oude gistcellen sneller door nieuwe vervangen worden.

De met 1 streep gevolgd door 1 punt gemerkte wijn wordt tot minimaal 17,5% alcohol versterkt. Hierdoor sterven de gistcellen af en komt er geen florsluier op de wijn. Deze jonge wijn wordt naar de criadera voor de oloroso's gestuurd, waar de rijping in direct contact met de openlucht zal geschieden. Kortom: de fijne en delicate wijn die door florvorming niet zal oxideren, noemt men 'fino's'. Deze wijn houdt zijn lichte kleur.

De karakteristieke en krachtige wijn die geen florvorming ondergaat in verband met het hogere al-

Rich Cream (Sherry/Jerez)

coholpercentage, ontwikkelt typische oxidatiearoma's. Deze wijn noemt men 'oloroso's', letterlijk vertaald geurige, welriekende sherry. Deze wijn wordt donkerder van kleur.

De wijn rijpt langzaam verder in de criadera's (opvoedkamers). De rijping vindt plaats in Amerikaanse eikenhouten vaten van 600 l inhoud elk. De vaten worden niet helemaal gevuld (slechts 5/6 van de totale capaciteit) om florvorming toe te laten (fino's, manzanilla's, amontillado's) of om het oppervlak van de wijn, die in contact komt met zuurstof, te vergroten (oloroso's). Ooit werden de Jerez allemaal voorzien van een jaartal. Doordat de vraag naar sherry (voornamelijk in Engeland) zo explosief groeide, ontstond er behoefte aan een nieuw systeem, waardoor de kwaliteit van de wijn jaar in jaar uit gegarandeerd kon worden. Pas ± 1830 begon men met het solerasysteem in de criadera's.

Solerasysteem

Het systeem is in feite heel eenvoudig. Men stapelt drie rijen vaten op elkaar (criadera), met dien verstande dat de wijn op de grond (Spaans = suelo, daarvan is de naam van het systeem afgeleid) de oudste van de drie is en de bovenste de jongste. Als er wat wijn gebotteld moet worden, tapt men het uit de onderste vaten. De ontstane leemte wordt opgevuld door de één rij hoger gelegen wijn. De leemte die daar ontstaat, wordt op haar beurt opgevuld door wijn die nóg een rij hoger ligt. Dit trapsgewij-

ze proces kan eindeloos doorgaan. Sommige solera's bestaan uit talloze elkaar in leeftijd opvolgende rijtjes van drie of meer vaten. Zo kunnen fino's en manzanilla's wel veertien criadera's doorlopen in ruim drie jaar.

Na het doorlopen van het solerasysteem worden de wijnen nogmaals gekeurd en gemerkt. Het gehanteerde markeringssysteem van palmen of stokken is vooral bedoeld voor de keldermeester en de inkopers. Wij zullen er hier verder niet op ingaan, omdat de consument er niet direct mee te maken heeft. U hoeft alleen te onthouden dat de zuiverste wijnen als fino's doorgaan, terwijl de fino's die zich uiteindelijk meer als een oloroso ontwikkeld hebben zonder daar de kracht van te bezitten, palo cortado genoemd worden. Nadat het rijpingsproces beëindigd is, wordt de wijn geklaard en zonodig zachtjes gefilterd.

Soorten sherry

U zult wel eens bij de betere wijnhandelaren sherry uit één bepaald oogstjaar aantreffen. Deze meestal dure, maar kwalitatief uitstekende producten vertegenwoordigen een heel kleine minderheid en zullen hier niet apart behandeld worden. Wij hanteren het Spaanse sorteringssysteem.

FINO

Dit is een strogele wijn, altijd droog en fris, met de kenmerkende geur en smaak van noten (amandel, walnoot), hout en 'flor'. Alcohol: 15,5%. Hij is bij uitstek geschikt als aperitief. Drinktemperatuur: 10 °C.

AMONTILLADO

De naam is afgeleid van het naburige Montilla. De stijl van deze wijn lijkt op die van Montilla en de naam betekent zoiets als 'op z'n Montiliaans'. Deze wijn is donkerder van kleur dan de andere fino's. Hij heeft langer gerijpt dan de meeste fino's (tien tot vijftien jaar in plaats van minimaal drie jaar). De smaak en geur zijn fris en herinneren aan hazelnoten. Alcohol: 17,5%. Hij is uitstekend als winters aperitief. Drinktemperatuur: 12-14 °C.

OLOROSO

Deze welriekende wijn, die een volledige oxidatie heeft gehad, is veel donkerder van kleur dan de fino's, van amberkleurig tot mahonie. De smaak en de structuur van deze van nature droge wijn zijn vol en krachtig, met duidelijke nuances van walnoten. Om verwarring met de 'oloroso dulce' (cream) te vermijden, wordt er vaak 'oloroso seco' op het etiket vermeld. De wijn ruikt dan zoet, maar smaakt droog met een alcoholrijke finale die toch een tikkeltje mollig aan doet. Alcohol: 18%. Drinktemperatuur: 12-14 °C voor jonge oloroso's, 14-16 °C voor de oudere.

PALO CORTADO

De kleur van deze wijn neigt naar mahonie, de smaak is droog en evenwichtig en herinnert aan hazelnoten. Het is een bijzonder zeldzame droge wijn, die de zachte en ronde smaak van de amontillado's verenigd met de volheid en het karakter van de oloroso's. Alcohol: 18%. Drinktemperatuur: 14-16 °C.

PALE CREAM
Deze zachte, bleke wijn lijkt qua uiterlijk veel op een fino, maar is lichtzoet en heeft een verfijnde en delicate smaak. Alcohol: 17,5%. Deze wijn is verrassend goed in combinatie met patés en vers fruit. Drinktemperatuur: 8-10 °C.

RICH CREAM
Hij wordt ook wel cream of oloroso dulce genoemd. Deze wijn wordt gemaakt op basis van oloroso's en bezit dus veel body en karakter. De basiswijn komt van de pedro ximénez, eventueel aangevuld met moscatel, en is gemiddeld vijf tot vijftien jaar oud. De smaak is zoet, vol, krachtig en zacht tegelijk. Alcohol: 17,5%. Deze wijn wordt meestal als ouderwetse dessertwijn geschonken. Drinktemperatuur: 12-14 °C.

PEDRO XIMÉNEZ
Hij wordt ook wel p.x. genoemd. Deze donkere wijn (mahonie) is vrij zeldzaam. Hij ruikt en smaakt naar rozijnen met hints van gebrande koffie of cacao. De wijn wordt gemaakt van in de zon gedroogde pedro-ximénesdruiven. Alcohol: 17%. Deze wijn wordt vaak bij zoet gebak aangeboden. Drinktemperatuur: 16-18 °C. (Sommige mensen schenken hem liever goed gekoeld. Probeer het zelf en kies uw eigen temperatuur).

De aanduidingen 'dry' of 'medium dry' sherry, fantasierijk en nietszeggend, werden door de Engelsen gebruikt om de dubieuze afkomst van de wijn te verdoezelen. Zo wordt lichtzoete sherry-achtige wijn als 'dry' en mierzoete als 'medium dry' sherry op de markt gebracht. Normaal gesproken zouden de vermeldingen 'pale', 'pale dry' en 'dry' met finowijnen moeten corresponderen en 'medium dry' met pale cream of oloroso semi-dulce. De praktijk is vaak anders. Sinds 1996 is de controle hierop verscherpt, maar sommige huizen hanteren voor de export nog steeds de kreet: 'Make it sweet and call it dry.'

MANZANILLA DE SANLÚCAR DE BARRAMEDA
De Manzanilla is een wijn van het finotype en mag uitsluitend in het havenstadje Sanlúcar de Barrameda geproduceerd worden. De wijn is wat lichter, maar vaak veel eleganter dan de andere fino's. Door de ligging vlak bij zee en daardoor de invloed van de zachte zeebries die de opslagkelders van de bodega's binnenwaait, krijgt deze wijn een heel eigen karakter. De Manzanilla uit Sanlúcar de Barrameda heeft sindskort een eigen D.O. en zal zich steeds meer gaan onderscheiden van de sherry uit Jerez de la Frontera of uit El Puerto de Santa María. Dit is een reactie op de voor de Manzanillaproducenten zeer onbevredigende situatie waarin bijna al het

Pedro Ximénez (Sherry/Jerez)

promotiegeld voor de sherry besteed werd aan de fino's. Hoewel de Manzanilla's kwalitatief zeer zeker niet de slechtste zijn, werden zij vaak gepromoot als mindere van de fino's. Aan deze situatie is nu een einde gekomen, omdat de Manzanillaproducenten zich verbonden hebben in een eigen promotiebureau op initiatief van onder andere de bekende Barbadillo bodega.
De kleur is bleek tot strogeel, de geur is fris en licht vegetaal met duidelijke hints van 'flor'. De smaak is wat ziltiger en vooral droger dan die van de fino's. In de finale zit vaak een aangenaam bittertje. Alcohol: 15,5%. Het is bij uitstek een aperitiefwijn. Drinktemperatuur: 10 °C.

Málaga

De D.O. Málaga ligt in de gelijknamige provincie en bestaat uit twee districten: het westelijke subdistrict aan de kust rond Estepona en het noordelijke subdistrict rond de stad Málaga tot aan de grens met de provincies Granada en Córdoba. Alleen het laatste subdistrict is voor ons van belang.
Hoewel Málaga officieel ook seco (droge) en abocado (lichtzoete) wijnen maakt, is de streek vooral bekend om de mierzoete Málaga Dulce. Het waren vooral de Engelsen die in het victoriaanse tijdperk deze wijn bekendheid gaven.
De bodemsoorten van de beide subgebieden zijn een

Montilla-Moriles

Net als de streek van Jerez is dit een van de oudste wijngebieden van Spanje. De geschiedenis van Montilla-Moriles loopt parallel aan die van Jerez. De Montilla werd al bij de Grieken en de Romeinen bemind, maar de typische Montillastijl werd pas in de Middeleeuwen ontwikkeld. Ondanks zijn bekendheid heeft de Montilla nooit echt uit de schaduw van de sherry kunnen komen. Ironisch genoeg hebben de wijnboeren van Jerez een van hun beste wijnen naar de oude Montillastijl genoemd: amontillado.

Het wijnbouwgebied Montilla-Moriles ligt rond de gelijknamige steden in de provincie Córdoba. De beste grond vindt men in het centrale gedeelte van de streek, het Superiorwijnbouwgebied. Het zijn net als in de Jerezstreek 'albarizas' (hier ook wel eens 'alberos' genoemd); kalkrijke grond die het water goed kan opslaan, zodat de wijngaarden niet uitdrogen in de hete zomers. De rest van het wijnareaal bestaat uit zanderige grond, in Jerez 'arenas' geheten, hier echter 'ruedos'. De wijngaarden liggen op hoogten variërend van 300 m tot 700 m. Het klimaat is mediterraan, bijna subtropisch in het zuiden (Moriles), met continentale invloeden in het hoge binnenland (Montilla). De belangrijkste druif hier is de pedro ximénes (75%), gevolgd door de moscatel en in de recentere wijngaarden wat airén (hier layrén of lairén genoemd), torrontés en baladi voor enkele moderne en nog experimentele wijnen. Deze experimentele wijnen, de vino's jovenes afrutado's, zijn op hun best lichte, fruitige en frisse witte wijnen – op zich een hele verademing in een bloedhete streek, waar bijna uitsluitend zware zoete wijn gemaakt wordt. Hij is prima als aperitief. Drinktemperatuur: 8-10 °C.

Vinos de crianza zijn wijnen die niet versterkt zijn, minimaal 13% natuurlijke alcohol bevatten en minstens één jaar op hout hebben gelegen. U kunt ze krijgen in seco (dry, droog), semi-seco (medium dry, halfzoet) en dulce (cream, zoet). Voor het verkrijgen van de zoete smaak wordt aan de wijn een nature droge witte wijn wat 'dulces' (zoete stroop) of 'vino's de licor' (mistela) toegevoegd.

Vino's generoso's hebben een natuurlijk alcoholgehalte van boven de 15%. Deze wijn ondergaat het solerasysteem (zie bij sherry) om de kwaliteit homogeen te houden. Hij is verkrijgbaar in de volgende typen:

Fino seco: droog, licht gekleurd met een fijne, pittige geur en smaak. Hij doet vaak aan Provençaalse kruiden denken. Alcohol: 14%-17,5%.

Amontillado: droog, goud- of amberkleurig, sterke hazelnotengeur en -smaak, zacht en vol. Alcohol: 16%-18%.

Oloroso: geoxideerd (geen 'flor'), mahoniekleur, zeer aromatisch, fluweelzacht, droog of licht zoet. Alcohol: 16%-18% voor jonge wijn tot aan 22% voor oude wijn.

Palo cortado: geoxideerd, mahoniekleur, zeer aromatisch, halverwege tussen een oloroso en een amontillado. Alcohol: 16%-18%.

beetje verschillend qua samenstelling. Bijna overal bestaat de bodem uit een kalkstenenonderlaag met een kalkhoudende bovenlaag. Aan de kust bevat de grond echter meer ijzerhoudende klei met hier en daar wat kwarts en mica. Het klimaat is duidelijk mediterraan aan de kust en wat meer continentaal landinwaarts. Málaga kent slechts twee druivensoorten: moscatel in de kuststreek en pedro ximénez, die het vooral in het binnenland goed doet.

De Málaga Dulce wordt gemaakt van overrijpe druiven, die nog extra onder de warme zon worden gedroogd. De zo verkregen sappen zijn zeer geconcentreerd en zoet. Tijdens de gisting wordt de wijn met wijnalcohol tot ongeveer 18% versterkt. Ook wordt er aan de wijn een dikke zoete stroop, de 'arrope', toegevoegd. Voor deze wijn wordt uitsluitend de 'lágrima' (sappen die zonder persing verkregen worden, alleen uit het eigen gewicht van de druiven) en 'pisa' (eerste persing) mosten gebruikt. De málaga dulce lágrima wordt uitsluitend gemaakt van de eerste vrije loop (de lágrima). Hij is wat fijner van smaak dan de gewone dulce. De Málaga Dulce van enige kwaliteit ondergaat een solerarijping, zoals de sherry (zie daar). De goede Málaga Dulce is zeer fruitig, zoet en sappig met krachtige aroma's van hout, rozijnen, karamel en gebrande cacao of koffie. Drink deze wijn na het eten met wat kaas en noten. Drinktemperatuur: naar eigen smaak gekoeld 8-10 °C, licht gekoeld 12-14 °C of juist op kamertemperatuur 16-17 °C.

Pedro Ximénez: waarschijnlijk de beste wijn van Montilla-Moriles. Hij is gemaakt van 100% overrijpe druiven, die na de oogst nog even onder de zon ingedroogd werden. Door de enorme concentratie suikers kan de most voor deze wijn niet op een natuurlijke manier volledig uitgisten. Er wordt hier dus 'aguardiente' (wijndistillaat) aan de mierzoete most toegevoegd. Dit resulteert in een zeer donkere wijn met een suikergehalte van boven de 272 g/l. De schenktemperaturen zijn gelijk aan die van de Jerez (zie daar).

Canarische eilanden

De Canarische eilanden liggen voor de zuidwestelijke kust van Marokko, ver onder het Portugese eiland Madeira. De zeven grote en zes kleine eilanden vormen twee overzeese Spaanse provincies, genoemd naar hun hoofdstad: Las Palmas de Gran Canaria (de oostelijke eilanden Gran Canaria, Fuerteventura en Lanzarote) en Santa Cruz de Tenerife (de westelijke eilanden Tenerife, La Palma, Gomera en Hierro). Tenerife is het grootste eiland, Hierro het kleinste. De eilanden zijn van vulkanische oorsprong. Op onder andere Tenerife, La Palma en Lanzarote zijn de vulkanen nog actief. De laatste eruptie dateert van 1971 op La Palma. Het reliëf is nogal geaccidenteerd, met als hoogste punt de Pico de Teide (3718 m) op Tenerife. Het klimaat op de eilanden is nogal verschillend. De bergen vangen de meeste neerslag, meegebracht door de noordoostelijke wind, op. Zo regent het op Tenerife, Hierro, Gomera en La Palma per jaar maar liefst acht tot vijftien keer zo veel als op Fuerteventura en Lanzarote. De oostelijke eilanden hebben vaak te maken met de warme wind uit de Sahara, de sirocco. De gemiddelde jaarlijkse temperatuur is zeker mild te noemen. Behalve in de bergen kennen de eilanden geen of nauwelijks vorstgevaar.
De wijnbouw op de Canarische eilanden heeft een rijk verleden, dankzij de ooit, vooral in Engeland, zeer vermaarde malvasíawijn. Dit was een volle, zoete wijn, die het midden hield tussen madeira en Spaanse oloroso. Vandaag de dag zult u echter weinig goede malvasía meer vinden. De wijnbouw heeft zich sinds de jaren '80 enorm ontwikkeld in de richting van de tafelwijn (in tegenstelling tot rancio's, generoso's en soortgelijke wijnen). Dit is mede te danken aan de explosieve groei van het toerisme op de eilanden. Om aan de grote vraag van de bezoekers te kunnen voldoen, werden oude wijngaarden gerooid en herplant met goed aangepaste druiven, bijvoorbeeld de inheemse negramoll of listán negro. De installaties werden volledig vernieuwd en er ontstond een goede handel in lokale wijn. Als eerste werd de wijnstreek Tacoronte-Acentejo als D.O. erkent en de andere (La Palma, El Hierro, Valle de la Orotava, Ycoden-Daute-Isora, Valle de Güimar, Abona en Lanzarote) volgden snel. De Canarische wijnen worden grotendeels in de lokale restaurants en wijnwinkels verkocht, de rest gaat naar de dutyfree winkels. U zult dus nauwelijks een fles Canarische wijn buiten de eilanden aantreffen. Door deze uitzonderlijke positie kunnen de wijnboeren en coöperatieve bodega's voor Spaanse begrippen behoorlijk hoge prijzen vragen voor hun wijn.
Van het noordwesten naar het oosten vindt u er de volgende D.O.'s.

La Palma

Deze D.O., sinds 1994, bestaat uit drie subgebieden: Hoyo de Mazo (zuidoostelijke hellingen van Santa Cruz de La Palma tot Mazo), Fuencaliente-Las Manchas (zuidwestelijke hellingen van Tazacorte tot Fuencaliente) en het noordelijke district van Tijarafe tot Puntallana.
De wijngaarden liggen op hellingen van zwarte vulkanische grond op hoogten variërend tussen de 200 m en bijna 1000 m. In verband met de harde wind worden de wijnranken stuk voor stuk in kuilen geplant en door een muurtje tegen het vaak stormachtige weer beschermd. Het klimaat is duidelijk subtropisch, maar met sterke oceanische invloeden (La Palma is het westelijkste eiland van de Canaria's).
De Malvasía van de gelijknamige druif vindt u in seco, semi-dulce of dulce.
De wat modernere Seco (droog) is zeer elegant en vol, met veel body en karakter. Hij ruikt en smaakt vaak naar hooi, kruiden, wilde munt en bloemen. Alcohol: 14%-16%. Drink hem als aperitief. Drinktemperatuur: 10-12 °C.
De traditionele Semi-Dulce of Dulce Malvasía is wat donkerder van kleur en herinnert aan appels, wilde munt en hooi. U kunt hem als aperitief drinken. Drinktemperatuur: 14-16 °C of kamertemperatuur.
De Moscatel van La Palma is uitmuntend. Deze zoete wijn met een alcoholgehalte tussen de 15% en 22% is zeer fruitig en bezit een goede balans tussen zoet en zuur. Drinktemperatuur: 8-10 °C.
Tegenwoordig worden er ook wat moderne witte, rosé en rode wijnen gemaakt van zeer uiteenlopende druivensoorten en kwaliteit. Vergeet de goedkoopste en kies voor de wat betere wijn. De tinto's van de negramoll zijn over het algemeen de beste wijnen. Drink ze in de plaatselijke restaurants als u in de buurt bent.
Een extra vermelding verdient de plaatselijke curiositeit Vino de Tea. Deze wijn doet een beetje aan de Griekse retsina denken en bestaat in wit, rosé en rood. Het is in feite een crianza, die zes maanden heeft gerijpt op houten vaten van de Canarische pijnboom. Dit geeft de wijn een aparte, elegante en frisse harsgeur en smaak.

El Hierro

Deze Canarische D.O. is eigenlijk eigendom van maar één coöperatieve bodega, die definitief afrekende met de minder glorieuze wijngeschiedenis van het eiland. Door het vernieuwen van de installaties en een beter oenologisch beleid wordt hier geen vieze, niet-steriele en zwaar geoxideerde wijn gemaakt.

Men maakt nu prima blanco's, rosado's en tinto's voor de plaatselijke consumptie. De traditionele wijn wordt nog steeds uit een assemblage van meerdere druiven verkregen (blanco: listán blanco (palomino), vermejuela of bermejuela en vijariego; rosado en tinto: listán negro of negramoll. De modernere wijn wordt echter van één, hoogstens twee druivensoorten gemaakt. Men kiest dan uit de bovenstaande druivensoorten, maar ook uit pedro ximénes, verdello, breval, diego, gual, malvasía en moscatel. Veel van de gebruikte druiven zijn al lang uit Spanje verdwenen, maar gedijen goed op de vulkanische grond.

De wijngaarden van El Hierro liggen op terrassen op de vulkanische hellingen op 200 m tot 700 m hoogte. Het klimaat is hier mild en vrij droog, behalve iets hoger in de bergen.

El Hierro Blanco is een lichte, fruitige wijn met vegetale ondertonen. Drink deze sappige wijn bijvoorbeeld als aperitief of bij vis en zeevruchten. Drinktemperatuur: 8-10 °C.

El Hierro Rosado is een prima, aangename, frisse en fruitige rosado zonder al te veel pretenties. Drink hem bij vis, het liefst bij geroosterde vis. Drinktemperatuur: 10-12 °C.

El Hierro Tinto rijpt vaak minstens zes maanden op hout, meestal op Amerikaans houten vaten. De smaak is fris en fruitig, met een hint van vulkanische bodem. Drinktemperatuur: 12-14 °C.

Tacoronte-Acentejo

Dit was de eerste officiële D.O. van de Canarische eilanden. Het gebied ligt op de noordwestelijke hellingen van de oude vulkaan Pico de Teide (3.718 m), waar de wijngaarden in terrassen aangeplant zijn en op hoogten van 200 m à 800 m liggen. Het klimaat is subtropisch met sterke oceanische invloeden. De wijngaarden in dit gebied krijgen in verhouding veel meer water dan de andere gebieden. De bodem bestaat uit een vulkanische onderlaag en een rode bovenlaag van leem met hier en daar een beetje kalksteen.

Tacoronte-Acentejo staat vooral bekend om zijn rode wijn. Er wordt ook een beetje witte wijn en rosé geproduceerd. De plaatselijke bodega's hebben zich in de laatste tien jaar in ijltempo gemoderniseerd en in hoog tempo wordt steeds beter.

De blanco's, meestal gemaakt van de listán blanco al dan niet gemengd met gual of malvasía, zijn frisse, eerlijke wijnen met karakter. Drink ze als aperitief of bij zeevis en zeevruchten. Drinktemperatuur: 8-10 °C.

De rosado's van de listán negro zijn behoorlijk fris en fruitig (frambozen), droog en intens van smaak. Drinktemperatuur: 10-12 °C.

De tinto's zijn meestal van het vino-joventype, om snel door de toeristen gedronken te worden. Zij zijn fris, fruitig en makkelijk te drinken, bijvoorbeeld bij

lichte vleesgerechten. Drinktemperatuur: 12-14 °C. De beste rode wijn wordt op Amerikaans houten vaten gerijpt. Hierdoor krijgt de wijn, meestal gemaakt van negramoll en listán negro, meer rondeur en finesse, met typische kruidige aroma's en nuances van humus.

Het is een ideale wijn bij stevigere vleesgerechten. Drinktemperatuur: 14-16 °C.

Lanzarote

Het D.O.-wijngebied Lanzarote beslaat het overgrote gedeelte van het gelijknamige eiland. Sinds 1994 is de wijn van Lanzarote tot de D.O.-elite gepromoveerd. Ook hier bestaat de bodem van de wijngaarden uit zwarte vulkanische as, hier 'picón' genoemd. De wijnranken worden elk apart geplant in een soort kuil, die aan alle kanten beschermd wordt door stenen muurtjes. Dit is nodig om de rampzalige effecten van de zware winden tegen te gaan. Met name de sirocco uit de Sahara kan verwoestend zijn. De kuiltjes en de muurtjes op grote afstand van elkaar (400-500 wijnranken per ha) geven het landschap iets prachtigs en bijna surrealistisch. Voor de toeristen worden sinds een tiental jaren goede witte, rosé en rode wijnen gemaakt. Hoewel deze wijnen zeer zeker de moeite van het proeven waard zijn, ligt de kracht van het eiland in de prachtige Moscatel en Malvasía. Moscatel bestaat in dulce en licoroso.

DULCE

De dulce (zoet) is vrij fruitig en heeft een uitstekende balans tussen zuurgraad en suikergehalte. De smaak van verse muskaatdruiven blijft lang nahangen. Drinktemperatuur: 8-10 °C.

LICOROSO

De licoroso (likeurachtig) heeft een bijzonder aangename geur en smaak van overrijpe muskaatdruiven en is fluweelzacht, mierzoet, maar goed in balans dankzij de fijne zuren. In de finale komt vaak een licht bittertje voor en de afdronk is lang en bijna bedwelmend. Drinktemperatuur: 6-8 °C.

Malvasía bestaat in meerdere soorten, van droog tot mierzoet.

Malvasía seco is een uitstekende aperitiefwijn, droog en pittig, met veel karakter. Kenmerkende aroma's zijn hooi, wilde munt en bloemen. Drinktemperatuur: 10 °C.

Malvasía semi-dulce is zeer krachtig en aromatisch (hooi, munt, appel) met een brede smaak. Hij heeft een goed evenwicht tussen alcohol, zuren, suikers en het lichte bittertje. Drinktemperatuur: 10-12 °C.

Malvasía dulce is nog geconcentreerder dan de semi-dulce en bezit boeiende aroma's van gebrande mokka of cacao. U drinkt hem na het eten of aan het einde van de maaltijd. Drinktemperatuur: 16 °C tot kamertemperatuur, maar sommige mensen hebben hem liever wat kouder.

Portugal

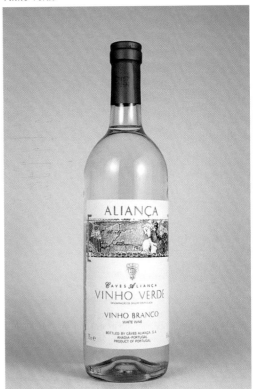

Portugal, de opwindende ontdekking

Het klimaat in Portugal is over het algemeen vrij gematigd, zonder extreme temperaturen. De winters zijn mild en de zomers warm, maar beslist niet te heet. Het noorden van het land wordt verwarmd door de Noord-Atlantische golfstroom en de oceaan brengt de nodige vochtigheid. Het centrum is wat warmer en droger, zeker in de zomer. De winters zijn daar zacht en kort. Het zuiden heeft het warmste en droogste klimaat, gematigd mediterraan. Uit dit idyllische land komen talloze gerenommeerde wijnen, die hun weg naar de Europese consument al lang hebben gevonden. Andere wijnen wachten er nog op ontdekt te worden en zijn zeker niet minder van kwaliteit. Wij zullen de diverse wijngebieden van Portugal van noord naar zuid bespreken, om dan verder naar Madeira en de Azoren te gaan. In de laatste decennia is de enorme technologische achterstand van de Portugese wijnbouw bijna overal ingelopen. Hier en daar zult u nog wat geïsoleerde wijneilandjes vinden waar men nog steeds op dezelfde manier te werk gaat als 100 jaar geleden. Maar dat staat in schril contrast met de high-tech adega's of zelfstandige quinta's, waar alles computergestuurd is. De beste quinta's (zelfstandige wijnbedrijven) kiezen voor een gulden middenweg, namelijk respect voor de oeroude wijntraditie met de hygiëne garanties en het gemak van de modernste technologie.

Vinhos Verdes

Het wijngebied van de Vinhos Verdes bevindt zich in het noordwesten van Portugal, net onder het Spaanse Galicië en boven de stad Porto. Het gebied strekt zich uit tussen de rivieren de Minho (de natuurlijke grens met Spanje) en de Douro in het zuiden, en tussen de kust en de voet van de bergen in het oosten. Het geheel doet denken aan een soort amfitheater waar wijnranken en wijnboeren de hoofdrol in een mythologisch toneelstuk vertolken. De wijnbouw in de Vinho Verde valt terug te voeren tot de Romeinen, maar het is zeer waarschijnlijk dat de Kelten al lang daarvoor hier wijn maakten, zoals in het naburige Galicië. De kracht van de streek zit in de combinatie van een zeer gunstig microklimaat, de geschikte bodem (graniet met een bovenlaag van zand en humus), het zachte reliëf en de uitstekende oude traditionele druiven. De wijngaarden van de Vinho Verde vormen ongeveer 10% van de totale oppervlakte aan wijngaarden van het Portugese vasteland. De grootste productiegebieden zijn Viana de Castelo, Porto en Braga. Wat het meest opvalt bij de Vinhos Verdes is de manier waarop de druiven verbouwd worden. De wijnranken worden niet zoals elders laag geleid, maar juist heel hoog, soms boven de 2 m. Dit gebeurt om verrotting van de druiven in een dergelijke vochtige omgeving te voorkomen. De wijnranken worden langs trellis, pergola's of zelfs kruisvormige betonconstructies geleid en meestal van onderen, vaak op de laadbak achter de trekker geoogst.

De Vinho's Verdes (letterlijk: groene wijnen) danken hun naam aan het prachtige groen van de natuur en niet, zoals sommige boze tongen beweren, aan de hoge zuurgraad van de wijnen. Ook is het een fabeltje dat Vinho's Verdes wit zijn. Er worden zelfs meer rode Vinho's Verdes geproduceerd dan witte. Deze rode Vinho's Verdes worden voornamelijk ter plekke geconsumeerd, door de inwoners zelf en door de vele toeristen. Door het lage alcoholgehalte (vanaf 8,5%) is hij extra geliefd, zo kan men immers langer en met minder mate genieten. De Vinho's Verdes dient u het liefst binnen één of maximaal twee jaar na de oogst te drinken. De wijn van 100% alvarinho, afkomstig uit de subregio Monção, vormt de enige uitzondering hierop. Deze Vinho's Verdes Alvarinho zijn zonder meer de beste in hun soort en kunnen wat langer bewaard worden. Voor de gewone Vinho Verde worden onder andere de alvarinho, avesso, loureiro, pederná en trajadura voor de witte wijn en azal tinto, borraçal, brancelho, padeiro de basto en pedral voor de rode wijn gebruikt. De Vinho's Verdes Branco's zijn perfecte aperitieven, zeker door hun lichte koolzuurtje. Deze fijne mousse wordt verkregen op een volkomen natuurlijke manier, door de wijnen snel te bottelen na de tweede gisting (malolactische of melkgisting). Tijdens deze gisting ontsnapt gewoonlijk wat koolzuurgas. Door snel te bottelen worden de microscopische belletjes in de fles gevangen. Deze zorgen voor extra frisheid aan de smaak. De meeste wijnen bezitten ongeveer 10% alcohol, wat ze tot extra smakelijke, lichte dorstlessers maakt. Drinktemperatuur: 8-10 °C.

De Vinho's Verdes Alvarinho zijn van betere kwaliteit en bevatten iets meer alcohol. Drinktemperatuur: 10-12 °C.

De Vinho's Verdes Tinto zijn even licht en verfrissend als de witte, maar hebben net iets meer body. Drink deze wijn bij de lunch. Drinktemperatuur: 10-12 °C.

Douro

De Rio D'ouro (gouden rivier) gaf zijn naam aan deze streek in het noordoosten van Portugal. Dit wijngebied staat al meer dan 2000 jaar bekend om zijn wijn, voornamelijk om een zeer bijzondere wijn, de vinho do Porto (beter bekend onder de naam port). Terwijl hier eeuwenlang vooral port werd gemaakt, lijkt het alsof er steeds meer tafelwijn gemaakt wordt in het Dourodal (tafelwijn in tegenstelling tot versterkte wijn). In de afgelopen jaren werd er zelfs meer van deze tafelwijn geproduceerd dan port. De wijngaarden in de vallei van de Opper-Douro beginnen ongeveer 100 km landinwaarts, vanaf de havenstad Porto. De meeste wijngaarden zijn geplant op heuvels met een bodem van oerrots en graniet. Het klimaat in het dal is relatief droog, semi-continentaal, met grote temperatuurverschillen tussen de hete zomers en koude winters. Hier wordt witte en rode wijn van goede kwaliteit geproduceerd, variërend in stijl naar gelang de gebruikte druivensoorten en de wensen van de wijnmakers. Voor de witte wijn maakt men een keuze uit de malvasia fina, rabigato, viosinho, donzelinho, verdelho en vele andere. Voor de rode wijn gebruikt men de bastardo, mourisco tinto, tinta roriz, tinta francisca, touriga nacional en tinto cão. Hoewel er zeer uiteenlopende typen Douro bestaan, moet er gezegd worden dat er een enorme vooruitgang is geboekt in de laatste decennia wat betreft de kwaliteit van de wijn. De Douro Branco's zijn frisse, levendige en zeer aromatische wijnen. De smaak is delicaat en verfijnd, beslist niet te zwaar. Deze wijn met minimaal 11% alcohol moeten minstens negen maanden rijping op de fles hebben ondergaan voor hij verkocht mag worden. Drinktemperatuur: 10-12 °C. De Douro Tinto's bestaan in vele stijlen. Sommige zijn jong, fruitig en bijna speels, terwijl andere juist vrij stoer en krachtig zijn. Dit heeft ook te maken met de keuze van de druiven, de gehanteerde vinificatietechniek en de duur van de rijping op hout. Alle rode Douro moet minstens achttien maanden oud zijn voor hij verkocht mag worden en minimaal 11% alcohol bevatten. Welke Douro u ook kiest, u krijgt altijd verrassend veel voor uw geld. De

Douro Tinto

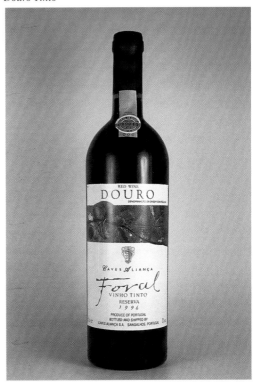

modernere wijn is zeer kleurrijk en erg fruitig. Hij is fluweelzacht, sappig en zeer smaakvol. De traditionele wijn is vrij donker van kleur, zeer aromatisch, vaak bijna rustiek (terroir, graniet). Drinktemperatuur: moderne wijn 12-14 °C, traditionele wijn 14-17 °C.

Port

Hoewel de streek Douro een van de karakteristiekste Portugese wijngebieden is, heeft de beroemde port uit het Dourodal bijna alles te danken aan de vindingrijkheid van de Engelsen.

Port of porto ontleent zijn naam aan de havenstad Porto, tegenwoordig de tweede stad van Portugal. Porto ligt vlak bij Vila Nova de Gaia, waar de meeste port opgeslagen, gebotteld en verhandeld wordt.

Ideale omstandigheden

Waarschijnlijk is het dal van de Alto-Douro het schilderachtigste wijngebied ter wereld. De wijngaarden liggen op ± 80 km ten oosten van Porto en Vila Nova de Gaia en worden door het 1.400 m hoge Maraogebergte beschermd tegen de extreme invloeden van het oceanische klimaat. De bodem bestaat voornamelijk uit schilfersteen en plooien van afgebrokkeld oergesteente, dat de wijnstokken dwingt om alle nodige voedingsstoffen en water diep in de grond te zoeken. De zomers zijn bijzon-

der warm en droog, en de winters snijdend koud, maar met veel regen. Om erosie tegen te gaan en het werk op de zeer steile hellingen te vergemakkelijken werden hier ontelbare terrassen aangelegd. Desondanks blijft het werk zeer zwaar, omdat alles nog met de hand moet geschieden. Dat de werkomstandigheden bijzonder moeilijk zijn, wordt nog eens onderstreept door het feit dat slechts 40.000 ha van de officieel toegewezen 250.000 ha van de herkomstbenaming door wijngaarden in beslag wordt genomen. De traditionele druivensoorten voor het maken van witte port zijn de arinto, boal cachudo, cercial, malvasia fina, samarrinho en verdelho. Voor de rode port maakt men een keuze uit onder andere de bastardo, malvasia, tinto mourisco, touriga francesa, tinta roriz, touriga nacional, periquita en tinta barroca. U zult uit het voorgaande begrijpen, waarom er zo veel verschillen bestaan tussen de port.

Elk jaar, ongeveer midden september, vindt hetzelfde boeiende ritueel plaats. Lange rijen plukkers trekken de 'quintas' (wijngaarden) in om, terras na terras, de rijpe druiven te plukken. Na de pluk worden de druiven verzameld in grote korven en naar de persen gebracht, soms tientallen kilometers verderop. Tegenwoordig gebruiken de meeste portbedrijven moderne pneumatische persen, maar sommige kleinere bedrijven hanteren nog de traditionele grote, lage granieten bakken, de 'lagares', waarin familie, vrienden en plukkers de druiven met hun

blote voeten, of met speciaal schoeisel platpersen. Deze folkloristische taferelen worden vaak muzikaal begeleid en trekken veel toeristen. Tijdens de vinificatie, die tegenwoordig bijna overal in roestvrijstalen tanks plaatsvindt, voegt men wat wijnalcohol (10 l per 45 l most) aan de nog gistende most toe. De jonge port wordt dan in houten vaten overgeheveld en rust enkele maanden. De vaten worden daarna naar Vila Nova de Gaia gebracht, waar ze in enorme kelders of loodsen (lodges/armazéns) moeten rijpen. Sinds kort mag sommige port ook in het Dourodal zelf rijpen (douro baked). Het hele rijpingsproces duurt minstens twee jaar. In de 'pipas' of pijpen (grote vaten van 550 l inhoud) wordt de rijping voortgezet, waarbij de kleur van de wijn van paarsrood naar taankleurig evolueert en de jonge wijn zijn specifieke karakter en aroma's krijgt.

PORT
Port is een van de dranken die het meest geïmiteerd worden, maar de kwaliteit van een goede port werd elders nooit geëvenaard. Port is de zon in de fles, maar is ook onlosmakelijk verbonden aan zijn aardse oorsprong, de bodem van schiffersteen en oersteen. Dit zorgt voor het verschil met de andere portachtige wijnen die elders gemaakt worden.

WITTE PORT/PORTO BRANCO
Eeuwenlang was port uitsluitend rood. Sinds 1935 wordt er ook witte port gemaakt en wel op dezelf-

Droge witte port   *Zoete witte port*

de manier als rode port. Alleen worden hiervoor witte druiven gebruikt (onder andere malvasia). Hij kan zoet, droog of zeer droog zijn.

RUBY/TINTO ALOIRADO
Ruby port dankt zijn naam aan de mooie robijnrode kleur van de jonge port. Een ruby port is minimaal drie jaar gerijpt op hout, waarna hij meteen gebotteld wordt. De smaak is vol, rond en vooral zeer fruitig.

VINTAGE CHARACTER
Dit is een mengsel van meerdere jaargangen van ongeveer vier jaar oud. De kleur is diep, de smaak vol

Ruby port

Vintage character

en zeer complex. De kwaliteit is altijd uitstekend en benadert vaak de vintage port. De prijs is in verhouding zeer laag.

TAWNY/ALOIRADO
Door de langdurige rijping op hout (minimaal vijf jaar) heeft deze port een tanige kleur gekregen, vandaar de naam (tawny).
De smaak is vol en zacht, met een kruidige, nootachtige ondertoon. Denk erom dat een goede tawny niet goedkoop is. Goedkope tawny's zijn dikwijls mengsels van goedkope ruby en witte port.

Tawny port   *Aged tawny*

AGED TAWNY

Sommige tawny's van hoge kwaliteit worden langer op hout bewaard. Zij zijn te herkennen aan de leeftijdsaanduiding op het etiket: 10 years old, 20 years old, 30 years old, over 40 years old. De aangeduide leeftijd is de gemiddelde leeftijd van de tawny's die voor de betreffende assemblage gebruikt werden. De wijn wordt kort na de assemblage gebotteld.

COLHEITA

Colheita (spreek uit: kol-yé-ta) betekent oogst in het Portugees. Colheita hoort ook bij de tawnyfamilie. In tegenstelling tot de andere tawny's is dit echter geen mengsel van meerdere jaren, maar wijn van een enkele jaargang. De rijping op hout moet minimaal zeven jaar duren. Op de fles wordt ook het jaar van de botteling vermeld.

LATE BOTTLED VINTAGE (L.B.V.)

Deze wijn heeft vijf à zes jaar op hout gelegen. Hij is voller en complexer dan de meeste ruby's en tawny's, maar haalt de kwaliteit van de vintage port net niet. Hij heeft twee grote troeven: in tegenstelling tot een vintage port is deze L.B.V. meteen drinkbaar na het bottelen en de prijs is veel lager dan van de vintage port.

CRUSTED PORT

Deze wijn, van meerdere jaargangen, wordt ongefilterd gebotteld. Hij moet minstens vier jaar op fles

Colheita

Late bottled vintage (L.B.V.)

blijven liggen voordat hij verkocht mag worden. Door de grote hoeveelheid bezinksel ontstaat er een dikke depotlaag aan de binnenkant van de flessen, de 'crust' of korst, waar deze wijn zijn naam aan ontleent. Het is een rijke, volle en donkere wijn, die voor gebruik beslist gedecanteerd moet worden.

VINTAGE PORT

De betere ruby's uit een uitzonderlijk jaar worden al na twee jaar rijping op het vat gebotteld. Het behoud van een jonge, fruitige smaak en een mooie robijnrode kleur wordt daardoor gegarandeerd. Een vintage port heeft zeker tien jaar nodig om zich te ontwikkelen, maar kan tientallen jaren oud worden. Eigenlijk zou men een vintage port jonger dan 30 jaar niet mogen openen. Er bestaat een duidelijk verschil tussen de zogeheten Portugese vintage port (Ramos-Pinto, Royal Oporto, Rainha Santa) en de Engelse vintage port (Croft, Offley, Taylor, Osborne, Sandeman, Graham, Warres, Dow's). De Portugese vintage port lijkt in het algemeen toegankelijker dan de Engelse.

Vintage port

SINGLE QUINTA VINTAGE PORT

In jaren waar niet alle wijn het predikaat vintage verdient, wordt sommige wijn uit één wijngaard tot vintage verklaard. Deze wijn is altijd van uitzonderlijke kwaliteit. Maar enkele porthuizen maken ook single quinta vintage port in officiële vintagejaren.

BAIRRADA

De wijngaarden van Bairrada liggen niet al te ver van de kust, ten noorden van de stad Coimbra en ten zuiden van het wijngebied Vinho Verde. De streek wordt begrensd door de Atlantische Oceaan in het westen en de regio Dão in het oosten. Het klimaat van de Bairrada wordt duidelijk beïnvloed door de Atlantische Oceaan. De naam 'Bairrada' is afgeleid van het Portugese woord voor klei of leem, 'bairro' of 'barro'. Net als in het Spaanse Tierra de Barros zegt het alles over de gesteldheid van de plaatselijke bodem. Hier wordt uitstekende wijn gemaakt, met veel extract en veel kleur. De wijnboeren van Bairrada zijn ware, bijna fanatieke perfectionisten. De schoonheid van sommige wijn weerspiegelt het prachtige landschap, de gastvrijheid en de jovialiteit van de inwoners. De Bairrada's zijn verleidelijke charmeurs. Ze zijn verkrijgbaar in rood, wit en rosé. Voor de zeldzame witte wijn (ongeveer 10% van de productie) gebruikt men onder andere de bical en de rabo de ovelha (ook bekend onder de naam rabigato), voor de rosé (10%) en rode wijn (80%) onder andere de baga en rufete. In Bairrada wordt ook acceptabele mousserende wijn gemaakt volgens de methode traditionnelle. Het grootste deel van de productie is in handen van de adega's coöperativa's en enkele zelfstandige quinta's.

De Bairrada Branco is vrij zeldzaam maar beslist de moeite van het ontdekken waard. Zeker de wijn, die een (korte) rijping op hout heeft gehad, is verrassend lekker. U kunt deze frisse, verfijnde wijn al snel drinken, maar hij kan ook een paar jaar bewaard worden. Drinktemperatuur: 8-10 °C.

De Bairrada Rosado is wat pittiger dan de witte, maar niet zo vol als de rode naamgenoot. Drinktemperatuur: 10-12 °C.

De Bairrada Tinto heeft een opvallend intense geur en een brede, volle smaak. Het is een krachtige wijn

Bairrada Branco

Bairrada Tinto

Dão Branco

met veel karakter en een lange afdronk. Drinktemperatuur: 12-14 °C voor de jonge wijn, 14-17 °C voor de wat oudere wijn.

Dão

De streek Dão vindt u net onder het wijngebied van de Douro. Al in de 14e eeuw was de wijnbouw hier wettelijk beschermd. De geschiedenis van de plaatselijke wijnbouw is echter veel ouder, waarschijnlijk zelfs van voor de Romeinse tijd. De streek ligt middenin Portugal, tussen de Spaanse grens en de wijnregio Bairrada. Het gebied Dão wordt omringd door bergketens, die de wijngaarden beschermen tegen de vochtige wind van de Atlantische Oceaan en tegen de extreme continentale kou. Het noorden en centrum van het gebied bestaan uit een harde granieten bodem, het zuiden uit lei- of schilfersteen. De wijngaarden liggen in terrassen op de steile flanken van de bergen, net als in het Dourodal. Het klimaat is vrij gematigd met over het algemeen warme, droge zomers en koude herfsten. Op de granieten bodem gedijen voornamelijk blauwe druiven, terwijl de witte druiven het beter doen op lei- of schilfersteen. De traditionele druiven van de Dão zijn onder andere alfrochero preto, tinta pinheiro, tinta roriz, jaen, rufete en touriga nacional voor de rode wijn en de oeroude barcelo, de bical, cercial, encruzado, malvasia fina, rabigato en uva cão voor de witte wijn. De meeste wijn uit Dão is rood, maar door de grote vraag wordt er steeds meer witte wijn geproduceerd. Alle Dão moet minstens 11% alcohol bevatten. Door de grote verspreiding en de kleine afmetingen van de wijngaarden is de rol van de grote coöperaties ('adegas coöperativas') van levensbelang. Toch ziet men steeds meer domeinen ('quintas') die hun wijn zelf rijpen en bottelen. Dit is een goed teken voor de toekomst van deze streek.

De Dão Branco moet een rijping hebben ondergaan van minimaal zes maanden alvorens hij verkocht mag worden. Sommige wijn wordt kort op hout gerijpt. Door de modernisering van de vinificatie kan men tegenwoordig uitstekende, droge, frisse en fruitige witte Dão's maken. Drinktemperatuur: 8-10 °C. De Dão Tinto moet net als de witte wijn een minimale rijping van achttien maanden hebben gehad. Jong is deze Dão Tinto robijnrood van kleur en behoorlijk strak en vol. Na enkele jaren rijping ontwikkelt hij een fluweelzachte, zeer karakteristieke smaak en een zeer complex bouquet. Sommige oude wijn draagt het predikaat 'reserva' of 'garrafeira'. Het drinken van een Dão Tinto heeft overigens altijd een gunstige invloed op de spijsvertering. Drinktemperatuur: jong 12-14 °C, oud/reserva/garrafeira 14-17 °C.

Alentejo

Alentejo is een eigenlijk geen wijngebied, maar een samenvoegsel van de talloze kleine wijngebieden: Portalegre, Borba, Redondo, Evora, Reguengos,

Dão Tinto

Granja/Amareleja, Vidigueira en Moura. Het 'gebied' ligt verspreid langs de grens met Spanje, ten oosten en zuidoosten van Lissabon (Lisboa). Alentejo beslaat een vrij groot gebied waar al sinds mensenheugenis wijn en olijfolie geproduceerd werden. Nog steeds ziet u links en rechts enkele olijfbomen in de wijngaarden, zoals in het Italiaanse Toscane. Tegenwoordig zijn de meeste wijngaarden echter gescheiden van de olijfbomen. Hier in Alentejo maakt men veel wijn van goede kwaliteit, mede dankzij de grote investeringen in moderne installaties. Het grootste deel van de wijnproductie is in handen van enorme adega's coöperativa's. Behalve misschien in het subdistrict Vidigueira domineert de rode wijn overal, maar door de groeiende vraag naar droge witte wijn zal ook in de Alentejo het aandeel witte druiven snel groter worden.

Het enorme gebied (13.000 ha wijngaarden) heeft een vlakke bodem, voornamelijk droog en rotsachtig. Het klimaat is mediterraan met Atlantische invloeden. De zomers zijn hier zeer warm en droog. In totaal worden hier meer dan 20 druivensoorten gebruikt, zes daarvan zijn de hoofdsoorten. Dat zijn de witte roupeiro (citroenkleur en verfijnde aroma's), rabo de ovelha (volume en kleur) en antão vaz (specifieke aroma's) en de rode periquita (fruitige, milde aroma's), trincadeira (alcohol, frisheid) en aragonez (donkere kleur en body).

Elk wijngebied in Alentejo heeft een eigen karakter. Wij laten ze allemaal even de revue passeren.

Portalegre

Dit is het noordelijkste gebiedje, in de buurt van de heuvels van de São Mamede, in een rijk beboste omgeving. Bos en reliëf zorgen voor het specifieke microklimaat van Portalegre. De bodem bestaat voornamelijk uit graniet met hier en daar wat leisteen, schiffersteen of kwartsiet. Hier wordt vooral rode wijn gemaakt van de aragonez, grand noir, periquita en trincadeira. De witte wijn wordt gemaakt van de arinto galego, roupeiro (hier alva genoemd), assario, manteúdo en fernão pires.

Borba

Borba is even bekend om zijn wijn als om zijn prachtige marmer. De bodem bestaat uit kristalhoudende kalksteen en een beetje rode schiffersteen. De rode wijn wordt gemaakt van een assemblage uit aragonez, periquita, trincadeira als basisdruiven en de alfrocheiro, alicante bouschet, grand noir en moreto als hulpdruiven. De witte wijn wordt gemaakt van de perrum, rabo de ovelha, roupeiro en tamarez.

Redondo

Redondo wordt begrensd door de bergketen Ossa in het noorden en door het water van de Vigiadam in het zuiden. De bodem bestaat voornamelijk uit graniet en schilfersteen. De belangrijkste druiven zijn de periquita, aragonez, trincadeira en moreto voor de rode wijn en roupeiro, fernão pires, tamarez en rabo de ovelha voor de witte wijn.

Evora

Ooit was Evora een beroemd wijngebied. Om onduidelijke redenen leek het tot voor kort bijna te zijn verdwenen van de Portugese wijnkaart. Na een drastische herbeplanting met onder andere periquita, trincadeira, aragonez en tinta caiada voor de rode wijn en arinto, rabo de ovelha, roupeiro en tamarez voor de witte wijn, is Evora bezig aan zijn tweede jeugd. Hoewel het geografisch bij de Denominação de Origem Controlada Alentejo hoort, beschikt Evora nog niet over de officiële erkenning. Op de etiketten staat Indicação de Provenencia Regulamentada, de voorloper van de D.O.C.

Reguengos

De bodem van Reguengos bestaat voornamelijk uit graniet met wat schilfersteen. Hier is het klimaat continentaal, met koude, droge winters en warme, droge zomers. De zon schijnt hier ongeveer 3.000 uur per jaar. De wijn van Reguengos onderscheidt zich door zijn hoge kwaliteit. De rode wijn wordt gemaakt van de periquita, trincadeira, aragonez en moreto, de witte wijn van de roupeiro, rabo de ovelha, manteúdo en perrum.

Granja/Amareleja

Ook Granja/Amareleja mag nog niet het D.O.C. Alentejo-predikaat dragen. Voorlopig valt de wijn uit dit gebied onder de I.P.R.-classificatie (zie Evora). Het gebied ligt in het zuidwesten van Alentejo en grenst aan Spanje. Het klimaat is continentaal met subtropische invloeden, met grote temperatuurverschillen tussen warme zomers en koude winters. Granja/Amareleja maakt uitsluitend karakteristieke rode wijn, met veel body en verleidelijke aroma's. Hiervoor gebruikt men de moreto, periquita en trincadeira.

Vidigueira

Dit is waarschijnlijk een van de oudste wijnstreken van Portugal. De streek wordt in het noorden door de Portelheuvels begrensd. Het klimaat is continentaal met subtropische trekken met grote temperatuursverschillen tussen winter en zomer. Ook de bodem is anders dan in de rest van Alentejo, namelijk vulkanisch. De wijn wordt gemaakt van de volgende druivensoorten: de alfrocheiro, moreto, periquita, tinta grossa en trincadeira voor de rode wijn, antão vaz, manteúdo, perrum, rabo de ovelha en roupeiro voor de witte wijn.

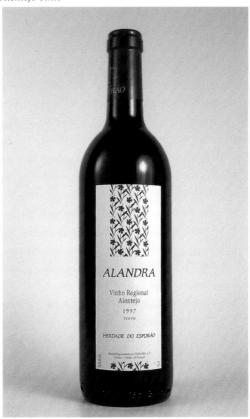

Alentejo Tinto

Moura

Het is het zuidelijkste van alle kleine gebieden, met een bodem van kalksteen. Het klimaat is hier bijna subtropisch. Als druivensoorten worden hier de alfrocheiro, moreto, periquita en trincadeira voor de rode wijn, antão vaz, fernão pires, rabo de ovelha en roupeiro voor de witte wijn gebruikt.

Alentejowijnen

Naast de D.O.C.-Alentejowijnen uit een erkend subgebied en de I.P.R.-wijnen, heeft de streek ook generieke wijnen die onder de naam Alentejo D.O.C. verkocht worden. Ze mogen overal binnen de grenzen van de eerdergenoemde gebieden gemaakt worden.

De Alentejo Branco (generiek of van een afgebakend gebied) is over het algemeen een frisse, zachtfruitige wijn met intens kruidige aroma's. Hij moet minstens 11% alcohol bevatten. Drink hem het liefst jong. Drinktemperatuur: 8-10 °C.

De Alentejo Tinto is fruitig en fris, met rijke aroma's en een volle, zachte en vlezige smaak. Drinktemperatuur: 12-14 °C voor jonge wijn, 14-17 °C voor oudere wijn.

dium en phylloxeraplagen, net als elders op het Europese vasteland. Het wijnareaal verminderde met de helft en Madeira beleefde, ondanks de bloei van het toerisme in de 20e eeuw, nooit meer het succes dat het in de 18e en 19e eeuw had.

Het eiland ligt in de Atlantische Oceaan, ± 1.000 km ten zuidwesten van Portugal en slechts 600 km ten westen van de Noord-Afrikaanse kust. Het eiland Madeira heeft een gematigd klimaat en is vrij vochtig. Het landschap wordt gedomineerd door groene bossen en talrijke bloemen. Het nabijgelegen eilandje Porto Santo vormt een regelrecht contrast met Madeira: hier is het klimaat uitzonderlijk warm en droog, en is het landschap bijna woestijnachtig.

De oppervlakte van Madeira (hoofdstad: Funchal) bedraagt ongeveer 730 km², 53 km lang van west naar oost en 23 km breed van noord naar zuid. Het eiland wordt gedomineerd door een 2.000 m hoge vulkanische berg. De wijngaarden liggen aan de voet en op de lage zuidflanken van deze berg. Door de hoge lucht- en grondvochtigheid moeten de wijnranken langs latten ('poios') de hoogte in geleid worden. Samen met het zeer geaccidenteerde terrein zorgt dit voor bijzonder zware werkomstandigheden. De madeira is een versterkte wijn, net als port. Het type wijn en de smaak worden volledig bepaald door de gebruikte druivensoorten. Deze druivensoorten worden op het etiket vermeld. Het alcoholpercentage van madeira ligt tussen de 18% en 20%. Vroeger legde de madeira een lange zeereis af, waarbij hij

Algarve

De Algarve ligt in het uiterste zuiden van Portugal en loopt van de Atlantische Oceaan tot de Spaanse grens. Het klimaat is hier subtropisch en de bodem bestaat voornamelijk uit zand.

De witte wijn is vrij mild in zijn zuren, fijn en delicaat, maar bezit vaak behoorlijk veel alcohol (tot 13%). Drinktemperatuur: 8-10 °C.

De rode wijn is zacht en fluwelig, met veel alcohol en niet zo veel body en zuren. Drinktemperatuur: 14-16 °C.

Madeira

Het eiland Madeira werd relatief laat ontdekt, in 1418. Al snel na de ontdekking werd het eiland voor de wijnbouw gebruikt. In 1470 verwoestte een vulkaanuitbarsting het eiland bijna volledig. Alles werd bedekt met een dikke laag as, die de bodem van het eiland verrijkte. Deze ideale bodemgesteldheid en de uitzonderlijke klimatologische omstandigheden maakten van Madeira een bijzonder geschikte plek voor de wijnbouw. Madeira genoot al snel grote faam, met name in Groot-Brittannië en zijn koloniën. In de 18e eeuw was de handel in de zoete madeira op zijn hoogtepunt. Aan het einde van de 19e eeuw werd het eiland getroffen door oï-

Moscatel de Setúbal

Madeira Boal

MALVASIA
Dit is de zoetste madeira, zeer donker van kleur, zwaar, bijna stroopachtig, met een verrassend elegante geur en een bijzonder volle smaak. Drinktemperatuur: naar smaak tussen 8 en 14 °C, afhankelijk van het drinkmoment, het seizoen (in de winter mag deze wijn wat warmer gedronken worden, maar niet op kamertemperatuur) en het gezelschap. Ten slotte: of u nu Sercial, Verdelho, Boal of Malvasia drinkt, een glaasje madeira heeft altijd een bijzonder gunstig effect op uw spijsvertering.

Azoren

Op deze Portugese eilanden wordt ook wijn gemaakt. Deze zult u echter zelden of nooit buiten de eilanden aantreffen. Volledigheidshalve geven wij u hier de naam van enkele van deze wijnen die u ter plekke zult moeten ontdekken: Biscoitos, Graciosa en Pico.

PORTUGESE ROSÉ
Deze ooit zo beruchte rosado's in hun grappige flessen zijn volwassener geworden, maar weinige ervan halen de kwaliteit van hun Spaanse naamgenoten. Toch blijven de Portugese rosado's, met name de droge, lekker en dorstlessend bij een zomerse lunch of (strand)barbecue. Drinktemperatuur: 10-12 °C.

Portugese rosé

de evenaar tweemaal passeerde. Tegenwoordig vindt de rijping van de wijn plaats in grote vaten in een (door de zon) verwarmde ruimte ('estufas'). Hierdoor oxideert de wijn en krijgt de typische 'portachtige' geur en smaak, een proces dat men 'maderisatie' noemt. Voor de betere wijn wordt de rijping verder voortgezet in door de zon verwarmde bovengrondse kelders, de 'canteiros'. Over het algemeen is madeira een mengsel van verschillende jaargangen, enkele uitzonderingen daargelaten.

SERCIAL
De sercialdruif brengt een bleke, droge, lichte wijn voort met fijne zuren, een zeer aangename geur en een heel eigen, pittige smaak. De wijn is voortreffelijk als aperitief. Drinktemperatuur: 10-12 °C.

VERDELHO
De Verdelho is wat donkerder van kleur dan de sercial, is minder droog en minder verfijnd, maar bezit een verleidelijke geur en smaak van verse druiven, honing en iets licht rokerigs. Drinktemperatuur: 10-13 °C.

BOAL
De boal-cachudodruif brengt een volle, rijke, fluweelzachte en zoete wijn voort. Deze wijn kunt u beter niet als aperitief drinken, maar bijvoorbeeld tijdens een informele avond met vrienden. Drinktemperatuur: 10-14 °C, naar smaak.

Italië

De Italiaanse wijnbouw

Italië is een lang en smal schiereiland in de vorm van een lieslaars. Tegen de punt van de laars ligt het trosvormige eiland Sicilië en daarboven het andere grote eiland van Italië, Sardinië. De wijnbouw in Italië heeft geen duidelijk afgebakende gebieden, zoals Frankrijk of Spanje. Het wijnareaal beslaat het hele schiereiland, met uitzondering van de hoogste bergen. Deze bergen bevinden zich in het noorden van het land, van west naar oost de Alpen en in het midden en zuiden, van noord naar zuid, liggen de Apennijnen. Toch zijn deze berggebieden, die de ruggengraat van het land vormen, goed voor 40% van het totale wijnbouwoppervlak. De wijngaarden groeien in elk beschermd dal. Tussen de beide berggebieden bevindt zich de rijke Povallei. Hoewel de Italiaanse wijnbouw bepaald wordt door talloze microklimaten, heeft het noorden van Italië een continentaal klimaat en het zuiden een mediterraan klimaat. De wijngaarden liggen nooit echt ver van de zee, waardoor de extreemste temperaturen getemperd worden. Grof gezien bestaat de bodem van het noorden van Italië uit kalkhoudende grond, die van het zuiden en van Sicilië uit vulkanische grond.

Druivensoorten en wijntypen

Italië is een waar doolhof van wijngaarden, waarin de geïnteresseerde wijnliefhebber meer dan 2.000 verschillende soorten druiven kan tegenkomen. De meeste druiven groeien sinds bijna 3.000 jaar op het schiereiland. Men vindt hier nog steeds oeroude inheemse druiven, maar ook soorten die door de Grieken geïntroduceerd werden en ten slotte de wat modernere, meestal uit Frankrijk afkomstige, variëteiten. In totaal zijn er ongeveer 14 D.O.C.G., 270 D.O.C. en 115 I.G.T. wijnen. Als u weet dat de meeste wijn in wit, rosé en rood verkrijgbaar is en dat sommige herkomstbenamingen wel 20 verschillende druivensoorten gebruiken, zult u begrijpen dat het voor elke schrijver over wijn onmogelijk is om een volledig overzicht van de Italiaanse wijn te geven. In dit boek zullen wij de gangbaarste wijnsoorten van Italië behandelen en de andere slechts noemen.

U zult in Italië bijna alle denkbare typen wijn aantreffen: prachtige droge mousserende wijn (spumante), gemaakt volgens de traditionele methode, zoals in de Champagne, of via de charmat/cuveclosemethode, verleidelijke, zoete, mousserende wijn van de moscato; droge witte wijn, fris, licht en fruitig of volle witte wijn die een rijping op hout op kleine Franse barriques heeft ondergaan; halfzoete (abbocato) of volzoete (dolce) witte wijn en rosé; lichte en fruitige of juist volle en krachtige rode wijn en ten slotte diverse specifieke laat geoogste wijn

(passito), zoals de zoete recioto en vin santo en de droge recioto amarone. Wat u ook vraagt, Italië heeft het.

Introductie van de Italiaanse wijngebieden

Wij beginnen onze reis in Noordwest-Italië en volgen in eerste instantie de lijn van de Alpen van west naar oost. Daarna zakken we af naar het zuiden en behandelen de gebieden aan weerszijden van de Apennijnen. Als laatste brengen we een bezoek aan de eilanden Sicilië en Sardinië.

Piemonte

De naam van de streek zegt het al: het gebied ligt aan de voet van de bergen (Alpen), die als een sierlijke boog de grens met Frankrijk en Zwitserland vormt.
Tal van rivieren, waarvan de Po de bekendste is, stromen van deze bergen om prachtige valleien te vormen in de lagergelegen gebieden. De hoofdstad van Piemonte, Torino, is bekend om haar zware industrie, maar de rest van de streek is trouw gebleven aan de traditionele landbouw. De dalen van Piemonte vormen een welkom contrast met de machtige bergtoppen van de Alpen. Het zuidelijkste deel van de streek doet ons zelfs aan het zachtglooiende Toscane denken.

Moscato d'Asti D.O.C.G.

154

Piemonte is rijk aan tradities, meestal afkomstig uit het rijke boerenleven. De lokale keuken staat bekend om haar stevige, kruidige schotels, waarbij men niet op een paar teentjes knoflook kijkt. Het is dan ook geen verrassing dat de rode wijn uit de streek vol en krachtig is, met name de wijn die gemaakt is van de hier alom aanwezige nebbiolodruif. Sinds mensenheugenis maakt men wijn in Piemonte, getuige de vele vermeldingen in de Griekse en Romeinse literatuur. Tegenwoordig is Piemonte, samen met Toscane, de tempel van de Italiaanse oenologie.

ASTI SPUMANTE D.O.C.G. EN MOSCATO D'ASTI D.O.C.G.

De mousserende Asti Spumante wordt verkregen door natuurlijke gisting in de fles (de beste) of in de afgesloten gistkuipen. De kleur is helder, van licht strogeel tot goudgeel. De geur doet sterk denken aan de verleidelijke muskaatdruiven, die de basis van deze wijn vormen. De smaak is zacht, delicaat, fruitig en zoet, met een goede balans tussen zuur en zoet. Vrouwen prefereren deze wijn vaak als aperitief, goed gekoeld. Drinktemperatuur: 6-8 °C.

De licht parelende Moscato d'Asti, eveneens gemaakt van de moscato, heeft een helder strogele kleur en een bijzonder intense geur van muskaatdruif. De smaak is aromatisch en zoet, maar door de aanwezige fijne zuren laat deze wijn een frisse indruk achter op de smaakpapillen. Een echte Moscato d'Asti is beslist niet goedkoop. Drinktemperatuur: 8-10 °C.

BARBARESCO D.O.C.G.

Deze rode wijn van de nebbiolo ontleent zijn naam aan het Barbarescodistrict in de provincie Cuneo. Het is een bijzonder goede wijn, met een volle, diepe rode kleur en een oranje zweempje. De geur is zeer aromatisch (kruiden, zoals laurier) en de smaak is vol, rijk en goed droog. Jong kan de wijn behoorlijk hard zijn, maar dat is na enkele jaren rusten voorbij. Een Barbaresco op leeftijd wordt fluweelzacht. De gewone Barbaresco moet minimaal 2 jaar rijping ondergaan, de riserva vier jaar. Drinktemperatuur: jong 13-15 °C, op leeftijd 16-17 °C.

BAROLO D.O.C.G.

Waarschijnlijk de bekendste rode wijn uit de Piemonte. Deze Barolo wordt ook gemaakt van de nebbiolo en is evenals de Barbaresco afkomstig uit Cuneo. De wieg van de Barolo staat in de Langhe, bij het stadje Barolo. Deze Italiaanse topwijn is diep donker granaatrood van kleur, zeer intens en aromatisch van geur (kruiden, zoals laurier, rozemarijn en alcohol) en vol, krachtig, rijk en heeft een behoorlijk hoog alcoholpercentage (min. 13%). Een jonge Barolo is nauwelijks te drinken, omdat hij bijzonder hard is (veel tannine). Laat hem dan ook minstens vijf jaar liggen. De gewone Barolo moet minstens drie jaar oud zijn voor hij verkocht mag worden (dat wil nog niet zeggen dat hij op dronk is), terwijl de riserva minstens vijf jaar oud moet zijn. Koop geen goedkope Barolo, dat is karakterloze, commerciële wijn. Drinktemperatuur: 16-18 °C.

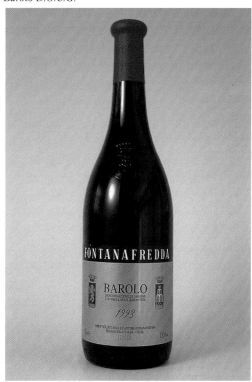

Barolo D.O.C.G.

Gattinara D.O.C.G.

Ook voor de Gattinara is de nebbiolo de basisdruif. Deze rode wijn komt uit de omgeving van Gattinara in de provincie Vercelli. Al eeuwen geniet de Gattinara grote faam, ondanks de lage productie. De kleur van de wijn is diep granaatrood met een zweempje oranje. De geur is wat verfijnder dan die van de Barolo of Barbaresco en neigt naar florale nuances, bijvoorbeeld viooltjes. De smaak is wat minder krachtig dan van de twee stoere broers uit de Piemonte, maar het blijft toch duidelijk een mannelijke wijn, vol, evenwichtig en rijk. Met name in de afdronk proeft u een voor de Gattinara karakteristiek bittertje, dat deze wijn heel geschikt maakt voor geroosterd rundvlees of wildgerechten. Een gewone Gattinara moet minimaal drie jaar oud zijn en 12,5% alcohol of meer bevatten, een riserva is minimaal vier jaar oud en bevat 13% alcohol. In topjaren (met veel zon) kan een Gattinara een Barolo naar de kroon steken. Drinktemperatuur: 14-16 °C.

Gattinara D.O.C.G.

BARBERA D.O.C.

Er bestaan drie typen wijn van de barberadruif. Alle drie zijn robijnrood van kleur als ze jong zijn en granaatrood als ze op leeftijd zijn. Drink deze wijn niet te jong, omdat hij dan te tanninerijk is. Na enkele jaren rijping op fles wordt hij voller en zachter. Kies de 'superioreversie' met net iets meer alcohol dan de gewone barbera, wat de wijn evenwichtiger maakt. De Barbera d'Alba wordt uitsluitend van de barbera gemaakt, de Barbera d'Asti en Barbera del Monferrato mogen ook maximaal 15% freisa, grignolino of dolcetto bevatten. De Barbera del Monferrato heeft soms, in tegenstelling tot zijn twee broertjes, een licht zoetje in de smaak en wel eens een beetje koolzuur, dat de punt van de tong prikkelt. Drinktemperatuur: 13-15 °C.

DOLCETTO D.O.C.

Van alle wijn van de dolcettodruif is die van Alba de bekendste, om niet te zeggen de beste. Deze Dolcetto d'Alba heeft een roodpaarse kleur, een aangenaam, fruitig bouquet en een volle smaak, met een herkenbaar licht bittertje dat een beetje op laurierblad lijkt. Bij de meeste Dolcetto kunt u beter de 'superiore'-versie kiezen, met iets meer alcohol. Drink deze wijn bij elk willekeurig hoofdgerecht met roodvlees, gevogelte of geroosterd varkensvlees. Drinktemperatuur: 12-15 °C.

Alle dolcettowijn op een rij: Dolcetto d'Acqui, Dolcetto d'Alba, Dolcetto d'Asti, Dolcetto delle Langhe Monregalesi, Dolcetto di Diano d'Alba, Dolcetto di Dogliani en Dolcetto d'Ovada.

FREISA D.O.C.

Freisa is een oude inheemse druif van Piemonte. De naam lijkt veel op het Franse woord voor aardbeien 'fraise' (Italiaans: fragole) en verrassend genoeg smaakt deze aparte rode wijn vaak ook naar aardbei en framboos, met een hint van rozen. Er zijn twee Freisa's D.O.C., die van Asti en die van Chieri. Beide wijnen zijn verkrijgbaar in droog (secco) of zoet (amabile), stil, parelend (frizzante) of zelfs natuurlijk mousserend (spumante naturale). Deze bijna 'fossiele' wijn moet u tijdens een bezoek aan Piemonte beslist proberen. Kies de betere soorten, niet de goedkoopste die vaak nogal labiel zijn en opnieuw in de fles gaan gisten. Drinktemperatuur: droge Freisa 10-12 °C, zoete en mousserende 6-8 °C.

GAVI/CORTESE DI GAVI D.O.C.

Dit is een van de weinige witte wijnen van Piemonte. De populariteit van deze Gavi of Cortese di Gavi reikt veel verder dan zijn eigenlijke kwaliteiten, maar het blijft een prima wijn, die fris, delicaat en goed droog is. Hij bestaat ook in frizzante en spumante onder de naam Gavi. Het is een uitstekende wijn voor bij vis. Drinktemperatuur: 8-10 °C.

GHEMME D.O.C.

Dit is een van de beste rode wijnen van Noord-Italië wat betreft de verhouding van kwaliteit en prijs. Ik moet wel toegeven, dat deze wijn het niveau van

Dolcetto di Dogliani

Gavi

de nebbiolotopwijn, zoals Barolo, Barbaresco of Gattinara, nooit haalt, maar een goede Ghemme kost beduidend minder en biedt veel drinkplezier. De kleur is granaatrood, de geur is intens, zeer aangenaam, floraal (viooltjes) en verfijnd. De smaak is vol, rond met het typische lichte bittertje in de finale. Een goede Ghemme rijpt minstens vier jaar voor hij verkocht wordt. Koop een Ghemme en u zult nooit teleurgesteld zijn. Drinktemperatuur: 14-16 °C.

MALVASIA D.O.C.

In Piemonte vindt men twee D.O.C.-wijnen van de malvasia: de Malvasia di Casorzo d'Asti en de Malvasia di Castelnuovo Don Bosco. Hoewel ze beide van een verschillende variëteit Malvasia gemaakt zijn, lijken ze veel op elkaar. Beide rode zoete wijnen zijn zeer fruitig in geur en smaak en bezitten wel eens een licht prikkelend koolzuurtje. Ze zijn extra geliefd om hun relatief lage alcoholpercentage (ongeveer 11%-12%). Drinktemperatuur: 8-10 °C.

Nebbiolo d'Alba D.O.C.

De naam zegt het al, deze wijn wordt gemaakt van de nebbiolo en komt uit de streek rond Alba. Wat de naam niet zegt is, dat deze Nebbiolo d'Alba ook bijzonder goed smaakt, namelijk vol, rond, fluweelzacht met een lange finale. Let echter wel goed op het etiket voor u een fles opent, want naast deze

Ghemme

Sizzano

lekkere droge rode wijn bestaat ook een amabileversie, die wel eens echt zoet kan zijn. Hij is ook verkrijgbaar in spumante. De droge rode wijn verdient wat extra rijping op de fles. Koop hem in topjaren, dan haalt hij bijna het niveau van een goede Barbaresco of Gattinara. Drinktemperatuur: droog 13-15 °C, zoet of mousserend 6-9 °C.

Sizzano D.O.C.

Dit is alweer een prachtige rode wijn van de nebbiolo uit de streek rond Sizzano, in de heuvels. Hij is minder vol en krachtig dan een Barolo of Barbaresco. Deze wijn lijkt meer op een Gattinara, hij is delicater en zachter, met een floraler ondertoon (viooltjes) in plaats van de Italiaanse keukenkruiden die de Barolo en Barbaresco karakteriseren. Deze wijn dient minimaal drie jaar te rijpen voor hij verkocht mag worden. Drinktemperatuur: 14-16 °C.

Andere aanbevolen D.O.C.-wijnen uit Piemonte

Boca (viooltjes, granaatappel), Bramaterra, Colli Tortonesi Barbera, Fara (viooltjes),Gabiano en Lessona, Roero Rosso, Rubino di Cantavenna, Ruché di Castagnole Monferrato, Verduno Pelaverga, Piemonte, Langhe, Colline Novaresi, Carema D.O.C, Erbaluce di Caluso/Caluso D.O.C, Grignolino D.O.C, Loazzolo D.O.C,

Colli Tortonesi

Cortese dell'Alto Monferrato, Langhe (favorita, arneis), Monferrato (casalese cortese), Piemonte (pinot bianco, pinot grigio, Cortese, moscato, moscato passito en spumante) en Roero (arneis).

Valle d'Aosta

Het schilderachtige dal van Aosta bevindt zich in het noorden van Piemonte, aan de voet van de machtige Mont Blanc en Matterhorn. Qua taal en cultuur heeft het Aostadal meer gemeen met de Franstalige Zwitsers en de Fransen uit de Savoye dan met de rest van Italië. Dit is goed te merken aan de plaatsnamen, maar ook aan de namen van de uitstekende lokale wijnen: Donnaz, Enfer d'Arvier, Blanc de Morgex et de la Salle.
De wijn van Valle d'Aosta zult u helaas niet zo snel buiten de streek aantreffen. De productie is vrij beperkt en de plaatselijke inwoners en passerende toeristen weten daar goed raad mee.

BLANC DE MORGEX ET DE LA SALLE
Dit is een bijzondere lekkere, zachte, delicate, droge witte wijn met een opmerkelijke geur van bergkruiden en gras en een frisse smaak, dankzij het vaak aanwezige koolzuurtje. Deze wijn wordt vaak bij de lokale kaasfondue van Toma en Fontina gedronken. Drinktemperatuur: 8-10 °C.

DONNAZ D.O.C.
Dit is een zeer elegante, droge rode wijn van onder andere de nebbiolo. Hij is mooi rood van kleur, delicaat en aromatisch (noten, amandelen) in geur en smaak, en hij heeft een herkenbaar bittertje in de afdronk. Drinktemperatuur: 13-15 °C.

ENFER D'ARVIER D.O.C.
Deze wijn heeft niets 'hels', maar wel een mooie granaatrode kleur, een zachte en delicate geur en smaak, een fluweelzachte structuur en een licht bittertje in de finale. Drinktemperatuur: 12-14 °C.

NUS D.O.C.
De Nus Rouge (rosso) is een droge, fluweelzachte rode wijn met ongebruikelijke vegetale aroma's (versgesneden gras?). Hij kan gedurende de hele maaltijd geschonken worden. Drinktemperatuur: 12-14 °C.
De Nus Malvoisie wordt gemaakt van de pinot gris en is een droge, volle en zeer aromatische witte wijn. Drinktemperatuur: 10-12 °C.
De Nus Malvoisie Flétri (passito) is zoet en zeer aromatisch (hars?, hout, noten, kastanjes). Drinktemperatuur: 10-12 °C (in de zomer mag het ietsje kouder).

VALLE D'AOSTA D.O.C.
Valle d'Aosta produceert veel generieke wijn onder de gelijknamige D.O.C. Ze bestaan in blanc (bianco), rouge (rosso) of rosé (rosato), maar ook als mono-cépageswijn (müller-thurgau, pinot gris, pinot noir vinifié en blanc, chardonnay, petite arvine, of gamay, pinot noir, premetta, fumin en petit rouge). Over het algemeen is de meeste witte wijn droog, fruitig en fris en de rode wijn licht, fruitig, droog en vaak vrij tanninerijk. De witte wijn drinkt u op ± 10-12 °C, de rode op ± 12-14 °C.

ANDERE WIJNEN
– Arnad-Montjovet,
– Torette,
– Chambave D.O.C.

Liguria

Liguria is een van de kleinste regio's van Italië, maar wordt gezien als een van de mooiste. Liguria wordt in het noorden beschermd door de uitlopers van de Apennijnen, die van de streek een klein paradijs maken. De meeste wijngaarden liggen op de hellingen van de eerste heuvels, die naar het zuiden en de Middellandse Zee gericht zijn. Het zal voor u moeilijk zijn een Liguriaanse wijn buiten Italië te vinden, hoewel sommige Cinqueterres wel eens een reisje naar het buitenland maken.

CINQUETERRE/CINQUETERRE
SCIACCHETRÀ D.O.C.
Dit is zonder meer de beste wijn van Liguria. Hij is strogeel van kleur en gemaakt van de vermentino-, bosco- en albaroladruiven. De wijn heeft een sub-

tiele geur, een droge, frisse en aangename smaak. Drinktemperatuur: 10-12 °C.

De Cinqueterre Sciacchetrà is een zoete versie van de Cinqueterre, gemaakt van gedeeltelijk inge-droogde druiven. De smaak is voller dan de gewo-ne Cinqueterre, maar kan variëren van bijna droog tot vrij zoet. Het minimum alcoholpercentage is 17%! Drinktemperatuur: 10-12 °C voor de bijna droge, 8-10 °C voor de zoetere (iets lager mag ook).

ANDERE WIJNEN UIT LIGURIA
Vermentino, Riviera Ligure di Ponente, Colli di Luni, Colli di Levanto Rosso, Pigato, Rossese Riviera Ligure di Ponente Rosesse di Dolceacqua (ook wel Dolceacqua genoemd).

Lombardia

Lombardia (Lombardije in het Nederlands) ligt pre-cies in het midden van Noord-Italië, van de voet van de Alpen tot aan het dal van de Po. Vanuit de Alpen stromen diverse zijriviertjes naar de Po, waarvan de bekendste waarschijnlijk de Ticino is. Water is een van de kenmerken van deze streek, die maar liefst 4 grote meren heeft: Lago Maggiore, Lago Como, Iseo en Lago Garda (het Gardameer in het Nederlands). Lombardia is een vrij grote streek met enkele beroemde steden: Milaan, Como, Ber-gamo, Pavia, Cremona, Brescia en Mantova. Lom-bardia is ook een land van grote tegenstellingen, zoals die tussen het gehaaste industriële leven van de grote steden en het rustige plattelandsleven van de schilderachtige bergdorpen.

De wijnbouw in Lombardia is vrij geconcentreerd, met name in Valtellina (noordoosten van Milaan), rondom het Gardameer en in het Oltrepò Pavese (rond Pavia, in het zuiden). 'Klein maar fijn' is het motto van Lombardia als het gaat om wijnen. Toch is het verrassend dat de inwoners van de grote steden wijn uit andere streken boven hun 'eigen' wijn lijken te verkiezen. Flessen Lombardische wijn zult u vaak tevergeefs in Milanese winkels zoeken. Dit is echter geen probleem voor de wijnbouw, want de platte-landsconsumptie van lokale wijn evenaart bijna de productie. Er blijft weinig wijn over voor de export.

Oltrepò Pavese D.O.C.

Deze wijnstreek is een voorbeeld van wat u in het voorwoord over Italië las. Een relatief kleine streek, een herkomst van maar 20 verschillende typen/druivensoorten. Zoals de naam al doet ver-moeden, ligt dit wijngebied (zo'n kleine 40 ge-meenten) in de buurt van de stad Pavia en van de Po. De wijnstokken groeien op de zachte heuvels in het zuiden van de provincie. Wijnen uit Oltrepò Pa-vese kunnen wit, rosé, rood of mousserend zijn.

OLTREPÒ PAVESE ROSSO
Dit is een robijnrode wijn, die sterk aromatisch, vol en soms flink tanninerijk is. In zijn jeugd bezit hij

Oltrepò Pavese Rosso

vaak een licht koolzuurtje dat de tong aangenaam prikkelt. Wordt gemaakt van de barbera, croatina en enkele andere druivensoorten, waaronder de pi-not nero. Drinktemperatuur: 10-14 °C.

De riserva heeft een hint van oranje in de kleur en bezit wat meer alcohol en diepgang. Drinktempe-ratuur: 14-16°C

OLTREPÒ PAVESE ROSATO
Gemaakt van dezelfde druiven als de rosso. Mooie lichte kersenkleur, vrij licht van smaak, met vaak een licht prikkeltje. Drinktemperatuur: 10-14°C.

OLTREPÒ PAVESE BUTTAFUOCO
Ook gemaakt van dezelfde druiven als de rosso. Droog, vol en rond, met bijna altijd een licht prik-keltje. Er bestaat ook een licht mousserende versie van (frizzante). Drinktemperatuur: 10-14°C.

OLTREPÒ PAVESE SANGUE DI GIUDA
Robijnrode wijn, gemaakt van dezelfde druiven als de rosso. Deze wijn is echter licht zoet en bezit een duidelijk nagistingsprikkeltje. De smaak is vol en aangenaam. Drinktemperatuur: 10-12°C.

OLTREPÒ PAVESE SPUMANTE
Bianco of rosato, de beste wijn wordt volgens de metodo classico gemaakt van pinot nero (minimaal 70%), chardonnay, pinot grigio en pinot bianco (maximaal 30%). Het is een zeer frisse, elegante,

Oltrepò Pavese Pinot Nero

sappige wijn met veel fruitigheid. Drinktemperatuur: 6-8 °C.

San Colombano D.O.C.

Ten noordoosten van Pavia bevindt zich een vrij klein wijngebied met een grote naam. De geschiedenis van dit gebied gaat terug tot de 7e eeuw, toen een Ierse monnik het Franse Lotharingen voor Noord-Italië moest verruilen. Hij wist de plaatselijke bevolking al snel te evangeliseren door hun te leren hoe ze wijn moesten maken. Nu, 13 eeuwen later, is de wijn van San Colombano een begrip, ondanks zijn zeldzaamheid. De wijnstokken, voornamelijk croatina en barbera, groeien op heuveltjes van kalk en zand, die rijk aan mineralen en oligo-elementen zijn. De bodem geeft de kracht en het karakter aan de wijn. San Colombano bestaat in rosso, stil of 'vivace' (licht prikkelend), en heeft veel ruggengraat en rondeur. Drinktemperatuur: 12-14 °C.

Valtellina D.O.C.

Het Valtellinadal is een waar wijnparadijs en een onvergetelijke belevenis voor de sportieve wijn- en natuurliefhebbers. Hier groeien de wijnstokken op steile, rotsachtige heuvels, die over de rivier de Adda hangen. De plaatselijke wijn moet voldoen aan zeer strenge eisen voor wat betreft de herkomst van de druiven, de bewerking en de verzorging. Alle wijnen moeten ten slotte in de productiestreek gevinifieerd en gerijpt worden.

VALTELLINA
Deze rode wijn wordt gemaakt van de chiavennascadruiven (plaatselijke naam van de nebbiolo), al dan niet aangevuld met wat pinot nero, merlot, rossola, pignola valtellinese of brugnola. U begrijpt al dat er vele verschillende typen valtellina zijn, afhankelijk van de gebruikte assemblage. Toch is een 'typische' valtellina vaak herkenbaar aan de levendige rode kleur, een subtiel en karakteristiek bouquet en een droge, soms pittige tanninerijke smaak. Drinktemperatuur: 14-16 °C.

VALTELLINA SFURSAT
Dit is een heel aparte wijn, gemaakt van deels ingedroogde druiven. Drink deze bijna oranjekleurige, stevige (minimaal 14,5% alc.), zoete wijn bij een passend dessert. Drinktemperatuur: naar smaak 6-8 °C of 10-12 °C.

VALTELLINA SUPERIORE
Voor deze wijn mag men slechts maximaal 5% andere druiven (zie Valtellina D.O.C.) aan de chiavennasca toevoegen. De kleur is dan robijn- tot granaatrood, de geur stevig als hij jong is, maar wat subtieler op oudere leeftijd. De smaak is behoorlijk tanninerijk en bitterzuur in de eerste jaren en wat zachter, voller en ronder na enkele jaren rijping. De gewone wijn wordt pas na minimaal twee jaar te koop aangeboden, de zeldzame riserva na 4 jaar. Drinktemperatuur: 12-14 °C (jong) tot 14-16 °C (op leeftijd).

VALTELLINA SUPERIORE SASSELLA
VALTELLINA SUPERIORE INFERNO
VALTELLINA SUPERIORE GRUMELLO
VALTELLINA SUPERIORE VALGELLA
Deze vier wijnen zijn allen 'crus' van de valtellina superiore, dat wil zeggen dat zij afkomstig zijn van zeer streng afgebakende gebiedjes (Sassella, Inferno, Grumello en Valgella). De wijnen zijn iets beter en voller dan de gewone Valtellina Superiore, met name die van Sassella is van een uitstekende kwaliteit. Drinktemperatuur: 14-16 °C.

Valcalepio D.O.C.

Dit gebied ligt aan weerszijden van het Lago d'Iseo, vlakbij Bergamo. In het oosten van Bergamo bestaat de bodem uit een mengsel van klei en kalk, terwijl de bodem in het noordwesten meer uit kiezels, schilfersteen/leisteen en klei bestaat. De wijnen worden gemaakt van oude inheemse druiven (moscato di scanzo, merera, incrocio terzi) en modernere soorten (pinot bianco, pinot grigio, chardonnay, merlot, cabernet sauvignon, cabernet franc). De wijn wordt onder het predikaat Valcalepio Rosso of Valcalepio Bianco verkocht. Beide typen zijn de vruchten van een geslaagde combinatie van traditie en modernisme. Valcalepio rosso wordt voornamelijk van de cabernet sauvignon en merlot gemaakt, waaraan per wijnmaker verschillende aanvullingen zijn toegevoegd. De kleur is meestal robijnrood met wat granaatrode schitteringen. De geur is aangenaam, vineus en aromatisch. De smaak is droog en karakteristiek voor beide druiven (zwarte bes, peper, kersen). De riserva moet minstens drie jaar gerijpt zijn en 12,5% alcohol of meer bevatten. Drinktemperatuur: 14-16 °C.

Valcalepio Bianco wordt meestal gemaakt van de pinot bianco, chardonnay en pinot grigio, in wisselende samenstelling. Elke wijn is uniek, maar de beste wijn heeft een intense strogele kleur, een verfijnde geur en een droge, karakteristieke en evenwichtige smaak. Drinktemperatuur: 10-12 °C.

Ten slotte bestaat er ook een ouderwets gemaakte Moscato Passito, die van bijzonder goede kwaliteit is. Denk er wel aan dat dit een zoete rode wijn is met een robijnrode tot kersenrode kleur, met hier en daar wat granaatrood. De geur is zeer typerend voor een rode Moscato: intens, karakteristiek en sensueel. De smaak is zoet, maar goed in balans dankzij de fijne zuren. In de finale komt soms een nuance van bittere amandelen naar boven. Deze wijn moet minstens achttien maanden gerijpt zijn en minimaal 17% alcohol bevatten. Drinktemperatuur: naar gelang het seizoen en uw voorkeur 8-12 °C.

Bresciawijnen

Brescia is geen D.O.C., maar een wijngebied rond de gelijknamige stad en het beroemde Gardameer. De regio Brescia omvat de volgende herkomstbenamingen: Botticino, Capriano del Colle, Cellatica, Garda, Garda Bresciano, Garda Classico, Franciacorta, Lugana en San Martino della Battaglia. U zult begrijpen dat ook deze streek een enorme hoeveelheid aan wijntypen en smaken produceert en dat het niet mogelijk is ze allemaal te behandelen. Wij geven wij u enkele richtlijnen per herkomstbenaming om uw koop te vergemakkelijken.

Botticino D.O.C.

Dit is het wijngebied met het gelijknamige dorpje als epicentrum. De wijnstokken groeien op rotsachtige heuvels rond Brescia. De grond bestaat uit klei, marmer en kalksteen. De wijn wordt gemaakt van de barbera, marzemino, sangiovese en de vele varianten van de schiavadruiven. De Botticino is over het algemeen robijnrood van kleur met granaatrode nuances, warm en vol in geur en smaak, uiterst aangenaam. Drinktemperatuur: 13-15 °C.

Garda D.O.C.

Omdat de meeste Garda D.O.C. wijn in Veneto gemaakt wordt, verwijs ik u daarnaar.

Riviera del Garda Bresciano/Garda Bresciano D.O.C.

Deze wijn wordt uitsluitend aan Bresciaanse kant van het Gardameer gemaakt. Deze D.O.C. bestaat sinds 30 jaar. De wijngaarden krijgen volop zon en water, het is hier altijd prachtig groen. De bodem is zeer complex en vormt geen duidelijke eenheid. Onder deze D.O.C.-naam produceert men witte, rode, licht rode, rosé en spumantewijn. Garda Bresciano Bianco wordt gemaakt van riesling italico en/of riesling renano met een toevoeging van maximaal 20% andere druiven. De wijn is licht-strogeel van kleur met een zweempje groen. De geur is aromatisch, licht kruidig, de smaak is zacht, bijna fluwelig, met een duidelijk bittertje en heeft een ziltige hint. Drinktemperatuur: 10-12 °C.

Garda Bresciano rosso wordt gemaakt van de gentile, santo stefano, mocasina, sangiovese, marzemino en barbera. U zult wijnen aantreffen, die slechts uit één variëteit gemaakt zijn, andere waarin twee of soms veel meer druivensoorten door elkaar gemengd zijn. Er zijn dus duizenden verschillende smaaktypen mogelijk van deze wijn. Wel karakteristiek van de streek is de robijnrode kleur en het bittertje in de afdronk. Drinktemperatuur: 12-16 °C, afhankelijk van het type.

Garda Bresciano Chiaretto is een lichte rode wijn (vgl. claret, clarete, clairet), gemaakt van dezelfde druiven als de Garda Bresciano Rosso. De kleur is meestal kersenrood en de smaak vrij zacht en rond, met het karakteristieke bitteramandeltje in de afdronk. Drinktemperatuur: 10-14 °C.

Garda Bresciano Groppello is een robijnrode wijn, gemaakt van de gentile- groppellone- en groppellovarianten. Ook hij is vol, zacht en rond en heeft een aangenaam bittertje in de afdronk. De betere wijn wordt onder het predikaat 'superiore' verkocht. Drinktemperatuur: 12-14 °C.

Heel zeldzaam is de spumante rosato/rosé van de groppello. Hij is lekker vol en fris tegelijk. Drinktemperatuur: 6-10 °C.

Franciacorta D.O.C.G.

Het wijngebied Franciacorta ligt tussen Brescia en Bergamo, aan de oevers van het Lago d'Iseo. In een zacht en winderig klimaat wordt hier zeer goede wijn gemaakt. Het zijn vooral de mousserende wijnen, die voor de faam van Franciacorta hebben gezorgd. De Franciacorta Crémant wordt gemaakt van chardonnay en/of pinot bianco, de Franciacorta Rosé van de pinot nero (minimum 15%) en de chardonnay en/of pinot bianco. De betere Franciacorta Spumantes zijn witte wijnen, gemaakt van de chardonnay, pinot bianco en/of pinot nero (zonder schillen). De wijn is prachtig van kleur, diep strogeel met een groen zweempje en soms wat gouden weerkaatsingen. De geur is fris en vol, de smaak sappig, fris en verfijnd. Drinktemperatuur: 6-9 °C. Franciacorta maakt ook enkele zeer aangename stille witte en rode wijnen. De rode wijn wordt ge-

maakt van de cabernet sauvignon, cabernet franc, merlot, barbera en nebbiolo. Ze zijn stuk voor stuk de moeite waard om ontdekt te worden. Hij wordt verkocht onder de naam Tierre di Franciacorta D.O.C. bianco of rosso.

Lugana D.O.C.

Lugana komt uit het zuiden van het Gardameer. De hier gemaakte wijn van de trebbiano kan stil of mousserend zijn. Typerend van deze wijn is het licht ziltige karakter, dat hem door de minerale bodem wordt gegeven. De kleur varieert van bleek, groengeel als hij jong is tot goudgeel na enkele jaren. De geur is fijn en aangenaam, de smaak droog, fris en zacht, met een goede balans tussen zuur, body en alcohol. Drink de mousserende versie als aperitief en de stille witte bij (rivier)vis. Drinktemperatuur: 8-10 °C.

San Martino della Battaglia D.O.C.

Dit is een minder bekend gebiedje, dat veel overeenkomsten heeft met Lugana (zie daar), vooral wat betreft het klimaat en de minerale bodem. De San Martino della Battaglia wordt verkregen van de tocai friulano (let op: geen pinot grigio, maar wälsch-

riesling). De kleur is citroengeel, de geur zeer uitnodigend, intens aromatisch en de smaak droog en vol, met een licht bittertje in de afdronk. Drinktemperatuur: 10-12 °C.

Er bestaat ook een San Martino della Battaglia liquoroso, die veel donkerder van kleur (strogeel), zeer fruitig en verleidelijk is. De smaak is vol, zacht en aangenaam zoet. Hij is goed in balans en heeft een alcoholminimum van 16%. Drinktemperatuur: 6-10 °C naar smaak.

Vini Mantovani

Ten zuiden van het Gardameer wordt ook Garda D.O.C. wijn gemaakt, die administratief bij de provincie Mantova hoort. Hij verschilt echter niet zo veel van de andere Gardawijn. Bekende variëteiten zijn pinot bianco, pinot grigio, pinot nero, chardonnay, tocai, sauvignon, cabernet sauvignon, cabernet franc, merlot. Ook wordt er goede frizzante gemaakt, meestal van de pinot bianco, chardonnay en riesling.

Een aparte vermelding verdient de Colli Morenici Mantovani del Garda D.O.C.. Deze wijn is afkomstig uit het zuiden van het Gardameer, maar dan wel van de beste heuvels (Colli) boven Mantova. De wijn heeft net iets meer te bieden dan de andere Gardawijn. Als basisdruiven gebruikt men de pinot bianco en garganega voor de bianco en de rondi-

Lugana

nella, rossanella, negrara, sangiovese en merlot voor de rosato en rosso. Ten zuiden van de stad Mantova liggen de wijngaarden van de Lambrusco Mantovano D.O.C.. Deze wijn bevat nog behoorlijk wat koolzuur, die door natuurlijke gisting verkregen is. Maar liefst 4 verschillende lambruscodruiventypen mogen erin verwerkt worden, eventueel aangevuld met ancellotta, fortana of uva d'oro. De wijn is robijnrood van kleur en smaakt fris en sappig. Hij bestaat in droog of zoet. Drinktemperatuur: 10-12 °C. Er bestaat ook een lichtere rosatoversie.

Trentino-Alto Adige

Trentino-Alto Adige, ook bekend onder de naam Südtirol, wordt begrensd door Lombardia in het westen, Veneto in het zuiden en Zwitserland en Oostenrijk in het noorden. De hoofdstad van Trentino (Italiaanssprekend) is Trento en van Alto Adige (Duitssprekend) Bolzano. De streek wordt in twee gedeelten gescheiden door de rivier de Adige, de op een na langste rivier van Italië. Het noorden heeft een bijna continentaal klimaat, terwijl het zuiden een veel warmer en zachter klimaat heeft.
Trentino-Alto Adige is een beetje een overgangsland tussen het noordelijk gelegen Oostenrijk en het zuidelijke Italië. De Zwitserse en Oostenrijkse invloeden zijn vaak terug te vinden in de Duitse schrijfwijze van plaatsen en wijnen. Zo treft u naast elkaar aan Santa Maddalena en Magdalener, Caldaro en Kalterersee, Alto Adige en Südtirol. Ook de druivensoorten hebben twee namen. Omdat deze wijn vaak naar Zwitserland, Oostenrijk en Duitsland geëxporteerd wordt, zult u de Duitse benaming vaak tegenkomen op de etiketten.

De wijnen

Door de hoge ligging aan de voet of zelfs al in de bergen heeft de witte wijn hier de overmacht. Gezien het vaak vettige eten bevat de witte wijn logischerwijs de nodige frisse zuren. Door de grote verschillen in temperatuur tussen dag en nacht in de periode voor de oogst krijgt de wijn een ongelooflijk sterke aromatische geur, waardoor deze wijn echt aan te raden is. Ook de rode wijn, meestal uit het zuidelijker gelegen Trentino, heeft een heel eigen charme. Zeer geliefd is ook de frisse, karakteristieke rosato, die in het noordelijke deel van dit gebied gemaakt wordt.

ALTO ADIGE D.O.C.
De wijngaarden liggen op de hellingen van de bergen, in terrassen, wat het bewerken en oogsten behoorlijk bemoeilijkt. Alto Adige is dus nooit echt goedkoop, maar wel bijzonder lekker.
Net als in de Elzas gebruikt deze streek een generieke herkomstbenaming, Alto Adige, en talloze verschillende wijn van één druivensoort (eventueel aangevuld met een andere druivensoort, maximaal 15%). De bekendste wijnen zijn de Moscato Giallo (goldenmuskateller of goldmuskateller), pinot bian-

Alto-Adige Müller-Thurgau

co (weißburgunder), Pinot Grigio (ruländer), Chardonnay, Riesling Italico (welschriesling), Riesling Renano (rheinriesling), Riesling x Sylvaner (müllerthurgau), Sylvaner (silvaner), Sauvignon, Traminer Aromatico (gewürztraminer), Moscato Rosa (rosenmuskateller) en Lagrein Rosato (lagrein kretzer).

LAGREIN SCURO (LAGREIN DUNKEL)
Dit is de grote broer van de Lagrein Rosato. Hij is vol robijnrood van kleur met wat granaatrode weerkaatsingen, zeer aangenaam en geur (verse druiven) en fluweelzacht van smaak. Er bestaat ook een riserva (minimaal twee jaar oud). Drinktemperatuur: 10-14 °C, afhankelijk van de leeftijd.

Merlot Rosato (merlot rosé/merlot kretzer), Merlot, Cabernet-Cabernet Franc-Cabernet Sauvignon en Cabernet-Lagrein zijn ook bekende wijnen.

CABERNET-MERLOT
Er bestaat ook uitstekende wijn van cabernet en lagrein of cabernet en merlot. Ook hier mag de wijn, die twee jaar extra rijping genoten heeft, riserva op het etiket voeren.

PINOT NERO (BLAUBURGUNDER)
Er bestaat ook een witte mousserende wijn, de Alto Adige Pinot Nero Spumante. Verder bestaan er nog de Pinot Nero Rosato/Rosé (blauburgunder kretzer,

blauburgunder rosé), Malvasia (malvasier), Schiava (vernatsch) en de Schiava Grigia (grauvernatsch).

SPUMANTE
Dit is een witte mousserende wijn, die gemaakt is van pinot bianco en/of chardonnay, eventueel aangevuld met pinot nero en/of pinot grigio (maximaal 30%). Hij bestaat in een droge (extra-brut) en minder droge (brut) versie. Het is een ideaal aperitief. Drinktemperatuur: 6-8 °C.

De 'crus' van Alto Adige

Naast de eerdergenoemde generieke wijnen produceert Alto Adige wijnen van enger afgebakende gebieden. De kwaliteit van de meeste van deze wijnen is vaak hoger dan die van de gewone Alto Adige. Alle genoemde wijnen vallen onder hun eigen D.O.C.

COLLI DI BOLZANO (BOZNER LEITEN)
Dit wijngebied in de buurt van Bolzano produceert rode wijn van minimaal 90% schiavadruiven, eventueel aangevuld met pinot nero of lagrein. De kleur is robijnrood, min of meer donker afhankelijk van de vinificatie en van de druivenverhouding. De geur en smaak zijn zacht en fruitig. Het is een lekkere wijn zonder al te veel pretenties. Drinktemperatuur: 12-14 °C.

MERANESE DI COLLINA/MERANESE (MERANER HÜGEL/MERANER)
Deze wijn wordt geproduceerd op de heuvels die boven het stadje Merano uitsteken. De rode wijn van voornamelijk schiavadruiven is robijnrood van kleur, zacht en fruitig van geur en is sappig en aangenaam van smaak. Het is een pretentieloze wijn die bijna overal bij past. Drinktemperatuur: 12-14 °C.

SANTA MADDALENA (SANKT MAGDALENER)
De wijngaarden van deze geweldige wijn vindt u op de heuvels rond Bolzano. Het zijn de schiavadruiven, eventueel aangevuld met maximaal 10% pinot nero en/of lagrein, die er hun eigen karakter aan geven. De kleur is robijnrood tot intens granaatrood, de geur is subtiel en verleidelijk (hint van bosviooltjes) en de smaak is fluweelzacht, vol, rond en sappig met een licht amandelbittertje in de afdronk. Hij kan goed bewaard worden. Het is een zalige wijn. Drinktemperatuur: 14-16 °C.

TERLANO (TERLANER)
De wijngaarden van Terlano liggen parallel aan de Adige in de provincie Bolzano. Deze witte wijn wordt gemaakt van de druivensoorten pinot bianco (weißburgunder), chardonnay, riesling italico (welschriesling), riesling renano (rheinriesling), sylvaner (silvaner), riesling x sylvaner (müller-thurgau) .of sauvignon. Deze druiven kunnen apart gebruikt worden (minimaal 90% van de vermelde druif) of, afzonderlijk vermeld, in welke verhouding dan ook

Alto-Adige Pinot Grigio   *Alto-Adige Chardonnay*

(hij wordt dan gewoon bianco genoemd). Al deze wijn is groengeel van kleur als hij jong is en wat geler als hij ouder is. Hij bezit frisse zuren en is zeer aromatisch van geur en smaak. Drinktemperatuur: 8-10 °C, behalve voor de Chardonnay 10-12 °C. Er bestaat ook een spumante, droog (extra brut) of iets minder droog (brut). Deze spumante is fris, fruitig, aromatisch en elegant. Het is een uitstekend aperitief. Drinktemperatuur: 6-8 °C. Wijn die in de kernzone van het Terlanoproductiegebied wordt gemaakt, mag het additionele predikaat 'classico' voeren.

VALLE ISARCO (SÜDTIROL-EISACKTALER)
De wijngaarden van deze herkomstbenaming liggen op vrij grote hoogte (soms boven de 600 m) en vragen veel extra werk. Het gebied ligt in de buurt van Bolzano in het dal van de Isarco.
Hier wordt voornamelijk witte wijn geproduceerd van de pinot grigio (ruländer), sylvaner (silvaner), veltliner, riesling x sylvaner (müller-thurgau), kerner en traminer aromatico (gewürztraminer) en een beetje rode wijn van de schiava, de klausner leitacher.
De witte wijn heeft een groen zweem, is fris, subtiel, fruitig en sappig. De Pinot Grigio en de Traminer Aromatico zijn over het algemeen iets voller van smaak dan de andere wijn. Drinktemperatuur: 8-10 °C voor de Sylvaner, Veltliner en Kerner, 10-12 °C voor de andere.
De Klausner Leitacher heeft een robijnrood kleurtje, een vrij zachte geur en een friszure, volle smaak. Drink hem bij rood vlees. Drinktemperatuur: 12-14 °C.

VALLE VENOSTA (VINSCHGAU)
Dit is een traditioneel ingesteld wijngebied, dat vooral witte wijn produceert van de chardonnay, kerner, riesling x sylvaner (müller-thurgau), pinot bianco (weißburgunder), pinot grigio (ruländer), riesling en traminer aromatico (gewürztraminer). Ook wordt er een beetje rode wijn gemaakt van de schiava (vernatsch) en pinot nero (blauburgunder). De witte wijn heeft ook een groene inslag, een frisse geur en smaak, en is fruitig en aromatisch. Drinktemperatuur: 8-10 °C voor de Pinot Bianco en

kerner, 10-12 °C voor de Chardonnay, de Pinot Grigio, de Traminer Aromatico en de Müller-Thurgau. De Schiava is robijnrood van kleur, zeer aangenaam en fruitig van geur en smaak en kan tijdens de hele maaltijd geschonken worden. Drinktemperatuur: 12-14 °C.

De Pinot Nero is ook robijnrood van kleur, maar met wat oranje schitteringen. De geur is vrij karakteristiek, van vegetaal tot dierlijk (mest), en de smaak is vol, zacht en goed in balans. Hij heeft een herkenbaar licht bittertje in de afdronk. Drinktemperatuur: 12-14 °C.

CALDARO/LAGO DI CALDARO (KALTERER/KALTERERSEE)

Ook dit is een beroemde kwaliteitswijn uit de Alto Adige. De naam zegt het al: de wijngaarden liggen in de buurt van het bekende Caldaromeer. Men maakt hier uitstekende rode wijn van de verschillende schiavavarianten, al dan niet aangevuld met pinot nero of lagrein. De kleur varieert van robijnrood tot donkerrood, de geur en de smaak zijn zacht, fruitig en elegant. In de afdronk proeft men vaak een typerend licht amandelbittertje. Er bestaat ook een 'classico', afkomstig uit het kerngebied, en een 'classico superiore' met nog 1% meer alcohol dan de gewone Caldaro. Drinktemperatuur: 12-14 °C.

Trentinowijnen

Het zuidelijke gedeelte van de streek Trentino-Alto Adige maakt natuurlijk ook mooie witte wijn, maar meer en over het algemeen betere rode wijn dan het noordelijke gedeelte (Alto Adige). De meeste wijngaarden liggen op de heuvels van het Adigedal, Cembradal, Lagarinadal of Merendal boven het Gardameer. De enige uitzondering is het Rotalianadal waar de wijngaarden op de bodem van het dal liggen. Een typerend gezicht in Trentino zijn de immense pergola's (hier 'trellis' genaamd), waarlangs de wijnranken groeien. Dit traliewerk zorgt ervoor dat de druivenstokken hoog boven de grond groeien, waardoor minder blad groeit en de druiven optimaal van de zon kunnen profiteren. Op deze manier circuleert de lucht onder de wijnranken en beschermt ze tegen de verraderlijke nachtvorst. Deze streek is in volle ontwikkeling, niet alleen op het gebied van de wijnbereiding en groei- en snoeitechnieken, maar ook op het gebied van experimentele druivenrassen. Zo wordt hier flink geëxperimenteerd met de rebodruif, een kruising van de merlot en marzemino. In Trentino zijn de meeste wijnen slechts van één druivensoort gemaakt. Bij de witte wijn is de chardonnay het populairst (50% van de witte druiven, 15% van de totale productie). De chardonnay wordt gebruikt voor het vervaardigen van de Chardonnay Trentino D.O.C. en voor de voortreffelijke Spumante Trento Classico. Tussen alle andere witte druiven die hier groeien, is er een bijzondere druif, een inheemse van Trentino: de nosiola. Deze zeer aromatische druif geeft een delicaat en fruitig karakter aan de Nosiola-Trentino-

wijn, maar vooral aan de verrukkelijke Vino Santo Trentino D.O.C. Bij de rode wijn spant de schiava de kroon met maar liefst ± 30% van de totale druivenaanplant. Voor de liefhebbers maakt men in Trentino waarschijnlijk de mooiste grappa's (eaux-de-vie, wijndistillaten) van heel Italië.

CASTELLER D.O.C.

Dit is een rode wijn of rosé van de schiava, al dan niet aangevuld met lambrusco, merlot, lagrein of teroldego (maximaal 20%). Deze wijn is robijnrood of rosé van kleur, vrij licht van structuur en fluweelzacht van smaak. U treft hem aan als asciutto (droog) of amabile (licht zoet tot zoet). U kunt deze wijn goed bewaren. Schenk hem koel, maar niet te koel tussen 12-14 °C. De zoetere wijn kunt u op 8-10 °C schenken.

SORNI D.O.C.

Er bestaan twee typen Sorni: de witte wijn van de nosioladruif, eventueel aangevuld door müllerthurgau, pinot bianco en sylvaner, en de rode wijn van de schiava, teroldego en eventueel lagrein. De Sorni Bianco is strogeel met een groen zweempje en vrij onopvallend in geur en smaak. Hij is gewoon lekker fris en past overal bij. Drinktemperatuur: 8-10 °C.

De Sorni Rosso is veel expressiever in geur en smaak dan zijn witte naamgenoot. Het is een elegante, aromatische wijn die lekker is voor de hele maaltijd. Kies liever een 'scelto' (auslese), want deze wijn heeft iets meer alcohol en rondeur. Drinktemperatuur: 12-14 °C.

TEROLDEGO ROTALIANO D.O.C.

Dit is een vrij unieke wijn van de teroldego, een inheemse druif van Trentino. Ze groeien het liefst in het vlakke dal van Rotaliana, in het noorden van Trento. Alleen daar ontplooit de teroldego zich volledig tot grote finesse. Overal elders in Italië waar men deze druivensoort aangeplant heeft, waren de resultaten matig tot abominabel.

De Teroldego Rotaliano Rosso is zeer intens van kleur (robijnrood met paarse schitteringen als hij jong is) en hij heeft een typerende geur van viooltjes en frambozen. In de finale proeft u ook een aangenaam bittertje en hints van geroosterde amandelen. Net als sommige rode Loires kunt u deze Teroldego Rosso beter jong drinken of pas 8 of 10 jaar na de oogst. In de tussenliggende periode heeft de wijn vaak last van reductie (de wijn is dan volledig gesloten en weigert elke vorm van dialoog). Drinktemperatuur: jong 10-12 °C, oud 14-16 °C.

De Teroldego Rotaliano Rosso Superiore heeft wat meer alcohol en structuur. Dit geldt zeker voor de Riserva, die minstens twee jaar extra heeft moeten rijpen. Drinktemperatuur: 14-16 °C. Van de teroldego maakt men ook een Rosato (Kretzer) met een prachtige rosé tot licht granaatrode kleur, een intrigerende florale en fruitige geur en een lichte, sappige en ronde smaak. Ook hier proeft u geroosterde amandeltjes en een licht bittertje in de afdronk. Drinktemperatuur: 10-12 °C.

TRENTINO D.O.C.

Dit is een generieke herkomstbenaming voor witte en rode wijn. Het is zeer moeilijk om hier een totaaloverzicht te geven van deze wijn, want elke wijnboer heeft zijn eigen assemblage en techniek. De Trentino Bianco wordt gemaakt van chardonnay en pinot bianco. Hij is strogeel van kleur, aangenaam maar niet echt opvallend. Drinktemperatuur: 8-10 °C.

De betere witte wijn wordt gemaakt van één druivensoort. De wijn heeft dan de naam van deze druif naast die van Trentino D.O.C. De beste wijn is meestal de Chardonnay Trentino, maar er wordt ook voortreffelijke wijn gemaakt van de pinot bianco, pinot grigio, riesling italico, riesling renano, traminer aromatico en müller-thurgau. Drinktemperatuur: Pinot Grigio, Traminer, Müller-Thurgau en Chardonnay 10-12 °C, de rest 8-10 °C.

Zeer de moeite waard is de subtiele wijn van de inheemse nosiola. Verwacht echter geen wonder, eerder een leuke ontdekking van een aparte druivensoort. Hij is fijn en delicaat, aangenaam fruitig in geur en smaak en hij heeft een licht bittertje in de afdronk. Drinktemperatuur: 8-10 °C.

Ten slotte is er nog een uitstekende zoete witte wijn van de moscato giallo. Deze wijn bestaat ook in een likeurachtige versie, de liquoroso. Hij is voortreffelijk na de maaltijd, goed gekoeld ± 6 8 °C.

Van de chardonnay en de pinot bianco wordt ook prima mousserende wijn gemaakt. Deze spumante

Trentino Pinot Grigio

is bijzonder goed als aperitief. Drinktemperatuur: 8-10 °C.

De Trentino Rosso D.O.C. wordt gemaakt van de cabernet en merlot en wordt bijna altijd gerijpt op houten vaten. De wijn kan, afhankelijk van de maker en van de afkomst, licht en vriendelijk of juist vol en krachtig zijn. De volle kan goed bewaard worden. Drink de lichte en vriendelijke typen als ze nog fruitig zijn op ± 12 °C en de vollere wijn op 14-16 °C.

De andere rode wijn van Trentino wordt van één of twee druivensoorten gemaakt en is zeer typerend (druif en terroir). U treft wijn aan van de cabernets (cabernet sauvignon en/of cabernet franc), merlot, marzemino, pinot nero en lagrein. Het zijn stuk voor stuk uitstekende wijnen, maar de betere zijn zeker de riserva's die minstens twee jaar extra rijping hebben gehad. Drinktemperatuur: 14-16 °C. Van de pinot nero maakt men ook een pittige spumante. Drinktemperatuur: 10-12 °C.

VALDADIGE D.O.C. (ETSCHTALER)

Deze wijn bestaat zowel in een generieke witte, rosé en rode versie als in een wijnvariëteit van een of meer druivensoorten. De op het etiket vermelde druivensoort moet dan voor minstens 85% deel uitmaken van de wijn. Voor de gewone Valdadige Bianco mag men een keuze maken uit talloze druiven, zoals pinot bianco, pinot grigio, riesling italico, müller-thurgau, chardonnay, bianchetta trevigiana, trebbiano toscano, nosiola, vernaccia en garganega. Er bestaat dus geen schoolvoorbeeld van de Valdadige Bianco. Wel kan gezegd worden dat hij over het algemeen vrij licht strogeel van kleur is, aangenaam en fris, welriekend en niet altijd even droog. Hier en daar treft u wel een wijn aan met een klein beetje restsuiker. Drinktemperatuur: 8-12 °C, afhankelijk van het type wijn.

Ook van de gewone Valdadige Rosso zijn ontelbare varianten mogelijk. Voor het maken van deze wijn kiest men uit de drie schiavasoorten, de lambrusco-, merlot-, pinot-nero-, lagrein-, teroldego- of negraradruiven. Afhankelijk van de stijl en het type wijn varieert deze Valdadige Rosso van lichtrood tot diep donkerrood van kleur. De geur doet vaak aan verse druiven en een handjevol kruiden denken en is altijd aangenaam. Niet alle wijn is even droog, ook hier treft u weleens wat zachtzoete wijn aan. Drinktemperatuur: 12-16 °C, afhankelijk van het type.

De rosato wordt van dezelfde druiven gemaakt als de rosso. De kleur van deze wijn varieert sterk, al naar gelang de gebruikte druivensoorten. De geur en de smaak zijn fris, fruitig (Engelse snoepjes, peardrop) en soms lichtzoetig. Het is een verrassend lekkere wijn, zonder al te veel pretenties. Drinktemperatuur: 10-12 °C.

De andere wijn, voornamelijk gemaakt van één druivensoort, is vrij karakteristiek (druif en terroir). Over het algemeen is de witte wijn strogeel van kleur, fris, sappig en wel eens een tikkeltje zoet (pinot grigio). Drinktemperatuur: Pinot Bianco 8-10 °C, Pinot Grigio en Chardonnay 10-12 °C.

De rode wijn wordt van de drie schiavavarianten gemaakt (gentile, rossa en grigia), eventueel aangevuld met andere, niet-aromatische druiven. De wijn is robijn- tot granaatrood van kleur, licht aromatisch, friszuur, zacht en soms lichtzoet. Drinktemperatuur: 14-16 °C.

Veneto

De regio Veneto is een waar paradijs voor natuur- en cultuurliefhebbers, maar ook voor de verwendste gastronomen. De streek heeft door de eeuwen heen zijn agrarische functie weten te behouden. Vanaf de noordelijk gelegen Dolomieten tot aan het vruchtbare dal van de Po, vanaf het Gardameer tot aan de Venetiaanse kust ademt alles een zekere levensvreugde. Het landschap is zachtglooiend, groen en uitnodigend. Het klimaat is bijzonder gunstig, van zacht continentaal in het noorden tot mediterraan in het zuiden.

BARDOLINO D.O.C.
De wijngaarden van deze beroemde herkomstbenaming liggen op een alluviale bodem uit de verre ijstijden, tussen de rechteroever van het Gardameer en de stad Verona. Hier wordt al heel lang wijn gemaakt, zelfs al voor de Romeinse tijd. De Bardolino mag gemaakt worden van de volgende druivensoorten: de corvina veronese, rondinella, molinara en negrara (totaal minimaal 85%), eventueel aangevuld met rossignola, barbera, sangiovese en garganega (maximaal 15%).
De Bardolino is een robijnrode wijn met af en toe nuances van kersenrood. Bij het ouder worden neigt de kleur naar donker granaatrood. De wijn ruikt fris, fruitig (kersen) en soms een tikkeltje kruidig, en smaakt aangenaam, zacht en fruitig, met een herkenbaar licht bittertje in de afdronk. Jonge wijn kan nog een beetje prikkelend zijn, maar dat verdwijnt al gauw als hij ouder wordt. Drinktemperatuur: 10-12 °C (jong) tot 12-14 °C.
De Bardolino die uit het historische hart van deze streek komt, draagt de vermelding 'classico' op het etiket. Wijn met iets meer alcohol (minimaal 11,5%) mag 'superiore' worden genoemd. U zult ook wel eens (vooral in Italië) lichter gekleurde Bardolino aantreffen.
Deze wijn wordt gemaakt volgens de korte inwekingsmethode en heet 'chiaretto'. Hij is wat lichter van structuur dan de gewone Bardolino, maar toch iets voller dan een doorsnee rosé.
Ten slotte bestaat er ook een rode spumante van deze Bardolino, al dan niet classico en/of superiore. Deze donkerroze tot bleekrode wijn heeft een fijn schuim, een vrij zachte geur en een aan-

Valpolicella

Bardolino

gename, volle, droge en sappige smaak. Ook hier vindt u het typische bittertje in de afdronk terug. Drinktemperatuur: 10-12 °C.

VALPOLICELLA D.O.C.
Al in de Romeinse tijd genoot de wijn van Valpolicella grote faam. Een grote liefhebber was toen de beroemde dichter Virgilius. Sinds die tijd is de roem van de Valpolicella niet minder geworden, in tegendeel. De wijn wordt gemaakt van de corvina veronese, de rondinella en de molinara (minimaal 85% in totaal), eventueel aangevuld met wat rossignola, negrara, trentina, barbera of sangiovese (totaal maximaal 15%). Net als de buurman uit Bardolino is de Valpolicella licht robijnrood van kleur, neigend naar intens granaatrood bij het ouder worden. De geur is fris, fruitig en soms een beetje kruidig. De smaak is droog, fluweelzacht, fruitig en licht gekruid, met een hint van geroosterde bittere amandeltjes in de afdronk. Ook bestaan er een classicoversie van en een superiore (1% meer alcohol en één jaar extra bewaard). Drinktemperatuur: 12-14 °C.

RECIOTO DELLA VALPOLICELLA D.O.C.
Het Italiaanse woord voor oren is 'orecchi'. Verbasterd tot 'recie' duidt het woord de 'oortjes' van de druiventrossen aan, dat wil zeggen het bovenste deel van de trossen, dat de meeste zon vangt. Recioto wordt gemaakt van speciaal geselecteerde druiven. Men knipt de trossen in tweeën, het onderste

Recioto della Valpolicella Amarone

nog een keertje ouderwets durft te genieten van een langzaam in de oven of in de open haard gebraden wildzwijn, zal met deze monumentale wijn een onvergetelijke avond beleven. Drinktemperatuur: 16-18 °C.

BIANCO DI CUSTOZA D.O.C.

Dit is een vrij bekende witte wijn uit het zuiden van het Gardameer. Dankzij de vele toeristen die deze wijn hebben gedronken en blijkbaar lekker vonden, geniet de Bianco di Custoza een iets geflatteerde status. Het blijft natuurlijk een moeilijke kwestie, want niet alle Bianco di Custoza halen hetzelfde niveau. Dat komt doordat ze uit een zeer breed assortiment druiven gemaakt kunnen worden met alle verschillen in type en smaak van dien. De wijnboeren mogen kiezen uit trebbiano toscano, garganega, tocai friulano (welschriesling), cortese, malvasia, pinot bianco, chardonnay en riesling italico, puur gebruikt of door elkaar gemengd. Dat geeft op z'n best een volle, aromatische wijn met veel sap, body en frisheid en een aangenaam licht bittertje in de afdronk. Op z'n slechtst levert het een bijzonder matige en smakeloze wijn op. U moet het treffen. Drinktemperatuur: 8-12 °C, afhankelijk van type en smaak.

Er bestaat ook een spumante van deze Bianco di Custozza, gemaakt van dezelfde druiven, dus met dezelfde reserves ten aanzien van het kwaliteitsniveau.

Bianco di Custoza

deel wordt gebruikt voor het maken van gewone Valpolicella, het bovenste deel, de oortjes, wordt apart verzameld. Deze extra rijpe druiven worden daarna onder de warme zon ingedroogd. Hierdoor verdampt het water van de druiven gedeeltelijk en wordt de concentratie suikers, geur- en smaakstoffen in de druiven flink verhoogd. Zo krijgt men een diep donkerrode wijn, met een verleidelijke, volle en fruitige geur (vruchtenjam, droge pruimen, vijgen, rozijnen etc.); zeer extractrijke wijn. De smaak is vol, zwoel en zeer warm (minimaal 14% alcohol!) en overweldigend zoet. Drinktemperatuur: naar smaak tussen 10 en 16 °C.

RECIOTO DELLA VALPOLICELLA SPUMANTE D.O.C.

Dit is een donker gekleurde rode mousserende wijn, die intens geurig (zie boven) en zeer extractrijk is. Hij heeft minimaal 14% alcohol; echt een wijn voor de liefhebber van sterke sensaties of van een pittig zoet belletje bij een niet al te zoet dessert. Drinktemperatuur: 6-8 °C.

RECIOTO DELLA VALPOLICELLA AMARONE D.O.C.

Deze wijn wordt op dezelfde manier gemaakt als de zoete Recioto della Valpolicella, met dit verschil dat het hier om een droge versie gaat met minimaal 14% alcohol en twee jaar extra rijping. Niet iedereen is gecharmeerd van deze krachtpatser, maar wie

zoet tot zeer zoet. Hoe verleidelijk en voortreffelijk deze wijn ook smaakt, vergeet u niet dat hij minimaal 14% alcohol bevat. Drinktemperatuur: 10-12 °C.

SOAVE SPUMANTE D.O.C./RECIOTO DI SOAVE SPUMANTE D.O.C.

Van beide wijnen worden lichtgekleurde, welriekende mousserende wijnen gemaakt, met een niet al te volle structuur, fris en zeer aangenaam. Karakteristiek van deze wijn is het alom aanwezige amandelbittertje. Van de Soave Spumante bestaan zowel een droge (extra-brut) als minder droge (brut) versie, van de Recioto di Soave Spumante slechts een volle, zoete, alcoholrijke versie (minimaal 14% alc.). Drinktemperatuur: 8-10 °C.

GAMBELLARA D.O.C.

De Gambellara is een leuke witte wijn van de garganegadruif, eventueel aangevuld met andere, niet aromatische, witte druiven (maximaal 20%). De wijngaarden van Gambellara liggen op de heuvels rond het gelijknamige stadje ten zuidwesten van Vicenza. Deze witte wijn is over het algemeen strogeel tot goudgeel van kleur en karakteriseert zich door zijn zeer aangename geur van pas geplukte druiven. De smaak is meestal droog (er zijn enkele uitzonderingen), friszuur, zacht en niet al te zwaar. Hij heeft een licht bittertje in de afdronk. In het hart van de streek Gambellara mag men 'classico' op het etiket vermelden. Drinktemperatuur: 10-12 °C.

GAMBELLARA RECIOTO D.O.C.

Voor de Recioto worden dezelfde druiven gebruikt als voor de gewone gambellara, met dit verschil dat de druiven eerst licht gedroogd worden door de zon. Hierdoor ontstaat een hogere concentratie suikers, geur- en smaakstoffen. De wijn is goudgeel en ruikt zeer sterk naar overrijpe druiven of rozijnen. De smaak varieert van lichtzoet tot behoorlijk zoet, terwijl sommige wijnen licht parelend kunnen zijn. Drink hem op een temperatuur van 6-10 °C (hoe zoeter hoe kouder).
Er bestaan ook een Gambellara Recioto Spumante en een Gambellara Recioto Classico.

GAMBELLARA VIN SANTO D.O.C.

Dit is een overtreffende vorm van de Recioto. Hij is donkergoud van kleur en heeft een indrukwekkende geur van volzoete rozijnen, die terug te vinden is in de zoete, fluweelzachte smaak. Hij bevat minimaal 14% alc. Drinktemperatuur: 6-8 °C (8-10 °C voor de liefhebbers).

PROSECCO DI CONEGLIANO-VALDOBBIADENE/PROSECCO DI CONEGLIANO/PROSECCO DI VALDOBBIADENE D.O.C.

Dit zijn drie gelijkwaardige wijnen uit het gebied ten noorden van de stedelijke driehoek Padova-Vincenza-Treviso. Deze wijnen worden gemaakt van de proseccodruif, al dan niet aangevuld met wat verdiso, pinot bianco, pinot grigio of chardonnay

SOAVE D.O.C.

De wijngaarden van Soave liggen, net als die van Bardolino en Valpolicella, tussen de oostelijke oever van het Gardameer en de stad Verona. Rondom het middeleeuwse stadje Soave groeien de wijnstokken van de garganegadruif, die het leeuwendeel van de beroemde witte wijn voor zijn rekening neemt (minimaal 85%). Als aanvullende druiven mag men kiezen uit onder andere de pinot bianco, chardonnay, trebbiano di soave of trebbiano di toscana. Hoewel de Europese markt maar al te vaak met mindere Soave-achtige wijn te maken heeft, is een echte Soave echt lekker. De kleur is meestal vrij licht, van groen tot bleekgeel, de geur niet bijster opvallend en de smaak droog, zacht en aangenaam, met een licht amandelbittertje. Deze gewone Soave heeft van huis uit een lichte structuur.
De Soave Classico is afkomstig uit het historische hart van de streek. De Superiore bezit iets meer alcohol en moet minstens vijf maanden rusten voor hij verkocht mag worden. De beste Soave is zonder twijfel de voortreffelijke Soave Classico Superiore. Drinktemperatuur: 8-10 °C voor de gewone Soave, 10-12 °C voor de betere Soave Classico Superiore.

RECIOTO DI SOAVE D.O.C.

Net als voor de Recioto della Valpolicella (zie daar) worden er voor deze wijn geselecteerde en gedeeltelijk ingedroogde druiven gebruikt. Het resultaat is een volle, zeer aromatische witte wijn met een gouden kleurtje. De smaak is vol en fruitig, van licht-

(maximaal 15%). Er bestaan twee hoofdtypen Prosecco, de Prosecco Frizzante is licht parelend, strogeel van kleur, zeer fruitig, sappig en bijzonder aangenaam. De Prosecco Spumante is beslist onstuimiger, fris, fruitig en vol van smaak. Beide wijnen bestaan in 'secco' (droog, licht, elegant, amandelbittertje), 'amabile' (lichtzoet, zeer fruitig) en 'dolce' (volzoet en fruitig). U zou wel eens een Prosecco Superiore di Cartizze kunnen tegenkomen. Dit is een wijn die gemaakt is in een streng afgebakend gebied, Cartizze geheten (rond San Pietro di Barbozza in Valdobbiadene). Qua smaak is er nauwelijks verschil met de andere Prosecco. Drinktemperatuur: 6-8 °C voor de zoete, 8-10 °C voor de droge Prosecco.

VINI DEL PIAVE D.O.C.
U kent ze wel, die grote tweeliterflessen die in de meeste Italiaanse restaurants per glas uitgeschonken worden. Ze komen zeker uit de regio Piave. De tocai del Piave wordt gebruikt voor de witte en de merlot del Piave voor de rode. Over het algemeen is deze wijn prima drinkbaar, maar zeer zeker niet representatief voor de hele streek.
Ook in de Piave, de regio langs de beide oevers van de gelijknamige rivier, wordt goede wijn geproduceerd. U vindt er prima Cabernet en Cabernet Sauvignon met net genoeg vegetale ondertonen en tannine om met een goede Franse vin de pays te kunnen wedijveren (die is wel veel goedkoper). De Merlot en Pinot Nero zijn hier net iets zachter dan elders, soms op de grens van zoetig. De betere wijn heeft iets langer op het vat gelegen en mag het predikaat riserva voeren.
Probeert u eens een typische Italiaanse wijn, de Raboso del Piave. Hij is robijnrood tot granaatrood van kleur en heeft een verleidelijke geur van bosviooltjes en andere aangename boslucht jes. De smaak is droog, robuust, mannelijk stoer, friszuur, soms behoorlijk tanninerijk, maar altijd karakteristiek en sappig. Drinktemperatuur: 12-14 °C tot 16 °C voor de riserva.
Bij de witte wijn is de keuze wat eenvoudiger. De goudgele, weinig opvallende Tocai Italiano kent bijna iedereen. Hij past prima bij een pizza. Mits goed gekoeld en met mate gedronken, zal hij weinig kwaad doen. Bijna hetzelfde geldt voor de Pinot Bianco en de Chardonnay, die beslist geen reclame zijn voor deze wereldberoemde druivensoort. Veel interessanter zijn de zwoele en aromatische Pinots Grigio del Piave of de elegante, karakteristieke en bijzonder aangename Verduzzo del Piave. Drinktemperatuur: 8-10 °C, behalve de Verduzzo en Pinot Grigio: 10-12 °C.
Een leuke en oorspronkelijke wijn is de Refosco dal Pedonculo Rosso. Deze vreemde druif wordt ook in het Franse Savoie gebruikt onder de naam mondeuse. Hij levert hier een wijn op met een intens rode kleur. Hij is licht taninerijk en bitter in de afdronk, maar rond en vol van smaak. Drinktemperatuur:12-14 °C
Andere wijnen uit Veneto zijn de Colli Berici D.O.C., Colli Euganei D.O.C., Montello/Colli Aso-

Isonzo Chardonnay/Isonzo Pinot Nero

lani D.O.C., Breganze D.O.C., Bagnoli di Sopra/Bagnoli D.O.C., Lison-Pramaggiore D.O.C. en Lessini Durello D.O.C.

GARDA D.O.C.
De wijn uit Veneto draagt officieel het predikaat Garda Orientale D.O.C., die uit Lombardia gewoon Garda D.O.C. De wijn wordt gemaakt van minstens 85% van de druivensoort die op het etiket vermeld wordt. Ook hier treft u de bekende Pinot Bianco, Pinot Grigio, Chardonnay, Riesling Italico, Riesling Renano en Sauvignon aan. Het zijn allemaal uitstekende wijnen. Drinktemperatuur: Sauvignon, Pinot Bianco en Rieslings 8-10 °C, Chardonnay en Pinot Grigio 10-12 °C.
Veel interessanter om te ontdekken zijn de witte Garganega, Trebbianello en Cortese. Alledrie kunnen ze droog of soms lichtzoet zijn. Ze zijn vrij aromatisch en vol van smaak. Drinktemperatuur: 10-12 °C.
Bij de rode wijnen komt u weer de verplichte Cabernets, Merlots en Pinots Nero tegen, die even goed of slecht zijn als elders in de wereld. Ook treft u er de oorspronkelijke Marzemino en Corvina aan. Beide wijnen zijn fris, vrolijk en welriekend. Drinktemperatuur: 12-14 °C.
Ten slotte wordt er nog een witte Frizzante gemaakt, die droog of lichtzoet is en altijd fruitig. Drinktemperatuur: 6-8 °C.

Verduzzo, ook lekker in Spumante

Friuli-Venezia Giulia

Het land is voor een groot gedeelte bergachtig, maar de wijnbouw concentreert zich in de groene rivierdalen (Tagliamento, Isonzo) en op de zonnige heuvels. Het klimaat bestaat uit een gunstig samenspel van het zachte mediterrane (Adriatische Zee) en strenge continentale (Alpen) klimaat. De bodem bestaat voornamelijk uit afgebrokkeld gesteente uit de ijstijden. Net als in de Elzas en in sommige andere streken in Noord-Italië wordt de friuli onder een generieke naam verkocht, gevolgd door de naam van de dominante druivensoort.

COLLI ORIENTALI DEL FRIULI D.O.C.

Deze wijnen wordt geproduceerd in de streek ten noorden van Udine. Bij de witte wijnen treft men al gauw de sauvignon en chardonnay aan. Het zijn leuke wijnen, die goed gemaakt zijn, maar niet bijster boeiend. Ze zijn prima als aperitief of bij vis. Hetzelfde geldt eigenlijk ook, zij het in mindere mate, voor de alom aanwezige Pinot Bianco, Pinot Grigio en Riesling Renano. Deze frisse en fruitige wijnen, met een hint van kruiden bij de Pinot Grigio, zijn beter aan tafel dan als aperitief. De Traminer Aromatico is zeer aromatisch, uiterst sensueel, stoer en vol. Eet bij deze wijn beslist geen vis, maar witvlees of gevogelte. De eerstgenoemde wijnen drinkt u op ± 8-10 °C, de laatste op ± 10-12 °C.

Veel boeiender en oorspronkelijker dan de vorige wijnen zijn de Tocai Friulano, Verduzzo Friulano, Ribolla Gialla en Malvasia Istriana. Drinktemperatuur: 10-12 °C.

De fruitige, soms droge, soms zoete Verduzzo Friulano is stevig en vaak licht tanninerijk. Drinktemperatuur: 10-12 °C.

De frisse en harmonieuze Ribolla Gialla is altijd droog. Drinktemperatuur: 10-12 °C.

De zwoele, kruidige, aromatische en volle Malvasia Istriana vraagt om een stevige vis. Drinktemperatuur: 10-12 °C.

De Ramondolo wordt gemaakt van de verduzzo en is prachtig, intens goudgeel van kleur. Hij is zeer fruitig en vol, met soms een beetje tannine en een stevige body. Het zijn altijd lichte tot volzoete wijnen met een minimum alcoholgehalte van 14%. De wijn, afkomstig uit het historische centrum van de streek, mag zich classico noemen. Drinktemperatuur: 8-10 °C (lichtzoet), 6-8 °C (volzoet).

Interessant en karakteristiek uit Udine zijn de volgende wijnen: de Malvasia Istriana: strogeel met een groen zweempje, aantrekkelijk geurtje, droge en fijne smaak. Drinktemperatuur: 10-12 °C, de Tocai Friulano: strogeel tot citroengeel, verleidelijke aroma's, zwoel, verfijnd en elegant van smaak. Drinktemperatuur: 10-12 °C. Verduzzo Friulano: goudgeel, sensuele geur en smaak van verse druiven, soms een beetje tanninerijk, droog, licht zoet of zelfs zoet. Drinktemperatuur: droge 10-12 °C, zoetere 6-10 °C (hoe zoeter hoe kouder).

Bij de witte wijnen kent men ook uitstekende frizzante en spumante, meestal gemaakt van chardonnay en/of pinot bianco. Ze bestaan in brut of semisecco. Drinktemperatuur: 6-8 °C.

Bij de rode wijnen vindt u ook de bijna verplichte nummers Merlot, Cabernet Franc en Cabernet Sauvignon (prima wijn met duidelijk vegetale ondertonen en veel fruitigheid). De leukste wijnen zijn echter die van de refosco dal peduncolo rosso, die representatiever zijn voor deze streek. Het zijn volle, elegante, fruitige wijnen met een herkenbaar aangenaam bittertje. Drinktemperatuur: 12-14 °C. (De oudere Riserva iets warmer, 14-16 °C.)

COLLI ORIENTALI DEL FRIULI D.O.C.

Deze wijnen komen ook uit de provincie Udine. Hier treft u slechts specifieke wijnen van één dominante druivensoort. Er zijn prima Pinot Bianco, Pinot Grigio, Sauvignon, Chardonnay en Riesling Renano. Er is een uitmuntende Traminer Aromatico, die vol en zwoel is en zeer intens van geur en smaak. Drinktemperatuur: 8-10 °C behalve voor de Chardonnay, Pinot Grigio en Traminer Aromatico (10-12 °C).

Zeer karakteristiek uit deze streek zijn de volgende wijnen:

Tocai Friulano: strogeel tot citroengeel, verfijnde geur, vol en warme smaak met een herkenbaar amandelbittertje. Drinktemperatuur: 10-12 °C.

Verduzzo Friulano: goudgeel van kleur, vol van smaak, zeer fruitig (verse druiven), soms licht tanninerijk, droog, licht zoet of volzoet. Drinktemperatuur: 10-12 °C voor de droge, 6-10 °C voor de zoetere (hoe zoeter hoe kouder).

Ribolla Gialla: helder strogeel met een groen zweempje, droog, verfijnd, elegant en zeer fris van smaak. Drinktemperatuur: 10-12 °C.

Malvasia Istriana: strogeel, zeer kruidige, aromatische en intrigerende geur en smaak. Hij is vol, rond en droog. Drinktemperatuur: 10-12 °C.

Ramandolo: een uitstekende wijn van de verduzzo friulano. Hij is intens goudgeel van kleur, zeer fruitig en aromatisch in geur en smaak, vol, licht tanninerijk, fluweelzacht en weelderig zoet. Hij heeft minimaal een alcoholpercentage van 14%. Drinktemperatuur: 6-10 °C (naar smaak).

Picolit: zoete tot zeer zoete witte wijnen van de inheemse picolitdruif. Het is een verfijnde, warme en volle wijn. Drinktemperatuur: 6-8 °C.

De rosato van merlotdruiven is bijzonder aardig en smaakvol. Drinktemperatuur; 10-12 °C.

Bij de rode wijnen kunt u natuurlijk weer kiezen uit de uitstekende Cabernet Sauvignon, Cabernet Franc, Cabernet (F+S), Merlot en Pinot Nero. Wie echter de voorkeur geeft aan meer oorspronkelijkheid kiest de Schippettino of Refosco dal Peduncolo Rosso. Beide zijn zeer plezierige wijnen, heel fruitig en met karakter. Ze zijn vol, warm en fluweelzacht. De Refosco heeft ook een herkenbaar bittertje. Drinktemperatuur: 12-14 °C, voor de oudere Riserva 14-16 °C.

GRAVE DEL FRIULI D.O.C.

Ook dit zijn vele verschillende wijnen van één specifieke druivensoort en enkele generieke wijnen. Deze wijnen worden gemaakt langs de oevers van de Tagliamento in de provincie Udine. U treft hier soortgelijke wijnen aan als die van de Colli Orientali Friulani (zie daar). De witte wijnen worden gemaakt van de chardonnay, pinot bianco, riesling renano, sauvignon, pinot grigio, tocai friulano, traminer aromatico en verduzzo friulano. De laatste vier wijnen zijn meestal de beste. Ook de Spumante is uitstekend van kwaliteit.

De Rosato is fris, fruitig en ongedwongen (ook verkrijgbaar in frizzante). De rode wijnen worden gemaakt van de twee cabernets (al dan niet onderling gemengd), de merlot, de pinot nero en de refosco dal peduncolo rosso.

COLLIO GORIZIANO/COLLIO D.O.C.

Dit is zonder meer een van de beste wijnstreken van Italië wat betreft de witte wijn, maar ook de rode wijn is hier van een bijzonder hoog niveau. De wijngaarden liggen op de heuvels (Collio) aan de oostzijde van de rivier de Judrio, vlak bij Gorizia. De gewone Bianco wordt gemaakt van de ribolla gialla, malvasia istriana en tocai friulano, al dan niet voor maximaal 20% aangevuld met andere plaatselijk gebruikte druiven. Het is een strogele wijn, die licht aromatisch, droog, verfijnd, delicaat en harmonieus is. Het is een uitstekend aperitief. Drinktemperatuur: 8-10 °C.

De Pinot Bianco is licht strogeel van kleur, licht aromatisch en zacht van smaak. Hij is fris en heeft een hint van zoete amandelen. Drinktemperatuur: 8-10 °C.

De Pinot Grigio is vaak goudgeel van kleur, met af en toe een koperachtige glans. Hij heeft een zeer intense geur en hij is heel vol en sappig van smaak. Drinktemperatuur: 10-12 °C.

De Ribolla Gialla is intens strogeel met een groen zweempje. Hij heeft een zeer boeiende geur, floraal en fruitig tegelijk. Het is een volle, droge, ronde wijn en hij is levendig en fris. Drinktemperatuur: 10-12 °C.

De Sauvignon is licht van kleur en heeft een behoorlijke intense geur en smaak. De ervaren proever kan een vegetale (gras) ondertoon herkennen, maar ook een puntje nootmuskaat, acaciahoning, witte bloesem en een hint van kruiden. De Sauvignon van Collio is van uitmuntende kwaliteit en zeer karakteristiek voor zijn druivensoort en terroir. Drinktemperatuur: 8-10 °C.

De Tocai Friulano is zuiver strogeel tot goudgeel van kleur, met af en toe wat citroengele nuances. De geur is zeer karakteristiek, delicaat en aangenaam, de smaak licht kruidig, met hints van bittere amandelen en noten. Drinktemperatuur: 10-12 °C.

De traminer aromatico brengt hier goudgele wijnen voort, die zeer aromatisch en intens van smaak zijn. Deze wijnen worden beter na enkele jaren extra rijping. Drinktemperatuur: 10-12 °C.

De Riesling Renano is strogeel van kleur, soms goudgeel na wat extra rijping. Hij is zeer intens van

Uiterst zeldzame Picolit

geur en smaak, verfijnd en delicaat. Drinktemperatuur: 10-12 °C.

De Riesling Italico is licht strogeel van kleur met een groen zweempje. Het is een elegante, subtiele droge wijn. Drinktemperatuur: 10-12 °C.

De Malvasia Istriana is strogeel van kleur, zeer fijn en subtiel van geur, zacht en rond van smaak en heeft een licht vegetale ondertoon. Drinktemperatuur: 10-12 °C.

De Chardonnay van Collio is over het algemeen beter dan de meeste andere Chardonnays uit Noord-Italië. Hij is strogeel van kleur, delicaat, droog, vol, licht floraal, zacht en zeer aangenaam. Drinktemperatuur: 10-12 °C.

De Müller-Thurgau is verrassend lekker. De kleur is vrij donkergeel met wat groene schakeringen. De geur is zeer karakteristiek (groene appel, bloemen) en de smaak is droog, zacht en vol. Drinktemperatuur: 10-12 °C.

De Picolit van Collio is de zeldzaamste zoete witte wijn van Italië en waarschijnlijk ook een van de unieke van de wereld. De picolitdruif wordt gekenmerkt door een zeer grillige groei. Op de trossen vindt een zeer merkwaardige natuurlijke selectie van druiven plaats. Weinig druiven halen de volle groei, de meeste vallen vroegtijdig af of blijven klein en hard. De druiven die wel tot volle ontwikkeling komen, bezitten enorm veel extract, geur- en smaakstoffen. Deze druiven worden ook nog laat geoogst, zodat de zon de druiven enigszins doet inkrimpen. Dit verhoogt het gehalte aan extract, suikers, geur- en smaakstoffen in de druiven. Vergelijk de wijn van de picolit met een Trockenbeerauslese uit Duitsland of Oostenrijk. De kleur is zeer vol, goudgeel en het bouquet is verleidelijk, zwoel en overweldigend. De smaak is krachtig, fruitig (rijpe vruchten), etherisch (flink wat alcohol!), fluweelzacht (honing), vol en heel lang natalmend. Door de bijzondere groei produceert de picolitdruif bijzonder weinig wijn. Door de late oogst wordt deze kwantiteit nog veel lager. U zult begrijpen dat de prijs van deze nectar niet laag is, maar mocht u eens de kans hebben om deze wijn aan te schaffen, dan moet u dat beslist doen. Drinktemperatuur: 8-10 °C.

De Collio Rosso wordt meestal gemaakt van de cabernets en merlot. Het is een robijnrode wijn met

Isonzowijnen *Isonzo Merlot/Isonzo Pinot Grigio*

een vegetale geur en een zachte, levendige smaak. Drinktemperatuur: 12-14 °C, 14-16 °C voor de riserva. De andere rode wijnen worden gemaakt van de cabernet franc, de cabernet sauvignon, de merlot en de pinot nero. De eerste drie wijnen hebben een karakteristieke vegetale ondertoon, die ze duidelijk onderscheidt van een bordeauxachtige wijn. De smaak is vol en krachtig, droog en harmonieus. De Merlot heeft hier ook wel eens een extra bittertje in de afdronk. De Pinot Nero is heel zacht en vol van smaak. Drinktemperatuur: 14-16 °C.

ISONZO/ISONZO DEL FRIULI D.O.C.

Ook hier hebben wij te maken met uitzonderlijke witte wijnen en voortreffelijke rode wijnen. Het wijngebied bevindt zich aan de oevers van de Isonzo in de buurt van Gorizia. De wijngaarden strekken zich uit tot aan de Sloveense grens. Het verschil in smaak tussen Collio en Isonzo is niet echt groot en de wijnen lijken veel op elkaar. Er wordt een generieke bianco gemaakt van de tocai friulano, malvasia istriana, pinot bianco en chardonnay. Deze kan droog tot zoet zijn, maar is altijd bijzonder fris en vaak licht tanninerijk. De andere witte wijnen zijn afkomstig van de pinot bianco, de pinot grigio, de tocai friulano, de verduzzo friulano, de traminer aromatico, de riesling renano, de riesling italico en natuurlijk de sauvignon en de chardonnay. Van de pinot bianco, eventueel aangevuld met pinot nero en chardonnay, maakt men een sublieme Spumante. Drinktemperatuur: 8-10 °C, behalve voor de Chardonnay, Traminer, Tocai, Verduzzo en Pinot Grigio 10-12 °C. De gewone Rosso wordt gemaakt van de merlot, cabernet franc en cabernet sauvignon, al dan niet aangevuld met wat pinot nero of refosco. Van de Isonzo Rosso bestaan talloze typen en smaakvarianten.

De betere rode wijnen worden ook hier van de alombekende Franse druiven gemaakt, de cabernet (S+F), merlot en pinot nero. Deze wijnen zijn uitstekend. De eerste twee wijnen hebben een herkenbare vegetale ondertoon en de Pinot Nero een flink bittertje. Drinktemperatuur: 14-16 °C.

De verrassendste wijnen zijn hier ook de jonge, fruitige en zeer aromatische Franconia en de volle,

Isonzo Bianco en Rosato *Sublieme Spumante*

Passito uit Collio/Isonzo

krachtige Refosco dal Peduncolo Rosso. Drinktemperatuur: 14-16 °C voor de Franconia, 16-17 °C voor de Refosco. Ook oorspronkelijk en voortreffelijk is de plaatselijke Passito.

FRIULI AQUILEIA D.O.C.
Dit is de zuidelijkste wijn van Friuli. De wijngaarden strekken zich van de Adriatische kust tot aan de grens van Isonzo uit. Hier maakt men zeer gedegen witte wijnen van pinot bianco, tocai friulano, chardonnay, pinot grigio, riesling renano, traminer, sauvignon en verduzzo friulano, frisse en fruitige Rosato van de merlot, cabernets en refosco en uitstekende rode van de merlot, cabernet franc en cabernet sauvignon. De refosco dal peduncolo Rosso maakt de oorspronkelijkste en boeiendste wijnen. (Zie verder Collio en Isonzo.)

Emiglia-Romagna

Italië lijkt wel op een laars met een breed bovenstuk. We verlaten nu het bovenstuk en begeven ons naar het middenstuk van de laars. Emilia-Romagna ligt onder Lombardia en Veneto en strekt zich uit van Liguria tot aan de Adriatische Zee. In het zuiden wordt Emilia-Romagna door de Apennijnen van Toscane en de Marche gescheiden. De streek is voor Italiaanse begrippen uitzonderlijk vlak. Dit geeft de plaatselijke wijnen een eigen identiteit en een totaal

ander karakter dan de overige Italiaanse wijnen. Voor de meeste mensen zal de naam Emilia-Romagna weinig duidelijkheid bieden over de afkomst van de wijnen. De wijngaarden zijn echter gemakkelijk te lokaliseren. Ze liggen tussen Piacenza en Parma, rondom Reggio en Modena, rondom Bologna en in het driehoekje Ravenna, Forli en Rimini. De hoofdstad van Emilia-Romagna is het culinair beroemde Bologna.

COLLI PIACENTINI D.O.C.
De wijnen afkomstig uit de zuidelijke omgeving van Piacenza, genieten al lange tijd grote faam. De hier geproduceerde witte en rode wijnen zijn van uitstekende kwaliteit. Alle wijnen bezitten een duidelijke authenticiteit die ze tot de leukste wijnen van Italië maakt. Bij de witte wijnen vermelden wij voor de volledigheid dat de hier geproduceerde Sauvignon, Chardonnay en Pinot Grigio zeer acceptabel zijn. De strogele Sauvignon is delicaat, intens en vrij karakteristiek. De smaak is friszuur, harmonieus en wel eens licht parelend. Drink deze Sauvignon jong. Drinktemperatuur: 8-10 °C. De eveneens strogele Chardonnay toont vaak wat groene schitteringen. De geur is verfijnd en fruitig. De smaak is droog, harmonieus, fris en vol. U zult hem vaak met een lichte tot duidelijke pareling aan treffen. Drinktemperatuur: 10-12 °C. De Pinot Grigio is strogeel van kleur met wat roze schitteringen. De geur is verfijnd en herkenbaar aromatisch. De smaak is droog, vol, harmonieus en heeft soms een

Aquileia

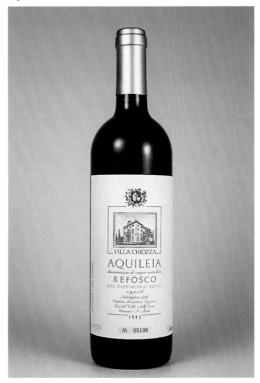

lichte pareling. Er bestaat ook een spumante van. Drinktemperatuur: 10-12 °C.
Veel interessanter zijn de volgende witte wijnen.

TREBBIANINO VAL TREBBIA
Deze wijn wordt gemaakt van de ortrugo, aangevuld met trebbiano en/of sauvignon. (Kies liever de combinatie ortrugo-trebbiano). De wijn is strogeel van kleur, aangenaam, maar vrij bescheiden van geur. Hij kent een grote schakering typen en smaken, van droog tot zoet, en van stil, parelend tot mousserend. Drinktemperatuur: 8-12 °C (van zoet naar droog).

MALVASIA
Dit is een zeer karakteristieke, intens aromatische wijn, die droog, licht- of volzoet is en fris van smaak. Hij bestaat in een stille, licht parelende en mousserende versie. Drinktemperatuur: 10 °C voor de droge, 6-8 °C voor de zoete.

ORTRUGO
Deze wijn is gemaakt van minimaal 85% ortrugo. Deze verrassende wijn is strogeel van kleur met een groen zweempje. De geur is subtiel en vrij karakteristiek. De smaak is droog en sappig, met een duidelijk amandelbittertje in de finale. Hij bestaat in stil, licht parelend en mousserend. Drinktemperatuur: 10 °C.
Bij de rode wijnen zult u enkele goedgemaakte generieke Rossowijnen aantreffen, evenals uitstekende Cabernet Sauvignon en Pinot Nero. Deze smaken even lekker als overal in Italië en zijn dus niet de representatiefste wijnen van deze streek.
Veel boeiender zijn de volgende wijnen.

BARBERA
Hij is robijnrood van kleur, karakteristiek en vrij aromatisch in geur en smaak. Hij is sappig, droog, licht tanninerijk en vrij onstuimig als hij jong is (koolzuurtje). Drinktemperatuur: 14-16 °C.

BONARDA
Deze wijn is voor minimaal 85% gemaakt van de bonarda piemontese. Het is een robijnrode wijn met een zeer aromatische geur en een lichte tanninerijke smaak. Hij is droog, licht- of volzoet, stil of licht parelend. Drinktemperatuur: 14-16 °C voor de droge versie, 10-12 °C voor de zoete.

COLLI DI PARMA D.O.C.
Ook hier liggen de wijngaarden van deze herkomstbenaming op lage heuvels (onder de 400 m), deze keer rond de stad Parma. Hoewel geen van de hier geproduceerde wijnen echt uitmuntend is, genieten ze toch een behoorlijke faam.
Men kent hier vier verschillende wijnen.

COLLI DI PARMA ROSSO
Hij wordt gemaakt van de barberadruif (min. 60%) aangevuld met bonarda piemontese en/of croatina. De wijn is robijnrood, ruikt aangenaam fris en fruitig, smaakt droog, sappig en harmonieus en heeft

soms een licht koolzuurtje. Drinktemperatuur: rond de 14-16 °C.

COLLI DI PARMA SAUVIGNON
Dit is een zeer acceptabele Sauvignon. Hij is delicaat, verfijnd en aromatisch. De smaak is goed droog, friszuur, harmonieus, met een licht bittertje en soms wat pareltjes. Drinktemperatuur: 8-10 °C.

COLLI DI PARMA MALVASIA ASCIUTTO/SECCO
De beste Malvasiawijnen worden gemaakt van 100% malvasia di candia aromatica. Er bestaan echter wat minder verfijnde versies, waarbij de malvasia voor maximaal 15% aangevuld wordt met moscato. Afhankelijk van de stijl zal de wijn licht tot intens strogeel van kleur zijn. De geur is zeer aromatisch en heeft het karakter van de malvasia. De smaak is fris, karakteristiek en harmonieus. Sommige wijnen hebben een licht koolzuurtje, enkele worden zelfs als frizzante aangeboden. Er bestaat ook een spumante van deze Malvasia. Drinktemperatuur: 10-12 °C.

COLLI DI PARMA MALVASIA AMABILE
Deze wijn bezit dezelfde karakteristieken als de Malvasia Asciutto, maar hij is zoet. Hij bestaat ook in frizzante en spumante. Drinktemperatuur: 6-8 °C voor de mousserende, 8-10 °C voor de stille.

LAMBRUSCO REGGIANO D.O.C.
Deze wijn wordt gemaakt van de druiven lambrusco salamino, lambrusco montericco, lambrusco marani, lambrusco maestri en ancelotta (max. 15%). De wijn is roze tot robijnrood en heeft een fijn en persistent schuim. De geur is fruitig en vegetaal, en is zeer karakteristiek. De smaak is droog of zoet, fris en vrij licht. De Lambrusco is jong op zijn best. Drinktemperatuur: ±10-12 °C.

BIANCO DI SCANDIANO D.O.C.
In het wijngebied van de Lambrusco Reggiano ligt, rond het gelijknamige dorpje, de enclave van witte wijn van Scandiano. Deze witte, licht parelende tot mousserende wijn wordt gemaakt van de sauvignon. Het is een zeer verrassende wijn, die erg aromatisch, fris en vol is. Hij bestaat in een droge (secco), halfdroge (semi-secco) en zoete (amabile) versie. Drink de secco als aperitief, maar ook bij koude gerechten. De semi-secco past prima bij vis in romige sauzen of witvlees in fruitige sauzen. De amabile ten slotte kan beter bij vruchtendesserts geschonken worden. Drinktemperatuur: secco/semi-secco 9-10 °C, amabile 6-8 °C.

LAMBRUSCO MODENESI D.O.C.
Dit gebied rond Modena maakt eigenlijk drie verschillende D.O.C.-wijnen.

LAMBRUSCO SALAMINTO DI SANTA CROCE
Deze wijn is gemaakt van de lambrusco salamino (90% min.) en de andere lambruschi in de noordelijke zone boven Modena. De wijn is prachtig ro-

bijnrood en heeft een schitterende, onstuimige mousse. Geur en smaak zijn zeer karakteristiek en bijzonder aangenaam. Hij bestaat in een droge en een zoete versie. Beide zijn erg fris en harmonieus. Drinktemperatuur: 12-14 °C voor de droge, 10-12 °C voor de zoete.

LAMBRUSCO DI SORBARA

Waarschijnlijk de bekendste van alle Lambruschi, maar zeker niet altijd de beste. Op de markt treft u soms wijn aan die meer met de ouderwetse limona-degazeuse te maken heeft dan met een echte lambrusco. De betere wijnen worden gemaakt van de lambrusco di sorbara (60%) en lambrusco salmino (40%). Ze zijn robijnrood en hebben een onstuimige mousse. De geur is zeer aangenaam en herinnert, alleen bij de echte, aan bosviooltjes. De smaak kan droog (asciutto) of zoet (amabile) zijn, maar ze zijn altijd fris en vol. Drinktemperatuur: volgens de Italianen 14-16 °C, naar onze mening 12-14 °C, zeker voor de zoete.

LAMBRUSCO GRASPAROSSA DI CASTELVETRO

Deze Lambrusco komt uit de zuidelijke en oostelijke omgeving van Modena. Hij wordt gemaakt van lambrusco grasparossa (85%) en andere aanvullende lambruschi. De kleur is robijnrood met paarse schitteringen. De mousse is fijn en omstuimig. De geur is zeer aromatisch en de smaak droog tot zoet, maar altijd fris en vol. Drinktemperatuur: 14-16 °C voor de droge, 10-12 °C voor de zoete.

Colli Bolognesi D.O.C.

De naam zegt het al: deze wijnen komen van de zachtglooiende heuvels uit het zuiden en westen van Bologna. Drinktemperatuur: 8-10 °C. De Sauvignon is een excellent aperitief. Hij is fris, droog, licht aromatisch en vol van smaak. Drinktemperatuur: 8-10 °C. De Pinot Bianco is delicaat en verfijnd, fris, warm en harmonieus. Het is een zeer geslaagde wijn van de meestal vrij neutrale pinot bianco. Drinktemperatuur: 10-12 °C.

Pignoletto Superiore Colli Bolognesi

Pignoletto Frizzante Colli Bolognesi

Colli Bolognesi Merlot

De Chardonnay is zeer acceptabel, maar weet niet echt te overtuigen. Drinktemperatuur: 10-12 °C. De Riesling Italico is veel boeiender dan de Chardonnay. Hij heeft een veel fijnere geur en is frisser, voller en warmer in smaak. Drinktemperatuur: 8-10 °C. Zeer apart is de Pignoletto van de gelijknamige druivensoort. Het is een lichtgekleurde wijn met af en toe een groen zweempje. Hij heeft een zeer karakteristieke fijne en delicate geur en een harmonieuze, frisse, warme smaak, droog of zoet. Hij bestaat in een stille en een licht mousserende (frizzante) versie. Drinktemperatuur: 6-8 °C voor de zoete, 9-11 °C voor de stille en mousserende droge. Bij de rode wijnen heeft men de keuze uit de lichte, vegetale Merlot (droog, sappig en harmonieus), de volle, stoere Barbera en de volle, eveneens vegetale Cabernet Sauvignon. Van de barbera en van de cabernet sauvignon bestaan ook riserva's van zeer hoge kwaliteit. Drinktemperatuur: Merlot, jonge Barbera en Cabernet Sauvignon 14-16 °C, riserva's 16-17 °C.

Bosco Eliceo D.O.C.

Deze wijnstreek ligt aan de Adriatische kust, boven de stad Ravenna. Hier maakt men twee witte en twee rode wijnen.
De gewone bianco wordt gemaakt van de trebbiano romagnolo (min. 70%) en sauvignon of malvasia

bianca di candia. Deze strogele wijn heeft een lichte, zachte geur en een aangename, zachte smaak. Hij is droog of lichtzoet, stil of lichtmousserend. Het is beslist geen wijn om lang te bewaren. Drinktemperatuur: 8-10 °C. De sauvignon (min. 85%) wordt aangevuld met trebbiano romagnolo. De wijn is vrij bescheiden in geur en smaak. Hij is warm, fluweelzacht en harmonieus en bestaat in droog of lichtzoet. Het is een uitstekende aperitief. Drinktemperatuur: 8-10 °C. De eerste rode wijn wordt gemaakt van de merlot. Het levert hier een acceptabele wijn met de typische vegetale ondertoon op. De wijn is droog, sappig, harmonieus en fris. Drinktemperatuur: 14-16 °C. De andere rode wijn komt van de fortanadruif en wordt er ook naar genoemd. Het is een vrij forse wijn, vrij tanninerijk, sappig en fris. Het is beslist een wijn om jong gedronken te worden. Drinktemperatuur: 10-12 °C.

Vini di Romagna D.O.C.G./D.O.C.

Dit is al weer een generieke herkomstbenaming, die enkele zeer bijzondere wijnen produceert: drie witte en twee rode. De streek ligt in het uiterste zuiden van Emilia-Romagna en strekt zich uit van net onder Bologna via Forli tot aan de beroemde badplaats Rimini.

ALBANA DI ROMAGNA D.O.C.G.
Dit is de enige D.O.C.G. van Emilia-Romagna. De wijn wordt gemaakt van de gelijknamige druif, albana, en kan gemaakt worden in de provincies Bologna, Forli en zelfs Ravenna (kleine enclave in de Bosco Eliceo). In de D.O.C.G.-versie bestaat deze wijn in een droge (secco), lichtzoete (amabile), zoete (dolce) en likeurachtige (passito) versie. De secco is strogeel van kleur, licht maar subliem van geur, fris, warm en harmonieus en bezit een beetje tannine. Drinktemperatuur: 8-10 °C. De amabile en dolce zijn wat donkerder van kleur, tot goudgeel bij het ouder worden. Ook hier is de geur eerder subtiel en elegant dan krachtig. De smaak is zeer fruitig en weelderig. Drinktemperatuur: 6-8 °C. De passito is nog donkerder, van goudgeel tot amberkleurig. De geur is veel intenser, hij is intrigerend en bedwelmend. De smaak is bijzonder vol, fluweelzacht, min of meer zoet, afhankelijk van de maker, het jaar en type. Drinktemperatuur: 6-8 °C. Er bestaat ook een Romagna Albana spumante van goede kwaliteit. Deze wijn draagt echter alleen maar een D.O.C.-predikaat.

Trebbiano di Romagna D.O.C.

Ook deze wijn dankt zijn naam aan de dominante druif trebbiano. Hij wordt gemaakt in de omgeving van Bologna, Ravenna en Forli. De kleur van deze wijn is min of meer intens strogeel, de geur fris en aangenaam en de smaak droog en harmonieus. Er bestaat een stille, een frizzante en een spumante versie van. Drinktemperatuur: 8-10 °C.

PAGADEBIT DI ROMAGNA D.O.C.
Dit is een zeer boeiende wijn. Hij wordt gemaakt van de bombino bianco (min. 85%), die geoogst wordt in de omgeving van Forli en Ravenna. De kleur is strogeel en weinig opvallend. De geur daarentegen is zeer karakteristiek en herinnert aan meidoornbloesem, zacht, subtiel en zeer verleidelijk. De wijn kan droog of lichtzoet zijn. In beide gevallen smaakt de wijn heel evenwichtig door de prachtige zuren. De smaak is verfijnd en bijzonder aangenaam, met een duidelijke vegetale ondertoon. Er bestaat ook een frizzante versie. Drinktemperatuur: 6-8 °C voor de lichtzoete, 8-10 °C voor de droge.

SANGIOVESE DI ROMAGNA D.O.C.
Deze rode wijn wordt gemaakt van de sangiovesedruif in de buurt van Forli, Bologna en Ravenna. De kleur is robijnrood met paarse schakeringen. De geur is zeer subtiel en doet denken aan bosviooltjes. De smaak is goed droog en evenwichtig, met een typisch licht bittertje in de finale. Drink deze wijn binnen vier jaar na de oogst. Er bestaan ook een superiore (min. 12% alc.) en een riserva (min. twee jaar extra rijping). Drinktemperatuur: 14-16 °C tot 16-17 °C voor de riserva.

CAGNINA DI ROMAGNA D.O.C.
Dit is al weer een boeiende rode wijn van de refoscodruif, hier terrano genoemd. Deze wijn wordt gemaakt rond Forli en Ravenna. De kleur is paarsrood, de geur intens en karakteristiek, en de smaak

Sangiovese di Romagna

vol, zoetzuur en fluweelzacht, met soms behoorlijk wat tannine. Drinktemperatuur: 6-8 °C.

Toscane

Toscaanse wijnbouw

De Toscaanse wijngaarden liggen sterk verspreid over het land, van het noorden van Pisa tot aan Firenze (Florence), van Siena tot aan Montalcino en Montepulciano, van het zuiden van Livorno tot aan de grens met Latium en Umbria en ten slotte op het eiland Elba. Naast de beroemde wijnen (chianti, brunello en vino nobile) vallen er talloze minder bekende wijnen te ontdekken. Zeker nu de prijzen van sommige topwijnen uit Toscane de pan uit rijzen, loont het de moeite om in de nog redelijk onbekende streken te zoeken. Zo zijn de wijnen uit de omgeving van het stadje Lucca nog redelijk geprijsd voor de geboden kwaliteit. Toscane wordt beloond voor haar zoektocht naar authenticiteit en karakter. We beginnen onze reis door Toscane in het noorden en dalen dan af naar het zuiden.

COLLINE LUCCHESI D.O.C.

De wijngaarden van dit gebied liggen op de heuvels tussen Lucca en Montecarlo. De omgeving van Lucca is bekend om haar prachtige olijfolie en uitmuntende witte en rode wijn. Jammer genoeg zijn deze wijnen slechts beperkt verkrijgbaar en de vraag is heel groot. De Bianco delle Colline Lucchesi (ook genoemd Colline Lucchesi Bianco) wordt gemaakt

van de trebbiano toscano (50-70%), greco of grecchetto (5-15%), vermentino bianco (5-15%) en malvasia (max. 5%). Deze Bianco is licht strogeel van kleur, ruikt zacht en elegant en smaakt vrij droog, vol, elegant en harmonieus. De betere wijnhuizen produceren ook enkele cru's onder domeinnamen. Deze topwijnen zijn zeer zeldzaam en van ongekende kwaliteit. Schenk de gewone bianco als aperitief. De betere cru's reserveert u voor uw beste visschotel.

Er bestaan ook zeer typische wijnen van de vermentinodruif. Deze dragen echter geen D.O.C., maar een I.G.T. (gecontroleerde herkomstbenaming). Hun kwaliteit is echter zeker niet minder. Drinktemperatuur: 10-12 °C. De Rosso delle Colline Lucchesi (Colline Lucchesi Rosso) is een volle wijn met een robijnrode tot granaatrode kleur. De geur is vrij zacht, maar zeer aangenaam. De smaak is zacht, vol, evenwichtig en rond. De meeste wijnen hebben, net als de witte, een vrij hoog alcoholpercentage, tussen de 12,5% en 13%.

De betere wijnen, de zogenaamde 'crus', worden in kleine hoeveelheden geproduceerd. Ze onderscheiden zich onder andere door de geweldige aroma's (irissen bijvoorbeeld) en de vollere smaak. Drinktemperatuur: 14-16 °C tot 16-17 °C voor de cru's.

Vanzelfsprekend worden hier ook enkele 'superToscanen' gemaakt. Dit zijn wijnen die vanwege hun geweldige kwaliteit uitmunten, maar die, omdat ze niet aan de wettelijke druivenpercentages willen voldoen, tot I.G.T.-wijn gedegradeerd zijn. Heel lang mochten deze wijnen alleen het weinig vleiende predikaat 'vino da tavola' dragen.

Colline Lucchesi Bianco

Colline Lucchesi Rosso

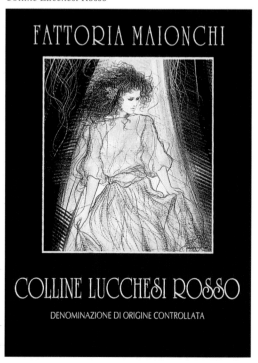

Sinds 1992 mogen ze de nieuwe I.G.T.-classificatie hanteren. De eerste wijnen met I.G.T. op het etiket komen nu op de markt, de oudere wijnen hanteren nog steeds de vino da tavola-benaming. Een typisch voorbeeld van deze super-Toscanen uit Lucca is de I Pampini van Fattoria Fubbiano. Hetzelfde wijnhuis maakt ook een uiterst zeldzame witte Super Toscaan, de Del Boschetto Bianco.

CARMIGNANO D.O.C.G.
Ooit hoorde deze wijn bij de topchianti's. Na jaren goed lobbyen en vooral uitstekende wijn maken, lukte het de inwoners van het stadje Carmignano om met hun troetelkind eerst bij de D.O.C.-familie (1975) en uiteindelijk bij het elitekorps van de D.O.C.G. (1990) binnen te dringen. De charme van deze beroemde wijn wordt waarschijnlijk door de combinatie van edele Franse druiven (cabernets) en de omstuimige Italiaanse druiven gevormd. De Carmignano wordt gemaakt van sangiovese ((45-70%), canaiolo nero (10-20%), cabernet franc en cabernet sauvignon (beide in totaal 6-15%). Er wordt ook een geringe toevoeging van witte druiven, net als bij de chianti, toegestaan. Dat zijn de trebbiano toscano, canaiolo bianco en malvasia (max. 10%). Belangrijk voor de kwaliteit van deze wijn is verder de voor Italiaanse begrippen vrij lage opbrengst. De kleur van deze wijn is robijnrood, zeer intens en helder. Bij het ouder worden krijgt hij granaatrode nuances. De geur is voortreffelijk, intens, subtiel

(bosviooltjes) en verleidelijk. De smaak is intens, vol, rond, zacht en zeer elegant. De gewone Carmignano (annata ...) moet minstens twee jaar oud zijn, de riserva minimaal drie. Het alcoholpercentage moet minimaal 12,5% zijn. De Carmignano kan zeer goed oud worden. Drinktemperatuur: 14-16 °C voor de annata ... 16-17 °C voor de riserva.

BIANCO PISANO DI SAN TORPÈ D.O.C.
Dit is een D.O.C. sinds 1980. Dit wijngebied ligt ten zuidoosten van de stad Pisa. Hier worden sinds eeuwen uitstekende witte wijnen gemaakt van de trebbianodruif (75-100%). De plaatselijke vinsanto geniet ook grote faam in Italië. De frisse Bianco Pisano is vrij subtiel van smaak Drinktemperatuur: 8-10 °C. De Vinsanto is amberkleurig, aromatisch, vol, zacht en zoet. Drinktemperatuur: 6-8 °C.

CHIANTI D.O.C.G.
Dit is waarschijnlijk de bekendste wijn van Italië en een van de meest gewaardeerde in de hele wereld. Chianti en Toscane zijn al eeuwen onlosmakelijk met elkaar verbonden. Nu is de chianti een D.O.C.G. geworden (1996), maar niet elke 'oude' chianti mocht mee promoveren. Alle wijnen moesten zich eerst bewijzen. Alleen de betere wijnen mogen het D.O.C.G.-predikaat dragen, de andere mogen slechts Colli dell'Etruria Centrale D.O.C. op het etiket vermelden. Chianti D.O.C.G. komt uitsluitend uit de volgende zeven gebieden: de centra-

Carmignano D.O.C.G.

le zone, waar ze de classico maken, en de zes heuvels er omheen, Colli genoemd: Arezzo, Firenze, Pisa, Siena, Montalbano en Rufina). Daarnaast bestaat er ook een aparte zone in de buurt van Empoli, maar deze draagt haar naam, in tegenstelling tot de zeven eerdergenoemde, niet op het etiket. De wijnen uit het hartje van de streek dragen, naast de extra toevoeging 'classico', ook nog een symbool op de hals van de fles, het beroemde zwarte haantje. Deze wijnen mogen uitsluitend geoogst en gemaakt worden op de grond van de gemeenten Greve in Chianti, Radda in Chianti, Gaiole in Chianti, Castellina in Chianti en delen van Barberino Val d'Elsa, Castelnuovo Berardenga, Poggibonsi, San Casciano Val di Pesa en Tavarnelle Val di Pesa.

CHIANTI (CLASSICO) D.O.C.G.
Het basismateriaal voor deze beroemde wijn is de sangiovese (75-90%), aangevuld met canaiolo (5-10%) en de witte trebbiano toscano en malvasia (5-10%). Aan de classico mag maar maximaal 5% witte druiven toegevoegd worden. Men gebruikt witte druiven om de soms bijzonder tanninerijke sangiovese enigszins te verzachten. De kleur van een goede Chianti is robijnrood, zeer intens en helder. Na enkele jaren rijping neigt de kleur meer naar granaatrood. De geur is zeer aangenaam, vol en delicaat. Kenners herkennen hierin ook, zeker in de classico, een subtiele nuance van bosviooltjes. Andere karakteristieke kenmerken zijn bijvoorbeeld kersen, bramen, rood fruit, peper, kruiden, drop en vanille. De smaak is zeker droog, fris en sappig. Hij is vaak licht tanninerijk in de eerste jaren. Na enkele jaren rijping wordt de smaak veel zachter, voller en ronder. De Chiantiwijnen kunnen heel verschillend zijn, afhankelijk van waar ze vandaar komen en hoé ze gemaakt zijn. De lichtvoetige, vrolijke en ongedwongen Chianti's kunt u beter snel drinken, dan zijn ze op hun best. De traditionelere Chianti's zijn wat voller en verdienen wat rust. De prachtige riserva's zijn al minstens drie jaar oud als ze op de markt komen en kunnen goed nog ouder worden. Drink een moderne, jonge Chianti tijdens de maaltijd op 12-14 °C en de overige op 16-17 °C.

VINSANTO DEL CHIANTI CLASSICO D.O.C.
Dit is een zeldzaamheid in Italië, een herkomstbenaming voor slechts één zoete wijn. Deze Vinsanto heeft net als zijn consorten een lange boeiende geschiedenis. Voor het maken van een Vinsanto zoekt men de allerbeste druiven uit. Deze worden apart gelegd op stromatjes of in kleine kistjes en in de openlucht of op goed geventileerde zolders één jaar lang te drogen gelegd. Hierna worden ze geperst en rijpen de jonge wijnen geduldig in kleine vaten (caratelli).
Als basis voor de witte Vinsanto neemt men de trebbiano toscano en de malvasia. Voor de rosato, de Vinsanto del Chianti Classico Occhio di Pernice (patrijzenoog, dat slaat op de prachtige kleur van deze wijn) gebruikt men voornamelijk de sangiovese. Beide wijnen kunnen min of meer droog of juist zoet zijn. Het zijn voortreffelijke wijnen, zacht, vol,

Chianti Classico D.O.C.G.

aromatisch en zeer karakteristiek. Drinktemperatuur: 10-12 °C voor de droge, 6-8 °C voor de zoete.

COLLI DELL'ETRURIA CENTRALE D.O.C.
Veel wijnen die het vereiste D.O.C.G.-chiantiniveau niet halen, mogen gedeclasseerd worden tot Colli dell'Etruria Centrale D.O.C. Het zou echter te weinig eer aan deze recente herkomstbenaming doen door te zeggen dat het slechts een soort vangnet is voor slechte chianti's. Hier worden ook zeer grote wijnen gemaakt, die echter afwijken in hun druivenpercentages. Net als bij de Colli Lucchesi weigeren sommige wijnbouwers uit de verplichte vier druivensoorten te kiezen. Ze zijn van mening dat de combinatie van sangiovese en cabernet sauvignon-franc veel betere resultaten oplevert. Dit mocht tot voor kort niet en dus werden deze wijnen, de super-Toscanen, tot vino da tavola gedegradeerd. Dat is pijnlijk voor een wijn die kwalitatief ver boven het gemiddelde ligt. Nu mogen de wijnboeren die hiervoor kiezen, de herkomstbenaming Colli dell'Etruria Centrale D.O.C. gebruiken, waardoor een hogere prijs gemakkelijker te accepteren is. Hoe dan ook, niet alle wijnen van deze herkomstbenaming zijn nu super-Toscanen.
De Bianco Colli dell'Etruria Centrale wordt gemaakt van de trebbiano toscano (min. 50%), aangevuld met chardonnay, pinot bianco, pinot grigio, vernaccia di san gimignano, malvasia of sauvignon (max. in totaal 50%). Over het algemeen zijn deze

bianco's fris en fruitig, sappig en vrij licht. Drinktemperatuur: 8-10 °C.

De rosato en rosso mogen bestaan uit sangiovese (min. 50%), cabernet sauvignon, cabernet franc, merlot, pinot nero, ciliegiolo et canaiolo (in totaal max. 50%). Ook hier kan de wijnmaker alle kanten op, van lichte wijn tot krachtpatser. Wel bezitten alle wijnen flink wat fruitigheid en frisheid. Drinktemperatuur: 10-12 °C voor de rosato, 12-14 °C voor de rosso, en 16-17 °C voor de super-Toscanen.

In dezelfde streek wordt ook zeer aromatische, verrukkelijke vinsanto gemaakt. Drinktemperatuur: naar smaak van 6- 8°C tot 10-12 °C.

VERNACCIA DI SAN GIMIGNANO D.O.C.G.
Dit is ook een Italiaanse topper. Al eeuwen maakt men in Toscane prachtige wijnen van deze druif. Sinds de D.O.C.G.-erkenning hebben de wijnmakers van deze Vernaccia niet stil gezeten. Er wordt voortdurend aan de verbetering van de kwaliteit gewerkt in de wijngaarden en aan de wijninstallaties. San Gimignano ligt iets buiten het classicogebied van de chianti. De kleur van deze wijn is vrij licht als hij jong is, maar hij neigt naar goud als hij ouder wordt. De geur is doordringend, elegant, fris en subtiel. De smaak is goed droog, fris, evenwichtig en bijzonder charmant. In de afdronk is een licht bittertje duidelijk herkenbaar. Er bestaat ook een riserva die minstens één jaar extra heeft moeten rijpen. Hij is bijzonder lekker als chique aperitief. Drinktemperatuur: 10-12 °C.

VINO NOBILE DI MONTEPULCIANO D.O.C.G.
Deze Vino Nobile is een van de drie topherkomstbenamingen van Toscane, en een van de bekendste Italiaanse wijnen. De wijngaarden liggen in het zuidwesten van Siena, rond het plaatsje Montepulciano, op een hoogte tussen de 250 en 600 m. De bodem van Montepulciano bestaat voornamelijk uit sedimentlagen. Deze 'edele' wijn uit Montepulciano heeft een lange en rijke geschiedenis. Deze herkomstbenaming dreigde enigszins op de achtergrond te raken door het succes van de populaire chianti. Pas sinds enkele decennia wordt er met man en macht aan een herleven van de Vino Nobile gewerkt. Er werden veel geld en tijd in nieuwe wijngaarden en installaties gestopt, wat resulteerde in de erkenning dat deze D.O.C.G. (1980) tot de top van Italië behoort. De basis van deze sublieme rode wijnen vormen de sangiovese (hier prugnolo genoemd, 60-80%) en canaiolo nero (10-20%). Aan deze twee druivensoorten mag men nog blauwe of zelfs witte druiven toevoegen. De hoeveelheid witte druiven (onder andere trebbiano toscano) mag echter de 10% nooit overschrijden. De kracht van de Vino Nobile zit niet alleen in de keuze van de druiven en in de bodem, maar ook in de voor Italiaanse begrippen vrij lage opbrengst. De kleur van een Vino Nobile is meestal mooi granaatrood, min of meer intens, met soms wat oranje schitteringen bij het ouder worden. De geur is intens, subliem en subtiel (hele boeketten bosviooltjes). De smaak is vol, rond,

Vino Nobile di Montepulciano D.O.C.G.

soms vrij tanninerijk als hij jong is. Het is nooit een lichte wijn, want het minimale alcoholpercentage moet 12,5% zijn. Dit wordt vaak ruimschoots overschreden. Het is beter om de fles minstens een kwartier van tevoren over te schenken in een brede karaf (portkaraf of de beroemde 'eend'-karaf). Hierin zal de wijn echt kunnen luchten en al zijn aroma's kunnen ontwikkelen. Drinktemperatuur: jong (liever niet!) 15-16 °C, op leeftijd 16-18 °C.

ROSSO DI MONTEPULCIANO D.O.C.
Dit is het broertje van de Vino Nobile di Montepulciano. De naam is erg verwarrend als u nog even terugdenkt aan de andere wijnen met namen die erop lijken, de Brunello di Montalcino en de Rosso di Montalcino. Toch kent u, als u de wijn eenmaal geproefd hebt, de verschillen tussen de beide D.O.C.G.-wijnen en hun respectievelijke D.O.C.-broers. Deze Rosso di Montepulciano komt uit hetzelfde wijngaardareaal als de Vino Nobile. De gebruikte druivensoorten zijn ook dezelfde, namelijk de sangiovese (prugnolo, 60-80%) en andere blauwe en witte druiven. Het verschil zit vaak in de leeftijd van de wijnranken en in de opbrengst per ha. Met andere woorden: jongere en/of zeer productieve wijnranken leveren de Rosso di Montepulciano op, oudere en/of minder productieve wijnranken zullen eerder voor de Vino Nobile gereserveerd worden. De Rosso di Montepulciano heeft dus niet dezelfde concentratie en kracht als zijn grote broer.

Dat is al aan de kleur goed te zien, die is min of meer intens robijnrood. De geur is bijna even verleidelijk als die van de Vino Nobile; ook hier ruikt u de subtiele bosviooltjes. De smaak is droog, evenwichtig en vaak licht tanninerijk. Doordat deze wijnen minder geconcentreerd zijn, zullen ze vaak minder alcohol bevatten. Drinktemperatuur: 14-16 °C.

BRUNELLO DI MONTALCINO D.O.C.G.
Al weer zo'n reus uit Toscane, waarschijnlijk de beste D.O.C.G.-wijn van Italië. Het plaatsje Montalcino ligt ten zuidwesten van Montepulciano. Hier ook bestaat de bodem voornamelijk uit sedimentlagen. Deze Brunello heeft niet zo'n lange en rijke geschiedenis als zijn companen uit Toscane. De Brunello ontving in 1980 als eerste wijn de officiële D.O.C.G.-erkenning, een hele eer. De ziel van de Brunello is natuurlijk de sangiovese grosso, die hier bewust kort gesnoeid wordt om de opbrengst laag te houden. Een Brunello mag niet verkocht worden voor zijn 5e jaar, een Riserva zelfs niet voor zijn 6e jaar na de oogst. Dit garandeert een onberispelijke kwaliteit. De wijn presenteert zich met een prachtige robijnrode kleur, die zeer intens en helder is. Bij het ouder worden neigt hij langzaam naar granaatrood. De geur is zeer intens, aromatisch en doet denken aan rijpe rode vruchten, met een hint van kruiden en hout (vanille). De riserva's ruiken ook wel eens naar gebrande cacao of koffie en naar drop. De smaak is vol, krachtig, zacht en warm. (Het minimale alcoholpercentage is 12,5%, maar de meeste wijnen halen al snel de 13,5%.) De 'gewone' brunello is wat fruitiger, de riserva daarentegen wat kruidiger. Ook hier verdient het aanbeveling deze wijn ruim van tevoren (minstens één uur) in een brede karaf over te schenken. Drinktemperatuur: 16-18 °C.

ROSSO DI MONTALCINO D.O.C.
Dit jonge broertje van de Brunello heeft in 1983 zijn D.O.C.-erkenning ontvangen. Sindsdien gaat het bergopwaarts met deze Rosso di Montalcino. De wijnen zijn afkomstig van dezelfde wijngaarden als die van de Brunello en van dezelfde druivensoorten. Ook hier gaat het om 100% sangiovese grosso. De opbrengst per hectare ligt echter iets hoger bij de Rosso di Montalcino en van verplichte rijping van vier of vijf jaar, zoals voor de Brunello, is hier geen sprake. U zult dan ook sommige jonge wijnen op de markt aantreffen. De beste wijnen (die van het beroemde huis Banfi bijvoorbeeld) ondergaan echter wel een rijping op Franse eikenhouten vaten van minstens een jaar. De Rosso di Montalcino is beslist geen lichte wijn. Deze robijnrode wijn, met een subtiele geur van rode vruchten (en vanille bij de betere), smaakt krachtig, vol, rond en warm (vaak boven de 13% alcohol). De betere wijnen hebben vaak een ondertoon van kruiden en specerijen en zijn vrij tanninerijk als ze jong zijn. Drinktemperatuur: 16-17 °C.

BOLGHERI D.O.C.
Dit gebied ligt voor de kust van de Middellandse Zee in het westen van Toscane, tussen Montescu-

Brunello di Montalcino D.O.C.G.

daio en Massa Marittima. Heel lang was deze streek voornamelijk bekend om haar sublieme rosato. Sinds ongeveer vijftien jaar is een andere wijn deze rosato volledig voorbijgestreefd, de super-Toscaan Sassicaia, een van de beste en de duurste wijnen van Italië. Deze wijn was ooit vanwege de verstikkende Italiaanse wijnbouwwetten gedegradeerd tot 'vino da tavola'. Nu mag hij als Bolgheri Sassicaia D.O.C. verkocht worden, omdat Sassicaia als subzone van Bolgheri opgenomen is in de herkomstbenamingenwet.

Voor de Bolgheri Bianco gebruikt men trebbiano toscano (10-70%), vermentino (10-70%) of sauvignon (10-70%). Ook hier zijn talloze verschillende varianten van mogelijk. De wijnen waarin een van deze drie druivensoorten voor meer dan 85% aanwezig is, mogen de naam van de betreffende druivensoort op het etiket vermelden, naast die van Bolgheri. Al deze wijnen zijn fris en droog, sappig en elegant. Drinktemperatuur: 8-10 °C.

De Bolgheri Rosato is nog steeds een van de lekkerste rosés van Italië en het hele Middellandse-Zeegebied. Hij wordt tegenwoordig gemaakt van de cabernet sauvignon, merlot en sangiovese, wat tot zeer boeiende assemblages leidt. Drinktemperatuur: 10-12 °C. Naast deze Rosato wordt ook een Vinsanto Occhio di Perdice (patrijzenoog rosé Vinsanto) gemaakt van de sangiovese en malvasia nera. Deze wijn is zeer intens van smaak en behoorlijk aromatisch. De Bolgheri Rosso wordt, net als de Rosato, gemaakt van de cabernet sauvignon (10-80%), merlot (max. 70%) en sangiovese (max. 70%). Ook hier laat deze druivenkeuze talloze assemblagemogelijkheden open, wat het ontdekken van deze wijnen bijzonder boeiend maakt. Drinktemperatuur: 14-16 °C. De Bolgheri Sassicaia is een ander verhaal. Deze topwijn moet minstens 80% cabernet sauvignon bevatten. De rest mag worden aangevuld met merlot en/of sangiovese. De opbrengst per ha ligt voor de Sassicaia beduidend lager dan voor de gewone Bolgheri rosso. Dit zorgt voor een krachtige, volle wijn met veel extract en verouderingspotentieel. Het is goed om te weten, dat deze Sassicaia twee jaar in eikenhouten vaten gerijpt wordt en daarna minstens vijf jaar op fles moet narijpen, voordat hij gedronken kan worden. Natuurlijk is deze wijn, waarschijnlijk de beste rode Italiaanse wijn, prijzig, maar hij is zeker de moeite waard. Hij combineert het warmbloedige Italiaanse temperament met de beschaafde elegantie van een grand cru uit de Médoc. De kleur is intens robijnrood, de geur zeer aromatisch, een tikkeltje kruidig en de smaak is intens, vol, rond, fluweelzacht, warm en enorm sensueel. Deze wijn zou iedere wijnliefhebber minstens één keer in zijn leven geproefd moeten hebben. Schenk de wijn ruime tijd van tevoren in een brede karaf (eend) over. Drinktemperatuur: 18 °C.

ELBA D.O.C.
Dit is de laatste Toscaanse herkomstbenaming en zeker niet de slechtste. Op het eiland Elba voor de Toscaanse kust worden uitstekende witte, rosé en rode wijnen gemaakt. Verrassend is hier de oorspronkelijkheid van sommige wijnen, die nog gemaakt worden van oude inheemse druiven. Het eiland is niet alleen om zijn wijnen bekend, maar ook als eerste verbanningsplaats van Napoleon. De Fransen hebben enkele eigen druivenstokken op het eiland geïntroduceerd, evenals de Toscanen. Dit levert een zeer boeiende schakering van typen en smaken op. De frisse, lichte en elegante Elba bianco wordt gemaakt van de trebbiano toscano (hier Procanico genoemd, 80-100%). Drinktemperatuur: 8-10 °C.
Veel leuker, oorspronkelijker, voller en intenser is de witte Ansonica, gemaakt van minstens 85% ansonica. Deze wijn kan droog tot lichtzoet zijn. Drinktemperatuur: 10-12 °C. Van de druif ansonica wordt ook een heerlijke passito gemaakt. Drinktemperatuur: naar smaak 6-10 °C.
Van de trebbiano (procanico) en malvasia bianca wordt ook een uitstekende, volle, ronde en fluweelzachte Vinsanto gemaakt. Drinktemperatuur: naar smaak 6-12 °C (hoe zoeter hoe koeler).
De frisse Elba Rosato wordt voornamelijk van de sangiovese (hier sangioveto genoemd) vervaardigd. Drinktemperatuur: 10-12 °C. Van onder andere de sangiovese (50-70%) en de malvasia nera (10-50%) wordt ook een oorspronkelijke en boeiende Vinsanto Occhio di Pernice gemaakt. Deze rosé Vinsanto is zeer warm, vol, intens van smaak en fluweelzacht. Drinktemperatuur: naar keuze 8-12 °C (hoe zoeter hoe kouder).

De Elba Rosso wordt ook gemaakt van de sangiovese (sangioveto, 75-100%) en is zeer fruitig, vol en rond. Drinktemperatuur: 14-16 °C. De leukste rode wijnen van Elba zijn zonder twijfel de Aleatico van de gelijknamige druif (100%). Deze oude inheemse druivensoort brengt een voortreffelijke wijn voort, die intens robijnrood van kleur is, zeer aromatisch en karaktervol. De smaak is krachtig, rond, warm en lichtzoet. Het minimale alcoholpercentage bedraagt 16%. Deze wijn kan zeer goed bewaard worden. Door de lichtzoete maar beslist niet kleverige smaak en het hoge alcoholpercentage is deze wijn zeer moeilijk om aan tafel te schenken. Drinktemperatuur: naar keuze 12-18 °C.

Umbria

Umbria wordt in het oosten begrensd door de Apennijnen en de Marken (Marche), in het noordwesten door Toscane en in het zuidwesten door Lazio, Latium. Umbria is één van de vijf regionen van Italië die niet aan zee grenst. Het is een relatief kleine regio in het binnenland van Italië. Umbria heeft weliswaar een heel oude wijngeschiedenis, maar de kwaliteit van deze wijnen is niet altijd constant geweest. Het klimaat is hier vrij moeilijk te beheersen (zeer koude winters en zeer warme zomers). Dit vraagt veel geduld en know-how om mooie wijnen te maken. Daarom wordt er pas sinds 30 jaar weer mooie wijn gemaakt in Umbria. De bekendste wijn is natuurlijk de witte Orvieto, maar sinds Giorgio Lungarotti zich met het oude familiebedrijf is gaan bemoeien, zijn het voornamelijk de rode wijnen van Umbria die in de prijzen vallen. Mede dankzij Lungarotti werden twee van deze rode wijnen tot het elitekorps van de D.O.C.G.-wijnen toegelaten.

TORGIANO D.O.C.
In de omgeving van Perugia worden enkele uitstekende wijnen gemaakt: wit, rosé, rood en zelfs mousserend. De witte wijnen kunnen onder de naam bianco verkocht worden (meestal trebbiano, grechetto) of onder de naam van een specifieke druivensoort, zoals chardonnay, pinot grigio of riesling italico. Bij deze laatste dient de wijn voor minstens 85% gemaakt te zijn van de op het etiket vermelde druivensoort. Al deze wijnen zijn elegant, fris, fruitig en vol van smaak. Drinktemperatuur: 10-12 °C.
De Rosato di Torgiano wordt voornamelijk gemaakt van sangiovese en canaiolo, die samen met de witte trebbiano toscano worden gevinifieerd. Dit geeft een intens gekleurde wijn, zeer fruitig in geur en smaak. Hij is droog en bijzonder aangenaam. Drinktemperatuur: 10-12 °C. De Rosso di Torgiano wordt gemaakt van de sangiovese en canaiolo, al dan niet met een beetje trebbiano toscano. Drinktemperatuur: 14-16 °C. De andere rode wijnen van Torgiano worden gemaakt van de pinot nero of van de cabernet sauvignon. Beide zijn uitstekend en zeer typerend voor hun druivensoort. Drinktempe-

ratuur: 14-16 °C voor de pinot nero, 16 °C voor de cabernet sauvignon. De Torgiano spumante wordt gemaakt van chardonnay en pinot nero. Hij heeft een fijne mousse, een prachtige strogele kleur, een zeer fruitige geur (groene appel en meidoornbloesem) en een elegante, fijne, droge en evenwichtige smaak. Drinktemperatuur: 8-10 °C.

TORGIANO ROSSO RISERVA D.O.C.G.

Deze wijn hoort bij de grote namen van Italië. Zijn geschiedenis is vrij recent, maar zijn kwaliteit is tijdloos. De wijngaarden voor deze Torgiano Rosso Riserva liggen op de heuvels boven het middeleeuwse stadje Torgiano, vlak bij Perugia. De wijn wordt gemaakt van de sangiovese en canaiolo, al dan niet aangevuld met trebbiano toscano, ciliegiolo en montepulciano. Om aan de D.O.C.G.-eisen te voldoen, moet deze wijn minstens drie jaar gerijpt zijn (op hout en op fles) voor hij verkocht mag worden. De Torgiano Rosso Riserva is een fonkelende wijn met een prachtig robijnrode kleur, een elegant en zachte geur van rode en zwarte vruchtjes, kruiden, specerijen en een hint van tabak. Hij heeft een volle, ronde smaak. Drinktemperatuur: 16-17 °C.

MONTEFALCO SAGRANTINO D.O.C.G.

Deze wijn is afkomstig van de zonnige heuvels rond het dorpje Montefalco, iets ten zuiden van Perugia. Pas sinds kort mag deze edele Montefalco Sagrantino het predikaat D.O.C.G. voeren. Er bestaan

twee versies van. De secco wordt gemaakt van 100% sagrantino. Pas na een verplichte rijping van twaalf maanden in houten vaten en achttien op fles mag de wijn verkocht worden. Het is een donker robijnrode wijn met wat paarse schitteringen als hij jong is. Eenmaal belegen neigt de wijn naar purperrood. De geur is intens en fruitig, die doet denken aan rijpe bramen. De smaak is vol, warm (min. 13% alc.), droog en tanninerijk. Drinktemperatuur: 16-18 °C.

De Passito wordt ook gemaakt van 100% sagrantino, maar hier worden de druiven eerst in de openlucht enigszins ingedroogd. De vergisting verloopt zeer traag, volgens een eeuwenoude traditie. Het resultaat is een robijnrode wijn, met een typisch bramenaroma en een volle, licht tanninerijke, zoete en warme smaak (min. 14,5% alc.). Drinktemperatuur: 16-18 °C bij vleesgerechten, 14-16 °C bij gebak. Wie deze wijn liever wat koeler wil schenken, moet het vooral niet laten.

ORVIETO D.O.C.

De bekendheid van deze wijn gaat terug tot de Etruskische tijd. Orvieto was eerst een beroemde zoete witte wijn. De droge versie is betrekkelijk recent. Als u goed zoekt, kunt u nog wel de ouderwets voortreffelijke zoete (abbocato/amabile/dolce) Orvieto aantreffen. De droge wijnen overheersen echter, zeker bij de export. Voor het maken van Orvieto gebruikt men de trebbiano (hier procanico genoemd), de verdello, canaiolo bianco (drupeggio) en de malvasia. Het geheim van de Orvietowijnen zit hem in de bodemsoort, tufsteen, en in het bijzondere microklimaat dat de komst van de geliefde botrytis cinerea toelaat. De druiven die aangetast zijn door deze edelrot, worden gebruikt voor de zoete wijn. Afhankelijk van de zoetigheidsgraad hebben de wijnen een min of meer intense gele kleur, maar alle bezitten een subtiel, elegant en fruitig bouquet en een fluweelzachte smaak. De Secco is wel droog, maar zacht en heeft een herkenbaar licht bittertje in de afdronk. Drinktemperatuur: 10-12 °C en 8-10 °C voor de Abbocato en Amabile.

De Dolce wordt uitsluitend gemaakt van laatgeoogste druiven die aangetast zijn door de botrytis. Het is een voortreffelijke wijn. Hij is zwoel, bijzonder sensueel, vol en rijk. De allerbeste wijnen worden 'Muffa Nobile' genoemd en zijn bijzonder zeldzaam. Het zijn zeer volle wijnen. Het zijn puur vloeibaar gouden wijnen, die vettig, zacht, bijna likeurachtig zijn en een oneindige afdronk hebben. Drinktemperatuur: 6-8 °C.

Marche (De Marken)

Marche wordt in het westen begrensd door de Apennijnen, Umbria en een puntje Toscane, in het noorden door Emilia, in het zuiden door Abruzzo en in het oosten door de Adriatische Zee. De bekende

Orvieto Classico

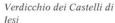

Verdicchio dei Castelli di Jesi

Uitstekende spumante

plaatsen aan de kust zijn Pesaro en Ancona, en in het binnenland Macerata en Ascoli Piceno. De hele streek is dooraderd met ontelbare rivieren, die van de Apennijnen naar de Adriatische zee stromen. Vooral in de dalen van deze rivieren (Conca, Foglia, Metauro, Cesano en Tronto) gedijt de wijnbouw. Buiten deze dalen zijn er drie wijnbouwkernen, rond (Castelli di) Jesi, Ascoli Piceno en Ancona.

VERDICCHIO DEI CASTELLI DI JESI D.O.C.
Eeuwenlang was deze wijn de enige bekende wijn van de Marken. Hij wordt gemaakt tussen Pesaro en Ancona, rondom het plaatsje Jesi. De naam zegt het al, deze klassieke witte wijn wordt gemaakt van de verdicchio (min. 85%). De kleur is vrij licht en neigt naar strogeel. De geur is zacht en subtiel (appel, (hazel)noten, perzik), de smaak fris, droog en evenwichtig, met een wat bittere ondertoon. Wie extra kwaliteit zoekt, kan tegen een iets hogere prijs kiezen voor de Verdicchio dei Castelli di Jesi Riserva. Deze wijn heeft minstens twee jaar extra rijping gehad en bevat minimaal 12,5% alc. Drinktemperatuur: 10-12 °C.

VERNACCIA DI SERRAPETRONA D.O.C.
Dit is een uitstekende wijn, die gemaakt is van deels ingedroogde vernaccia nera (hier vernaccia di serrapetrona genoemd), eventueel aangevuld met wat sangiovese, montepulciano en ciliegiolo. Deze Vernaccia is een zeldzame natuurlijk mousserende wijn. Hij is robijnrood van kleur, met een elegante mousse, een intens aromatische geur (verse druiven) en een licht- (amabile) tot volzoete (dolce) smaak met een aangename bittere ondertoon. Drinktemperatuur: 6-8 °C voor de dolce, 8-10 °C voor de amabile.

ROSSO CONERO D.O.C.
Mijns inziens is dit een van de beste rode wijnen van Italië voor wat de prijs-kwaliteitsverhouding betreft. Het is geen grote wijn, maar hij is wel bijzonder lekker en relatief laag geprijsd. De wijn wordt achter de kuststrook gemaakt, tussen Ancona en Macerata. De montepulciano, al dan niet

Rosso Conero

met trebbiano of passerina. De kleur is robijnrood en de geur zacht en fruitig (zwarte vruchtjes). De smaak is droog, zacht en betrekkelijk vol. De superieure, meestal afkomstig uit het zuidelijke deel van het wijngebied, bevatten net iets meer alcohol en lijken wat voller. Drinktemperatuur: 14-16 °C voor de jonge wijnen, 16-17 °C voor de oudere.

Naast de bovengenoemde wijnen produceert men in de Marken uitmuntende vini da tavola. Een van de beste wijnbedrijven is Colonnara in Cupramontana, die van elke wijn een juweeltje weet te maken.

Lazio

Het gebied Lazio (Latium) strekt zich uit van de Apennijnen (Umbria, Abruzzo en Molise) tot aan de Middellandse Zee. In het noorden grenst het aan Toscane en in het zuiden aan Campania. De rivier de Tiber speelt een belangrijke rol in de plaatselijke wijnbouw en de hoofdstad Rome is de grootste afzetmarkt voor de lokale wijnbouwers. Rondom Rome liggen de meeste wijngaarden van Lazio. De andere wijngebieden liggen bij Montefiascone ten noorden van Lazio, tussen Rieti en de grens met Abruzzo, en ten noorden van Frosinone in het zuiden van de streek.

Lazio is vooral bekend om zijn witte wijn, maar sommige rode wijnen zijn zeker de moeite van het ontdekken waard.

Est! Est!! Est!!!

aangevuld met sangiovese, zorgt hier voor een helder robijnrode wijn met een aangename, fruitige geur (bramen, zwarte bessen) en een droge, volle, zachte, vlezige en ronde smaak. Drinktemperatuur: 14-16 °C, 16-17 °C voor de Riserva.

ROSSO PICENO D.O.C.
De wijngaarden van de Rosso Piceno liggen ten zuiden van de Rosso Conero, tussen Macerata en Ascoli Piceno. Ook hier volgt het wijngebied de kuststrook. Deze rode wijn wordt ook van de sangiovese en montepulciano gemaakt, eventueel aangevuld

Rosso Piceno

Voortreffelijke Vini da Tavola

De hele streek wordt gekenmerkt door een vulkanische bodem. Alle bestaande meren (Bolsena,
Vico, Bracciano, Albano en Nemi) zijn in feite oude
vulkaankraters. Het klimaat is vrij zacht, warm en
vochtig, dat de komst van de edelrot bevordert. Bergen, vulkanen, de Tiber, de vele meren, het klimaat
en de glooiende heuvels rond Rome zorgen ervoor
dat deze streek ideaal is voor wijnbouw.

EST! EST!! EST!!! DI MONTEFASCIONE D.O.C.

Deze wijn heeft een rijker verleden dan de huidige
kwaliteit doet vermoeden. Volgens het beroemde
verhaal uit de 14e eeuw was het een uitmuntende
wijn. Op een van zijn tochten liet bisschop Gio-
vanni Defuk zijn knecht Martino vooruitrijden om
op zoek te gaan naar de beste wijn. Deze knecht
moest het woord 'Est!' (hier is het) schrijven op de
deuren van de herbergen, die de beste wijnen hadden. Aangekomen in Montefiascone, raakte de
knecht zo onder de indruk van de lokale wijn dat
hij: 'Est! Est!! Est!!!' op de deur van de herberg
schreef. Sindsdien is de naam van deze wijn onver-
anderd gebleven: Est! Est!! Est!!! di Montefascione.
De kwaliteit is echter niet meer wat hij was. De wijn
wordt gemaakt van de trebbiano toscano, trebbiano
giallo (rossetto) en malvasia bianca. De kleur is helder strogeel, de geur vrij fruitig en vineus, de smaak
is vol, rond, zacht, harmonieus, droog of lichtzoet.
Drinktemperatuur: 10-12 °C voor de Secco, 6-10
°C voor de Amabile (hoe zoeter hoe kouder).

Frascati

COLLI ALBANI D.O.C.

De witte wijnen, Secco, Abboccato, Amabile of
Dolce, zijn gemaakt van malvasia en trebbiano,
eventueel aangevuld met andere witte druiven. De
kleur is licht tot donker strogeel. De geur is verfijnd en aangenaam, en de smaak behoorlijk fruitig.
Drinktemperatuur: 8-10 °C (Secco, Abboccato), 6-
8 °C (Amabile, Dolce). Er bestaat ook een zeer acceptabele Spumante dei Colli Albani.

FRASCATI D.O.C.

Net als de vorige wijnen komt de Frascati uit de
zuidelijke omgeving van Rome. Deze witte wijn van
de Romeinse kastelen (Castelli Romani) is waarschijnlijk de bekendste wijn van Lazio. Hij wordt
gemaakt van de malvasia en trebbiano, al dan niet
aangevuld met greco. De kleur is licht tot donker
strogeel, de geur is fruitig en delicaat, en de smaak
is fluweelzacht, sappig, speels, verleidelijk en vriendelijk. Het is geen moeilijke wijn. Hij wordt gemaakt in doorsnee kwaliteit Secco (Asciutto) en
Amabile, maar ook in een uitmuntende en zeldzame Canellinokwaliteit. Deze laatste is zoet en wordt
gemaakt van druiven die aangetast zijn door edelrot. Het zijn voortreffelijke wijnen, die helaas weinig geëxporteerd worden. Drinktemperatuur: 8-10
°C voor de Secco en Amabile, 6-8 °C voor de Ca-
nellino. Wat warmer mag ook als u dat lekkerder
vindt. Van dezelfde druiven wordt ook een uitstekende Frascati Spumante gemaakt.

MARINO D.O.C.

Dit is een zachte, fruitige witte wijn van de malva-
sia- en trebbianotelgen. Deze Marino bestaat in een
droge (secco/asciutto), halfdroge (abboccato), lichtzoete (amabile) of zoete (dolce) versie. Drinktemperatuur: 8-10 °C, 6-8 °C voor de zoete. Van dezelfde druiven wordt ook een prima Marino Spumante gemaakt.

Abruzzi

De streek Abruzzi (meervoudsvorm van Abruzzo)
grenst in het noorden aan Marche (Marken), in het
westen aan Lazio en in het zuiden aan Molise. De
Adriatische Zee vormt de oostelijke grens. Op een
smalle kuststrook na bestaat Abruzzi uitsluitend uit
heuvels, bergen en dalen. Het klimaat varieert van
mediterraan aan de kust tot continentaal bij de bergen. De geschiktste plekken voor de wijnbouw zijn
met uiterste zorg uitgezocht. Ze liggen ten noorden
en ten zuiden van de enige echte stad van de Abruzzi, Pescara, en in het dal van de gelijknamige rivier
Pescara. De wijngaarden liggen aan de voet van de
imposante Gran Sasso en Montagna della Maiella.
Er worden hier maar twee D.O.C.-wijnen gemaakt.

MONTEPULCIANO D'ABRUZZO D.O.C.

De montepulcianodruif werd hier bijna 200 jaar geleden geïntroduceerd. Dit levert in de Abruzzi een
droge, zachte rode wijn op, die licht tanninerijk,
sappig en vriendelijk is. Afhankelijk van de maker

zal deze Montepulciano d'Abruzzo variëren van een voortreffelijke wijn voor alledag tot een iets serieuzere wijn. De minimaal twee jaar oude riserva is altijd aan te bevelen. Drinktemperatuur: jonge wijnen 12-14 °C, oudere wijnen en riserva 14-16 °C. De Montepulciano d'Abruzzo Cerasuolo is een prachtig kersenrode rosé, die ook gemaakt is van de montepulciano. Het is een aangename, fruitige rosé. Drinktemperatuur: 10-12 °C. De betere rode wijnen van Abruzzi komen uit de heuvels, de Colli Teramane. Naast de verplichte montepulciano mag men er ook maximaal 10% sangiovese aan toevoegen. Deze wijnen zijn voller en robuuster dan de gewone Montepulciano d'Abruzzo, zeker de prachtige riserva, die minstens drie jaar oud moet zijn en 12,5% alcohol moet bevatten. Drinktemperatuur: 14-16 °C, 16-17 °C voor de riserva.

TREBBIANO D'ABRUZZO D.O.C.
Dit is een prima witte wijn van de Trebbiano, die zacht en delicaat van geur en droog, sappig en vriendelijk van smaak is. Het gros van de wijnen is redelijk, maar er zijn ook enkele uitmuntende Trebbiano d'Abruzzo. Drinktemperatuur: 8-10 °C.

Molise

Molise was jarenlang verbonden aan de noordelijke buren van Abruzzi. In menig wijnboek leest u nog de benaming 'Abruzzo e Molise'. Dit kwam doordat er lang niet altijd voldoende kwaliteit was bij de plaatselijke wijnbouw om in aanmerking te komen voor een D.O.C.-erkenning. Sinds kort is de kwaliteit van twee wijnen echter zo verbeterd dat zij toegelaten werden tot het D.O.C.-korps.

BIFERNO D.O.C.
Alleen de Biferno Rosso geniet enige bekendheid. Hij wordt gemaakt van montepulciano, trebbiano en aglianico, en is afkomstig uit de omgeving van Campobasso. De wijn heeft een robijnrode kleur die, als hij ouder wordt, naar granaatrood neigt. De geur is zacht en aangenaam (bramen, zwarte bessen) en de smaak licht tanninerijk, zacht en droog. De Riserva is voller, rijper (minstens drie jaar oud) en bezit duidelijk meer alcohol (minimaal 13% alcohol). Drinktemperatuur: 14-16 °C, 16-17 °C voor de Riserva.

Campania

Campania is een langgerekt gebied aan de Tyrrheense Zee, in het zuidwesten van Italië. Het gelukkige (platte)land, 'Campania felix', was al bij de Romeinen geliefd. Napoli, de hoofdstad van Campania, is een van de gezelligste steden van Italië. De wijnbouw van Campania bevestigt nog eens hoe bekwaam de Griekse en Romeinse wijnbouwers

waren. Ondanks de huidige moderne technieken worden de betere wijnen van Campania nu nog op dezelfde plaatsen gemaakt als 2000 tot 4000 jaar geleden. De toen door de Grieken geïntroduceerde druivensoorten hebben de tand des tijds overleefd. De aglianico en de greco zijn de afstammelingen van deze oude Griekse druivensoorten.

GRECO DI TUFO D.O.C.
Dit is de beroemde droge, frisse, elegante en volle witte wijn van de greco. Deze Greco di Tufo wordt gemaakt in de buurt van Avellino, waar de rode Taurasi ook vandaan komt. De gewone Greco di Tufo is een aardige witte wijn, maar de toppers zijn juweeltjes van finesse. Drinktemperatuur: 10-12 °C. Er wordt ook een uitstekende spumante van deze Greco gemaakt.

TAURASI D.O.C.G.
Dit is de enige topwijn van Campania. Hij wordt gemaakt in de omgeving van Avellino, ten zuiden van Benevento, net als de witte Greco di Tufo. Het epicentrum van deze herkomstbenaming ligt bij het gelijknamige plaatsje Taurasi. Deze prachtige rode wijn wordt gemaakt van de aglianico. De kleur is robijnrood tot granaatrood, de geur is zeer aromatisch en sensueel, de smaak is vol, evenwichtig, rond en harmonieus. De lang natalmende afdronk is verrassend. De Taurasi bestaat ook in een sublieme Riservavariant, met minstens 12,5% alcohol

en minimaal vier jaar rijping. Drinktemperatuur: 14-16 °C, 16-18 °C voor de oudere wijnen en de riserva.

FALERNO DEL MASSICO D.O.C.
Dit is een vrij onbekend, klein wijngebied in de buurt van Caserta. Hier worden echter uitmuntende rode wijnen gemaakt van de aglianico en piedirosso, eventueel aangevuld met primitivo en barbera. Deze rode wijnen zijn krachtig, vol, rond en behoorlijk warm (minimaal 12,5% alcohol). De smaak is fluweelzacht, wat hem bijzonder geliefd maakt bij de wijndrinker. Drinktemperatuur: 14-16 °C, 16-17 °C voor de riserva.

De zeer karakteristieke en oorspronkelijke Primitivo wordt gemaakt van de gelijknamige druif, aangevuld met aglianico, piedirosso of barbera. De kleur is intens robijnrood, terwijl de geur en de smaak aan overrijpe versgeplukte druiven doen denken. De smaak is vol, krachtig en warm (minimaal 13% alcohol). Deze Primitivo kan droog zijn of lichtzoet. De betere wijnen liggen wat langer te rijpen en worden met riserva of vecchio aangeduid. Drinktemperatuur: 16-18 °C.

Puglia

Puglia (Apulië in het Nederlands), is een van de grootste wijnproducerende gebieden van Italië. Het gebied ligt in het uiterste zuidoosten, in de hak van de Italiaanse laars. Puglia heeft een lange kuststrook aan de Adriatische en Ionische zee. In het westen grenst het aan Campania en Basilicata, in het noorden aan Molise. Puglia verschilt qua landschap enorm van de omringende gebieden. Hier zijn geen bergen meer, maar een paar hoogvlakten. Het klimaat is duidelijk mediterraan, warm en droog. Gelukkig werd de wijnbouw de laatste jaren ook in Puglia enorm verbeterd. Men probeert steeds meer de eigen identiteit van de wijnen te behouden en de kwaliteit te verbeteren.

MOSCATO DI TRANI D.O.C.
Deze zwoele, fluweelzachte zoete Moscato is waarschijnlijk een erfenis van de oude Grieken. De zeer aromatische Moscato (min. 14,5% alc.) en Moscato Liquoroso (min. 18% alc.) zijn heerlijk na het eten. Drinktemperatuur: 6-8 °C.

Moscato di Trani

ALEATICO DI PUGLIA D.O.C.
Dit is een vrij ouderwetse zoete rode wijn van de aleatico, vaak aangevuld met negroamaro, malvasia nera en primitivo. Deze donkerrode dolce naturale wordt gemaakt door een gedeelte van de oogst te la-

189

Locorotondo

lessano, meestal aangevuld met fiano, bombino en malvasia. De Locorotondo is een zeer aangename, frisse en elegante droge witte wijn. Van deze Locorotondo bestaat ook een redelijke Spumante. Drinktemperatuur: 8-10 °C.

MARTINA FRANCA D.O.C.
Ten noorden van Taranto worden soortgelijke witte wijnen gemaakt als in Locorotondo. Ook deze Martina Franca is licht strogeel van kleur met een zweempje groen, droog, fris en elegant. Van deze wijn wordt evenals in Locorotondo een redelijke Spumante gemaakt. Drinktemperatuur: 8-10 °C.

PRIMITIVO DI MANDURIA D.O.C.
Van de primitivodruif worden vier typen zware en zwoele rode wijnen gemaakt, die zo uit het oude Griekenland zouden kunnen komen. De gewone primitivo heeft slechts weinig restsuiker en 14% alcohol.
De dolce naturale is duidelijk zoeter en bezit minimaal 16% alcohol. Drinktemperatuur: 10-16 °C voor de Secco en gewone Primitivo, 6-12 °C voor de Dolce en Liquoroso Dolce.

SQUINZANO D.O.C.
Deze rosato en rosso worden gemaakt tussen Brindisi en Lecce. Als basisdruiven gebruikt men de malvasia nera en de sangiovese. De rosato is een lekkere, volle, warme wijn (min. 12,5% alc.) met een sappige en zeer beschaafde smaak. Drinktemperatuur: 10-12 °C. De rosso is ook een volle, robuuste wijn met minimaal 12,5% alcohol. De betere wijnen (Riserva) hebben een rijping van twee jaar genoten en bezitten minstens 13% alcohol. Drinktemperatuur: 14-17 °C.

SALICE SALENTINO D.O.C.
Hoewel alleen de Rosso en Rosato Salice Salentino buiten Italië bekend zijn, worden hier ook enkele zeer aangename witte wijnen en voortreffelijke zoete rode wijnen gemaakt. De Bianco (chardonnay) en Pinot Bianco (eventueel aangevuld met chardonnay en sauvignon) zijn fruitig, fris en levendig. Sommige jonge wijnen hebben een omstuimig prik-

ten indrogen. De geur is vol en zeer aromatisch, de smaak warm (min. 15%), karakteristiek en fluweelzacht. De zoetheidsgraad valt reuze mee. De liquoroso is veel voller, zoeter en warmer (18,5% alc.). De betere wijn krijgt een extra rijping van drie jaar (riserva). Drinktemperatuur: 8-14 °C voor de gewone, 6-16°C voor de Liquoroso, naar smaak.

LOCOROTONDO D.O.C.
Dit wijngebied ligt tussen Bari en Brindisi, in het zuiden van Puglia. Hier worden zeer acceptabele witte wijnen gemaakt van de verdeca en bianco d'a-

Primitivo di Manduria

Primitivo di Manduria Dolce Naturale

Salice Salentino Rosso

Copertino Rosso

keltje als ze jong zijn. De smaak is zacht en vrien-delijk. Drinktemperatuur: 10-12 °C. Van de pinot bianco wordt ook een redelijke Spumante gemaakt. De Rosato is fruitig en fris, droog en zacht, met soms een licht prikkeltje als hij jong is. Er bestaat ook een Rosato Spumante. Drinktemperatuur: 10-12 °C. De Rosso is erg karakteristiek, robuust, zacht, warm, vol en rond. De betere wijn geniet een extra rijping van minimaal twee jaar en heeft net iets meer alcohol. Drinktemperatuur: 14-16 °C.

COPERTINO D.O.C.

Dit is een voortreffelijke Rosato van de primitivo, montepulciano, sangiovese, negroamaro en malva-sia. De wijn is zacht, vol, droog, maar beslist niet te droog. De geur en de smaak zijn zeer karakteris-tiek, fruitig en wat vegetaal tegelijk, met een aange-naam bittertje op de achtergrond. Drinktempera-tuur: 10-12 °C. De Rosso is robijnrood van kleur, droog, vol, rond, sappig en fluweelzacht. De Riser-va is minimaal twee jaar oud en bevat minstens 12,5% alc. Drinktemperatuur: 14-16 °C, 16-17 °C voor de Riserva.

Basilicata

Na het verlaten van de hak komt u Basilicata bin-nen, voor u bij de punt (Calabria) aankomt. Deze streek heet sinds kort weer Basilicata (daarvoor heette de streek Lucania). Basilicata heeft een on-gekend boeiend landschap, dat ruig en oorspron-kelijk is en dat mede bepaald wordt door het berg-achtige binnenland en de korte maar prachtige kust. Basilicata ligt aan de Tyrrheense en Ionische Zee en grenst in het westen aan Campania en in het oos-ten aan Puglia. De hoofdstad Potenza is beslist geen toeristenparadijs. Wie goed zoekt, zal in Potenza en in de tweede stad Montera sporen vinden van vroegere beschavingen. De oude Grieken en Ro-meinen hebben hier een monumentale erfenis ach-tergelaten. Ook in de wijnbouw zijn ze alom aan-wezig. Zo draagt de enige D.O.C. van deze streek de naam van een oude Griekse druivensoort, de helle-nico, in het Italiaans aglianico.

Aglianico del Vulture *Aglianico del Vulture Riserva*

AGLIANICO DEL VULTURE D.O.C.

Vulture is de naam van een vulkanische berg in de omgeving van Potenza. Op de hellingen van deze oude vulkaan is de bodem bijzonder vruchtbaar voor de wijnbouw. Door de ligging van deze wijn-gaarden genieten de druiven hier van de volle zon. Als deze wijn ergens anders zou zijn gemaakt, zou hij zonder meer toegelaten worden tot de elite van de Italiaanse wijnen. Desalniettemin blijft deze Ag-lianico del Vulture een voortreffelijke wijn.
De kleur varieert van robijnrood tot granaatrood, met oranje nuances bij het ouder worden. De geur is vrij subtiel en karakteristiek. De smaak is vol, fris en krachtig als hij jong is. Later wordt de smaak wat zachter en sappig. Hij is droog tot heel licht-zoet. De betere wijnen worden wat langer op vat ge-houden en bevatten meer alcohol en body. De Vecchio moet minstens drie jaar oud zijn, de Riser-va minimaal vijf jaar oud. Drinktemperatuur: 14-16 °C, 16-17 °C voor de Riserva.
Er wordt ook een vreemde Spumante Naturale van deze Aglianico gemaakt.

Calabria

Calabria ligt in de punt of liever de teen van de Ita-liaanse laars. Het is een zeer ruig, maar prachtig stuk land, dat aan drie kanten omringd is door zee: de Tyrrheense Zee, de straat van Messina en de Golf van Squillace. Ooit was Calabria voor de Grie-ken de tuin van Eden. In de steden Cosenza en vooral Reggio Calabria vindt men nog het culture-le erfgoed. De oude Grieken zijn de wijnbouw in Calabria begonnen. Alle oude beroemde wijnen zijn vandaag de dag weliswaar verdwenen en vergeten, maar in een oude, gerijpte Ciròwijn herkent men nog een vleugje beschaving van het oude Grieken-land. Men maakt hier voortreffelijke witte en rosé wijnen. Vooral de rode wijn echter draagt de faam van de streek uit.

CIRÒ D.O.C.

Let op de klemtoon op de tweede lettergreep. In de directe omgeving van het huidige stadje Cirò stond de beroemde oude Griekse tempel van Cremista. Dat deze tempel aan Dionysos, de Griekse god van de wijn, gewijd was, duidt erop hoe belangrijk deze plek voor de oude Grieken was. De wijnen van Cre-mista, de regelrechte voorlopers van de Cirò, waren toen wereldberoemd.
De Cirò Bianco wordt gemaakt van de greco bian-co en trebbiano. Deze wijn is altijd het mindere broertje geweest van de Rosato en Rosso. Men is er echter de laatste jaren in geslaagd zeer acceptabe-le, frisse en levendige witte Cirò te produceren. Drinktemperatuur: 8-10 °C. De Cirò Rosato wordt gemaakt van de gaglioppo, eventueel aangevuld met trebbiano en greco (max. 5%). Deze Rosato is in-tens van kleur, vrij zacht van geur, droog, vol, warm en uitnodigend van smaak (min. 12,5% alc.). Drinktemperatuur: 10-12 °C. De Cirò Rosso is zon-der meer de beste wijn van de drie en tegelijk de

Cirò

beste wijn van Calabria. Hij wordt gemaakt van dezelfde druiven als de Rosato. De basis-Cirò moet minimaal 12,5% alcohol bevatten en is droog, sappig, verfijnd, vol en warm van smaak. De wijnen uit het hartje van de streek, rond de dorpjes Cirò en Cirò Marina, dragen het predikaat classico. Classico of niet, de Cirò Rosso, die minstens 13,5% alcohol bevat, wordt 'superiore' genoemd. De wijnen, die minimaal twee jaar gerijpt zijn, noemt men 'riserva'. De allerbeste wijn is in principe de Cirò Rosso Classico Superiore Riserva. Drinktemperatuur: 16 °C voor de basiswijn, 16-18 °C voor de betere en oudere Classico Superiore en Riserva.

Sicilië

Het driehoekige eiland Sicilië is het grootste eiland van Italië en tevens het grootse eiland van de Middellandse Zee. Ongeveer alle volkeren, die ooit iets met de Middellandse Zee te maken hebben gehad, lieten de nodige sporen na op Sicilië. Het reliëf en het leven van Sicilië en van de omgevende eilandjes wordt volledig beïnvloed door de zee en de vulkanen. Meer dan 80% van het gebied bestaat uit bergen, meestal van vulkanische oorsprong. Sommige van deze vulkanen (onder andere de Etna en de Stromboli) zijn nog steeds actief. Sicilië is ook een land van contrasten. Zo kan de verwende toerist 's ochtends op de hoogste bergen gaan skiën en 's middags lekker van de zon en de warme zee ge-

nieten aan een van de vele stranden. Het leven op het eiland doet zonder meer aan Zuid-Italië denken, het weer en het landschap echter meer aan de Noord-Afrikaanse kust. Sicilië is een van de grootste wijnproducerende gebieden van Italië, maar de inwoners zelf drinken minder wijn dan elders in Italië. Daarom is de Siciliaanse wijnbouw voor een groot deel afhankelijk van de export. Moeite noch geld wordt de laatste jaren gespaard om deze export te vergroten. De wijnbouw op het eiland heeft de laatste 20 jaar een enorme omwenteling doorgemaakt. De volle, zwoele zoete Muscat en Marsala, ooit de trots van het eiland, zijn waar mogelijk nog verbeterd, terwijl er steeds meer nieuwe, moderne wijnen op de markt komen. Naast de beroemde D.O.C.-wijnen maakt men hier ook gigantische hoeveelheden uitstekende Indicazione Geografische Tipische en Vini da Tavola.

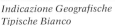

Indicazione Geografische Tipische Bianco *Indicazione Geografische Tipische Rosso*

FARO D.O.C.
Dit is een klein wijngebied in de buurt van Messina, in het noordoosten van het eiland, dat goede rode wijnen maakt van de nerello, nocera en eventueel calabrese, gaglioppo en sangiovese. Drinktemperatuur: 14-16 °C.

MALVASIA DELLE LIPARI D.O.C.
Dit is een van de vele Malvasia's die men op het hoofdeiland of op de kleinere Aeolische eilanden maakt. Deze Malvasia komt van het eiland Le Lipari, dat voor de kust van Messina ligt. Deze goudgele wijn is zeer aromatisch. Hij kan op meerdere manieren gemaakt worden: met uitsluitend verse druiven (malvasia), met gedeeltelijk ingedroogde druiven (passito), uitsluitend van ingedroogde druiven (liquoroso) of zelfs geperst samen met een kleine hoeveelheid krenten. De gewone Malvasia bevat minimaal 1,5% alcohol, de Passito 18% en de Liquoroso 20%. Drinktemperatuur: naar smaak 10-12 °C voor de minst zoete, 16-18 °C of 6-8 °C voor de zoetere en zwaardere versies.

ETNA D.O.C.
Ten noorden van de stad Catania, op de vruchtbare hellingen van de Etna, worden redelijke witte,

rosé en rode wijnen gemaakt. De Bianco en Bianco Superiore worden van de carricante en catarratto bianco gemaakt, al dan niet aangevuld met trebbiano en minella bianca. Schenk deze droge, frisse, lichte en zachte wijn als aperitief of bij vis. Drinktemperatuur: 8-10 °C.

De Rosato en Rosso worden gemaakt van de nerello (mascalese en mantellato/cappuccio). Beide wijnen zijn droog, vol, warm (min. 12,5% alc.), stevig van structuur en vrij pittig van smaak. Drinktemperatuur: 12 °C voor de Rosato, 16 °C voor de Rosso.

MOSCATO DI NOTO D.O.C.

De wijn werd door de Romeinen al zeer geprezen en stond bekend onder de naam Pollio. Hij wordt gemaakt in de omgeving van Siracusa. De Moscato Naturale (min. 11,5% alc.) ruikt intens naar versgeplukte muskaatdruiven, wat ook in de smaak tot uitdrukking komt. Drinktemperatuur: 8-10 °C. De Moscato Spumante (min. 13% alc.) is een volle, zwoele mousserende wijn met een bedwelmende aromatische kracht. Een dergelijke wijn gaat niemand in de koude kleren zitten. Drinktemperatuur: 8-10 °C. De Moscato Liquoroso (min. 22% alc.) is een versterkte wijn. Deze wijn combineert de zoete, fruitige kracht van de muskaatdruiven met de warmte en de rondeur van de alcohol. Drinktemperatuur: 6-8 °C.

Etna Rosso

MOSCATO DI SIRACUSA D.O.C.

Dit is een andere telg uit de Moscatofamilie. Hij is verleidelijk, zeer aromatisch, vol, elegant en bijzonder aangenaam. Met zijn minimale alcoholpercentage van 16,5% is het een verraderlijke wijn. Drinktemperatuur: 6-8 °C.

MOSCATO DI PANTELLERIA D.O.C.

Pantelleria is een van de vele eilanden voor de kust van Sicilië en ligt in de omgeving van Trapani. Hier worden twee zeer verrassende wijnen gemaakt, die rechtstreeks uit de tijd van de oude Grieken lijken te komen. Beide wijnen gebruiken de inheemse zibibbo muskaat als basisdruif.

De Moscato Naturale (min. 12,5% alc.) is een en al Moscato in geur en smaak. Voor de Moscato Vino Naturalmente Dolce gebruikt men deels ingedroogde druiven, wat het alcoholgehalte naar de 17,5% minimaal verhoogt.

Er bestaan ook nog een zalige Spumante- en een Liquorosotype. Schenk al deze Moscatotypen bij niet al te zoete desserts of zomaar na het eten. Drinktemperatuur: 6-12 °C (hoe zoeter hoe kouder). De Passito wordt uitsluitend gemaakt van deels ingedroogde druiven. Dit is een zeer sensuele Moscato, met veel kracht, zwoele fruitigheid en warmte (min. 14% alc.).

Er bestaat ook een nog zoetere Liquoroso met min. 21,5% alc. De allerbeste wijnen krijgen het predikaat 'extra'. Ze moeten dan naast een uitmuntende kwaliteit en finesse ook nog minimaal 23,9% alcohol bevatten. Drinktemperatuur: 8-10 °C voor de Passito, 6-8 °C voor de Liquoroso.

ALCAMO/BIANCO ALCAMO D.O.C.

Dit is zeker de bekendste witte wijn van het eiland. De Alcamo is afkomstig uit de omgeving tussen Trapani en Palermo in het noordwestelijke deel van Sicilië. De wijn wordt gemaakt van de catarratto bianco (Commune/Lucido), waaraan eventueel damaschino, grecanico en trebbiano zijn toegevoegd. De kleur is lichtgeel met een zweempje groen en de geur vrij neutraal. De smaak daarentegen is fris, sappig, uitgesproken fruitig en zacht. Drinktemperatuur: 10-12 °C.

Alcamo

MARSALA D.O.C.

Dit is zonder meer de oudste en bekendste versterkte wijn van Sicilië, en waarschijnlijk de meest 'Engelse'. Aan de basis van het succesverhaal van deze beroemde wijn stond de Engelsman John Woodhouse. Hij bracht deze likeurwijn voor het eerst naar Engeland. Een andere Engelsman, Benjamin Ingham, paste het solerasysteem (bekend van

Marsala Fine

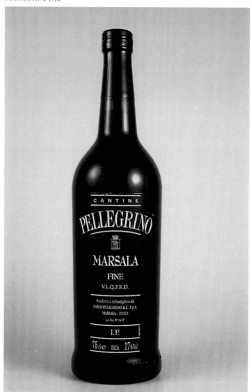

de sherry) als eerste bij de Marsalawijnen toe. Om Marsala te maken gebruikt men most van de de druiven grillo, catarratto, pignatello, calabrese, nerello, damaschino, inzolia en nero d'avola, die gestild wordt met pure wijnalcohol. Men kent de volgende typen:
- Marsala Fine: minimaal één jaar oud, min. 17% alc.
- Marsala Superiore: minimaal twee jaar oud, min. 18% alc.
- Marsala Superiore Riserva: minimaal vier jaar oud, min. 18% alc.
- Marsala Vergine/Solera: minimaal vijf jaar oud, min. 18% alc.
- Marsala Vergine/Solera Stravecchio/Solera Riserva: minimaal tien jaar oud, min. 18% alc.

Elk type Marsala heeft zijn eigen karakter, kleur, geur en smaak, afhankelijk van de oorspronkelijke druiven, het suikergehalte van de most, de hoeveelheid toegevoegde wijnalcohol en de lengte van de rijping.
Drinktemperatuur: afhankelijk van het type en van de gerechten, tussen de 8-18 °C naar smaak.

Sardinië

Ook Sardinië is een eiland van contrasten. Het heeft een zachte kuststrook en ruige, steile bergen,

het heeft heel toeristische plekken en een wilde, ongerepte natuur. Sardinië is na Sicilië het grootste eiland van de Middellandse Zee. Een groot gedeelte van het land bestaat uit bergen. De wijnbouw concentreert zich aan de voet van de bergen, in de dalen en op de vlakke stukken langs de kust, waar de meeste bewoners te vinden zijn.

CANONAU DI SARDEGNA D.O.C.
De Canonau (Alicante) werd door de Spanjaarden naar het eiland gebracht. De Canonau di Sardegna wordt in het zuidoostelijke kwart van het eiland geproduceerd. U treft de volgende lokale toevoegingen wel eens op het etiket: 'Oliena', 'Nepente di Oliena' (omgeving Nuoro), 'Capo Ferrato' (omgeving Cagliari) en 'Jerzu' (tussen Nuoro en Cagliari).
Deze robijnrode wijn is een droge of lichtzoete Rosato of Rosso. Hij heeft een geheel eigen, aangename, sappige en warme smaak (min. 12,5% alc.). De Riserva bevat zelfs min. 13% alcohol en heeft minstens twee jaar rijping gehad.
Er bestaan verder ook een Liquoroso Secco met 18% alcohol en een Liquoroso Dolce Naturale met 16% alcohol. Drinktemperatuur: 10-12 °C voor de Liquoroso Secco, 6-8 °C of 14-18 °C voor de Liquoroso Dolce Naturale, 10-12 °C voor de Rosato, 16°C voor de Rosso en 17 °C voor de Rosso Riserva.

MOSCATO DI SARDEGNA D.O.C.
Deze prachtige strogele muskaatwijn is zeer aromatisch, verfijnd en sensueel. De smaak is zoet, elegant en zeer fruitig. In het noorden kunt u ook lokale toevoegingen op het etiket aantreffen, als 'Tempio Pausania', 'Tempio' of 'Gallura'. Drinktemperatuur: 8-10 °C.

VERMENTINO DI SARDEGNA D.O.C.
Dit is een strogele witte wijn met een groen zweempje. De geur is zacht en subtiel, eerder elegant dan vol. De smaak is fris, sappig, droog tot lichtzoet, met een licht bittertje in de afdronk. Er bestaat ook een elegante Vermentino di Sardegna Spumante. Drinktemperatuur: 8-10 °C.

VERMENTINO DI GALLURA D.O.C.
Deze Vermentino wordt gemaakt in het noorden van het eiland. Hij is subtieler en fijner dan de gewone Vermentino di Sardegna en hij is altijd droog en fris. Doorgaans bevat deze Vermentino ook meer alcohol, zeker de Superiore, die min. 14% alcohol moet bevatten. Drinktemperatuur: 10-12 °C.

MALVASIA DI CAGLIARI D.O.C.
Dit is een aantal wijnen, die gemaakt zijn van de malvasia. Ze worden gemaakt in de omgeving van Cagliari. De droge Malvasia Secco (dry) en de zoete Malvasia Dolce Naturale zijn volle, alcoholische wijnen (min. 14% alc.). Ze zijn aromatisch en verfijnd, met een wat bittere ondertoon en een hint van gebrande amandelen.
Drinktemperatuur: 10-12 °C voor de Secco, 8-10 °C voor de Dolce. De droge Malvasia Liquoroso Secco

(dry) en de zoete Malvasia Liquoroso Dolce Naturale zijn versterkte wijnen van grote kwaliteit. Dit geldt zeker voor de Riserva's, die meer dan twee jaar gerijpt zijn.
Deze aromatische wijnen bevatten minimaal 17,5% alcohol. Drinktemperatuur: 10-12 °C voor de Secco, 8-10 °C voor de Dolce.

MONICA DI CAGLIARI D.O.C.
Deze wijn van de monica wordt in de volgende typen geproduceerd, een droge Monica Secco (dry) en een zoete Monica Dolce Naturale. Het zijn beide robijnrode, aromatische en zwoele wijnen met een volle, zachte en verleidelijke smaak. De Secco bevat minstens 14% alcohol, de Dolce 14,5%. Drinktemperatuur: 14-18 °C voor de Secco, 10-12 °C voor de Dolce. Een droge Monica Liquoroso Secco (dry) en een zoete Monica Liquoroso Dolce Naturale zijn nog krachtiger en voller van smaak dan de gewone Monica.
Beide wijnen bevatten minstens 17,5% alcohol. Kies als het kan een voortreffelijke Riserva (minstens twee jaar rijping). Drinktemperatuur: 14-18 °C voor de Secco, 6-12 °C voor de Dolce.

MOSCATO DI CAGLIARI D.O.C.
Dit zijn uitmuntende muskaatwijnen, die zeer aromatisch en krachtig zijn. Ze zijn verkrijgbaar in een Dolce Naturale-versie en een zwaardere Liquoroso Dolce Naturale. Drinktemperatuur: 6-12 °C naar smaak.

NASCO DI CAGLIARI D.O.C.
Dit zijn droge (secco/dry), zoete (dolce naturale), al dan niet versterkte (liquoroso secco/dry of liquoroso dolce naturale) witte wijnen van de Nasco. Ze zijn van een uitstekende kwaliteit, zeker de Riserva's. Drinktemperatuur: 10-12 °C voor de Secco, 6-10 °C voor de Dolce.

NURAGUS DI CAGLIARI D.O.C.
De nuragus is een zeer oude Sardijnse druivensoort, die waarschijnlijk door de Feniciërs naar het eiland werd gebracht. Ooit groeide deze druif over het eiland.
Tegenwoordig wordt er alleen in het zuiden van het eiland, tussen Cagliari en Nuoro, wijn van de nuragus gemaakt. Deze wijn is strogeel van kleur, met groene schitteringen. De geur is subtiel en uitnodigend. De smaak is fris, aangenaam, gemakkelijk drinkbaar, droog tot lichtzoet. Er bestaat ook een Frizzante Naturale van deze Nuragus. Drinktemperatuur: 10-12 °C voor de droge, 8-10 °C voor de lichtzoete.

GIRO DI CAGLIARI D.O.C.
Deze stevige rode wijnen van de giro worden gemaakt in meerdere smaken en typen. De Secco/dry bevat minimaal 14% alcohol en de Dolce Naturale minimaal 14,5%. Beide wijnen zijn zwoel, uiterst aromatisch (versgeplukte zoete druiven), vol, fluweelzacht en warm. Drinktemperatuur: 16 °C voor de Secco, 10-12 °C voor de Dolce Naturale. Van

beide wijnen bestaat een veel vollere Liquoroso-versie, in Secco/dry of Dolce Naturale (min. 17,5% alc.). Drinktemperatuur: 16-18 °C voor de Secco, 10-12 °C voor de Dolce.

CARIGNANO DEL SULCIS D.O.C.
De carignano werd door de Spanjaarden op het eiland geïntroduceerd. Tegenwoordig wordt hij bijna uitsluitend in de buurt van Cagliari gebruikt. De Rosato is droog, fris en zacht. Er bestaat ook een Frizzante van. Drinktemperatuur: 10-12 °C.
De Rosso is robijnrood van kleur, niet zo uitgesproken van geur, maar lekker, droog, sappig en zacht van smaak. Kies een Riserva (min. 12,5% alc. en drie jaar rijping). Drinktemperatuur: 16-18 °C.

VERNACCIA DI ORISTANO D.O.C.
Deze Vernaccia is een goudgele wijn met een intense aromatische geur (amandel, witte bloemen) en een warme (min. 15% alc.), volle, zwoele en verleidelijke smaak met nuances van bittere amandelen.
De Superiore en Riserva zijn voller, iets sterker aan alcohol (15,5% alc.) en hebben een langere rijping gehad (respectievelijk drie en vier jaar).
Verder is er nog een zoete Liquoroso Dolce en een droge Liquoroso Secco/dry. Beide zijn gemaakt van most die gestild werd met wijnalcohol. De Dolce bevat 16,5% alcohol en de Secco 18%.
Drinktemperatuur: Secco 10-12 °C, Dolce 8-12 °C naar smaak.

ARBOREA D.O.C.
In de omgeving van Oristano worden drie typen wijn gemaakt.
De Trebbiano is een groengele wijn met een vrij bescheiden geur, maar een voortreffelijke, volle, frisse smaak. Drinktemperatuur: 10-12 °C voor de Secco, 8-10 °C voor de Abboccato. Van de Trebbiano maakt men ook een lekkere Frizzante Naturale, die verkrijgbaar is in Secco en Abboccato.
De Sangiovese Rosato is prachtig kersenrood van kleur, uitnodigend, maar vrij bescheiden van geur, en droog, sappig en fris van smaak. Drinktemperatuur: 10-12 °C. De Sangiovese Rosso is vriendelijk, droog, maar zacht, rond en fris. Drinktemperatuur: 14-16 °C.

ALGHERO D.O.C.
In het noordwesten van het eiland maakt men talloze verschillende wijnen. De Frizzante Bianco Secco, Spumante Bianco Secco, Torbato Spumante Secco, Chardonnay Spumante Secco en Vermentino Frizzante zijn uitstekende aperitieven, maar zijn ook heerlijke frivole wijnen bij zeevruchten. Drinktemperatuur: 8-10 °C.
De stille Bianco, de Chardonnay, de Sauvignon en de Torbato zijn prima bij van zeevruchten, vis en zelfs bij witvlees. Drinktemperatuur: 10-12 °C. De Rosato is door zijn lichte structuur typisch een wijn voor bij de lunch. Drinktemperatuur: 10-12 °C. De Rosso Novello, Rosso en de Sangiovese zijn vriendelijke rode wijnen. Drinktemperatuur: 12-14 °C.

Griekenland

Griekse wijnbouw

De Griekse wijnbouw wordt onderverdeeld in twee verkoopsegmenten: de merkwijnen en de wijnen met herkomstbenaming. Onder de merkwijnen bevinden zich talloze net drinkbare wijnen, maar ook enkele topwijnen. Dit werkt bijzonder verwarrend voor de Europese consument, temeer omdat sommige wijnen met herkomstbenaming van zeer matige kwaliteit blijken te zijn. Veel Griekse wijnen zijn door verkeerde opslag of vervoer al volledig uitgeblust voor ze bij de Europese consument komen. De consument kan dan ook het beste Griekse wijn kopen van gerespecteerde importeurs, bijvoorbeeld Tsantalis. De Griekse wijnbouw heeft ideale klimatologische omstandigheden, vooral dicht bij de zee. Vele microklimaten zorgen, samen met de plaatselijke bodemstructuur (kalk, rots) en de gebruikte druivensoorten voor de verschillen in karakter van de wijnen. Op dit ogenblik zijn er ongeveer 300 verschillende druivensoorten in Griekenland. Veel daarvan zijn van Franse herkomst (sauvignon, chardonnay, cabernet sauvignon, pinot noir en merlot), maar het merendeel bestaat nog uit inheemse en soms stokoude rassen. De bekendste daarvan zijn de assyrtiko (Santorini, Sithonia, Athos), vilana (Heraklion, Kreta), robola (Kefallinia), savatiano (Attiki, Beotië, Euboea), agiorgitiko (Nemea), xinomavro (Naoussa, Amynteon, Goumenissa, Rapsani), mavrodaphne (Achaia, Kefallinia), mandelaria (Paros, Rhodos, Heraklion Kreta), moschofilero (Mantinia), muscat (Patras, Samos) en rhoditis (Achaia, Anchialos, Macedonië, Thracië). De Griekse wijnregionen zijn, van noord naar zuid: Thracië (Thraki), Macedonië (Macedonia), Ipiros, Thessalië, Centraal-Griekenland, Ionische eilanden (Eptanesos), Oost-Egeïsche eilanden, Peloponnese (Peloponnesos), Kykladeseilanden, Dodecanesoseilanden en Kreta.

Hierna volgt een beschrijving van de beste Griekse wijnen per regio, van noord naar zuid. Het Griekse landschap wordt niet gekenmerkt door hoge bergen (enkele uitzonderingen daargelaten), wel is het land onderverdeeld in kleinere gebieden door bergen en heuvels.

Thracië, Macedonië

Thracië ligt in het uiterste noordoosten van Griekenland, grenzend aan Bulgarije en Turkije. Thracië, ooit hét land van de zalige, bedwelmende zoete wijnen, zoals die van Thasos, ligt er tegenwoordig een beetje verloren bij. De huidige wijngaarden, beplant met onder andere de blauwe mavroudi en pamidi en de witte zoumiatiko, worden voornamelijk gebruikt voor het maken van bulkwijn en matige tafelwijn. Grieks Macedonië ligt ten westen van Thracië en grenst aan Bulgarije en de onafhankelij-

Kwaliteitswijngaard in Griekenland

ke staat Macedonië. Ook dit gebied heeft een hele oude wijntraditie. Tegenwoordig maakt men er vier wijnen met een gegarandeerde herkomstbenaming en maar liefst zes oinos topiko's (vins de pays) van uitstekende kwaliteit. De wijngaarden van Macedonië liggen op de zonnige heuvels, in het binnenland, aan de kust en op het schiereiland Chalcidici.

Drama

Aan de grens tussen Thracië en Macedonië worden uitmuntende landwijnen (topikos oino's) gemaakt door het bedrijf Lazaridi, dat pas sinds 1992 bestaat. De installaties behoren tot de modernste van Griekenland en de wijngaarden zijn een schoolvoorbeeld van verantwoorde, moderne wijnbouw. Lazaridi maakt vijf droge wijnen onder de naam Amethystos (wit, rosé, rood en fumé) en een uitstekende witte Château Julia. De witte wijn wordt gemaakt van de sauvignon, sémillon en assyrtiko, de rosé van de cabernet sauvignon en de rode van de cabernet franc, cabernet sauvignon, merlot en limnio. Gezien de hoge kwaliteit van deze wijnen, de gebruikte druivensoorten en de zelfs voor Griekse begrippen vrij hoge prijs, zult u deze wijnen waarschijnlijk vaker in Engeland, Amerika of Japan aantreffen dan in Griekenland zelf. Lazaridi bewijst met deze uitzonderlijke wijnen dat het mogelijk is om met Franse druiven te werken zonder daarmee namaak-Franse wijnen te maken. Alle wijnen van Lazaridi hebben een heel eigen karakter, waarbij de nadruk ligt op het zeer aromatische karakter.

Uitstekende wijnen uit Drama

Amynteon

Dit is het noordelijkste wijngebied van Griekenland. Hier heerst een continentaal klimaat. De wijngaarden liggen op een hoogte van ongeveer 650 m. Hier gedijen de blauwe xinomavro en negoska. Drinktemperatuur: 14-16 °C.

Goumenissa

Ook in Goumenissa, ongeveer 80 km ten noordwesten van Thessaloniki, gebruikt men de xinomavro en de negoska voor de plaatselijke rode wijn. De wijngaarden van Goumenissa liggen op ongeveer 250 m hoogte, op een kalkachtige bodem. De Goumenissa is dieprood van kleur, met wat paarse schitteringen. De geur doet denken aan rijp fruit (vijgen, kersen, kruisbes) en de smaak is evenwichtig, elegant en zacht, bijna mollig in de afdronk.

Naoussa

De bekendste wijn van Macedonië is natuurlijk Naoussa. De wijngaarden liggen op de hellingen van de heuvel Vermio op een hoogte van 150 tot 650 m. Naoussa wordt gemaakt van 100% xynomavro. De jonge wijn blijft minstens twaalf maanden op kleine (Franse) eikenhouten vaten liggen. De kleur is donkerrood, de geur doet denken aan kleine vruchten (onder andere zwarte bessen) met een hint van kruiden (kaneel) en vanille (hout).

De smaak is vol, rond, warm en rijk. Laat deze wijn minstens twee of drie jaar liggen, dan wordt hij veel beter. De hardere tannine van de jonge wijn zal veranderen in een fluweelzachte weelde. Drinktemperatuur: 16 °C.

De Naoussa bestaat ook in de reserve- en grande-reservekwaliteit. Deze wijnen die doorgaans twee jaar op Franse eikenhouten vaten hebben gelegen, zijn volrood van kleur, met bruine nuances. De geur

Naoussa en Cava Tsantali

wordt vaak met zoete, overrijpe vruchten geassocieerd, zelfs van droge vruchten, zoals vijgen en pruimendanten. Hout speelt hier een bescheiden rol in de geur en in de smaak, zacht op de achtergrond, nooit overheersend. De robuuste wijnen bezitten behoorlijk wat tannine en moeten enkele jaren met rust gelaten te worden. U krijgt er dan uiteindelijk een uitmuntende wijn voor terug, die het niveau van menig Franse topwijn bereikt. Kies voor wijn uit de huizen Tsantali en Boutari. Drinktemperatuur: 17-18 °C.

Côtes de Meliton

Deze herkomstbenaming komt van het schiereiland Chalkidiki, dat als de drietand van de zeegod Poseidon in zee ligt. Slechts twee tanden van het schiereiland zijn bestemd voor wijnbouw, namelijk Sithonia in het midden en Athos in het oosten. Op Sithonia liggen de relatief recente wijngaarden en het bedrijf van Porto-Carras, dat in de jaren '60 van de 20e eeuw door een rijke Griekse reder is opgericht. Hier worden volgens velen de allermooiste wijnen van Griekenland gemaakt. Onder toezicht van enkele beroemde Franse oenologen (waaronder professeur Emile Peynaud van Bordeaux) plantte men hier op een leistenen/schilferstenen bodem di-

verse Franse en Griekse druivensoorten aan, de assyrtiko, athiri, rhoditis en sauvignon voor de witte wijn, de limnio, cabernet sauvignon, cabernet franc, syrah en cinsault voor de rode wijn. Met succes maakt men hier uitmuntende witte, rosé en rode wijnen, op basis van een uitgebalanceerde assemblage van Griekse en Franse druiven. Hier maakt men grootse wijnen, als we alleen al naar de bijzonder lage rendementen van 40 hl/ha voor de witte wijn en zelfs 30 hl/ha voor de rode wijn kijken. De oogst wordt nog volledig handmatig gedaan.

De witte wijn ondergaat geen rijping op hout, de beste rode wel. De Côtes de Meliton Blanc de Blancs (athiri, assyrtiko en rhoditis) is zacht, licht en droog en heeft subtiele florale aroma's. Drinktemperatuur: 10-12 °C.

De Côtes de Meliton Melissanthi (athiri, assyrtiko en sauvignon blanc) is wat fruitiger (meloen, abrikoos) dan de Blanc de Blancs. Drinktemperatuur: 10-12 °C.

De Côtes de Meliton Limnio (limnio, cabernet sauvignon en cabernet franc) heeft een rijping gehad van twaalf maanden op kleine houten vaten. Deze wijn is prachtig robijnrood van kleur, elegant, soepel en een tikkeltje kruidig. Drinktemperatuur: 14-16 °C.

De Côtes de Meliton Château Carras (cabernet franc, cabernet sauvignon, limnio) heeft een lange-

re rijping op hout genoten. Het is een volle, elegante rode wijn, met nuances van purperrood, een fijne geur waarin hout duidelijk aanwezig is zonder te storen, en een lange afdronk. U kunt deze wijn rustig tien jaar laten liggen. Drinktemperatuur: 16 °C.

De Côtes de Meliton Domaine Carras Grande Reserve (cabernet franc, cabernet sauvignon en limnio) hebben minimaal drie jaar lang in de kelders van het wijnhuis gelegen. Ook deze wijn kunt u minimaal tien jaar bewaren. De kleur is wat meer bruinrood dan de Château Carras, met nuances van dakpanrood. De geur is vol, bijzonder aangenaam en doet denken aan rijpe zachte rode en zwarte vruchten. De smaak is zeer elegant en fluweelzacht, met een hele lange afdronk. Drinktemperatuur: 16-17 °C.

Porto-Carras maakt ook een voortreffelijke rosé en een tweetal wonderschone moderne wijnen, de witte Malagousia en de rode Porphyrogenito.

Epanomi

Hier in Epanomi, ten westen van Chalkidiki, maakt de familie Gerovassiliou moderne, maar zeer correcte topikos oino's (vins de pays) van Franse en Griekse druivensoorten. De witte Ktima Gerovassiliou (assyrtiko en malagouzia) is fijn en elegant, met een verrassende geur die aan versgesneden groene paprika doet denken. De witte Fumé (chardonnay en assyrtiko) is vol, rond en zeer aangenaam.

De rode Ktima Gerovassiliou (grenache rouge en petite syrah) is boeiend en vol van smaak, rond en warm. Door de aanwezige tannine kan deze rode wijn zeker vijf jaar liggen. Goede wijnen, echter minder indrukwekkend, zijn die van Lazaridi (Drama).

Het huis Tsantali maakt enkele heel prettige witte en rode topikos oino's in grappige buikflessen, de Makedonikos Topikos Oinos. Verder maakt Tsantali ook redelijke Athos Topikos Oinos en een subtiele Agioritikos van de assirtiko en sauvignon blanc. Bijzonder goed zijn ten slotte de cava van Tsantali en Boutaris.

Epanomi wit (Gerovassiliou)

Epanomi rood (Gerovassiliou)

Zitsa stil, halfmousserend   *Zitsa mousserend*

Zitsa

De wijngaarden van Zitsa liggen in het noorden van Ipiros, tegen de Albanese grens aan en op een hoogte van ongeveer 600 m. Hier worden van de debina lekkere stille en mousserende wijnen gemaakt. Kenmerkend voor deze wijnen is de elegantie, de frisheid en de uitbundige fruitigheid. De mousserende Zitsa bestaat in een parelende (halfmousserende, 'imiafrodis krasi') en een mousserende versie (afrodis krasi). Drinktemperatuur: 8-10 °C.

Metsovo

Een droom van de overleden Griekse politicus Averoff was om ooit de beste wijn van Griekenland te maken. Hoewel hij het zelf niet heeft mogen meemaken, zijn de wijnen van zijn bedrijf tot ongekende hoogte gestegen en zullen ze waarschijnlijk ooit nog eens de droom van Averoff waarmaken. De wijngaarden liggen op de zuidoostelijke hellingen van het Pindosgebergte. Hier maakte men al eeuwen lang prachtige rode wijnen. Helaas werden de oeroude wijngaarden volledig door de phylloxera vernietigd. De oude druivensoorten werden vervangen door cabernet sauvignon. Van deze Franse druif, geassocieerd aan de Griekse agiorgitiko, maakt men de uitmuntende rode wijn, Katogi Averoff. Deze grote wijn kan dankzij de aanwezige tannine zeker tien jaar bewaard worden. Kenmerkend voor deze wijn met zijn robijnrode kleur zijn de intens aromatische kracht en de volle, fluweelzachte smaak (na enkele jaren bewaren). De Katogi Averoff wordt thans beschouwd als een van de beste Griekse rode wijnen en is zeer kostbaar. Drinktemperatuur: 17-18 °C.

Thessalië

Thessalië ligt onder Macedonië en grenst aan Ipiros in het westen, de Egeïsche zee in het oosten en Centraal-Griekenland in het zuiden. Het gebied wordt gedomineerd door de imposante Olympus (2917 m)

en doorkruist door de rivier de Pinios. Thessalië heeft een duidelijke agrarische bestemming. De wijngaarden voor de kwaliteitswijnen liggen op de hellingen van de heuvels of vlak bij zee. De druivenranken op het vlakke land zijn bestemd voor de consumptie of voor matige wijn.

Rapsani

De wijngaarden van Rapsani liggen op de hellingen van de Olympus, op een hoogte van 300 tot 500 m. Het klimaat is hier vrij vochtig en vooral erg koud in de winter. Toch garandeert de ligging in de volle zon een uitstekende rode wijn. Als basisdruiven voor de Rapsani gebruikt men de xinomavro, krassato en stavroto, die samen een rijke, frisse en elegante rode wijn opleveren. Drinktemperatuur: 14-16 °C.

Nea Anchialos

De wijngaarden van Nea Anchialos liggen vlak bij zee, in de omgeving van Volos. De wijnranken van de rhoditis groeien op een hoogte van 100 tot 200 m en produceren een frisse, elegante witte wijn. Drinktemperatuur: 8-10 °C.

Rapsani

Centraal-Griekenland

Centraal-Griekenland ligt in het midden van het Griekse vasteland. Het grenst in het noorden aan Ipiros en Thessalië, in het westen aan de Ionische Zee en in het oosten aan de Egeïsche Zee. Hier worden enorme hoeveelheden wijn geproduceerd, maar de regio heeft slechts één gegarandeerde herkomstbenaming. De overige wijn valt onder de categorie tafelwijn of vins de pays. Uit de drie gebieden die samen Centraal-Griekenland vormen, komen uitstekende cava (Hatzi Michalis) en zeer goede topikos oino's (Hatzi Michalis, Zarogikas, Cambas). Uit Thebe en Messoghia komen ook zeer fruitige retsina's (appellation traditionnelle), die gemaakt zijn van de rhoditis en savatiano. In deze streek wordt de laatste tijd enorm geïnvesteerd in Franse druiven en in de betere Griekse druiven. In de toekomst zullen hier enkele zeer mooie wijnen vandaan kunnen komen.

KANTZA

Dit is een heel subtiele witte wijn van de savatiano en rhoditis, een soort niet-geharsde retsina. Drinktemperatuur: 8-10 °C.

Ionische Eilanden

De Ionische Eilanden liggen ten westen van Griekenland, ter hoogte van Ipiros, Centraal-Griekenland en zelfs een stukje van de Peloponnesos. Op ongeveer alle eilanden wordt de wijnrank verbouwd. In dit gedeelte van Griekenland, ook wel 'Eptanessos' (de zeven eilanden) genoemd, is de Turkse overheersing van korte duur geweest en kon men vrijwel ongestoord doorgaan met de wijnbouw. Op het noordelijkste eiland Kerkyra (Korfu) wordt de wijnbouw enigszins verdrongen door het toerisme en de olijvenindustrie. Toch treft men hier uitstekende witte wijn aan van onder andere het wijnhuis Ktima Roppa. Het is een ouderwetse, traditionele wijn met florcultuur (zoals in Jerez), die veel lijkt op droge sherry. Als druivensoorten worden hier de robola en kakotrychi gebruikt. Jonge bedrijven experimenteren met de inheemse kakotrychi om daarvan een moderne, droge, elegante witte wijn te maken. De productie van deze wijn is nog zeer beperkt. Op de eilanden Paxi, Lefkas en Ithaki worden tegenwoordig weinig opmerkelijke wijnen geproduceerd (misschien met uitzondering van de rode Santa Mavra van Lefkas, die een acceptabele kwaliteit heeft). Van het eiland Kefallinia komt wel een goede wijn.

KEFALLINIA ROBOLA

De robola, ook wel rombola genoemd, is een van de mooiste Griekse witte druiven. Op het grootste van de zeven Ionische Eilanden gedijt de robola bijzonder goed, dankzij het ideale klimaat en de bodemgesteldheid. De zomers zijn hier zeer warm, maar een licht zeebriesje zorgt voor de nodige vochtigheid en afkoeling. De wijngaarden liggen op 600

en soms 900 m hoogte. De kleur van de Robola is vrij licht, bleekgeel met een groen zweempje. De geur is verleidelijk (iets van hazelnoot en citrusvruchten). De smaak is zacht, elegant en bijzonder aangenaam. Drinktemperatuur: 10-12 °C.

KEFALLINIA MAVRODAPHNE

Dit is een prima zoete rode wijn van de mavrodaphne. Hij lijkt in de verte op port (rubytype). Drinktemperatuur: naar keuze 8-12 °C of 14-16 °C.

KEFALLINIA MUSCAT

Dit is een prima zoete muskaatwijn, die zeer aromatisch is. Drinktemperatuur: naar smaak 6-10 °C. Op het eiland Kefallinia worden verder ook andere witte en enkele redelijke rode wijnen gemaakt. De witte wijnen, gemaakt van onder andere de rhoditis, sideritis, tsaoussi, zakinthino, robola of sauvignon, zijn fris en fruitig. De rode, gemaakt van de agiorgitiko, mavrodaphne of tymiathiko, zijn fris, fruitig, zeer aromatisch en niet altijd even goed droog.

VERDEA

Net als op het eiland Kerkyra maakt men op Zakynthos een frisse, groene, droge gemaderiseerde witte wijn, de Verdea. Hij is uitstekend als aperitief. Drinktemperatuur: 8-10 °C.

Oost-Egeïsche eilanden

Samos Vin Doux

Ten oosten van het vasteland van Griekenland tot aan de Turkse kust liggen talloze eilanden verspreid in de Egeïsche Zee. Op deze eilanden bestond al 6000 jaar geleden wijnbouw en de zoete, weelderige wijnen van Limnos, Lesbos, Chios en Samos zijn een legende geworden. Elk eiland heeft een eigen microklimaat en bodemgesteldheid, die voor zeer karakteristieke wijnen zorgen.

LIMNOS

De gewone herkomstbenaming Limnos heeft betrekking op de droge witte wijn van de muscat d'alexandriedruif. Het eiland Limnos, ook wel Lemnos, is van vulkanische oorsprong en vrij droog. Het heeft niet veel bossen, maar zachtglooiende heuvels tot 450 m hoog en dalen waarin de wijn- en landbouw plaatsvindt. De witte wijn van Limnos is geelgroen van kleur, zeer fruitig (muskaat, verse druiven), vol en rond van smaak. Drinktemperatuur: 10-12 °C. Er worden op het eiland ook enkele acceptabele rode wijnen gemaakt van de limnio.

LIMNOS MUSCAT

Dit is een voortreffelijke, zoete, weelderige muskaatwijn, die zeer aromatisch (rozen, honing), vol, rond en fluweelzacht van smaak is. Drinktemperatuur: naar smaak 6-12 °C.

SAMOS

Het eiland Samos is veel meer geaccidenteerd dan Limnos. Het is een ideale plek voor de wijnbouw. Op de groene heuvels van de twee bergen verbouwt men de wijnranken op terrassen die tot 800 m hoogte liggen. De muscat gedijt hier bijzonder goed, maar de voortreffelijke smaak van de Samos is tegenwoordig ook te danken aan de grote zorg waarmee men de druiven omringt in de wijngaarden en in de wijnkelders. De laatste tijd hebben de samenwerkende wijnproducenten hun installaties volledig vernieuwd met nieuwe horizontale pneumatische persen, computergestuurde temperatuurcontrole, roestvrijstalen tanks, en nieuwe eikenhouten vaten. De kwaliteit van de Samos was al uitmuntend, maar niet altijd even gelijk. Bovendien is de smaak van de consument iets veranderd, waardoor zware, zwoele wijn zonder frisheid niet meer in de smaak valt. Door de temperatuur tijdens de gisting goed te beheersen, krijgt men frissere wijn die veel beter in balans is. De Samos Vin Doux Naturel en Samos Vin Doux Naturel Grand Cru zijn natuurlijk verkregen zoete wijnen met een alcoholpercentage van ± 15%. Het zijn goudgele wijnen met florale (rozen) aroma's en nuances van rijpe vruchten en honing. De smaak is rijk, rond, vettig en zoet, maar blijft redelijk fris. Drinktemperatuur: naar smaak 6-12 °C.
De Samos Vin de Liqueur wordt gemuteerd met wijnalcohol. De wijn is dan veel zoeter en voller van smaak dan de gewone Vin Doux Naturel. Drinktemperatuur: 6-8 °C. De Samos Nectar is ook een natuurlijke zoete wijn, met een alcoholpercentage van 14%. Deze wijn wordt gemaakt van deels

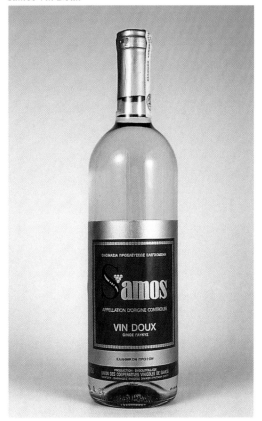

ingedroogde druiven en ondergaat een rijping op hout. Het is een nog vollere en rijkere wijn dan de vorige drie Samoswijnen, maar hij heeft een zeer uitzonderlijke smaak en klasse. Drinktemperatuur: 6-8 °C. Samos produceert ook een minieme hoeveelheid droge witte wijn van de muscat (Samena). Drinktemperatuur: 10-12 °C.

Peloponnesos

Vanuit het vaste land van Attika komt men via de engte van Korinthië in Peloponnesos. Dit deel van Griekenland heeft ook een agrarische bestemming. Beroemd zijn onder andere de sultana en korinthische druiven, de laatste zijn beter bekend als 'krenten'. De Peloponnesos wordt gekenmerkt door een vrij geaccidenteerd landschap, waarin de berg Taygete (2407 m) domineert. De meeste wijngaarden van de Peloponnesos liggen in het noorden van het eiland, ook de gegarandeerde herkomstbenamingen Patras, Mantineia en Nemea. Naast deze drie bekende wijnen produceert de Peloponnesos ook een grote hoeveelheid redelijke tot goede tafelwijnen en topikos oino's.
Verrassend maar niet echt boeiend zijn de opkomende moderne wijnen van de bekende Franse druiven chardonnay, sauvignon, ugni blanc, caber-

net sauvignon, cabernet franc, merlot, grenache rouge, carignan etc. Deze druiven leveren echter uitstekende resultaten op als zij geassembleerd worden met inheemse Griekse druiven, zoals mavrodaphne of agiorgitiko.

PATRAS

Patras ligt in Achaia, in het noordwesten van de Peloponnesos. De lokale wijngaarden liggen meestal op kalkhoudende hellingen in de directe omgeving van de stad Patre (Patra), op een hoogte 200 tot 450 m. Als basisdruif gebruikt men hier de rhoditis, die voortreffelijke witte wijnen voortbrengt die fris, droog, fruitig en zeer elegant zijn. Drinktemperatuur: 8-10 °C.

PATRAS MAVRODAPHNE

Patras Mavrodaphne

Uit de omgeving van Patras komt de beroemde rode likeurwijn, de Patraiki Mavrodaphne. Deze wijn wordt gemaakt van de gelijknamige druif en is een volle, stevige, kruidige en zeer aromatische wijn die enkele jaren op houten vaten gerijpt wordt. Het is een goede

(en goedkope) vervanger van rode port, maar de Mavrodaphne heeft wel een eigen karakter dat wat lijkt op port en oloroso sherry. Drinktemperatuur: naar smaak 6-14 °C.

PATRAS MUSCAT/PATRAS RION MUSCAT

Beide zijn uitzonderlijke, friszoete muscatwijnen. Ze zijn goudkleurig, weelderig en zeer aromatisch (een en al honing). Drinktemperatuur: 6-10 °C.

NEMEA

Nemea, het bloed van Hercules, wordt gemaakt van de agiorgitiko. De druiven worden geoogst in de wijngaarden in de buurt van de berg Kilini (250 tot 800 m hoog). Na Naoussa is Nemea de populairste Griekse wijn. De Nemea rijpt minstens twaalf maanden op Franse eikenhouten vaten. De kleur is diep purperrood, de geur zeer aromatisch (pruimendanten, perziken, kaneel, specerijen). De smaak is complex, vol, rond, robuust, warm en goed in evenwicht. Drinktemperatuur: 16-17 °C.

MANTINIA

Mantinia is de zuidelijkste van de drie grote herkomstbenamingen van de Peloponnesos. Hier worden de frisse, lichte, droge witte wijnen gemaakt van de inheemse moschofilero. De wijngaarden liggen rond de ruïnes van de oude stad Mantinia, op een hoogvlakte op ongeveer 650 m hoogte. Dit is een elegante witte wijn. Drinktemperatuur: 10-12 °C.

Kyklades eilanden

Onder de Peloponnesos enerzijds en de Oost-Egeïsche eilanden anderzijds treft u de Kyklades Eilanden aan, waarvan het ongekende schone Santorin (Thyra) wel de bekendste is.

SANTORINI

Santorin (Thira) heette ooit 'Kallistè', de mooiste, en dat kan zeker gezegd worden van dit eiland, dat een van de schilderachtigste eilanden van de Middellandse Zee is. Het eiland heeft steile rotswanden die ongeveer 300 m boven de zee hangen, waar bovenop het sprookjesachtige stadje Thira ligt. Het eiland is van vulkanische oorsprong en dat is zeer goed te zien aan de bodemgesteldheid, aan de verschillende lagen as, puimsteen, kalk en schilfersteen. Het is ongelooflijk hoeveel verschillende kleuren de bodem hier heeft, van zwart, grijs, rood, bruin tot purper. De charme en het eigen karakter van de wijnen van Santorini zijn een combinatie van de vulkanische bodem en het vochtige warme klimaat. Er bestaan meerdere typen Santorini, van droog tot zeer zoet. De droge witte Santorini wordt gemaakt van 100% assyrtiko en is elegant, fruitig (citrusvruchten) en levendig en heeft een volle smaak met een tikkeltje vurigheid. Drinktemperatuur: 10-12 °C. De droge witte Santorini Fumé gist gedeeltelijk op kleine eikenhouten vaten en rijpt ongeveer zes maanden op zijn bezinksel. Deze wijn

Nemea

heeft een duidelijke vanille (hout) ondertoon en nuances van hazelnoten, toast, rook en witte bloemen in geur en smaak. Drinktemperatuur: 10-12 °C. De boeiendste wijnen van het eiland is misschien wel de wijn van de assyrtiko, die gemengd is met aïdani en athiri. De zogenaamde Nycteri is droog of zoet. Hij is altijd uiterst fruitig en aromatisch, rijk en vol van smaak. Een zeer boeiende wijn is ook de Visanto van de assyrtiko en aïdani. Hij wordt gemaakt van overrijpe druiven. De kleur is geel met oranje schitteringen, de geur herinnert aan citrusvruchten en de smaak is fris en weelderig tegelijkertijd. Drinktemperatuur: 6-8 °C.

PAROS

De wijngaarden van het eiland Paros produceren twee druivensoorten, de witte monemvassia en de rode mandilaria. Uit de combinatie van deze twee druivensoorten wordt de Paros gemaakt. De druiven zijn afkomstig uit wijngaarden die op terrassen liggen. De snoei van deze wijnranken is vrij uniek. Ze worden bewust zeer laag aan de grond gehouden, waarbij de takken soms vijf meter lang worden. De Paros heeft een kersenachtige kleur, die vrij typerend is voor de mandilariadruif. De geur is een en al fruitigheid en bloemen, de smaak is zacht, rijk, vol en vrij pittig in de tannine. Drinktemperatuur: 16-17 °C.

DODECANESOS EILANDEN

Deze eilanden bevinden zich onder de Oost-Egeïsche Eilanden. Dodecanesos is het Griekse woord voor 'twaalf eilanden'. Slechts twee daarvan, Rhodos en Kos, worden hier besproken, hoewel de laatste bijna uitsluitend matige tot redelijke witte tafelwijn produceert.

RHODOS

De wijn van het eiland Rhodos is redelijk bekend in Europa. Dit is te danken aan de goede kwaliteit en aan de geschiedenis van het eiland. De ridders van Rhodos waren Tempeliers die in de tijd van de kruistochten Rhodos als pleisterplaats gebruikten. De ruïne van hun beroemde vesting (Krach) is nog te bezichtigen. De wijngaarden van Rhodos liggen op een bodem van kalk of lei/schilfersteen (noorden) of van zand (zuiden). Het klimaat is ideaal voor de wijnbouw, namelijk warme zomers met weinig neerslag, maar afkoeling dankzij de noordenwind (Meltem) in het noorden of nog eens opgewarmd door de zuidenwind in het zuiden van het eiland. Rhodos heeft twee goede stille wijnen en een prachtige mousserende wijn: de Ilios ('zon' in het Grieks), gemaakt van de athiri. Dit is een elegante, licht aromatische, soepele en aangename witte wijn. Drinktemperatuur: 8-10 °C.
De Chevalier de Rhodes, gemaakt van de mandilaria, is een uitstekende rode wijn met een purperrode kleur, een zacht aromatische geur en een stevige, maar elegante smaak en met de nodige tannine. Drinktemperatuur: 16 °C.
De Rhodes Brut wordt net als de twee vorige wijnen door de Compagnie Agricole Industrielle de Rhodes

Rhodos Brut

(C.A.I.R.) gemaakt van de athiri. Ondanks de brut-vermelding is deze sensuele natuurlijke mousserende wijn (méthode traditionnelle) niet helemaal droog. De kracht van deze wijn ligt vooral in de uitbundige fruitigheid en de zachte, bijna mollige smaak. Voor wie deze wijn nog niet 'mollig' genoeg is, bestaat een Demi-Sec versie. Drinktemperatuur: 6-8 °C.

RHODOS MUSCAT

Dit is een zwoele, verleidelijke muscatwijn van de muscat blanc en muscat trani. De kleur is goudgeel en de geur zeer aromatisch (bloemetjes, honing). De smaak is zoet, maar blijft elegant en fris. Hij heeft een alcoholpercentage van 15%. Drinktemperatuur: 6-8 °C (wat minder koud mag ook, afhankelijk van het moment en van het seizoen).

Kriti (Kreta)

Kreta is qua grootte het vijfde eiland in de Middellandse Zee. Iedereen herinnert zich uit zijn schoolboeken het verhaal over Knossos en het paleis van koning Minos, waar de Griekse held Theseus de Minotaurus doodde om samen met de schone Ariadne te vluchten. Kreta is een smal, langgerekt eiland ten zuiden van het Griekse vasteland. Het 260 km lange eiland wordt gedomineerd door de hoge bergen Lefka Ori (2453 m) en Idi (2456 m). De wijngaarden liggen verspreid over het midden van het eiland en over het oostelijke deel ervan. Door de hoge bergen worden de wijngaarden beschermd tegen de hete, droge winden vanuit Afrika. Op Kreta heeft men vier gegarandeerde herkomstbenamingen en enkele uitstekende topikos oino's. In de omgeving van Chania, in het westen van het eiland, worden nog zeer ouderwetse Ranciowijnen gemaakt van de oeroude inheemse druiven romeiko en liatiko, die al dan niet gemengd worden met grenache.

ARCHANES

Dit is een gemakkelijk drinkbare, volle, kruidige rode wijn. De wijn komt uit de zuidelijke omgeving van Heraklion. Hier werd al zeker 4000 jaar geleden wijn geperst, getuige de oeroude wijnpers in Vathipetro, die uit de Minoïsche tijd stamt. De Archanes is een rode wijn, die wordt gemaakt van de kotsifali en mandilaria. Gewoonlijk gaat het hier om robijnrode wijnen, die soepel, rond en elegant zijn en een zeer aangename smaak hebben. De kwaliteit is de laatste tijd echter zeer wisselend. Drinktemperatuur: 14-16 °C.

DAPHNES

Dit is een rode likeurwijn van goede kwaliteit, die gemaakt is van de liatiko. Hij is vol, aangenaam en zeer aromatisch. Deze wijn is een overblijfsel uit de oude Kretenzische beschaving. De wijn is bijna even oud als de druif liatikos, die men al in de Minoïsche tijd verbouwde. Drinktemperatuur: naar smaak koel 6-8 °C of licht onder kamertemperatuur 12-14 °C.

PEZA

Deze oeroude Kretenzische rode wijn wordt ook gemaakt van de kotsifali en mandilari. Het is een donker gekleurde wijn (purperrood) met een tikkeltje vreemde, vegetale en fruitige smaak. Hij is aangenaam en soepel. Alcohol (min. 12,5%) en body zijn normaal gesproken goed in balans. De laatste jaren is de kwaliteit van deze wijn niet bij elke producent even constant. Drinktemperatuur: 16 °C. Peza levert ook een witte wijn, die gemaakt is van de oude inheemse druif vilana. De wijn is licht groengeel van kleur, vrij aromatisch en fruitig, redelijk fris en soepel van smaak. Drinktemperatuur: 10-12 °C.

SITIA

Ook deze wijn bestaat in wit en rood. De wijngaarden van Sitia liggen op het oostelijkste puntje van het eiland op een hoogte van ongeveer 600 m. Hier gedijen nog de oeroude druiven liatiko voor de rode wijnen en vilana voor de witte wijnen. De witte Sitia is groenig van kleur, fris, soepel en aangenaam van smaak, zonder ooit te boeien. Drinktemperatuur: 8-10 °C.
De droge rode Sitia is vrij donker van kleur. De geur is vrij zacht, maar aangenaam, de smaak soepel, vol, rond en gul. Drinktemperatuur: 14-16 °C.

RETSINA

Retsina is geen gegarandeerde herkomstbenaming, maar een appellation traditionnelle. Het is een wijn

Peza wit en rood van Tsantali

Patras Retsina

met een oeroude geschiedenis en met een uniek karakter. Omdat Retsina in meer dan vijftien wijngebieden van Griekenland geproduceerd wordt (vasteland en eilanden), is het onmogelijk deze wijn regionaal te plaatsen. Retsina stamt uit de verre oudheid, toen de wijnen niet goed vervoerd konden worden en men oplossingen zocht voor dit probleem. Toen werd wijn in amfora's vervoerd, die afgedekt werden met in hars gedompelde jute lapjes. De nog vloeibare hars van de plaatselijke aleppijnbomen druppelde in de wijn voor hij hard werd. Dit gaf de wijn een zeer karakteristieke harssmaak. Hars was niet alleen goed als afsluiting te gebruiken, maar bleek ook goede antiseptische capaciteiten te hebben. Niemand werd ziek van deze wijn, hetgeen toen niet van elke wijn gezegd kon worden. De moderne technologie maakte het gebruik van hars als antisepticum volledig overbodig. De Grieken in hun tavernen waren er echter zo aan gehecht, dat men doorging met het bewust toevoegen van hars van de aleppijnbomen aan de most, nog voor de gisting. De hars wordt tijdens het klaren van de wijn verwijderd, maar de smaak en vooral de geur ervan blijven definitief in de wijn achter. De meeste Retsina's worden gemaakt van de savatiano en rhoditis in Centraal-Griekenland. Er bestaan meerdere smaakvarianten, variërend van zeer licht tot uiterst zwaar geharst. Drinktemperatuur: 8-10 °C.

Voormalig Joegoslavië

Slovenië

Het noorden is bergachtig, het binnenland is vlak of zachtglooiend en het uiterste zuidoosten heeft een prachtige kuststrook. Het klimaat is Midden-Europees continentaal, bergachtig in het noorden en mediterraan in het zuiden. Over het algemeen zijn de zomers hier goed warm en de winters koud, maar meestal niet extreem.

Wijngebieden

Het kleine Slovenië telt maar liefst 14 verschillende wijngebieden. Voor de overzichtelijkheid werden deze veertien gebiedjes in drie hoofdgebieden gegroepeerd.

Primorje (Primorski vinorodni rajon)

'Primorje' betekent 'bij de zee' in het Sloveens. Het gebied heeft een kuststrook, maar het grootste deel van Primorje ligt echter net achter de Italiaanse enclave Triëst, nauwelijks 10 km van de echte kust. Het noordelijke gedeelte van Primorje grenst aan

Witte kwaliteitswijn uit Brda, Primorje

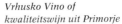

Vrhusko Vino of kwaliteitswijn uit Primorje

Rode wijn uit Primorje

het Noord-Italiaanse Friuli en ligt op meer dan 50 km van de kust. Helemaal ten onrechte is de herkomstbenaming niet, want de zee beïnvloedt het lokale klimaat werkelijk. Primorje heeft én een continentaal klimaat én een mediterraan klimaat. Deze gecombineerde klimatologische invloed levert talloze volle, droge, krachtige en alcoholrijke rode wijnen op, voornamelijk in de omgeving van Koper. Primorje is de enige Sloveense regio waar meer rode wijn gemaakt wordt dan andere wijnen. De witte wijn en rosé zijn droog, vol, krachtig, warm en vrij mild in hun zuren.

Brisko (Brda)

Hier maakt men onder andere uitmuntende mousserende wijn van de chardonnay, beli pinot, rebula en prosecco, en een frisse maar op sommige rebula na, nooit echt overtuigende witte wijn van rebula, beli pinot, sauvignon, sivi pinot, chardonnay, furlanski tokaj en malvazija. Drinktemperatuur: 8-12 °C.
Men maakt een redelijke, maar vaak boerse en onevenwichtige rode wijn van onder andere merlot, cabernet franc, cabernet sauvignon, modri pinot en prosecco. Drinktemperatuur: 14-16 °C.

VIPAVA

Dit is een uitstekende droge witte wijn, die meestal vrij modern van smaak is. Van de rebula, sauvignon, beli pinot, chardonnay, furlanski tokaj, laski rizling, malvazija, zelen en pinela zijn de laatste twee wijnen volledig onderschat. Zij vertegenwoordigen meer de oorspronkelijkheid en kracht van deze streek dan de andere uitheemse druiven. Drinktemperatuur: 8-10 °C.
Er is een verrassend lekkere, frisse en zachte rosé van de barbera en merlot. Drinktemperatuur: 10-12 °C.
De gewone rode wijnen (Modri Pinot, Prosecco, Refosc) zijn zeer acceptabel. Sommige wijnen, zoals de Merlot Biljenski Grici, Barbera en Cabernet, hebben een uitmuntende kwaliteit (zeker in verhouding tot de lage prijs). Drinktemperatuur: 12-14 °C.

Rode kwaliteitswijn uit Brda, Primorje

Merlot Barrique uit Vipava, Primorje

De betere witte en rode wijnen worden gerijpt op kleine houten vaten, die helaas nog vaak van goedkoop Sloveens hout gemaakt zijn. Deze houtsoort geeft een sterke, bijna harsachtige smaak af, die de finesse van de meeste witte wijnen volledig wegmoffelt. Dit is jammer, want achter de sterke houtsmaak proeft men een frisse, aangename wijn met veel potentieel.

De Chardonnay Barrique van Vipava lijkt meer op een logge Australische Semillon dan op een elegante Bourgondische Chardonnay. Dit is zeker geen slechte wijn, maar met de geschikte houtsoort zou deze Sloveense Chardonnay veel meer frisheid

en elegantie krijgen. Drinktemperatuur: 10-12 °C. De Merlot Barrique van Vipava heeft ook de storende, overdreven kruidige houtsmaak (Sloveens hout?). Toch is deze Merlot op zichzelf beslist niet slecht. Hij is fris, fruitig (pruimen, pitten, schnaps) en zacht van smaak. Drinktemperatuur: 14-16 °C.

Kraški/Karst

Uit de Karst komt een stokoude beroemde wijn, de Kraški Teran. Deze wijn wordt gemaakt van refošcdruiven, familie van de Italiaanse refosco, en heeft volgens zeggen een versterkend effect op de gezondheid door de hoge melkzuren, de grote concentratie aminozuren en ijzer in de wijn. Het is een robijnrode wijn met paarse schitteringen. Hij is zeer fruitig (rode bessen) in geur en smaak, fluwelig zacht van structuur en niet zo zwaar alcoholisch. Drinktemperatuur: 16 °C.

Hier worden ook wat vrij oninteressante mousserende wijnen (Frizzante, Chardonnay, Rosé) gemaakt, aardige witte wijnen van de malvazija, beli pinot, chardonnay, laski rizling, rebula, sauvignon en sivi pinot, en uitstekende rode wijnen van de refosc, cabernet sauvignon, merlot, modri pinot en prosecco.

KOPER

Meer dan 70% van de productie bestaat uit rode wijn, die voornamelijk van de refošc wordt gemaakt.

Prima Sauvignon uit Vipava, Primorje

Chardonnay Barrique uit Vipava, Primorje

Dit is een wijngebied met toekomst. Door gebrek aan geld zijn de installaties en wijnbouwcondities echter verre van ideaal. De meeste wijnen missen nog te veel frisheid om de concurrentie aan te kunnen gaan met het buitenland. Toch zit er hier een groot potentieel in de bodem en in de ideale weersomstandigheden.

De droge witte wijnen van de streek (bijvoorbeeld Sauvignon, Chardonnay, Beli Pinot) zijn, door hun gebrek aan frisheid en finesse, niet echt aan te bevelen. Veel wijn is vrij lomp, karakter- en vormloos. Kiest u echter de ouderwetse volle, krachtige, zwoele witte wijn, zoals de Malvazija, Sivi Pinot, Sladki Muskat of Rumeni Muskat, dan krijgt u waar voor uw geld. Drinktemperatuur: 10-12 °C. Ook de laat geoogste wijn van al dan niet gebotrytiseerde en met de hand geselecteerde overrijpe druiven is uitstekend. Zeer boeiend zijn onder andere de Chardonnay Izbor (Auslese), de Malvazija Pozna Trgatev (Spätlese), de zoete Sladki Refošč en de uiterst zeldzame Passito van cabernet sauvignon (Sušeno Grozdje). De rode wijnen zijn, net als de meeste plaatselijke rosés, van redelijke kwaliteit. Maar ook deze rode wijnen zouden wat beter kunnen worden door een iets modernere vorm van vinificatie toe te passen. Vele wijnen maken nu een vrij uitgebluste indruk (veel hout, veel tannine, veel alcohol, veel body, maar verder weinig eigen karakter). Kies bij deze wijnen (Cabernet Sauvignon, Cabernet Franc, Refošk, Malocrn, Merlot, Modri Pinot en Prosecco) bij voorkeur de betere cuvées. Drinktemperatuur: 16 °C.

Chardonnay uit Koper, Primorje

Podravje (Podravski Vinorodni Rajon)

Podravje vertaalt men het beste met 'Dal van de Drava', één van de twee belangrijke rivieren van dit gebied. Hier in het uiterste noordoosten van Slovenië heerst een Midden-Europees continentaal klimaat, dat zorgt voor prachtige, frisse, elegante, aromatische en karakteristieke witte wijn. Maar Podravje staat ook bekend om zijn verrukkelijke zoete wijn (Pozna Trgatev, Izbor, Jagodni Izbor, Suhi Jagodni Izbor en Ledeno Vino). Podravje grenst in het noorden aan Hongarije en Oostenrijk, in het oosten aan Kroatië.

Prekmurske Gorice

Deze streek is heel lang slecht bereikbaar geweest en de wijngaarden liggen zeer verspreid, hetgeen een obstakel vormt voor kwalitatief hoogwaardige wijnbouw. Toch slaagt men erin om prima, frisse witte wijnen te maken. Met name de beide Rieslings zijn zeer fraai. Redelijk tot goede witte wijnen zijn onder andere van de laški rizling, šipon, zeleni silvanec, beli pinot, sivi pinot, renski rizling, rizvanec, ranina en žlahtnine en er zijn enkele zeer acceptabele Chardonnays.

De meeste rode wijnen (modri pinot, modra frankinja) zijn fris en fruitig, maar missen wat diepgang.

Radgona-Kapelske Gorice

Dit is een zeer veelbelovend wijngebied dat vooral bekend staat om haar unieke Traminer en de voortreffelijke Zlata Radgonska Penina. Dit is de eerste Sloveense mousserende wijn die volgens de méthode traditionnelle gemaakt is.

Van Radgona-Kapelske Gorice komen verder uitmuntende Pozne Trgatve (Spätlese), Arhivska Vina (Riserva) en Jagodni Izbor (Beerenauslese). Kies voor de zwoelste wijnen, bijvoorbeeld die van rumeni muškat, muškat ottonel, sivi pinot of traminec, en voor de beste cru's perko, kobilščak, radenski vrh, hrašenski vrh, muršćak of rožički, die de allermooiste Traminec voortbrengen. Prima frisse en droge witte wijnen komen van onder andere laški rizling, renski rizling, beli pinot, sivi pinot, šipon, ranina, rizvanec, zeleni silvanec en žlahtnine. Van de modri pinot maakt men een aardige, frisse en fruitige wijn.

Central Slovenske Gorice

Hier voelt men de Oostenrijkse invloed bij het maken van wijn. De lokale witte wijnen zijn fris en elegant. Sommige zijn zelfs bijzonder lekker. De beste droge witte wijnen komen van de renski rizling en laški rizling, de beli pinot en de traminec.

Er is een uitstekende Pozne Trgatve (Spätlese), Izbori (Auslese), Suhi Jagodni Izbor (Trocken Beerenauslese) en Ledeno Vino (Eiswein). De rode wijnen van Slovenske Gorice (Portugalka, Modra Frankrinja, Modri Pinot en Gamay) zijn fris, licht en fruitig. Drinktemperatuur: 12-14 °C. Er worden hier ook enkele zeer acceptabele méthode-traditionnellewijnen gemaakt.

Ljutomer Ormoske Gorice

De witte wijnen uit deze streek horen ontegenzeglijk tot de beste witte wijnen van Europa. Helaas ontbreken nog de middelen om ze wat bekender te maken. Voor de wijnen van de plaatselijke coöperatie Jeruzalem Ormoz zou een enorme markt zijn in Europa.
Nergens treft u zulke mooie Pinot Blanc (beli pinot) aan als in Ljutomer Ormoške Gorice. In de geur herkent u nuances van meidoorn en andere witte bloemen, misschien een hint van brem, en soms wat pittenalcohol (Slibowitz). De smaak is zeer fris, de zuren zijn elegant en verfijnd, de verhouding tussen alcohol, body, zuren en fruit is perfect en de prijs een geschenk. Drinktemperatuur: 10-12 °C.
Overal in Slovenië wordt Sauvignon gemaakt. Dat verkoopt goed en snel. Toch zijn er weinig wijnen die de moeite waard is. Er is echter een uitzondering, de Sauvignon van Ljutomersko-Ormoške, vooral die van de eerdergenoemde coöperatie. U ruikt er kruisbessen in, hooi, gras, asperges, citrusvruchten en

Uitmuntende Pinot Blanc uit Lutjomersko-Ormoške

Prachtige Sauvignon uit Lutjomersko-Ormoške

een hint van rook op de achtergrond. Deze wijn lijkt enorm veel op een heel goede Sancerre. De smaak is zacht, bijna zalvig, en toch ongekend fris en aromatisch. Drinktemperatuur: 8-10 °C.
Andere zeer goede droge witte wijnen zijn onder andere van de renski rizling, laski rizling en šipon gemaakt. Ook treft u er prachtige halfdroge witte wijnen aan, zoals die van sivi pinot, rulandec, chardonnay, zeleni silvanec, traminec en muskat otonel. Het proeven van een halfdroge Chardonnay is wel even wennen, maar de zonnige, zeer aromatische, volle en warme smaak overtuigt zelfs de grootste Chardonnayliefhebbers.
Een uitmuntende kwaliteit hebben de laat geoogste wijnen (Pozna Trgatev) van de chardonnay, laški rizling, renski rizling en sauvignon, de Jagodni Izbor (Beerenauslese) van šipon en de Ledeno Vino (Eiswein) van laški rizling. Ondanks de grote zoetigheid blijven deze wijnen ongelooflijk fris door de zeer fijne zuren die deze streek karakteriseren.

Maribor

De 'oudste' wijnrank van de wereld zou wel eens kunnen komen uit Maribor, als wij de Slovenen moeten geloven. Van de inmiddels bijna 450 jaar oude wijnstokken van de kölner blauer of žametna črnina ('fluwelige zwarte') maakt men jaarlijks nog 35 l wijn.

Deze zeer specifieke en unieke wijn wordt in kleine flessen gebotteld en voorzien van een echtheidscertificaat. Het is een zeer gewild artikel voor de verzamelaars van wijncuriosa. Naast deze rariteit maakt men hier ook uitstekende, frisse en elegante witte wijnen van onder andere laški rizling, renski rizling, sivi pinot, zeleni silvanec, traminec en rumeni muskat. De plaatselijke Sauvignon is misschien niet zo uitgesproken als die van Ljutomersko-Ormoske, maar hij heeft wel een zeer hoge kwaliteit. Maribor levert ook een aantal uitmuntende laat geoogste wijnen, de Izbor (Auslese), Jagodni Izbor (Beerenauslese), Suhi Jagodni Izbor (Trocken Beerenauslese) en Ledeno Vino (Eiswein). Er worden hier ook enkele frisse en lichte rode wijnen gemaakt van onder andere portugalka, kraljevina, modra frankinja en žametovka. Drinktemperatuur: 12-14 °C.

Haloze

Op de heuvels van Haloze, aan de grens met Kroatië, wordt bijna uitsluitend witte wijn gemaakt. De kalkbodem van Haloze schenkt de wijn zijn ongekende schoonheid en elegantie. Ook deze wijn wordt volkomen onderschat door de Europese wijninkopers. De prijs is gezien de geboden kwaliteit aan de zeer lage kant, terwijl de uitmonstering zeer 'westers' aandoet. De beste witte wijn wordt gemaakt van de laški rizling, šipon, beli pinot, sauvignon, chardonnay, sivi pinot, renski rizling, rumeni muskat en traminec. Haloze produceert ook enkele lichte rode wijnen van de modri pinot en modra frankinja, die best aardig zijn, maar niet echt spectaculair. Wel heel goed zijn de laat geoogste wijnen, de Pozne Trgatve, Izbori, Jagodni Izbori, Suhi Jagodni Izbori en Ledeno Vino.

Posavje (Posavski Vinorodni Rajon)

Posavje betekent 'het dal van de Sava', de rivier die samen met haar zijrivieren Sotla, Savinja en Krka voor de nodige vochtigheid zorgt in dit gebied. Posavje ligt ten zuiden van Podravje, tegen de Kroatische grens. Het gebied heeft voornamelijk een Midden-Europees continentaal klimaat, dat verzacht wordt door het zuidelijke mediterrane klimaat, vooral in Bela Krajina. Hier worden ongeveer alle typen wijn gemaakt, van fris tot zoet, van licht tot halfvol, wit, rosé, rood of mousserend. Posavje staat bekend om zijn voortreffelijke zoete wijn, van laat geoogste (Pozna Trgatev) tot Eiswein (Ledeno Vino) en alle andere varianten van een speciale druivenselectie (izbor, jagodni izbor en suhi jagodni izbor).

Šmarje-Vinštanj

Weer een gebied waar veel witte wijn gemaakt wordt, de uitstekende Laški Rizling, Beli Pinot, Chardonnay, Sivi Pinot, Renski Rizling, Zeleni Silvaniec, Traminec, Ranina, Rizvanec, Sauvignon en

Žlahtnina. De rode wijn is vrij licht, fris en fruitig. Hij wordt voornamelijk gemaakt van de frankinja, modri pinot, portugalka, šentlovrenka, kraljevina, gamay, zweigelt en žametovka.

Bizeljsko-Sremič

Dit is een prima witte wijn van de šipon, beli pinot, laški rizling, zeleni silvanec, sauvignon en chardonnay. Er is een redelijke tot goede rode wijn van de modri pinot en modra frankinja, en een volle, warme en krachtige Pozne Trgatve (Spätlese), Suhi Jagodni Izbori (Trocken Beerenauslese) en Ledeno Vino (Eiswein). De laatste zijn elegante mousserende wijnen volgens de méthode traditionnelle. Ook is er een zeldzame en amusante quasi-port.

Dolensjka

Uit Dolensjka komt de beroemde Cviček. Dit is een lichte wijn met relatief weinig alcohol, hij is elegant en fris, subtiel van structuur en heeft een droge, maar beslist niet harde smaak. Deze verrassende rosé of lichtrode wijn wordt gemaakt van blauwe (frankinja, žametovka, kraljevina en sentlovrenka) en witte druiven (laški riesling, zeleni silvanec, rumeni plavec). Door zijn grote frisheid en lage alcoholpercentage wordt deze wijn veel geschonken op lokale feesten. Volgens de Slovenen heeft deze Cviček een gunstige invloed op de spijsvertering (zuur versus vet) en is hij geschikt voor suikerpatiënten (droog en weinig alcohol). Andere goede wijnen uit deze streek zijn de witte Laški Rizling, Zeleni Silvanec, Sauvignon en Chardonnay, en de rode Modra Frankrinja.

Bela Krajina

Dit zuidelijkste wijngebied van Slovenië produceert uitstekende rode wijnen van onder andere de modra frankinja, de žametovka, portugalka, sentlovrenka, gamay en modri pinot. Een van de beste rode wijnen uit Slovenië is waarschijnlijk de hier gemaakte Metliška Črnina. Sinds eind jaren '80 wordt er ook witte wijn gemaakt, voornamelijk van de laški rizling, belin pinot, renski rizling, zeleni silvanec, sivin pinot, rumeni muskat, chardonnay en sauvignon. Deze wijn is eerder vol, krachtig en zwoel dan elegant en evenwichtig. Uitstekend zijn daarentegen de Pozne Trgatve, Jagodni Izbori en Ledeno Vino van Bela Krajina.

Kroatië

Wijnbouw

De Kroatische wijnbouw (650 km²) bestaat uit een relatief gezien enorme hoeveelheid kleine wijnge-

Kutjevo Graševina

bieden. Het gaat te ver, zeker in dit stadium van de wederopbouw van de Kroatische wijnbouw, om alle wijngebieden te behandelen. Een van de aantrekkelijkste kanten van de Kroatische wijnbouw is de wil die men heeft om de inheemse druiven te verbeteren. Hierdoor hebben ze het wel moeilijker met het op de markt brengen van hun zeer specifieke en karakteristieke wijn, maar steeds meer consumenten ontdekken dat inheemse druiven de kracht en de oorspronkelijkheid van de terroir garanderen.

Wijngebieden

Gemakshalve is Kroatië verdeeld in twee grote wijnbouwgebieden: het binnenland en de kuststrook (inclusief de eilanden).

Het binnenland

De meeste wijngebieden liggen in de omgeving van Zagreb. Het binnenland heeft zeven subregio's (Plesivica, Zagrorje-Medjimurje, Prigorje-Bilogora, Moslavina, Pokuplje, Slavonija en Podunavlje), die op hun beurt onderverdeeld zijn in subdistricten (ongeveer 40).
De beste wijngebieden zijn Sveta Jana-Slavetic (Plesivica), Moslavina (Moslavina), Virovitica-Podravina-Slatina (Slavonija), Kutjevo (Slavonija) en Erdut-Dalj-Aljmas (Podunavlje).

De beste wijnen

In dit deel van Kroatië zijn veel wijngaarden vernietigd, daarom is dit oordeel relatief.

Graševina

Graševina is de plaatselijke naam voor de Wälsch Riesling, in Slovenië Laški Rizling genoemd. Ook hier worden bijzondere witte wijnen gemaakt van de graševina, met name in het subdistrict Kutjevo in Slavonija. Dit is een prachtige, droge, elegante en frisse witte wijn. Drinktemperatuur: 10-12 °C. Andere goede witte wijnen worden gemaakt van de rijnriesling, gewürztraminer, chardonnay en sauvignon.
Geen van deze wijnen haalt echter dezelfde finesse als de Graševina van Kutjevo.
Er wordt nu ook een beetje rode wijn gemaakt in het binnenland van Kroatië, voornamelijk van frankovka.

De kuststrook

Dit is het belangrijkste gebied voor de Kroatische wijnbouw. Hier liggen de meeste wijngaarden voor de kwaliteitswijnen langs de kust of op de ontelbare eilanden voor de kust. De ligging is ideaal, namelijk steile rotsen die boven de Adriatische Zee uitsteken en een mediterraan klimaat, warm en droog. Helaas heeft de oorlog direct (verwoestingen) en indirect (verloren mankracht, gebrek aan geld en motivatie) de wijnbouw flink ontregeld. Hoewel de kuststrook hierdoor meer getroffen werd dan de eilanden, zijn de economische gevolgen ook op Krk (Vrbnicka Zlahtina), Hvar (Ivan Dolac), Korčula (Posip) en vooral op Pelješac (Dingac, Postup) duidelijk voelbaar. De kuststrook bestaat officieel uit vier gebieden (Istra en kuststrook, Noord-Dalmatië, binnenland van Dalmatië en Midden/Zuid-Dalmatië), die zelf weer onderverdeeld zijn in ongeveer 50 subdistricten. De beste wijngebieden zijn Porec (Istra/kuststrook), Rovinj (Istra/kuststrook), Primosten (Noord-Dalmatië), Neretva-Opuzen (Midden/Zuid-Dalmatië), Ston (Midden-/Zuid-Dalmatië), Dingač-Postup (Midden-/Zuid-Dalmatië) en Cara-Smokvica (Midden-/Zuid-Dalmatië).

Malvazija Istarska

Uit Istrië, met name in de subdistricten Porec en Rovinj, maakt men uitstekende wijn van de malvazijadruif. Dit is een frisse, fruitige, droge witte wijn. Drinktemperatuur: 10-12 °C. Uit hetzelfde Istrië (Istra) komen ook enkele interessante rode wijnen, waarbij onze voorkeur duidelijk naar de Teran uitgaat.
De Merlot uit Istrië is prima gemaakt, maar mist nog een eigen identiteit.

Vrbnicka Zlahtina

Het eiland Krk (schuin onder Rijeka) is de geboorteplaats van de Vrbnicka Zlahtina. Dit is een prachtige witte wijn van de witte zlahtina (Zlahtina Bijela), een inheemse specialiteit van Krk.
Deze Vrbnicka Zlahtina is evenals de meeste Kroatische witte wijnen vol en rond, maar ook bijzonder fruitig in geur en smaak. Drinktemperatuur: 10-12 °C.

Kaštelet

Uit de kalkachtige omgeving van Kaštel, iets ten noorden van Split, komen twee zeer acceptabele wijnen, de witte Kaštelet en de rode Kaštelet. De witte is een vriendelijke, droge en frisse witte wijn. Drinktemperatuur: 8-10 °C. De rode wordt gemaakt van de plavac mali en vranacdruiven en is een zeer aangename, volle en vriendelijke wijn. Drinktemperatuur: 14-16 °C.

Plavac

Het eiland Brač ligt voor de kust van Split. Hier maakt men een zeer aardige rode wijn, de Plavac. De betere Plavac komt uit de omgeving van het stadje Bol, in het zuiden van het eiland. Deze Bolski plavac is een bijzondere rode wijn, vol, krachtig en vlezig. Drinktemperatuur: 14-16 °C.

Ivan Dolač

Het eiland Hvar (ten zuiden van Split) staat bekend om haar warme zon en de rode Ivan Dolač. Deze wijn wordt gemaakt op een klein perceel (slechts 8 ha), waar de plavac mali nog met de hand geoogst worden. Ivan Dolač, een van de betere rode wijnen uit Kroatië, is vol, krachtig, warm en rond. Drinktemperatuur: 16 °C.

Faros

Van hetzelfde eiland Hvar komt deze andere goede rode wijn van de plavac mali. De naam van deze wijn is afgeleid van de oude Griekse nederzetting Pharos. Drinktemperatuur: 14-16 °C.

Kaštelet

Ivan Dolač

Pošip

Het eiland Korčula ligt iets ten zuiden van Hvar en voor een deel op gelijke hoogte met Pelješac. Hier maakt men een voortreffelijke witte wijn, de Pošip. Deze Pošip is waarschijnlijk de allerbekendste witte wijn van Kroatië. Hij wordt al eeuwen van dezelfde gelijknamige inheemse druivensoort gemaakt. De oogst wordt nog volledig handmatig gedaan. De Pošip is een verrukkelijke, volle, ronde, krachtige witte wijn, die zich onderscheidt door zijn prachtige fruitigheid in geur en smaak. Drinktemperatuur: 10-12 °C.

Dingač en Postup

Het eiland Pelješac ligt ongeveer 50 km ten noorden van Dubrovnik en is erg langgerekt. De wijngaarden zijn moeilijk bereikbaar. Ooit vervoerde men de druiven met ezeltjes langs de gevaarlijke smalle paadjes. Sinds ongeveer 25 jaar kunnen de wijnboeren gebruik maken van een 400 m lange tunnel door de berg om de oogst op tijd en veilig naar de wijnkelders van Potomje te brengen. Ondanks deze enorme verbetering kost de wijnbouw op zulke steile berghellingen (hellingen van soms 70% of meer) veel inspanning. Van het eiland Pelješac komen twee wereldberoemde rode wijnen, de Dingač en de

Postup, beide gemaakt van de plavac mali. Nergens anders dan op de Dalmatische eilanden gedijt de plavac mali zo voorspoedig. Niet alleen de bodemgesteldheid en het klimaat spelen hierbij een gunstige rol, maar ook de ligging. De druiven genieten hier driemaal van de zon, direct en indirect, door de stenige bodem en door de weerspiegeling van de zee. Dit zijn ideale omstandigheden voor deze inheemse druif. De Dingač wordt geproduceerd op de steilste hellingen, die in het midden van het eiland liggen. Daar is de ligging ten opzichte van de zee en de zon op zijn best. De hier gemaakte wijnen zijn vol, warm (13-15% alc.), krachtig, vlezig en niet te vergeten, bijzonder lekker. In topjaren kan een Dingač zeker vijf tot soms tien jaar oud worden (in uitzonderlijke jaren zelfs vijftien jaar of meer).

De Postup wordt wat noordelijker op het eiland gemaakt, waar de hellingen wat minder steil zijn. De Postup is kwalitatief gezien familie van de Dingač, die wat meer pit, vlees en body heeft dan de Postup. Toch blijft de Postup een voortreffelijke, warme, volle en krachtige wijn, die doorgaans meer finesse en elegantie bezit dan Dingac. Drinktemperatuur: 14-16 °C voor de Postup, 16-17 °C voor de Dingač.

Prošek

Deze likeurwijn is berucht bij de toeristen van de Dalmatische kust. Hij ruikt en smaakt zalig naar

Dingač

Postup

Wijnen uit Mostar, Bosnië-Herzegowina

overrijpe druiven en drinkt gemakkelijk, zeker als hij koel geschonken wordt op een terrasje in de zon. Toch blijkt deze drank met zijn 15% alcohol veel verraderlijker dan men denkt. Drinktemperatuur: 10-12 °C.

Bosnië-Herzegowina

Bosnië-Herzegowina is bij de wijnkenners wat minder bekend dan Slovenië of Kroatië. Toch is de plaatselijke wijnbouw meer dan 2000 jaar oud. De uitstekende wijn uit de omgeving van het ooit schilderachtige stadje Mostar was zeer geliefd bij de Oostenrijkse keizers. De Žilavka Mostar van de žilavka is een uitstekende droge witte wijn, die zijn kracht en finesse ontleent aan de kiezelrijke bodem en aan de warme zon. Drinktemperatuur: 10-12 °C. Uit dezelfde streek komt ook een acceptabele rode wijn, de Blatina Mostar, die droog en karakteristiek is. Drinktemperatuur: 14-16 °C. De wijnen uit Bosnië-Herzegowina gebruiken dezelfde classificatie en taal op het etiket als die van Kroatië.

Servië/Montenegro

Het zal inmiddels duidelijk zijn dat de beste wijnen van het voormalige Joegoslavië niet uit Servië of Montenegro komen. Toch maakt men in deze twee landen redelijke tot goede wijnen.

Op dit ogenblik is er echter geen duidelijk beeld van wat er zich in de Servische/Montenegrijnse wijnbouw afspeelt.

Servië stond bekend om haar goede witte wijn van de graševina (wälsch riesling), die al dan niet gemengd werd met de inheemse smederevkadruif. Het allerbeste wijngebied van Servië was waarschijnlijk Fruska-Gora, dat naast uitstekende Graševina ook bijvoorbeeld prachtige Sauvignon maakt.

Van de prokupačdruif, al dan in combinatie met de plovdina, werden in de provincie Župa uitstekende rosé en rode wijn gemaakt. In Montenegro maakte men verder nog enkele acceptabele wijnen van de vranacdruif, die vol, krachtig en wat bitter is.

Prokupač

Vranac

Krater

Macedonië

Het landschap van Macedonië, het onafhankelijke Macedonische staatje, wordt gedomineerd door bergen, dalen en prachtige meren in het zuiden van het land. Het klimaat wordt beïnvloed door een mediterraan, Midden-Europees continentaal en bergklimaat. De wijnbouw van Macedonië is nog vrij onbekend. Veel zoetere wijnen verdwijnen nog naar Duitsland om aan de grote vraag naar 'lieblische' wijn te voldoen. Slechts enkele droge rode wij-

nen zijn op dit ogenblik de moeite van het ontdekken waard, maar dat zal in de nabije toekomst waarschijnlijk veranderen.

De droge rode wijnen uit de omgeving van Tikveš zijn schoolvoorbeelden van ouderwetse Balkanwijnen, die met een beetje extra zorg de weg zouden kunnen vinden naar de Europese markt. De beste wijnen worden gemaakt van de kratošja en teran (samengevoegd tot krater). De losse, kalkhoudende bodem geeft de wijn een heel eigen karakter. Drinktemperatuur: 15-16 °C.

De oude bekende Macedonian van de kratošja heeft een redelijke kwaliteit. Het is een zachte, vriendelijke en gemakkelijk drinkbare rode wijn. Drinktemperatuur: 13-15 °C.

Volgens de kenners komt de allerbeste Prošek (Prošek Dionisos) uit Macedonië. Net als in Kroatië heeft de wijn een zoete, voortreffelijke geur en smaak van overrijpe druiven en is hij gemakkelijk drinkbaar. Hij heeft wel een alcoholpercentage van 15%. Drinktemperatuur: 10-12 °C.

Macedonische rode wijn

Macedonian

Bulgarije

Volgens de statistieken heeft Bulgarijë heel goede resultaten behaald in het moderniseren en aanpassen van het wijnbouwbeleid. Men heeft in allerijl enorm veel succesvolle druiven aangeplant, zoals cabernet sauvignon, merlot, sauvignon en chardonnay en er werd op grote schaal goedkope, gemakkelijk en snel drinkbare wijn gemaakt, die door slimme marketing de Europese markt veroverde. Toch heeft men in Bulgarijë een rijk wijnbouwverleden gekend, waarin goede wijn werd gemaakt van de inheemse druiven pamid, mavrud, melnik, gamza (rood) en rkatziteli, misket en dimiat (wit).

Het klimaat in Bulgarijë is een combinatie van een zeeklimaat (Zwarte Zee), mediterraan klimaat (zuiden) en Midden-Europees continentaal klimaat (midden en noorden). De bodemgesteldheid laat kwalitatief hoogstaande wijnbouw op grote schaal toe. De hypermoderne installaties zijn bijzonder efficiënt en de wijnbereidingstechniek wordt goed beheerst.

Wijngebieden

Bulgarije wordt in eerste instantie in een aantal grote gebieden ingedeeld. Deze gebieden zijn op hun beurt in kleinere wijngebieden onderverdeeld.

Dolinata na Struma Rayon (zuidwest-regio)

Dit gebied wordt gekenmerkt door een typisch mediterraan klimaat dat, gecombineerd met een bodem van kalk en zand, zeer gunstig is voor rode wijn. In Melnik maakt men een prima Cabernet Sauvignon, die zacht kruidig en mild van karakter is. De Cabernet Sauvignon/Melnik van Petrich is wat krachtiger en voller van smaak. De betere wijnen zijn zonder twijfel de reserves van de inheemse Melnik. Het zijn krachtige, volle, ronde wijnen met een pittig karakter.

Merlot uit Ljubimec

Cabernet Sauvignon uit Plovdiv

Trakiiska Nizina Rayon (zuidregio)

Dit is het land van de oude Thraciërs, die zich al in 700 v.Chr. met de wijnbouw bezighielden en ook het grootste van de Bulgaarse wijngebieden. Door het gunstige continentale klimaat wordt hier meer rode wijn gemaakt. In Assenovgrad wordt nog prachtige, volle, ronde, warme en karakteristieke wijn van de inheemse mavrud gemaakt. In verhouding met de andere Bulgaarse wijnen zijn de wijnen van de mavrud vrij zeldzaam, maar wel van uitstekende kwaliteit.

Uit Haskovo komt lekkere, zachte, ronde Merlot, die enkele jaren gerijpt wordt op hout. Dit is een zeer acceptabele wijn, die echter weinig 'Bulgaars' heeft. De Merlot van het naburige Stambolovo is beter. Deze wijn wordt voor Bulgaarse begrippen lang gerijpt op houten vaten en smaakt voortreffelijk. Uit de Strandjaregio, in de omgeving van de berg Sakar, komen betere wijnen die voornamelijk gemaakt zijn van de cabernet sauvignon en merlot (bijvoorbeeld Ljubimec).

Rozova Dolina Rayon (het zuiden van de Balkan)

Dit is het domein van de cabernet sauvignon. Uit Oriachovitza (Controliran Region) komen de kwalitatief hoogwaardige Cabernet Sauvignon en Merlot, die zeer 'Europees' aandoen. De Cabernet Sauvignon van Plovdiv is vrij krachtig en lijkt in de verte op de Franse. Uit Sliven komt waarschijnlijk de mooiste Chardonnay van Bulgarije, maar ook hier overheersen de sappige Merlots of Pinot Noirs.

Dunavska Ravina Rayon (noordregio)

Hier worden evenveel rode en witte wijnen gemaakt van meestal goede kwaliteit. Palinevki maakt redelijke, zachte, fruitige wijn van de cabernet sauvignon en merlot. Suhindol (Controliran Region) maakt prachtige Gamza, al dan niet in combinatie met Franse druiven, zoals de merlot. Echte Gamzawijn is voortreffelijk, kruidig, aromatisch, vol, rond en krachtig. Jonge Gamza (en dat geldt ook voor melnik en andere inheemse Bulgaarse blauwe druiven) is vaak vrij tanninerijk. De merlotdruiven brengen wat zachtheid en zorgen ervoor dat de wijnen sneller te drinken zijn. Naast deze Gamza/Merlot maakt men hier ook redelijke Cabernet Sauvignon, die licht, fris en elegant is, met een typerende romigheid en een herkenbaar aroma van zwarte bessen heeft.

Russe (spreek uit: Roesse) ligt tegen de Roemeense grens. Veel van de hier geproduceerde witte wijnen zijn licht- tot volzoet. De combinatie van bijvoorbeeld wälsch riesling en de inheemse misket levert verrassende resultaten op. Deze zwoele, zoete witte wijn blijft, dankzij de toevoeging van wälsch riesling, toch redelijk fris en heeft een licht-kruidige ondertoon. Er wordt ook uitstekende Wälsch Riesling gemaakt, die meestal restsuiker bevat. Deze wijn is fris, fruitig en floraal, zacht en aangenaam van smaak. Verder wordt hier ook zeer acceptabele Frans georiënteerde wijn gemaakt van onder andere cabernet sauvignon, merlot en cinsault. Svischtov (Controliran Region) behoort tot de Russeregio. Hier wordt een krachtige, volle en aromatische rode wijn gemaakt, onder andere van cabernet sauvignon. Door de noordelijke ligging is deze Cabernet wat minder zwaar dan soortgelijke wijnen uit Melnik of Plovdiv. Hij is zelfs eleganter en frisser. Het is een uitstekende wijn met typerende aroma's van munt, specerijen, vanille, rode en

Rosé uit Preslav

Riesling en Dimiat uit Khan Krum

zwarte bessen. Ondanks zijn krachtige geur en smaak blijft deze wijn zacht van structuur.

Chernomorski Rayon (oostregio)

Deze regio grenst aan de Zwarte Zee en heeft een gematigd zeeklimaat, dat zeer gunstig is voor witte wijn. Burgas ligt vlak achter de kust van de Zwarte Zee. Hier worden redelijke witte wijnen gemaakt. Ugni blanc zorgt voor het volume en muscat voor de zoete en aromatische inbreng. Preslav wijn is niet geheel droog en zelfs zoet. Preslav ligt iets meer het binnenland in, maar wordt duidelijk beïnvloed door de aanwezigheid van de Zwarte Zee. Van de kalkachtige bodem komen prima wijnen van de chardonnay, die fruitig en droog zijn en simpel, een lekkere rosé. Uit Schumen komen enkele lompe Sauvignonwijnen, die de charme (lees: frisheid) van de goede Sauvignon missen. Behalve een beetje fruitigheid, wat alcohol en de naam op het etiket hebben deze wijnen niet al te veel te bieden. Ook de muscatdruiven bieden ongewoon weinig geur en smaak. Voor de volledigheid wordt hier vermeld, dat er in Schumen ook een frisse en zachte mousserende wijn van de chardonnay gemaakt wordt. Van veel betere kwaliteit zijn de Chardonnay Reserve wijnen uit Khan Krum, in de directe omgeving van Schumen. Dit is een prima wijn die wat fruitig is, een houtgeur en een uitstekende smaak heeft. De country wines van riesling en dimiat zijn verrassend aangenaam, en onderscheiden zich door hun fruitige aroma's van perzik en abrikoos. Novi Pazar (Controliran Region) ligt ook in het Schumengebied. Hier wordt een prima Chardonnay gemaakt, die vol, fruitig, krachtig en elegant is.

Cabernet Sauvignon en Cinsault uit Russe

Chardonnay uit Chernomorski

Sauvignon, een ideaal aperitief

Roemenië

Prachtige oude Riesling uit Dealu Mare

Roemenië heeft een indrukwekkend verleden op het gebied van de wijnbouw. Archeologische vondsten wijzen uit, dat het land al ± 6000 jaar geleden een primitieve vorm van wijnbouw kende. De Grieken en later de Romeinen gaven de Roemeense wijnen bekendheid. Thans neemt Roemenië met zijn 275.000 ha grote wijnareaal en ongeveer 8 miljoen hl per jaar (ca. 1/10 van de Franse productie) een vaste plaats in in de top-tien van de wijnproducerende landen. Het klimaat van Roemenië is bijzonder gunstig voor de wijnbouw, evenals de bodemgesteldheid.

Hoewel er hier ook Franse druiven groeien, blijft Roemenië zich inzetten voor de plaatselijke wijntraditie en inheemse druiven. Dit wordt door de overheid extra ondersteund. Het enige obstakel op weg naar een welverdiend succes is misschien het gebrek aan infrastructuur en aan goede distributiemogelijkheden.

Ook aan het imago moet nog het een en ander verbeterd worden. Sommige Roemeense wijnen halen weliswaar een niet al te hoog niveau, maar de toppers zijn zonder meer juweeltjes van vakmanschap.

Zuid-Karpaten

Dit wijngebied, bekend door de wijngaarden van de Muntenia, Oltenia, Dealu Mare, Pietroasele, Arges, Valea Mare, Stefanesti en Dragasci, ligt aan de voet van de bergen, op de heuvels tussen de bergen en in de zuidvlakte.

Vooral Dealu Mare geniet grote bekendheid en dwingt respect af van de wijnkenners. Hier wordt op een sterk ijzerhoudende bodem uitmuntende rode wijn gemaakt van cabernet sauvignon, merlot en pinot noir. Bekende subdistricten van Dealu Mare zijn Valea Calugareasca, Tohani, Urlati, Ceptura en Pietroasele. Op de zacht glooiende heuvels van Pietroasele maakt men de voortreffelijke dessertwijnen Tamaioasa Romaneasca en Grasa van de gelijknamige inheemse druiven. Op de terrassen van de Argesheuvels worden de uitstekende, droge, lichte witte wijnen geproduceerd van de inheemse feteasca regala en tamaioasa romaneasca, al dan niet vermengd met de 'geleende' sauvignon, wälsch riesling en muscat ottonel. De immense wijngaarden van Dragasani (meer dan 10.000 ha) brengen lichte droge witte wijnen voort met weinig alcohol en enkele dessertwijnen van de muscat ottonel en tamaioasa romaneasca. Op de terrassen van Drubeta-Turnu Severin-Corcova, langs de oevers van de Donau, maakt men een reeks redelijke rode wijnen.

Ten zuiden van de stad Craiova liggen de wijngaarden van Segarcea, waar voornamelijk rode wijn gemaakt wordt (cabernet sauvignon).

Bekende Roemeense wijnen uit de Zuid-Karpaten

Oost-Karpaten (het Roemeense Moldavië)

Dit gebied, met de bekende wijngaarden Cotnari, Odobesti, Panciu, Nicoresti, Husi en Dealurile Moldovei, ligt tegen de grens van Rusland. De bodem bestaat voornamelijk uit kalksteen en humus. Ook hier wordt veel wijn gemaakt van de inheemse feteasca alba, feteasca regala, feteasca negra en galbena, eventueel ondersteund of zelfs hier en daar vervangen door geïmporteerde druiven, zoals rijn riesling, wälsch riesling, pinot gris, traminer of sauvignon. Een van de beroemdste wijngaarden van Roemenië ligt in dit gebied, Cotnary. In Cotnary worden twee grote dessertwijnen gemaakt, een van de grasa en de andere, met vreemde gebrande aroma's (koffie), van de tamaioasa romaneasca. Interessant zijn ook de rode wijnen van de babeasca neagra uit de omgeving van Nicoresti en de prachtige, droge witte wijnen van husi, uit de regio Dealurile Moldovei. Langs de grens met Oekraïne worden in de buurt van Tecuci Galati veel goedkope witte en rode wijnen gemaakt.

Transsilvania/Bana

Transsilvania klinkt de Europeanen waarschijnlijk bekend in de oren door de griezelige en bloedstollende avonturen van graaf Dracula. Maar Transsylvanië heeft ook een prachtige natuur met vele bossen, kastelen en hier en daar beroemde wijngebieden, zoals die van Tarnave, Alba Julia en Bistrita. Hier worden prachtige zoete witte wijnen gemaakt, maar ook enkele uitstekende droge witte wijnen, met name in de Tirnavewijngaarden. Als basisdruiven gebruikt men de feteasca regala, feteasca alba, wälsch riesling, muscat ottonel en sauvignon. Redelijk nieuw is het maken van zeer acceptabele droge mousserende wijnen volgens de méthode traditionnelle.

In Alba Julia maakt men volle, extractrijke droge of zoete witte wijnen van volrijpe feteasca alba, feteasca regala, wälsch riesling en pinot gris. In Bistrita worden enkele interessante droge witte wijnen gemaakt van dezelfde inheemse druiven. Uit het wijngebied Banat komt veel Roemeense gewone wijn, vaak gemaakt van de kadarka. Hier komen ook enkele redelijke wijnen vandaan, vooral van de ijzerhoudende gebieden van Minis (kadarka en cabernet sauvignon) en uit de omgeving van Recas aan de rivier de Bega (cabernet sauvignon).

Dobrudja

Dit gebied ligt in het zuidoosten, tussen Boekarest en de Zwarte Zee. Het gebied Dobrogea is vooral bekend om de wijngaarden van Murfatlar. Het klimaat is hier heel warm en de bodem heeft ongeveer dezelfde structuur als die in de Franse Champagne: licht, bros en kalkachtig. In de wijngaarden van Murfatlar maakt men droge, halfdroge en zoete witte wijnen van grote klasse van de feteasca regala, chardonnay, wälsch riesling en pinot gris. Ook worden er uitstekende rode en witte wijnen gemaakt, van droog tot halfzoet, van de babeasca neagra, cabernet sauvignon, merlot, pinot noir, muscat ottonel en tamaioasa romaneasca. Vooral de door botrytis aangetaste chardonnay is van wereldklasse.

Voormalige Sovjet-Unie

Vroeger werd het beleid ten aanzien van de wijnbouw in landen van de voormalige Sovjet-Unie en de landen van de Comecon in Moskou bepaald. De wijnfabrieken die kwantiteit boven kwaliteit moesten stellen, werden in de loop van de tijd overal in de voormalige Sovjet-Unie ontmanteld. Er ontstaan steeds meer kleinere bedrijven, die nog wel moeten vechten om enige vernieuwing voor elkaar te krijgen.

Moldavië

Moldavië is een relatief kleine staat, ingeklemd tussen de grote buren Oekraïne en Roemenië. Cultureel en qua taal hoort Moldavië eigenlijk bij Roemenië. De wijnbouw van Moldavië gaat terug tot de Romeinse tijd. In de Tsaristische periode beleefde de Moldavische wijnbouw zijn glorietijd. Toen de phylloxera de wijnbouw in West-Europa vernietigde, vestigden enkele Franse wijnboeren zich in Moldavië om de crisis te overleven. Zij brachten Franse druiven mee. Het klimaat van Moldavië is zeer gunstig voor de wijnbouw: koud in de winter, warm in de zomer, wat vooral voor de witte wijn gunstig is. Toch is het heel moeilijk om in Moldavië goede wijn te vinden. De smaak van de Moldaven is niet echt Westers. Het zijn flinke zure wijnen, ze hebben weinig geur en zijn zwaar geoxideerd. Op initiatief van Engeland, Nederland en Frankrijk is gepoogd daar wat aan te veranderen. Als basisdruiven worden de inheemse feteasca alba, rkatsiteli en saperavi gebruikt. De feteasca levert zeer fruitige witte wijn op met aroma's van perziken en abrikozen, die echter de nodige frisheid missen. De rkatsiteli munt uit door zijn kruidige en florale aroma's, die gekoppeld zijn aan een aangename frisheid. De saperavi is een blauwe druif die kleur en

ruggengraat aan de rode wijn geeft en het verouderingspotentieel vergroot. Naast de net genoemde inheemse druiven wordt er in Moldavië nog veel gebruik gemaakt van Franse druiven, zoals de witte sauvignon, riesling en aligoté. De aligoté is een druif uit de Bourgogne, die slechts sporadisch wordt gebruikt voor kwaliteitswijnen (Aligoté de Bouzeron bijvoorbeeld). Hier in Moldavië speelt de aligoté echter een grote rol door de hoge zuren. Moldaven zijn verzot op tien jaar oude, volledig geoxideerde aligotéwijnen. Toch worden er ook uitstekende sherry-achtige wijnen van aligoté, sauvignon, riesling en rkatsiteli gemaakt. Onder de naam Xérès (de oude naam voor Jerez, sherry, streng verboden buiten Moldavië) worden bijzonder aangename wijnen gemaakt die zeker niet onderdoen voor de meeste sherry. De beste witte wijn wordt door de Engelsman Hugh Ryman gemaakt, in samenwerking met de wijncoöperatie van Hincesti. Het is een uitstekende Chardonnay die vol, krachtig, rijk en fruitig is, en Rkatsiteli die zeer fruitig en bijzonder aangenaam is. Dezelfde Hincesti-Ryman maakt ook zeer acceptabele Merlot en Cabernet. Heel goede rode wijn wordt van 100% cabernet sauvignon of van een assemblage van cabernet sauvignon en saperavi gemaakt, zoals de Rochu en Negru die veel weg heeft van een uitstekende rode bordeaux. Er worden hier ook enkele mousserende wijnen gemaakt. De meeste zijn echter zo geoxideerd dat ze weinig plezier zullen geven. De zeldzame ongeschonden en nog frisse exemplaren zijn echter kwalitatief van zeer hoog niveau. Voor de meeste waarnemers is het overduidelijk dat Moldavië een grote toekomst tegemoetgaat.

Oekraïne

In de directe omgeving van de Zwarte Zee, in de omgeving van Odessa en Nikolajev, en bij Dnjeprpetrovsk aan de Dnjepr, heeft men de laatste jaren hard gewerkt om de oude (zeer productieve) druivensoorten te vervangen door nieuwe, kwalitatief betere, zoals riesling en cabernet sauvignon. De mousserende wijn uit de Krim, waarvan een groot deel echter uit Moldavië afkomstig was, was een begrip. Door de onzekere economische situatie echter gaat het met de wijnbouw van Oekraïne niet goed en valt er voorlopig weinig over te zeggen.

Rusland

Tijdens de Perestroïka voerde de regering een ontmoedigingspolitiek tegen het veelvuldig door de Russen gegrepen 'watertje', wodka. De wijnbouw werd door subsidies ondersteund en de wijnconsumptie aangemoedigd. Enorme wijnfabrieken (kombinaat) produceerden onafgebroken stroperige, volle, vaak zwaar geoxideerde witte en rode wijnen, die enigszins droog tot mierzoet waren. De wijnen werden vervaardigd van druiven uit de omgeving van de Zwarte Zee, de Zee van Azov (krasnodar),

Droge mousserende wijn uit de Krim (Oekraïne)

Halfdroge mousserende Krim (Oekraïne)

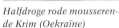

Halfdroge rode mousseren- Georgische wijnen
de Krim (Oekraïne)

het dal van de Don, Stavropol en de Krim, én op basis van geïmporteerde bulkwijnen uit Bulgarije, Moldavië, Hongarije en Algerije. Deze buitenlandse bulkwijnen werden gemengd met inheemse wijnen en verloren zo hun eigen identiteit. Door de huidige onzekere situatie in Rusland en het dramatisch gebrek aan geld is het onmogelijk om een duidelijk beeld te geven van de huidige situatie van de Russische wijnbouw.

Georgië

Georgië, ingeklemd tussen Rusland en Turkije, produceert een enorme hoeveelheid goede witte, rosé, rode, mousserende en versterkte wijnen. Georgische wijnen komen echter weinig buiten het land zelf voor.

Niet alle wijnen uit Georgië zullen de Westerse consument weten te bekoren, omdat ze vaak een vreemde aardse toon hebben en behoorlijk wrang kunnen zijn. Dit komt door de nog regelmatig toegepaste ouderwetse vinificatiemethode, waarbij men hele trossen druiven in grote aardewerken kruiken laat gisten, die men dan een hele tijd onder de grond 'vergeet'. Georgische wijnen herkent u al snel aan de sierlijke etiketten met minstens zes of zeven zilveren of gouden medailles en aan de enigszins lompe flessen.

In de witte wijnen domineren de twee inheemse druiven rkatsiteli en mtsvane. Van deze twee druiven worden enkele zeer vreemde, maar kwalitatief uitstekende droge wijnen gemaakt, de Tsinandali, Gurdzhaani en Vazisubani.

De eveneens uitstekende Napareuli wordt gemaakt van uitsluitend rkatsiteli, de Manavi van uitsluitend mtsvane.

De Tsitska, Tsolikauri en Bakhtrioni, alle drie gemaakt van de gelijknamige inheemse druiven, zijn, evenals de eerder genoemde Manavi en Vazisubani, strakke, fruitige en harmonieuze wijnen. De Tsinandali, Gurdzhaani, Napareuli en Manavi hebben alle een langdurige rijping op hout gehad (wel drie jaar). Echt fris zijn ze niet, maar ze behouden een wonderbaarlijke fruitigheid, een naar Georgische

maatstaven vrij elegant bouquet en een milde, licht fruitige smaak.

Wie de echte, zeer specifieke, smaak van ouderwets gemaakte Georgische wijnen wil proeven (aardewerken kruiken), moet de Rkatsiteli, Sameba of Tibaani proberen. De kleur van deze droge witte wijnen, gemaakt van respectievelijk rkatsiteli alleen en rkatsiteli en mtsvani, is donkergeel tegen het amber aan. De geur is toch enigszins fruitig (krenten?), de smaak vol, zacht en licht fruitig, met een duidelijke sherry-achtige ondertoon. Alledrie wijnen hebben een iets hoger alcoholpercentage dan de vorige witte wijnen (12-13%).

Hier worden pittige rode wijnen gemaakt van de saperavi (kvareli, napareuli en mukuzani) en van de cabernet sauvignon (teliani). Al deze wijnen hebben een rijping op hout gehad van meestal drie jaar. Deze wijnen zijn pittig en tanninerijk en hebben een gematigd alcoholpercentage (12-12,5%), zijn redelijk fruitig (overrijpe vruchten, krenten), vol en rond van smaak. Er worden in Georgië ook talloze droge of zoete witte, rosé en rode mousserende wijnen gemaakt. Er worden hier ook redelijke tot goede natuurlijk zoete en versterkte wijnen gemaakt, onder andere van de rkatsiteli en mtsvane. In Georgië zelf is men niet echt kieskeurig wat betreft de spijs-wijncombinaties. Volgens Westerse begrippen zouden de droge witte wijnen op 10-12 °C geschonken moeten worden, de droge rode op 16-17 °C, de zoete rode op 10-12 °C en de zoete witte en mousserende wijnen tussen 6 en 8 °C.

Armenië

Armenië zou de bakermat van de wijnstok kunnen zijn, gezien de verhalen over de Ark van Noach. Armenië grenst aan Turkije, Iran, Azerbaidzjan en Georgië, en ligt tussen de Zwarte Zee en de Kaspische Zee. Tegenwoordig staat Armenië bekend om zijn uitstekende brandy's uit de omgeving van de berg Ararat. Armenië maakt echter ook enkele zeer acceptabele rode kwaliteitswijnen, zoals in het zuidwesten van het land, in de omgeving van Yeghegnadzor. Het zijn stevige, tanninerijke wijnen, die een hoge zuurgraad hebben. Drinktemperatuur: 14-16 °C.

De zuidelijke staten van de voormalige Sovjet-Unie

Dankzij gigantische irrigatieprojecten kan men tegenwoordig op de vreemdste plaatsen wijnranken verbouwen. In het zuiden van de voormalige Sovjet-Unie (Azerbeidzjan, Kazakstan, Kirgizië, Tadzjikistan, Turkmenistan en Oezbekistan) werden tot voor kort redelijke tafelwijn en zeer goede dessertwijn (muscat, porttype, madeiratype) gemaakt. De labiele economische toestand in deze landen heeft nu ook nadelige consequenties voor de plaatselijke wijnbouw.

Hongarije

Hongarije en het voormalige Tsjechoslowakije wisten zich na de omwenteling al snel politiek, maatschappelijk en economisch aan te passen aan de veranderde omstandigheden. Op het gebied van de wijnbouw is Hongarije er zelfs in geslaagd om in tien jaar tijd de achterstand van minstens 30 jaar bijna volledig in te lopen. Tsjechië en Slowakije zijn ook op de goede weg, maar dat proces verloopt langzamer, misschien omdat hier het drinken van bier nog populairder is dan het drinken van wijn.
Hongarije is een relatief klein Midden-Europees land. De grootste afstand tussen west en oost bedraagt 530 km en van noord naar zuid 270 km. Het klimaat wordt bepaald door de steeds wisselende fronten van drie klimaattypen, het strenge continentale Russische klimaat, het aangename mediterrane klimaat en de overblijfselen van het zachte oceaanklimaat. De winters zijn gematigd koud en de zomers goed warm.

Hongaarse wijnbouw

De Hongaarse wijnbouw stamt uit de tijd van de Romeinse keizer Probus, die ± 276 n.Chr. wijngaarden liet aanplanten op de heuvels langs de Donau. In de bloeiperiode van de Oostenrijks-Hongaarse monarchie werd de wijnbouw flink uitgebreid. Tijdens de Russische overheersing 'mocht'

Hárslevelü

Hongarije veel staal produceren en werd de wijnbouw enigszins verwaarloosd. De Hongaarse wijnen werden in grote agrarische fabrieken gemaakt, die daarna naar Rusland verdwenen. De meeste wijnen waren zwaar, zuur, sterk alcoholisch en geoxideerd. Toen viel er, de Tokaj daargelaten, weinig eer te behalen aan de Hongaarse wijnen. Na 1989 zijn de staatsbedrijven hopeloos achteruitgegaan en hebben de ontstane schade nog niet helemaal weten in te halen. Het wegvallen van Rusland als belangrijk exportland werd niet meteen gecompenseerd met een nieuwe West-Europese markt. In Europa liggen de kwaliteitseisen veel hoger en de Hongaarse wijnbouw was hoognodig aan vernieuwing toe. Terwijl de grote ex-staatsbedrijven bijzonder moeilijk aan voldoende middelen konden komen (te groot, te statisch, te ouderwets), werden enkele dynamische wijnmakers gered door buitenlandse investeerders. De terroir was goed, de vooruitzichten waren veelbelovend en de investeringen waren voor westerse begrippen zeker niet hoog. Nieuwe wijngaarden werden aangeplant, oudere vervangen, complete nieuwe wijnbedrijven werden gebouwd, anderen vernieuwd en aangepast aan de modernste eisen.

Cabernet Sauvignon

Furmint

Alleen de bedrijven die producten van topkwaliteit konden bieden, maakten een kans op de West-Europese markt. Het is aan het werk van Zilai Zoltán van de Hongaarse wijncultuurstichting en aan de vele dynamische wijnbouwers (Gere Attila, Polgár Zoltán, Kovács Tibor (Hétszölö), Arvay János (Disnókö), Bacsó András (Oremus), Domokos Attila (Bátaapáti), Kamocsai Akos (Hilltop), Tummerer Vilmos, Tiffán Ede, Tóth Sándor, Bock Jószef e.v.a.) te danken, dat het de goede kant op gaat met de Hongaarse wijnbouw.

Traditie versus high-tech

Hongarije dankt zijn enorme diversiteit aan wijn aan de grilligheid van de drie verschillende klimaattypen (oceanisch, continentaal en mediterraan) en aan de vele bodemtypen. Bovendien beschikt Hongarije over veel unieke druivensoorten. Het noorden van het land staat vooral bekend om zijn strakke, frisse en aromatische witte wijnen en zijn frisse, fruitige en niet al te zware rode wijnen, terwijl het zuiden vooral geroemd wordt om zijn stevige, alcoholische, volle en ronde rode wijnen. Over het algemeen hebben de Hongaren veel respect voor karakter en traditie. Het lijkt er overigens op dat voor de ex-staatsbedrijven de traditie niet verder gaat dan de laatste 40 jaar, terwijl de jongere bedrijven de ziel van de oudere Hongaarse wijnen van voor de oorlog proberen terug te vinden.

Oremus

Hongaarse druiven

Het is jammer dat men in Europa, naast de beroemde Tokajers, alleen de niet al te droge, lompe, vaak geoxideerde rode Egri Bikáver (stierenbloed uit Eger) en Nemes Kadarka kent. Hongarije heeft echter veel meer te bieden. Een belangrijke factor voor de grote diversiteit van de Hongaarse wijn is het relatief grote aantal toegestane druiven. Maar liefst 35 verschillende druivensoorten vormen de basis voor de Hongaarse wijn. Hongarije gebruikt veel inheemse soorten, maar ook enkele bekende Europese (Franse en Oostenrijkse) druivensoorten. Hierna treft u de belangrijkste aan met enkele van hun karakteristieken.

Wijnhuizen

Zonder al te veel te moeten reizen om alle goede wijnen van Hongarije te kunnen proeven, kunt u ervoor kiezen een wijnhuis in Boedapest te bezoeken. Deze handelshuizen hebben een jarenlange ervaring met de Hongaarse wijnbouw en weten jaar in jaar uit de beste wijnen te selecteren. Warm aan te bevelen zijn Vinárium, Corvinum, Hungarovin en Zwack. Allevier bieden ze een zeer uitgebreid en kwalitatief hoogstaand assortiment.

Hongaarse wijngebieden

Het is onmogelijk om in het kort alle wijngebieden en wijnen van Hongarije te bespreken. Hier wordt de nadruk gelegd op de beste wijngebieden. Hongarije heeft maar liefst 22 wijngebieden (1998), waarvan Sopron, Aszár-Nesmzmély en Etyek (noordwesten), Mátraalja, Eger en Tokaj-Hegyalja (noordoosten), Villany, Szekszárd en Tolna (zuidwesten) de beste zijn en Badacsony, Balatonfüred-Csopak, Balatonmellék en Dél-Balaton (noordoosten, Balaton Meer) in mindere mate.

Sopron

Sopron is een schoolvoorbeeld van monumentenzorg. Het oude stadscentrum is een van de mooiste van Europa. De omgeving zelf is ook prachtig, veel groen, zachtglooiende heuvels en immense koolzaadvelden. Het wijngebied van Sopron ligt tegen de Oostenrijkse grens aan en wordt daardoor duidelijk beïnvloed. De kracht van Sopron ligt vooral in de rode wijn van de Kékfrankos. Hij is mannelijk, krachtig, tanninerijk en pittig in de zuren, met herkenbare aroma's van morellen, bosbessen en soms wat paprika. Drinktemperatuur: 14-16 °C. Laat de goedkopere wijnen van deze streek aan anderen over en kies meteen voor de betere wijnen van onder andere Vinex (Soproni Cabernet Sauvignon), Hungarovin (Soproni Cabernet Sauvignon 'Kavar'), Gangl (Soproni Cabernet Sauvignon), Interconsult (Soproni Sauvignon Blanc 'Kamocsay Borok' –op twee na de mooiste sauvignon van Hongarije–) of Weninger (het beroemde Oostenrijkse wijnhuis dat ook met Gere Attila werkt in Villany. Een 'must' is de Soproni Kékfrankos.

Somló

Dit piepkleine gebied tussen het Balaton Meer en Sopron ligt net onder het gelijknamige stadje. Op een bodem van klei, basalt en zandsteen worden zware, sterk alcoholische, geoxideerde witte wijnen gemaakt, die nog behoorlijk wat zuren en mineralen bevatten. Als basisdruiven worden de juhfark, de furmint, olasz rizling en hárslevelü gebruikt. De Somloi Jurfark is beslist geen Westerse wijn, maar veel Hongaren, ook beroepsproevers blijven deze wijn geweldig vinden. Dit is voor velen onbegrijpelijk, want zelfs de beste wijn heeft het effect van een rasp op de tong. Aroma's van warme boter, noten, kastanjes of zelfs bonen moeten dit effect verzachten, maar dit lukt slechts gedeeltelijk.

Pannonhalma-Sokoróalja

Dit is een van de kleinste wijngebieden van Hongarije dat iets ten zuiden van Györ ligt. De bodem van de streek bestaat voornamelijk uit löss en oude boshumus. Hier worden enkele zeer acceptabele volle, rijke, stevige witte wijnen gemaakt van onder andere de tramini en de olaszrizling. Drinktemperatuur: 10-12 °C.

Törley Brut, uitstekende kwaliteit

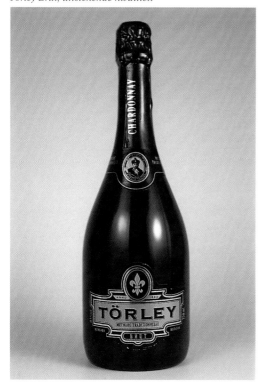

Aszár-Nesmély

Dit zijn twee kleinere wijngebieden ten noordwesten van Boedapest. Hier worden voornamelijk witte wijnen gemaakt van de olaszrizling (riesling aromatico, italiaanse riesling, wälsch riesling), rajnai riesling (rijn riesling), rizlilngszilváni (müller-thurgau) en leányka (mädchentraube). Al deze wijnen zijn heel fris, intens fruitig en bijzonder aangenaam. Drinktemperatuur: 10-12 °C.

François President, mousserende topwijn

Mór

Dit is een langerekt wijngebied ten noorden van het gelijknamige stadje, waar de ezerjó witte wijn oplevert met een relatief zeer hoge zuurgraad, die in de verre verte op een Gros Plant du Pays Nantais lijkt. De hier gemaakte wijn heeft sterke grapefruitaroma's. Drinktemperatuur: 14-16 °C.

Etyek

Etyek ligt het dichtst bij Boedapest, ten westen van de stad. Wie van strakke wijnen houdt, is bij Etyek aan het goede adres. Hier is de chardonnaywijn groener dan elders en hij overtuigt zelden. Sommige wijnen ruiken zelfs zo sterk naar zwavel, dat het beter is ze niet te drinken. De Sauvignons Blancs van EtyekVinum en Hungarovin (György Villa Selection) zijn veel beter. De allerbeste wijnen zijn misschien de minder commerciële wijnen Etyeki Királyléanyka van Etyekvinum en Olaszrizling György Villa van Hungarovin. Drinktemperatuur: 8-12 °C.
Etyek maakt ook uitmuntende mousserende wijnen (Pezgö) volgens de méthode traditionnelle. Het zijn wijnen die moeiteloos kunnen concurreren met de meeste champagnes (met uitzondering van de top-cuvées). Twee aanraders zijn François Président en Törley Brut, beide van Hungarovin, die samenwerkt met het Duitse sekthuis Henkell.

Mátraalja (de berg Mátra)

Onderweg van Budapest naar Eger rijdt u langs de stad Gyöngös en door het prachtige 50 km lange gebergte de Mátra. Het hele gebied is bedekt met dichte bossen en het is een ideaal wandelgebied. De vulkanische ondergrond is een uitstekende voedingsbodem voor de wijnbouw. Hier worden voornamelijk witte wijnen gemaakt, van droog tot zoet. Goede Hárslevelü en Szürkebarát. Enkele aanraders zijn de Abasári Olasrizling van Kiss Sándor, de verleidelijk zoete Muscat Ottonel van Szöke Mátyás en de meeste Tramini. De zeldzame rode wijnen zijn van verrassende kwaliteit, zoals de Zweigelt en Cabernet Sauvignon van Szöke Mátyás en de Kékfrankos Vinitor van Szölöskert Coöperative uit Nagyréde. Ook sommige rosés zijn de moeite waard. De verrassendste wijnen zijn waarschijnlijk de prachtige Sauvignon Blanc en Chardonnay. Niet alleen zijn deze wijnen van grote klasse (zoals de Mátra Hill Sauvignon Blanc en de Chardonnay van Szölöskert of de Mátraaljai Chardonnay van Szöke Mátyas), maar ze kosten ook nog veel minder dan de doorsnee Hongaarse Sauvignon of Chardonnay. Drinktemperatuur: 8-12 °C.

Eger

Het stadje Eger ligt in een heuvelachtige omgeving ongeveer 130 km ten oosten van Boedapest. Ook hier blijkt dat de vulkanische bodem zeer geschikt is voor de wijnbouw. Het 'stierenbloed' van Eger, Egri Bikavér, is wereldberoemd, maar hij kan zeer wisselend van kwaliteit zijn. Het bedrijf Egervin is een typisch voorbeeld van de wijntraditie van deze streek. Ze maken er enkele mooie witte wijnen, zoals de lichtzoete Debröi Hárslevelü (een glas vol bloemenhoning). Sinds Egervin gebruikmaakt van een 'flying-winemaker' uit Australië verandert er veel. Zo wordt hier bijvoorbeeld alle zuurstof uit de flessen gehaald en vervangen door stikstof. Op deze manier raken de witte wijnen minder snel 'vermoeid'.
Ook de kwaliteit van de rode wijnen vertoont een stijgende lijn. De minderwaardige kadarka wordt vervangen door kékfrankos, cabernet sauvignon en merlot. Op het proefstation in Eger wordt ook geëxperimenteerd met blauburgerdruiven. De Egri Cabernet Sauvignon 1996, Egri Merlot 1996 zijn schitterend en de Egri Bikavér (stierenbloed) 1995 is bijzonder mooi.
De mooiste Egri Bikavér komt echter van Thummerer Vilmos. Hij is waarschijnlijk een van de beste wijnmakers van Hongarije en in ieder geval de beste van Eger. Hoewel hier uitstekende witte wijnen van onder andere de leányka, királyleányka,

De ingang van de kelders bij Egervin

Proeverij in de kelders van Egervin

pinot blanc en olaszrizling te proeven zijn, spannen de perfecte Egri Cabernet Sauvignon en Egri Bikavér de kroon. De wijnen van Thummerer bezitten een hoog verouderingspotentieel.
Drinktemperatuur: 14-18 °C afhankelijk van de kwaliteit, hoe warmer, hoe beter.

Bükkalja

Dit wijngebied tussen Eger en Miskolc is enigszins verwaarloosd. Dit is jammer, want in het verleden werden hier prima wijnen gemaakt die bedoeld waren voor de industrie van mousserende wijnen. Dit gebied heeft een groot potentieel, maar is helaas slecht beheerd. De bodem van löss en kalk brengt nu jammer genoeg bijna uitsluitend simpele witte wijnen voort, die een hoge zuurgraad hebben.
Drinktemperatuur: 8-10 °C.

Tokaj-Hegyalja

De zachtglooiende heuvels, koele dalen, kronkelende (visrijke) rivieren, rustieke dorpjes in pastelkleuren en de ooievaars maken de streek rond Tokaj tot een schilderachtig geheel.
De streek Tokaj is vooral bekend om haar vloeibare goud, de Tokaji. Niet voor niets staat er bij de ingang van de oude staatskelders in het Latijn 'Oremus!' (Laten wij bidden!). Tokaji is geen gewone wijn.
Sinds de omwenteling is er waarschijnlijk geen andere wijnregio in Hongarije die zulke drastische veranderingen heeft doorgemaakt als de Tokaj-Hegyalja. De komst van buitenlandse investeerders versnelde het vernieuwingsproces, maar dit veroorzaakte ook een enorme identiteitscrisis in deze beroemde streek. In de periode voor de omwenteling waren de installaties namelijk niet goed onderhouden en bevatte de wijn een behoorlijk hoge dosis ijzerdioxide (roest). Gelukkig zijn de meeste installaties nu overal zo vernieuwd, dat dat binnenkort helemaal tot het verleden behoort. In de intrigerende, met zwarte fungus bedekte kelders van de oude Tokaji-huizen (fungus = zachte schimmel, die uitsluitend in vochtige wijnkelders voorkomt) lig-

gen ontelbaar veel oude flessen op de consument te wachten.

Wie de 'traditionele' Tokaji wil proeven, kan het beste bij het oude staatsbedrijf Tokaj Kereskedöház (Tokaj Trading House) terecht. Hier vindt u een indrukwekkende serie oudere jaargangen. Wie echter de 'moderne' Tokaji verkiest, komt aan zijn trekken bij de drie Frans-Hongaarse bedrijven Disznókö (AXA Millésimes), Château Pajzos & Megyer (GAN) en Hétszölö (Grand Millésimes de France-Suntory) of bij de Spaans-Hongaarse Oremus (Vega Sicilia). Door de buitenlandse investeerders is hier flink veel tijd en geld geïnvesteerd in bodemverbetering, nieuwe aanplanten, nieuwe installaties, betere sanitaire controles van de binnenkomende druiven en/of wijnen etc. Dit resulteerde in een enorme verbetering van de kwaliteit. De gebruikte vinificatietechniek verschilt erg van de oude 'traditionele' wijnbedrijven. Hier probeert men juist veel frisheid en fruitigheid in de wijn te behouden en vermijdt men zoveel mogelijk de contacten met zuurstof (reductieve methode) in plaats van de zeer trage oxidatiemethode, zoals die nog door Tokaj Kereskedöház toegepast wordt. Wijnen die volgens de reductieve methode gemaakt zijn, ruiken en smaken niet alleen beter (ze hebben niet dat hele zware sherryluchtje, dat zo typisch is voor de oxidatiemethode), maar ze zijn ook veel sneller klaar. Dat wil zeggen dat de consument eigenlijk minder lang hoeft te wachten en dat de wijnen pro ratio goedkoper zijn. Na de eerste afwijzende reacties zijn nu ook de traditioneelste wijnmakers overtuigd geraakt van de resultaten van de modernere wijnmakers.

TOKAJI FURMINT

Naast deze superieure wijnen worden er in Tokaj witte wijnen van de furmint gemaakt die een traditionele geoxideerde smaak hebben, zoals de wijnen uit de Jura of uit Jerez. Drinktemperatuur: 8-12 °C naar smaak.

TOKAJI SZAMORODNI EDES

In jaren waarin te weinig gebotrytiseerde aszúdruiven geoogst kunnen worden, maakt men een zoete Tokaji Szamorodni Edes.

Voor wie niet zo lang wil wachten en graag een leuke, in verhouding niet al te dure wijn wil aanschaffen, biedt een goede Tokaji Szamorodny Edes uit-

Tokaji Furmint

Tokaji Szamorodny Edes

Volledige aantasting door botrytis

komst. Deze wijn is te vergelijken met een 3 puttonyos en heeft vaak voortreffelijke aroma's van overrijpe vruchten, waarbij perzik en abrikoos, maar ook rozijnen, amandelen, vanille en diverse florale aroma's (lelietje-der-dalen, meidoorn) de boventoon voeren. De Szamorodni Edes wordt in Hongarije wel eens als aperitief of bij ganzenlever geschonken. Drinktemperatuur: 8-10 °C (iets koeler mag ook).

TOKAJI SZAMORODNI SZÁRAZ

De droge Tokaji Szamorodni Száraz heeft veel weg van een Fino Jerez (sherry). Drinktemperatuur: 10-12 °C.

TOKAJI ASZÚ

Het geheim van de Tokaji zit in het microklimaat dat in de herfst voor ochtendnevel zorgt, die wat later in de middag door de warme zon verdreven wordt. Dit is het ideale leefklimaat voor de *Botrytis cinerea* (edelrot) die bijna alle vocht uit de druiven trekt, waardoor een zeer hoge concentratie suikers, geur- en smaakstoffen in de druiven achterblijft.

De ingedroogde druiven (hier aszú genoemd) worden met de hand laat geplukt. Ze worden verzameld in kuipjes (puttonyos, ca. 20 kg aszùdruiven). Door hun eigen gewicht ontstaat een 'druipwijn' (eszencia) met een intense smaak. Deze eszencia

Zeldzame Aszú 6 puttonyos

wordt aan de 'gewone' witte wijn toegevoegd. Hoe meer kuipjes (puttonyos) toegevoegd worden, hoe hoger de kwaliteit van de wijn. (In de handel treft u 2, 3, 4, en 5 puttonyos aan. De zeldzamere 6 puttonyos is moeilijker te vinden). De wijn wordt op houten vaten gerijpt. De Tokaji Aszú wordt daarna gebotteld op de typische 0,5 l buikfles en rust nog jarenlang in de indrukwekkende kelders van Tokaj.

In uitzonderlijke jaren wordt een uiterst zeldzame Tokaji Aszú Eszencia gemaakt met meer dan zes puttonyos, die tientallen jaren moet rusten voordat hij de kelders mag verlaten; 1947 en 1963 waren zulke jaren. Let op dat u niet in de war komt met de 'gewone' Eszencia, de 'druipwijn', die ook los te koop is. De 'gewone' Eszencia is een pure nectar met 400 g suikers per l, maar met een extreem hoge zuurgraad van 17 g of meer, waardoor hij in verhouding veel minder zoet lijkt dan hij werkelijk is.

Het proeven van de traditionele Tokaji is een ware belevenis, die u niet zo gauw vergeet. U wordt bevangen door zware aroma's van cederhout, leer, gekonfijte vruchten, honing, tabak, noten, hazelnoot, kruidkoek en exotische specerijen. De moderne Tokaji Aszú (bijvoorbeeld Disnókö) heeft een diepe amberkleur, een zeer elegant bouquet van zongedroogde abrikozen, kweepeer, tabak, leer, amandelen, koffie, toast en acaciahoning (5 put.), zongedroogde abrikozen, witte truffel, botrytis, tabak, cederhout (sigarenkistje), honing, dadels, pruimedanten en toast (6 put.). Hij heeft kracht, finesse en prachtige zuren die de hoge molligheid in balans houden. Drinktemperatuur: naar smaak 6-10 °C.

TOKAJ, TOKAJI OF TOKAY?

Dit is erg verwarrend. Tokaj is een stadje in het noordoosten van Hongarije. De Hongaren duiden hun wijnen aan met de naam van de druiven of de wijnsoort, voorafgegaan door de plaats van herkomst, in de tweede naamval (genitief). Zo wordt een Cabernet Franc uit Sopron een Soproni Cabernet Franc. Hajósi komt uit Hajós, Villanyi uit Villany etc. Wijn uit Tokaj wordt dus Tokaji Aszú of Tokaji Furmint. En ten slotte hebben de Fransen die in aanraking kwamen met dit vloeibare goud uit Hongarije, een graantje mee willen pikken en hun pinot-griswijnen Tokay genoemd. Op de etiketten van de Elzasser wijnen treft u nog wel eens aan 'Tokay-Pinot Gris' in plaats van 'Pinot Gris d'Alsace'. Hopelijk komt er snel een einde aan deze verwarrende en onjuiste benaming.

Vaten Aszú en Eszencia

Kunság

Het gebied Kunság (tot 1998 Kiskunság) ligt in de grote Hongaarse vlakte (Alföld) ten zuiden van de stad Kecskemét en strekt zich uit tot aan het stadje Hajós. Deze streek heeft geen echt wijnbouwverleden. Het gebied werd pas aan het einde van de vorige eeuw een wijnbouwgebied, toen bleek dat de phylloxera zich niet thuis voelde op zanderige bodems, zoals in het zuiden van Hongarije. Het klimaat is ook niet ideaal voor de wijnbouw, namelijk zeer hete, volkomen droge zomers en extreem koude winters. De in deze streek geproduceerde wijnen zijn bedoeld voor de bulkindustrie en hebben behalve hun hoge alcoholpercentage (rood en wit)

Proeverij Tokajiwijnen

en hun molligheid (wit) weinig te bieden. Drink-temperatuur: 8-10 °C voor de witte, 12-16 °C voor de rode.

Csongrád

Dit wijngebied bevindt zich ook op de Hongaarse Alföld, ten westen van de stad Szeged. De zanderige bodem met hier en daar wat löss en de extreme klimatologische omstandigheden van de Alföld leveren zware, alcoholische witte en rode wijnen op van zeer matige kwaliteit. Drinktemperatuur: 8-10 °C voor de witte, 12-16 °C voor de rode.

Hajós-Baja

Het zuiden van Hongarije is gezegend met een mediterraan klimaat dat verzacht wordt door het matige oceaanklimaat. Het maakt de regio tot een waar vogelparadijs. Zwermen felgekleurde paradijselijke vogels (zoals de bijeneters) komen jaarlijks in de lente terug om in de zachte zandduinen te nestelen. Hoewel de meeste wijnen uit deze zuidelijke streek, ten westen van Csongrád en Kunság, over het algemeen vrij matig van kwaliteit zijn, vormt de wijn van de firma Brilliant Holding uit Hajós een uitzondering.
Hier worden traditierijke Hongaarse wijnen onder extreme hygiënische omstandigheden en met gebruik van de modernste technologie gemaakt (geen chaptalisatie, rijping in eikenhoutenvaten, toepas-

Proeverij van jonge, moderne Tokajiwijnen

sing van stikstof bij het bottelen, extra lange Portugese kurken). De beide rosés van Brilliant zijn fris en fruitig, één van de pinot noir, de andere van de kékfrankos. De andere geproduceerde wijnen zijn allemaal rood en stuk voor stuk echte kanjers: Hajosi Kékfrankos, Cabernet Sauvignon en Zweigelt. Deze wijnen hebben veel klasse en kunnen goed bewaard worden. Drinktemperatuur: 10-12 °C voor de rosé, 14-17 °C voor de rode.

Szeksard

Deze streek wordt gezien als een van de oudste wijngebieden van Hongarije. Zij heeft een ideaal microklimaat en een rijke bodem van löss (sedimenten). De Szeksárdi Bikavér (stierenbloed) ge-

Wijnen uit Hajós en Szeksard

Hajósi Kékfrankos

Hajósi Cabernet Sauvignon

Hajósi Zweigelt

zonderlijke kwaliteit gemaakt. Lang waren ze bekend onder de naam Bátaapáti, maar om verwarring te voorkomen treft u nu alleen Möcsényi Kastélyborok op de etiketten van de betere wijn aan. Het jonge bedrijf Európai Bortermelök (een joint-venture van Piero Antinori en Peter Zwack, opgericht in 1991) is een typisch voorbeeld van wat overal in Hongarije kan gebeuren. Hongarije heeft de capaciteiten om een topwijnland te worden. Met een goed inzicht, veel (buitenlandse) investeringen, hulp van de overheid en goed vakmanschap is alles mogelijk. De wijnen van dit bedrijf zijn de vruchten van het samengaan van de Hongaarse wijntraditie en de modernste technologie, gecombineerd met ideale microklimatologische en geologische omstandigheden.

niet hier een uitzonderlijke reputatie en bestond al voor die van Eger. De wijn is donkerrood, de geur doet denken aan rode bessen met een hint van toast. De smaak is droog, fris, tanninerijk, vol en rond. Drinktemperatuur: 15-17 °C.

Naast uitstekende rode wijnen (zoals Merlot, Cabernet Sauvignon, Cabernet Franc, Kadarka, Kékfrankos) maakt Szeksard ook voortreffelijke rosé (Kadarka) en witte wijnen (Chardonnay, Sauvignon, Olaszrizling).

Eén wijn willen we met name noemen, de sublieme Bátaszéki Sauvignon Blanc van Kamocsay Akos, de wijnmaker van Hilltop Neszmély. De 1997 was zonder enige twijfel de beste Sauvignon en wat ons betreft een van de mooiste witte wijnen van Hongarije. Hij heeft een bouquet van versgemaaid gras, wilde kervel, brandnetel en iets van vlierbloesem. Drinktemperatuur: 9-10 °C.

Tolna

Tolna is een nieuw wijngebied dat tot voor kort bij Szekszárd hoorde. Hoewel de naam Tolna niet veel zegt in het buitenland, worden hier wijnen van uit-

TOLNAI MÖCSÉNYI ZÖLD VELTELINI

Deze wijn is fris en fruitig. Drinktemperatuur: 8-10 °C.

TOLNAI MÖCSÉNYI TRAMINI

Dit is een subtiele, elegante en erg fijne wijn. Drinktemperatuur: 10-12 °C.

Szeksárdi Kadarka Siller

Szeksárdi Cabernet Sauvignon

Szeksárdi Cabernet Franc

TOLNAI MÖCSÉNYI SAUVIGNON

De nieuwe telg uit de familie van de sauvignon blanc is verrukkelijk. Hij heeft vegetale aroma's van groene paprika, groene asperges en peultjes (*Pisum sativum*). Drinktemperatuur: 9-10 °C.

TOLNAI MÖCSÉNYI CHARDONNAY

Deze wijn met barriquerijping is normaal gesproken erg karakteristiek, heeft directe en rijke aroma's en een uitstekende balans tussen frisse zuren en ronde body. Drinktemperatuur: 10-12 °C.

TOLNAI MÖCSÉNYI KÉKFRANKOS

Dit zijn een frisse, elegante, kristalheldere rosé en een klassieke, dieprode wijn met een zachte en volle structuur.

TOLNAI MÖCSÉNYI SPECIAL RESERVE

De topcuvée is een assemblage van cabernet sauvignon en cabernet franc. Deze 'special reserve' is erg rijk en complex, mondvullend, met een goede balans tussen kruidigheid en body. Hij heeft een lange en voortreffelijke afdronk. Deze wijn moet beslist minimaal twee tot drie jaar liggen voor hij gedronken wordt. Drinktemperatuur: 17-18 °C.

Villány-Siklos

Dit zuidelijkste wijngebied van Hongarije bestaat uit twee gedeelten. Beide liggen aan de voet van het gebergte Villányi. Siklos is bekend om zijn voornamelijk witte wijn en Villány om zijn prachtige rode wijn. Er zijn zes topwijnbedrijven in Villány. Het kan geen toeval zijn dat zes van de beste wijnmakers van Hongarije uit Villány komen, namelijk Gere Attila, Gere Tamas, Polgár, Tiffan Ede, Bock Joszef en Vylyan. Het ligt in de verwachting dat Villány zich in de komende jaren zeker tot een van de betere Europese wijngebieden zal ontwikkelen. Elke wijnbouwer heeft een eigen stijl, maar duidelijk zijn de kracht en diepgang van de rode wijn, die het resultaat zijn van de combinatie tussen met grote zorg geselecteerde druiven, de vulkanische bodem en de zeer gunstige weersomstandigheden.

Oogstijd in Villany (Bock)

Villányi rosé

VILLÁNYI ROSÉ

Sommige wijnbouwers produceren een lichte rosé die weinig overtuigend is. Vylyan maakt een uitstekende rosé van de cabernet sauvignon. De beste rosé wordt echter gemaakt van de kékfrankos en kékoportó, al dan niet met een beetje pinot noir, zweigelt of kadarka. Het is een zeer frisse wijn, die elegant, fruitig en vol is (aanbevolen: Bock Jószef). Drinktemperatuur: 10-12 °C.

VILLÁNYI KÉKOPORTÓ

De betere Kékoportó's (Tiffan Ede, Polgar, Bock) hebben een diepe kleur, zijn fris, geconcentreerd, vettig, fluwelig, fruitig, mild en licht tanninerijk. Er bestaan ook uitstekend gemaakte Kékoportó Barriques (Vylyan) met een rijping op hout. Drinktemperatuur: 14-16 °C, 16-17 °C voor de Barrique.

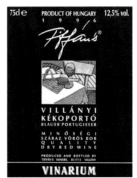

Villányi Kékoportó

VILLÁNYI KÉKFRANKOS

Dit is een oorspronkelijke, volle, ronde, tanninerijke en frisse rode wijn (Gere Tamás, Bock, Polgar). Drinktemperatuur: 14-16 °C.

VILLÁNYI PINOT NOIR

Op de vulkanische bodem gedijt de pinot noir goed. Gere Tamas is de specialist van de Pinot

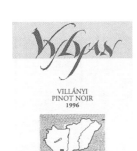

VILLÁNYI
PINOT NOIR
1996

VILLÁNY - SIKLÓSI BORVIDÉK

Pinot Noir szőlőből készült,
ászokhordós érlelésű, rubinvörös,
finom aromájú, elegáns vörösbor.

Fogyasztása 16-18 °C-on ajánlott.
Kitűnően harmonizál a vörös
és a vadhúsokból készített ételek ízeivel.

Palackozás dátuma: 1998. június
PRODUCE OF HUNGARY

12,3 % Vol.   75 cl e

Villányi Pinot Noir

Villányi Cabernet Franc

noir, die apart gevini-
fieerd is.
Het is een volle, vurige
en krachtige wijn met
delikate zuren en een
duidelijke terroirsmaak.
Drinktemperatuur: 14-
16 °C.

VILLÁNYI MERLOT
Dit zijn goede wijnen
met typerende aroma's
van cederhout, zwarte
bessen en hints van ro-
zen. Ze hebben een vol-
le ronde smaak en zijn
fluweelzacht van struc-
tuur. Ze zijn uitstekend
gemaakt, maar nooit
boeiend en niet 'typisch'
Hongaars. Drinktempe-
ratuur: 14-16 °C.

VILLÁNYI
CABERNET FRANC
Dit is zeker geen in-
heemse druif. In de rest van Hongarije zou deze
wijn een niemandalletje worden, maar hier in Villány heeft hij toch een heel eigen karakter gekregen,
misschien door de vulkanische bodem. De kleur is

*Villányi Cabernet
Sauvignon*

*Villányi Cabernet
Sauvignon*

vol en donker, de geur
doet denken aan rijpe
pruimen (pruimedanten)
en blauwe bessen en de
smaak is vol, stevig en rijk
met de nodige tannine.
Drinktemperatuur: 16 °C.

VILLÁNYI CABERNET
SAUVIGNON
De vulkanische bodem van Villány en de gunstige
klimatologische omstandigheden leveren een reus-
achtige Cabernet Sauvignon op. Hij is niet inheems,
maar wel typisch voor deze zuidelijke streek. Hij is
vol van kleur, zeer aromatisch (bessen, peper) en
heeft een volle, krachtige, vurige smaak met behoorlijk wat tannine. Deze wijn van uitmuntende

Villányi Cabernet Sauvignon Barrique

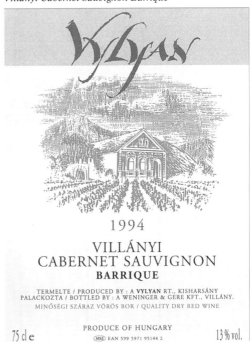

klasse bezit, zeker als hij in barriques gerijpt is, een goed verouderingspotentieel. (Vylyan, Bock, Tiffan Ede). Drinktemperatuur: 16-17 °C.

CUVÉES

Meestal zijn deze cuvées de betere wijnen. Ze worden gemaakt van diverse assemblages, klassiek (cabernet sauvignon, cabernet franc en merlot), Franco-Hongaars (cabernet sauvignon, cabernet franc met kékfrankos of kékoportó), Hongaars (kékfrankos en kékofrankó), Oostenrijks-Hongaars (blauburger, zweigelt, kékfrankos en kékofrankó) of Frans met een onmogelijk accent (cabernet sauvignon en pinot noir). Er zijn ontelbare uitmuntende cuvées, elk met een eigen karakter en smaak. De beste klassieke cuvées komen van Polgar, Bock, Gere Tamas, Gere Attila, en Tiffan Ede. Tiffan Ede en Vylyan maken de beste Hongaarse en Oostenrijks-Hongaarse cuvées, terwijl Bock Jószef en Vylyan de specialisten zijn in de vreemde cuvées van pinot noir en cabernet sauvignon.

VILLÁNY WITTE WIJNEN

Hoewel Villány bekend staat om zijn rode wijnen en Siklos om zijn witte wijnen, worden er wel enkele witte wijnen in Villány gemaakt. Polgár Pince biedt een zeer uitgebreide reeks wijnen aan, misschien zelfs iets te uitgebreid, getuige de weinig

Villányi Cuvée Jammertal

Villányi Cabernet Sauvignon en Franc Cuvée

Villányi Cabernet Sauvignon Cuvée

232

Villányi Olasz Rizling

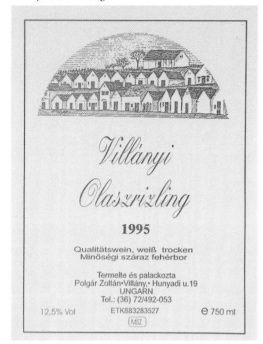

Villányi Chardonnay

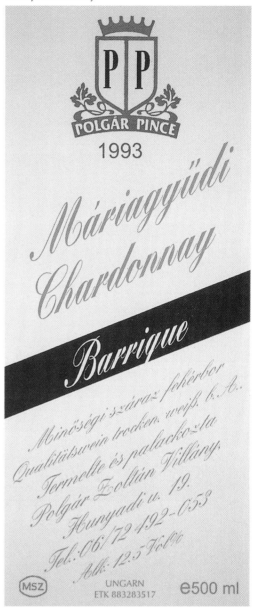

overtuigende combinaties van olaszrizling, sauvignon en de nogal groene chardonnay. Uitmuntend zijn de 100% Olaszrizling, de Tramini, de Chardonnay Barrique, de voortreffelijke Hárslevelü en de Muskotály.

SIKLÓSI OLASZRIZLING
Van deze bekende druivensoort wordt hier een lekkere, droge en karakteristieke wijn gemaakt (Bock). Drinktemperatuur: 10-12 °C.

SIKLÓSI HÁRSLEVELÜ
Hoewel deze druif vaak halfzoete wijnen oplevert, wordt hij hier droog en fris gevinifieerd (Bock) met prachtige aroma's van lindenbloesem en zacht kruidige nuances in geur en smaak. Drinktemperatuur: 10-12 °C.

SIKLÓSI CHARDONNAY
De zuidelijke Chardonnay is niet te vergelijken met de vaak te groene wijnen uit de noordelijke contreien. De Chardonnay van Siklós (Bock) is vol, aromatisch, verleidelijk. Hij is fris en rond tegelijk en goed in balans. Drinktemperatuur: 10-12 °C.

MECSEKAIJA
Dit wijngebied wordt onderverdeeld in twee gebieden, een rond Pécs en het andere rond Mohács. Beide gebieden zijn zachtglooiend en gezegend met een warm en droog mediterraan klimaat. De bodem bestaat uit een mengsel van rots, zand, zachte leisteen en een beetje kalk. Hier gedijen voornamelijk de blauwe cirfandli, de witte chardonnay en olaszrizling en wat muskotály.

CIRFANDLY
Deze druivensoort werd via Oostenrijk, vanuit Noord-Italië, in Hongarijë geïntroduceerd. Het is een druif met zeer wisselende resultaten. In slechte jaren is de wijn nauwelijks te drinken, in topjaren is het een voortreffelijke wijn die vol, fris, zeer kruidig is en meestal wat restsuiker heeft. Drinktemperatuur: 14-16 °C.

CHARDONNAY
De hier geproduceerde Chardonnay is van goede kwaliteit. Hij is verrassend fris voor een zuidelijke wijn, aromatisch (boter, kalk, citrusvruchten), rond

Villányi Muskotály

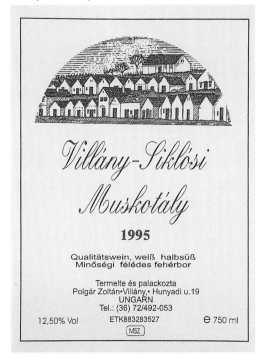

Villány-Siklósi
Muskotály

1995

Qualitätswein, weiß halbsüß
Minőségi félédes fehérbor

Termelte és palackozta
Polgár Zoltán•Villány,• Hunyadi u.19
UNGARN
Tel.: (36) 72/492-053
12,50% Vol   ETK883283527   ℮ 750 ml
[MSZ]

Villányi Hárslevelü

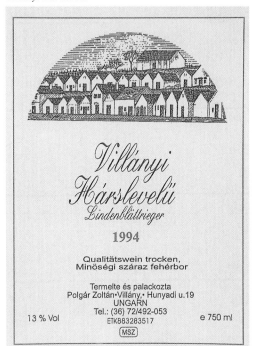

Villányi
Hárslevelü
Lindenblättrieger

1994

Qualitätswein trocken,
Minőségi száraz fehérbor

Termelte és palackozta
Polgár Zoltán•Villány• Hunyadi u.19
UNGARN
Tel.: (36) 72/492-053
13 % Vol   ETK883283517   ℮ 750 ml
[MSZ]

en vol. Niet alle wijnen zijn voldroog, sommige hebben wel eens wat restsuikers. Drinktemperatuur: 10-12 °C.

Villány-Siklósi Borvidék

SIKLÓSI CHARDONNAY
BARRIQUE 1996

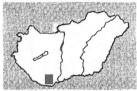

VILLÁNY - SIKLÓSI BORVIDÉK

Ezen a történelmi borvidéken
a Chardonnay szőlő rendkívül szép
bort ad. Csodálatos illat és zamatvilága
új tölgyfa hordóban érlelve
bontakozik ki legteljesebben.

Ajánlható aperitifként, de kitűnő
borjúsültekhez, fehér húsú házi
szárnyasokhoz és halakhoz.

Fogyasztása 8-10 °C-on ajánlott.

Palackozás dátuma: 1998. június
PRODUCE OF HUNGARY

12,5 % Vol.   75 cl ℮

5 995971 903465

Balaton

De omgeving van het Balaton Meer is ideaal voor een zomervakantie. Op het meer zelf wordt aan watersport gedaan. Het meer is 77 km lang en 14 km op zijn breedst. Het is niet diep, maximaal 3 tot 4 m, met uitzondering van de baai van Tihany, waar het 12 m diep kan zijn. Het klimaat is erg mild in de winter en warm in de zomer (boven de 25 °C). In die periode schommelt de watertemperatuur tussen de 20 en 26 °C. Naast stille wijnen produceert het Balatongebied ook enkele zeer acceptabele mousserende wijnen.

DÉL BALATON

De bodem van het zuidelijkste van de drie Balaton-gebieden bestaat uit een mengsel van zand en klei. De meeste wijnmakers maken geen lompe, zware, geoxideerde wijnen meer, zoals dat hier ooit gebeurde. De jonge wijnen zijn fris, mild, licht en fruitig. Ze worden voornamelijk gemaakt van de irsai olivér, tramini, olaszrizling, chardonnay en muskotály.

Er bestaan ook enkele rode wijnen van de merlot, cabernet sauvignon, cabernet franc en kékfrankos. Over het algemeen zijn de plaatselijke witte en rode wijnen vrij simpel. Uitzonderingen daarop zijn de voortreffelijke, strakke en karaktervolle wijnen van Chapel Hill in Balatonboglár. Deze wijnen zijn afkomstig van kleine percelen op een vulkanische bodem. De Sauvignon Blanc van Chapel Hill en die van Légli Ottó zijn twee verrassende uitzonderingen.

BALATON-MELLÉK

De bodem van de westelijkste van de drie gebieden op de noordelijke oever van het Balaton Meer bestaat uit kalk, mergel en wat tufsteen, met hier en daar wat vulkanische overblijfsels. Een ideaal gebied voor witte wijn, wat blijkt uit de keuze van de hier geplante druiven, de olaszrizling, rajnai rizling, rizling szilváni, szürkebarát, sauvignon, chardonnay, en wat andere witte druiven. Tóth Sander, een uitstekende wijnmaker, maakt uitmuntende Chardonnay (aromatisch, vol en zeer klassiek), maar ook bijzonder sensuele wijnen, zoals de Aldozói Zöldveltelini en Zenit.

Balaton Meer

Badacsony

Dit vrij kleine wijngebied ligt rond de gelijknamige stad op de noordelijke oever van het Balaton Meer. De bodem bestaat voornamelijk uit basalt en andere vulkanische grondsoorten. Dit geeft de plaatselijke wijnen een hoge zuurgraad, rijke aroma's en een vurige, volle smaak. De specialiteit van de streek is de bijzonder zwoele, licht- tot volzoete wijnen van laat geoogste druiven (kéknyelü, szürkebarát, tramini, rajnai rizling, muskotály).

Er worden echter ook vele frisse, geurige droge witte wijnen gemaakt van de olaszrizling, zöld veltelini en sauvignon, en volle, rijke wijnen van de chardonnay.

Balatonfüred-Csopak

Dit is het noordwestelijkste gebied van de het Balaton Meer, rond het gelijknamige stadje. De bodem bestaat uit lagen vulkanisch materiaal, schilfersteen, ijzerhoudende zandsteen, rots en kalk. Hier worden witte (olaszrizling, rajnai rizling, rizling szilvány, tramini, muskotály, sauvignon en chardonnay), rode (cabernet franc, merlot, pinot noir, zweigelt) en rosé wijnen (merlot, zweigelt, kékfrankos) geproduceerd.

De wijnen van Balatonfüred zijn vol, krachtig en rond, terwijl de wijnen van Csopak juist meer finesse, zuurgraad en elegantie hebben.

Voormalig Tsjechoslowakije

Tsjechië en Slowakije zijn sinds een aantal jaren uit elkaar gegaan. Beide landen hebben een zeer roerig verleden achter de rug. De economische situatie in beide landen is nog verre van optimaal, al doet Tsjechië het in dat opzicht heel goed. Op wijngebied trekt vooral Slowakije de aandacht, terwijl Tsjechië een bedevaartsoord is voor de echte bierliefhebbers: wie kent de Pilsner Urquell en de echte Budweiser niet? Tsjechië is zelfs zó belangrijk geweest voor de biercultuur dat het bier uit Plzen (Pilsen) het oertype van de pilsener geworden is. Toch worden er zowel in Tsjechië als in Slowakije wijnranken verbouwd.

Tsjechië

Tsjechië ligt het westelijkst, maar doet ook het westerst aan van beide landen. Als een grote ruit grenst het aan Duitsland, Oostenrijk, Slowakije en Polen. In tegenstelling tot Slowakije beschikt Tsjechië niet over een eeuwenlange wijntraditie. Tsjechië is altijd een echt bierland geweest, waarschijnlijk mede beïnvloed door Duitsland. Daar de Tsjechen de grootste bierdrinkers van de wereld, zijn met meer dan 160 l per jaar per inwoner, zal de wijncultuur hier voorlopig niet doorbreken, maar dankzij de komst van de toeristen heeft de wijnproductie wel een afzetmarkt gevonden.

Müller-Thurgau   *Ryzlink Rýnský Bohemia*

Het gros van de Tsjechische wijnen is wit (2/3) gevolgd door rood en mousserend.
De keuze van druivensoorten is modern: de grünerveltliner, gewürztraminer, müller-thurgau, pinot blanc, pinot gris, sauvignon, sylvaner, traminer, vlassky ryzlink (wälsch riesling), rynsky ryzlink (rijn riesling) en zluty muskat voor de witte wijnen, de frankovka (blau fränkisch, kékfrankos), zweigelt, cabernet sauvignon, de inheemse vavrinec en de ouderwetse saint laurent voor de rode.

Bohemia

De Tsjechische republiek heeft twee wijnbouwgebieden, het Boheemse en het Moravische.
Het Boheemse wijnbouwareaal is heel klein. Hier bevinden zich ca 650 ha wijngaarden die vooral aan de rivier de Elbe aangeplant werden. Het zijn de overblijfselen van uitgestrekte wijngaarden die hier ten tijde van keizer Rudolf II (1552-1612) al lagen. De Boheemse wijnregio heeft zes wijnbouwgebieden. Daarvan zijn het Praagse en het gebied bij Cáslav slechts symbolisch, want hier zijn minder dan 10 ha wijngaarden. De Boheemse wijnbouwregio heeft geen goede klimatologische voorwaarden (de gemiddelde jaartemperatuur bedraagt hier slechts 8 °C, tijdens de vegetatieperiode 14,5 °C), heeft slechts 1600-1800 zonne-uren per jaar en een neerslag van 500 tot 550 mm per jaar. De bodem bestaat vooral uit kalkhoudende, maar ook uit verweerde basaltgesteenten.
Het Melník-gebied, in de omgeving van de stad Melník aan de delta van de Moldau (Vltava) en de Elbe (Labe), is het grootste wijnbouwgebied in Bohemen. Hier worden verschillende merkwijnen geproduceerd. De bekendste is Ludmila, die traditioneel in brede lage cilindrische vlessen, inktpot genoemd, verkocht wordt. De basis voor de rode Ludmila-wijn is de modrý portugal (blauwe portugal); deze wijn heeft duidelijkere zuren en smaakt naar hazelnoot. De witte Ludmila-wijn bevat vooral de muller-thurgaudruif en heeft een zacht bloemenaroma en een versfruitsmaak. Beide wijnen drinkt

Rulandske' Bílé   *Deze wijn vindt gretig aftrek bij de toeristen*

Het Tsjechische wijnareaal (34.000 ha in 1996) ligt geconcentreerd in twee gebieden, Bohemia in het noordwesten van het land en Moravia in het zuidoosten. Vergeleken met de bierconsumptie is die van de wijn behoorlijk klein, slechts een kleine 12 l per jaar per hoofd van de bevolking. Desalniettemin wordt er in Tsjechië nog steeds meer wijn geïmporteerd dan geëxporteerd (bijna vijf keer zoveel).

men jong. In Melník werd ook de eerste Boheemse sekt geproduceerd, de Chateau Melník brut, die om zijn frisse smaak en de hoge zuurgraad tot de dag van vandaag populair is in Tsjechië.

In een volgende wijnregio, met de stad Roudnice als centrum, liggen de wijngaarden op de vrij steile hellingen van de Elbe (Labe). Hier worden droge witte wijnen, vooral de Sylván Zelený (groene Sylvaner), een wijn met een wat bitterzachte kruidensmaak, en rode wijnen geproduceerd. De rode Svatovavrinecké (Sint-Laurens) heeft een diepe donkerrode kleur en een volle smaak met een zacht steenfruitaroma. De jonge wijn is vrij wild, maar als hij langer ligt, wordt de smaak ronder.

In het Žernoseky-gebied bevinden de wijngaarden zich op de zuidelijke hellingen van de Elbe (Labe) en van het Boheemse Middengebergte. De bekendste berg is Radobýl en tot de belangrijkste plaatsen behoort Litomerice. De meestvoorkomende wijnsoorten zijn hier de Muller-Thurgau, Ryzlink rýnský (Rijnriesling), Rulandské bílé (Witte Rulander) en Tramín cervený (Rode Traminer). Dit zijn droge wijnen, gekenmerkt door hun uitgesproken boeket. De Tramín cervený (rode Traminer) heeft een goudgele kleur en bezit een uitgesproken aroma en kruidensmaak. Van de rode wijnsoorten wordt de Svatovavrinecké het meest gedronken; het is een donkerrode wijn met een typische pikante smaak, gedomineerd door tannine. Het Most-gebied was in de Middeleeuwen een van de grootste wijnbouwarealen, maar in de moderne tijd is de wijnbouwcultuur hier tenondergegaan. Pas in de tweede helft van de 20e eeuw werden hier opnieuw wijngaarden aangeplant; onder andere op de steenbergen (terrils) van de bruinkoolmijnen. De wijngaarden lijden hier vaak onder de vorst, maar in goede jaren zijn de wijnen uit deze streek van een redelijke kwaliteit. Tot de witte soorten behoren hier de Muller-Thurgau, de Ryzlink rýnský (Rijnriesling) en de Rulandské bílé, en tot de rode wijnen de Svatovavrinecké (Sint-Laurens) en de Zweigeltrebe. Deze druivensoorten zijn typisch voor noordelijke streken. De witte wijnen hebben een uitgesproken geur en (zuur)smaak. De rode wijnen hebben een diepe kleur en een duidelijke tanninesmaak. Het wijnbouwcentrum van deze streek is Chrámce. Uniek is hier de Koscherwijn (koosjerwijn), gemaakt van druiven die onder toezicht van de Praagse rabijn worden geteeld. De Koscherwijn wordt onder strenge hygiënische maatregelen geproduceerd. Het hele proces, van het persen van de druiven tot het afvullen in flessen, wordt alleen door joden uitgevoerd. Deze wijnen worden gepasteuriseerd, want conserveringsmiddelen, met uitzondering van zwafeloxide, zijn uit den boze.

Het Moravische wijnbouwgebied

De voorwaarden om wijn te verbouwen zijn beter in Moravië dan in de Bohemen. De wijnbouw heeft in Moravië een traditie van ruim duizend jaar. De aanvang hangt samen met het verblijf van Romeinse le-

Frankovka van Vinum   *Muskát Moravsky*

gioenen in de 3e eeuw v.Chr. Op het ogenblik liggen er in Moravië ca. 12.000 ha vruchtbare wijngaarden. De klimatologische omstandigheden zijn relatief gunstig. De gemiddelde jaartemperatuur bedraagt 10 °C, in de groeiperiode 15 °C. De gemiddelde neerslag bedraagt 500–700 mm per jaar. De samenstelling van de bodem is heel gevarieerd: van leisteenachtig tot kalkhoudend, van grindachtig tot overwegend kleiachtig. De wijngaarden werden op de hellingen en ook in vlakten aangelegd, met een voorkeur voor vorstvrije plaatsen. Merkwijnen zijn, op een enkele uitzondering na, tweederangs en een deel daarvan wordt gezoet. De hoogste kwaliteit bezitten de wijnen met een predikaat (Kabinett, Spätlese en Auslese). Deze wijnen worden onder strenge staatscontrole van Tsjechische landbouw- en levensmiddeleninspectie geproduceerd. Tijdens de productie mag men geen suiker toevoegen en wordt een minimumhoeveelheid suiker in de druiven voor bepaalde predikaatwijnen bepaald. Op het etiket moet niet alleen het wijnbouwgebied, maar ook de plaatsnaam vermeld worden. Een aantal wijnbouwers vermeldt ook de wijngaard waar de druiven werden geoogst. De hele regio is in tien wijnbouwgebieden verdeeld.

Zuidelijk en zuidoostelijk van Brno ligt het Brno-wijngebied. De wijngaarden zijn hier op lichte hellingen aangelegd en hebben een karakteristiek boeket. Het bekendst zijn de wijnen uit Rajhrad en Dolní Kounice. Een van de uit dit areaal afkomstige wijnen is de Moravský muýkát (Moravische muskaat), gemaakt van een originele Moravische druivensoort, die een gele kleur, een markante muskaatgeur en een vrij volle, zure smaak heeft.

Tussen Kyjov en Veselí, op de rechteroever van de rivier de Morava, ligt een relatief kleine wijnstreek, het Bzenec-wijngebied. De wijngaarden werden hier op hogere hellingen op warme en droge plaatsen aangeplant. Het hart van dit wijngebied is de stad Bzenec. Befaamd is de Rýnský ryzlink, die gekenmerkt wordt door een lichte groengele kleur, een markant boeket met een zweempje lindebloesem en een volle, zure smaak. Hij kan jong gedronken worden, maar wanneer hij wat langer bewaard wordt, toont hij meer kwaliteiten. De ryzlink rýnský is ook de basis voor de beroemde wijn, Bzenecká Lipka (Bzenec-lindenboom). Deze wijn heeft een zeer zachte geur, een volle smaak en uitgebalanceerde zuren. Verder worden hier de Rulandské bílé, Neuburské (Neuburger) en Ryzlink vlaýský verbouwd. Blauwe druiven worden hier niet zo veel geteeld.

Het Mikulov-wijngebied is een van de grootste en strekt zich uit van Novomlýnské nádrže tot aan de grens met Oostenrijk.

De bekendste plaatsen zijn Valtice, Mikulov en Lednice. Het is een gebied van vooral witte wijnen, die hier een volle smaak, aangename zuurgraad en een markant karakter hebben. Hier wordt een reeks wijnen met predikaat geproduceerd, vooral van de druivensoorten ryzlink vlaýský, veltlínské zelené, muýkát moravský, ryzlink rýnský, chardonnay en aurelius. In dit gebied bevindt zich ook het veredelingsstation Perná, waar men vorstbestendige en ziekteresistente druivensoorten ontwikkelt. Hier werden de soorten aurelius en pálava ontwikkeld. Aan kwaliteitsproeven worden nu malverina, hybia, savilon, kaberon en andere soorten onderworpen.

Om zijn geelgroene kleur, de karakteristieke kruidensmaak en de intense kleur die aan een rijpe perzik doet denken, wordt muller-thurgau zeer gewaardeerd. De pálava heeft een groengele kleur en een kruidige, vrij volle smaak. Van de rode wijnen is de Frankovka uit Valtice interesant; het is een wijn met volle smaak en met pikante zuren en tannines. Deze wijn heeft een helderrode kleur en een kenmerkende kaneelsmaak.

Het Mutenice-gebied ligt tussen Hustopece en Hodonín. De beste wijngaarden liggen op de hellingen in het centrum van dit gebied. Befaamd zijn de plaatsen Cejkovice, Mutenice en Ratíýkovice. Hier worden witte en ook rode wijnen gemaakt. De Tramín cervený uit Mutenice heeft een gele, goudachtige kleur en een kruidige geur en smaak. De Rulandskéýedé (Grijze Rulander) uit Ratíýkovice is een zeldzame wijn met een typische geur en smaak. De Frankovka uit Cejkovice heeft een helder rode kleur, een volle smaak met een uitstekende zuurgraad en tannines.

Zuidoostelijk van Brno, op de linkeroever van de rivier de Svratka, bevindt zich de wijnstreek Velké Pavlovice met als bekendste plaatsen Velké Pavlovice, Kobylí en Velké Bílovice. Het is een vooral een rodewijnstreek. De Frankovka is hier een droge wijn met een markante zuurgraad en aangename bitterheid. De Svatovavrinecké heeft een intense rode kleur, een volle fluweelachtige smaak met uitgebalanceerde zuren en tannines. Hij ruikt naar steenvruchten. De Rulandské modré is een droge wijn met een robijnrode kleur en een bloemengeur en als de wijn lang genoeg gelegen heeft, herinnert de geur aan steenvruchten. Hij is zacht-bitter, maar toch vol en harmonisch. De Modrý Portugal is een dieprode frisse wijn met een ruwe smaak.

Het Znojmo-gebied ligt in het Dyjsko-svratecký úval aan de rivier de Dyje en grenst in het zuiden

Ryzlink R´ynsk´y Pozdní Sběr   *Droge Slowaakse Tokay*

aan Oostenrijk. Dit gebied heeft de talrijkste wijnplaatsen, waarvan de bekendste Znojmo, Ýatov en Nový ýaldorf zijn. Het is een overwegend wittewijnstreek. Het nabuurschap met Oostenrijk manifesteert zich door dezelfde soorten en gelijke kwaliteit van de wijn. Aan de Oostenrijkse grens ligt de mooiste Moravische wijngaard, ýobes. In de ideale klimatologische omstandigheden komen hier de rulandské ýedé, ryzlink rýnský en ryzlink vlaýský tot rijpheid. De wijnen uit de ýobes-wijngaard kenmerken zich door hun volheid en een sterk aroma. De Sauvignon uit Znojmo heeft een licht geelgroene kleur en een heerlijke geur, die in minder gunstige jaren aan brandnetel doet denken en in gunstige aan rijpe perziken. De Irsai Oliver uit ýatov heeft een betoverende muskaatgeur en een volle harmonische smaak. De Neuburské is een droge wijn met een geelgroene kleur, een zachte geur en volle smaak met een zachte bitterheid. In goede jaren is hij geschikt om bewaard te blijven en na vijf jaar ontplooit hij zich tot een mooie ronde wijn. De Ryzlink vlaský is een zachte aromatische droge wijn met een hogere zuurgraad, een groengele kleur en kruidachtige geur. Hij wordt jong gedronken.

Het Strážnice-gebied ligt ten oosten van Hodonín aan de linkeroever van de Morava, bij de grens met Slovakije. De bekende wijnplaatsen zijn er Blatnice, Blatnicka en Strážnice. De Rulandské bílé uit Stráznice is een droge wijn met groengele kleur. Deze voor Tsjechische begrippen topwijn heeft veel karakter. Hij is vol en licht kruidig en laat een lange aangename indruk na. Hij kan goed bewaard worden en met het ouder worden krijgt hij een steeds beter karakter. De merkwijn Blatnický rohác is gemaakt van de ryzlink rýnský. Deze wijn heeft een licht groengele kleur, een markant fris boeket en een volle smaak.

Het Kyjov-gebied ligt ten oosten van Brno tussen de rivieren Livava en Kyjovka, westelijk van het Bzenec-gebied. De bekendste plaatsen zijn Borýov en Kyjov. De wijngaarden bevinden zich vooral op de zuidelijke hellingen. Hier worden aangename witte en rode wijnen geproduceerd, zoals de Muller-Thurgau en de Rulandské bílé. Van de rode soorten wordt met succes een nieuwe soort, andré, geteeld. Hij werd door kruising van frankovka en svatovavrinecké verkregen en heeft een hoog zuur- en tanninegehalte.

Het Uherské-Hradiýtegebied strekt zich uit op de rechteroever van de Morava, onder Chriby in de streek Moravské Slovácko (Moravisch Slowakije). Bekend zijn de plaatsen Bílovice, Uherské Hradiýte en Velehrad. De witte wijnen hebben hier een uitgesproken zuurgehalte en een vol karakter, typisch voor de druivensoort. De rode wijnen hebben een diepe kleur en harmonisch evenwicht tussen tannines en zuren. De wijnen uit Velehrad kunnen goed bewaard blijven. De Muller-Thurgau uit Velehrad heeft een geelachtige kleur, een uitgesproken kruidig boeket en een ronde smaak. De Zweigeltrebe heeft een lichte robijnrode kleur, een zachte, niet opdringerige geur en een aangename karakteristieke smaak.

Het Podluží-gebied ligt in de omgeving van Hodonín, grenst ten oosten aan het Strážnice-gebied en ten westen aan het Mikulov-gebied. De centrale plaatsen van dit gebied zijn Hodonín en Dolní Bojanovice. De Veltlín zelený (groene Veltliner) uit de Nechory-wijngaard heeft een licht geelgroene kleur, een zachte kruidige smaak en geur, en is zacht zurig.

Slowakije

Slowakije is veel kleiner dan Tsjechië, dat extra versterkt wordt door de aanwezigheid van de Tatry die ongeveer eenderde van het land beslaat. Slowakije grenst aan Polen, Hongarije, Oostenrijk en Tsjechië. Het klimaat is continaal bergachtig, met warme droge zomers en zeer koude winters. De wijngaarden liggen geconcentreerd in twee gebieden, in het zuidwesten bij Bratislava en tegen de grens van Tsjechië, Oostenrijk en Hongarije, en ten oosten van Kosiče tegen de grens van Hongarije en Oekraïne.

Beide gebieden worden gekenmerkt door de vele rivieren, de Donau en haar zijrivieren de Váh, de Nitra en de Hron in het westen, de Hronád, De Topla en de Ondava in het oosten. Deze twee grote gebieden worden onderverdeeld in acht subgebieden, van west naar oost: Skalika-Zahorie, de Kleine Karpaten, Hlohovec-Trnava, Nitra, het Donaudal en Mody Kameň voor het westelijke deel, Oost-Slowakije en Tokay voor het oostelijke. De beste wijngaarden liggen in de Kleine-Karpaten en bij de steden Nitra, Hlohovec en Trnava. Daar bestaat de bodem uit een mengsel van klei en zand. Modra en Pezinok maken ook redelijke wijnen. De bekendste wijn van Slowakije is echter de Tokay (met een 'y' geschreven op z'n Slowaaks). Toen in 1908 de grenzen van de herkomstbenaming voor de Tokaji werden vastgelegd, bevonden beide landen zich nog onder dezelfde Oostenrijks-Hongaarse overheersing. De streng afgebakende herkomstbenaming omvatte Sátoral Jaúhely, Sárospatak, Szerencs en Tokaj (alle in het huidige Hongarije) en Kiss Tronja (Trna), Vinicky (Szolske) en Slovenské Nové Mesto (allen in het huidige Slowakije). Deze situatie begon ingewikkeld te worden toen de Hongaren en de Tsjechoslowaken onafhankelijk werden in 1918. Er volgde een lange juridische strijd over het gebruik van de naam Tokaji. De Hongaren eisten de exclusiviteit van de naam op, omdat het grootste gedeelte van de wijngaarden van de Tokaji in Hongarije liggen, evenals het stadje Tokaj, het economische epicentrum van de herkomstbenaming. Omdat er geen onderling akkoord mogelijk was, kochten de Hongaren voor de 'grote veranderingen' (de val van het communisme) bijna alle wijn uit het Slowaakse Tokaygebied op. Deze wijn werd verder als Hongaarse Tokaji verhandeld. Na de val van het communisme in Hongarije werd het gigantische staatsbedrijf in Tokaj stukje bij beetje geprivatiseerd. De nadruk werd gelegd op kwaliteit en oorspronkelijkheid en men liet de Slowaakse Tokay voor wat die was. Toen Slowakije zich afscheidde van Tsjechië (1989), gingen de plaatselijke wijnboeren in het offensief en brachten Slowaakse Tokay op de markt, tot grote woede van de Hongaarse overheid.

De slopende juridische strijd is nog lang niet voorbij. Voor de consumenten is dit echter een goede zaak. De Slowaakse Tokays worden gemaakt met dezelfde druiven als hun Hongaarse naamgenoten, op hetzelfde type bodem en volgens dezelfde vinificatiemethode (oxidatief). Kleur, geur en smaak lijken enorm op de wijn van Hongarije, alleen is de prijs veel lager.

Oostenrijk

Oostenrijkse wijnen zijn na de grote klap van ruim vijftien jaar geleden (antivriesschandaal) weer op de goede weg. Met zijn talloze verschillende wijnen, smaken en typen weet Oostenrijk als geen ander land de ware wijnliefhebber te boeien. Oostenrijkse wijnen zijn vrolijk, informeel en uitnodigend, ze weerspiegelen de cultuur en het schilderachtige landschap.

Minder bekend in Europa: de druif st. laurent

Eiswein van de Neuburger (Neusiedler See)

Wijngebieden

De Oostenrijkse wijnbouw ligt geconcentreerd in het oosten en zuidoosten van het land. Door de aanwezigheid van de Alpen in het westen is wijnbouw daar nauwelijks mogelijk. Oostenrijk grenst in het westen aan Duitsland, in het zuiden aan Italië, maar de wijngaarden liggen bij de Tsjechische, Hongaarse en Sloveense grens. Het Oostenrijkse wijnbouwareaal (55.000 ha) wordt onderverdeeld in vier grote productiegebieden. Van noord naar zuid zijn dat Niederösterreich, Wien, Burgenland en Steiermark. Deze vier grote wijngebieden worden op hun beurt onderverdeeld in zestien subgebieden.

Niederösterreich

Het wijnareaal van Niederösterreich is ongeveer 32.000 ha groot en bestrijkt een vrij groot gebied van de Tsjechische-Hongaarse grens tot ver ten zuiden van Wenen.

De populairste Oostenrijkse wijn: Grüner-Veltliner

Federspiel (Wachau)   *Smaragd (Wachau)*

Weinviertel

Dit is het grootste van de zestien Oostenrijkse subgebieden. Hier wordt circa 1/3 van de Oostenrijkse wijn geproduceerd. Deze regio staat in alle wijnboeken bekend om de typische 'Kellergassen', lange smalle straten in de plaatselijke dorpen met rijen knusse wijnkelders waar men wijn kan proeven en kopen. Bekend zijn ook de wijnen van de grüner veltliner, die maar liefst 50% van de productie uitmaakt. Naast deze grüner veltliner worden ook andere druiven geteeld, namelijk de wälsch riesling, rhein riesling, weiß burgunder, chardonnay voor de witte, blauer portugieser en zweigelt voor de rode wijnen. De bodem van het Weinviertel bestaat voornamelijk uit zwarte leem en kalk.

Kamptal

Kamptal is vooral bekend om zijn zeer goede grüner Veltliner met een typisch peperig aroma en met zeer frisse zuren. Andere goede tot uitmuntende wijnen, meestal afkomstig uit het dorp Langenlois, zijn de witte Riesling en Chardonnay, en de uitstekende rode Zweigelt, Pinot Noir en Cabernet

Trockenbeerenauslese, daar zit muziek in!   *Steinfeder (Wachau)*

De beroemde Ruster Ausbruch (Neusiedler See-Hügelland)

Trocken Wein (Langelois, Kamptal)

Langeloiser Grau- en Weißburgunder (Kamptal)

Einzellage topwijnen uit Wachau

Sauvignon. Kamptal loopt in heel Europa voorop met zijn biologische aanpak van de wijnbouw. Hier bestaat de bodem uit klei en een beetje kalk. Er worden nog voornamelijk witte wijnen gemaakt, maar de rode winnen steeds meer terrein.

Kremstal

In dit wijnbouwgebied in de omgeving van de stad Krems maakt men prima Grüner Veltliner, Riesling en Chardonnay. De bodem van graniet (in het westen) of klei en löss (in het oosten en zuiden) levert elegante witte wijnen op, die fruitig en zeer aromatisch zijn.

Wachau

Dit kwalitatief zeer hoogstaande wijngebied in het schilderachtige Donaudal maakt uitstekende Grüner Veltliner, Neuburger, Chardonnay en Weiß Burgunder. De wijngaarden liggen op terrassen langs de steile heuvels die boven de Donau uit rijzen. De bodem bestaat voornamelijk uit oerrots. Hier komt de beste witte wijn van Oostenrijk vandaan, hoewel de concurrentie van Südsteiermark steeds heviger wordt.

Traisental

Dit gebied ligt rond en boven de stad Sinkt Polten en reikt slechts gedeeltelijk tot de Donau. Hier produceert men op een bodem van leem en zand extreem fruitige grüner veltliner, wälsch riesling, rhein riesling en chardonnay.

Donauland

Donauland is een overgangsgebied dat op beide oevers van de Donau ligt, tussen Krems en Wenen.

De leembodem met klei en wat kalk levert prima grüner veltliner, riesling en weiß burgunder op.

Carnuntum

Hier oefent men nog de 'gemischter Satz', gemengde wijnbouw, uit, waarbij meerdere druivensoorten in één wijngaard aangeplant worden. De wijnranken profiteren van de invloeden van de Donau en de Neusiedler See. De bodem bestaat voornamelijk uit klei, zand, grind en kalk. Kenmerkende druiven zijn grüner veltliner, wälsch riesling, weißburgunder, chardonnay voor de witte, zweigelt en st. laurent voor de rode wijnen.

Thermen Region

Dit is de zuidelijkste subregio van Niederösterreich, ten zuiden van Wenen en ten westen van de Neusiedler See. De naam van deze streek heeft betrekking op de vele warmtebronnen van vulkanische oorsprong die hier voorkomen. De bodem bestaat uit een zware rotsachtige ondergrond met een bovenlaag van klei en kalk.

Het historische en commerciële centrum van de streek is Gumpoldkirschen. De hier gemaakte witte wijn is vol en zeer aromatisch en de rode wijn is krachtig en vol.

Burgenland

Burgenland bestaat eigenlijk uit twee gedeelten, beide gelegen aan de Hongaarse grens. Het noordelijke gedeelte (Neusiedlersee en Neusiedler See-Hügelland)

Topwijnhuis: Weninger (Burgenland)

wordt direct beïnvloed door de Neusiedler See, terwijl het zuidelijke deel (Mittelburgenland en Südburgenland) daar minder door beïnvloed is.

Neusiedler See

Het Midden-Europese klimaat dat warm en droog is, gecombineerd met de verdamping van het water van de Neusiedler See, is de basis van het succes van deze streek. Hier gedijt de botrytis en dat levert bijzonder mooie Prädikatswijnen op. De kracht van dit gebied ligt in de Edelfäulewijnen (edelrot), de strowijnen, Eiswijnen en andere zoete wijnen van de wälsch riesling, weiß burgunder, bouvier en muskat ottonel. Maar ook de rode wijnen zijn uitstekend, zoals die van de st. laurent, blaufränkisch, cabernet sauvignon en pinot noir.

Prima wijn van de Zweigelt (Neusiedler See)

Neusiedler See-Hügelland

Dit gebied ligt aan de andere (westelijke) kant van de Neusiedler See, tussen het steppenmeer en de Thermenregio. De streek staat vooral bekend om zijn verleidelijke, zoete wijnen, zoals de beroemde Ruster Ausbruch. De witte wijnen maakt men van de wälsch riesling, weiß burgunder, neuburger, sauvignon en chardonnay. In de omgeving van het schilderachtige stadje Rust worden ook uitstekende rode wijnen gemaakt van de blaufränkisch, zweigelt en cabernet sauvignon. De meeste wijngaarden liggen op een bodem van klei, zand, kalk en zwarte leem.

Ruster Wälsch Riesling (Neusiedler See-Hügelland)

Mittelburgenland

Hier is de bodem wat zwaarder (klei) en wordt meer rode wijn gemaakt. De uitstekende droge rode wijn is vol, krachtig en tanninerijk en gemaakt van de blaufränkisch en zweigelt. De wijn is een zeer geslaagde poging van rijping op kleine houten vaten (barriques). Naast de rode wijn worden er ook enkele redelijke Wälsch Rieslings en Weiß Burgunders geproduceerd.

Südburgenland

Südburgenland is het kleinste wijngebied van Oostenrijk. De hier geproduceerde wijnen weerspiegelen de ongekende schoonheid van het idyllische landschap. Op heuvels met een bodem van leem, klei en zand maakt men zeer krachtige rode wijnen van blaufränkisch en zweigelt, en enkele goede witte van wälsch riesling en muskat-ottonel.

Südoststeiermark

Dit vrij grote gebied ligt ten oosten van de stad Graz. De bodem bestaat uit een mengsel van klei en vulkanisch gesteente en de klimatologische omstandigheden zijn zeer gunstig (warm en vochtig). Hier worden zeer acceptabele wijnen geproduceerd van wälsch riesling, weißburgunder, traminer, ruländer, rhein riesling en chardonnay.

Weststeiermark

Dit gebied is iets kleiner dan Südoststeiermark en ligt ten westen van Graz. De exclusieve specialiteit van de streek is een zeer frisse, fruitige rosé (zwartebessenaroma's in geur en smaak), de Schilcher, die gemaakt is van de blauer wildbacher. De beste wijnen komen uit de wijngaarden met een bodem van gneis en leisteen.

Südsteiermark

Het prachtige, zachtglooiende, groene landschap van het zuiden van Steiermark doet denken aan het Italiaanse Toscane. De wijnen van wälsch riesling, sauvignon blanc, chardonnay, (hier morillon genoemd) en muskateller zijn van grote klasse en concurreren steeds meer met de toppers uit Wachau. Door de kleinschaligheid van de plaatselijke wijnbouw richt men zich hier uitsluitend op kwaliteit en oorspronkelijkheid. De veelal jonge wijnboeren hebben grote plannen voor de toekomst. Een doorbraak op de internationale markt zal niet lang meer op zich laten wachten.

Een wijn voor de rustige avonden: Beerenauslese

Zwitserland

Zwitserland is een land dat ongelooflijk mooi is. Het heeft adembenemende bergen, diepe dalen, meren, schilderachtige steden en dorpjes en veel meer. Begint er echter iemand over Zwitserse wijnen, dan ontstaat er een geanimeerde discussie. Volgens de tegenstanders zijn de Zwitserse wijnen absurd duur en van zeer matige kwaliteit. Van een minderwaardige druif als de chasselas kan immers geen goede wijn gemaakt worden. De liefhebbers van Zwitserse wijn voeren daartegenin dat de oorspronkelijkheid van de Zwitserse terroir en de zeer geslaagde combinatie van bodem, ligging en druif de wijn bijzonder maakt. Bovendien, voegen zij eraan toe, worden er niet alleen witte wijnen in Zwitserland gemaakt en zijn de prijzen een logisch gevolg van de moeilijke arbeidsomstandigheden. Voor de objectieve proever zijn de wijnen erg boeiend en van grote klasse. Er zijn zelfs uitmuntende witte wijnen in Zwitserland, zeker de wijnen die gemaakt worden in de directe omgeving van de grote meren. Sommige Merlots uit Ticino declasseren zelfs wel eens de beste Franse wijnen. Het is echter ook waar dat de prijzen van sommige wijnen kunstmatig hoog gehouden worden door de protectionistische houding van de Zwitserse overheid en het feit dat de Zwitserse consumptie van witte wijn ongeveer even groot is als de productie. Toch, wie een bezoek brengt aan de terrassen van Dezaley, Epesses of Sion weet dat het onderhouden van een terras bijna evenveel kost als de hele wijngaard zelf. Waarschijnlijk zal de Zwitserse overheid daar binnenkort te hulp schieten door subsidies te verlenen voor het instandhouden van de beroemde Zwitserse terrassen. In 2002 gaan de grenzen definitief open voor andere witte wijnen dan de Zwitserse. De prijzen voor Zwitserse wijn moeten dan herzien worden, maar de toekomst van de bedrijven die zich op kwaliteit en authenticiteit richten, zal op den duur lonend blijken.

Wallis vanuit de lucht

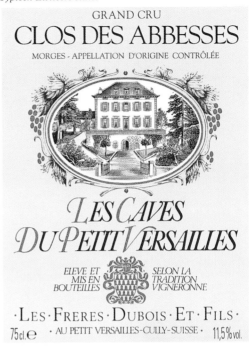

Typisch Zwitsers etiket

Wijnbouw

Ondanks de aanwezigheid van de bergen zijn de omstandigheden voor de Zwitserse wijnbouw zeer gunstig. De meeste wijngaarden liggen in dalen of in

A.O.C. Merlot del Ticino

243

de omgeving van meren. In de dalen worden de wijngaarden opgewarmd door de föhn, een warme luchtstroom in de berggebieden van vooral Wallis, de Grisons (Grauwbünderland) en noordoost Zwitserland. Bij de meren weerkaatst het oppervlak van het water het licht en de warmte van de zon (Neuchâtel, Genève en Waadtland). Omdat de bodem van veel wijngaarden in de omgeving van de meren uit oersteen en keien bestaat, worden de wijnranken op drie verschillende manieren opgewarmd. Veel wijngaarden hebben drie 'zonnen', zoals de lokale wijnboeren dit verschijnsel dichterlijk noemen: de directe zon, de zon van de stenen en de zon van het water. Beter kan haast niet. De zonnigste gebieden van Zwitserland zijn Ticino (dat ook een staartje mediterraan klimaat heeft), Wallis (Valais) en Waadtland (Vaud). Geen wonder dat de beste Zwitserse (rode) wijn daar vandaan komt. Omdat de bodem van de Zwitserse wijngebieden vrij sterk uiteenloopt, worden de gebieden apart behandeld.

Wijngebieden

We beginnen de wijnreis door de Zwitserse wijngebieden bij het Italiaanstalige Ticino, vervolgens behandelen we het Franstalige Suisse Romande om te eindigen in het Duitstalige Ostschweiz.

Ticino, Mesolcina en Poschiavo

Eigenlijk is het niet terecht om alleen over Ticino te spreken, want ook een deel van Graubünderland (Mesolcina, Poschiavo) is Italiaanstalig. Gemakshalve bespreken we ook dat hier.

MESOLCINA EN POSCHIAVO
Deze twee zuidelijke gebieden van Graubünderland, Mesolcina (ook wel Misox genoemd) en Poschiavo, produceren uitsluitend rode wijnen van de merlot en van enkele blauwe hybride soorten. Bijna de hele oogst wordt verkocht aan Ticinese bedrijven.

TICINO
Ticino is het vierde wijnproducerende kanton van Zwitserland. Vóór de invasie van de phylloxera bestreek het Ticinese wijnbouwareaal ongeveer 7000 ha; daarvan is nog maar 1.200 ha overgebleven. Ticino wordt onderverdeeld in het zuidelijke Sottoceneri en het noordelijke Sopraceneri. De grens tussen beide gebieden wordt gevormd door de Monte Ceneri. De bodem van Sottoceneri bestaat voornamelijk uit een mengsel van kalk, mineralen, klei en zand. De wijngaarden liggen aan weerszijden van het schilderachtige Meer van Lugano, tussen Chiasso en Mendrisio in het zuiden, en Lugano en Rivera in het noorden. De Sopraceneri heeft een ander bodemtype. De bodem lijkt meer op die de Alpen, maar met minder kalk en meer graniet en zand. In beiden gedeelten spelen de meren, Lago Lugano, Lago Maggiore en in mindere mate Lago di Como, een grote rol. Hierdoor wordt het warme mediterrane klimaat enigszins getemperd.

Een van de beste Merlots van de wereld

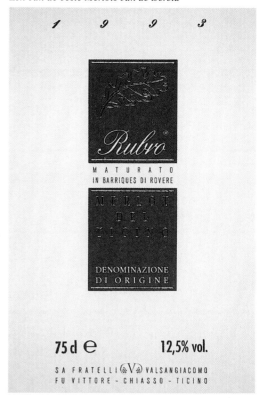

MERLOT DEL TICINO

Dé wijn van Ticino is natuurlijk de Merlot del Ticino Denominazione di Origine. De merlot werd in Ticino aangeplant na de vernietiging van de wijngaarden door de phylloxera. De resultaten zijn zeer verrassend. Twee topwijnen kunnen zich zelfs meten met de beroemde Pétrus.

Natuurlijk hebben niet alle Merlot del Ticino's dezelfde kwaliteit als de topwijnen. De meeste zijn verleidelijk, licht en soepel en hebben weinig zuren en tannine. De kleur is meestal granaatrood en de geur doet aan wilde en zwarte kersen met nuances van rode vruchtjes denken. Slechts de betere wijn krijgt een rijping op hout en bezit stevige tannine, die bij het ouder worden fluweelzacht wordt. Deze wijn is steviger en krachtiger. De beste wijn draagt een felbegeerd VITI-kwaliteitszegel, waarop staat: Controlo Ufficiale di Qualita (officiële kwaliteitscontrole). Drinktemperatuur: 12-14 °C.

De betere, stevigere Merlot die gerijpt is op hout, schenkt u het beste bij geroosterd vlees. Drinktemperatuur: 14-17 °C.

Er bestaat ook een witte wijn van de merlot en een voortreffelijke, lichte rosato van de merlot. Drinktemperatuur: 8-10 °C voor de Merlot Bianco en de Merlot Rosato.

NOSTRANO

De Nostrano is beslist de oudste en traditioneelste wijn van Ticino. Hij wordt gemaakt van de in-

Merlot uit een klein wijngebied

Uitstekende Merlot uit Ticino

Merlot del Ticino Rosato

heemse bondola, eventueel aangevuld met freisa, bonarda of malbec. Deze wijn is soms een tikkeltje boers, maar wel erg boeiend. Drinktemperatuur: 14 °C. Er bestaat ook een bianco versie van deze Nostrano. Drinktemperatuur: 8-10 °C.

BONDOLA

Net als de Nostrano wordt deze typische Ticinese rode wijn voor 100% van de bondola gemaakt. Drinktemperatuur: 14 °C.

ANDERE VINI DEL TICINO

Sporadisch komt u de Ticino Spumante (drinktemperatuur: 5-6 °C), Ticino Pinot Nero (drinktemperatuur: 14 °C) en diverse witte wijnen van de chasselas (drinktemperatuur: 8-10 °C), chardonnay (drinktemperatuur: 10-12 °C), sauvignon (drinktemperatuur: 8-10 °C), sémillon (drinktemperatuur: 10-11 °C) en riesling x sylvaner (drinktemperatuur: 10-11

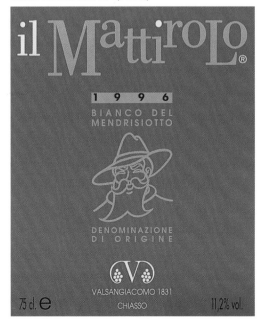

°C) tegen. Er bestaan ook enkele assemblage witte wijnen van de chasselas, sauvignon en sémillon die lekker zijn bij vis (drinktemperatuur 8-10 °C).

Suisse Romande

In het zuidoosten van het land liggen de Franstalige wijngebieden. Hier ligt het grootste deel van de Zwitserse wijnbouw. Hoewel Bern, Fribourg, Neuchâtel en Waadtland een zeker niet te onderschatten rol spelen, is vooral Wallis verantwoordelijk voor de beste kwaliteit en het grootste volume. Wie Suisse Romande zegt, denkt meteen aan de witte wijn van de chasselasdruif die nergens in de wereld zo'n kwaliteit en zo'n diversiteit in smaak en typen weet te bereiken. U treft wijnen van de chasselas onder de druivennaam met herkomstbenaming, maar ook veel met een herkomstbenaming zonder druivensoortvermelding (Neuchâtel) of zelfs onder een traditionele benaming (Fendant, Perlan). De chasselas levert ook een aantal beroemde cru's, soms niet groter dan het wijnbouwareaal van een enkel dorpje of zelfs gehucht, zoals Dézaley, Epesses, Yvorne en Aigle.

Zoveel diversiteit is mogelijk, doordat de chasselas van nature vrij neutraal is en de karakteristieken overneemt van de terroir. Hoe beter de terroir, hoe beter de wijn. Naast de dominante rol van de chasselas spelen de rode wijnen van de pinot noir en gamay een steeds grotere rol. Terwijl het wijnbouwareaal voor de witte wijnen heel langzaam groeit, neemt het gebied voor de rode wijnen de laatste jaren explosief toe. Misschien heeft dat te maken met

de groeiende vraag naar rode wijn en met het vrij-
geven van de handel in buitenlandse wijn (nu alleen
rood, in 2002 ook wit), wat de nodige deviezen naar
het buitenland laat wegvloeien. Er worden veel rode
wijn uit de Franse Côtes du Rhône en veel Beaujolais en Bourgogne geïmporteerd. Daarom is het misschien niet eens zo vreemd dat er steeds meer syrah,
pinot noir en gamay aangeplant worden. Pikant detail hierbij is dat Wallis zelf in het hoge Rhônedal
ligt en dat de klimatologische omstandigheden niet
eens zo verschillen.

Wallis

De wijngaarden van Wallis produceren ongeveer
40% van de totale wijnproductie van Zwitserland.
Hoewel Wallis wereldberoemd is om zijn Fendant
en Dôle, trekken vooral de inheemse specialiteiten
de aandacht van de ware wijnliefhebbers. Wie de
tijd neemt om de unieke wijnen van Wallis te ontdekken, zal zijn hele leven verliefd blijven op deze
ruige, maar wonderschone streek. Wallis ligt aan de
voet van de Alpen, langs het hoge Rhônedal, aan
weerszijden van de stad Sion. De streek wordt in
het noorden en in het zuiden door de hoge Alpen
beschermd tegen overmatige neerslag. De meeste
wijngaarden liggen op terrassen langs de steile heuvels die boven het Rhônedal uit steken. Om het nodige water naar de wijngaarden te brengen, heeft
men in het verleden ingenieuze irrigatiesystemen
aangelegd. Tegenwoordig gebeurt dat beter gedo-
seerd door middel van sproei-installaties. Het dal en

vooral de steile heuvels krijgen volop zon, hetgeen
de groei van de druiven bevordert. De warme berg-
wind (föhn) zorgt tot ver in de herfst voor bijzonder aangename temperaturen, waardoor de druiven
goed tot rijping komen. De bodem bestaat voornamelijk uit losse arme grond, die de warmte, maar
ook het water, goed vasthouden. Net als elders in
Zwitserland is de bodemgesteldheid ook in Wallis
vrij uiteenlopend. Zij varieert van gruiswal van gletsjers tot kalk, grind en schilfersteen.
De chasselas is goed voor ongeveer 45% van de totale productie, gevolgd door de sylvaner (hier vaak
'gros rhin' geheten) en de talloze 'specialiteiten',
zoals de inheemse amigne, arvine of petite arvine,
humagne blanche en rèze, en de uitheemse druiven
muscat, païen (savagnin blanc), marsanne blanche
of ermitage, chardonnay, riesling x sylvaner, pinot
blanc, malvoisie (pinot gris) en gewürztraminer.
Veel van deze druivensoorten worden gebruikt om
laatgeoogste wijnen te maken, die al dan niet door
de zon deels zijn ingedroogd (flétri). Sinds kort zijn
er weer drie oude inheemse druivensoorten tot leven gebracht (gwäss of gouais, lafnetscha en him-
bertschna), maar hun rol is nog heel beperkt. Van
de rode druiven gedijt vooral de pinot noir goed op
de kalkgronden van Wallis, terwijl de gamay de
voorkeur geeft aan wat minder kalk. Andere rode
druiven die hier goed gedijen, zijn de humagne rouge, cornalin, syrah, diolinoir en durize.

AMIGNE
De Amigne is een zeldzame, elegante, rijke en verleidelijke zoete wijn met het stoere karakter van de

Typische wijngaard uit de Valais

leistenen- en kalkbodem van Vétroz. Mocht u zo'n Amigne ooit aantreffen, vraag dan niet naar de prijs, twijfel niet, maar koop hem. Drinktemperatuur: 8-10 °C.

ARVINE (PETITE ARVINE)

Terwijl de vorige twee witte wijnen binnen drie tot hoogstens vier jaar na de oogst gedronken moeten worden, zijn de wijnen van de (petite) arvine echte bewaarwijnen. Deze wijnen bezitten een sterke persoonlijkheid, verleidelijke, fruitige aroma's, vaak behoorlijk wat alcohol (13% of meer) en soms wat restsuiker. Deze bijzondere druivensoort gedijt goed op zeer steile, rotsachtige bodems. De opbrengst is vrij laag, maar de prijs van dit juweel blijft ruim binnen de perken. De (Petite) Arvine Sêche (droog) heeft een kenmerkende ziltige smaak en aroma's van citrusvruchten. De (Petite) Arvine Flétrie (deels gedroogde druiven) is zoet en voortreffelijk. Drinktemperatuur: 8-10 °C voor de droge, 6-9 °C voor de zoete.

DÔLE BLANCHE

Dit is een zeer interessante witte wijn, die gemaakt is van dezelfde blauwe druiven als de Dôle, Pinot Noir (min. 80%) en Gamay. Drinktemperatuur: 8-12 °C.

ERMITAGE

Ermitage of marsanne blanche is een druif die afkomstig is uit het Franse Rhônedal. Hier levert hij

Hier groeit de petite arvine

De beroemde Fendant uit Sion, Valais

een prima droge witte wijn op, de Ermitage Sec, maar vooral een uitmuntende zoete Ermitage Flétri. Deze laatste komt van wijngaarden op de steile heuvels van Sion, Fully en Sierre. Weinig wijnen ontwikkelen zo'n indrukwekkende reeks aroma's als een top Ermitage Flétri. Drinktemperatuur: 8-12 °C voor de droge, 6-9 °C voor de zoete.

FENDANT

De Fendant is ongetwijfeld het visitekaartje van Wallis en vormt het levende bewijs dat men ook van een zachte druif als chasselas prachtige wijnen kan maken van de ruigste bodemtypen. De Fendant is zeker geen filosofische wijn, maar een en al ongedwongen genot. Elke Fendant is een ambassadeur van Wallis en vooral van zijn eigen terroir. Zo zal een Fendant van Sion heel anders smaken dan een Fendant van Sierre. Over het algemeen kan men zeggen dat de beste Fendant een droge, levendige, frisse witte wijn is, met veel sap en een duidelijk herkenbare vuurstenen (silex) ondertoon. Drinktemperatuur: 8-10 °C voor de lichte, fruitige Fendant, 10-12 °C voor de stevige wijnen.

HUMAGNE BLANCHE

Deze 'magische' witte wijn uit Wallis zou een versterkende (tonische) kracht hebben. Of dat waar is of niet, het zijn uitstekende wijnen die echter moeilijk te vinden zijn. Drinktemperatuur: 8-12 °C.

JOHANNISBERG
Dit is de tweede bekende witte wijn van Wallis. Hij wordt gemaakt van de sylvaner, die hier uitstekend gedijt. De wijnen zijn mild, zacht, rond, soms vol en altijd met het herkenbare lichte muskaataroma in geur en smaak. Juist door zijn verrassende muskaataroma's is deze wijn heel lekker als aperitief. Drinktemperatuur: 8-12 °C (hoe minder koud, hoe beter).

MALVOISIE
Ook de malvoisie (pinot gris) geeft een droge en een zoete wijn van deels ingedroogde druiven. De droge Malvoisie past prima bij paddestoelen. De Malvoisie Flétrie is heerlijk bij foie gras. Drinktemperatuur: 8-12 °C voor de droge, 6-9 °C voor de zoete.

PAIEN
De wijnen van de Paien (Heida, lett. vertaald: heiden) zijn ook heel bijzonder. Ten eerste groeien de druiven op een hoogte van meer dan 1000 m en ten tweede is de Paien een zeer oud inheems ras. Men vindt het nog in de Franse Jura en in Savoie (savagnin), in sommige Elzasser en Duitse wijngaarden (traminer) en hier en daar in Italië (tramini). De wijnen zijn fris, goed droog, met herkenbare frisse aroma's van groene appels. Drinktemperatuur: 8-10 °C.

RÈZE
De zeldzame wijn van de Rèze wordt nog mondjesmaat in Anniviers gemaakt. Deze Vin des Glaciers (gletsjerwijn) is bijzonder zuur en groen als u hem te jong drinkt. Laat u hem echter goed oud worden, dan ontwikkelt hij zeer ongewone en boeiende aroma's. Drinktemperatuur: 6-9 °C.

ANDERE WITTE WIJNEN
Wallis maakt ook een aantal andere prima witte wijnen, maar in minieme hoeveelheden, van de chardonnay (in opkomst), gewürztraminer, gouais, himbertscha, lafnetscha, muscat, pinot blanc, riesling, riesling x sylvaner en sauvignon.

GAMAY ROSÉ
De gamay geeft deze lichte rosé een vriendelijke speelsheid die goed past bij informele gelegenheden. Drinktemperatuur: 8-10 °C.

OEIL-DE-PERDRIX
Dit is een rosé van 100% pinot noir. Hij is licht en vrolijk. Drinktemperatuur: 8-10 °C.

CORNALIN
Dit is een fruitige, gulle rode wijn van de gelijknamige druif. Hij is vrij tanninerijk als hij jong is en gul en vriendelijk na wat rijping. Drinktemperatuur: 12-14 °C.

DÔLE
Deze beroemde rode wijn uit Wallis moet minimaal 80% pinot noir bevatten, eventueel aangevuld met gamay of andere blauwe druiven uit Wallis, zoals

Voortreffelijke rosé: Oeil-de-Perdrix, Valais

De bekendste rode Zwitser: Dôle du Valais

humagne, syrah of cornalin. De Dôle is een typi-sche pinot noir. Hij is gul, fruitig, fluweelzacht, rond en harmonieus. Drinktemperatuur: 14 °C.

GORON

De Goron is de kleine broer van de Dôle. Hij heeft wat minder alcohol en een lichtere structuur. Deze aangename, lichte, gulle en fruitige wijn wordt vaak geschonken bij vleeswaren of bij lichte maaltijden. Drinktemperatuur: 12-14 °C.

HUMAGNE ROUGE

Deze rode Humagne heeft, ondanks dezelfde naam, niets met de witte Humagne gemeen. De wijnen van de Humagne Rouge zijn zeer aromatisch en een tik-keltje boers. Ze kunnen beter eerst enkele jaren lig-gen. Drinktemperatuur: 14-16 °C.

PINOT NOIR

Hij is gemaakt van 100% pinot noir. Deze wijn is voller dan de Dôle en hij heeft rijkere aroma's en smaaknuances, meer body en meer karakter. Drink-temperatuur: 14-16 °C.

SYRAH

Deze druivensoort, oorspronkelijk uit het Shirazdal in Iran, werd via het Rhônedal vanuit Frankrijk geïntroduceerd. Ook hier levert deze stoere druif stevige, krachtige wijnen op met veel extract en rij-ke aroma's. Drinktemperatuur: 14-16 °C.

Vaud (Waadtland)

Vaud is een van de mooiste wijnlandschappen van Zwitserland. Het is een combinatie van het ruige van Wallis met het zachte van Genève en Neuchâ-tel. Het heeft prachtige uitzichten op de bergen, me-ren, vele prachtige domeinen en kastelen. Ook Vaud is een paradijs voor de liefhebbers van natuur en gastronomie.
De streek bestaat eigenlijk uit twee gedeelten, de noordelijke oever van Lac Léman (Meer van Genè-ve) in het zuiden en het zuidelijke deel van Lac de Neuchâtel in het noorden. Deze twee gebieden wor-den onderverdeeld in zes subdistricten, Chablais (Aigle), Lavaux (tussen Montreux en Lausanne) en La Côte (tussen Lausanne en Nyon) bij het Lac Lé-man en Côtes de L'Orbe, Bonvillars en Vully bij het Lac de Neuchâtel. De meeste wijngaarden genieten een meren-microklimaat. De beide meren zorgen voor extra afkoeling en vocht als het erg warm is en voor extra licht en warmte in de herfst als de zon schijnt. Het westelijke deel (La Côte) heeft wat min-der neerslag dan het oosten (Lavaux en Chablais), terwijl het laatste gebied meer van de warme berg-wind (föhn) profiteert. Hoewel sommige wijngaar-den boven de 600 en zelfs 700 m liggen, liggen de meeste op 400 tot 500 m. Ook hier in Waadtland bestaat de bodem uit kalk, gruiswal van gletsjers, kalkzandsteen, klei en rots.
Ongeveer 99% van de witte wijn van Waadtland komt van de chasselas. Er wordt ook een beetje riesling x sylvaner geproduceerd in de Côte de l'Or-be en hier en daar wat Chardonnay, Gewürztrami-ner, Muscat, Pinot Gris, Pinot Blanc, Riesling en Sylvaner gemaakt voor de plaatselijke horeca. Bij de rode wijn (nog geen 20% van de totale productie) domineren de Gamay (2/3) en de Pinot Noir (1/3). Er worden ook minieme hoeveelheden Syrah en Mondeuse gemaakt voor de plaatselijke horeca.
De wijnen van Waadtland worden onderscheiden aan hun herkomstbenaming en niet aan de naam van de gebruikte druivensoorten.

Chablais

Het wijngebied bestaat uit vijf herkomstbenamin-gen: Bex, Ollon, Aigle, Yvorne en Villeneuve. De witte wijn van de chasselas is fris, levendig, elegant en rijk. Hij is herkenbaar aan zijn relatief hoge ge-halte aan mineralen (magnesium in Aigle en Ville-neuve, mineralen in Ollon, veel silex (vuursteen) in Bex, gips in Ollon en Bex). Ook in zijn aroma's weerspiegelt de Chablais zijn terroir. Op de wijn-route zult u een groot scala aan verschillende aro-matische nuances proeven, bloemen en anijs (Bex), natte steen, hars en rozen (Ollon), bloemen, vruch-ten, vuursteen en gebrande of gerookte grond met wat caramel als hij wat ouder is (Aigle), hazelnoot, perziken en abrikozen (Yvorne), leisteen, vuursteen en fruit (Villeneuve). Drinktemperatuur: 10-12 °C.

Lavaux

Lavaux bestaat uit zes herkomstbenamingen: Mont-reux-Vevey, Chardonne, Saint-Saphorin, Epesses, Villette en Lutry en twee grands cru's, Dézaley en Calamin. Nergens in Zwitserland is het landschap zo mooi als hier, vooral in de omgeving van Déza-ley en Calamin. Duizenden terrassen liggen in rijen boven het Meer van Léman en vormen een onbe-schrijflijk tafereel, vooral in de herfst.
De chasselas levert hier gestructureerde wijnen op, die voller en steviger zijn dan die in het westen van de streek. Ze hebben meer terroirsmaak. Ontdek de citroenmelisse en munt (Montreux-Vevey), peer en cassisknoopjes (Chardonne), ananas, truffel en

Wijngaarden bij Dézaley-Marsens Grand Cru

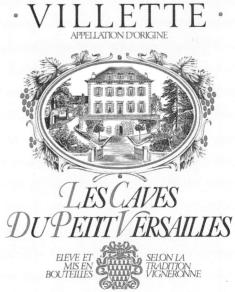

· **VILLETTE** ·
APPELLATION D'ORIGINE

LES CAVES
DU PETIT VERSAILLES

ELEVE ET
MIS EN
BOUTEILLES

SELON LA
TRADITION
VIGNERONNE

· LES · FRERES · DUBOIS · ET · FILS ·
· AU PETIT VERSAILLES-CULLY-SUISSE ·

witte peper (Epesses), grapefruit en rozen (Lutry). Sommige topwijnen, zoals die van Dézaley, bezitten verrassende aroma's van amandelen, toast, thee en honing, die bij het ouder worden naar hazelnoten, bijenwas en gekonfijte vruchten neigen (Dézaley-Marsens, Dubois). Drinktemperatuur: Lavaux 8-10 °C, Dézaley en Calamin 10-12 °C.

Ook de rode wijnen van Lavaux zijn zeer de moeite waard, zoals die van Saint-Saphorin (kersen, kirsch, licht bittertje, vol en rond) en Villette (rode vruchtjes, bosaardbeien, bosbessen, frambozen, bramen, mild en gul). Drinktemperatuur: 12-14 °C.

La Côte

Ongeveer de helft van de wijnen van Waadtland komt uit dit gebied tussen Genève en Lausanne. Het is een zachtglooiend gebied met schilderachtige dorpjes, grote herenhuizen en kastelen. Het opvallendste van de plaatselijke wijn is zijn vaak licht parelende karakter en zijn elegantie. Hij is veel lichter dan de wijn van Lavaux en Chablais, maar heeft ook veel te bieden aan florale en fruitige aroma's. La Côte heeft geen Grand Cru, uitsluitend twaalf herkomstbenamingen: Morges, Aubonne, Perroy, Féchy, Mont-sur-Rolle, Tartegnin, Côteau de Vincy, Bursinel, Vinzel, Luins, Begnins en Nyon. Drinktemperatuur: 8-10 °C.

Bonvillars, Côtes de l'Orbe, Vully

Hoewel deze drie wijngebieden aan de oevers van het Lac de Neuchâtel liggen, horen ze beslist tot

Waadtland. De wijnen daarentegen lijken erg veel op die van de noordelijke buren van Neuchâtel. Ze zijn fris, licht, elegant en vaak licht parelend. De wijn is gemaakt van de chasselas. Drinktemperatuur: 8-10 °C. Naast witte wijn maakt Waadtland ook de volgende rode wijnen.

SALVAGNIN
Deze rode wijn van de gamay en/of pinot noir uit Waadtland is fris, fruitig en soepel. Drinktemperatuur: 12 °C bij vis, 12-14 °C bij vlees.

OEIL-DE-PERDRIX
Voornamelijk uit Vully en Bonvillars komt deze lichtvoetige, vrolijke en gulle rosé. De kleur wordt 'patrijzenoog' genoemd, een kleur tussen lichtroze en oranje. Drinktemperatuur: 10-12 °C.

Genève

Na Wallis en Waadtland komt Genève op de 3e plaats van de wijnproducerende kantons van Zwitserland. Het landschap in de directe omgeving van Genève is veel zachter en minder geaccidenteerd dan dat van de andere twee grote wijnbouwgebieden. Daardoor kunnen de wijngaarden wat groter zijn en is mechanisatie mogelijk. Dit doet niets af aan de kwaliteit van de wijn, maar wel aan de prijs. Ook in Genève is men de laatste decennia bezig met het rationaliseren van de wijnbouw en het zoeken naar de optimale druivensoorten voor kwaliteitswijnen. De streek zelf is vrij vlak, hoogstens hier en daar wat glooiend, en wordt omringd door bergen die de wijngaarden tegen te veel neerslag beschermen. De aanwezigheid van het Geneefse meer (Lac Léman) beschermt de wijngaarden tegen ernstige nachtvorst in de groei- en bloeiperioden. Ook in dit gebied zijn de bodemtypen vrij divers. Bijna overal bestaat de bodem uit maximaal eenderde klei, behalve in de buurt van de Jura, waar het iets meer kan zijn. Lully en Peney hebben wat meer kalk in de bodem, de hogergelegen wijngaarden van Dardagny en omgeving kalkzandsteen en löss en de wijngaarden vlak bij het meer wat meer grind.

De alom aanwezige chasselas verliest wat terrein aan de aromatische druivensoorten, zoals chardonnay, gewürztraminer, pinot gris, pinot blanc, riesling x sylvaner, een beetje sauvignon, sylvaner en aligoté (specialiteit van Lully). Bij de blauwe druiven domineert de gamay, gevolgd door de pinot noir en de merlot.

Nieuwe druivensoorten maakten kortgeleden hun entree, de gamaret en gamay x reichensteiner B 28, cabernet franc en cabernet sauvignon. Genève is in volle ontwikkeling en de komende decennia zouden wel eens vol verrassingen kunnen zijn. Het wijnbouwareaal van Genève wordt onderverdeeld in drie subgebieden: Entre Arve et Lac (ten oosten van de stad Genève, tussen de Arve en het meer),

Entre Arve et Rhône (ten westen van Genève, tussen de rivieren Arve en Rhône) en Mandement (ten noorden van Genève, ten noorden van de Rhône en van het meer). De Mandement is de grootste van de drie (ongeveer tweederde van de productie). De boeiendste wijnen komen echter zonder meer uit de zone tussen de Arve en Rhône, waar de bodem van grind en kalk een groter stempel op de wijnen drukt (zoals vuursteen(silex)aroma's). U vindt deze wijnen voornamelijk op de heuvels van Bernex, Confignon, Lully en Sévenoze.

CHASSELAS DE GENÈVE/PERLAN

U vindt deze wijn vaak onder de naam van het productiegebied (kanton of gemeente): Jussy, Choulex, Lully, Dardagny, Russin, Peissy, Satigny en Chouilly. Door de strenge regels die het beperken van de opbrengsten betreffen, is de kwaliteit van deze chasselas van Genève enorm verbeterd in de laatste decennia. De geur is fris en floraal, de smaak levendig, fris, droog en vaak licht prikkelend. Drinktemperatuur: 8-10 °C.

ANDERE WITTE WIJNEN

De Chardonnay, Pinot Blanc en Pinot Gris zijn uitstekend. De Muscat en de Gewürztraminer zijn zeer aromatisch en van goede kwaliteit. De Sauvignon is leuk, maar niet bijster boeiend. Ten slotte smaakt de Aligoté van Lully bijzonder goed als aperitief.

GAMAY DE GENÈVE

Ook hier vindt u deze wijn onder de generieke naam (Gamay de Genève) of onder de naam van de productiegemeente. Deze Gamay is een echte, typische Gamay. Hij is fris, fruitig, vol, gul, vriendelijk en sappig. Drinktemperatuur: 10-12 °C.

PINOT NOIR DE GENÈVE

Dit is een zeer fijne rode wijn, die fruitig en gul is. Drinktemperatuur: 14 °C.

ANDERE RODE WIJNEN

De eerste resultaten met de cabernet franc en cabernet sauvignon zijn veelbelovend. De merlot (nu nog even zeldzaam) gedijt al een tijdje bijzonder goed in de hoger gelegen wijngaarden. Drinktemperatuur: 14 °C.

OEIL-DE-PERDRIX/GAMAY ROSÉ

Deze twee verschillende rosés zijn ongecompliceerd, fris, fruitig en vriendelijk. Drinktemperatuur: 8-10 °C.

Neuchâtel

Het wijngebied Neuchâtel ligt op de linker oever van het gelijknamige meer en wordt van Frankrijk gescheiden door de Jura. Het klimaat is vrij zacht, zonnig en droog. Door de aanwezigheid van het meer blijven de winters zacht, maar zijn de herfsten vaak mistig. Dit kan de oogst in gevaar brengen. De bodem van deze streek aan de voet van de Jura be-

staat voornamelijk uit bergkalk, met hier en daar wat rotsen, leem of löss. De grond bevat veel minerale zouten, die vaak duidelijk terug te vinden zijn in de smaak van de wijn. Wat het meest opvalt in de omgeving van Neuchâtel zijn de vele kleine percelen. Slechts enkele huizen bezitten grotere wijngaarden.

Het spreekt bijna vanzelf dat hier op de kalkhoudende bodem meer witte wijn gemaakt wordt. Daarvan neemt de chasselas ongeveer 75% voor zijn rekening. Naast de chasselas komen de pinot gris, de riesling x sylvaner en de chardonnay, waarvan het succes steeds groter wordt.

U vindt ook wat sporen van sylvaner, riesling en gewürztraminer. Bij de rode wijn wordt één unieke druif gebruikt, de pinot noir. Hij wordt ook gebruikt voor een bijzonder aardige Oeil-de-Perdrix (rosé).

NEUCHÂTEL

Onder deze naam worden wijnen bedoeld van de chasselas. De beste wijnen komen uit de dorpen Cressier, Auvernier, Cortaillod, Boudry en La Béroche. Het verrassende van deze Chasselas (wat minder vol dan hun familie uit Wallis en Waadtland) zijn de elegante prikkels en de ziltige ondertoon. In de plaatselijke wijnhuizen wordt de wijn van vrij hoog in het glas geschonken. Hierdoor ontstaat een lichte pareling en niet zelden wordt daardoor een ster van koolzuurgasbelletjes in het glas gevormd ('Le vin fait l'étoile'). Drinktemperatuur: 8-12 °C (afhankelijk van de kwaliteit, hoe beter en voller, hoe minder koud).

NEUCHÂTEL PINOT NOIR

De Pinot Noir van Neuchâtel is vaak vrij stug en tanninerijk in als hij jong is, maar wordt zachter en vriendelijker als hij ouder wordt. De smaak is fris, elegant, complex en vrij klassiek. Drinktemperatuur: 14 °C.

NEUCHÂTEL OEIL-DE-PERDRIX

De kleur van deze rosé doet de jager onmiddellijk aan de kleur van de ogen van een stervende patrijs denken. De bruine kleur verdwijnt langzaam en wordt een roze-oranje kleur die karakteristiek is voor deze rosé. Gelukkig smaakt deze wijn vrolijker dan de verklaring van zijn naam doet vermoeden. Het zijn elegante, frisse wijnen van de pinot noir. Drinktemperatuur: 8-10 °C.

Andere wijnen

De Chardonnay van Neuchâtel is bijzonder goed en lijkt in de verte op een goede Bourgogne. Hij is prima als aperitief. De andere specialiteiten zijn vrij zeldzaam. De Gewürztraminer is aromatisch, maar niet echt krachtig, de Pinot Blanc is licht en elegant, de Pinot Gris voortreffelijk, terwijl de Riesling x Sylvaner en de Sylvaner niet altijd weten te overtuigen. Volledigheidshalve vermelden wij ook het bestaan van een minieme hoeveelheid mousserende wijn van redelijke kwaliteit.

Fribourg

Terwijl de wijnen van Neuchâtel van de linkeroever van het gelijknamige meer afkomstig zijn, worden de wijnen van Fribourg ten oosten van het Meer van Neuchâtel geproduceerd, bij Broye in het zuiden en Vully in het noorden. De wijngaarden van Vully liggen tussen het Meer van Neuchâtel en dat van Morat. De bodem bestaat uit klei, zand en kalkzandsteen. Het klimaat wordt duidelijk door de meren verzacht. Ook hier is de chasselas koning, maar men vindt hier ook enkele interessante specialiteiten, zoals Chardonnay, Gewürztraminer, Pinot Blanc, Pinot Gris, Riesling x Sylvaner en de Freisammer, een kruising tussen Sylvaner en Pinot Gris. Er bestaat ook een prima Oeil-de-Perdrix en een voortreffelijke Pinot Noir.

CHASSELAS FRIBOURGEOIS
De wijnen van Vully, Faverges en Cheyres zijn fris, elegant, fruitig en vrij licht. Ze worden duidelijk door hun terroir gekenmerkt. Drinktemperatuur: 8-12 °C (hoe minder koud, hoe beter).

PINOT NOIR FRIBOURGEOIS
Dit zijn zeer fruitige (frambozen)wijnen met veel body en sap. Drinktemperatuur: 14 °C.

Andere wijnen

Van alle andere zeldzame wijnen uit Fribourg zijn de frisse en elegante Oeil-de-Perdrix, de volle Chardonnay, de zwoele Pinot Gris en Gewürztraminer de beste.

Jura

Dit is een zeer recent wijnbouwgebied. De eerste wijngaarden werden pas in 1986 aangeplant en de eerste oogst was in 1990. Een beetje vreemd, omdat én de ligging én het zachte microklimaat bijzonder gunstig zijn, evenals de rotsachtige bodem. Voorlopig weten de rode wijnen van de pinot noir (kersen, rode vruchtjes) ons meer te overtuigen dan de witte van de riesling x sylvaner. Over enkele jaren moeten de wijnranken van de pinot noir op volle kracht zijn en de verwachtingen zijn zeer hoog gespannen. Ook met de pinot gris zijn uitstekende resultaten geboekt (honing, gekonfijte vruchten, exotische vruchten).

Berne (Bern)

Bern als kanton vormt de eigenlijke grens tussen de Suisse Romande en Ostschweiz. De meeste wijngaarden liggen in de omgeving van het Lac de Bienne (Bielersee), ten noorden van het Meer van Neuchâtel. De rest van de wijngaarden ligt veel meer ten zuidoosten van de meren van Thoune en Brienz, in de omgeving van Interlaken. De wijngaarden van het Meer van Bienne liggen op een bodem van kalk (linkeroever) of kalkzandsteen (rechteroever). Die van het Meer van Thoune liggen op een ondergrond van rots bedekt door een dun laagje aarde. Bovendien genieten deze wijngaarden van de gunstige invloeden van de föhn.

CHASSELAS
De chasselas domineert hier ook en levert op de kalkhoudende bodem frisse, elegante en licht parelende wijnen op. Op de rechteroever zijn de wijnen iets voller en zwaarder, maar minder elegant. Drinktemperatuur: 8-10 °C.

PINOT NOIR
Dit zijn volle, fruitige, ronde en gulle wijnen, die echter nooit te zwaar worden. Drinktemperatuur: 12 °C bij vis, 14 °C bij vlees.

Ostschweiz

De Duitstalige Zwitsers noemen het Oost-Zwitserland maar de benaming is niet helemaal correct. Noordoostelijk zou beter op zijn plaats zijn voor dit immense gebied, dat meer dan eenderde van Zwitserland bestrijkt, ten oosten van de lijn Thun, Bern, Solothurn, Basel en ten noorden van de lijn Thun, Chur. Dit Duitstalige gebied bestaat uit maar liefst zestien kantons, eigenlijk 16,5, want een gedeelte van het kanton van Berne (Franstalig, behandeld bij Suisse Romande) hoort wijnbouwtechnisch ook bij Ostschweiz, namelijk het piepkleine gebiedje rond het meer van Thoune (Thunersee). Ondanks de enorme oppervlakte van Ostschweiz is het wijnbouwareaal vrij klein en zeer verspreid. Het is een mozaïek van piepkleine wijngaarden. De grootste noordoostelijke wijnkantons zijn die van Zürich, Schaffhausen, Aargau, Graubünden (zonder Misox/Mesolcina, zie Ticino), Thurgau, St. Gallen en Basel. De andere kantons, Schwyz, Bern (Thunersee), Luzern, Appenzell, Solothurn, Glarus, Zug en Unterwalden, zijn samen goed voor slechts 2,5% van de totale productie van Ostschweiz. Om u er een idee van te geven hoe klein het totale wijnbouwareaal van Ostschweiz is, moet u zich voorstellen dat met iets meer dan 2300 ha het oppervlak aan wijngaarden nog kleiner is dan dat van Wallis of Waadtland. Vóór de vernietigende komst van de phylloxera werd er veel meer wijn gemaakt in Ostschweiz. De phylloxera en de steeds strengere kwaliteitseisen zorgden voor een dramatische decimering van het wijnbouwareaal. De grootste achteruitgang vond plaats rond Basel, mede door de groei van de stad, in Thurgau en in Solothurn. Het klimaat van Ostschweiz is niet echt gunstig voor de wijnbouw, het is te koud en te nat. Optimale omstandigheden vindt u echter in de directe omgeving van de vele meren (Thunersee, Brienzersee, Zurichsee, Zuger See, Vierwaldstätter See, Walensee, Bodensee), de rivieren (Rijn, Aar, Reuss, Thur) en in dalen waar de föhn waait (St. Gallen, Graubünderland). De laagste wijngaarden vindt u op 300 m in de buurt van Basel, de hoogste (600 m) in de Herrschaft van

Graubünderland. Het belangrijkste gevaar voor de wijnbouw in Ostschweiz is langdurige wintervorst of de dodelijke nachtvorst in de lente tijdens de bloeiperiode. In de loop van de eeuwen hebben de creatieve Zwitserse boeren talloze methoden ontwikkeld om de wijnranken tegen de kou te beschermen. Naast de alombekende sproeitechniek en de kacheltjes hanteren de lokale wijnboeren een zeer originele methode. De wijnranken worden namelijk voorzien van een strojurkje of zelfs ingepakt in een warm kleed dat sterk op een klein dekbed lijkt. De bodem van Ostschweiz varieert van west naar oost. In het westelijke deel, in de directe omgeving van de Jura, bevat de bodem meer kalk, in het midden meer kalkzandsteen en in het oosten meer schilfersteen en gruiswal van gletsjers. Omdat de herfst vrij vochtig en koud is in Ostschweiz, gedijen hier alleen vroegrijpe druivensoorten. Bij de witte druiven is de riesling x sylvaner (müller-thurgau) heer en meester, bij de blauwe de pinot noir. In totaal vertegenwoordigen de blauwe druivensoorten maar liefst 70% van de totale aanplant. Hier en daar vindt u andere druivensoorten, in kleine hoeveelheden. De räuschling is een witte specialiteit van Zürich en het Limmatdal, die steeds meer aandacht begint te krijgen. U treft er sporadisch ook de gewürztraminer, de pinot blanc, de pinot gris (hier vaak tokayer genoemd), de freisamer, de ebling, de chardonnay, de chasselas en de completer (Graubünderland) aan. Bij de blauwe druiven is de keuze beperkter. Hier en daar zult u nieuwe druiven tegenkomen, de gamaret en de B 28 (beide gamay x reichensteiner). Ostschweiz wordt gemakshalve in drie grote subzones onderverdeeld: het westen (Bern (Thunersee), Unterwalden, Uri, Luzern, Zug, Aargau, Solothurn en Basel), het midden (Schwyz, Glarus, Zürich, Thurgau en Schaffhausen) en het oosten (Graubünderland, St. Gallen en Appenzell).

RIESLING X SYLVANER

De naam van het kanton of de gemeente van herkomst staat op het etiket vermeld. Deze wijnen bestaan in tal van lokale smaakvarianten en typen, maar over het algemeen zijn het frisse, fruitige (muskaatachtig) en elegante wijnen. Drinktemperatuur: 8-12 °C (hoe lichter, hoe kouder).

BLAUBURGUNDER/CLEVNER

Deze wijn wordt gemaakt van de pinot noir, in heel Ostschweiz. U vindt ze in verschillende typen, van heel licht en fruitig tot stug en tanninerijk. De beste Pinot Noir komt over het algemeen uit het Rijndal in Graubünderland en St. Gallen, waar hij vaak in houten vaten (barriques) gerijpt wordt. Drinktemperatuur: 12-14 °C (voor de 'gewone' Blauburgunder/Clevner) en 14-16 °C (voor de Blauburgunder/Clevner Barriques uit St. Gallen en Graubünderland).

FEDERWEISSER/SCHILLER/SÜSSDRUCK

Met deze dichterlijke namen geeft men in Ostschweiz de diverse rosés van de pinot noir (Blauburgunder, Clevner) aan. Over het algemeen zijn deze wijnen uiterst fruitig, zacht, elegant, vriendelijk en gul. Drinktemperatuur: 8-12 °C (hoe voller, hoe minder koud).

Duitsland

Duitsland staat op de 6e plaats van de wijnproducerend landen. Een groot gedeelte van de productie is bestemd voor het buitenland, terwijl Duitsland zelf erg veel wijn importeert. Dit illustreert hoe complex de Duitse situatie is. Het lijkt alsof de beste, maar helaas ook vaak de slechtste Duitse wijn, naar het buitenland verdwijnt en dat de Duitsers zelf sneller de neiging hebben een biertje of een buitenlands wijntje te drinken dan Duitse wijn. Vergeleken met landen als Frankrijk, Italië en Spanje is de wijnconsumptie in Duitsland laag.

Ook in Duitsland is er een verandering merkbaar. Hoewel van overheidswege gezegd werd dat het Duitse controlesysteem altijd waterdicht was en zonder meer het beste van Europa, bleek er in de praktijk nog veel mis te gaan met de goedkope Duitse wijn. Er bleek ook hier een aantal handelaren te zijn die er eerder mee bezig waren om snel geld te verdienen dan om zich te profileren als ambassadeurs van de Duitse wijnbouw. Creaties met fantasienamen als 'Alte Wein Tradition' of 'Kellergeister' hebben grondig meegewerkt aan het beschadigen van het imago van de Duitse wijn. Aan de andere kant, door de absurde prijzen van de Bordeaux

Bernkasteler Doctor (Mosel-Saar-Ruwer), moderne Duitse kwaliteitswijn

Beerenauslese (B.A.)

(in dit geval vooral de Sauternes), zijn steeds meer mensen op zoek gegaan naar goede alternatieven. Die werden onder andere in Duitsland gevonden, waar de prijzen bleken mee te vallen.

Sinds een paar decennia is de vraag naar goede en nog betaalbare Duitse wijn gestegen. Ook de vraag naar droge Duitse wijn is explosief gegroeid. Dit vergde enorme inspanningen van de Duitse wijnbouw. In relatief korte tijd wisten de meeste wijnboeren zich aan de verandering op de markt aan te passen. Er werd gezocht naar steeds betere middelen om de kwaliteit van de wijn te kunnen garanderen tegen een voor iedereen acceptabele prijs.

Wijnbouw

Hoewel sommige wijnbouwers erin slagen om enkele uitstekende rode wijnen te maken, is Duitsland beslist een land van witte wijn, al was het maar vanwege het klimaat. Hoewel de kwaliteit van de rode wijnen hier en daar enorm verbeterd is, is de prijs van deze zeer acceptabele wijn voor de geboden kwaliteit vaak nog aan de hoge kant. Iets meer dan 85% van het wijnbouwareaal van Duitsland is beplant met witte druiven. Voor de hereniging van beide Duitslanden was het percentage van blauwedruivenaanplant flink gestegen, van 13% in 1984 tot bijna 19% in 1994. Omdat de wijnbouwgebieden van het voormalige Oost-Duitsland vooral witte druiven verbouwen, is dit percentage van blauwe druiven weer enigszins gezakt. Ook in de keuze van de druiven zijn verschuivingen in de richting van kwaliteit opgetreden. Zo verliest de zeer productieve müller-thurgau steeds meer terrein in het voordeel van de riesling. Naast deze twee belangrijkste druivensoorten treft men ook de kerner, silvaner, scheurebe, bacchus, ruländer of grauburgunder pinot gris), morio-muskat, huxelrebe, faberrebe, gutedel (chasselas), weißburgunder (pinot blanc), ortega, elbling, roter traminer, ehrenfelser, optima, reichensteiner en perle aan. Bij de blauwe druiven is de spätburgunder (pinot noir) dominant, gevolgd door de blauer portugieser, de blauer trollinger, müllerebe (pinot meunier), dornfelder, lemberger en heroldrebe. Karakteristiek voor alle Duitse wijnen is een verfijnde vorm van fruitigheid en een relatief laag alcoholgehalte, ook bij de droge wijnen.

Wijnbouwgebieden

De wijnbouwgebieden van Duitsland liggen over het gebied vanaf het noorden van de Bodensee (grenzend met Zwitserland) tot aan de Ahr boven Koblenz enerzijds en twee kleine gebieden rond Dresden en onder Halle anderzijds, verspreid. Er zijn in totaal dertien wijnbouwgebieden, elf in het (zuid)westen en twee in het oosten van het land. Elk wijngebied heeft een aantal verschillende wijnen, waarvan de smaak en het type te maken hebben met bodem, weersomstandigheden (microklimaat), bekwaamheid, wensen van de wijnboer en natuurlijk ook vaak de vraag van de klanten. Het is onbegonnen werk om alle wijnen van Duitsland te behandelen. Wij geven u hier een aantal richtlijnen over de smaak en het type van de meeste wijnen uit de desbetreffende gebieden. In het algemeen kan men stellen dat de noord(oost)elijke wijn meestal licht, zacht fruitig, subtiel van geur en smaak is en pittige zuren bevat. De wijn uit het zuiden is meestal voller en krachtiger van geur en smaak, maar milder in zijn zuren. Hieronder treft u de belangrijkste kenmerken van elk van de dertien wijngebieden, van zuid naar noord.

Baden

Baden ligt in het zuidoosten van Duitsland en vormt een vrij lange strook, vanaf de noordelijke oever van de Bodensee via het beroemde Schwarz-

Moderne wijn uit Baden

wald (Freiburg, Baden-Baden) tot aan Karlsruhe en Heidelberg, iets onder het punt van samenloop van de Neckar en de Rijn. Baden is op twee na het grootste wijngebied van Duitsland en heeft een grote diversiteit wijn aan te bieden. De bodem van Baden bevat voornamelijk löss, leem, grind, wat kalk en vulkanisch gesteente.

De druivensoorten müller-thurgau, ruländer, gutedel, gewürztraminer en riesling worden gebruikt voor de volle, ronde witte wijnen, die vaak kruidige en pittige aroma's hebben. De spätburgunder wordt gebruikt voor de fluweelzachte, ronde en levendige rode wijnen en de zalige, verfrissende Weissherbst).

Württemberg

De wijngaarden van Württemberg liggen op de heuvels die boven de Neckar en haar zijrivieren uitsteken. Het gebied begint bij Tübingen en gaat via de hoofdstad Stuttgart naar Heilbronn en Bad Mergentheim. Württemberg is het grootste wijngebied van Duitsland voor wat de rode wijn betreft. Ongeveer de helft van de wijngaarden is met blauwe druiven beplant. De bodem van het gebied bestaat uit sedimenten, kalksteen met veel fossiele schelpen, mergel en löss. Jammer genoeg vindt u de prachtige wijnen van deze streek bijna nooit buiten het eigen productiegebied. De druivensoorten trollinger,

Duitse topwijn

Duitse Sekt

müllerebe, spätburgunder, portugieser en lemberger worden gebruikt voor de zeer fruitige rode wijnen en de riesling, müller-thurgau, kerner en silvaner voor de stevige, krachtige en vaak een tikkeltje boerse witte wijnen.

Hessische Bergstrasse

Dit gebied is relatief erg klein en bestrijkt een landtong tussen Heidelberg en Bensheim. Het wordt begrensd door de Rijn in het westen en het prachtige Odenwald in het oosten. De bodem bevat bijna alleen maar löss, die goed is voor witte wijn. Ook hier zult u weinig wijn van de Hessische Bergstrasse buiten het eigen gebied vinden. De riesling is hier dominant, gevolgd door de geurige müller-thurgau en de subtiele silvaner. De meeste wijnen zijn elegant en fruitig, met fijne zuren. Ze zijn zeer verfrissend.

Franken

De wijngaarden van Franken liggen op de heuvels aan de oevers van de Main, langs Würzburg en Aschaffenburg. De bodem bevat voornamelijk löss, zandsteen en kalksteen. Al eeuwen staat Franken bekend om twee dingen: de Steinwein uit Würzburg, die zo populair werd dat hij zijn naam aan alle wijnen van de streek gaf (Stein), en de grappige, maar onhandige groene Bocksbeutelflessen. Ze zijn onhandig, omdat ze zeer moeilijk stapelbaar zijn in de vakken die voor ronde flessen bedoeld zijn. Frankenwijnen worden voornamelijk gemaakt van de müller-thurgau en silvaner. Deze druiven leveren hier vrij droge, stevige wijn op met een goede zuurgraad en een volle structuur.

Rheinpfalz

De Rheinpfalz is het meest 'Franse' van alle Duitse wijngebieden. De afstand tot de Franse grens is zeer

De typische 'Bocksbeutel' uit Franken

Uitmuntende Riesling uit de Rheinpfalz

Spätlese uit de Rheinpfalz

258

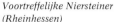

Voortreffelijke Niersteiner (Rheinhessen)

Moderne droge Riesling uit Rheinhessen

delijk en ronduit weerzinwekkend zoet en vlak schommelt, heeft helaas niets meer met de legendarische oude wijn te maken. De bodem van Rheinhessen bestaat uit löss, kalksteen en zand en biedt talloze mogelijkheden aan inventieve wijnboeren. De allerbeste wijnen van de Rheinhessen komen zonder twijfel uit de omgeving van Nierstein, waar vooral de riesling uitmuntende resultaten oplevert op de zonnige terrassen aan de Rijn.

De riesling levert hier milde, fruitige wijnen met een ronde en volle smaak op. Naast de riesling treft men ook de müller-thurgau en silvaner aan voor de witte wijnen, de portugieser en spätburgunder voor de rode wijnen. Een van de mooiste rode wijnen uit Duitsland is de volle, fruitige en klassieke Spätburgunder uit het dorpje Ingelheim, in de Großlage Kaiserpfalz.

Nahe

Nahe ligt ten westen van Rheinhessen aan weerszijden van de gelijknamige rivier. De bodem van het noordelijke deel (bij Bad Kreuznach) bevat veel leem en zand, die van het zuiden meer kwartsiet en porfier. Nahe is wat de wijnen betreft een schakel tussen de welriekende wijnen uit de Mosel, de elegante wijnen uit de Rheingau en de milde wijnen uit Rheinhessen. De müller-thurgau, riesling en silvaner leveren hier elegante, subtiele en geurige wijnen op.

Trocken Grauburgunder uit Nahe

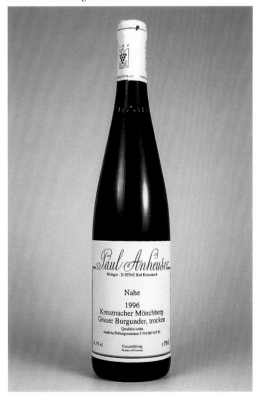

gering en veel oudere wijnboeren uit de Rheinpfalz herinneren zich de tijd nog dat veel Fransen wijn in de Rheinpfalz kwamen kopen. Hier en daar spreken nog steeds enkele mensen vloeiend Frans, voornamelijk ten zuiden van de stad Landau, die ooit een Franse garnizoensstad was. Pikant detail is dat de zuidelijkste wijngaard van de Rheinpfalz, de Schweigener Sonnenberg eigenlijk in Frankrijk ligt, maar dat de Duitse wijnboeren bij wijze van historische uitzondering de oogst naar het Duitse land mogen meenemen en die daar tot Duitse wijn verder mogen verwerken. De bodem van de Rheinpfalz bestaat vooral uit leem, klei en verweerde kalksteen. Deze streek is qua oppervlakte de tweede wijnregio van Duitsland en tevens de productiefste. De beste wijngaarden liggen in het noorden van het gebied, voornamelijk rond Wachenheim, Forst, Deidesheim en Ruppertsberg, die erg bekend zijn om hun voortreffelijke Riesling.

Naast de krachtige, volle, aromatische en elegante Rieslings levert de Rheinpfalz ook een aantal goede witte wijnen van onder andere de müller-thurgau, kerner, silvaner en morio-muskat. De zeldzamere rode wijnen van onder andere de portugieser zijn zacht, mild en fruitig. Ook de dornfelder levert uitstekende resultaten op.

Rheinhessen

Dit wijngebied tussen Worms in het zuiden en Mainz in het noorden zit ingeklemd in een lus van de Rijn en zijn zijrivier de Nahe. Dit is veruit het grootste wijngebied van Duitsland wat het wijnbouwareaal betreft, maar het tweede na de Rheinpfalz wat de productie betreft. De wijnen van de Rheinhessen genoten ooit grote faam, vooral in de tijd van Karel de Grote. De Rheinhessen werd op slag beroemd door de uitmuntende kwaliteit van de plaatselijke wijn afkomstig uit de wijngaarden rond de kerk van Worms, de Liebfraukirche. Deze Liebfraumilch, die ooit kwalitatief zeer hoogwaardig was, mag tegenwoordig in vier gebieden gemaakt worden: Rheinhessen, Rheinpfalz, Rheingau en Nahe. De wijn nu, waarvan de kwaliteit tussen re-

Rheingau

De Rheingau is niet alleen het geografische centrum van de Duitse wijnbouw, maar ook het historische centrum. Het relatief kleine gebied ligt op de noordelijke oever van de Rijn tussen Hocheim en Lorch. Buiten de kleine Großlagen van Daubhaus (ten noorden van Hocheim), Steil (bij Assmannshausen) en Burgweg (bij Lorch) bestaat de Rheingau uit één aaneengesloten gebied op de hellingen van de Taunus. Behalve het prachtige landschap wordt de Rheingau ook geroemd om zijn wonderschone wijnen en zijn grote belang in de wijngeschiedenis van Duitsland. Hier werden de basisbegrippen van de huidige Duitse wijnwetten geboren. Hier werden de eerste laatgeoogste wijnen geproduceerd, evenals de eerste Trockenbeerenauslesen. Op een bodem van löss, leem en verweerde leisteen gedijt de riesling als nergens anders.
De vermaarde Riesling uit de Rheingau is elegant, fruitig, fris en van grote klasse. De betere wijn heeft vaak een pittig, bijna kruidig karakter en genoeg zuren om enkele jaren bewaard te worden. Naast deze Riesling is de Rheingau ook wereldberoemd om zijn voor Duitse begrippen uitmuntende Spätburgunder uit Assmannshausen.

Mittelrhein

Waar de Nahe samenloopt met de Rijn komen vier wijngebieden bij elkaar: Nahe, Rheinhessen, Rheingau en Mittelrhein. Dit laatste gebied is een uitgestrekt wijngebied van Bingen via Bacharach en Koblenz tot net voorbij de monding van de Ahr, in het noorden van de streek. De wijngaarden liggen in terrassen op steile heuvels aan weerszijden van de Rijn. Het landschap is werkelijk prachtig. De wijn van Mittelrhein zult u ter plekke moeten ontdekken. Deze wijn wordt gekenmerkt door zijn terroir, leisteen op de hellingen en wat meer klei bij de rivier. De riesling levert hier ook de beste wijnen op. Hij is elegant, fruitig en goed gestructureerd, met soms een flinke zuurgraad. De wijnen van de müller-thurgau en kerner zijn wat zachter, maar blijven nog vrij pittig in de zuren.

Mosel-Saar-Ruwer

Dit alombekende wijngebied strekt zich uit langs de Saar, de Ruwer en de Moezel, vanaf Saarburg via Trier naar Koblenz. De wijngaarden liggen op de steile heuvels aan de oevers van de zacht kronkelende Moezel en stralen een tijdloze rust uit. De hellingen bestaan voornamelijk uit leisteen en bevatten veel mineralen, wat de finesse van de wijnen ten goede komt. Toegegeven, niet alle wijnen uit deze streek verdienen superlatieven. Helaas bestaat er nog te veel matige tot bijna ondrinkbare suikerwijn, de zogenaamde 'Moezeltjes'.
De wijnen van de Moezel (de echte dan) baren opzien door hun rijke aroma's, hun elegante karakter

en hun grote klasse. Er zijn vele typen Moezelwijnen, van zacht, fruitig en vriendelijk tot pittig, rijk en uiterst aromatisch. De betere wijnen zijn zonder meer die van de riesling, die vooral rond de beroemde wijndorpen Bernkastel, Piesport, Wehlen, Brauneberg, Graach, Zeltingen en Erden vandaan komt. Naast de riesling gedijen de müller-thurgau en de ouderwetse elbling hier ook goed.

Ahr

De Ahr is een van de kleinste Duitse wijngebieden. Het ligt ten zuiden van Bonn, bij Bad Neuenahr-Ahrweiler in de buurt. Het ruige, indrukwekkende dal van de Ahr is een waar paradijs voor de natuurliefhebbers en wandelaars. Eenmaal bovenop de Eifel aangekomen, smaakt niets beter dan een koel glas rode wijn uit de Portugieser. Het Ahrgebied is immers een rodewijngebied, hoewel de vulkanische bodem met veel leisteen ook zeer geschikt is voor het maken van witte topwijnen. Voor rode wijn is echter meer om economische redenen gekozen dan om wijnbouwkundige redenen. Er waren al zoveel goede witte wijnen in Duitsland en de Ahrstreek had een zo beperkt wijnbouwareaal, dat het lonender geacht werd om hier blauwe druiven te planten.
Twee blauwe druiven, de spätburgunder en de portugieser, leveren hier fluweelzachte, elegante en

Typisch Duits etiket voor een overigens uitstekende Moezelwijn

fruitige rode wijnen op. De riesling en de müller-thurgau completeren het geheel met hun elegante, frisse, levendige en zeer aromatische wijnen.

Sachsen

Dit is één van de twee 'nieuwe' wijngebieden van Duitsland, van het voormalige Oost-Duitsland. Samen met het tweede 'nieuwe' gebied Saale/Unstruut vormen ze de noordelijkste wijngebieden van Duitsland. Sachsen is het oostelijkste gebied, gelegen aan de oevers van de Elbe, aan weerszijden van de stad Dresden. Het is een zeer klein gebied met enkele verspreide wijngaarden van Pillnitz tot aan Diesbar Seußlitz, met als centra de stadjes Meißen en Radebeul. De bodem van deze wijngaarden is zeer gevarieerd (onder andere zand, porfier en leem). De müller-thurgau, de weißburgunder en de traminer leveren hier droge, fruitige wijnen met een verfrissende zuurgraad op. De zeldzame lokale wijnen zijn licht en mild, en de Elbtal-Sekt is zeer acceptabel van kwaliteit.

Saale/Unstrut

Dit kleine gebied onder Halle is het noordelijkste wijngebied van Duitsland en, samen met die van Engeland, van heel Europa. Het strenge continentale klimaat dwingt de wijnboeren om de oogst snel binnen te halen. Hier zult u dus weinig zoete wijnen tegenkomen en zeker geen late oogsten. De meeste wijnen zijn droog en bevatten vaak behoorlijk veel zuren. Op een bodem van zandsteen met veel fossiele schelpen gedijen vooral witte druiven, maar de zeldzame rode wijnen bewijzen dat er ook hier mogelijkheden zijn. De müller-thurgau is weinigeisend en productief. Hij is hier ook een succesformule die frisse, vegetale wijnen voortbrengt met aangename grapefruitaroma's. De wijn van de silvaner is echter beter. Hij is zacht en fris, met mildere zuren en aroma's van citrusvruchten. De beste plekken zijn gereserveerd voor de riesling, die vooral op kalksteen uitstekende resultaten oplevert. Hij is fris, krachtig en vol, met een typische perenaroma. Andere druiven, zoals de weißburgunder (groen appeltje) en traminer (mild en rond), leveren redelijke en snel drinkbare wijnen op. De Portu-

gieser heeft een verleidelijke geur van frambozen, maar is vaak een beetje te stug.

Drinktemperatuur

Duitse wijnen verdienen het om op de juiste temperatuur geschonken te worden. Te koude witte wijnen of te warme rode wijnen zijn de meest gemaakte fouten. Mensen zijn echter vaak gewend om de wijnen zo te drinken. Dat is jammer, want elke wijn heeft een boodschap te vertellen, mits de proever er zijn aandacht bij heeft en de wijn op de juiste waarde schat.

Wijntype	Drinktemperatuur
Zeer zoete wijnen (Trockenbeerenauslese, Eiswein)	6-8 °C
Lichte jonge witte wijnen (tot max. Kabinett)	8-10 °C
Volle, rijke witte wijnen (bijv. Halbtrocken Spätlese, Auslese)	10-12 °C
Rosé, Weißherbst, Schiller, Rotling, Badisch Rotgold	8-10 °C
Lichte jonge rode wijnen (bijv. Portugieser, Trollinger)	11-13 °C
Rijke rode wijnen (bijv. Spätburgunder Spätlese)	13-14 °C
Rijke rode wijnen met rijping op hout (barrique cuvées)	14-16 °C

Luxemburg, België, Nederland en het Verenigd Koninkrijk

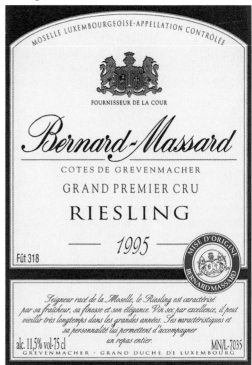

Riesling Grand Premier Cru

Met Wales, Engeland, Luxemburg, België en Nederland bereiken wij, samen met de voormalige Oost-Duitse wijngebieden, de noordelijke grens van het Europese wijnareaal. Van deze vier landen heeft alleen Luxemburg een eeuwenoude wijngeschiedenis. Maar dankzij de moderne technologie en de opgedane ervaringen in de laatste decennia ontwikkelt de wijnbouw zich in de andere drie landen enorm snel. Zeker in Engeland en in België is de plaatselijke wijnbouw een bloedserieuze zaak geworden. Door de klimaatsverandering van de laatste vijftien jaar (de warmtegrens wordt steeds meer naar het noorden getrokken) zou het wel eens kunnen dat relatief jonge wijnlanden, als België, Nederland, Wales en Engeland, een grotere rol gaan spelen in de wijnbouwgeschiedenis van Europa.

Luxemburg

De Luxemburgse Moselle (Moezel) heeft veel dichters en schrijvers met haar ongerepte schoonheid weten te inspireren, al sinds de Romeinen, getuige het prachtige gedicht van Ausonius over de 'Mosella'. Minder dichterlijk maar even belangrijk waren de lovende woorden van Julius Caesar en de zijnen over het prachtige landschap en over de voortreffelijke wijnen van de Luxemburgse Moselle. Toch vormt het dal van 'd'Musel' (zoals het hier genoemd wordt) maar een klein deel van het Groothertogdom Luxemburg. Er is hier nog veel meer te zien in dit relatief kleine Europese land. Luxemburg ligt ingeklemd tussen Frankrijk, Duitsland en België, maar heeft een heel eigen karakter, waarin de drie culturen samengesmolten zijn om de echte 'Letzburger' te vormen.

Riesling uit Wormeldange

De wijnbouw

De wijngaarden van Luxemburg liggen alle op de linkeroever van de Moselle. Het wijngebied begint bij de Franse grens in Schengen en eindigt bij de Duitse grens in Wasserbillig. Het dal van de Moselle is ongeveer 300 tot 400 m breed en wordt geflankeerd door zachtglooiende heuvels. De wijngaarden liggen gemiddeld op 150 à 250 m boven de zeespiegel. De bodem varieert van mergelaarde in het Reumich kanton (zuid) tot rotskalk in het Grevenmacher kanton (noord). Ook het landschap varieert, van zacht- en lichtglooiend bij Reumich (bekend om zijn zachte, bijna mollige wijnen) en stoer en ruig bij Grevenmacher (bekend om zijn elegante en pittige wijnen met een duidelijke terroirtypering). Omdat het hier nooit te warm of echt te koud wordt (de rivier verzacht de extreme temperaturen), kunnen de druiven hier rustig groeien en rijpen.

Wijnen

Eén kleine kanttekening vooraf: velen vinden Luxemburgse wijnen lekkere, lichte en gulle dorstlessers, die jong gedronken moeten worden. De beste Luxemburgse wijnen verdienen het beslist om enige tijd te liggen voor ze gedronken worden. Door de noordelijke ligging van de wijngaarden bezitten deze wijnen vaak behoorlijk veel zuren. Enige rust zal ze nog lekkerder en evenwichtiger maken. Dit geldt zeker voor de grote wijnen van de riesling, gewürztraminer en pinot gris.

MOUSSEUX DU LUXEMBOURG

De gewone mousserende wijn van Luxemburg is aangenaam en fris. Het is een typische zomerse wijn. Drinktemperatuur: 6-8 °C.

CRÉMANT DE LUXEMBOURG

Door zijn elegante karakter, zijn fijne mousse en subtiele aroma's kan een Crémant de Luxembourg elk moment van de dag extra cachet geven. Drinktemperatuur: 6-8 °C.

ELBLING

Deze droge wijn bevat vaak behoorlijk veel zuren. Drinktemperatuur: 8-10 °C.

RIVANER

Dit is een zeer fruitige, milde en soms mollige wijn die bijna overal bij past. Drinktemperatuur: 8-10 °C.

PINOT BLANC

Hij is fris en delicaat. Deze witte wijn kan eigenlijk bij alle gerechten geschonken worden. Drinktemperatuur: 8-10 °C.

AUXERROIS

Deze witte wijn is vaak voller en ronder dan de Pinot Blanc. Drinktemperatuur: 10-12 °C.

PINOT GRIS

De meeste Pinot Gris is rond en vol, met een licht mollige ondertoon en kruidige nuances. Het is een zeer verleidelijke wijn. Drinktemperatuur: 10-12 °C.

RIESLING

Dit is dé koning onder de Luxemburgse wijnen. Hij is fruitig, elegant, stevig en complex. Drinktemperatuur: 10-12 °C.

GEWÜRZTRAMINER

De Gewürztraminer paart hier kracht aan zwoelheid, met behoud van een beschaafde elegantie. Drinktemperatuur: 10-12 °C.

PINOT NOIR

De Luxemburgse Pinot Noir is wat minder vol dan die van de Bourgogne en zelfs dan die van de Elzas. Zijn sterke kanten zijn de aangename fruitigheid, de speelse frisheid en het verleidelijke karakter. Drinktemperatuur: 12-14 °C voor de lichtere soorten, 14-16 °C voor de vollere uit zonnige jaren.

België

Zo'n honderd jaar geleden bestond er al wijnbouw in België. Na lange tijd vergeten te zijn, beleeft de

Crémant de Luxembourg

Uitmuntende Riesling uit Grevenmacher

Waarschijnlijk de mooiste Luxemburgse Riesling

wijnbouw sinds enkele jaren weer een enorme opleving. De wijncultuur in het bierdrinkende België is weer in ere hersteld. Voor de duidelijkheid: we spreken hier uitsluitend over de wijnbouw in de open natuur en niet over de wijnbouw in de kas.

Hageland Appellation Contrôlée

Het is de Belgen gelukt om een eigen appellation d'origine contrôlée voor Hageland te krijgen, een gebied in de driehoek Leuven-Diest-Tienen in het Belgische Brabant. Daar werden al in de 12e eeuw –en misschien nog daarvoor– wijnranken verbouwd. De streek beleefde glorietijden in de 14e en 15e eeuw en zelfs in de 16e eeuw floreerde de handel met de naburige Vlaanderen en Holland nog. Het succes van de Hagelandse wijnbouwers in zo'n noordelijk gelegen gebied is mede te danken aan de ligging van de wijngaarden op hellingen. De bodem bestaat voornamelijk uit zand en een sterk ijzerhoudende ondergrond. Maar het succes van Hageland zou uitgebleven zijn zonder de wil en het doorzettingsvermogen van een handjevol wijnfreaks die de streek weer nieuw leven wilden inblazen. Nu, 28 jaar later, is hun droom werkelijkheid geworden. Hageland werd in 1997 als appellation d'origine contrôlée erkend door het Europese Hof. Meer dan een kleinschalig uit de hand gelopen hobby zal de A.O.C. Hageland helaas niet worden. De meeste domeinen zijn zo klein, dat ze aan de snel rijzende vraag van de plaatselijke horeca en particulieren niet eens kunnen voldoen. Eind 1997 waren er negen erkende wijnbouwers in Hageland, namelijk Hageling uit Tienen, Wijnhoeve Boschberg uit Scherpenheuvel, Wijnhoeve Elzenbosch en Wijn-

kelder Kluisberg uit Assent, Hagelander uit Rillaar, Dox Wijn uit Halen, Domein Sire Pynnock (waarschijnlijk de beste) uit Leuven en Wijngoed Sint Denis uit Tielt-Winge.

Andere wijngebieden

Naast Hageland wordt er ook wijn gemaakt in andere delen van Brabant (De Wijngaerd en Wijngaard Kartuizerhof, beide bij Borgloon, Soniënwijnkelders in Overijse), in Limburg (Wijnkasteel Genoels-Elderen bij Riemst, een verrassend goede Chardonnay) en Wallonie (Château de Trazégnies, op een oude mijnkolenberg in het gelijknamige stadje onder de rook van Charleroi). Alle wijngaarden zijn vrij recent. Ze zijn maximaal 20 jaar oud, sommige zelfs nog geen tien jaar. Pas in het volgende millennium kunnen we een echt kwaliteitsoordeel vellen over deze Belgische wijn. De meeste wijnbouwers gebruiken voor zo'n noordelijke streek vrij logische druivensoorten, namelijk de müller-thurgau, pinot blanc, pinot gris, auxerrois, kerner, riesling en sieger voor de witte wijn, en de pinot noir, gamay en dornfelder voor de rode. Experimenten met de aan warmere omgevingen gewende chardonnay zijn hier en daar toch zeker bemoedigend te noemen. Ook bij de Soniënwijnkelders wordt een mousserende wijn gemaakt die drinkbaar is.

Müller-Thurgau en Riesling, uit Maastricht

Brabantse wijnen uit Made.

Nederland

Net als in België maken veel kleine Nederlandse boeren hun eigen 'wijn'. Veel wijn is echter afkomstig van druivenextracten of kasdruiven en vallen dus buiten het bestek van dit boek. De voor ons interessante wijnen worden gemaakt van geoogste druiven uit echte wijngaarden. Nederland telt maar liefst meer dan 100 kleine wijngaarden en daarnaast nog tien grotere professionele wijngaarden van meer dan 1 ha. Al zeven jaar bestaat het Nederlandse wijngaardeniersgilde, dat toezicht heeft op de Nederlandse wijnbouw, vooralsnog met een eerder adviserende dan een controlerende functie. Natuurlijk zijn de wijngaarden uit de prachtige Maastrichtse heuvels en uit Limburg (Cadier en Keer, Cuyk, Guttecoven, Meijel, Mesch-Eijden, Oirsbeek, Schin op Geul, Ubachsberg, Velden, Venlo, Vijlen, Wahlwiller, Wittem) de bekendste. Ook buiten Limburg treft u wijngaarden aan, namelijk in Brabant (Bavel, Eindhoven, Etten-Leur, Lexmond, Luyksgestel, Made, Nederweert, Someren en Veldhoven),

Drenthe (Donderen), Flevoland (Lelystad), Gelderland (Angeren, Arnhem, Barneveld, Beesd, Ermelo en Wageningen), Noord-Holland (Amsterdam, Middenbeemster), Zuid-Holland (Goudriaan, Vlaardingen, Voorschoten en Zuidland), Overijssel (Deventer, Kampen, Markelo, Nijverdal en Zwolle), Utrecht (Maarssen) en Zeeland (Nieuw Haamstede, 's-Heer Arenskerke).

Tientallen druivensoorten werden en worden nog steeds uitgeprobeerd. Sommige van deze probeersels zijn al bijvoorbaat tot mislukken gedoemd (cabernet sauvignon, cabernet franc bijvoorbeeld), terwijl andere een op zijn zachtst gezegd uiterst twijfelachtige keuze zijn (zoals de muskateller, chardonnay of gewürztraminer). Logischer zijn de experimentele beplantingen met druivensoorten, als sauvignon, sylvaner, pinot blanc en chasselas. Naast de bekende druivensoorten gebruikt men op grote schaal minder bekende, maar voor het Nederlandse klimaat zeer geschikte nieuwe rassen, zoals de triomphe d'alsace, regent, léon millot, seyval blanc en phoenix.

Deze druivensoorten staan bekend om hun productiviteit onder de moeilijkste omstandigheden. Kwalitatief gezien worden er betere resultaten geboekt met de kerner, auxerrois, riesling, pinot blanc en müller-thurgau voor de witte wijn en dornfelder, zweigelt, trollinger, portugieser en pinot noir/spätburgunder voor de rode. Van al deze wijngaarden en wijndruiven wordt wijn gemaakt. Eerlijkheidshalve moet toegegeven worden dat slechts een klein gedeelte van deze wijn boven de kwaliteit van een doorsnee Duitse Landwein uit komt.

Sommige wijn is zelfs met de grootste wil van de wereld nauwelijks te drinken. Dit komt doordat de wijngaarden nog jong zijn of door het hobbyistische karakter van het wijnmaken. De kwaliteit van de topdomeinen is echter meer dan redelijk te noemen. Omdat de opbrengst door de natuur, maar ook door menselijk ingrijpen, zeer laag blijft, zijn de productiekosten aan de hoge kant. Nederlandse wijnen zijn beslist de moeite van het ontdekken waard als lekkere curiosa. Enkele aanbevolen namen zijn voor de witte wijn (onder andere müller-thurgau, auxerrois, riesling):

• Apostelhoeve, fam. Hulst, Maastricht (Limburg)
• Hoeve Nekum, fam. Bollen, Maastricht (Limburg)
• Wijngaard De Goltenhof, Th. v/d Linden, Venlo (Limburg)
• De Linie, Marius Van Stokkum, Made (Brabant)

Voor de rode wijn (onder andere regent, pinot noir):
• Wijngaard Wageningse Berg, Jan Oude Voshaar, Wageningen (Gelderland) NB.: Biologische wijnbouw, Eko-keurmerk SKAL
• Domaine des Blaireaux, Dassen en Dullaart, Maastricht (Limburg)
• Château Forêt Verte, Groenewoud, Raamsdonkveer (Brabant)
• Château Neercanne, Peter Harkema, Maastricht (Limburg)

Het Verenigd Koninkrijk

Biddenden Schönburger uit Kent (etiket)

Tot voor kort werd de Engelse wijnbouw nog als 'a bit of a joke' (als een grapje) gezien, maar vandaag de dag lacht niemand meer de fanatieke Engelse en Welshe wijnbouwers uit. Eerder toe, want hetgeen zij in de laatste vijftien jaar hebben gepresteerd, is echt een reuze compliment waard. Aan het einde van het tweede millennium was de wijnbouw in Engeland inmiddels 'bloody serious' geworden.

Wijnbouwomstandigheden

Er zijn op dit ogenblik een kleine 450 echte wijngaarden op de Britse eilanden, in Engeland, Cornwall, op de Isle of Whight, in Wales en zelfs in Ierland. Het is telkens zeer moeilijk voor een potentiële wijnbouwer om een goede locatie te vinden, want in een dergelijk koud en vochtig land is de ligging van de wijngaarden (hoogte, bodem, zon, wind, water etc.) van groot belang. Alleen als deze omstandigheden ideaal zijn, kan er wijn gemaakt worden. Belangrijk voor een Britse wijngaard is de ligging op een heuvel op het zuiden, waar een maximum aan zonlicht en warmte komt. In tweede instantie moet de grond een goede drainagelaag hebben. Het mag niet te koud zijn op die heuvel en er mogen geen nachtvorsten zijn. De wind moet overal vrij spel hebben, maar mag niet te hard door de wijngaard waaien. De heuvel mag ook niet te vochtig zijn, want vocht en weinig zon trekken de gevreesde schimmels aan. Ten slotte mogen de wijngaarden niet te dicht bij de zee liggen, omdat de wijnranken door de wind te veel zeezout zouden krijgen. Hoe meer de wijngaarden aan deze eisen voldoen, hoe groter de kans dat er goede wijnen gemaakt kunnen worden.

Ook de bodem is van vitaal belang. De Britse eilanden hebben een enorme diversiteit aan bodemsoorten. In East-Anglia domineert de klei, bijna overal doorspekt met vuursteen of grof grind. Leem en zand vindt u aan de oevers van de Theems, met hier en daar wat grind. Kalk, zandsteen en klei zijn gebruikelijk in Kent, maar u vindt er ook kalkrots in Canterbury (Elham Valley, Nicholas at Ash), leem en zand in Tenterden en Bid-

denden, en leem, zand, klei en zandsteen in Lamberhurst (allemaal Kent). De beroemde wijngaarden van Carr Taylor (Sussex) hebben een bodem van zand en ijzer- en andere metaalhoudende ondergrond van zachte leisteen. In andere delen van Sussex domineren juist klei en/of zand. In Hampshire zult u meer kalk aantreffen (Winchester), maar ook grindhoudende leem (Wellow). Even verder naar het zuidwesten spelen zand en rots een dominante rol. Op het eiland van Wight liggen sommige noordelijke wijngaarden op een zware kleibodem (Barton Manor), terwijl de zuidelijke wijngaarden van Adgestone op harde kalk liggen. De bodem van Wiltshire bevat voornamelijk groen zand en kalk, die van Dorset vooral kalk. Zachte leem vindt u in de zuidwestelijke wijngaarden van Cornwall, met hier en daar wat graniet. Devon staat bekend om zijn prachtige zandsteen en leisteen, die voor een uitstekende drainage zorgen. Wales en de Welsh Borders hebben vooral bodems van zand en klei, met hier en daar wat rode zandsteen (Three Choirs).

Engelse wijngaarden bij Lamberhurst

Wijngebieden

Engeland en Wales hanteren nog geen officiële en Europees erkende geografische wijnbouwindeling. Van de circa 450 Britse wijngaarden (1035 ha) is ongeveer 95% gelokaliseerd in Engeland en Cornwall, de rest ligt in Wales. De 1035 ha wijngaarden worden beheerd door 115 'wineries', voornamelijk gelegen in South East, South West, Wessex en Anglia. Meer dan 90% van de Engelse/Welshe wijn is wit. De noordelijke grens van de wijngaarden ligt bij Withworth Hell, niet ver van de Schotse grens. Vaak worden de noordelijkst gelegen 'wineries' door zuidelijker gelegen wijngaarden van druiven voorzien. Het noorden van het land, 'The North and Midlands' (Mercia) ligt in de driehoek Whit-

worth Hell, Wroxeter en Windmill. De meeste wijngaarden hebben geen commerciële doeleinden. Alleen op de beschutste en warmste plekken kunnen
serieuze wijnen gemaakt worden. Wales heeft niet
zoveel 'wineries' en wijngaarden, maar de kwaliteit
van sommige wijn is werkelijk uitstekend. De Welsh
Borders (tussen Wroxeter en Tintern) leveren
prachtige druiven op voor de beste Welshe wineries,
zoals met name Three Choirs in Newent. Bijzonder
goed zijn de plaatselijke wijnen van de Bacchus, de
Reichensteiner en de Schönburger. Ten oosten van
Wales ligt het wijngebied van de Thames en Chiltern Region. De wijngaarden liggen voornamelijk
tussen Oxford en Wantage, in de omgeving van

Thorncroft uit Surrey

Devon white wine

Hidden Spring uit East Sussex

HIDDEN SPRING
VINEYARD
1995

ENGLISH
TABLE
WINE

Produce of UK

11.5% VOL
75 cl.e

Grown by
and bottled for
Hidden Spring
Vines Cross Road
Horam, E. Sussex, UK
Tel/Fax: 01435 812640

Müller-Thurgau, aanbevolen in Engeland

Goede Huxelrebe uit Kent

Ten slotte vormen de wijngaarden van Devon en Cornwall het zuidelijkste Britse wijngebied.
De grootste wijnproducerende gebieden zijn South East (onder andere East Sussex, Hampshire, Isle of Wight, Kent, Oxfordshire, Surrey en West Sussex), Anglia (onder andere Essex en Suffolk), Wessex (onder andere Somerset), South West (onder andere Devon) en South Mercia (onder andere Gloucestershire).

Toegelaten druivensoorten

Dit zijn uitstekende druivensoorten, waarvan men van mening is dat ze een grote rol kunnen spelen in de Engelse wijnbouw, maar misschien niet overal. Uit de lijst van meer dan 35 namen vermelden wij de populairste: bacchus, chardonnay, dornfelder, ker-

Ook van de ortega komen goede wijnen

Reading en Slough, en tussen Aylesbury en Hemel-Hempstead. Nog verder naar het oosten ligt East-Anglia, waar wijngaarden liggen tussen Norwich, Cambridge, Chelmsford en Ipswich. Ten zuiden hiervan liggen de inmiddels vooral in Engeland (wereld)beroemd geworden wijngaarden van Kent en The Weald (East Sussex). Dit is een zeer productieve streek en met de dag komen er nieuwe wijngaarden bij. Uitstekende wijn komt onder andere van Biddenden, Elham, Tenterden en Lamberhurst. Westelijk van Kent en East-Sussex liggen de wijngaarden van Surrey en West Sussex. Iets westelijker nog liggen de wijngaarden van Hampshire, Isle of Wight, Wiltshire en Dorset.

ner, kernling, ortega, pinot noir, regner, siegerrebe, triomphe d'alsace, wrotham pinot en wurzer.

Van deze groep is de bacchus het meest verspreid, iets meer dan 9% van de totale aanplant. De bacchus is een kruising van sylvaner x riesling x müller-thurgau en levert betere wijn op dan de gewone müller-thurgau. De beste wijn van de bacchus munt uit door zijn muskaatachtige aroma's.

De pinot noir komt hier bijna nooit tot volle rijping. Hij wordt voornamelijk gebruikt om lichtere, bijna rosé-achtige wijn van te maken.

Experimentele druivensoorten

Dit zijn druivensoorten die alleen onder toezicht van de plaatselijke wijnbouwautoriteiten 'uitgeprobeerd' kunnen worden. Een typisch voorbeeld hiervan is de phoenix.

Engelse en Welshe kwaliteitswijnen

Nogmaals, er moet een onderscheid gemaakt worden tussen de nauwelijks drinkbare 'British wines', gemaakt van geïmporteerd druivensap, en de gereglementeerde 'English' en 'Welsh Wines'.

Deze 'English' en 'Welsh Wines' komen uit Engeland, Wales en Cornwall. De geoogste druiven hebben vaak te weinig suikers en te veel zuren om er een evenwichtige wijn van te kunnen maken. Op de Britse eilanden is, net als bij de andere noordelijke wijngaarden, 'chaptalisatie' toegestaan. Hier mag men van overheidswege (EU-normen) maar liefst 3,5 tot 4,5% alc. via versuikering inwinnen. Dat wil zeggen dat men zo'n 7 tot 9 kilo suiker aan de nog onvergiste most mag toevoegen. Deze verrijking wordt hier 'amelioration' (verbetering) genoemd. Het is ook toegestaan om een beetje geconcentreerd druivensap (in Duitsland bekend onder de naam 'Sußreserve') aan de uitgegiste wijn toe te voegen om hem wat meer rondeur en een vollere smaak te geven. Dit wordt wel eens gedaan bij van nature te zure wijnen. De Engelse en Welshe wijnen zijn meestal frisse, aromatische witte wijnen, van droog

tot 'off-dry' (heel licht zoet) of medium-dry (halfzoet). De geur heeft meestal subtiele florale componenten. De grootste kracht van deze wijn is de frisheid en zijn dorstlessende karakter. Naast de stille witte wijn worden er ook enkele 'pink' (rosé), 'red' (rode) en 'sparkling wines' (mousserende wijn) gemaakt. Vooral de laatste wint steeds meer terrein. Dit is niet verrassend, gezien het feit dat een goede champagne bijvoorbeeld, uit frisse, bijna zure witte wijn met subtiele aroma's wordt gemaakt. En zijn het niet toevallig de Engelsen die de Champagne,

English table wine

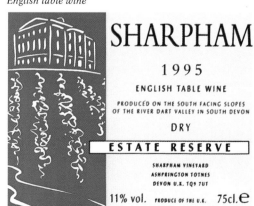

Lamberhurst, warm aanbevolen

'mad wines', beroemd hebben gemaakt? Hoewel, volgens de Fransen was het een beroemde monnik die de Champagne uitvond.

Aanbevolen wineries/winemakers/wijnen

- Biddenden Vineyards, Biddenden (Kent)
- Lamberhurst Vineyards, Lamberhurst (Kent)
- Hidden Spring Vineyards, Horam (East Sussex)
- Carr Taylor Vineyards, Westfield, Hastings (Sussex)
- Three Choirs Vineyards, Newent (Welsh Borders)
- Sharpham Vineyards, Totnes (Devon)
- Chiltern Valley, Old Luxters, Hambleden, Henley on Thames (Oxfordshire)

Martin Fowke, de wijnmaker van Three Choirs, is volgens de insiders een rijzende ster aan het firmament van de Engelse (en zelfs Europese) wijnbouw. Naast de gevestigde orde (Lamberhurst, Carr Tay-lor, Biddenden en Sharpham onder andere) zijn de Three Choirs in de laatste jaren met stip gestegen. Vooral de Late Harvest (een zeldzaamheid op de Britse eilanden), de Bacchus en de Siegerrebe lijken succesnummers te zijn geworden. Voor de liefhebbers maakt dezelfde Martin Fowke ook uitstekende rode wijn in het Welshe Glyndwr.

Mark Sharpham van Sharpham Vineyards heeft in het afgelopen jaar furore gemaakt met zijn op hout gerijpte witte en rode wijn. Dit is beslist een naam om te onthouden.

Uitmuntende wijn, maar slechts table wine voor de EU

Uitstekend domein, eigendom van Sharpham

1994
Beenleigh
CABERNET SAUVIGNON/MERLOT
English Table Wine
Estate Grown and Bottled by
BEENLEIGH MANOR VINEYARDS, DEVON, UK.
12.5%vol   PRODUCE OF THE UK   75cl

Sharpham, gevestigde naam, ook in rood

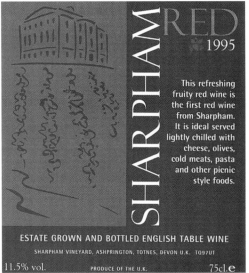

Goed en prachtig: Hidden Spring

Afrika

Wie Afrika en wijn zegt, zal waarschijnlijk meteen aan Zuid-Afrika denken. En terecht, want daar wordt de meeste wijn geproduceerd, al wordt er tegenwoordig ook in Zimbabwe wijn gemaakt.

Zimbabwe

Weinig mensen zullen gehoord hebben over de wijnbouw van Zimbabwe en als ze dat wel hebben, zal dat niet allemaal positief zijn. Deze vrij jonge wijnbouw concentreert zich in het noordoosten van het land, tussen de hoofdstad Harare en de grensstad Mutare (wijngebieden Marodera en Odzi), en in het zuiden (wijngebieden Gweru en Bulawayo). Zimbabwe produceert witte wijn, rosé en rode wijn. De witte wijn wordt gemaakt van onder andere de clairette, colombard, chenin blanc en riesling voor de droge wijn en muscatel en hanenpoot voor de zoete. Deze witte wijnen zijn beslist geen bewaarwijnen. De eerste uitproebersels leveren redelijk volle wijnen met vrij strakke zuren op. De rosé wordt gemaakt van de pinotage en cinsault, en zijn niet zo vol en vrij droog. U moet ze jong drinken. De rode wijn komt van de cabernet sauvignon, merlot, pinotage en cinsault. Hij is vrij vol, goed droog, maar mist wat ruggengraat. Het is geen bewaarwijn. De toekomst zal leren of Zimbabwe ook in staat is aangename, drinkbare wijn te maken.

Zuid-Afrika

Zuid-Afrika heeft in de laatste decennia zeer drastische politieke, sociale en etnische veranderingen doorgemaakt. In het huidige Zuid-Afrika, waar de economie moeilijk op gang komt na de grote veranderingen, zou de wijnbouw een bijzonder grote impuls aan het land kunnen geven. Tien jaar geleden nog taboe lijkt de Zuid-Afrikaanse wijn nu Europa en de wereld te veroveren, te beginnen bij Engeland en Nederland, omdat deze landen historisch verbonden zijn met Zuid-Afrika.
Trotse wijnbouwers zullen u vertellen dat Zuid-Afrika het oudste van de 'nieuwe wijnlanden' is. De wijnbouw is echter pas in 1655 in Zuid-Afrika geïntroduceerd, terwijl in 1530 al de eerste wijnranken geplant werden in Mexico en Japan, en rond 1560 in Argentinië en Peru. Wel werd Zuid-Afrika eerder met wijnranken beplant dan bijvoorbeeld Californië (1697) en Nieuw-Zeeland (1813).

Wijnbouwomstandigheden

Zuid-Afrika ligt op het zuidelijk halfrond, precies in de zone die gunstig is voor de wijnbouw. U kunt het Zuid-Afrikaanse klimaat het beste met het mediterrane klimaat vergelijken. De beste wijnbouwgebieden liggen aan de voet van de bergen en in de dalen. De druiven hebben hier niet te klagen over de zon. In de winter daalt de temperatuur maar tot 0 - 10 °C. De koele zeebriesjes brengen het nodige vocht naar de wijngaarden. Van mei tot augustus valt de meeste regen. De bodem varieert van graniet aan de voet van de bergen, zandsteen bij de Tafelberg, zachte leisteen bij Malmesbury, tot leisteen en löss bij de rivieren. Van wijngaard tot wijngaard vallen behoorlijke verschillen op. Die maken de 'estate wines' (wijnen van kleinere domeinen) juist extra interessant. De productie van wijn ligt voor een groot gedeelte in de handen van coöperatieve kelders (85% van de productie), waarvan de be-

Chardonnay uit de Coastal Region

langrijkste de K.W.V. is. Zuid-Afrika neemt thans met ongeveer 3% van de wereldproductie de achtste plaats in op de wereldranglijst van wijnproducenten (Frankrijk 22%, Italië 20 % en Spanje bijna 14%).

Alle wijnen die geëxporteerd worden, zijn voorzien van een controlezegel. Van deze wijn zijn steekproeven genomen. De wijn moet voldoen aan de organoleptische eisen (kleur, reuk, smaak, karakter etc.), maar ook aan eisen als echtheid van de gedeclareerde herkomstbenaming, druivensoort en jaartal. De wijn krijgt ook een streng chemisch onderzoek.

Wijnbouwgebieden

Sinds 1973 heeft Zuid-Afrika een duidelijk herkomstbenamingsysteem, dat gebaseerd is op geografische en klimatologische eigenschappen van de wijn. Bijna alle wijnbouwgebieden van Zuid-Afrika vindt u in het zuidwesten van het land, tussen Kaapstad en de kust. Ook wordt er wel wijn gemaakt in het noorden en oosten van het land, Olifants River, Orange River en Klein Karoo. Men kan wijn uit een van deze gebieden produceren, maar ook wijn van meerdere gebieden. De laatste wordt dan naar de grote overkoepelende herkomstzones genoemd, Coastal Region (Swartland, Tubagh, Paarl en Stellenbosch) en Breede Rivier Region (Worcester en Robertson). Uitstekende voorbeel-

Pinotage uit Swartland

den van dit type wijn zijn de succesvolle Fleur du Cap-lijn en Stellenrijck, beide van de Coastal Region.

We bezoeken deze wijngebieden en beginnen in het noorden, gaan dan via het westen naar het zuiden en het oosten.

Orange River

Dit is een vrij onbekend gebied tegen de grens van Namibia aan. Het is een acceptabele wijn tegen een redelijke prijs. De wijn wordt weinig geëxporteerd.

Olifants River

Dit gebied ligt iets ten zuiden van Orange River en loopt bijna parallel aan de kust. Hier tussen Koekenaap en Citrusdal is het klimaat wat droger (minder neerslag en hogere temperaturen) dan in de omgeving van Kaapstad. Hier komt uiterst aangename wijn vandaan tegen zeer acceptabele prijzen (helaas meer voor de lokale drinkers).

Piketberg

De streek rond Piketberg heeft bijzondere warme zomers en irrigatie is hier dus noodzakelijk, ook omdat er al zeer weinig water valt door het hele jaar heen. Het is een prima wijn tegen een zeer acceptabele prijs.

Swartland

Dit gebied ligt nog zuidelijker tussen Piketberg, Darling, Malmesbury en Tulbagh. Hier begint het betere werk. Bekend uit de streek waren ooit de uitmuntende, zoete portachtige wijnen. Tegenwoordig maakt men hier twee typen wijn, namelijk lichte, smakelijke, vrolijke en beslist niet dure moderne wijn (bijvoorbeeld Swartland), maar ook klassieke topwijn van edele druiven (bijvoorbeeld Alles Verloren).

Tulbagh

Dit is een piepkleine herkomstbenaming uit het zuidoosten van Swartland. Afhankelijk van het microklimaat en het type bodem maakt men hier redelijke tot goede coöperatieve wijnen naast uitstekende klassieke wijnen (in Europa kennen we uit dit gebied voornamelijk Drostdy-Hof en Twee Jonge Gezellen).

Paarl-Wellington

Nu komen we steeds dichter bij Kaapstad, op ongeveer 50 km afstand. Dit is de thuishaven van de K.W.V. en het is ongetwijfeld de beroemdste Zuid-

Steen uit Tulbagh

Afrikaanse wijnstreek (mede door de jaarlijkse Nederburgwijnveilingen en proefsessies). Natuurlijk worden hier ook genoeg simpele en goedkope wijnen geproduceerd, maar Paarl-Wellington staat vooral bekend om zijn uitmuntende toppers (van onder andere de in Europa bekende huizen K.W.V., Laborie, Landskroon, Nederburg en Simonsvlei). Hier is het klimaat echt mediterraan, met warme en lange zomers en net genoeg neerslag om niet van irrigatie afhankelijk te zijn. De bekendste wijnen uit deze streek zijn: de witte Sauvignon Blanc, Chenin Blanc (Steen) en Chardonnay en de rode Pinotage en Cabernet Sauvignon. De nakomelingen van de Franse Hugenoten hebben van hun eigen omgeving een waar bedevaartsoord gemaakt: Franschhoek met een echt Hugenotenmonument, maar voor ons belangrijker, ook prachtige wijnen. Naast de gebruikelijke druivensoorten hebben deze Franse Hugenoten een voorliefde voor de sémillon. Enkele heel goede wijnhuizen van Zuid-Afrika liggen in Franschhoek: Bellingham, Chamonix, Haute Provence, L'Ormarins, La Motte en Plaisir de Merle. De (witte) wijnen van Franschhoek zijn tegenwoordig vaak 'Franser' dan sommige Franse wijnen!

Durbanville

Dit is een wijngebied dat een beetje last heeft van de oprukkende buitenwijken van Kaapstad, maar zich

L'Ormarins uit Franschhoek

Een stijgende ster aan het firmament

redelijk weet te handhaven. Durbanville staat vooral bekend om zijn rode wijn van goede kwaliteit, maar maakt ook uitstekende witte. Het aangrenzende Paarl geniet nog grotere bekendheid. Dit is niet helemaal terecht, maar Durbanville is bezig met een succesvolle inhaalrace. Bekende namen in Europa zijn Altijdgedacht, Diemersdal, Meerendal en Theuniskraal.

Constantia

Dit wijngebied ligt ten zuiden van Kaapstad op een schiereiland en is veruit het vochtigste van alle wijnbouwgebieden van het land. Het is ook een historisch gebied, want hier plantten de Hollanders hun eerste wijngaarden aan. Constantia werd lang geroemd om zijn prachtige zoete Muscat wijn, maar produceert tegenwoordig alle typen wijn, van goed tot uitstekend. Bekende goede wijnhuizen uit Constantia zijn Buitenverwachting, Groot Constantia en Klein Constantia.

Stellenbosch

Stellenbosch is niet alleen een kwalitatief hoogwaardig wijngebied, maar ook een onderzoeks- en studiecentrum voor de wijnbouw. Uit dit wijngebied in de directe omgeving van Kaapstad komen zeer gerenommeerde wijnen van onder andere Alto, Bergkelder, Jacobsdal, Kanonkop, Le Bonheur, Meerlust, Middelvlei, Neil Ellis, Rust en Vrede, Simonsig, Thelema en Uitkijk.

Stellenbosch is beroemd om de kwaliteit van zijn geassembleerde rode wijn, maar maakt ook voortreffelijke witte en monocépage wijn. Van Kanonkop komt waarschijnlijk de allermooiste Pinotage van het land.

Worcester

Dit is een vrij groot wijngebied dat voor ongeveer een kwart van de totale Zuid-Afrikaanse productie zorgt. Maar liefst 19 coöperaties liggen in dit gebied, hoewel de bedrijven niet bekend zijn in Europa. Door de vele verschillen in bodem en micro-klimaat tussen de Breede River-vallei en haar zijrivieren komt men hier uiteenlopende typen wijn tegen, van redelijk tot goed. Er wordt hier ook veel wijn gestookt voor de zeer acceptabele plaatselijke brandy (onder andere K.W.V.).

Overberg (Walker Bay, Hermanus, Elgin)

Dit piepkleine en vrij onbekende wijngebied ligt aan de zuidkust, ongeveer halverwege Kaapstad en Bredasdorp. Het is een relatief recent wijnbouwgebied dat veel voor de toekomst belooft. De bodem van afgebrokkelde leisteen en het koele, vochtige klimaat staan garant voor de mooiste Chardonnay van het land, maar ook voor uitmuntende Pinot Noir. Twee absolute uitblinkers zijn Hamilton-Russel en Wildekrans.

Robertson

Dit is een vrij groot wijngebied tussen Worcester en Klein Karoo. Het stond ooit bekend om zijn versterkte zoete wijn. Robertson maakt tegenwoordig uitstekende witte en rode wijnen, waarvan de Chardonnay en Shiraz de uitschieters zijn. Hier treft u enkele sublieme, pure Shiraz aan, in tegenstelling tot vele andere gebieden waar shiraz bijna systematisch met andere druivensoorten vermengd wordt, met name met cabernet sauvignon. Er zijn veel goede wijnhuizen, zoals Rietvallei, Robertson, Rooiberg, Van Loveren, Weltevrede en Zandvliet.

Klein Karoo

Ten slotte het allergrootste wijngebied van Zuid-Afrika, Klein Karoo, dat tevens het oostelijkst gelegen wijngebied is. Ook hier is de zomer zeer warm en irrigatie noodzakelijk. Klein Karoo is beroemd om zijn versterkte zoete wijn, maar maakt ook verrassend fruitige en frisse Chenin Blanc (Steen).

Uitstekende Chardonnay uit Robertson

CAPE RIESLING/KAAPSE RIESLING

Dit is ondanks wat de naam suggereert geen riesling, zoals wij die kennen, maar een andere druif, de crouchen blanc, waarvan de herkomst vrij onduidelijk is. Hij wordt vaak gebruikt voor het vervaardigen van zeer acceptabele tafelwijn, maar levert ook enkele goede, strakke wijnen op met interessante vegetale aroma's (stro, gras). Drinktemperatuur: 8-10 °C

COLOMBARD

Deze druivensoort, bekend uit het Franse zuidwesten, bakermat van de meeste Hugenoten, levert een frisse en fruitige wijn op. Hij is uitstekend als aperitief of bij gegrilde vis. Drinktemperatuur: 8-10 °C.

STEEN (CHENIN BLANC)

Deze wijn is afkomstig uit de Loire. Deze druif wordt vooral gebruikt om zijn fijne zuren. In Zuid-Afrika levert hij echter verrassend milde wijn op, die zelfs bijna zoet is, naast krijtdroge, frisfruitige exemplaren. Drinktemperatuur: 8-10 °C.

SAUVIGNON BLANC

Hij wordt ook wel eens, zoals in Amerika, Fumé Blanc genoemd. Zuid-Afrikaanse Sauvignon Blancs zijn zeer vegetaal (gras) met een peperige ondertoon. De smaak is droog, fris, aromatisch en mooi en rond. Drinktemperatuur: 8-10 °C.

CHARDONNAY

Ook in Zuid-Afrika gedijt deze Bourgondische druivensoort goed. Vooral de speciale cuvées, gerijpt op jonge eikenvaten, zijn uiterst boeiend. De Chardonnay is fruitig, rijk, rond, filmend en stevig van smaak. Drinktemperatuur: 10-12 °C.

PINOTAGE

Dit is de typerendste druivensoort van Zuid-Afrika. Hij is geboren uit een kruising van een oude onderstam (waarover nog weinig bekend is), de pinot noir en de cinsau(l)t (hier ook hermitage genoemd). Hij werd in 1925 door prof. Abraham Perold uitgevonden en hij combineert de betrouwbaarheid van de cinsau(l)t (volume en kwaliteit, zelfs in slechtere jaren) en de finesse van de pinot noir. De meeste wijnen worden (te) jong gedronken, maar er bestaan ook enkele Pinotages van topkwaliteit (onder andere van Kanonskop) die goed kunnen oud kunnen worden (vijf tot tien jaar). De Pinotage ruikt en smaakt naar rijpe, donkere vruchten, met nuances van specerijen. Sommige betere Pinotage bezit wat tannine als hij jong is. Een 'must' bij deze wijn is 'Beesvleis Pinotage', een stoofschotel van rundvlees in Pinotage. Drinktemperatuur: 16 °C.

CABERNET SAUVIGNON

Dit is een overbekende druivensoort uit de Bordeaux. In Zuid-Afrika levert de cabernet sauvignon

Sauvignon Blanc

Chardonnay uit Franschhoek

Pinotage

Cabernet Sauvignon

stevige, tanninerijke wijn op met vegetale aroma's, hints van rode vruchten en zwarte bessen en een goede balans tussen fruit en rijpe houttonen. Hij is voortreffelijk bij roodvleesgerechten en rijpe harde kazen. Drinktemperatuur: 16°-17 °C.

MERLOT
Deze druivensoort uit Bordeaux lijkt steeds meer terrein te winnen in Zuid-Afrika, vooral in Stellenbosch en in de Paarlregio. De Merlot is een volle, fluweelzachte wijn met rijke, warme nuances (onder andere kersen). Drinktemperatuur: 16 °C.

PINOT NOIR
Net als de chardonnay komt hij uit de Bourgogne. Het is een vrij moeilijke druivensoort die alleen in goede jaren en in goede handen uitstekende resultaten kan opleveren. Een goede Pinot Noir is karakteristiek, licht van kleur en vrij aromatisch, met vegetale nuances en rode vruchten in de geur. Drinktemperatuur: 14-16 °C.

SHIRAZ
De Shiraz is hier vaak een vriendelijke, een tikkeltje exotische wijn met sensuele aroma's en smaaknuances. Deze vaak uitstekende wijn met veel warmte en een kruidige ondertoon is heerlijk bij gebraden of gegrild lamsvlees en wild. Drinktemperatuur: 16 °C.

Een van de beste Zuid-Afrikaanse Shiraz

De beroemde 'Bordeaux-type' blend Rubicon van Meerlust

Pongrácz, uitstekende mousserende wijn

Uitmuntende blend van Rust-en-Vrede

TINTA BAROCCA
De Tinta Barocca is een verrassende wijn, die vol, warm, boeiend is, maar ook fruitig, elegant en verfijnd. Drinktemperatuur: 16 °C.

BLENDS
De 'Bordeaux type' blends van cabernet sauvignon/cabernet franc/merlot (Meerlust Rubicon) zijn vaak uitmuntend, zeker als men het gebruik van hout goed onder de knie heeft. Het zijn prachtige, volle, rijke en complexe wijnen met zwartebessen- en bosbessenaroma's, gemengd met kruiden en vanille.
De Cabernet-Shiraz zijn zeer boeiende wijnen, die vaak goed oud kunnen worden. Schenk deze volle, warme, krachtige en complexe wijn bij het betere gebraad, gegrild vlees of belegen harde kazen. De vrij recente Pinotage-Merlot lijkt veelbelovend. Het is een erg smakelijke wijn, die kruidigheid en fruitigheid weet te combineren. Drinktemperatuur: 16-17 °C.

Mousserende wijnen

Zuid-Afrika maakt enkele heel goede mousserende wijnen. De beste wordt gemaakt volgens de méthode traditionnelle, hier omgedoopt tot méthode cap classique. Slechts enkele wijnen kunnen probleemloos concurreren met mousserende wijnen van top-

Muscadel uit Robertson

Krone Borealis van Twee Jonge Gezellen

Portachtige wijn uit Swartland

kwaliteit uit de champagne, bijvoorbeeld de Pongrácz.

De andere mousserende wijnen, die niet volgens de méthode cap classique zijn gevinifieerd, dragen de frivole naam Vonkelwijn en kunnen ook echt lekker zijn. Drinktemperatuur: 6-8 °C.

Versterkte wijnen

Ook de Zuid-Afrikaanse zoete wijnen, zoals de Muscadel en Hanenpoot, zijn zeer aan te bevelen. De zware, zwoele wijnen van weleer zijn inmiddels wat frisser en boeiender geworden.

De portachtige en sherry-achtige wijnen van Zuid-Afrika kunnen zich meten met de grote Europese voorbeelden. Ze missen wel de fijne frisheid van hun naamgenoten, maar weten dat te compenseren door hun zonnige karakter.

Noord-Amerika

Het Amerikaanse continent bevat een relatief bescheiden aantal wijnproducerende landen. De Spanjaarden introduceerden de wijnbouw onder andere in Peru (thans geen echt wijnproducerend land meer), Argentinië, Chili, Mexico en Californië, de Portugezen in Brazilië, de Britten in de Verenigde Staten en in Canada, de Fransen in Québec, Uruguay (Basken) en in sommige delen van de Verenigde Staten. Samen met Zuid-Afrika, Australië en Nieuw-Zeeland vormt het Amerikaanse continent de Nieuwe Wijnwereld. Wij beginnen onze reis door Amerika in Canada, bezoeken dan de Verenigde Staten en eindigen in Mexico.

Canada

In Canada zijn drie verschillende wijnbouwgebieden te onderscheiden. Québec (het oudste maar beslist niet het beste), het kwalitatief hoogwaardige Ontario (bij de Niagara-watervallen) en British Columbia (in het westen van het land).

Wijnbouwgebieden

De drie wijnbouwgebieden van oost naar west zijn:

Québec

Québec is het Franstalige deel van Canada. De weersomstandigheden in Québec zijn allesbehalve geschikt voor de wijnbouw. Temperaturen van –40 °C of zelfs meer komen regelmatig voor in de winter en zijn fataal voor de wijnranken. Een handjevol zeer fanatieke wijnbouwers probeert op een verrassende manier de wijnranken tegen de winterse kou te beschermen. De wijngaarden worden vrij laag gehouden en ze worden nog voor de komst van de strenge kou helemaal bedekt met een laag aarde. In de lente worden ze dan weer vrijgemaakt. Behalve deze interessante wijnbouwtechniek en de gedrevenheid van de wijnbouwers is er weinig positiefs te vermelden over dit wijngebied. De kwaliteit van de door ons geproefde wijnen was uiterst dubieus en de prijzen te hoog.

Ontario

Ontario is in Canada het langst actief op wijnbouwgebied. De wijngaarden liggen in drie subdistricten, het Niagaraschiereiland (Niagara Peninsula), de noordelijke oever van het Erie Meer (Lake Erie North Shore) en het Pelée Eiland (Pelée Island). Deze drie subdistricten liggen in de directe omgeving van het Niagarameer. Het epicentrum van de wijnbouw is de stad Niagara-on-Lake, waar de huidige wijnbouwersgeneratie uit emigranten van Duitse, Franse, Italiaanse of zelfs Nederlandse afkomst is. Hoewel Ontario op dezelfde hoogte ligt als de Côtes du Rhône, is het klimaat hier zeer streng. De zomers zijn heet en de winters extreem koud. De wijnbouw is alleen mogelijk in de directe omgeving van de zuidelijkste van de vijf grote Canadese meren, het Erie Meer. De bodem van het wijnbouwareaal bestaat uit een mengsel van klei, kiezels en leem en is rijk aan mineralen en oligo-elementen. De onderlaag bestaat uit harde rots die de wijnen extra complexiteit geeft.

Hier gebruikt men nog enkele hybridesoorten, zoals de seyval blanc en vidal voor de witte wijn, maréchal foch en baco noir voor de rode wijn. Hoewel er met de seyval, vidal en baco noir goede tot uitstekende resultaten geboekt worden, kiezen de wijnboeren van Ontario enerzijds steeds meer voor de edele druiven pinot auxerrois, chardonnay, gewürztraminer, pinot blanc en riesling, en de pinot noir, gamay, cabernet sauvignon, cabernet franc en merlot anderzijds.

Cabernet Franc uit Ontario

Vidal Dry

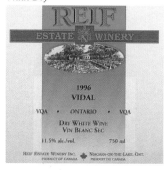

Riesling Dry

British Columbia

Kies voor V.Q.A. wijnen

Hoewel hier al lange tijd wijn gemaakt wordt waarvan de kwaliteit veel te wensen overliet, is de streek pas sinds een tiental jaren bezig met wijnbouw van topkwaliteit. De oude hybride- of nog erger vitis-labruscawijnranken worden steeds meer door edele druiven vervangen. Er wordt wijn gemaakt in twee subdistricten, de westelijke Fraser Valley en Vancouver Island, en de oostelijke Okanagan en Similkameenvalleien.

De eerste twee subdistricten en de Similkameen Valley zijn vrij recent en in volle ontwikkeling. Het historische hart van British Columbia ligt in de Okanagan Valley. Daar zijn de weersomstandigheden het geschiktst voor de wijnbouw. Het heeft hete, droge zomers en er valt weinig neerslag. De bodem bestaat voornamelijk uit rots, fijn zand, klei en aanslibsels, en wat kiezels in het zuiden. De noordelijke (koudere en vochtigere) wijngaarden zijn voornamelijk beplant met Franse en Duitse druivensoorten (auxerrois, bacchus, chardonnay, ehrenfelser, gewürztraminer, pinot blanc, pinot gris en riesling), terwijl de zuidelijke wijngaarden met traditionele Franse rodedruivensoorten zijn beplant (pinot noir en merlot). British Columbia heeft drie typen wijnbouwbedrijven.

De Majors zijn grote wijnbedrijven die hun druiven overal vandaan halen, de Estates doen het met 100% British Columbia druiven, waarvan minstens 50% uit eigen wijngaarden komt. Ze zijn verplicht alle wijnbouwactiviteiten binnen de winery te laten plaatsvinden. De Farms, meestal kleinschaliger, moeten aan dezelfde eisen voldoen als de Estates, maar met dit verschil dat hier minimaal 75% van de druiven afkomstig moet zijn uit de eigen wijngaarden.

De wijnen

Wij adviseren u als eerste alleen Canadese wijn die voorzien is van een V.Q.A.-halszegel aan te schaffen. Deze wijn is niet alleen gecontroleerd en gegarandeerd op zijn herkomst, maar moet ook nog aan strenge organoleptische eisen voldoen. Kortom, u bent er dan zeker van dat u een van de betere Canadese wijnen in huis haalt. Canada heeft verder nog twee herkomstbenamingsgradaties, de brede Provincial Designation Wines categorie (British Columbia of Ontario) en de betere, engere Viticultural Areas Wines die uit een van de erkende wijnbouwgebieden afkomstig zijn (B.C.: Okanagan Valley, Similkameen Valley, Fraser Valley, Vancouver Island en Ontario: Niagara Peninsula, Lake Erie North Shore en Pelée Island).

De kracht van Canada zit vooral in de strakke, frisse witte wijn en de zwoele, overrijpe zoete wijn. Maar enkele wijnbouwers, vooral in Ontario, kunnen ook uitmuntende ronde en volle rode wijn maken. Het grootste deel van de Canadese rode wijn is echter vrij licht van structuur en vaak een beetje vlak. Voor de Canadese wijn geldt hetzelfde als elders: kies niet de allergoedkoopste, maar voor een klein beetje meer geld een veel betere kwaliteit. Van de witte wijn zijn de volgende soorten in het algemeen aan te bevelen.

VIDAL DRY

Dit is een droge, frisse, strakke wijn met aroma's van groene appeltjes en soms, bij de betere, nuances van citrusvruchten. Drinktemperatuur: 8-10 °C.

SEYVAL DRY

Deze wijn is minder strakdroog dan de Vidal en heeft aroma's van grapefruit en wel eens een hint van bloemen en kruiden. Hij heeft een goed evenwicht tussen zuur, alcohol, fruit en zoet. Drinktemperatuur: 10-12 °C.

RIESLING DRY

Dit is een zeer elegante wijn. Hij is goed fris, maar niet te strak en heeft boeiende florale aroma's. De meeste wijnen zijn 'off-dry' met een licht restsuikertje, waardoor ze extra lekker smaken. De topwijn is echter aan de droge kant, maar heeft wel zeer verleidelijke aroma's van peren, perziken, ap-

Chardonnay

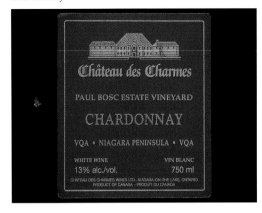

Ice Wine

peltjes en lentebloesem. Wijn die later geoogst is, bezit ook een hint van botrytis, wat hem nog complexer en aantrekkelijker maakt. Drinktemperatuur: 10-12 °C.

CHARDONNAY DRY

De meeste Canadese Chardonnays zijn fris, een tikkeltje groen (appeltjes), halfvol en hebben zachte aroma's van boter, hout en citrusvruchten.
De betere Chardonnays (sur lies, reserve, barrel fermented) zijn wat complexer, voller en romiger. Deze wijnen bezitten ook de elegante nuances van toast en luxebroodjes van de betere Bourgogne. Er worden echter wel typische butterscotch- of toffeecaramelaroma's aan toegevoegd die meer aan Californië en Chili doen denken. Drinktemperatuur: 10-12 °C voor de eenvoudige wijn, 12-14 °C voor de betere wijn.

GEWÜRZTRAMINER

Meestal 'off-dry' gevinifieerd en met een restje suiker is deze wijn vol en licht kruidig. Hij heeft verleidelijke aroma's van lychee, meloenen, perziken en specerijen. Drinktemperatuur: 10-12 °C.

GEWÜRZTRAMINER MEDIUM DRY/LATE HARVEST

Hij is nog voller en verleidelijker dan de 'off-dry' versie. Hij heeft een goede balans tussen zoet, alcohol, fruit en zuur. Drinktemperatuur: 8-10 °C.

VIDAL MEDIUM DRY/LATE HARVEST

Deze druif komt naar mijn idee het beste tot zijn recht bij zoetere wijn. De citrus- en tropischevruchtenaroma's houden de zwoele, mollige rijpe vruchten (banaan) en honingtonen in balans. De relatief hoge zuurgraad temt enigszins de volzoetige smaak van de wijn.

RIESLING MEDIUM DRY/LATE HARVEST

Net als in Duitsland maakt men hier prachtige wijn, van halfzoet tot zoet, van de edele riesling. Dankzij de frisse en verfijnde zuren van de riesling blijft de wijn ondanks zijn molligheid goed in evenwicht. Hij heeft zeer aanstekelijke aroma's van bloemetjes, appels, perziken, honing bij de zoetere Late Harvest, en hier en daar een hint van mineralen. Drinktemperatuur: 8-10 °C.

ICEWINE

Icewine is misschien wel de bekendste Canadese specialiteit. De topwijnen halen jaar in jaar uit grote prijzen op de meeste internationale wijnbeurzen. In principe kan Icewine van bijna elke druivensoort gemaakt worden (zelfs van rodedruivensoorten als cabernet sauvignon of franc), maar vooral de vidal en de riesling leveren de interessantste wijn op (enkele uitzonderingen daargelaten). Het principe van

Chardonnay Reserve

Gewürztraminer

Gamay Rosé

Cabernet Sauvignon

de Icewines is hetzelfde als van de Duitse of Oostenrijkse Eiswein en de Franse 'vins de glace' uit het zuidwesten. Men laat de druiven hangen tot de vorst ze bevriest. De druiven worden dan snel geperst. Het bevroren, smakeloze water blijft samen met de pitten en schillen achter, en alleen de mierzoete sappen komen uit de pers. Die zijn zo geconcentreerd dat de gistcellen, die gewoonlijk tot een alcoholpercentage van 15% kunnen leven, al bij 8 of 9% hun werk moeten beëindigen. Icewines zijn zeer complexe, krachtige, uiterst aromatische wijnen (abrikoos, perziken, zoete meloenen, honing voor de Vidal, tropische bloemen, abrikoos, citrusvruchten, toffee, vegetale nuances voor de Riesling).
Drinktemperatuur: schenk hem koud op 8-10 °C en laat hem langzaam ietsje warmer worden. U zult er dan dubbel van genieten.

ROSÉ
De meeste Canadese rosés zijn vrij licht van structuur en weinig boeiend. Ze zijn wel erg fruitig, maar ondanks een goede zuurgraad en een redelijke complexiteit zijn de meeste wijnen vrij snel weg. Drinktemperatuur: 10-12 °C.

BACO NOIR
Dit is een zeer verrassende Franse hybride die in Canada vrij boeiende resultaten oplevert, namelijk volle wijnen met veel sap en smaak, en erg geurig (zwarte bessen, blauwe bosbessen, tabak, dierlijke ondertonen). Sommige topbaco's lijken een beetje op betere Rhônewijnen van de syrah. Drinktemperatuur: 16-17 °C.

PINOT NOIR
Hij heeft typische aroma's van bosvruchten, kersen en een hint van (bos)aardbeien, die als hij wat ouder wordt naar wat rustiekere nuances van leer, dierlijke tonen en humus neigen. Drinktemperatuur: 14-16 °C.

CABERNET
Denk eraan dat veel Canadian Cabernet uit een assemblage van cabernet sauvignon, cabernet franc en soms zelfs merlot bestaat. Over het algemeen zijn dat goedgemaakte wijnen, maar de toppers zijn ronduit voortreffelijk. Op blinde proeverijen weten ze telkens te verrassen met hun kracht, complexiteit, verleidelijke fruitigheid en elegante tannine. Drinktemperatuur: 16-17 °C.

Andere wijnen

Bij de topwijnhuizen worden ook uitstekende Sauvignons, Aligotés, Gamay Blancs en Gamay Rouges gemaakt. Deze wijnen komen echter niet veel voor.

Aanraders

Hieronder volgt een summiere lijst van Canadese topbedrijven die zeer de moeite waard zijn:
- *Ontario*: Château des Charmes, Hildebrand Estates Winery, Inniskillin, Marijnissen Estates, Reif Estate Winery (alle Niagara-on-the-Lake), D'Angelo (Amherstburg), Henry of Pelham (St. Catharines), Stoney Ridge Cellars (Winona), Lakeview Cellars (Vineland), Cave Spring Cellars (Jordan), Colio Estate (Harrow) en Pelée Island Winery (Kingsville).
- *British Columbia*: Calona Vineyards, Quails' Gate, Summerhill, Mission Hill, Cedar Creek, St. Humbertus (alle Kelowna), Hawthorne Mountains, Inniskillin Okanoga, Jackson Triggs, Peller Estate (Okanoga), Domaine Combret, Tinhorn Creek (Oliver) en Langley's Estate Winery (Langley).

Henry of Pelham, een rijzende ster in Ontario

Verenigde Staten

Wie het over de Verenigde Staten heeft, zal meteen aan Californië denken, de grootste leverancier van Noord-Amerikaanse wijnen. Maar zoals Californië meer is dan alleen de Napa Valley, beslaat het wijnbouwareaal van de Verenigde Staten niet alleen Californië. In feite zijn er vier grote wijnzones die over de Verenigde Staten verspreid liggen: het noordoosten (New-York: Finger Lakes, Lake Erie, Hudson River en Long Island), het zuiden en middenwesten (Texas, Carolina, New Mexico, Georgia en Missouri, Arkansas en Iowa), Californië (Napa, Sonoma en Carneros) en het noordwesten (Washington State, Oregon, Idaho). In de laatste decennia is de wijnindustrie haar kinderschoenen ontgroeid en beginnen steeds meer Amerikanen het succes van de Californische wijnboeren te benijden. Ook veel Europese wijnhuizen die zich in hun eigen land enigszins beperkt voelen op het gebied van uitbreiden, kiezen voor een actieve deelname in de Amerikaanse wijnbouw. Hier is wijnmaken nog steeds 'big business', maar er komt ook een nieuwe generatie wijnbouwers op die een grote passie heeft voor het wijnmaken op zich. Er komen steeds meer kleinere wijnboeren, die het durven opnemen tegen de gigantische wijnfabrieken van Californië.

North-East

Terwijl de Canadese wijngaarden van Ontario op de noordelijke oevers van Lake Erie liggen, treft u een groot gedeelte van de noordoostelijke wijngaarden van de Verenigde Staten op de zuidelijke oevers van het meer aan, tussen Detroit en Buffalo. Iets meer naar het oosten toe, ten zuiden van het Ontario Meer, ligt het Finger Lakes gebied. Naar de kust toe treft u wijngaarden aan langs de oevers van de Hudson, op het langwerpige (schier)eiland vlak bij New York, Long Island, en in de verre omgeving van Boston. De resterende wijngaarden van de North-East liggen onder andere in het dal van de rivier de Ohio en, ten zuiden van Washington City, in het Shanandoahdal.

De plaatselijke wijnbouw dateert uit de pionierstijd (16e eeuw). Lange tijd gebruikte men hybride- en inheemse rassen (alexander, catawba, delaware en concord). Het resultaat was niet echt bevredigend, omdat de wijn een zeer eigenaardige 'foxy' geur en smaak had, die karakteristiek zijn voor de vitis-labruscadruivensoorten. Dit 'foxy' trekje zou het best omschreven kunnen worden als de geur van een vieze, oude pels waarop men een laagje ouderwetse vruchtenjam heeft gesmeerd.

Aan het begin van de jaren '40 introduceerde men wat geschiktere Franse hybridesoorten, zoals de baco noir en de seyval. Vanaf de jaren '50 en voor-

Chardonnay uit California

Napa County Chardonnay

al in de jaren '70 plantte men op grote schaal vitis-viniferawijnranken. Dit zorgde ongeveer dertig jaar later voor de grote doorbraak.

Het klimaat van New York is een randgeval voor de wijnbouw. Weliswaar zijn de zomers erg warm en droog, maar de winters zijn vaak bijzonder guur. De wijnbouw is slechts in de directe omgeving van verzachtende omstandigheden mogelijk, zoals in de buurt van grote rivieren, meren of zelfs de Atlantische Oceaan. Het is uiterst belangrijk de wijnranken aan te planten op een ondergrond met een goede drainagelaag. De North-Eastregio omvat de volgende officiële erkende herkomstbenamingen (American Viticultural Areas, A.V.A.'s): New York (onder andere Finger Lakes, Lake Erie, Hudson River, The Hamptons (Long Island), New England (Western Connecticut Highlands, Southeastern New England), Ohio, Michigan en Virginia (onder andere Shenandoah Valley).

Ondanks herhaalde promotiecampagnes van de overheid ter bevordering van het planten van vitis-viniferasoorten, gebruikt men nog steeds hier en daar de ouderwetse en kwalitatief inferieure concord, catawba, delaware en niagara. De allerbeste wijnen komen echter van de chardonnay, de riesling, de cabernet sauvignon, de cabernet franc (Hudson River), de merlot en de pinot noir. De wijnen van onder andere de concord zijn echt niet groots. Om de hoge zuren en de sterke smaak te ca-

Pinot Noir uit A.V.A. Oregon

moufleren voegt men behoorlijke hoeveelheden suiker aan de most toe, die de wijnen zeker niet verfijnen. De vitis-viniferawijnen zijn vaak erg strak, hetgeen logisch is gezien de weersomstandigheden, maar ze zijn ook behoorlijk aromatisch, voornamelijk fruitig. Het zijn nog geen hoogstaande wijnen, maar de kwaliteit wordt steeds beter.

South en Middle-East

De zuidwestelijke gebieden van de Verenigde Staten zijn over het algemeen niet echt geschikt voor de wijnbouw, behalve sommige delen van Texas. Maar de Amerikaanse wil overwint heel wat en na lang zoeken werden hier en daar geschikte plekjes voor de wijnbouw gevonden. Het gebied South- en Middle-East is enorm en de wijngaarden liggen zeer verspreid over het land. Ze liggen tussen Denver in het midden van de Verenigde Staten en Columbia aan de kust van de Atlantische Oceaan, tot aan de zuidelijke lijn Austin, New Orleans en Orlando, en als laatste in Florida.

De eerste pioniers en voornamelijk de eerste monniken plantten in New Mexico de eerste wijngaarden aan. Toen hoorden New Mexico en Texas nog bij het Spaanse Rijk. In de 19e eeuw introduceerden Duitse emigranten de wijnbouw in Missouri, Georgia en Carolina. Andere emigranten deden hetzelfde in Arkansas. Deze wijngaarden, die Europese vitis vinifera met veel inheemse en hybridesoorten combineerden, hebben nooit grote bekendheid genoten en waren alleen bedoeld voor plaatselijk gebruik. Toen de Amerikaanse wijnbouw eind jaren '60 en begin jaren '70 in de belangstelling kwam, roken de wijnboeren uit Texas, New Mexico, Georgia en Carolina (North & South) hun kans. Ook in Missouri, Arkansas, Iowa, Arizona, Colorado, Tennessee, Mississipi, Louisiana en Florida is het wijnareaal de laatste 20 jaar flink uitgebreid en verbeterd.

Het klimaat is niet echt gunstig, want het heeft zeer warme zomers en strenge winters. In het noorden is het te droog, maar met behulp van irrigatie kunnen ook daar wonderen gebeuren. In het zuiden is het juist veel te vochtig, maar daar kan men uitwijken naar hogergelegen gebieden, waar het winderig en droger is. Het zeer uitgestrekte gebied omvat verschillende officiële herkomstbenamingen (A.V.A.'s): Texas (Texas Hill Country, Bell Mountain, Fredericksburg, Escondido), New Mexico, Missouri en Virginia.

Hoewel er nog erg veel inheemse en hybridedruivensoorten in deze gebieden zijn te vinden, kiezen de serieuze wijnhuizen op steeds grotere schaal voor edele vitis-viniferasoorten.

Eén verrassende inheemse druivensoort willen wij hier vermelden, de scuppernong, die in sommige zuidelijke staten, aangename, zeer aromatische (muskaatachtig) zoete wijn oplevert.

Alle andere inheemse en hybridedruivensoorten zijn bedoeld voor de plaatselijke consumptie.

De meest gebruikte druivensoorten zijn chardonnay, sauvignon blanc, riesling, trebbiano, chenin

285

blanc en colombard voor de witte wijn, en de cabernet sauvignon, cabernet franc, merlot en zinfandel voor de rode wijn. Hoewel u deze wijn weinig in Europa zult aantreffen, is vooral de wijn uit Texas de moeite van het ontdekken waard.

North-West

De North-Westregio is bekender onder de namen Washington State en Oregon. Van levensbelang voor de wijnbouw zijn de rivieren de Columbia en de Snake. Het gebied ligt ten zuidoosten van Seatle, aan weerszijden van Portland. Het wijnmaken in deze omgeving is relatief vrij recent. In de 19e eeuw werd wel geëxperimenteerd met inheemse en hybridedruiven, maar pas aan het einde van de eeuw werden de eerste vitis-viniferavariëteiten geïntroduceerd. In de 20e eeuw werd dankzij grote irrigatieprojecten de wijnbouw op grotere schaal mogelijk gemaakt. De definitieve doorbraak van onder andere Oregon kwam laat in de jaren '70, toen serieuze wijnbouwers edele Europese druiven plantten. Nu is Oregons Pinot Noir over de hele wereld een begrip geworden, ook dankzij de investeringen van enkele Franse topbedrijven, zoals Drouhin uit Beaune.
Het klimaat in het noordwesten van de Verenigde Staten is gematigd in Oregon, maar bijna woestijnachtig in Washington State. Daar is men volledig afhankelijk van irrigatie. Ook de winters zijn in Washington State kouder en droger dan in Oregon. De bodemsoorten zijn ook zeer verschillend, van leem in Oregon tot vulkanische ondergrond in Washington. De keuze van de druivensoorten is dan ook uiterst belangrijk. In de twee grote A.V.A.'s, Washington State (Columbia Valley, Yakima Valley, Walla Walla Valley) en West Pacific (onder andere Oregon, Willamette Valley en Umpqua Valley), gebruikt men verschillende variëteiten. In Oregon domineren de pinot noir en een beetje chardonnay, in Washington State de cabernet sauvignon en merlot. De chenin blanc, sémillon en sauvignon blanc completeren het geheel in Washington State, terwijl Oregon ook redelijke tot goede pinot gris produceert.

Sauvignon Blanc uit Washington State

Vanzelfsprekend is in beide streken veel kaf onder het koren en variëren de resultaten nogal met het jaar als gevolg van wisselende weersomstandigheden, vooral in Oregon. Maar als u naar de betere producten zoekt, zijn dat ook werkelijk grootse wijnen.

OREGON PINOT NOIR
Sommige Pinot Noir suit Oregon kunnen zich meten met de betere Franse wijnen. Ze hebben een prachtige kleur, verleidelijke aroma's van rode en zwarte vruchtjes (zoals bramen, zwarte bessen, aalbessen en kersen), een hint van specerijen en krui-

Pinot Noir van de Drouhinfamilie

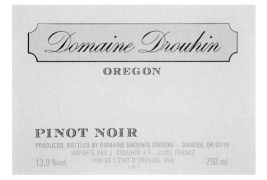

Top Pinot Noir uit Oregon

den, soms wat zoethout, een complexe en harmonieuze structuur, en ze zijn elegant en verfijnd van smaak. Ze hebben nuances van truffel en exotisch hout, een goede balans tussen zuur, alcohol, fruit en tannine, en een lange afdronk. Deze wijn kan redelijk oud worden (5-10 jaar minimaal) en ontwikkelt dan aroma's van pruimen, paddestoelen, humus, leer en kruiden. Drinktemperatuur: 12-14 °C jong, 14-16 °C belegen.

Californië

Californië is het bekendste wijngebied van Amerika. De streek wordt onderverdeeld in zes hoofdgebieden. Van noord naar zuid zijn dat North Coast (ten noorden van San Francisco, bekend om de Napa-, Sonoma- en Carneroswijnen), Humboldt (aan de oevers van de Sacramento), Sierra Foothills (aan de voet van de bergen, ten oosten van Sacramento), Central Coast (ten zuiden van San Francisco tot iets ten noorden van Los Angeles), Central Valley (een immens gebied aan de oevers van de San Joaquin) en de South Coast (tussen Los Angeles en San Diego).
Franciscaanse monniken uit Spanje waagden hier in de 18e eeuw als eersten een poging om wijnranken te planten. De verkregen wijn was alleen voor eigen gebruik bedoeld. In 1830 zag een Fransman uit Bordeaux, met de toepasselijke naam Jean Louis Vignes, de goede mogelijkheden van de streek in.

Hij importeerde talloze Europese druivenvariëteiten. De echte doorbraak kwam pas later, na de Gold Rush. De wijnbouwers lieten het zuiden voor wat het was en concentreerden zich in de centrale en noordelijke gebieden. Hier was meer geld te verdienen door de aanwezigheid van de grote stad San Francisco. Het niveau van de wijnen was echter slecht tot matig. California maakte toen vooral lompe, mollige wijn met weinig karakter en frisheid. Dit was het begin van de grote Amerikaanse bulkwijnindustrie. De 'Drooglegging' van 1919 tot 1933, het verbod om op commerciële schaal alcoholische dranken te vervaardigen, betekende een grote klap voor de Californische wijnhandel. De wijnboeren leken deze crisis lange tijd niet meer te boven te komen. Pas in de jaren '70 kwam hier verandering in. Wijnmaken werd een echt vak en men ging serieus studeren en stages lopen bij de beste Europese wijnmakers. Het resultaat is ronduit spectaculair te noemen.
Natuurlijk bestaan er nog erg veel 'wimpy wines' (slobberwijntjes) in Californië, maar zowel bij de grote bedrijven als bij de kleinere wijnboeren wint kwaliteit het steeds meer van kwantiteit. Toch blijft Californië voor menigeen een massief industrieel gebied met enorme wijngaarden, wijnhuizen als paleizen, batterijen van torenhoge roestvrijstalen opslagtanks etc. Toch komen er steeds meer kleinere producenten, zoals in de Sonoma Valley, in Carneros. Zij weten niet alleen waar ze over praten, maar brengen het ook met veel verve en passie in praktijk.

Domaine Carneros, Taittinger, Los Carneros

Zo ziet u ook dat de immense 'velden' van goedverkopende chardonnay en cabernet sauvignon steeds kleinschaliger worden en dat men deze beroemde druiven zelfs durft te vervangen door specialistische druivensoorten, zoals de viognier bij de witte wijn en de barbera, sangiovese, syrah en grenache bij de rode wijn.

Het is verrassend om te zien dat de Amerikanen steeds 'Europeser' gaan werken en dat sommige Europese wijnbedrijven de verguisde Californische giganten van toen overklassen door hun futuristische 'high-tech wineries' uit de Languedoc Roussillon of de Penedès.

Wijnbouwomstandigheden

Het klimaat in Californië is zeer gevarieerd, dat is normaal, gezien de grote oppervlakte. Grof gezegd is het klimaat aan de kust mediterraan met warme zomers en milde winters. De zomers in de Central Valley zijn bijzonder droog en heet, terwijl de zomers van gebieden pal achter de kust veel vochtiger en mistig zijn. De temperaturen zijn het hoogst in de Central Valley en het zachtst aan de kust. De wijngaarden in de noordelijke kuststrook (North Coast) krijgen de meeste neerslag. Ook de bodem is zeer divers. Dit komt ook door de vele aardbevingen die de streek hebben getroffen. Het varieert van aanslibsels en sedimenten tot vulkanische onder-

grond. Maar de 'terroir'-notie, zoals de Europeanen zo graag hanteren, is hier in Californië niet wijdverspreid. Men kiest de geschikte druiven eerder uit op het klimaat dan op de bodem. In het verleden, toen de druivenstok als elk ander gewas werd behandeld, plantte men de druiven waar de grootste productie verwacht kon worden, namelijk op de vruchtbaarste ondergronden. Dit en de hoge opbrengsten verklaren dat de wijnen van toen zo lomp en karakterloos waren. Gelukkig zijn de beste wijnbouwers van dit beleid afgestapt.

Wijngebieden

Californië is een zeer groot wijngebied, waarvan de volgende grote herkomstbenamingen de bekendste zijn:

Mendocino County, Lake County, Sonoma County (waaronder de beroemde Russian River Valley en Sonoma Valley), Napa Valley, Los Carneros, Central Valley, Sierra Foothills, Livermore Valley, Santa Cruz Mountains, Montery County, San Joaquin Valley, San Luis Obispo Valley en Santa Barbara County.

In geheel Californië is irrigatie toegestaan, maar niet overal is dat nodig. De populairste druivensoorten zijn de chardonnay, de colombard, de chenin blanc, sauvignon blanc (hier fumé blanc genoemd), de riesling, gewürztraminer, pinot blanc en viognier

voor de witte wijn, de cabernet sauvignon, pinot noir, merlot, barbera, sangiovese, syrah en grenache voor de rode wijn. Een steeds grotere rol speelt de typische Californische druif zinfandel.

Wijnen

Door de grote verschillen in klimaat, bodem, vinificatiemethoden, opbrengst en doelgroepen zult u duizenden verschillende typen Californische wijnen vinden.

CALIFORNIAN CHAMPAGNE (CHAMPAIGN)

De machtige wijnhuizen verbieden iedereen de naam 'Champagne' te gebruiken. U zult hier en daar de naam toch nog wel tegenkomen. In Amerika hebben de champagnehuizen echter eieren voor hun geld gekozen en een lange, zeer kostbare strijd tegen de machtige Amerikaanse 'wineries' vermeden. In Amerika is bijvoorbeeld de naam 'Californian Champagne' wel wettelijk toegestaan, maar als tegenprestatie mag deze wijn deze naam niet buiten zijn eigen grenzen voeren. In Europa wordt deze Californian Champagne dus weer omgedoopt tot Sparkling wines. De Amerikanen produceren hun 'Sparkling wine' in wit of rosé, en van vrij droog tot zoet. De droogste is brut, dan extra dry, dry/sec en demi-sec, de zoetste. Alleen de mousserende topwijnen van Amerika worden gemaakt volgens de méthode traditionnelle, dus met een tweede gisting op fles. De meeste wijnen worden gemaakt volgens de cuve close méthode, hier charmat of 'bulk'-methode genoemd. Dit laatste geeft meteen aan hoe sommige mensen met hun product omgaan. Een derde methode is de 'transfer'-methode, een combinatie van beide andere methoden. De resultaten zijn kwalitatief beter dan die van de gewone 'bulk'-methode, maar goedkoper dan die van de methode traditionnelle.

Wit of rosé, sommige wijn is bijzonder de moeite waard om te worden ontdekt. Twee vooraanstaande champagnehuizen maken in Amerika zeer goede (Mumm) tot uitmuntende (Taittinger) producten. De producten van Mumm (Napa Valley) zijn wat frivoler en onstuimig, die van Taittinger (Carneros) volwassener en pittiger. Drinktemperatuur: 6-8 °C.

CHARDONNAY

Chardonnay wordt gezien als de beste witte druif ter wereld en de beste chardonnay zou naar verluidt uit de Sonoma Valley komen. Er worden inderdaad opmerkelijk goede Chardonnays gemaakt in Californië, met name in Sonoma County. Californische Chardonnay is vol, breed, rijk en zeer aromatisch (vijgen, ananas, rijpe appels, meloen, citrusvruchten, honing). Hij wordt wat versterkt door eventuele rijping op hout (toast, noten, vanille, boter, toffee, butterscotch etc.). Goedkoop zal deze Char-

donnay niet zijn, maar als u een goede kiest, haalt u iets weelderigs in huis. Drinktemperatuur: 10-12 °C.

SAUVIGNON BLANC

Sauvignon Blanc wordt hier vaak Fumé Blanc genoemd, een trend die door Robert Mondavi werd begonnen in de jaren '60. Californische Sauvignon Blanc bezit vaak licht gerookte aroma's en is zeer vegetaal (groene olijven, versgesneden gras, dille, venkel), maar meestal ook behoorlijk fruitig (verse vijgen, meloen, citrusvruchten etc.). Hij is fris, maar niet echt strak, zoals de wijn uit Bordeaux. Hoewel de meeste Sauvignon Blancs droog zijn, zult u wel eens wat zoetere versies aantreffen. Drinktemperatuur: 8-10 °C.

CHENIN BLANC

Deze druif is zeer populair in Californië, vooral in de Central Valley, waar hij gebruikt wordt voor het produceren van frisse, fruitige en goedkope wijn. In Sonoma maakt men er lekkere, lichte en fruitige wijn van voor het 'happy hour'. Drinktemperatuur: 8-10 °C.

JOHANNISBERG RIESLING/WHITE RIESLING

Verwacht hier geen elegante en verfijnde, maar een strakke witte wijn. In Californië levert deze edele druif frisse, fruitige (meloen) wijn op voor door de

week, bijvoorbeeld bij vis of gevogelte. Alleen een handjevol wijnmakers lukt het om er zeer elegante Rieslings van te maken, die in de verte aan de wijn uit de Elzas of Duitsland doen denken. Er bestaan ook enkele zeer goede Late Harvest Rieslings. Drinktemperatuur: 8-10 °C.

GEWÜRZTRAMINER

Hoewel de Amerikanen er moeite mee hebben de naam van deze wijn uit te spreken, is de wijn zeker geen 'joke'. De meeste Gewürztraminer is zoet gevinifieerd (floraal, muskaatachtig, zwoel, met een hint van kruiden), maar de Gewürztraminer Dry wint steeds meer terrein. Veel Amerikanen drinken de zoete of lichtzoete ('off-dry') Gewürztraminer als aperitief. De droge Gewürztraminer past goed bij geroosterde kip of Oosterse gerechten. Drinktemperatuur: 10-12 °C (dry), 8-10 °C (off-dry) en 6-8 °C (sweet).

WHITE ZINFANDEL/BLUSH WINES/WHITE GRENACHE

Zinfandel en grenache zijn beroemde blauwe druiven, maar men maakt er ook witte wijnen van. Hoewel, echt wit zijn de wijnen niet, ze zijn meer heel licht rosé. Het zijn vrij recente creaties die vooral voor de jeugd bestemd zijn.

De meeste wijnen zijn niet helemaal droog, sommige zijn zelfs een tikkeltje zoet. Ze hebben aroma's

van vanille roomijs met aardbeien (White Zin) of rode vruchtjes (White Grenache). Drinktemperatuur: 10-12 °C.

MUSCAT

Dit zijn zwoele, zoete wijnen met, naast de herkenbare verse muskaatdruivenaroma's, ook abrikozen, perziken en rijpeperenaroma's. In Californië wordt de wijn vaak bij foie gras geschonken, maar het is beter deze wijn bij frisse vruchtennagerechten te schenken. Drinktemperatuur: 6-8 °C.

CABERNET SAUVIGNON

Hij wordt vaak oneerbiedig afgekort tot 'cab'. Deze klassieke wijn hoort bij de betere van Californië. De wijn is donkergekleurd, zeer aromatisch (hier vrij vegetaal, een beetje grasachtig, met nuances van groene thee en bladeren) en vrij vol van structuur. Door een overdaad van jong hout is hij vaak ondrinkbaar als hij jong is. Na enkele jaren ontwikkelt hij pas zijn volle pracht met aroma's van kersen, bessen, kruiden, krenten, cederhout, tabak, vanille, munt, peper en chocolade. Het is absoluut een wijn voor de betere culinaire gerechten. Drinktemperatuur: 16-17 °C.

MERLOT

Hij lijkt een beetje op de Cabernet Sauvignon, maar hij is veel zachter en ronder. De Merlot is veel snel-

ler toegankelijk dan de Cabernet Sauvignon. De wijn is een echte verleider, met zijn aroma's van zwarte kersen, pruimen, toffee, chocolade, sinaasappel, munt, cederhout, groene thee en viooltjes. De structuur is vol en rijk, en de smaak is fluweelzacht. Drinktemperatuur: 14-16 °C.

PINOT NOIR

De pinot noir weet als geen andere druif complexiteit en elegantie met elkaar te combineren. Het getuigt van moed om pinot noir in Californië te planten, maar dat geldt misschien niet voor Los Carneros. Niet elk jaar zal hij de gewenste resultaten opleveren, maar als het weer het toelaat, zijn de resultaten overweldigend. De Pinot Noirs uit Californië zijn snelle verleiders, ze zijn namelijk fris, fruitig (kersen), een tikkeltje kruidig en rustiek (paddestoelen), maar ook sensueel (koffie, cederhout). De structuur is vol en elegant, complex en fluweelzacht. Drinktemperatuur: 14-16 °C.

ZINFANDEL

Dit is dé Californische druivensoort bij uitstek. Hij is waarschijnlijk een nakomeling van de Italiaanse primitivo, zeker niet van de Hongaarse zirfandli. In wit, rosé of rood gevinifieerd is deze Zinfandel herkenbaar aan de weeïge en fruitige aroma's, die doen denken aan vanilleroomijs met aardbeien of frambozen. De wijn is redelijk vol, rijk en tanninerijk

Taittinger top Pinot Noir uit Los Carneros

met een typische peperige ondertoon. Heel Amerika is in de ban van de 'Zin' en Europa geniet hier met volle teugen van mee. Drinktemperatuur: 14-16 °C.

PETITE SYRAH/SYRAH

Het gaat hier om twee verschillende druiven, beide komen uit de Rhônestreek. Beide leveren flinke, stoere wijnen op, die diep van kleur en zeer aromatisch (blauwe bessen, frambozen, vruchtenjam, peper, kruiden) zijn. Drinktemperatuur: 16-17 °C.

GAMAY/GAMAY BEAUJOLAIS

Dit zijn zeer fruitige wijnen, fris en zacht, met weinig zuren en tannine. Ze zijn ideaal voor de beginnende drinker, bijvoorbeeld bij kip of kalkoen. Drinktemperatuur: 12-14 °C.

Mexico

Mexico is waarschijnlijk het oudste van alle wijnproducerende landen uit de Nieuwe Wijnwereld. De Spaanse conquistadores introduceerden de wijnranken daar al in de 16e eeuw, onder leiding van de beroemde Hernando Cortez. De resultaten

Zinfandel, houtgerijpt

Mexicaanse Fumé Blanc van L.A. Cetto

vielen echt tegen door de te grote warmte en droogte. Op zoek naar betere aanplantmogelijkheden gingen de Spanjaarden naar het noorden, naar Californië, maar ook daar waren de resultaten niet echt bevredigend. Pas in de 18e eeuw verbeterden de Franciscaanse monniken de Spaanse wijngaarden en breidden ze in het voormalige grote Californië uit. Na de scheiding van Californië en Mexico raakte de wijnbouw in Baja California (het Mexicaanse deel van Californië) volledig in de vergetelheid. In de tweede helft van de 20e eeuw zagen enkele grote Amerikaanse en Europese bedrijven uit de wijn- en drankenwereld kans zich in Mexico op de beste locaties te vestigen en met wijnbouw te beginnen. Van deze grote bedrijven oogstte het Spaanse Domecq een kortstondig succes met zijn Mexicaanse wijn.

Door de grote warmte en droogte is het voor de wijnbouw belangrijk om de afkoeling te zoeken van de hoogvlakten. Zo liggen sommige wijngebieden op een gemiddelde hoogte van 1000 tot 1500 m. Hoewel meerdere bedrijven zich bezighouden met de wijnbouw, zijn er maar drie die op internationaal niveau een zekere erkenning genieten: L.A. Cetto, Mission Santo Thomas en in mindere mate om de wijn dan om de naam, Domecq.

L.A. Cetto en Domecq bezitten wijngaarden in Baja California, ongeveer 80 km ten zuiden van de grens met de Verenigde Staten, in de Guadaloupe Valley en Mission Santo Thomas in de Santo Thomas Valley. In dezelfde Baja California liggen ook de wijngaarden van een kleine maar kwalitatief hoogwaardige producent Monte Xanic. Monte Xanic biedt een klein assortiment wijn aan, een zwoele en onvergetelijke Chardonnay en een uitmuntende Cabernet Sauvignon. Beide zijn zeer prijzig en moeilijk te krijgen. Domecq heeft zijn beste wijngaarden aan L.A. Cetto verkocht en lijkt zich minder voor de wijnbouw te interesseren. Mission Santo Thomas sloot een joint venture met het beroemde Californische wijnhuis Wente en is zeer goed bezig. Hun Sauvignon Blanc, Chenin Blanc en Cabernet Sauvignon zijn juweeltjes. L.A. Cetto maakt veel verschillende typen wijn, van acceptabele goedkope wijn voor lokaal gebruik tot uitmuntende Cabernet Sauvignon, Nebbiolo, Zinfandel en Petite Syrah, die voornamelijk voor de export bedoeld zijn.

Mexicaanse wijnen zijn eerder sensueel, wat de proever al snel weet te overtuigen, dan filosofisch met veel finesse. Het succes van de Mexicaanse wijn komt ook door zijn zachte zuren en volle, ronde en warme smaak. Daarnaast zijn de wijnen, zeker die van L.A. Cetto, echt goedkoop voor de geboden kwaliteit. Drinktemperatuur: 14-16 °C voor de Cabernet Sauvignon, 16-17 °C voor de andere rode wijnen.

Cabernet Sauvignon van L.A. Cetto

Petite Syrah van L.A. Cetto

Zuid-Amerika

In het vorige hoofdstuk zagen we dat de Spaanse conquistadores van Hernando Cortez en de zijnen al in de 16e eeuw de wijnranken in Mexico introduceerden. Even later werd de wijnbouw in andere delen van Zuid-Amerika geïntroduceerd. Naast de Spanjaarden (Peru, Argentinië en Chili) hebben de Portugezen (Brazilië) en de Basken (Uruguay) een grote rol gespeeld in de wijnbouwgeschiedenis van Zuid-Amerika. In dit hoofdstuk wordt achtereenvolgens de wijnbouw van Brazilië, Uruguay, Argentinië en Chili behandeld.

Brazilië

Brazilië is nu nog een vrij onbekend wijnland. Slechts sporadisch komt u een fles Braziliaanse wijn tegen. Toch groeit er ook in Brazilië iets moois.
De Braziliaanse wijnbouw dateert uit de 16e eeuw toen Don Martin Afonso de Souza, afgezant van Don Juan III, koning van Portugal, de eerste wijnranken in Santos El Caballero Brás Cubas plantte. Deze wijnranken had hij meegenomen van het eiland Madeira. De Portugezen brachten de wijnranken ook naar het noordoosten van Brazilië en verkochten de wijnen aan de toenmalige lokale machthebbers, de Hollanders. In de 18e eeuw blies de komst van Portugese wijnboeren uit de Azoren de Braziliaanse wijnbouw kortstondig nieuw leven in. Omdat de Europese druivensoorten te gevoelig waren voor ziekten, kozen de Braziliaanse wijnboeren steeds meer voor Noord-Amerikaanse druivensoorten, zoals de alexander, isabella, catawba, concord en delaware, alle van het vitis-labruscageslacht. De resultaten van deze experimentele wijnbouw waren niet allemaal even geslaagd. De komst van Duitse, Italiaanse en Franse immigranten naar Brazilië bracht meer kennis en betere wijnranken mee.
Brazilië heeft drie grote wijngebieden: Rio Grande del Sur, Nordeste en Vale de São Francisco. Een groot gedeelte van de wijnranken wordt nog slechts voor consumptiedruiven gebruikt, met als bijzonderheid dat er hier zelfs tot drie keer per jaar geoogst kan worden in verband met de gunstige weersomstandigheden. De rest van de druiven (iets minder dan de helft van de totale productie) gaat naar de wijnindustrie. Slechts 20% van de in Brazilië geplante druivensoorten is van het edele vitis-viniferageslacht, de rest bestaat uit hybriden en Noord-Amerikaanse druivensoorten, die gebruikt worden voor industriële wijn. Van de vitis-viniferavariëteiten (onder andere merlot, cabernet franc, cabernet sauvignon, gamay, pinot noir, barbera, riesling itálico, chardonnay, moscato, semillon, trebbiano en sauvignon blanc) worden acceptabele tot zelfs goede wijnen gemaakt. Dat Brazilië een goed wijnbouwpotentieel bezit, is op te maken uit de namen van de vele buitenlandse investeerders die het land heeft: Moët et Chandon, Mumm, Remy Martin, Martini & Rossi, Domecq en Seagram. Ook steeds meer Japanse topondernemingen mengen zich in de strijd. Het is duidelijk dat Brazilië al heel snel tot de grote wijnproducerende landen van Zuid-Amerika zal behoren.
De kwaliteit van de wijn wordt met het jaar beter. De controle op de gezondheid en kwaliteit van de druiven is verhoogd. De installaties zijn vernieuwd en hypermodern geworden. De huidige geproduceerde wijnen zijn al bijzonder aangenaam, maar dit is pas het begin van een nieuwe tijdperk voor de Braziliaanse wijnbouw. Een absolute aanrader voor wie deze Braziliaanse wijnen weet te vinden, is de Vinicola Miolo uit de Vale dos Vinhedos bij Porto Alegre. Deze wijn is op dit ogenblik waarschijnlijk de beste die Brazilië te bieden heeft.

Uruguay

Terwijl Chili en Argentinië al relatief lang bekendheid genieten op wijnbouwgebied, is Uruguay de laatste jaren bezig met een zeer spectaculaire inhaalrace. Uruguay is een vrij klein land vergeleken met de twee grote buren Brazilië en Argentinië. Toch heeft het land een rijk wijnbouwverleden. De Spaanse conquistadores introduceerden de wijnranken aan het einde van de 16e eeuw. Lang bleef de wijnbouw in handen van de Spaanse monniken. Pas aan het einde van de 19e eeuw kwam de Uruguayaanse wijnbouw echt in de lift, toen duizenden immigranten uit Frankrijk, Algerije, Duitsland, Italië en Zwitserland zich in het land vestigden. Zij brachten edele druivensoorten mee. Vooral de Franse Bask Pascual Harriague heeft een grote rol gespeeld in de latere Uruguayaanse wijnbouw, door in 1870 de tannat en de folle noire in Uruguay te introduceren. De tannat is in Zuidwest-Frankrijk erg bekend, met name in Madiran, waar er sublieme bewaarwijnen van gemaakt worden (onder andere Alain Brumont). Inmiddels is de tannat uitgegroeid tot het vlaggenschip van de Uruguayaanse wijnbouw.
Aan het einde van de 19e eeuw en in het begin van de 20e werden andere edele druivensoorten aange-

Doorsnee witte wijn uit Uruguay

Tannat R.P.F. van Pisano

plant, zoals cabernet sauvignon, merlot, malbec en gamay, maar ook Spaanse variëteiten, zoals bobal, garnacha en monastrel en Italiaanse, zoals barbera en nebbiolo. Geen van deze druivensoorten heeft echter de populariteit en kwaliteit van de tannat weten te evenaren.

Uruguay heeft in totaal negen productiezones (Norte, Litoral Norte, Noreste, Litoral Sur, Centro, Centro Oriental, Suroeste, Sur en Sureste), maar het grootste deel van de productie komt uit het zuiden van het land, vlak bij de hoofdstad Montevideo. Het klimaat is gematigd, met voldoende regen om

irrigatie overbodig te maken. In het centrum en noorden van het land zijn de verschillen tussen de dag- en nachttemperatuur vrij groot. De bodem varieert van losse klei (zuiden), losse en vruchtbare aanslibsels (zuidoosten), zand en kiezel (centrum), stevige klei (noordoosten) tot kiezel (noorden).

De witte wijn van Uruguay is ruim in de minderheid en vaak niet al te geweldig van kwaliteit. De beste wijn van de sauvignon blanc, chardonnay, pinot blanc, riesling, gewürztraminer en viognier is wel fris, krachtig en zeer aromatisch.

De rode wijn van de cabernet sauvignon, cabernet franc, merlot, nebbiolo en barbera is uiterst correct, met aroma's van rijpe vruchten en veel concentratie.

Toch is het de tannat die de proevers het meest weet te overtuigen. Het is een volle, diepe, zeer geconcentreerde wijn, met stevige maar beslist niet drogende tannine, zwoele aroma's van rijpe vruchten en specerijen en een rijke, krachtige, mannelijke en ronde smaak. Het is beslist een wijn die goed bewaard kan worden en die perfect is bij geroosterd en gegrild vlees. Drinktemperatuur: 16-18 °C.

Denk eraan dat goede Uruguayaanse wijnen beslist niet goedkoop zijn. Vermijd de twijfelachtige goedkope wijnen die wel eens in de supermarkten liggen en ga op zoek naar de betere exemplaren, bijvoorbeeld de Tannat RPF van Bodega Pisano, Castel Pujol Tannat van Juan Carrau, Tannat Viejo van Bodega Stagnari of Don Pascual Tannat Barrels.

Redelijke Tannat-Merlot

Prima kwaliteit rode wijn uit Uruguay

Argentinië

Ook in Argentinië hebben de Spaanse conquistadores in de 16e eeuw de wijnranken geïntroduceerd. Spaanse Jezuïten gebruikten de opbrengsten uit de wijngaarden voor religieuze en medische
doeleinden. Pas in de tweede helft van de 19e eeuw
namen de Argentijnse wijngebieden hun huidige
vorm aan, dankzij de grote toevlucht van Europese
immigranten. Zij brachten nieuwe en betere wijnranken mee, zoals de cabernet, pinot noir, malbec,
syrah, barbera, en sangiovese voor de rode druiven
en chenin, riesling en torrontés voor de witte. De
eerste particuliere wijnhuizen werden gedreven
Duitse, Italiaanse, Spaanse en Franse immigranten.
De wijngaarden van Argentinië liggen aan de voet
van het Andesgebergte, ver van de vervuilde lucht
van de grote industriële steden. Het klimaat is hier
continentaal, zeer droog maar ook zeer warm, bijna woestijnachtig. Door irrigatie met zuiver berg-
water werden hier ideale omstandigheden gecreëerd
voor kwaliteitswijnbouw.

Wijngebieden

Over meer dan de helft van de lengte aan de Argentijnse kant van het Andesgebergte is de wijnbouw mogelijk gemaakt (tussen de 25e en 40e zuidelijke breedtegraad). In een bijna woestijnachtige
omgeving verrijzen de wijngaarden als verkoelende
oasen.
Door de grote verschillen in temperatuur gedurende de dag en de nacht is het hier mogelijk om met
veel druivenvariëteiten te werken. Argentinië heeft
vijf grote wijngebieden. Van noord naar zuid zijn
dat:
- Salta/Cafayate dat vlak onder de 25e zuidelijke
breedtegraad ligt, tussen de gelijknamige steden,
langs de oevers van de Rio Sali. Hier vandaan komt
onder andere de Cafayate van de beroemde Etchart
Bodega.
- La Rioja / Chilecito dat wat lager ligt, rond de 30e
zuidelijke breedtegraad. Uit deze streek is de wijn
van Bodega La Riojana bekend.
- Mendoza is zonder meer de bekendste streek van
Argentinië voor wat betreft de wijnbouw. Mendoza
ligt boven de 35e zuidelijke breedtegraad, aan de

Syrah, meegenomen door de Fransen

Cabernet Sauvignon uit Cafayate

Malbec, het vlaggenschip van Argentinië

Sublieme Colleccion Privada van Norton

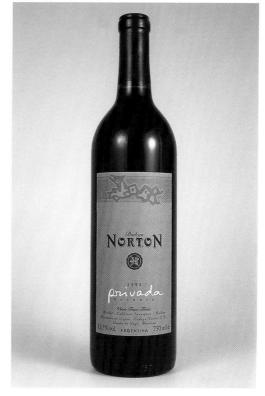

oevers van de Rio Mendoza en Rio Tunuyan, en staat bekend om zijn vele goede bodega's, zoals Etchart, Nieto y Senetiner, Trapiche, Norton en Flichman.

Een apart deel van Mendoza wordt door insiders gezien als het wijngebied met de grootste potentie voor de 21e eeuw, namelijk Lujan de Cuyo. Dit ligt ten zuidwesten van de stad Mendoza. Hier komen nu al uitmuntende Malbecwijnen met een eigen herkomstbenaming Lujan de Cuyo vandaan. Als men de gigantische investeringen door grote wijn- en distileerbedrijven in ogenschouw neemt, is het vanzelfsprekend dat hier iets groots en kwalitatief zeer hoogwaardigs aan het groeien is:
- San Rafael, dat rond de 35e zuidelijk breedtegraad ligt, tussen de Rio Diamante en de Rio Atuel. Hiervan zijn alleen de wijnen van Bodega Goyenechea enigszins bekend buiten Argentinië.
- Rio Negro, dit is het zuidelijkste gebied, net boven de 40e zuidelijke breedtegraad aan de oevers van de Rio Negro. De hier gemaakte wijnen zijn buiten Argentinië nauwelijks bekend.

Wijnen

Al sinds enkele jaren nestelt Argentinië zich steeds vaster in de topvijf van de wijnproducerende landen. Als het gaat om de totale productiecijfers heeft Argentinië een geslaagde aanval op de derde posi-

Aberdeen Angus Centenario van Flichman

Chardonnay van Nieto y Senetiner

tie van Spanje ingezet. Toch heeft Europa pas sinds een tiental jaren de Argentijnse wijn ontdekt, hoewel het merendeel van de Argentijnse wijn zeker het predikaat 'kwaliteitswijn' niet verdient. Maar als eerste kwaliteitshuis heeft de Trapiche Bodega (beroemd om zijn fantastische 'Fond de Cave' Char-

donnay en Cabernet Sauvignon) de deur naar Europa geopend voor alle Argentijnse topwijnen. Van Etchart Bodega zijn inmiddels de prima middenklassers Torrontés en Cafayate Cabernet Sauvignon, van Norton de uitstekende serie rode wijnen als Syrah, Cabernet Sauvignon, Barbera en Malbec, evenals de uitmuntende Coleccion Privada, bekend. Van Finca Flinchman zijn de lekkere Syrah en Cabernet Sauvignon en de voortreffelijke Aberdeen-Angus Malbec en Cabernet Sauvignon bekend.

Minder bekend in Europa, maar beslist een van de beste wijnhuizen van Argentinië, is Nieto y Senetiner, die uitmuntende Syrah, Malbec, Cabernet Sauvignon, Merlot, Barbera, Sauvignon Blanc, Torrontés en Chardonnay maakt in Lujan de Cuyo voor de rode wijnen en de Torrontés, en Tupungato Valley voor de andere witte en de rode Barbera.

SAUVIGNON BLANC
De Argentijnse Sauvignon Blanc (niet de goedkoopste) heeft aangename aroma's van citrusfruit, perzik, abrikoos, kiwi, grapefruit met zachte vegetale ondertonen. Hij is fris en goed droog en daar-

Torrontés, dé witte druif van Argentinië

Trapiche Chardonnay

Barbera, Nieto y Senetiner

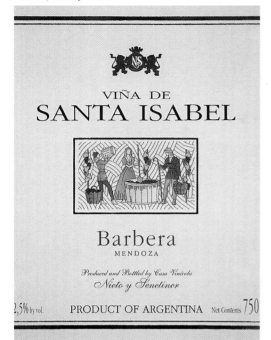

Syrah, Nieto y Senetiner

om uitstekend om als aperitief geschonken te worden. Drinktemperatuur: 9-10 °C.

TORRONTÉS
Torrontés is dé witte specialiteit van Argentinië. De betere wijnen zijn groengeel van kleur, met hier en daar wat gouden schitteringen. De geur is nooit echt uitbundig, eerder delicaat met fijne aroma's van bloemen en zacht, exotisch fruit. De smaak is fris, maar nooit te fris, goed in balans en zeer harmonieus. Drinktemperatuur: 8-10 °C.

CHARDONNAY
Argentijnse Chardonnay heeft vaak een licht goudgele kleur met een zweempje groen. De geur is verleidelijk aromatisch en doet denken aan rijpe appels en warme roomboter, met een hint van hout en vanille.
De structuur is meestal vol en rond, complex en breed. Drinktemperatuur: 10-12 °C.
De grootste Chardonnay van Argentinië, zoals de Trapiche Fond de Cave Chardonnay, blijft uiterst elegant ondanks zijn weelderigheid en zwoele romigheid. De geur doet aan rijpe appels, honing, boter en specerijen, waaronder kaneel, denken. Drinktemperatuur: 12-14 °C.

BARBERA
Dit is een diepgekleurde wijn met voortreffelijke aroma's van jonge vruchten, zoals kersen en frambozen. De smaak is fluweelzacht, harmonieus en elegant. Door de frisse zuurgraad en het relatief hoge alcoholgehalte is de wijn beslist een snelle verleider. Drinktemperatuur: 13-14 °C.

MERLOT
Deze wijn is een en al fruitigheid, vooral pruimen en bosbessen, met nuances van bramen. Door zijn harmonieuze smaak en zachte tannine is het een dankbare charmeur. Drinktemperatuur: 14-15 °C.

SYRAH
Dit is een zeer donker gekleurde wijn met intense aromatische kracht (kruiden, peper, vanille, toast, rode vruchten). Hij heeft een volle body, veel kracht,

Cabernet Sauvignon, Norton

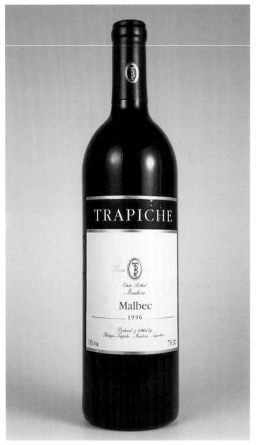

stevige maar niet drogende tannine en een ronde, zachte afdronk. Drinktemperatuur: 16-17 °C.

CABERNET SAUVIGNON

Dit is een klassieke wijn van deze edele druif uit Bordeaux. Hij is echter niet zo streng in zijn tannine als zijn Franse familie. De geur doet aan rode en blauwe (bos)vruchten met nuances van hout en noten denken. De smaak is zacht, vol en rond, en heeft een lange en aangename afdronk. Drinktemperatuur: 16 °C.

De betere Cabernet Sauvignons ondergaan een langdurige rijping op hout net als in Frankrijk. Deze toppers (zoals de Fond de Cave Cabernet Sauvignon van Trapiche) bezitten meer aromatische kracht dan hun jongere broers. Ze hebben aroma's van cederhout, tabak, vanille, chocolade en veel rijp fruit (zoals zwarte bessen). Drinktemperatuur: 16-17 °C.

MALBEC

Samen met Torrontés is dit het vlaggenschip van de Argentijnse wijnbouw. Deze druivensoort uit het Franse zuidwesten gedijt hier bijzonder goed, vooral in de Lujan de Cuyo. De kleur is dieprood met paarse nuances en de geur doet aan zwarte bessen,

frambozen, kersen en pruimen denken. De structuur en de tannine zijn fors, maar ze worden zachter als de wijn ouder wordt en ze leveren een voortreffelijke wijn op die vol en rond is en veel complexiteit heeft. Drinktemperatuur: 16-17 °C.

MALBEC LUJAN DE CUYO DENOMINACION DE ORIGEN CONTROLADA

Dit is de apotheose onder de Argentijnse wijnen. Alleen de betere wijnen mogen deze felbegeerde herkomstbenaming dragen, en dan nog alleen de wijnen met minstens 80% malbec, waarvan alle druiven afkomstig zijn uit de beroemde streek Lujan de Cuyo. De allermooiste is waarschijnlijk de wijn van Casa Vinícola Nieto y Senetiner, de Viña de Santa Isabel Malbec Lujan de Cuyo D.O.C. Hij heeft een intense robijnrode kleur met paarse schitteringen, hij heeft een zeer frisse en fruitige geur van rode vruchten, honing en vanille met nuances van chocolade en zoethout. Het is een uiterst complexe wijn, verfijnd en krachtig tegelijk, vol en rond, met een goed verouderingspotentieel. Als deze wijn een weerspiegeling is van wat er in de volgende eeuw in Lujan de Cuyo kan gaan gebeuren, tekenen we er meteen voor. Drinktemperatuur: 17-18 °C.

Chili

Chili is een heel uitgestrekt, maar relatief smal land (5.000 km lang en 90 tot 400 km breed) aan de voet van het Andesgebergte. Toch worden er maar over een lengte van 1400 km wijnranken verbouwd tussen de 27e en 39e zuidelijke breedtegraad. Diverse bodemtypen en microklimaten zorgen voor een redelijke diversiteit aan wijnsmaken en typen. Het klimaat van Chili is mediterraan, met een vochtige winter en lente en een droge zomer. Door de grote temperatuursverschillen tussen dag en nacht in de zomer, de vele uren zon en de relatief hoge vochtigheidsgraad van de oceaan, is Chili in het gelukkige bezit van uitstekende wijnbouwomstandigheden.

Sinds de komst van de Spaanse conquistadores in de 16e eeuw en ondanks een kwalitatieve opleving in de 19e eeuw door de komst van Europese immigranten bevond de Chileense wijnbouw zich tot voor kort in een soort middeleeuwse lethargie. Men gebruikte eeuwenlang dezelfde ouderwetse methoden om wijn te maken en vooral om te bewaren. Bovendien waren de werkomstandigheden verre van hygiënisch. Aan het einde van de jaren '70 veranderde dit radicaal toen het Spaanse wijnhuis Torres zich als eerste in Chili vestigde. De wijngaarden werden gesaneerd, nieuwe druiven aangeplant, de installaties werden grondig vernieuwd of zelfs volledig vervangen door hypermodern materiaal en de oude en vaak smerige wijnvaten werden vervangen door kleinere vaten (barriques) van nieuw hout. Toch duurde het nog verrassend lang voor de moderne Chileense wijn naar Europa kwam. Namen als Villard, Santa Rita, Torres, Errazuriz en Santa Carolina waren de eerste op Europese bodem. Pas begin jaren '90 nam de export een enorme vlucht. Grote Spaanse (Torres, Concha y Toro), Franse (Lafite Rothschild, Marnier Lapostolle, Pernod Ricard, Larose Trintaudon, Bruno Prats van Cos D'Estournel en Mouton Rothschild) en Californische bedrijven (Mondavi) investeren vandaag de dag nog miljoenen dollars in de Chileense wijnbouw.

Wijnbouwgebieden

Chili bezit vier grote wijngebieden, waarvan de Aconcagua, de Valle Central en de Region Sur o Meridional de beste zijn. Deze vier gebieden zijn onderverdeeld in subregio's en waarnodig in zones. De productiefste streken zijn Maule, Curicó, Rapel en Maipo, alle gelegen in de Valle Central, tussen Santiago de Chili en Cauquenes.

Chili maakt ook uitmuntende wijnen

Los Vascos (Lafite Rothschild)

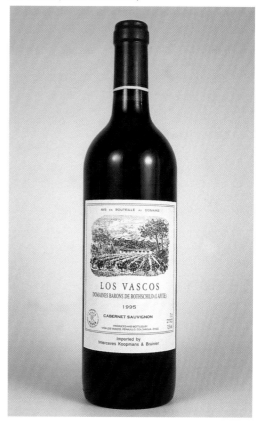

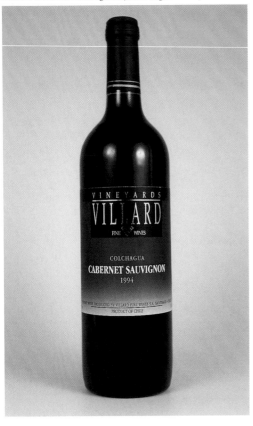

Aconcagua

De Aconcaguaregio is de noordelijkste van de Chileense wijnbouwgebieden en bestaat uit twee subgebieden: de Valle del Aconcagua en de Valle de Casablanca. De Aconcaguavallei is vrij vlak en strekt zich uit van de Andes naar de zee. Deze lange vallei is op zijn breedste punt slechts vier kilometer breed en is omringd door hoge bergen van 1.500 tot 1.800 m. Het klimaat is mediterraan, gematigd warm.

De Casablancavallei is wat kleiner, maar dichter aangeplant dan de Aconcaguavallei. Deze vallei ligt aanzienlijk dichter bij de zee en wordt daardoor gunstig beïnvloed door de verkoelende en vochtige zeebriesjes die hier eigenlijk altijd voelbaar zijn. Hier liggen geen bergen meer, maar zachte heuvels tot slechts 400 m hoog.

Valle Central

Van noord naar zuid komt u eerst door de Maipovallei, dan door de Rappelvallei, de Curicóvallei en de Maulevallei.

De Valle del Maipo, afgekort tot Maipo, ligt aan weerszijden van de gelijknamige rivier. Deze vallei strekt zich uit van de voet van de Andes tot aan zee en ligt op een hoogte variërend van 1000 m in het oosten tot 500 m in het westen. Dit verschil in hoogte en de grote invloed van de oceaan in het westen zorgen voor de grote verschillen van aanplant van oost naar west.

De Valle de Rapel of Rapel is veel groter dan de Maipovallei. De vallei wordt van water voorzien door de rivieren de Cachapoal en de Tinguirrica, die samenvloeien in de rivier de Rapel. De gemiddelde hoogte is vrij laag, onder de 500 m, maar sommige wijngaarden liggen tot 1.000 m hoogte aan de voet van de bergen. Hier is het meer dan twee keer zo vochtig als in de Maipovallei. Dit komt door de invloed van de vochtige zeewind die vrij spel heeft in de valleien.

De Valle de Curicó of Curicó is veel kleiner dan de Rapelvallei, maar is efficiënter en dichter beplant, waardoor de oppervlakte aan wijngaarden net iets groter is dan die van Rapel. De naam van deze vallei komt niet van een gelijknamige rivier, maar van de stad Curicó. De wijngaarden liggen voornamelijk op de grote centrale vlakte, maar een klein gedeelte ligt aan de steilere voet van de bergen. Het klimaat is hier vrij vochtig door de invloed van de oceaan.

De Valle del Maule (Maule) is de zuidelijkste vallei van dit centrale gedeelte van het Chileense wijnareaal. Het is een immense streek, die echter niet overal even efficiënt aangeplant is. Het geheel

wordt van water voorzien door de Maule en haar zijrivieren. Het fraaie langwerpige dal wordt omringd door de Andes in het oosten en de bergjes achter de kuststrook in het westen. Desondanks is dit een vrij vochtige omgeving, vooral in de winter.

Andere wijngebieden

In het uiterste noorden en zuiden van het Chileense wijnareaal bevindt zich nog een tweetal gebieden, de Coquimboregio in het noorden (met als subregio's de Elqui-, Limari- en Choapavalleien) en de zuidelijke Iata- en Bío-Bíodalen. Deze streken produceren veel basiswijn voor de grote wijnhuizen of voor het beroemde Piscowijndistillaat. De laatste jaren zijn hier de nodige veranderingen aan de gang, zoals een uitbreiding van de aanplant met betere druiven.

De wijnen

Chili produceert veel Cabernet Sauvignon (ongeveer 47% van de totale productie), gevolgd door Sauvignon Blanc, Chardonnay en Merlot. Er wordt ook een minieme hoeveelheid Riesling, Pinot Noir, Chenin Blanc, Sémillon en Gewürztraminer gemaakt. De chardonnay was oorspronkelijk niet zo

wijdverbreid aangeplant, maar maakte in tien jaar tijd een explosieve groei door (tussen 1985 en 1996 zeventien keer meer aanplant).

SAUVIGNON BLANC

Deze bordeauxdruif wordt hier ook weleens fumé blanc genoemd. Chileense Sauvignon Blanc varieert in intensiteit en kwaliteit van streek tot streek, maar ook van wijnmaker tot wijnmaker. De kleur van de gewone Sauvignon Blanc is meestal lichtgeel met een groen zweempje. De geur is zeer verleidelijk, met frisse aroma's van tropisch fruit en vers gemaaid gras. Sommige wijnen hebben een hint van citrusvruchten, kruisbessen (Santa Carolina) of bloemen (Santa Digna, Torres). De smaak is altijd fris zonder echt heel strak te zijn, zoals in Bordeaux.
Drinktemperatuur: 8-10 °C.

SAUVIGNON BLANC RESERVA ESPECIAL

Deze wijn heeft een rijping op hout genoten en bezit, zonder zijn fruitigheid helemaal te verliezen, kenmerkende hout- en vanillearoma's. Drinktemperatuur: 10 °C.

SAUVIGNON BLANC LATE HARVEST

Dit is een zeldzame wijn van Concha y Toro, met zwoele aroma's van witte vruchten (perzik, abri-

Villard Sauvignon Blanc

Chardonnay (Caliterra/Mondavi)

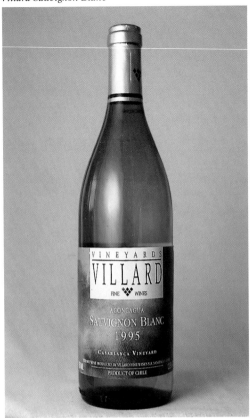

koos), meloen en honing. Het is een weelderige, zoete, maar frisse witte wijn met een brede smaak en lange afdronk. Drinktemperatuur: 8-10 °C.

CHARDONNAY

De smaak van de Chileense Chardonnay is voor een groot deel afhankelijk van het type hout dat gebruikt wordt voor een eventuele opslag en de duur van deze opslag. Ook speelt de vochtigheid van het herkomstgebied mee. Over het algemeen is deze Chardonnay licht strogeel van kleur met een groen zweempje. De meeste wijnen hebben een frisse, fruitige geur met aroma's van appel, citrusvruchten, grapefruit, ananas en passievruchten. De Chardonnays gemaakt van rijpere druiven ruiken wat zwoeler en zwaarder naar honing, boter, mango's, kaneel, abrikozen, perziken en hier en daar tropische bloemen. De wijnen die een lange en gedegen rijping op hout hebben gehad, bezitten tevens frisse aroma's van jong eikenhout, hazelnoten, toast en vanille. Net als in Spanje zijn deze wijnen herkenbaar aan de vermeldingen Reserva en Gran Reserva. Alle Chardonnaywijnen zijn fris en zacht, romig, droog, maar nooit strak, rond en vol. De smaak (en de prijs) varieert van eenvoudig naar goed tot breed, complex en voortreffelijk. Drinktemperatuur: 10-12 °C voor de jonge, 12-14 °C voor de Reserva en Gran Reserva.

SÉMILLON

De gewone wijn van deze edele druif uit Bordeaux is fris en intens aromatisch (citrusvruchten en grapefruit, met hier en daar wat vanille). Deze droge wijn is evenwichtig, rijk, vol en sterk alcoholisch (13 tot 14%). Door zijn kracht is hij vrij moeilijk te combineren. Drinktemperatuur: 10-12 °C.

SÉMILLON LATE HARVEST

De kleur neigt naar goudgeel en de geur doet aan honing en overrijpe witte vruchten (perzik, abrikozen) denken. De smaak is fluweelzacht, weelderig, zoet en rijk, met veel alcohol en een lang natalmende afdronk. Drinktemperatuur: 8-9 °C.

RIESLING

De wijn is groengeel van kleur, fris, eerder elegant dan complex en heeft herkenbare aroma's van groene kruiden en een hint van honing. In de smaak komt de fruitigheid naar boven. Drinktemperatuur: 8-10 °C.

GEWÜRZTRAMINER

De meeste Chileense Gewürztraminers zijn bedoeld om jong en fruitig gedronken te worden. De kleur neigt naar strogeel en de geur heeft iets weg van rozen, lychees, abrikozen en kiwi, met een licht kruidige ondertoon. U vindt ze zowel in een droge als

Cabernet Sauvignon Erazuriz

Merlot (Caliterra/Mondavi)

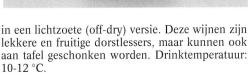

in een lichtzoete (off-dry) versie. Deze wijnen zijn lekkere en fruitige dorstlessers, maar kunnen ook aan tafel geschonken worden. Drinktemperatuur: 10-12 °C.

Mousserende wijnen

Chili maakt enkele matige tot uitstekende mousserende wijnen.
Kies meteen een goede, zoals de Viña Miguel Torres Brut Nature, die de frisse, lenteachtige geur van weidebloemen combineert met de weelderigheid van witte en tropische vruchten, en de frisse, delicate smaak van de chardonnay met de volle rijke en ronde smaak van de pinot noir. Drinktemperatuur: 6-8 °C.

CABERNET SAUVIGNON

Deze edele druif uit Bordeaux levert ook in Chili klassieke, elegante en complexe wijnen op. De gewone Cabernet Sauvignon is fris en fruitig. Het verdient aanbeveling de betere wijn te kopen, met name de Reserva en Gran Reserva. Deze wijnen bieden, voor niet al te veel geld meer, veel rijkere aroma's en een grotere complexiteit. De kleur is donker robijnrood met hier en daar wat bruine nuances. De geur doet aan pruimen, zwarte bessen, aardbeien, munt en peper met ondertonen van va-

nille, chocolade, noten, cederhout, tabak en toast denken. Als hij jong is, is hij nog behoorlijk tanninerijk, maar de aanwezige tannine wordt binnen twee tot drie jaar veel zachter. Drinktemperatuur: 16-17 °C.

MERLOT

Weer een klassieke druif uit de Bordeaux die hier bijzonder goed gedijt. De kleur van de wijn is donkerrood, tussen robijnrood, kersenrood en granaatrood in, met hier en daar wat paarse schitteringen. In de geur herkent u pruimen, zwarte en blauwe bessen, zwarte kersen, morellen en aardbeien met ondertonen van peper, munt, groene kruiden, hout en vanille.
De tannine is meestal zacht en de smaak vol en rond. Deze Chileense Merlot is een snelle charmeur en past uitstekend bij lichtere vleesgerechten. Drinktemperatuur: 14-16 °C.

PINOT NOIR

Deze vrij zeldzame wijn is zeker de moeite van het ontdekken waard. De kleur is vrij licht, robijnrood met paarse nuances, de geur fris en fruitig (onder andere rozenbottel) en de smaak gul, vriendelijk en bijzonder aangenaam. In de afdronk komt wel eens een hint van kruiden en specerijen naar boven. Drinktemperatuur: 14-16 °C.

Australië en Nieuw-Zeeland

Hoewel er in beide landen al heel lang wijn wordt gemaakt, hebben Australië en Nieuw-Zeeland pas in de laatste twintig jaar een grote doorbraak doorgemaakt. De wijnen van Australië zijn inmiddels over de hele wereld een begrip geworden, die van Nieuw-Zeeland zijn nog helaas gereserveerd voor de echte kenners, maar daar komt snel verandering in.

Australië

Geen wijnproducerend land uit de nieuwe wijnwereld heeft zoveel invloed gehad op de wijnfilosofie als Australië. Ook hier ontstond de wijnbouw dankzij de Europese immigranten. Australië stond aan de basis van een radicale verandering in de vinificatiemethode, het grootschalig maken van goede wijnen voor 'a few dollars' (Australische dollars, welteverstaan). Jarenlang probeerden de Europeanen zich tegen de komst van deze Australische wijnen te beschermen. Het publiek koos echter en masse voor deze lekkere Australiërs die snel drinkbaar waren, vriendelijk en gul, rond, vol en warm, en niet te vergeten, erg voordelig. Na jaren strijd lijkt Australië niet alleen terrein gewonnen te hebben, maar zelfs meer. Op dit ogenblik vliegen talloze wijnmakers van het ene Europese wijnbedrijf naar het andere om op hun beurt de Europeanen te vertellen hoe ze hetzelfde resultaat kunnen bereiken. Steeds meer Australiërs vestigen zich in Zuid-Frankrijk om daar Australisch-Franse wijnen te maken. Geen ander land uit de nieuwe wijnwereld heeft tot nu toe zoiets weten te bereiken.

Geschiedenis

De wijngeschiedenis van Australië is zeker niet zo oud als het land zelf. De Hollander Abel Tasman en veel later de Engelsman Thomas Cook ontdekten respectievelijk Zuid- en Noord-Australië ontdekten. De oorspronkelijke bewoners, de Aboriginals, dronken inderdaad geen wijn. Pas aan het einde van de 18e eeuw kwamen de eerste wijnstokken het land binnen, toen nog voor een botanische tuin. De eerste officiële wijnbouwers kwamen aan het begin van de 19e eeuw. De Schot James Busby, die enige wijnbouwervaring in Frankrijk had opgedaan, plantte met succes de eerste wijngaarden in de Hunter Valley. Al snel groeiden de wijnranken in verschillende delen van Australië, zowel aan de oostkust (Hunter Valley) als in het zuiden van het land (Adelaide, Southern Vale, Barossa).

Door de warme zon en het gebrek aan water smaakten de eerste wijnen lang naar de huidige Rhône-wijnen, hoewel ze abusievelijk als 'Australian Bourgogne' of 'Burgundy' in Londen verkocht werden. Na de Eerste Wereldoorlog kreeg de wijnbouw een onverwachte impuls toen duizenden militairen plotseling zonder baan zaten. De overheid moedigde deze soldaten aan om in de wijnbouw een nieuw bestaan op te bouwen. Dat werd een succes zoals later bleek, misschien was het zelfs iets te succesvol, gezien de flinke overproductie die toen ontstond. Vanaf dat moment gingen de wijnboeren zich steeds meer richten op het produceren van versterkte wijnen van het port- of sherrytype. Op deze manier konden ze hun overschot van twee kanten aanspreken. De vraag naar dit type wijn was enorm en om ze te maken had men wijndistillaat nodig.

Tot de jaren '60 dronken de Australiërs zelf liever bier en gin dan wijn. De Australische wijnen waren vooral bedoeld voor de lokale Griekse en Italiaanse immigranten en de export. Toen de Australische overheid maatregelen nam om het alcoholgebruik in het verkeer terug te dringen, begon de alcoholconsumptie van patroon te veranderen. De wijnconsumptie in Australië stijgt langzaam, zowel thuis als in de horeca. Er wordt steeds meer betere wijn gedronken, maar de bulkmarkt blijft nog erg actief. Het verschijnsel wijn in blik en bag in box is hier nog steeds een groot succes. Met 19 liter wijn per hoofd van de bevolking ligt de Australiër nog steeds ver achter bij de meeste Europeanen, maar een begin van een nieuw soort lifestyle is duidelijk waar te nemen. In de jaren '70 kwam ook een verandering in het drinkpatroon van de wereldconsument. Men ging steeds minder zoete wijn drinken en koos en masse voor droge wijn. De Australische wijnbouw reageerde hier zeer adequaat op door naar koelere produktiegebieden te zoeken (zoals Eden Valley, Coonawarra), die geschikter waren voor druivensoorten als sauvignon, colombard, riesling, chenin blanc of chardonnay. Een soortgelijke verandering vond ook plaats bij de rode wijn. Omdat de Australische wijn inmiddels in de hele wereld ontdekt en gewaardeerd wordt, heeft de Australische wijnbouw een explosieve groei bereikt, die aan de vooravond van het jaar 2000 nog steeds niet voorbij is. De Australische overheid heeft vergaande plannen ontwikkeld om van Australië, na Italië, Frankrijk en Spanje, een van de grootste wijnproducerende landen van de wereld te maken.

Wijnbouwomstandigheden

De Australische wijnbouw is typerend voor de nieuwe wijnwereld, namelijk enorme wijngaarden die verspreid liggen over gigantische gebieden tussen South Australia (Barossa, Coonawarra), Victoria (Yarra) en New South Wales (Hunter), hi-tech en duizelingwekkende opbrengsten. Desondanks komt Australië nog niet in de buurt van de grootste wijnproducerende landen Italië, Frankrijk en Spanje. Een enorm deel van de oogst wordt vernietigd door natuurlijke vijanden, namelijk hagel, regen of juist extreme droogte, brand, kangaroes, vossen, kraaien en zilvervogels.

Er worden heel veel Australische dollars gereserveerd om de plaatselijke wijnbouw (belangrijk voor de export) te verbeteren en uit te breiden. Tot de jaren '70 was vooral de zoete wijn van de riesling in trek. Sinds de komst van de Chardonnay, die het veel beter doet op de exportmarkt, is de aanplant in riesling gedecimeerd. De Chardonnay is nu de meest aangeplante druivensoort, maar de shiraz wint ook steeds meer terrein. Opmerkelijk is de komst van andere, voor Australië nieuwe rassen. Zo worden er naast shiraz, cabernet sauvignon, cabernet franc, merlot, pinot noir en ruby cabernet (cabernet+cinsaut) steeds meer sangiovese en barbera aangeplant. Van de witte is het de ver-

Twee toppers uit Australië

delho die vriend en vijand verrast en steeds meer terrein wint van de traditionele chardonnay, sémillon, riesling, sauvignon blanc, chenin blanc, colombard, muscadelle en traminer.

De Australische wijnmakers wordt vaak verweten meer nadruk te leggen op het druivenras dan op het aspect van de terroir. Die kritiek is niet helemaal terecht, want elke wijn is per definitie een combinatie van factoren: de druivensoort, bodem, het klimaat en niet te vergeten de kwaliteit van het ondergrondse water. Door wijnen van meerdere gebieden te vermengen (blends) kunnen de Australische wijnmakers hun klanten een garantie geven van constante kwaliteit. Jaar in jaar uit kunnen zij zo de nadelen van de grillige klimatologische omstandigheden van Australië compenseren. Het resultaat is een prachtige wijn met een herkenbaar karakter. Australische wijnen komen bijna altijd uit meerdere wijngaarden. Het maken van 'single vineyard' wijn (wijn van één wijngaard) is ook in Australië mogelijk, maar gezien de enorme grootte van de meeste wijngaarden zou dat niet zo geloofwaardig overkomen en onnodige extra kosten en onzekerheid met zich meebrengen. Dit zou het beleid van 'flavour for dollar', waar Australië wereldberoemd om is geworden, in gevaar brengen. Een 'single vineyard'-wijn betekent per definitie elk jaar een wisselende kwaliteit en daar zit de moderne consument niet op te wachten.

Irrigeren is vaak noodzakelijk in Australië. In de meeste Europese landen is het streng verboden om, zelfs onder extreme weersomstandigheden, de wijnranken van water te voorzien. In de landen van de nieuwe wijnwereld is irrigatie echter een volkomen normaal verschijnsel. Het systeem is zo geperfectioneerd dat het water druppelsgewijs en op elke gewenste hoogte toegediend kan worden. Aan beide kanten van de wijnrank bevinden zich kleine sproei-installaties. Het is zelfs mogelijk om telkens maar één kant van de wijnrank te besproeien. Op deze manier ontvangt de plant een tegenstrijdig signaal, waardoor het blad het water opneemt en niet de druiven. Zo wordt het evenwicht tussen zon en vocht behouden. De in Europa zo populaire techniek om extra geur- en smaakstoffen uit de druiven te halen door de schillen langer in de sappen te laten weken (macération pelliculaire), past men hier alleen in zeer slechte jaren toe. Meestal bezitten de druiven al genoeg geur- en smaakstoffen van zichzelf door de goede balans tussen zon en vocht. Ook de in Europa gangbare malolactische (melkzure) gisting wordt hier slechts gedeeltelijk toegepast. Australische wijnen hebben van zichzelf niet zo'n hoog zuurgehalte, dus heeft het geen zin en is het zelfs niet wenselijk ze een volledige malolactische gisting te laten ondergaan.

De zon heeft ook een gunstige invloed op de groei van de ranken. De Australische wijnmakers hoeven zelden kunstmest aan de grond toe te voegen. De voorstanders van organische landbouw hoeven hier geen noodklok te luiden, zoals in Europa.

De Australische wijnmakers hadden wel andere ideeën over houtgebruik. Om veel 'flavour for few dollars' te kunnen garanderen, hebben ze jarenlang houtkrullen gebruikt om de wat goedkopere wijnen zo aan hun typerende 'oaked'-smaak te helpen. Dit is echter verleden tijd. Tegenwoordig werken de beste Australische bedrijven met grote tanks, waarin een soort reuzenrad gemonteerd is dat de jonge wijn constant in beweging brengt. Zo komt de wijn regelmatig in aanraking met grote houten planken die door speciale uitsparingen in de tank geschoven worden. Afhankelijk van het type wijn en de gewenste zwaarte van de 'oaky taste' blijven de wijnen korter of langer in de speciale tanks. Het uiteindelijke resultaat is fijner van smaak dan bij het gebruik van 'oak chips', de verguisde houtkrullen. Hi-tech heeft dus ook goede kanten. Op deze manier blijven de topwijnen op echte houten vaten liggen, terwijl de goedkopere sneller en efficiënter hun lichte 'oaky taste' krijgen. Dit systeem is ook veel beter voor het milieu, want het scheelt in ieder geval een groot aantal eikenbomen.

Wijnbouwgebieden

Eigenlijk worden er bijna in elk deel van Australië wijnranken verbouwd. Het wijnmaken op zich geschiedt echter uitsluitend in het koelere zuiden.

Impressie van de typische 'Terra Rossa'-bodem

Australië wordt grof gezegd onderverdeeld in zeven grote gebieden. Van west naar oost zijn dat Western Australia, Northern Territory, South Australia, Queensland, New South Wales, Victoria en het eiland Tasmania. Voor ons zijn alleen Western Australia (Margaret River), South Australia (Barossa Valley, Padthaway, Coonawarra), Victoria (Yarra Valley) en New South Wales (Hunter Valley) van belang. Al deze gebieden hebben eigen klimatologische omstandigheden en verschillende bodemtypen.

Western Australia

Hier, ver ten zuiden van Perth, achter de zuidwestelijke kuststrook ligt het enige goede wijngebied van Western Australia.

Margaret River

Margaret river is een bijzonder boeiende streek, minder bekend buiten Australië, maar daar lijkt wat verandering in te komen. Het klimaat wordt sterk beïnvloed door de oceaan. De bodem bestaat voornamelijk uit een mengsel van kiezels en kiezelhoudend leem en zand op een harde ondergrond van graniet. Margaret River is vooral bekend om zijn goede cabernet sauvignon, maar ook andere druivensoorten gedijen hier goed.

South Australia

South Australia staat bekend om de volgende subgebieden.

Clare Valley

Dit is een van de oudste wijngebieden van Australië sinds de tweede helft van de 19e eeuw. Clare Valley is een gebied waar kwalitatief hoogwaardige wijn vandaan komt, met name zeer aromatische en krachtige rode wijn en voortreffelijke florale Rieslings. Het klimaat is overwegend gematigd continentaal, waarbij de verschillen tussen dag- en nachttemperaturen vrij groot zijn, vooral in de zomer. Er valt genoeg water, vooral in de lente, om irrigatie overbodig te maken. De bodem bestaat voornamelijk uit losse kalkhoudende rode of bruine klei.

Adelaide Hills

De wijngaarden in dit gebied liggen op 400-500 m hoogte en worden steeds bekender dankzij de productie van zeer acceptabele sparkling wines en kwaliteitswijnen. Door de hoogte van de wijngaarden wordt de warmte enigszins gekoeld en stijgt de hoeveelheid neerslag. Doordat deze neerslag vooral in de winter valt, is irrigatie noodzakelijk. De bodem van de heuvels rond de stad Adelaide bestaat uit een vrij arm mengsel van leem en zand.

McLaren Vale

McLaren Vale is een van de beste productiegebieden van Australië en zeker een van de beste wat betreft de variatie van druivensoorten en typen wijn. Het gebied is vooral bekend om de krachtige, donkergekleurde en zeer aromatische rode wijn en de machtige witte. Ondanks de afkoeling van de oceaan valt er te weinig neerslag en is ook hier irrigatie noodzakelijk. McLaren Vale heeft vele bodemsoorten die de grote diversiteit in wijnen mede verklaart, namelijk zand en leem op een ondergrond van klei en kalk, zand, rode of zwarte verweerde leem.

Barossa Valley

De Barossavallei is waarschijnlijk het bekendste wijngebied van Australië, ook door zijn rijke geschiedenis. Van huis uit was het dal het domein van de eerste Duitse pioniers die hier de wijnbouw begonnen.
Nog steeds wordt er Duits gesproken. Het klimaat is heet, zonnig en weinig vochtig. Desondanks wordt er weinig geïrrigeerd. Men bindt de wijnranken heel laag in, als kruipstruiken, en houdt de opbrengst bewust aan de lage kant. Dit levert uitmuntende wijnen op, die zeer geconcentreerd, vol van kleur en structuur zijn, maar dit levert ook uitstekende versterkte wijn op. De bodem bestaat voornamelijk uit bruin leemhoudend zand of klei tot echt donkere zandgrond.

Padthaway

Dit is een minder bekende wijnregio op vrij vlak terrein dat voor het grootste deel bestaat uit leem of terra rossa met een goede drainage-onderlaag. Door gebrek aan neerslag in de zomer is irrigatie hier noodzakelijk. De streek produceerde tot voor kort voornamelijk commerciële wijn, maar is overgegaan op kwaliteitswijn, zoals Hardys.

Wijnen uit Zuid-Australië   *Rode wijn uit Victoria*

Coonawarra

Dit is een zeer bekend wijngebied in Zuid-Australië, waar men al aan het einde van de 19e eeuw met wijnbouw begon. Hier komen vandaag de dag de mooiste Cabernet Sauvignons van Australië vandaan. Het gebied ligt vlak achter de kuststrook en wordt positief beïnvloed door de oceaan. Er heerst een gematigde zeeklimaat met, voor Australische begrippen, vrij koele zomers. De rode, losse terrarossabodem is inmiddels in de hele wereld een begrip. Als er ergens in Australië sprake is van 'terroir'-karakter, is het wel hier in Coonawarra.

Victoria

Op de Yarravallei na geniet de Victoriastreek weinig bekendheid buiten Australië zelf. Het bestaat uit drie subgebieden.

Great Western

Dit gebied staat al een tijdje bekend om zijn mousserende wijn, de allereerste van Australië. De Great Western lijkt op een wat woestijnachtige Australische versie van Toscane, met zijn vele glooiende heuvels. Het klimaat is droog, maar voor Australische begrippen vrij koel. De verschillen tussen dag- en nachttemperaturen kunnen in de zomer behoorlijk oplopen. De neerslag is aan de lage kant en irrigatie is meestal noodzakelijk. De bodem bestaat voornamelijk uit lagen arme grond met een hoge zuurgraad en een ziltige ondertoon. Dit maakt het wijnmaken hier er niet eenvoudiger op.

Drumborg

Dit is ook een vrij onbekend gebied in het achterland van Portland. Hier komen de drie bekende druivensoorten vandaan die aan de basis staan van de beste mousserende wijnen, de pinot noir, chardonnay en pinot meunier. Omdat er relatief minder zonne-uren zijn dan in de rest van Zuid-Australië, is dit een zeer geschikte streek voor mousserende wijn.

Yarra Valley

De Yarra Valley, bekender dan de andere twee subgebieden in Victoria, ligt in de achtertuin van Melbourne. De bodem bestaat uit een mengsel van leem, klei en zand, met een behoorlijk hoge zuurgraad. Hier en daar bevatten de betere percelen wat kiezels en afgebroken stenen. Ook hier valt net te weinig neerslag en is irrigatie dus noodzakelijk. Het klimaat is echter vrij koel, waardoor de Yarra Valley zeer elegante wijnen kan produceren.

New South Wales

New South Wales is een breed wijnbouwgebied, waarvan Hunter Valley als enige bekend is. Het gebied ligt ten zuiden van Canberra en eindigt ruim ten noorden van Sidney en Newcastle.

Tumbarumba

Tumbarumba is beroemd om zijn mousserende topwijnen. Het is een vrij moeilijke streek voor de wijnbouw, met vrij strenge winters, overmatige regenval en koele zomers. Toch weet men op deze bodem met een vrij hoge zuurgraad ook nog redelijke tot goede witte en rode wijnen te produceren, met name van de sauvignon blanc, chardonnay en pinot noir.

Griffith/Riverina

Dit gebied ligt meer landinwaarts dan het vorige. Door het hete en vochtige klimaat in de zomer is het heel geschikt voor late harvest en gebotrytiseerde wijnen, die voornamelijk van de sémillon gemaakt worden.
De bodem bestaat uit vlakke zones van zand en leem, met hier en daar wat klei.

Young

Het Younggebied ligt landinwaarts, ten noordwesten van Canberra. De wijngaarden liggen vrij hoog op hellingen.
Hoewel hier redelijk veel neerslag valt in de overigens gematigd warme zomer, blijft irrigatie noodzakelijk. Desondanks produceert het Younggebied redelijke tot goede wijnen.

Cowra

Cowra ligt in het achterland van Sidney. Het is een vrij recent gebied, dat nauwelijks meer dan 25 jaar oud is. De wijngaarden liggen op de hellingen langs de oevers van de plaatselijke rivier. De bodem bestaat uit een mengsel van klei, leem en zand, met een relatief hoge zuurgraad. Het klimaat neigt naar het continentale, met hete en droge zomers.
Toch valt er in de groeiperiode behoorlijk wat neerslag, waardoor irrigatie niet altijd even noodzakelijk is. De voornamelijk witte wijnen van Cowra worden gekenmerkt door veel smaak voor relatief weinig geld.

Lower Hunter Valley

Dit is een van de oudste wijngebieden van Australië en het is vooral bekend om zijn voortreffelijke Sémillon en Syrah. Het klimaat is warm, maar vochtig genoeg.
De bodem van de voornamelijk op de hellingen gelegen wijngaarden bestaat uit zand, wat zeer geschikt is voor witte wijn.

Upper Hunter Valley

Dit is ook een wittewijngebied, vooral voor de Chardonnay en Sémillon. Het is hier wat warmer en droger dan in de Lower Hunter Valley. De bodem bestaat uit een mengsel van ziltige, zurige leem en zand. De Upper Hunter Valley is waarschijnlijk een van de schilderachtigste wijngebieden van Australië.

Wijnen

Australië produceert en levert veel verschillende wijnen. De meeste wijnen die uit één bepaald gebied komen, worden meestal door de combinatie terroir/druivensoort gekenmerkt. De andere wijnen, de zogenaamde 'blends', afkomstig uit meerdere streken, zijn veel meer het resultaat van druivensoort en stijl van de wijnmaker. Ook het type eikenhout (Frans, Amerikaans of Duits) dat gebruikt wordt voor de vaten, is van groot belang. Ten slotte heeft de prijs van de wijn natuurlijk ook een grote invloed op de uiteindelijke complexiteit van de wijn, maar over het algemeen biedt elke fles Australische wijn waar voor zijn geld (en soms zelfs meer dan dat).
De volgende beschrijvingen zijn bedoeld om u te prikkelen zelf op onderzoek uit te gaan.

SPARKLING WINES

Zeker gezien de relatief lage prijs kunt u beter meteen kiezen voor een echte méthode traditionnelle met een tweede gisting op fles. De witte Sparkling Wines Brut zijn meestal fris en fruitig, met hier en daar een vegetale ondertoon. Drinktemperatuur: 8 °C.
De Rosé Sparkling Wines Brut zijn meestal wat minder droog dan hun witte broers. De geur is zeer fruitig, met nuances van Engelse snoepjes, aardbeien, kersen en frambozen. Drinktemperatuur: 6-8 °C.

CHARDONNAY

Dit is het succes van de Australische wijnbouw van de laatste 20 jaar. De simpele, jonge, niet op hout gerijpte Chardonnay is een brave wijn, die heel aangenaam kan zijn, maar de betere Chardonnay is de wijn die op houten vaten heeft gelegen. Het is een rijpe wijn met een diepe kleur, met een zeer complexe structuur en met voortreffelijke aroma's van exotische en citrusvruchten en aardse ondertonen van noten en toast. Drinktemperatuur: 10-12 °C (unoaked), 12-14 °C (barrel select).

SÉMILLON

Hoe vreemd het ook mag klinken, deze typische bordeauxdruif (onder andere sauternes) levert in Australië een verrassende wijn op die het meest op een witte Bourgogne lijkt. Vandaar dat hij in de blends heel vaak met chardonnay wordt geassembleerd.
Maar sémillon is wel een heel grillig begrip in Australië, want in sommige streken wordt hij per abuis nog chenin blanc, crouchen of zelfs riesling genoemd, zoals in de Hunter Valley. Deze Australi-

sche Sémillon is echter voortreffelijk. De geur doet aan rijpe, zoete vruchten met nuances van citrusvruchten en bloemetjes denken. Drinktemperatuur: 10-12 °C.

SÉMILLON/CHARDONNAY
Dit is een bekende blend in Australië. Deze aromatische wijn ruikt naar verse citrusvruchten, perziken, abrikozen en tropische vruchten. De chardonnay geeft hem zijn boterige karakter en zijn complexiteit, de sémillon en het hout de zachtheid en ronde smaak. Soms wordt er ook een beetje colombard aan deze assemblage toegevoegd, die de wijn iets frisser maakt. Drinktemperatuur: 10-12 °C

SAUVIGNON BLANC
De Australische Sauvignon Blanc lijkt meer op een goede Sancerre dan op een witte Bordeaux, de streken die beide de sauvignon als basisdruif hanteren. De wijnen zijn zeer aromatisch met typische vegetale tonen zoals versgesneden groene paprika. De smaak is fris en levendig en niet zo strak als die van de witte Bordeaux. Drinktemperatuur: 8-10 °C.

CHENIN BLANC
Van oorsprong komt deze druivensoort uit de Franse Loire. Hij levert hier heel andere wijnen op dan in Vouvray of Montlouis. Het zijn zwoele, volle, rijke wijnen met een goed evenwicht tussen zoet en zuur. Drinktemperatuur: 10-12 °C.

RHINE RIESLING
We hebben het hier over de echte Riesling, en wel die uit Duitsland (zie opmerking bij sémillon). Er zijn meerdere stijlen en typen wijn. De Riesling kan droog, off-dry (lichtzoet) of zoet zijn, al dan niet door botrytis aangetast.
De laatste krijgt dan de naam 'Noble', die refereert aan 'edelrot'. De riesling levert hier frisse wijn op met typerende aroma's van citrusvruchten (limoentjes).
Drinktemperatuur: 8-10 °C (jong), 10-12 °C (belegen) en 6-10 °C naar keuze (Noble Riesling).

GEWÜRZTRAMINER
Dit is een zeer geliefde druif en wijn bij de Australiërs, maar met de naam hebben ze nog de nodige moeite. Australische Gewürztraminers zijn boeiende, exotische wijnen met fruitige en kruidige aroma's, een volle, natalmende smaak en een lange afdronk. Drinktemperatuur: 10-12 °C.

RIESLING/GEWÜRZTRAMINER
Dit is een interessante blend die de frisheid en de citrusvruchtenaroma's van de Riesling combineert met de rondeur en frisse kruidigheid van de Gewürztraminer. De meeste wijnen zijn off-dry of zelfs medium-dry. Drinktemperatuur: 8-10 °C.

VERDELHO
Dit is een erg verrassende druif die uit Portugal komt. Hij levert hier goede resultaten op, namelijk frisse wijnen met sensuele en krachtige aroma's van tropische vruchten. Drinktemperatuur: 10-12 °C.

ORANGE MUSCAT
Dit is de dichterlijke naam van de muscat d'alexandrie, alom bekend in de gebieden rond de Middellandse Zee. Deze druif levert hier uiterst aromatische en smaakvolle dessertwijnen (Late Harvest) op.

FLORA
Hij wordt ook gebruikt voor het maken van dessertwijnen (Late Harvest) met kenmerkende aroma's van rijpe vruchten en een volle, krachtige smaak. De flora is een kruising van de gewürztraminer en de sémillon. De orange muscat en de flora worden door de beroemde Brown Brothers winery als Late Harvest apart gevinifieerd en dan geassembleerd. Dit geeft een wonderschone, rijke, complexe wijn met veel kracht. Drinktemperatuur: 6-8 °C.

GRENACHE/SHIRAZ
Rosé vindt u nog mondjesmaat in Australië. Deze blend geeft meestal zeer fruitige wijnen met aroma's van verse aardbeien. Drinktemperatuur: 10-12 °C.

Chardonnay-Sémillon-Colombard

Late Harvest Muscat

Late Harvest Muscat Orange & Flora

Twee succesnummers: Cabernet en Chardonnay

CABERNET SAUVIGNON

Er worden in Australië ook wijnen gemaakt van 100% cabernet sauvignon. De meeste wijnen zijn echter assemblages van cabernet sauvignon en shiraz, of cabernet sauvignon, merlot en shiraz. De pure cabernet-sauvignonwijnen zijn vol, rijk, krachtig en complex.

Ze moeten beslist vijf jaar oud zijn voor ze wat zachter worden, omdat ze behoorlijk tanninerijk zijn. Het zijn uitmuntende wijnen met aroma's van pruimen, zwarte en blauwe bessen, met hier en daar wat chocolade, vanille, tabak of cederhout. Drinktemperatuur: 16-17 °C.

CABERNET FRANC

Hij wordt voornamelijk in Noordoost-Victoria verbouwd en met onder andere merlot geassembleerd. Helaas wordt deze zeldzame rode wijn een beetje onderschat in Australië. Drinktemperatuur: 14-16 °C.

MERLOT/CABERNET FRANC

De merlot wordt ook weinig alleen gebruikt, maar meestal geassembleerd met de cabernets of zelfs met de shiraz.

De combinatie van merlot (65%) en cabernet franc (35%) met twaalf maanden rijping op eikenhout is vrij gebruikelijk in Australië. Hij levert fruitige wijnen op met frisse zuren en een milde smaak. Drinktemperatuur: 14-16 °C.

PINOT NOIR

Deze Bourgondische druif zult u wat minder vaak aantreffen dan de Bordeaux- of Rhônesoorten. Toch is de Australische pinot noir een bewijs van de bekwaamheid van deze succesvolle wijnmakers. Wijnen van de grillige pinot noir kan iedereen maken, goede wijnen vragen echter om een behoorlijke dosis know-how en veel passie.

U vindt in Australië diverse soorten Pinot Noir, van licht, fruitig en gul tot vol, dierlijk, zwoel en soms een beetje aan de zware kant. De allerbeste wijnen zitten in het midden. Ze zijn elegant en vol tegelijk, met verleidelijke aroma's van pruimen en kersen en een rijke, bijna mollige smaak. Drinktemperatuur: 14-16 °C.

SHIRAZ

De Australiërs hebben de oorspronkelijke naam van deze druivensoort behouden en niet de Franse verbastering syrah overgenomen. Oorspronkelijk komt de shiraz uit het Shirazdal in Iran en werd hij door de kruisvaarders naar Europa gebracht. De Australische Shiraz is een sensuele krachtpatser met veel kleur, tannine en zuren, maar ook voortreffelijke aroma's van overrijpe donkere vruchten, zoals pruimen en specerijen (witte peper). Oudere Shiraz ontwikkelt een dierlijk karakter met aroma's van leer en Russisch bont, en hier en daar wat versgebrande mokkakoffie. Drinktemperatuur: 16-17 °C.

SHIRAZ/CABERNET

Dit is een zeer gebruikelijke blend die diepgekleurde wijnen oplevert met veel fruit en een zachte, volle en ronde smaak. De geur doet voornamelijk denken aan kersen en zwarte bessen, met een hint van peper. Drinktemperatuur: 16-17 °C.

TARRANGO

Dit is een interessante kruising tussen de Portugese touriga en de uiterst productieve sultana, die beter bekend is in gedroogde vorm. Deze vrij recente Australische uitvinding zorgde voor een ware revolutie.

Mensen die niet gewend waren om wijn te drinken, vielen voor de fruitige charmes van de Tarrango, die wat koel geschonken bijna overal bij gedronken kan worden.

Op internationale blindproeverijen wordt Tarrango vaak als piraatwijn gebruikt, omdat hij als twee druppels water op een Franse Beaujolais lijkt. Drinktemperatuur: 12-14 °C.

Cabernet-Merlot, een klassieker

Prachtige Shiraz

Cabernet Sauvignon-Shiraz

Tarrango, de Australische Beaujolais

Nieuw-Zeeland

In de afgelopen tien jaar hebben velen kennisge-maakt met de nieuwe wijnen van Nieuw-Zeeland. Deze bijzondere wijnen met een natuurlijke ele-gantie en een grote aromatische kracht weten iedereen snel te overtuigen. De Nieuw-Zeelandse wijnboeren blijven nuchter en vooral bescheiden onder de lovende woorden van de pers en de wijn-professionals. Ze schrijven hun succes voor een groot deel toe aan de rijkdom van dit mooie, scho-ne, groene land, dat ze zo graag 'God's eigen land' noemen. De band die men hier met de natuur heeft, is merkwaardig. Het lijkt wel alsof men zich één voelt met de natuur. Deze passie voor het land vindt u terug in de wijnen van Nieuw-Zeeland, waarin de essenties van land en fruit op een overweldigende manier verenigd zijn.

Het land

Nieuw-Zeeland ligt in het zuidwestelijk deel van de Stille Oceaan en bestaat uit twee grote en tal van kleinere eilanden. De twee hoofdeilanden, North Island en South Island, hebben gezamenlijk een lengte van ongeveer 1.500 km met een maximale breedte van ongeveer 200 km. De 3,5 miljoen in-woners leven voornamelijk op North Island, met name in de steden Auckland, Hamilton en Wel-lington. South Island heeft twee middelgrote ste-den Christchurch en Dumedin.
North Island heeft een roerig vulkanisch verleden. Sommige vulkanen zijn nog actief, met name rond Lake Taupo, waar talloze geisers en heetwater-bronnen voorkomen. Het eiland is voor een groot deel bergachtig, met enkele toppen boven de 2.500 m hoog. De uiterst noordelijke punt gaat over in glooiende heuvels. South Island wordt gedomi-neerd door de Southern Alps (Nieuw-Zeelandse Al-pen) met als hoogtepunt de 3.764 m hoge Mount Cook. Het middendeel van deze Alpen wordt be-

Chardonnay uit Nieuw Zeeland

dekt door enorme gletsjers en ijsmeren. De zuid-westelijke kust wordt gekenmerkt door ontelbare diepe fjorden die door de gletsjers gevormd wer-den. Het zuiden en het oosten van het eiland zijn wat vlakker en worden bedekt door een dikke laag vruchtbare aanslibsels.

Het klimaat

Het klimaat is vrij zacht en vochtig, maar de neer-slag wordt regelmatig over het hele jaar verdeeld. De verschillen in temperatuur tussen dag en nacht en tussen de seizoenen onderling zijn te verwaar-lozen, vooral op North Island. Beide eilanden wor-den geteisterd door de vochtige westenwinden, maar door de noord-zuidligging van het land en de centrale berggebieden treffen deze winden uitslui-tend het westen van de eilanden. Zo valt er in het westen soms 20 keer zoveel neerslag als in het oos-ten van South Island. Gelukkig schijnt de zon hier gemiddeld meer dan 2.000 uren per jaar, wat ideaal is voor de wijnbouw.

Geschiedenis

Nieuw-Zeeland heeft een multiculturele maat-schappelijke structuur. De oorspronkelijke bewo-ners, de Polynesische Maori's (10% van de huidige bevolking) nemen op cultureel gebied een belang-rijke plaats in in de Nieuw-Zeelandse samenleving. De 90% blanke bevolking bestaat voornamelijk uit Britse nazaten en Franse, Griekse, Joegoslavische, Nederlandse, Indonesische of Chinese immigran-ten. De eersten die zich met de wijnbouw bezig-hielden, waren de Anglicaanse missionarissen. Ze meenden dat de Maori's eerst moesten wennen aan de goede kanten van de beschaving voor ze tot christenen bekeerd konden worden. Zij werden aan het werk gezet in de wijngaarden. Het duurde ech-ter twintig jaar voor de eerste Nieuw-Zeelandse wijn gedronken kon worden. Franse missionaris-sen verbeterden de wijnbouw en breidden hem ver-der uit. Tussen 1860 en 1870 werd dit door Engel-se en Spaanse immigranten verder overgenomen. Toen waren de omstandigheden zeer zwaar (schim-mel, insectenplagen, aardbevingen etc.) en was de afzetmarkt vrij beperkt. De meeste Engelsen ne-geerden de lokale wijn en kozen voor de edele port en sherry. Rond 1900 kwam de wijnbouw onder zware druk te staan, omdat de maatschappelijke en kerkelijke bewegingen een algeheel verbod op al-coholische dranken nastreefden. Na de Tweede Wereldoorlog ebde de prohibitionistische golf weg en groeide de wijnbouw opnieuw, onder leiding van Dalmatische immigranten. De vraag naar inheemse wijnen groeide door de grote golf wijndrinkende immigranten, zoals Grieken, Italianen en Joegosla-ven. Ook de Engelsen begonnen de Nieuw-Zee-landse wijn nu te waarderen. Australische wijnhui-zen (zoals Penfold's) brachten de nodige fondsen op om de definitieve doorbraak te realiseren. In de jaren '70 waren de lichte, milde en fruitige wijnen van de müller-thurgau bijzonder populair. In de jaren '80 werden de Duitse wijnstokken door Franse variëteiten vervangen. Het resultaat was overweldigend. De Nieuw-Zeelandse Chardonnay, Sauvignon Blanc, Gewürztraminer, Pinot Noir, Cabernet Sauvignon en Merlot waren van uitmuntende kwaliteit en de vraag naar deze wijn groeide in recordtempo, vooral in Engeland. Binnen vijftien jaar wist Nieuw-Zeeland zich onder de grote wijnlanden te scharen en zo wordt het land vandaag de dag alom gewaardeerd.

Wijnbouwgebieden

In totaal zijn er negen grote wijnbouwgebieden. Van noord naar zuid zijn dat Northland/Auckland (het historische centrum van de Nieuw-Zeelandse wijnbouw), Waikato/Bay of Plenty, Gisborne, Hawke's Bay, Wairrapa op North Island, en Nelson, Marlborough, Canterbury en Otago op South Island.
De beste wijnen komen hoofdzakelijk uit drie belangrijke gebieden:

Gisborne

Gisborne is waarschijnlijk het beste gebied voor Chardonnay in heel Nieuw-Zeeland. Door het milde klimaat en de vruchtbare alluviale bodem, zijn de Chardonnays hier zeer vol en rond van karakter.

Hawkes Bay

Hier liggen de oudste 'wineries' van het land. Het klimaat is zeer mild en de bodem uiterst gevarieerd, van vruchtbare alluviale bovengrond tot aan kiezelsteen. Dit verklaart de grote diversiteit in aanplant en in stijlen van de wijn. Hawkes Bay is vooral beroemd om zijn Cabernet Sauvignon- en Chardonnaywijnen.

Marlborough

Dit gebied ligt in het noorden van South Island. Hier wordt de mooiste Sauvignon Blanc van de we-

Hawkes Bay Chardonnay

Marlborough Chardonnay

Een van de mooiste Chardonays uit Nieuw Zeeland

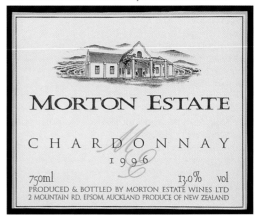

reld gemaakt, maar ook de mousserende wijn wint steeds meer aan kwaliteit. Het klimaat is wat uitgesprokener dan op North Island, veel zon, weinig regen en een relatief lagere temperatuur. De bodem is zeer karakteristiek: rolkeien, grind en kiezels. Naast de wonderbaarlijke Sauvignon Blanc worden hier ook uitstekende Riesling en Chardonnay gemaakt, maar ook zeer acceptabele Pinot Noir, Cabernet Sauvignon en Merlot.

De wijnen

De Nieuw-Zeelandse wijnen vallen niet alleen door hun kwaliteit op, maar ook door hun relatief vrij hoge prijs. Toch geloven de Nieuw-Zeelanders dat de voortreffelijke kwaliteit van hun wijn ooit de doorslag zal geven. Ze vertrouwen op het gezonde verstand van de wijnwereld. Gelukkig hebben steeds meer sommeliers begrepen dat de prijs van de Nieuw-Zeelandse topwijnen beslist in verhouding staat met de geboden kwaliteit.
Wat maakt de Nieuw-Zeelandse wijn nu zo goed? Het komt door het klimaat, de bodem, maar ook de techniek. Hier wordt de traditionele know-how van de Europese wijnbouwers gecombineerd met de modernste vinificatiemethoden. Maar Nieuw-Zeelanders zouden geen Nieuw-Zeelanders zijn als ze ook niet in hun wijnen het allergrootste respect voor de natuur zouden tonen. Ziekten en insecten worden op een natuurlijke manier bestreden, er wordt geen industriële suiker aan de wijn toegevoegd en alle toegelaten stabilisatoren of conserveringsmiddelen (zwavel/citroenzuur) worden keurig door de wet aangegeven.

CHARDONNAY
De Chardonnays van Nieuw-Zeeland worden in verschillende stijlen gemaakt, met of zonder rijping op hout, met of zonder extra schillencontact tijdens de vinificatie (macération pelliculaire), en ze worden duidelijk gekenmerkt door de streek waar ze vandaan komen. De betere Chardonnay is vol en

zeer aromatisch (perzik, abrikoos, appel) en vooral herkenbaar aan de fijne, bijzonder elegante zuren. Drinktemperatuur: 11-14 °C.

SAUVIGNON BLANC
De Sauvignons Blancs behoren tot de beste van de wereld. Nergens anders haalt men zo'n kracht aan expressieve aroma's uit de sauvignon. Dit is geen zacht Bordeauxtype Sauvignon, maar eerder het Sancerre toptype met overweldigende aroma's van kruisbessen, vuursteen (silex), groene paprika, asperges, meloen of passievrucht. Een Nieuw-Zeelandse Sauvignon grijpt je en laat je niet meer los. Iedere proever raakt in de ban van zo veel kracht en fruitigheid. Drinktemperatuur: 10-12 °C.

RIESLING
De Rieslings, zeker die van South Island, zijn zeer elegant en aromatisch. Sommige bezitten nog een

Merlot

Sauvignon Blanc   *Cabernet Sauvignon*

lichte restsuiker (off-dry) die ze zeer aangenaam maakt. Wanneer de botrytis zich over de rieslingdruiven heeft ontfermd, zijn de wijnen van zeldzame kwaliteit, vol, rijk en sensueel, met aroma's van gedroogde vruchten (abrikozen) en honing. Drinktemperatuur: 8-10 °C.

GEWÜRZTRAMINER
Hoewel deze wijn minder bekend is dan de eerder genoemde witte wijnen, is de Nieuw-Zeelandse Gewürztraminer een bijzonder prachtige wijn, vol, krachtig, exotisch en kruidig. Drinktemperatuur: 10-12 °C.

CABERNET SAUVIGNON/MERLOT/
CABERNET FRANC/MALBEC
De rode wijnen hebben de laatste jaren enorm aan kwaliteit gewonnen.
De beste resultaten krijgt men door cabernet sauvignon, merlot en cabernet franc, al dan niet met een beetje malbec, te assembleren en op eikenhouten vaten te laten rijpen.
Hoewel deze topwijnen veel verwantschap vertonen met de klassieke Bordeaux, weten ze nog net een eigen karakter te behouden. Drinktemperatuur: 16-17 °C.

PINOT NOIR
Er worden steeds betere wijnen gemaakt van de pinot noir, die hier volle, rijke wijnen met veel aroma's oplevert. Deze wijn is gebaat bij enkele jaren rijping op fles. Drinktemperatuur: 14-16 °C.

SYRAH EN PINOTAGE
Ten slotte wordt er sinds kort wijn gemaakt van de syrah en de pinotage. De syrah heeft nog wat aanpassingsproblemen, maar de eerste resultaten met de pinotage zijn bemoedigend.

Versterkte wijnen

Volledigheidshalve vermelden wij hier nog het bestaan van Nieuw-Zeelandse sherry- en portachtige wijnen die het echter niet halen bij de echte sherry en port.

Register

Dankbetuiging

Het schrijven van zo'n complex boek zou niet mogelijk zijn geweest zonder hulp. Daarom wil ik de volgende instanties van harte danken voor hun hulp, informatie en foto's, en sommige mensen in het bijzonder voor hun steun, begrip en geduld.

Frankrijk: Ambassade de France, Den Haag; Sopexa (Michel, Vincent, Mathieu, Thera, Colette), Den Haag; Cordier Wijn Nederland, Haarlem; Oud & Hustinx, Haarlem; Château Manos, Cadillac; C.I.V.R. Bergerac, Bergerac; Comte de Bosredon, Château de Bélingard, Pomport; Château Pique-Sègue, Montravel, Port-Sainte Foy; Alain Brumont, Château Bouscassé, Château Montus, Maumusson; Etienne Brana, Irouléguy, St. Jean Pied de Port; Domaine Nigri, Monein; Vignerons de Tursan, Geaune; Comte de Négret, Fronton; Vignerons de Beaupuy, Marmande; Les Vins du Sud Ouest, Castanet Tolosan; Vignerons Catalans, Perpignan; La Cave de L'abbé Rous, Banyuls; Gérard Bertran, St. André de Roquelongue; C.I. Vins du Languedoc, Narbonne; Caves Languedoc Roussillon, Montpellier; Skalli, Sète; Comte Péraldi, Corsica; Domaine d'Alzipratu, Corsica; Domaine Leccia, Corsica; Château de Fontcreuse, Cassis; Château Revelette, Côteaux d'Aix en Provence, Jouques; Guy Negrel, Mas de Cadenet, Trets; Domaine de l'Escarelle, La Celle; Cave Coopérative Clairette de Die et Crus de la Vallée du Rhône, Die; C.I. Vins d'A.O.C. Côtes du Rhône et Vallée du Rhône, Avignon; Château Mont-Redon, Châteauneuf du Pape; Chapoutier, Tain l'Hermitage; J.P. & J.F. Quénard, Chignin; Vignerons Foreziens, Trelins; Rougeyron, Châteaugay; Vignerons de Saint-Pourçain; Georges Duboeuf, Romanèche Thorins; Joseph Drouhin, Beaune; Henri Maire, Arbois; C.I.Vins d'Alsace, Colmar; Georges Lorentz, Bergheim; Laroppe Côtes de Toul, Bruley; Lamé Delisle Boucard, vins de Bourgueil, Ingrandes; Jacques Bailly, Vins de Sancerre, Bué; Château de Villeneuve, Souzay-Champigny; François Chidaine, Montlouis; Lisa Heidemanns, Vignobles Germain/Château de Fesles, Thouarce; Gérard Bigonneau, Reuilly/Quincy, Brinay; Philippe Portier, Quincy, Brinay; Veuve Amiot, Saumur; Cave du Haut-Poitou, Neuville de Poitou; Champagne De Venoge, Epernay; Champagne Taittinger, Reims

Spanje: ICEX Amsterdam/Madrid (Pilar); Vinos de España, Amsterdam; Sherry Instituut van Spanje (Woudine), Amsterdam; ICEX Sevilla (Isabel); Asociacion Exportadores de Vinos de Navarra (Con-

chi), Pamplona; Excal, Valladolid; Yolanda Piñero Chacón, Ribeira del Guadiana, Gijón; Jean Arnaud, Gastrovino, Tilburg; Intercaves-Koopmans & Bruinier, Zwolle; Oud & Hustinx, Haarlem; Castillo de Perelada, Amsterdam; Bodegas Antaño, Rueda; Hijos de Antonio Barcelo, Viña Mayor, Madrid; Marqués de Cáceres, Cenicero; Vinos de los Herederos del Marques de Riscal, Elciego; Bodega Julián Chivite, Cintruénigo; Señorio de Sarria, Pamplona; Bodegas Virgen Blanca, Lerin; Bodegas Guelbenzu, Cascante; Bodegas Ochoa, Olite; Bodega Ntra. Sra. del Romero, Cascante; Bodegas Fariña, Casaseca de las Chanas; Bodegas Frutos Villar, Cigales; Torremilanos, Bodegas Peñalba Lopez, Aranda de Duero; Barbadillo, Sanlúcar de Barrameda

Portugal: Van Heijst wijnimport, Hilversum; Adega Cooperativa Torres Vedras, Torres Vedras

Italië: ICE Amsterdam; ICE Roma; Paul Blom, Schermer, Hoorn; Intercaves/Koopmans & Bruinier, Zwolle

De Balkan: Du Frêne, Babberich; W & L Logic Sales (Slovenië), Eemnes; Koninklijke Cooijmans (Roemenië), Tilburg

Griekenland: Aridjis, De Griekse Wijnhandel, Utrecht

Hongarije: Hongaarse ambassade, Den Haag; Egervin, Eger; Euróbor, Bátaapáti; Briljant Holding, Budapest; Polgár Pince, Villány; Bock Pince, Villány; Gere Attila, Villány; Tiffan's, Villány; Hétszölö, Tokaj; Diznókö, Tokaj; Tokaji Kereskedöhaz, Tokaj; Vylyan Winery, Szeged; Henkell & Söhnlein Hungaria, Budapest; Imperial Wijnkoperij, Regina Meij, Den Dolder

Oostenrijk: Wines from Austria, Wien; Regina Meij, Imperial wijnkoperij, Den Dolder; Spiegel Wijnimport, Amsterdam

Zwitserland: S.W.E.A. Lausanne; Marcel Dubois, Cully; André Darbellay, Bonvin, Sion; Valsangiacomo, Chiasso; Montmollin, Auvernier

Duitsland: Ambassade van Duitsland, Den Haag; Promotie Bureau voor Duitse wijnen, Den Haag; Deinhard, Koblenz; Oud & Hustinx, Haarlem

Luxemburg: Bernard Massard, Grevenmacher

Engeland: British Embassy, Den Haag; Chiltern Valley, Henley-on-Thames; Hidden Spring, Horam; Sharpharm Vineyard, Devon

Zuid-Afrika: Ambassade van Zuid-Afrika, Den Haag; Kaapkelder, Teuge; Guy Hickling, JHB

Canada: Canadian Embassy, Den Haag; Fema Trading, Grave; Château des Charmes, Niagara-on-the-Lake; Klaus Reif, Niagara-on-the-Lake

Verenigde Staten: American Embassy, Den Haag; Wine Institute of California, Alphen a/d Rijn; Oud & Hustinx, Haarlem

Brazilië: Brazilian Trade Bureau, Den Haag; Adriano Miolo, Cidade Alta

Uruguay: Daniel Pisano, Progreso; Ing. Javier Carrau, Castel Pujol, Gutiérrez

Argentinie: Intercaves/Koopmans & Bruinier (Trapiche), Zwolle; Ricardo Puebla, Nieto y Senetiner, Mendoza

Chili: Pro Chile, Den Haag; Pro Chile, Milano; Intercaves/Koopmans & Bruinier, Zwolle; Jacobus Boelen, Amsterdam; Jean Arnaud, Tilburg

Australië: The Australian Wine Bureau, London; Phil Laffer, Orlando Wyndham, Barossa Valley; Brown Brothers, Milawa/London; Intercaves/ Koopmans & Bruinier, Zwolle

Nieuw-Zeeland: New Zealand Embassy, Den Haag; Quality Wines, Naarden

Diversen: Wijn Informatie Centrum, Den Haag; André Kerstens, Tilburg (te veel om op te noemen)

Fotowerk: Bert de Leeuw, Drent Fotografie, Steenstraat 56, Arnhem; Foto Willemz, Steenstraat 5, Arnhem; Foto Combi Kramer, Looierstraat 43, Arnhem

En iedereen die ik per abuis vergeten heb.

Ook wil ik de volgende mensen die mij enorm geïnspireerd hebben en tot steun zijn geweest persoonlijk bedanken:
Marianne & Philip Mallard (Pique-Sègue/Dauzan Lavergne), Laurent de Bosredon, Thierry Dauilhiac (Saussignac), Marie Laurence Prince Doutreloux (CIVR Bergerac), Marie Casanave (CIVR Bergerac), Georges Lorentz, Marc Chapoutier, Ben Weerdmeester, Claude & Pierre Emmanuel Taittinger, Véronique & Frédéric Drouhin, Bernard Georges (Duboeuf), Christian Duport (Val Joanis), Jean Abeille (Mont-Redon), Peter Fischer (Revelette), Guy Négrel (Mas Cadenet), Gérard Mulder (Listel NL)
Piet Rutten (Jean Arnaud), Robert Handjes (Kerstens), Dick van Baren (Oud & Hustinx), Bart Pol (Intercaves/Koopmans & Bruinier), Robbers & v/d Hoogen, Arnhem, Michel Leroux (Sopexa NL), Paul Molleman (Wine Institute of California NL), Zilai Zoltán (Magyar Szölö- és Borkultúra Alapítvány, Budapest), Mosoni Peter (Landbouw Universiteit, Gödöllö), Attila Domokos (Bátaapáti), Arvay János (Disnókö), Kurunczi Jószelf (Wotan Panzió, Törökbálint), Attila Máhr (Aranysárkány Etterem, Szentendre), Marianne Nuberg (Vinos de España NL), José Maria Fernández, ICEX Brussel, Fernando & Mercedes Chivite, Ricardo Guelbenzu Morte, Hervé Lalau, Gondola, Belgstring;, Robert Leenaers, Hubrecht Duijker, René van Heusden, Karel Koolhoven, Ronald de Groot en John van de Ven (Ven verscentrum).

Ten slotte wil ik mijn lieve vrouw Jantine danken en Ronan en Yannick, zonder wie dit boek nooit tot een goed einde was gekomen.